François Hollande

Président de la République française

Liste alphabétique par département de Mesdames et Messieurs

les députés à l'Assemblée nationale*

© Assemblée nationale

* Liste établie en juillet 2014

AIN

Damien Abad
UMP
Ain

Étienne Blanc
UMP
Ain

Xavier Breton
UMP
Ain

Charles de La Verpillière
UMP - *Ain*

Michel Voisin
UMP
Ain

AISNE

Marie-Françoise Bechtel
App. SRC - *Aisne*

Xavier Bertrand
UMP
Aisne

Jean-Louis Bricout
SRC
Aisne

René Dosière
SRC
Aisne

Jacques Krabal
RRDP
Aisne

ALLIER

Guy Chambefort
SRC
Allier

Gérard Charasse
RRDP
Allier

Bernard Lesterlin
SRC
Allier

ALPES-DE-HAUTE-PROVENCE

Christophe Castaner
SRC
Alpes-de-Haute-Provence

Gilbert Sauvan
SRC
Alpes-de-Haute-Provence

ALPES-MARITIMES

Bernard Brochand
UMP
Alpes-Maritimes

Éric Ciotti
UMP
Alpes-Maritimes

Christian Estrosi
UMP
Alpes-Maritimes

Charles-Ange Ginesy - UMP
Alpes-Maritimes

Jean-Claude Guibal
UMP
Alpes-Maritimes

Jean Leonetti
UMP
Alpes-Maritimes

Lionnel Luca
UMP
Alpes-Maritimes

Rudy Salles
UDI
Alpes-Maritimes

Michèle Tabarot
UMP
Alpes-Maritimes

ARDÈCHE

Sabine Buis
SRC
Ardèche

Olivier Dussopt
SRC
Ardèche

Pascal Terrasse
SRC
Ardèche

ARDENNES

Christophe Léonard
SRC
Ardennes

Bérengère Poletti
UMP
Ardennes

J.-Luc Warsmann
UMP
Ardennes

ARIÈGE

Alain Fauré
SRC
Ariège

Frédérique Massat
SRC
Ariège

AUBE

François Baroin
UMP
Aube

Nicolas Dhuicq
UMP
Aube

Jean-Claude Mathis
UMP
Aube

AUDE

Jean-Paul Dupré
SRC
Aude

Marie-Hélène Fabre
SRC
Aude

Jean-Claude Perez
SRC
Aude

AVEYRON

Yves Censi
UMP
Aveyron

Alain Marc
UMP
Aveyron

Marie-Lou Marcel
SRC
Aveyron

BAS-RHIN

Philippe Bies
SRC
Bas-Rhin

Laurent Furst
UMP
Bas-Rhin

Antoine Herth
UMP
Bas-Rhin

Patrick Hetzel
UMP
Bas-Rhin

Armand Jung
SRC
Bas-Rhin

Frédéric Reiss
UMP
Bas-Rhin

Sophie Rohfritsch
UMP
Bas-Rhin

André Schneider
UMP
Bas-Rhin

Claude Sturni
App. UMP
Bas-Rhin

BOUCHES-DU-RHÔNE

Sylvie Andrieux
Non inscrits
Bouches-du-Rhône

Valérie Boyer
UMP
Bouches-du-Rhône

Vincent Burroni
SRC
Bouches-du-Rhône

Marie-Arlette Carlotti
SRC
Bouches-du-Rhône

DÉPUTÉS DE L'ASSEMBLÉE NATIONALE

Bouches-du-Rhône, Calvados, Cantal, Charente, Charente-Maritime, Cher, Corrèze, Corse-du-Sud

Gaby Charroux
GDR
Bouches-du-Rhône

Jean-David Ciot
SRC
Bouches-du-Rhône

Bernard Deflesselles
UMP
Bouches-du-Rhône

Henri Jibrayel
SRC
Bouches-du-Rhône

Christian Kert
UMP
Bouches-du-Rhône

François-Michel Lambert Écologiste
Bouches-du-Rhône

Jean-Pierre Maggi
SRC
Bouches-du-Rhône

Patrick Mennucci
SRC
Bouches-du-Rhône

Bernard Reynès
UMP
Bouches-du-Rhône

Guy Teissier
UMP
Bouches-du-Rhône

Dominique Tian
UMP
Bouches-du-Rhône

Michel Vauzelle
SRC
Bouches-du-Rhône

CALVADOS

Nicole Ameline
UMP
Calvados

Isabelle Attard
App. Écologiste
Calvados

Laurence Dumont
SRC
Calvados

Philippe Duron
SRC
Calvados

Alain Tourret
RRDP
Calvados

Clotilde Valter
SRC
Calvados

CANTAL

Alain Calmette
SRC
Cantal

Alain Marleix
UMP
Cantal

CHARENTE

Jérôme Lambert
SRC
Charente

Martine Pinville
SRC
Charente

Marie-Line Reynaud
SRC
Charente

Les députés français, avec les sénateurs, font et votent les lois. Les députés siègent à l'Assemblée nationale, tandis que les sénateurs, eux, siègent au Sénat.

CHARENTE-MARITIME

Dominique Bussereau
UMP
Charente-Maritime

Olivier Falorni
RRDP
Charente-Maritime

Didier Quentin
UMP
Charente-Maritime

Catherine Quéré
SRC
Charente-Maritime

Suzanne Tallard
SRC
Charente-Maritime

CHER

Yves Fromion
UMP
Cher

Yann Galut
SRC
Cher

Nicolas Sansu
GDR
Cher

CORRÈZE

Sophie Dessus
SRC
Corrèze

Philippe Nauche
SRC
Corrèze

CORSE-DU-SUD

Laurent Marcangeli
UMP
Corse-Sud

Camille de Rocca Serra
UMP
Corse-Sud

Le Bureau composé de 22 membres (le président, 6 vice-présidents, 3 questeurs et 12 secrétaires), exerce une compétence générale sur l'organisation et le fonctionnement de l'Assemblée.

CÔTE-D'OR

Kheira Bouziane
SRC
Côte-d'Or

Rémi Delatte
UMP
Côte-d'Or

Laurent Grandguillaume
SRC
Côte-d'Or

François Sauvadet
UDI
Côte-d'Or

Alain Suguenot
UMP
Côte-d'Or

CÔTES-D'ARMOR

Corinne Erhel
SRC
Côtes-d'Armor

Viviane Le Dissez
SRC
Côtes-d'Armor

Marc Le Fur
UMP
Côtes-d'Armor

Annie Le Houerou
App. SRC
Côtes-d'Armor

Michel Lesage
SRC
Côtes-d'Armor

CREUSE

Michel Vergnier
SRC
Creuse

DEUX-SÈVRES

Delphine Batho
SRC
Deux-Sèvres

Geneviève Gaillard
SRC
Deux-Sèvres

Jean Grellier
SRC
Deux-Sèvres

DORDOGNE

Brigitte Allain
Écologiste
Dordogne

Pascal Deguilhem
SRC
Dordogne

Colette Langlade
SRC
Dordogne

Germinal Peiro
SRC
Dordogne

DOUBS

Éric Alauzet
Écologiste
Doubs

Marcel Bonnot
UMP
Doubs

Annie Genevard
UMP
Doubs

Pierre Moscovici
SRC
Doubs

Barbara Romagnan
SRC
Doubs

DRÔME

Patrick Labaune
UMP
Drôme

Hervé Mariton
UMP
Drôme

Nathalie Nieson
SRC
Drôme

Franck Reynier
UDI
Drôme

ESSONNE

Malek Boutih
SRC
Essonne

Carlos Da Silva
SRC
Essonne

Nicolas Dupont-Aignan
Non inscrits
Essonne

Nathalie Kosciusko-Morizet
UMP - *Essonne*

François Lamy
SRC
Essonne

Thierry Mandon
SRC
Essonne

Franck Marlin
App. UMP
Essonne

Maud Olivier
SRC
Essonne

DÉPUTÉS DE L'ASSEMBLÉE NATIONALE

Essonne, Eure, Eure-et-Loir, Finistère, Gard, Gers, Gironde

Michel Pouzol
SRC
Essonne

Eva Sas
Écologiste
Essonne

EURE

Jean-Louis Destans
SRC
Eure

Franck Gilard
UMP
Eure

Bruno Le Maire
UMP
Eure

François Loncle
SRC
Eure

Hervé Morin
UDI
Eure

EURE-ET-LOIR

Jean-Pierre Gorges
UMP
Eure-et-Loir

Laure de La Raudière
UMP
Eure-et-Loir

Olivier Marleix
UMP
Eure-et-Loir

Philippe Vigier
Président du groupe UDI
Eure-et-Loir

FINISTÈRE

Patricia Adam
SRC
Finistère

Jean-Luc Bleunven
App. SRC
Finistère

Gwenegan Bui
SRC
Finistère

Richard Ferrand
SRC
Finistère

Chantal Guittet
SRC
Finistère

Gilbert Le Bris
SRC
Finistère

Annick Le Loch
SRC
Finistère

Jean-Jacques Urvoas - SRC
Finistère

GARD

Christophe Cavard
Écologiste
Gard

Gilbert Collard
Non inscrits
Gard

William Dumas
SRC
Gard

Françoise Dumas
SRC
Gard

Patrice Prat
SRC
Gard

Fabrice Verdier
SRC
Gard

GERS

Gisèle Biémouret
SRC
Gers

Philippe Martin
SRC
Gers

GIRONDE

Florent Boudié
SRC
Gironde

Michèle Delaunay
SRC
Gironde

Sandrine Doucet
SRC
Gironde

Martine Faure
SRC
Gironde

Yves Foulon
UMP
Gironde

Pascale Got
SRC
Gironde

Conchita Lacuey
SRC
Gironde

Noël Mamère
Écologiste
Gironde

Philippe Plisson
SRC
Gironde

Marie Récalde
SRC
Gironde

Alain Rousset
SRC
Gironde

Gilles Savary
SRC
Gironde

HAUT-RHIN

Jean-Louis Christ
UMP
Haut-Rhin

Arlette Grosskost
UMP
Haut-Rhin

Francis Hillmeyer
UDI
Haut-Rhin

Jean-Luc Reitzer
UMP
Haut-Rhin

Michel Sordi
UMP
Haut-Rhin

Éric Straumann
UMP
Haut-Rhin

HAUTE-CORSE

Sauveur Gandolfi-Scheit
UMP
Haute-Corse

Paul Giacobbi
RRDP
Haute-Corse

HAUTE-GARONNE

Laurence Arribagé
UMP
Haute-Garonne

Gérard Bapt
SRC
Haute-Garonne

Christophe Borgel
SRC
Haute-Garonne

Carole Delga
SRC
Haute-Garonne

Monique Iborra
SRC
Haute-Garonne

Françoise Imbert
SRC
Haute-Garonne

Patrick Lemasle
SRC
Haute-Garonne

Catherine Lemorton - SRC
Haute-Garonne

Martine Martinel
SRC
Haute-Garonne

Émilienne Poumirol
SRC
Haute-Garonne

HAUTE-LOIRE

Jean-Pierre Vigier
App. UMP
Haute-Loire

Laurent Wauquiez
UMP
Haute-Loire

HAUTE-MARNE

Luc Chatel
UMP
Haute-Marne

François Cornut-Gentille
UMP
Haute-Marne

HAUTE-SAVOIE

Bernard Accoyer
UMP
Haute-Savoie

Sophie Dion
UMP
Haute-Savoie

Virginie Duby-Muller
UMP - *Haute-Savoie*

Marc Francina
UMP
Haute-Savoie

Martial Saddier
UMP
Haute-Savoie

Lionel Tardy
UMP
Haute-Savoie

HAUTE-SAÔNE

Alain Chrétien
UMP
Haute-Saône

Jean-Michel Villaumé
SRC
Haute-Saône

HAUTE-VIENNE

Catherine Beaubatie - SRC
Haute-Vienne

Daniel Boisserie
SRC
Haute-Vienne

Alain Rodet
SRC
Haute-Vienne

DÉPUTÉS DE L'ASSEMBLÉE NATIONALE

Hautes-Alpes, Hautes-Pyrénées, Hauts-de-Seine, Hérault, Ille-et-Vilaine, Indre

HAUTES-ALPES

Karine Berger
SRC
Hautes-Alpes

Joël Giraud
RRDP
Hautes-Alpes

HAUTES-PYRÉNÉES

Jeanine Dubié
RRDP
Hautes-Pyrénnées

Jean Glavany
SRC
Hautes-Pyrénnées

HAUTS-DE-SEINE

Alexis Bachelay
SRC
Hauts-de-Seine

Patrick Balkany
UMP
Hauts-de-Seine

Patrick Devedjian
UMP
Hauts-de-Seine

Jacqueline Fraysse
GDR
Hauts-de-Seine

Jean-Christophe Fromantin
UDI
Hauts-de-Seine

Jean-Marc Germain
SRC
Hauts-de-Seine

Jean-Jacques Guillet
UMP
Hauts-de-Seine

Jacques Kossowski
UMP
Hauts-de-Seine

Patrick Ollier
UMP
Hauts-de-Seine

Sébastien Pietrasanta
SRC
Hauts-de-Seine

André Santini
UDI
Hauts-de-Seine

Thierry Solère
UMP
Hauts-de-Seine

Julie Sommaruga
SRC
Hauts-de-Seine

HÉRAULT

Élie Aboud
UMP
Hérault

Christian Assaf
SRC
Hérault

Sébastien Denaja
SRC
Hérault

Fanny Dombre Coste
SRC
Hérault

Anne-Yvonne Le Dain
SRC - *Hérault*

Kléber Mesquida
SRC
Hérault

Frédéric Roig
SRC
Hérault

Jean-Louis Roumegas
Écologiste
Hérault

Patrick Vignal
SRC
Hérault

ILLE-ET-VILAINE

François André
SRC
Ille-et-Vilaine

Nathalie Appéré
SRC
Ille-et-Vilaine

Thierry Benoit
UDI
Ille-et-Vilaine

Marie-Anne Chapdelaine
SRC
Ille-et-Vilaine

Isabelle Le Callennec - UMP
Ille-et-Vilaine

Gilles Lurton
UMP
Ille-et-Vilaine

Jean-René Marsac
SRC
Ille-et-Vilaine

Marcel Rogemont
SRC
Ille-et-Vilaine

INDRE

Isabelle Bruneau
SRC
Indre

Jean-Paul Chanteguet - SRC
Indre-et-Loire

INDRE-ET-LOIRE

Laurent Baumel
SRC
Indre-et-Loire

Jean-Marie Beffara - SRC
Indre-et-Loire

Philippe Briand
UMP
Indre-et-Loire

Jean-Patrick Gille
SRC
Indre-et-Loire

Claude Greff
UMP
Indre-et-Loire

ISÈRE

Jean-Pierre Barbier
UMP - *Isère*

Marie-Noëlle Battistel - SRC
Isère

Erwann Binet
SRC
Isère

Michèle Bonneton
Écologiste
Isère

François Brottes
SRC
Isère

Michel Destot
SRC
Isère

Joëlle Huillier
SRC
Isère

Michel Issindou
SRC
Isère

Alain Moyne-Bressand - UMP
Isère

Olivier Véran
SRC
Isère

JURA

Marie-Christine Dalloz - UMP
Jura

Jacques Pélissard
UMP
Jura

Jean-Marie Sermier
UMP
Jura

LANDES

Jean-Pierre Dufau
SRC
Landes

Henri Emmanuelli
SRC
Landes

Alain Vidalies
SRC
Landes

LOIR-ET-CHER

Maurice Leroy
UDI
Loir-et-Cher

Patrice Martin-Lalande
UMP
Loir-et-Cher

Denys Robiliard
SRC
Loir-et-Cher

LOIRE

Dino Cinieri
UMP
Loire

Jean-Louis Gagnaire - SRC
Loire

Régis Juanico
SRC
Loire

Yves Nicolin
UMP
Loire

François Rochebloine
UDI
Loire

Paul Salen
UMP
Loire

LOIRE-ATLANTIQUE

Jean-Marc Ayrault
SRC
Loire-Atlantique

Marie-Odile Bouillé
SRC
Loire-Atlantique

Marie-Françoise Clergeau - SRC
Loire-Atlantique

Yves Daniel
SRC
Loire-Atlantique

Sophie Errante
SRC
Loire-Atlantique

Michel Ménard
SRC
Loire-Atlantique

DÉPUTÉS DE L'ASSEMBLÉE NATIONALE

Loire-Atlantique, Loiret, Lot, Lot-et-Garonne, Lozère, Maine-et-Loire, Manche, Marne, Mayenne

Christophe Priou
UMP
Loire-Atlantique

Monique Rabin
SRC
Loire-Atlantique

Dominique Raimbourg
SRC
Loire-Atlantique

François de Rugy
Écologiste
Loire-Atlantique

LOIRET

Olivier Carré
UMP
Loiret

Valérie Corre
SRC
Loiret

Jean-Pierre Door
UMP
Loiret

Marianne Dubois
UMP
Loiret

Claude de Ganay
UMP
Loiret

Serge Grouard
UMP
Loiret

LOT

Jean Launay
SRC
Lot

Dominique Orliac
RRDP
Lot

LOT-ET-GARONNE

Jean-Louis Costes
UMP
Lot-et-Garonne

Matthias Fekl
SRC
Lot-et-Garonne

Lucette Lousteau
SRC
Lot-et-Garonne

LOZÈRE

Pierre Morel-A-L'Huissier
UMP
Lozère

MAINE-ET-LOIRE

Serge Bardy
App. SRC
Maine-et-Loire

Luc Belot
SRC
Maine-et-Loire

Gilles Bourdouleix
Non inscrits
Maine-et-Loire

Marc Goua
SRC
Maine-et-Loire

Marc Laffineur
UMP
Maine-et-Loire

Michel Piron
UDI
Maine-et-Loire

Jean-Charles Taugourdeau - UMP
Maine-et-Loire

MANCHE

Philippe Gosselin
UMP
Manche

Geneviève Gosselin-Fleury
SRC - *Manche*

Guénhaël Huet
UMP
Manche

Stéphane Travert
SRC
Manche

MARNE

Benoist Apparu
UMP
Marne

Charles de Courson
UDI - *Marne*

Philippe Armand Martin
UMP - *Marne*

Arnaud Robinet
UMP
Marne

Catherine Vautrin
UMP
Marne

MAYENNE

Guillaume Chevrollier
UMP - *Mayenne*

Yannick Favennec
UDI
Mayenne

Guillaume Garot
SRC
Mayenne

L'âge des députés

- **1** de moins de 30 ans
- **37** de 30 à 40 ans
- **114** de 40 à 50 ans
- **185** de 50 à 60 ans
- **203** de 60 à 70 ans
- **33** de 70 à 80 ans

MEURTHE-ET-MOSELLE

Hervé Féron
SRC
Meurthe-et-Moselle

Jean-Marc Fournel
SRC
Meurthe-et-Moselle

Chaynesse Khirouni
SRC
Meurthe-et-Moselle

Jacques Lamblin
UMP
Meurthe-et-Moselle

Jean-Yves Le Déaut - SRC
Meurthe-et-Moselle

Dominique Potier
SRC
Meurthe-et-Moselle

MEUSE

Jean-Louis Dumont
SRC
Meuse

Bertrand Pancher
UDI
Meuse

MORBIHAN

Philippe Le Ray
App. UMP
Morbihan

Jean-Pierre Le Roch
SRC
Morbihan

Paul Molac
Écologiste
Morbihan

Philippe Noguès
SRC
Morbihan

Hervé Pellois
App. SRC
Morbihan

Gwendal Rouillard
SRC
Morbihan

MOSELLE

Anne Grommerch
UMP
Moselle

Denis Jacquat
UMP
Moselle

Laurent Kalinowski
SRC - *Moselle*

Céleste Lett
UMP
Moselle

Michel Liebgott
SRC
Moselle

Alain Marty
UMP
Moselle

Gérard Terrier
SRC
Moselle

Paola Zanetti
SRC
Moselle

Marie-Jo Zimmermann
UMP
Moselle

NIÈVRE

Martine Carrillon-Couvreur
SRC
Nièvre

Christian Paul
SRC
Nièvre

NORD

Jean-Pierre Allossery
SRC
Nord

Dominique Baert
App. SRC
Nord

Christian Bataille
SRC
Nord

Alain Bocquet
GDR
Nord

Jean-Jacques Candelier
GDR - *Nord*

Gérald Darmanin
UMP
Nord

Marc-Philippe Daubresse
UMP - *Nord*

Jean-Pierre Decool
App. UMP
Nord

Laurent Degallaix
UDI
Nord

Marc Dolez
GDR
Nord

Anne-Lise Dufour-Tonini
SRC - *Nord*

DÉPUTÉS DE L'ASSEMBLÉE NATIONALE

Nord, Oise, Orne, Paris

Yves Durand
SRC
Nord

Bernard Gérard
UMP
Nord

Christian Hutin
App. SRC
Nord

Sébastien Huyghe
UMP
Nord

Thierry Lazaro
UMP
Nord

Audrey Linkenheld
SRC
Nord

Rémi Pauvros
SRC
Nord

Bernard Roman
SRC
Nord

Francis Vercamer
UDI
Nord

François-Xavier Villain
UDI - *Nord*

OISE

Patrice Carvalho
GDR
Oise

Édouard Courtial
UMP
Oise

Olivier Dassault
UMP
Oise

Lucien Degauchy
UMP
Oise

Michel Françaix
SRC
Oise

Jean-François Mancel - UMP
Oise

Éric Woerth
UMP
Oise

ORNE

Yves Goasdoué
App. SRC
Orne

Véronique Louwagie
UMP
Orne

Joaquim Pueyo
SRC
Orne

PARIS

Denis Baupin
Écologiste
Paris

Patrick Bloche
SRC
Paris

Jean-Christophe Cambadélis - SRC
Paris

Christophe Caresche - SRC
Paris

Fanélie Carrey-Conte
SRC - *Paris*

Pascal Cherki
SRC
Paris

Seybah Dagoma
SRC
Paris

Bernard Debré
UMP
Paris

Cécile Duflot
Écologiste
Paris

François Fillon
UMP
Paris

Claude Goasguen
UMP
Paris

Philippe Goujon
UMP
Paris

Jean-François Lamour
UMP - *Paris*

Anne-Christine Lang
SRC - *Paris*

Pierre Lellouche
UMP
Paris

Annick Lepetit
SRC
Paris

Sandrine Mazetier
SRC
Paris

Daniel Vaillant
SRC
Paris

PAS-DE-CALAIS

Nicolas Bays
SRC
Pas-de-Calais

Brigitte Bourguignon
SRC
Pas-de-Calais

Yann Capet
SRC
Pas-de-Calais

Jean-Jacques Cottel
SRC
Pas-de-Calais

Guy Delcourt
SRC
Pas-de-Calais

Daniel Fasquelle
UMP
Pas-de-Calais

Thérèse Guilbert
SRC
Pas-de-Calais

Serge Janquin
SRC
Pas-de-Calais

Philippe Kemel
SRC
Pas-de-Calais

Michel Lefait
SRC
Pas-de-Calais

Jacqueline Maquet
SRC
Pas-de-Calais

Stéphane Saint-André
RRDP - *Pas-de-Calais*

PUY-DE-DÔME

Danielle Auroi
Écologiste
Puy-de-Dôme

Jean-Paul Bacquet
SRC
Puy-de-Dôme

André Chassaigne
Président du groupe
GDR
Puy-de-Dôme

Christine Pires Beaune
SRC
Puy-de-Dôme

Odile Saugues
SRC
Puy-de-Dôme

PYRÉNÉES-ATLANTIQUES

Sylviane Alaux
SRC
Pyrénées-Atlantiques

Colette Capdevielle
SRC
Pyrénées-Atlantiques

Nathalie Chabanne
SRC
Pyrénées-Atlantiques

David Habib
SRC
Pyrénées-Atlantiques

Jean Lassalle
Non inscrits
Pyrénées-Atlantiques

Martine Lignières-Cassou - SRC
Pyrénées-Atlantiques

PYRÉNÉES-ORIENTALES

Pierre Aylagas
SRC
Pyrénées-Orientales

Jacques Cresta
SRC
Pyrénées-Orientales

Robert Olive
SRC
Pyrénées-Orientales

Fernand Siré
UMP
Pyrénées-Orientales

RHÔNE

Yves Blein
SRC
Rhône

Philippe Cochet
UMP
Rhône

Pascale Crozon
SRC
Rhône

Georges Fenech
UMP
Rhône

Hélène Geoffroy
SRC
Rhône

Christophe Guilloteau
UMP - *Rhône*

Gilda Hobert
RRDP
Rhône

DÉPUTÉS DE L'ASSEMBLÉE NATIONALE

Rhône, Sarthe, Savoie, Saône-et-Loire, Seine-et-Marne, Seine-Maritime

Philippe Meunier
UMP
Rhône

Pierre-Alain Muet
SRC
Rhône

Dominique Nachury
UMP
Rhône

Bernard Perrut
UMP
Rhône

Michel Terrot
UMP
Rhône

Jean-Louis Touraine
SRC
Rhône

Patrice Verchère
UMP
Rhône

SARTHE

Guy-Michel Chauveau
App. SRC
Sarthe

Françoise Dubois
SRC
Sarthe

Marietta Karamanli
SRC - *Sarthe*

Dominique Le Mèner
UMP - *Sarthe*

Sylvie Tolmont
SRC
Sarthe

SAVOIE

Dominique Dord
UMP
Savoie

Hervé Gaymard
UMP
Savoie

Bernadette Laclais
SRC
Savoie

Béatrice Santais
SRC
Savoie

SAÔNE-ET-LOIRE

Philippe Baumel
SRC
Saône-et-Loire

Édith Gueugneau
App. SRC
Saône-et-Loire

Christophe Sirugue
SRC
Saône-et-Loire

Thomas Thévenoud
SRC
Saône-et-Loire

Cécile Untermaier
SRC
Saône-et-Loire

SEINE-ET-MARNE

Yves Albarello
UMP
Seine-et-Marne

Emeric Bréhier
SRC
Seine-et-Marne

Jean-François Copé
UMP
Seine-et-Marne

Olivier Faure
SRC
Seine-et-Marne

Guy Geoffroy
UMP
Seine-et-Marne

Christian Jacob
Président du groupe
UMP - *Seine-et-Marne*

Yves Jégo
UDI
Seine-et-Marne

Valérie Lacroute
UMP
Seine-et-Marne

Jean-Claude Mignon
UMP
Seine-et-Marne

Franck Riester
UMP
Seine-et-Marne

Eduardo Rihan Cypel - SRC
Seine-et-Marne

SEINE-MARITIME

Guillaume Bachelay - SRC
Seine-Maritime

Christophe Bouillon
SRC
Seine-Maritime

Dominique Chauvel
SRC
Seine-Maritime

Estelle Grelier
SRC
Seine-Maritime

Françoise Guégot
UMP
Seine-Maritime

Sandrine Hurel
SRC
Seine-Maritime

Pierre Léautey
SRC
Seine-Maritime

Luce Pane
SRC
Seine-Maritime

Edouard Philippe
UMP
Seine-Maritime

Catherine Troallic
SRC
Seine-Maritime

SEINE-SAINT-DENIS

François Asensi
GDR
Seine-Saint-Denis

Claude Bartolone
SRC - Président de l'Assemblée nationale
Seine-Saint-Denis

Marie-George Buffet
GDR
Seine-Saint-Denis

Daniel Goldberg
SRC
Seine-Saint-Denis

Élisabeth Guigou
SRC
Seine-Saint-Denis

Razzy Hammadi
SRC
Seine-Saint-Denis

Mathieu Hanotin
SRC
Seine-Saint-Denis

Jean-Christophe Lagarde - UDI
Seine-Saint-Denis

Bruno Le Roux
Président du groupe SRC
Seine-Saint-Denis

Michel Pajon
SRC
Seine-Saint-Denis

Élisabeth Pochon
SRC
Seine-Saint-Denis

Pascal Popelin
SRC
Seine-Saint-Denis

SOMME

Pascale Boistard
SRC
Somme

Jean-Claude Buisine
SRC
Somme

Stéphane Demilly
UDI
Somme

Alain Gest
UMP
Somme

Barbara Pompili
Présidente du groupe Écologiste - *Somme*

TARN

Philippe Folliot
UDI
Tarn

Linda Gourjade
SRC
Tarn

Jacques Valax
SRC
Tarn

TARN-ET-GARONNE

Jacques Moignard
RRDP
Tarn-et-Garonne

Valérie Rabault
SRC
Tarn-et-Garonne

TERRITOIRE-DE-BELFORT

Damien Meslot
UMP
Territoire-de-Belfort

Michel Zumkeller
UDI
Territoire-de-Belfort

VAL-DE-MARNE

Laurence Abeille
Écologiste
Val-de-Marne

Jacques Alain Bénisti _ UMP
Val-de-Marne

Sylvain Berrios
UMP
Val-de-Marne

Jean-Jacques Bridey
SRC - *Val-de-Marne*

Gilles Carrez
UMP
Val-de-Marne

Laurent Cathala
SRC
Val-de-Marne

DÉPUTÉS DE L'ASSEMBLÉE NATIONALE

Val-de-Marne, Val-d'Oise, Var, Vaucluse, Vendée, Vienne

Michel Herbillon
UMP
Val-de-Marne

Jean-Luc Laurent
App. SRC
Val-de-Marne

Jean-Yves Le Bouillonnec
SRC
Val-de-Marne

René Rouquet
SRC
Val-de-Marne

Roger-Gérard Schwartzenberg
Président du groupe RRDP - *Val-de-Marne*

VAL-D'OISE

Jean-Pierre Blazy
SRC
Val-d'Oise

Jean-Noël Carpentier
RRDP - *Val-d'Oise*

Jérôme Chartier
UMP
Val-d'Oise

Philippe Doucet
SRC
Val-d'Oise

Philippe Houillon
UMP
Val-d'Oise

Dominique Lefebvre
SRC - *Val-d'Oise*

Axel Poniatowski
UMP
Val-d'Oise

François Pupponi
SRC
Val-d'Oise

François Scellier
App. UMP
Val-d'Oise

Gérard Sebaoun
SRC
Val-d'Oise

VAR

Olivier Audibert Troin
UMP
Var

Jean-Michel Couve
UMP
Var

Georges Ginesta
UMP
Var

Jean-Pierre Giran
UMP
Var

Geneviève Levy
UMP
Var

Josette Pons
UMP
Var

Jean-Sébastien Vialatte - UMP
Var

Philippe Vitel
UMP
Var

VAUCLUSE

Julien Aubert
UMP
Vaucluse

Jacques Bompard
Non inscrits
Vaucluse

Jean-Claude Bouchet
UMP
Vaucluse

Michèle Fournier-Armand
SRC
Vaucluse

Marion Maréchal-Le Pen
Non inscrits - *Vaucluse*

VENDÉE

Véronique Besse
Non inscrits
Vendée

Sylviane Bulteau
SRC
Vendée

Hugues Fourage
SRC
Vendée

Alain Leboeuf
UMP
Vendée

Yannick Moreau
UMP
Vendée

VIENNE

Alain Claeys
SRC
Vienne

Jean-Michel Clément - SRC
Vienne

Catherine Coutelle
SRC
Vienne

Véronique Massonneau
Écologiste
Vienne

VOSGES

Gérard Cherpion
UMP
Vosges

Christian Franqueville
SRC - *Vosges*

Michel Heinrich
UMP
Vosges

François Vannson
UMP
Vosges

YONNE

Jean-Yves Caullet
SRC
Yonne

Marie-Louise Fort
UMP
Yonne

Guillaume Larrivé
UMP
Yonne

YVELINES

Françoise Descamps-Crosnier
SRC
Yvelines

David Douillet
UMP
Yvelines

Henri Guaino
UMP
Yvelines

Pierre Lequiller
UMP
Yvelines

Jean-Philippe Mallé - SRC
Yvelines

François de Mazières
App. UMP - *Yvelines*

Pierre Morange
UMP
Yvelines

Jacques Myard
UMP
Yvelines

Valérie Pécresse
UMP
Yvelines

Jean-Frédéric Poisson
UMP - *Yvelines*

Arnaud Richard
UDI
Yvelines

Jean-Marie Tetart
UMP
Yvelines

Quatorzième législature

Les groupes politiques sont constitués au minimum de 15 députés et jouent un rôle majeur dans le fonctionnement de l'Assemblée nationale. Ainsi :
- *les présidents de groupe siègent à la Conférence des présidents ;*
- *les commissions sont composées en proportion de l'importance numérique des groupes ;*
- *le temps de parole est distribué en fonction de l'effectif des groupes.*

Groupe	Membres	Membres apparentés	Total
Socialiste, républicain et citoyen (SRC)	274	16	290
Union pour un Mouvement Populaire (UMP)	191	8	199
Union des démocrates et indépendants (UDI)	29	0	29
Écologiste (Ecolo)	17	1	18
Radical, républicain, démocrate et progressiste (RRDP)	16	0	16
Gauche démocrate et républicaine (GDR)	15	0	15
Total groupes	542	25	567
Députés non inscrits (NI)			10
Total des sièges pourvus			577
Sièges vacants			0
Total des sièges			577

DÉPARTEMENTS D'OUTRE-MER

GUADELOUPE

Ary Chalus
RRDP
Guadeloupe

Éric Jalton
SRC
Guadeloupe

Gabrielle Louis-Carabin
App. SRC - *Guadeloupe*

Victorin Lurel
SRC
Guadeloupe

GUYANE

Chantal Berthelot
App. SRC
Guyane

Gabriel Serville
GDR
Guyane

DÉPUTÉS DE L'ASSEMBLÉE NATIONALE

Martinique, Réunion, Mayotte, Nouvelle-Calédonie, Polynésie française, St-Barthélemy et St-Martin, St-Pierre-et-Miquelon, Wallis-et-Futuna et les Français établis hors de France

MARTINIQUE

Bruno Nestor Azerot
GDR
Martinique

Serge Letchimy
App. SRC
Martinique

Alfred Marie-Jeanne
GDR
Martinique

Jean-Philippe Nilor
GDR
Martinique

MAYOTTE

Ibrahim Aboubacar
SRC
Mayotte

Boinali Said
App. SRC - *Mayotte*

RÉUNION

Ericka Bareigts
SRC
Réunion

Huguette Bello
GDR
Réunion

Jean-Claude Fruteau
SRC - *Réunion*

Patrick Lebreton
SRC
Réunion

Monique Orphé
SRC
Réunion

Thierry Robert
RRDP - *Réunion*

Jean Jacques Vlody
SRC - *Réunion*

COLLECTIVITÉS D'OUTRE-MER ET NOUVELLE-CALÉDONIE

NOUVELLE-CALÉDONIE

Philippe Gomes
UDI - *Nouvelle-Calédonie*

Sonia Lagarde - UDI
Nouvelle-Calédonie

POLYNÉSIE FRANÇAISE

Maina Sage
DNI
Polynésie française

Jonas Tahuaitu
UDI
Polynésie française

Jean-Paul Tuaiva
UDI
Polynésie française

ST-BARTHÉLEMY ET ST-MARTIN

Daniel Gibbes
App. UMP
Saint-Barthélemy et Saint-Martin

ST-PIERRE-ET-MIQUELON

Annick Girardin
DNI
Saint-Pierre-et-Miquelon

WALLIS-ET-FUTUNA

Napole Polutélé
App. SRC
Wallis-et-Futuna

FRANÇAIS ÉTABLIS HORS DE FRANCE

Pouria Amirshahi
SRC
Hors de France

Philip Cordery
SRC
Hors de France

Sergio Coronado
Écologiste
Hors de France

Meyer Habib
UDI
Hors de France

Pierre-Yves Le Borgn' - SRC
Hors de France

Frédéric Lefebvre
UMP
Hors de France

Arnaud Leroy
SRC
Hors de France

Thierry Mariani
UMP
Hors de France

Alain Marsaud
UMP
Hors de France

Christophe Premat
SRC
Hors de France

Claudine Schmid
UMP
Hors de France

« On peut oublier un visage mais on ne peut tout à fait effacer de sa mémoire la chaleur d'une émotion, la douceur d'un geste. »

Tahar Ben Jelloun

C'est arrivé le…

1er janvier 1921

Naissance du sculpteur César. Il est associé au mouvement des « nouveaux réalistes », grâce notamment à sa technique de « compression dirigée » qui le voit compresser des objets de la vie courante, pied de nez à la société de consommation. On lui doit les trophées en bronze qui portent son nom et récompensent chaque année les meilleurs professionnels (acteurs, réalisateurs, techniciens…) de l'industrie cinématographique française.

Au 1er de l'an, fais deux crêpes pour avoir de l'argent.

Pour rire

– Fais pas la gueule, déjà que t'es moche !

« Vermot 2.0 »

Et c'est reparti avec cet Almanach Vermot au contenu 100 % nouveau. Ancré dans la tradition et l'actualité, le Vermot 2015 suit aussi les tendances du moment. Ne soyez donc pas étonnés d'y trouver des rubriques d'humour consacrées aux « Ver-bons-Mots » qui fleurissent sur les réseaux sociaux et Internet. Le « Vermot 2.0 » est en marche !

Pour le reste, pas de révolution, mais des surprises, et des nouveautés bien sûr : divertissement, actualité insolite et de société, faits divers abracadabrants, rire, bons mots, culture générale, trucs pratiques et astuces, jeux, cuisine, jardinage, petites histoires de la grande Histoire… Bref, tout est encore réuni cette année pour faire de l'Almanach Vermot votre recueil indispensable contre la sinistrose.

Bonne année à tous !

Janvier provient du nom du dieu Janus, dieu des portes et des passages, dont le regard est tourné à la fois vers l'entrée et la sortie, la fin et le début d'une année. Il est devenu le premier mois de l'année sous Charles IX, en 1564.

Trois reines et sept souverains moururent en janvier : Anne de Bretagne, le 9 janvier 1514, Catherine de Médicis, le 5 janvier 1589, et Anne d'Autriche, le 20 janvier 1666. Charlemagne mourut le 28 janvier 814, Charles le Gros suivit le 13 janvier 888 et Philippe le Long le 3 janvier 1322. Charles le Mauvais (Charles II de Navarre) disparut le 1er janvier 1387 et Louis XII le 1er janvier 1515. Enfin, Louis XVI fut guillotiné le 21 janvier 1793. Trois papes disparurent également ce mois-ci : Félix V, Paul V et Télesphore. On doit à ce dernier la fête de Noël et la messe de minuit.

Malgré le froid, les étrennes font de janvier un mois agréable. À Rome, cet usage fut introduit, dit-on, sous le régime du roi Tatius Sabinus qui, le premier, en présage de bon augure pour la nouvelle année, reçut des rameaux de verveine cueillis dans le bois sacré de la déesse Strenia. De là le nom strenia, puis strena et étrennes. Par la suite, on remplaça la verveine par des cadeaux sous forme de miel, de dattes ou de figues, pour témoigner qu'on ne souhaitait à ses amis rien que de doux et d'agréable pour le reste de l'année. En 1793, les étrennes furent interdites comme constituant un principe « contraire à l'esprit nouveau ». Heureusement, on oublia le décret avec le Directoire et les gens purent continuer à échanger des cadeaux sans risquer la prison.

Vendredi 2 janvier

Saint Basile On fête aussi les Adélard, Macaire, Fanny, Stéphanie

Le soleil se lève à **08 h 46** *et se couche à* **17 h 04**

« Il y a des maladies qui ne se guérissent pas avec de l'argent, mais avec de l'amour. »

Mère Térésa

La bonne blague !

7 heures du matin. Le mari rentre à la maison après une grosse soirée entre copains. Sa femme l'attend de pied ferme, plutôt énervée…
- Dis-moi, c'est à cette heure-ci que tu rentres, Superman ?
- Je vais t'expliquer. Je suis vraiment désolé, mais j'étais avec des clients.
- Et vous avez discuté toute la nuit, Superman ?
- C'était un nouveau client pour la boîte. Je l'ai emmené manger dans un bon restaurant.
- Jusqu'à 7 heures du matin ? Tu me prends pour une demeurée, Superman ?
- Bon, ok, ensuite on est allés boire un verre dans un bar.
- Bien sûr, un verre, jusqu'à 7 heures du mat' peut-être, Superman ?
- Non, avoue le mari de plus en plus déconfit. Mon client venait pour la première fois à Paris. Il a voulu que je l'emmène dans une boîte de strip-tease après. Mais, chérie, je n'ai fait QUE regarder.
- Ok, tu as seulement regardé… Et tu veux que je te croie, Superman ?
Le mari va pour se défendre encore une fois et demande :
- Mais pourquoi tu n'arrêtes pas de m'appeler Superman ?
- Parce qu'il n'y a que Superman qui porte le slip par-dessus son pantalon !

C'est arrivé le…

2 janvier 1959

Lancement du satellite soviétique Luna 1, premier engin spatial à passer à proximité (environ 6 000 km) de la Lune. Cet engin de 361 kg était destiné à effectuer des mesures dans l'espace interplanétaire avant de s'écraser sur la Lune. Ce fut la première des sondes du programme soviétique Luna qui s'acheva en 1976. Elle marque le début de l'exploration spatiale.

Miss France

Vous avez peut-être suivi l'élection de Miss France 2015, il y a quelques jours à la télé. Mais savez-vous combien gagne une Miss France durant son règne ? Tout d'abord, elle touche un salaire mensuel de 3 000 euros, auquel s'ajoutent près de 100 000 euros de cadeaux. Mais au final, avec les contrats commerciaux signés durant une année, Flora Coquerel, Miss France 2014, empocherait peu ou prou 300 000 euros ! Une jolie somme. Sans compter une année « tous frais payés » et de nombreux cadeaux offerts au gré des représentations partout en France.

Vermot'jardin

Janvier

- Hors période de gel, c'est le bon moment pour planter les arbres et arbustes caducs.
- Bêchez et préparez les sols de vos futurs massifs de plantes annuelles.
- Récoltez les légumes racines tels que les crosnes, topinambours, salsifis et scorsonères.
- Protégez vos carottes et poireaux d'hiver en recouvrant le sol d'un paillage (voir Dico jardin du 17 février).
- Raccourcissez les rameaux des pommiers et poiriers en coupant au-dessus du troisième œil.
- Dégagez la neige qui s'est accumulée dans les allées et sur les branches des arbres.

“ Le premier des bons ménages est celui qu'on fait avec sa conscience. ”

Albert Einstein

C'est arrivé le…

3 janvier 1993

Signature à Moscou de l'accord de désarmement Start II entre les États-Unis et la Russie, par Boris Eltsine et George Bush. Cette signature entérine la réduction des arsenaux stratégiques des blocs russe et américain, ils ne doivent désormais plus dépasser les 3 500 têtes nucléaires stratégiques pour chaque partie.

Le droit de savoir

15 € le café ?

Possible. Depuis 1986, les prix sont libres en France. Ainsi, un établissement a le droit de facturer un plat ou une boisson à n'importe quel tarif, aussi prohibitif soit-il. Et il peut varier ses tarifs en fonction de l'horaire. Une seule condition à tout cela : que ce soit affiché clairement. À l'extérieur du restaurant, pour les menus, les plats et les boissons les plus couramment servis, et à l'intérieur dans une carte proposée au client. Une amende pouvant atteindre 1 500 € pénalise l'infraction à l'affichage des prix. Pour le reste, à vous de voir si vous voulez être mangé comme un pigeon.

Rétro' Vermot

Bibi rentre de l'école en pleurant.
– Qu'y a-t-il ? demande sa mère.
– Le maître m'a grondé, répond le gosse en larmes, parce que je ne savais pas où étaient les Apennins.
– C'est bien fait, dit alors le père. Au moins, la prochaine fois, tu n'oublieras pas où tu mets tes affaires. (1938)

– Je transporte toujours mon chien de garde avec moi.
– Et il garde quoi ?
– Ma brouette…

À l'origine… Madame Rogomme

Quelquefois, l'origine de certaines expressions devenues d'un usage courant est plutôt difficile à démêler. Ainsi, n'est-ce pas ?, tout le monde connaît Stentor, guerrier mythologique qui faisait entendre en parlant des sons formidables, d'où l'expression « une voix de stentor » ; et chacun sait certainement qu'« une voix blanche » désigne une voix sans timbre, si pâle qu'elle semble incolore. Mais que dire de l'expression « une voix de Rogomme » qui, si vous l'ignorez, est attribuée à un organe sortant des sons éraillés ?
Il est bien entendu que n'importe quel dictionnaire vous dira ce qu'est un rogomme : une liqueur alcoolique quelconque. Certes ! Mais quel lien entre un rogomme et la voix ? On trouve l'explication au XVIIe siècle, à Paris. Alors, sur le terre-plein du Pont-Neuf se trouvait le charlatan Grand Thomas. Celui-ci, chaque fois qu'il arrachait une dent, envoyait aussitôt sa « victime » se rincer la bouche en lui faisant avaler une mauvaise eau-de-vie que lui versait une comparse, la bien-nommée Mme Rogomme. La femme avait la voix abominablement éraillée et, comme on avait tout lieu de croire que cette particularité lui venait de trop souvent lever le coude, son nom resta populairement attaché non seulement à l'alcool, mais à ceux dont le timbre vocal s'altère pour en avoir trop bu.

Oh ! tu sais pas ?

Saviez-vous que les noix de coco sont bien plus dangereuses que les requins ? En effet, en tombant de leur arbre, elles tuent chaque année plus de personnes que les squales. Les noix de coco seraient responsables de la mort d'environ cent cinquante personnes dans le monde chaque année, c'est-à-dire quinze fois plus que le nombre de personnes décédées suite à une attaque de requin.

Dimanche 4 janvier

Saint Odilon On fête aussi les Faustine, Faula, Fata et Oringa

Le soleil se lève à **08 h 45** *et se couche à* **17 h 06**

« *Le rire est la musique la plus civilisée du monde.* »

Peter Ustinov

C'est arrivé le…

4 janvier 1960

Décès du prix Nobel de littérature, Albert Camus. Écrivain, romancier et philosophe français, il est aussi journaliste et militant engagé dans la Résistance française et les combats moraux de l'après-guerre. C'est un des écrivains les plus critiques du « régime totalitariste soviétique », ce qui lui valut de se brouiller avec Jean-Paul Sartre.

Mon truc en +

Un plat en terre imbeccable

Les plats en terre ont un inconvénient majeur : ils sont poreux et absorbent donc la graisse instantanément. Pour pallier ce problème, une heure avant de l'utiliser, remplissez votre plat d'eau bouillante. Laissez agir. L'eau pénètre la terre et empêche par la suite la graisse de s'infiltrer. Vous devrez tout de même nettoyer le plat après l'avoir utilisé, mais ce sera bien plus facile !

- Tout le monde est bien rentré ?

LU DANS LA PRESSE

Les corps seront eux soumis de nouveau aux terribles cadences dont on vous rabat les oreilles.
(La Dépêche)

Quand on nous les rebat, c'est moins douloureux.

DERNIERS MOTS AVANT LA MORT

Les grands hommes, et notamment de lettres, le sont-ils encore à quelques secondes de rendre l'âme ? Pour certains, oui, dont les épitaphes sont aujourd'hui célèbres. En amateur de mots, et de bons mots, le Vermot ne pouvait ignorer ces dernières paroles historiques.

- **Balzac :** *Huit jours avec la fièvre ! J'aurais encore eu le temps d'écrire un livre !*
- **Kant :** *Es is gut (tout est bien).*
- **Clemenceau :** *Enlevez-moi ça ! (en voyant arriver un prêtre).*
- **Musset :** *Dormir, enfin je vais dormir !*
- **Hobbes :** *Je dois franchir ce pas redoutable qui me conduira dans les ténèbres.*
- **Rabelais :** *Tirez le rideau, la farce est terminée !*
- **Montaigne :** *Ce n'est pas la mort que je crains, mais de mourir.*
- **Voltaire :** *Je m'arrêterais de mourir s'il me venait un bon mot ou une bonne idée.*
- **Oscar Wilde :** *Je meurs vraiment au-dessus de mes moyens ! (en recevant la note du médecin).*
- **Marx :** *Dehors ! Les derniers mots sont pour les imbéciles qui n'ont rien dit de leur vivant !*

Qui veut aller vivre sur Mars ?

Une société hollandaise, Mars-One, a lancé un appel à candidature pour un aller simple vers Mars, en 2023. Malgré la folie de ce projet loin d'être réalisable, plus de 200 000 personnes ont répondu positivement à la proposition de vivre « pour toujours » sur la planète Mars. Trois étapes de sélection seront organisées dans les deux ans, précise Mars-One, qui ajoute : « D'ici 2015, entre six et dix équipes de quatre personnes subiront un entraînement complet ». Puis « une de ces équipes deviendra en 2023 celle des premiers humains à avoir jamais atterri sur Mars et à y vivre pour le reste de leur vie ». 202 586 personnes se sont inscrites pour faire éventuellement partie de cette première vague. Les plus nombreuses viennent des États-Unis (24 %), d'Inde (10 %), de Chine (6 %) et du Brésil (5 %). Mais qu'ils ne s'imaginent pas une de vie rêve. Outre l'incapacité de revenir sur la Terre, ils devront vivre dans de petits habitats, trouver de l'eau, produire leur oxygène et cultiver leur propre nourriture. Reste aussi à trouver le moyen de les amener là-bas.

Le soleil se lève à **08 h 45** et se couche à **17 h 07**

Lundi **5 janvier**

Saint Édouard On fête aussi les Siméon, Appollinaire, Eddy, Eddie

« Les bons mûrissent, les mauvais pourrissent. »

Victor Hugo

C'est arrivé le…

5 janvier 1975

Sept sociétés naissent du démantèlement de l'Office de la radiodiffusion télévision française. Les chaînes de l'ORTF sont réorganisées en sept sociétés autonomes : TF1, Antenne 2, FR3, Radio France, TDF (Télédiffusion de France), INA (Institut national de l'audiovisuel) et SFP (Société française de production). Chacune des sociétés est placée sous la tutelle du Premier ministre, le monopole d'État étant maintenu.

- Bonjour, homme de Lascaux, nous venons du futur pour visiter ta grotte… pouvons-nous entrer ?
- Les patins !!

Fallait pas l'inventer…

Jimi Heselden : Warf, Wharfe…

Qu'il était content, le milliardaire britannique Jimi Heselden, en prenant les rênes de Segway, la célèbre marque d'engins électriques à deux roues. À la tête d'une fortune évaluée à 166 millions de livres (soit 195 millions d'euros), Heselden s'est hissé à la 395e place du classement des personnalités les plus fortunées, établi par le Sunday Times Rich. Peut-être aurait-il dû dépenser un peu de son argent pour apprendre aussi à tenir les guidons de ses machines. En effet, en essayant un de ses nouveaux prototypes sur son terrain bordant les falaises du Yorkshire, il fit une chute mortelle d'une dizaine de mètres qui l'envoya tout droit dans la rivière Wharfe, non loin de son domicile.

@çagazouille : les JLGeades

©Twitter

La voici, la rubrique « réseaux sociaux » annoncée. Elle est consacrée au réseau à l'oiseau bleu (Twitter®) sur lequel gazouillent et s'amusent des milliers de twittos, comme on les appelle. Parmi eux – mais nous vous en ferons découvrir bien d'autres –, JLG, qui livre sans relâche sous l'adresse @jlgdu54 ses tweets (messages), réflexions décalées et autres jeux de mots.

- Quand nous habitions sous les toits, notre amour était à son comble.
- Qu'un bœuf pèse 500 kg, ça ne met tonne qu'à moitié.
- « Île déserte » fait rêver le citadin. « Il déserte » fait rêver le fantassin.
- J'aurais fait un jeu de mots de façon fort tweet ?
- De nos jours, les menus atteignent des prix gastronomiques.
- Dans un bureau de poste, il peut y avoir une guichetière bien enveloppée et un facteur timbré. Faites le tri.
- Un aveugle qui ment, ça se sent : on s'en rend compte à vue de nez.
- La cécité est un handicap à ne pas perdre de vue.
- Les fumeurs sevrés, tous des éclopés !
- Goal qui perd : un gardien de but chauve encaisse-t-il plus de buts casquette ?
- Quand on a deux mauvais profils, il faut savoir faire face.
- Aux grands patrons, les bons salaires, et aux employés, les mauvais traitements.
- Si deux gamines ensemble jouent à la dînette, une gamine seule joue à la mi-dînette.
- L'armée française a-t-elle trop de frais généraux ?
- Les gens sont de plus en plus pressés par les temps qui courent.
- Malade comme une bête, j'ai eu un mal de chien à me défaire de cette fièvre de cheval.
- Avoir la main verte n'interdit pas de se taper un coude rouge.
- Préférer tirer les rois plutôt que les reines, est-ce le bon choix ?
- Quand le mari est entier, sa moitié est tentée de faire appel à un tiers.
- Un sismologue qui va au casino, c'est pour y vérifier l'attrait tonique des plaques.

Mardi **6 janvier**

Saint Mélaine et Gaspard, Balthazar, Melchior, Raphaëlle, Mélanie

Le soleil se lève à **08 h 45** *et se couche à* **17 h 08**

« Je ne connais pas la clé du succès, mais la clé de l'échec, c'est d'essayer de plaire à tout le monde. »

Bill Cosby

C'est arrivé le…

6 janvier 1884

Mort du botaniste autrichien Johann Mendel, reconnu aujourd'hui comme le père fondateur de la génétique. Cet homme d'Église, moine dans le monastère de Brno, est à l'origine des « lois de Mendel », qui définissent la manière dont les gènes se transmettent de génération en génération.

Le bon exemple

Pour donner le « bon exemple » dans la lutte contre l'extermination des espèces menacées, le gouvernement de Hong Kong a annoncé que le thon rouge et l'aileron de requin ne seront plus servis lors des réceptions et dîners officiels. « L'exclusion de ces mets sert aussi d'exemple pour une meilleure éducation du public et une prise de conscience à propos du développement durable », a déclaré un porte-parole du gouvernement. Un geste symbolique lorsque l'on sait que Hong Kong est l'un des principaux marchés dans le monde pour les ailerons de requin, un mets raffiné très prisé, souvent servi en soupe lors des banquets donnés par des Chinois fortunés. Le commerce des ailerons de requin n'est d'ailleurs soumis à aucune réglementation à Hong Kong, à l'exception de trois espèces, le requin pèlerin, le grand requin blanc et le requin-baleine. Selon certaines statistiques fiables, plus de 70 millions de requins sont tués chaque année pour leurs ailerons. Un tiers des espèces vivant en haute mer est ainsi au bord de l'extinction.

ÇA ASSURE !

Lorsque l'on est assureur, il n'est pas toujours facile d'abord de comprendre, puis de démêler, dans leurs courriers, la bonne ou mauvaise foi ou le degré de responsabilité des assurés. La preuve dans le texte.

– Je me suis permis de laisser en blanc la feuille jointe à la déclaration et réservée au croquis. Je vous rappelle qu'il s'agit de ma belle-mère qui a été mordue par un chien et je n'ai aucun talent de caricaturiste.

– Vous me demandez si j'ai fait jouer l'assurance scolaire quand « Pupuce » a renversé la voisine, mais je vous rappelle que « Pupuce » n'est pas ma fille, mais mon teckel.

Foi de footeux

Les footballeurs, et parmi eux les meilleurs, souvent interviewés à chaud ou dans l'intimité des vestiaires, ont un langage qui ferait saliver les collectionneurs de… perles ! Le Vermot vous en offre des colliers entiers tout au long de cet Almanach 2015. Et foi de footeux, vous allez rire.

- Les gars, pour gagner, faut appliquer la règle des trois C : Courir, Contrer et Marquer !
- Les gars, aujourd'hui, si on ne gagne pas ou qu'on fait pas match nul, surtout on perd pas !
- Le Touquet, une ville que j'aime bien venir. (*Franck Ribéry*)
- Il faut jouer à domicile comme on joue à la maison. (*Djamel Abdoun*)
- Les gars en face sont comme nous : ils ont deux bras et une jambe.
- On peut battre n'importe qui, mais aussi perdre contre n'importe qui. (*Sammy Traore*)
- Quand vous êtes dans la surface et que vous ne savez pas quoi faire, mettez le ballon dans les filets. On parlera des autres possibilités après. (*Bill Shankly*)

Mercredi **7 janvier**

Saint Raymond On fête aussi les Aymone, Ramsès, Rachida

« Un dictateur, en effet, n'a pas de concurrent à sa taille tant que le peuple ne relève pas le défi. »

François Mitterrand

C'est arrivé le…

7 janvier 1785

L'aéronaute français Jean-Pierre Blanchard et le physicien américain John Jeffries accomplissent pour la première fois la traversée de la Manche dans un ballon gonflé à l'hydrogène. Partis de Douvres (Angleterre), ils rejoignent Calais. Leur exploit ne se déroule pas sans difficulté, les deux aventuriers devant larguer jusqu'à la corde de leur nacelle ainsi qu'une partie de leurs vêtements pour maintenir leur altitude jusqu'au bout.

TOP CHRONO : LA TÉLÉVISION

Vous la regardez tous les jours, mais la connaissez-vous ? Le remarquable historien Alain Decaux n'étant pas disponible malheureusement, c'est nous qui nous y collons. Souvenirs, souvenirs.

- **Décembre 1853 : création de la Compagnie générale des eaux (CGE), futur Vivendi Universal (Canal+, CanalSat, SFR).**
- **25 août 1900 : naissance du mot « télévision ». Il est entendu pour la première fois à l'Exposition universelle de Paris.**
- **30 octobre 1925 : John Logie Baird réalise la première expérience de transmission d'images à Londres.**
- **27 janvier 1926 : naissance officielle de la télévision.**
- **28 décembre 1927 : le gouvernement Poincaré crée le service de radiodiffusion, rattaché aux PTT.**
- **14 avril 1931 : première démonstration publique de la télévision dans l'amphithéâtre de l'École supérieure d'électricité de Malakoff (l'émetteur se trouvait à 2 km de là, à Montrouge). 800 spectateurs ont assisté à cette démonstration organisée par René Barthélémy.**

– Je regrette, madame, mais les animaux ne sont pas admis dans le magasin !!

Le prix Nobel de l'erreur

Récompenser d'un prix Nobel des travaux erronés ? C'est ce qui est arrivé en 1938 à l'Italien Enrico Fermi, qui reçut le prix Nobel de physique quatre ans après avoir découvert deux éléments radioactifs « imaginaires », nous raconte le blog Passeur de Sciences. En 1934, « Fermi, écrit le blog, a en effet réussi à produire deux nouveaux éléments auxquels il a donné le nom d'ausénium et d'hespérium ». Problème : ces éléments n'ont jamais existé, Fermi s'étant trompé dans son interprétation ; mais à l'époque aucune preuve de l'erreur n'avait été apportée. Et derrière l'expérience du chercheur italien se cachait l'origine d'une découverte ô combien importante, celle de la fission nucléaire qui sera ensuite employée pour élaborer la bombe atomique. L'erreur fut révélée peu de temps après l'attribution du Nobel, par des scientifiques allemands qui reproduisaient l'expérience de Fermi.

2		6		8		5	3	
5	7			6		2	8	
9	3						1	7
1		4			2		6	
	2						7	
	6		9			3		1
6	1						4	2
	9	7		2			5	3
	5	2		7		1		6

Sudoku

FACILE

Complétez le grand carré de façon à placer tous les chiffres de 1 à 9 sur chaque ligne horizontale, sur chaque colonne et dans chaque petit carré de 9 cases.

Solution page 35

Jeudi **8 janvier**

Saint Lucien et les Gudule, Jaimie, Guenièvre, Lucienne, Luciana

Le soleil se lève à **08 h 44** *et se couche à* **17 h 10**

« Le vin est ce qu'il y a de plus civilisé au monde. »

Rabelais

C'est arrivé le…

8 janvier 1959

Fidel Castro prend le pouvoir à Cuba. Il était un des principaux leaders de la révolution cubaine qui renversa le régime dictatorial du général Fulgencio Batista. Souvent décrié pour une politique aux dérives autoritaires, notamment par Amnesty International, il instaure progressivement une république socialiste à parti unique. Il se retire de la présidence en 2008 à la suite de problèmes de santé et laisse le pouvoir à son frère, Raùl Castro.

LU DANS LA PRESSE

Les quatre chenilles ouvrières organisatrices du vide-greniers.
(La République des Pyrénées)

Être dans le journal : de quoi avoir les chevilles qui enflent…

Esprit d'antan

Le roi George V, alors qu'il n'était encore que jeune prince de Galles, fit un stage assez long sur un navire-école. Un jour, le commandant de bord le pria de relever par écrit la position exacte du bateau. Le prince se mit immédiatement à l'œuvre et, quelques instants après, présenta le fruit de son travail au commandant. Ce dernier, après avoir jeté un rapide coup d'œil sur la feuille de papier, pria le prince de bien vouloir retirer son képi, signe de fin de stage.

– Mais pourquoi ? demanda le futur roi d'Angleterre, un peu interloqué.

– Parce que d'après vos calculs, nous venons, Altesse, d'entrer dans la cathédrale de Westminster, répondit froidement le commandant.

Dix milliards en 2050

La population mondiale atteindra 9,731 milliards d'habitants en 2050 contre 7,141 milliards en 2013, selon une étude bisannuelle de l'Institut national d'études démographiques (INED). La planète compterait 10 à 11 milliards d'habitants à la fin du siècle, toujours selon les projections de l'INED. Le cap des 6 milliards, lui, avait été dépassé en 1999, et il aura fallu douze ans de plus pour atteindre les 7 milliards, en 2011.

Si l'on rentre plus en détail dans ces estimations, l'Afrique concentrera environ un quart de la population mondiale en 2050, avec 2,435 milliards de personnes, soit plus du double enregistré en 2013 (1,1 milliard). L'Europe continentale serait en revanche la seule zone à connaître un recul de sa population, qui passera de 740 millions d'habitants en 2013 à 726 millions en 2050. L'Amérique, quant à elle, passera le cap du milliard d'habitants, de 958 millions d'habitants en 2013 à 1,228 milliard en 2050. Enfin, le grand bond en avant sera réalisé par l'Asie, qui passera de 4,305 milliards d'habitants en 2013 à 5,284 milliards en 2050.

Actuellement le top 5 des pays les plus peuplés est composé de la Chine (1,36 milliard), devant l'Inde (1,276 milliard), les États-Unis (316,2 millions), l'Indonésie (248,5 millions) et le Brésil (195,5 millions). En 2050, ce classement devrait être sensiblement modifié avec l'Inde en tête (1,65 milliard) devant la Chine, moins peuplée (1,314 milliard), et le Nigeria qui, avec 444 millions d'habitants, passera devant les États-Unis (400 millions).

Maître de bonne compagnie

Chat : mâle ou femelle ?

Question personnalité, pas de réelles différences entre les deux. En revanche, côté mœurs sexuelles, il faut choisir. Les mâles sont plus indépendants et bagarreurs et sont un peu moins actifs sexuellement que les femelles. Excepté si une femelle en chaleur traîne dans le voisinage ! Ils peuvent alors infliger des dégâts aux meubles et aux coussins ou uriner hors de leur caisse pour marquer leur territoire. Et s'ils sont « entiers », c'est-à-dire non castrés, ils deviennent facilement fugueurs. Ne vous étonnez pas alors de les voir revenir blessés, amaigris et sales. Chez les femelles, vous l'avez compris, le principal souci concernera les chaleurs.

Le soleil se lève à **08 h 44** et se couche à **17 h 12**

Vendredi **9 janvier**

Sainte Alix et les Adrien, Adriana, Adrienne, Vanessa, Vania, Alice

« La nature a placé l'humanité sous le gouvernement de deux maîtres souverains, la douleur et le plaisir. Eux seuls dictent nos actions. »

Jeremy Bentham

Politiquement… incorrect

Le plus souvent adeptes de la langue de bois devant les micros, les hommes politiques peuvent aussi avoir une langue de vipère… et beaucoup d'humour. Recueil de ces petites phrases ou perles qui ont fait couler beaucoup d'encre ces vingt dernières années, et dont certaines ont eu l'honneur d'être récompensées au Grand Prix de l'humour politique créé en 1988.

– Ils vont s'apercevoir que je suis assez con pour aller jusqu'au bout. (*Dominique de Villepin, en 2006, au sujet du Contrat première embauche (CPE), projet abandonné après trois mois de crise*)

– Voici que s'avance l'immobilisme et nous ne savons pas comment l'arrêter. (*Edgar Faure, 1908-1988*)

– En 1974, les Français voulaient un jeune : ils ont eu Giscard. En 1995, ils voudront un vieux : ils auront Giscard. (*Philippe Séguin, 1943-2010*)

– Le miracle permanent des Verts, c'est que les gens nous attendent encore pour refaire le monde. (*Jean-Luc Bennahmias, député européen, ancien Vert passé au Modem*)

– Les socialistes aiment tellement les pauvres qu'ils en fabriquent. (*Jacques Godfrain, ministre de la Coopération dans le gouvernement Juppé*)

– Il est plus facile de céder son siège à une femme dans l'autobus qu'à l'Assemblée nationale. (*Laurent Fabius*)

– Cette semaine, le gouvernement fait un sans-faute ; il est vrai que nous ne sommes que mardi (*François Goulard, ancien ministre, Démocratie Libérale/UMP*)

– Pour faire face à la hausse du prix du pétrole, je conseille aux Français de faire du vélo. (*Christine Lagarde, ministre de l'Économie sous la présidence de Sarkozy, directrice du FMI*)

Pour rire

– Je ne bois jamais à outrance… Je sais même pas où c'est.

C'est arrivé le…

9 janvier 1431

Accusée d'hérésie, Jeanne d'Arc comparaît à Rouen devant un tribunal composé de 40 membres et présidé par Pierre Cauchon, évêque de Beauvais. La première séance publique aura lieu le 21 février dans la chapelle royale du château de Rouen. Le 24 mai, Jeanne d'Arc abjurera et reconnaîtra ses péchés avant de se rétracter le 28. Jeanne la Pucelle sera brûlée vive sur la place du Vieux-Marché à Rouen, le 30 mai.

Ça c'est fait… divers

Kayla Smith, 33 ans, habitante de Vancouver (Canada), s'était fait voler son tout nouveau vélo, d'une valeur de 1 000 dollars, alors qu'il était accroché avec un antivol dans un stationnement dédié de la métropole de la côte pacifique canadienne. Le lendemain, en parcourant les petites annonces sur le site Internet Craigslist, elle y découvre une bicyclette qui ressemble à s'y méprendre à la sienne. D'ailleurs, c'est la sienne : les autocollants qu'elle avait apposés sur le cadre du vélo ne sauraient mentir. Kayla contacte alors le vendeur et rendez-vous est pris. Sur place, elle demande alors au « revendeur » si elle peut essayer la bicyclette… pour finalement s'échapper. Médiatisée, l'affaire a vite fait réagir la police canadienne qui a déconseillé à la population de se faire vengeance soi-même. Allez en parler à Kayla qui, sans cet acte de bravoure, n'aurait sans doute jamais retrouvé son vélo.

Samedi 10 janvier

Saint Guillaume On fête aussi les Billy

Le soleil se lève à **08 h 44** *et se couche à* **17 h 13**

« Après trente ans passés à étudier la psychologie féminine, je n'ai toujours pas trouvé de réponse à la grande question : que veulent-elles au juste ? »

Sigmund Freud

C'est arrivé le…

10 janvier 1971

Décès de Gabrielle Chanel, dite « Coco Chanel », créatrice de mode et de parfums. Elle est à l'origine de la création de la maison Chanel, représentante de « l'élégance à la française ». Cette icône publique est aussi bien connue pour son parfum N° 5 ou son tailleur en tweed gansé que pour sa façon autoritaire et opportuniste de gérer son empire.

Mon truc en +

Nettoyer l'argenterie

Nettoyer votre argenterie facilement, c'est possible ! Il vous suffit de la tremper en même temps qu'un objet en aluminium (une louche par exemple) dans un mélange composé de 10 g de cristaux de soude et de 500 ml d'eau. Grâce à cette astuce, vous retrouverez vos couverts comme neufs.

Nobel peu recommandable

Chaque année, une cérémonie organisée par l'université américaine d'Harvard récompense les études scientifiques les plus inutiles : les prix IgNobel (jeu de mot entre « prix Nobel » et « ignoble »). En 2013, les Français s'y sont illustrés. Palmarès :

L'équipe grenobloise de Laurent Bègue a reçu le prix de psychologie, pour une étude prouvant que plus on boit, plus on se trouve beau.

En médecine, le prix est revenu à une équipe sino-japonaise, qui avait étudié les effets de l'opéra sur la longévité d'une souris ayant bénéficié d'une transplantation cardiaque.

Le prix IgNobel de santé publique va à une équipe thaïlandaise pour ses travaux sur la gestion des interventions chirurgicales des amputations du pénis, « à l'exclusion des situations où le pénis a été mangé par un canard ».

Les prix de biologie et d'astronomie ont été décernés à une équipe internationale qui avait montré que les scarabées bousiers, quand ils sont perdus, retrouvent leur chemin en regardant la voie lactée.

En physique, le prix a été décerné à des chercheurs italiens, français, russes, suisses et britanniques ayant démontré que certaines personnes seraient physiquement capables de courir sur la surface d'un étang… si celui-ci était sur la Lune.

L'anti-Nobel de chimie a, lui, récompensé une équipe japonaise « pour avoir démontré que la raison pour laquelle les oignons font pleurer est encore plus compliquée que ce que les scientifiques pensaient jusqu'alors » !

Enfin, une étude a reçu le prix de probabilités pour avoir montré que plus une vache est restée allongée longtemps, plus il est probable qu'elle se relèvera bientôt. Ses auteurs (Grande-Bretagne, Pays-Bas et Canada) ont aussi découvert que si une vache se relève, il n'est pas facile de savoir quand elle va se recoucher.

« Le seul moyen de se débarrasser d'une tentation est d'y céder. Essayez de lui résister, et votre âme aspire maladivement aux choses qu'elle s'est défendues. »

Oscar Wilde

C'est arrivé le…

11 janvier 1988

Verdict à Chicago au procès de l'*Amoco Cadiz*, supertanker libérien naufragé au large des côtes bretonnes. 468 millions de francs devront être versés à l'État français et aux communes touchées par la marée noire de 1978. Cette catastrophe écologique est aujourd'hui encore considérée comme l'une des plus désastreuses de l'histoire.

Quiz Philo

Qu'est-ce qu'être épicurien (du nom du philosophe grec Épicure) ?

❑ 1. Croire que le bonheur se trouve dans les plaisirs simples.
❑ 2. Croire que le bonheur se trouve dans la frénésie et l'intensité de la vie.
❑ 3. Croire que le bonheur est inaccessible.

Réponse

Réponse 1

Happy days

L'ONU a publié pour la deuxième année consécutive son « World Happiness Report » (Rapport sur le bonheur). Le rapport, très sérieux, révèle le classement des pays les plus heureux parmi plus de 150, passés au crible de six critères économiques et sociaux plus ou moins contestables : le PIB et l'espérance de vie, mais aussi la générosité ou la capacité à pouvoir choisir sa vie…

Bref, dans quel pays vit-on le plus heureux ? Pas en France, en tout cas, d'après un classement où le Danemark, la Norvège et la Suisse prennent respectivement les trois premières places. La France ? Elle est 25e, derrière le Brésil et juste devant l'Allemagne. Les États-Unis sont, quant à eux, 17e de ce classement. Les grandes tendances du rapport montrent un accroissement du bonheur en Amérique du Sud et en Afrique subsaharienne et une baisse dans la plupart des pays industrialisés. Mais il y a aussi le pire.

Le top 25

1. Danemark
2. Norvège
3. Suisse
4. Pays-Bas
5. Suède
6. Canada
7. Finlande
8. Autriche
9. Islande
10. Australie
11. Israël
12. Costa Rica
13. Nouvelle-Zélande
14. Émirats arabes unis
15. Panama
16. Mexique
17. États-Unis
18. Irlande
19. Luxembourg
20. Venezuela
21. Belgique
22. Grande-Bretagne
23. Oman
24. Brésil
25. France

Le top 10 du pire

146. Madagascar
147. Sénégal
148. Syrie
149. Comores
150. Guinée
151. Tanzanie
152. Rwanda
153. Burundi
154. République centrafricaine
155. Bénin

– Un baiser de vous et je redeviens ce trader que les agences de notation ont changé en crapaud…

Passe-temps dans le métro

Si vous prenez le métro parisien, vous vous êtes peut-être demandé ce que représentaient toutes ces lettres bleues sur fond blanc incrustées dans des carreaux de céramique à la station de métro Concorde, sur la ligne 12. On doit cette décoration à l'artiste Françoise Schein. Il suffit de regarder d'un peu plus près et l'on pourra alors lire… la déclaration des droits de l'homme et du citoyen de 1789, sans ponctuation. Bref, pas idéal quand on prend le métro tôt le matin, l'esprit encore dans les brumes du sommeil. Mais utile quand une rame est bloquée depuis dix minutes à la station.

Le soleil se lève à **08 h 43** et se couche à **17 h 15**

« La jouissance proprement dite ne réside pas dans la chose dont on jouit, mais dans l'idée qu'on s'en fait. »

Kierkegaard

C'est arrivé le...

12 janvier 2010

Haïti est frappé par un tremblement de terre qui fait plus de 230 000 morts. D'une magnitude de 7,3 sur l'échelle de Richter, ce séisme fait également 300 000 blessés et 1,2 million de sans-abri. Les structures et l'organisation de l'État haïtien ont énormément souffert et l'état d'urgence nationale est décrété au bout de trois jours, pour une durée d'un mois.

Mon truc en +

Un coup de jeune pour les vieilles éponges

Par souci d'économie et dans un but écologique, plutôt que de jeter vos éponges sales et d'en racheter de nouvelles, nettoyez-les ! Rassurez-vous, c'est un vrai jeu d'enfant. Mettez votre éponge sale dans une bassine et versez le jus d'un citron pressé. Coupez ensuite le citron utilisé en petits morceaux que vous placerez également dans la bassine. Enfin, versez-y de l'eau bouillante et attendez une journée entière. Il ne vous restera plus qu'à presser les éponges qui deviendront comme neuves ! Le jus de citron a plusieurs avantages : il a un pouvoir désinfectant efficace et il n'abîme pas les mains.

Rétro' Vermot

– Marie, vous ne pensez donc pas à essuyer la vaisselle ?
– Au contraire, madame, je pense, donc j'essuie. (1916)

Ça c'est fait... divers

La Drug Enforcement Administration (DEA), autorité américaine de lutte contre le trafic de drogue, aurait-elle fait une mauvaise blague à nos douaniers français ? Toujours est-il que lorsque le cargo** Stina**, immatriculé à la Barbade et en provenance de Colombie, a pénétré dans les eaux de la Martinique. Il fut immédiatement arraisonné et fouillé de fond en comble. Censé transporter 4 000 tonnes de bananes, le cargo, selon la DEA, recélait d'importantes quantités de drogue. Quinze militaires et dix douaniers ont donc passé trois semaines à ouvrir les 200 000 cartons suspects. Pour finalement découvrir... des bananes, et encore des bananes. Il a donc fallu détruire toute la cargaison après cette fouille. Et le contribuable en sera pour ses frais puisque, dans une situation d'échec pareille, c'est à l'État de prendre en charge les dépenses de l'opération et, surtout, d'indemniser le transporteur pour sa perte commerciale. Le coût de la cargaison a été évalué à 1,8 million d'euros !

Maître de bonne compagnie

Faites-lui prendre la pilule

Contre les chaleurs et des portées de chatons inattendues, vous n'êtes pas obligé de stériliser la femelle, même si cela règle le problème une fois pour toutes. Il existe une pilule contraceptive que l'on administre avant la période des chaleurs ou durant les premiers jours. Une vaccination est également possible. Ces deux moyens permettent de suspendre les chaleurs pour plusieurs mois. Évidemment, c'est le vétérinaire qu'il faut aller voir.

@çagazouille : #ArmePeople

©Twitter

Un petit jeu très courant sur Twitter® : marier deux thématiques et en faire des jeux de mots. Nous vous en proposerons tout au long de cet Almanach, dans cette rubrique consacrée aux réseaux sociaux. On commence par : « Arme et People » (#Armepeople). Et n'hésitez pas à venir nous rejoindre sur @Almanach_Vermot.

- Flèche Walesa
- Yasser à Rafale
- Nicolas SarkUzi
- Roselyne Javelot
- Jacques ChirAK-47
- Arbalète Laguiller

Le soleil se lève à **08 h 42** et se couche à **17 h 17**

Mardi **13 janvier**

Sainte Yvette On fête aussi les Hilaire et les Ivette

« Il y a des gens si remplis d'eux-mêmes que, lorsqu'ils sont amoureux, ils trouvent moyen d'être occupés de leur passion sans l'être de la personne qu'ils aiment. »

De la Rochefoucauld

C'est arrivé le…

13 janvier 1129

Fondation de l'ordre du Temple par le concile de Troyes. Cet ordre religieux et militaire issu de la chevalerie chrétienne du Moyen Âge, dont les membres étaient appelés les Templiers, accompagnait et protégeait les pèlerins sur leur route pour Jérusalem au moment de la guerre sainte et des croisades. Il fut dissous par le pape Clément V le 13 mars 1312.

Recette

PÂTE SABLÉE

Idéale pour les tartes aux fruits, la pâte sablée est friable et bien sucrée. Prenez garde, elle est très fragile avant et après la cuisson.

Pour une portion de pâte :

- 250 g de farine
- 125 g de beurre mou
- 125 g de sucre glace
- 1 œuf entier
- 1 pincée de sel

Taillez le beurre mou en morceaux et mélangez-le avec le sucre dans une jatte jusqu'à l'obtention d'une texture homogène. Vous pouvez, à ce moment de la recette, ajouter des zestes de citron ou d'orange si vous le souhaitez. Ajoutez l'œuf et mélangez à nouveau. Incorporez ensuite la farine et la pincée de sel, puis commencez à travailler la pâte avec les doigts afin de former une boule. Filmez et réservez au frais pendant au minimum 30 minutes.

Y a-t-il un pilote dans l'avion ?

Cette fois, ce n'est pas une farce. Les compagnies aériennes britanniques ont du souci à se faire pour leur fréquentation, après la sortie d'une enquête pour le moins inquiétante publiée par l'association britannique des pilotes de ligne. En effet, selon cette étude, plus de la moitié des pilotes britanniques (56 %) se sont déjà endormis dans le cockpit, et près d'un tiers d'entre eux ont découvert à leur réveil que leur copilote dormait également.

Si l'on entre dans les détails, 43 % des pilotes estiment aussi que leurs compétences ont été compromises au moins une fois par mois au cours des six derniers mois à cause de la fatigue. L'enquête a été rendue publique alors que deux pilotes d'un Airbus appartenant à une compagnie aérienne britannique se sont endormis pendant un vol, selon un rapport de l'Autorité de régulation de l'aviation au Royaume-Uni. L'un des pilotes a expliqué que lui et son collègue n'avaient eu que cinq heures de sommeil la nuit précédant le vol.

La Commission européenne planche déjà sur un nouveau texte prévoyant que le temps d'attente à l'aéroport et le temps de vol ne puissent pas excéder 16 heures pour les pilotes, alors qu'actuellement cette période peut aller jusqu'à 26 heures.

– Je vous en prie, mademoiselle… Dites-moi que ce n'est pas trop tard : pour vous, je suis prêt à évoluer !

Infos en séries… TV

Les petites anecdotes sur vos séries télé préférées ou les séries cultes, c'est tout dans le Vermot !

« Vous devez plaisanter ? » C'est ce qu'aurait rétorqué en 2004 J.J. Abrams, éberlué, à Lloyd Braun, le responsable des programmes de la chaîne ABC, quand celui-ci lui exposa en une ligne sa nouvelle idée de série baptisée Lost : un avion se crashe sur une île tropicale. Basta ! Et Braun ne voulait que le papa d'Alias pour enfanter cet incroyable projet. Débuta alors la production de l'épisode pilote le plus cher de l'histoire (14 millions de dollars). La suite, on la connaît, puisqu'on en est devenu accro.

Distribution : *Matthew Fox (Jack), Evangeline Lilly (Kate), Dominic Monaghan (Charlie), Maggie Grace (Shannon), Harold Perrineau Jr (Michael), Jorge Garcia (Hurley), Josh Holloway (Sawyer), Naveen Andrews (Sayid), Terry O'Quinn (Locke).*

Mercredi **14 janvier**

Sainte Nina On fête aussi les Nino, Ninon, Vanina

Le soleil se lève à **08 h 41** et se couche à **17 h 18**

« Perdre la vie est perdre le seul bien que l'on ne pourra regretter d'avoir perdu puisque l'on ne sera plus là pour s'en rendre compte. »

Sénèque

C'est arrivé le…

14 janvier 1986

Le chanteur Daniel Balavoine et Thierry Sabine, l'organisateur du rallye Paris-Dakar, trouvent la mort dans un accident d'hélicoptère au Mali, pendant la course. Lui-même ancien pilote de rallye, Sabine est l'un des fondateurs du célèbre rallye. La cause de ce drame est encore entourée de zones d'ombre, mais l'hélicoptère, en plus d'être pris dans une tempête de sable, n'aurait pas été équipé pour voler de nuit. Les cinq occupants de l'appareil sont morts sur le coup.

Les dessous de l'écran

Dans ***Le Corniaud,*** Léopold Saroyan (Louis de Funès), un trafiquant, exploite la naïveté d'un brave commerçant, Antoine Maréchal (Bourvil). Un benêt qui accepte de rapporter d'Italie une immense Cadillac dissimulant en réalité une cargaison de drogue, lingots et diamants… Mais saviez-vous que cette comédie s'inspire d'une histoire vraie, également à l'origine du polar ***French Connection*** ?
À savoir l'arrestation à New York, le 21 janvier 1962, du Français Jacques Angelvin au volant d'une Buick provenant de Marseille. Vedette du petit écran à la fin des années 1950 (il animait l'émission *Télé-Paris*), Angelvin pensait que sa notoriété le protégerait de toute suspicion. Il fut prouvé que sa voiture avait servi à transporter 52 kg d'héroïne pure ! Prétendant avoir été dupé, il fut condamné à six ans de prison.

À l'origine… Les mendiants

À l'heure où nous voyons réapparaître sur notre table les fruits d'hiver, il est intéressant de connaître l'origine de l'appellation « mendiants », qui désigne quatre fruits secs servis parmi les treize desserts de la tradition provençale. Parmi les ordres ecclésiastiques fondés au Moyen Âge, il en était quatre de très populaires : les franciscains, les dominicains, les carmes et les augustins. Ces quatre ordres, dits « mendiants », parcouraient les rues la besace en bandoulière, la main tendue, et partout recueillaient des aumônes. Les franciscains étaient vêtus de gris, les dominicains de teinte écrue, les carmes de brun et les augustins de noir. Les fruits tirent leur nom de mendiants de leur couleur qui rappelle celles des robes des religieux : le raisin porte la livrée sombre des augustins, la noisette celle du carme, l'amande celle du dominicain et la figue, celle du franciscain.

– Arrête de zapper !

Pour rire

– Un couple se promène en ville. Au moment de passer devant une bijouterie, la femme demande au mari :
– Mon amour, tu ne m'achèterais pas un collier ?
– Pourquoi ? T'en as marre de te promener en liberté ?

Le soleil se lève à **08 h 41** *et se couche à* **17 h 20**

Jeudi **15 janvier**

Saint Rémi On fête aussi les Rachel, Racilia, Mortimer

MOTS FLÉCHÉS

Plie sans rompre / Lyrisme		Cantique / 7e grecque		Bordeaux / Civilisation		Sous Sol		de Vienne / Référence		En Albanie / Pied		Jeu
						Calibre / Examen rapide						
Emplacements / Nombre							Prénom / 2,4,6,8...					
								Etoile / Donald				
Vapeurs		Fait de noeuds / Largeur								Théâtre japonais / Bande		
					Par / Amoureux				Il peut blesser / Suggéra			
Militaire	Arrivé		Classement	Grossir / Frôla							Lamenté	Périodes
							Celui-là	Flotte / Cervidés				
Lézard						Briser / du Démon						
					Machisme / Elaguera							
Rapportes		Ecrabouillais / Chuchoter										
				Capone / Patatras			Certain / A son Curé				Oreille de mer	Prendre
Dé / Jeune faisan	Tentera		Autorisation / Confine					Jeunes / Préjudice				
									Poussif	Soleil / Proche		
Plante / Fulminez						Saucisson / ...ou Zag						
							Semblables / Paresseux					
Roller en Ligne / Travers				Pouffa				Réfutai				
				Spéculateur								

Solution page 36

« Les excès de la liberté mènent au despotisme ; mais les excès de la tyrannie ne mènent qu'à la tyrannie. »

Chateaubriand

C'est arrivé le…

16 janvier 1945

Louis Renault voit son usine saisie et liquidée, son actif et son passif sont attribués à l'État. La nouvelle entreprise prend le nom de « Régie nationale des usines Renault ». Il s'agit d'une nationalisation sanction puisque les usines Renault ont travaillé pour les autorités allemandes pendant la Deuxième Guerre mondiale. Tous les actionnaires recevront leur part, sauf le fondateur qui décédera en prison avant d'avoir pu présenter sa défense.

Rétro' Vermot

– Toujours à travailler, père Michau ?
– Dame, oui, tout le monde ne peut pas rester comme monsieur le député toute l'année à ne rien faire. (1896)

– Je veux bien poser nue, mais vous ne regardez pas !

Ça c'est fait… divers

Votre femme ne se déplace jamais sans son legging léopard, sa doudoune à crinière de lion ou son manteau rayé comme un zèbre ? Ne l'emmenez surtout pas au zoo britannique de Chessington World of Adventures, au sud-ouest de Londres. Car elle devra alors se déshabiller avant d'y pénétrer. Cette décision a été prise après le lancement d'une nouvelle attraction intitulée « Zufari : se déplacer au cœur de l'Afrique », où les visiteurs se déplacent dans un véhicule sans fenêtre, entre girafes, rhinocéros et zèbres. C'est que les animaux apercevant un visiteur qui porte des habits dont l'imprimé leur rappelle leur propre pelage réagissent de façon un peu « trop sympathique ». C'est la version agréable de l'histoire. Imaginez maintenant que vous portiez une tenue leur rappelant une proie ! Quant aux tenues de félins prédateurs, c'est le meilleur moyen de faire fuir tout le monde et de ne pas voir la queue d'un zèbre. Rassurez-vous, vous n'évoluerez pas nu au milieu du parc si cette péripétie vous arrivait. Les personnes portant les vêtements bannis pourront emprunter des vêtements au zoo le temps de la visite.

Foi de footeux

- C'est comme un tennisman, on voit la ligne d'arrivée et on se demande si on va arriver à la franchir… (*Gérard Houiller*)
- C'est la faute au match contre la Bosnie en août si Thierry Henry s'est blessé en avril avec Arsenal ! (*Arsène Wenger*)
- Le Brésil aurait gardé la Coupe du monde s'ils avaient été au bout. (*Marcel Desailly*)
- Ce soir, on peut l'affirmer, c'est une certitude, la France rencontrera en quart ou la Grèce, ou l'Espagne, ou le Portugal ! (*Thierry Adam*)
- Chaque point positif a ses points négatifs ! (*Johan Cruijff*)
- Un petit qui saute va toujours moins haut qu'un grand qui saute. (*Guy Roux* fait du Michel Audiard)
- Je crois que j'ai deux pieds. J'ai cette faculté depuis tout-petit. (*Vincent Guérin*)

Samedi **17 janvier**

Sainte Roseline On fête aussi les Antoine, Sabin, Agathon

« Il n'y a donc point de liberté sans lois, ni où quelqu'un est au-dessus des lois. »

Rousseau

C'est arrivé le…

17 janvier 1991

Déclenchement de l'opération « tempête du désert » contre l'Irak. Une coalition internationale attaque l'Irak de Saddam Hussein, coupable d'avoir annexé le Koweït. Les bombardements commencent à 3 heures du matin. Pendant 42 jours, 85 000 tonnes de bombes sont déversées sur le pays, toutes les infrastructures sont détruites, avec d'importants dommages collatéraux.

– Pour le permis auto, c'est raté !
Mais vous gardez toutes vos chances pour le permis bateau !

Pour rire

C'est un gars fortuné qui ne sait pas trop quel cadeau choisir pour l'anniversaire de sa belle-mère. Finalement, en désespoir de cause, il opte pour l'achat d'une concession funéraire dans un cimetière huppé de la ville. Mais un an plus tard, il ne lui achète rien.

– Alors, on n'a plus de considération pour sa belle-maman ?

– C'est-à-dire… je n'ai pas pu m'empêcher de remarquer que vous ne vous étiez pas servie de mon cadeau de l'année dernière.

Sudoku

Solution de la page 25

2	4	6	1	8	7	5	3	9
5	7	1	3	6	9	2	8	4
9	3	8	2	5	4	6	1	7
1	8	4	7	3	2	9	6	5
3	2	9	5	1	6	4	7	8
7	6	5	9	4	8	3	2	1
6	1	3	8	9	5	7	4	2
4	9	7	6	2	1	8	5	3
8	5	2	4	7	3	1	9	6

Il y a 100 ans : janvier 1915

• **André Citroën** obtient une commande d'un million d'obus de 75. Il installe ses usines quai de Javel, à Paris.

• *La Gazette* disparaît : c'était le premier hebdomadaire français (fondé en 1631).

• Romain Rolland, écrivain français aux idéaux humanistes et pacifistes, obtient le prix Nobel de littérature.

• **4 janvier :** L'armée russe du Caucase obtient la victoire sur les Turcs à Sarikamish. Deux corps d'armée sont détruits.

• **8 janvier :** De violents combats se déroulent au nord-est de Soissons. C'est le début de la bataille de Crouy, qui se termine le 14.

• **13 janvier :** Un tremblement de terre secoue Avezzano (Italie, région des Abruzzes), faisant 29 980 victimes.

• **19 janvier :** Premier bombardement aérien de civils par un zeppelin au Royaume-Uni.
Premiers combats sur le Hartmannswillerkopf dans les Vosges.
Le Français Georges Claude dépose un brevet aux États-Unis pour son invention du tube à néon. Il avait dévoilé son invention à Paris lors de l'Exposition universelle de 1910.

• **20 janvier :** Exposition Matisse à New York.

• **21 janvier :** Offensive russe dans les Carpates.

• **28 janvier :** Coup d'État du président de la république Manuel de Arriaga, au Portugal. Le gouvernement démocrate est contraint de démissionner. Les combats de la Première Guerre mondiale s'installent sur le front égyptien. La 4e armée ottomane, menée par Djemal Pacha, lance l'assaut sur les troupes britanniques établies en Égypte, avec pour objectif de prendre le contrôle du canal de Suez, un lieu stratégique.

• **31 janvier :** Bataille de Bolimov (Pologne). L'Allemagne veut prendre les Russes en tenaille par le nord et le sud. La 9e armée allemande doit faire diversion en marchant vers Varsovie. Les Allemands utilisent les gaz toxiques pour la première fois. 40 000 morts côté russe et 20 000 côté allemand.

Dimanche 18 janvier

Sainte Prisca On fête aussi les Prixiana, Fred, Freddy

Le soleil se lève à **08 h 38** *et se couche à* **17 h 24**

« La morale n'est donc pas à proprement parler la doctrine qui nous enseigne comment nous devons nous rendre heureux, mais comment nous devons nous rendre dignes du bonheur. »

Kant

C'est arrivé le…

18 janvier 1800

Création de la Banque de France par Napoléon Bonaparte afin de relancer l'économie et d'augmenter la quantité de monnaie en circulation. La Banque de France compte parmi ses principaux clients des banques commerciales dont le métier est de prêter de l'argent aux particuliers et aux entreprises. Les gens qui empruntent de l'argent à ces banques signent un papier qui contient la promesse de les rembourser.

Pour rire

Deux vieilles amies prennent le thé. C'est l'heure des confidences :
– Mon mari, quand il a fini son petit câlin, il pousse le cri de Tarzan !
– Quelle santé !
– Peut-être, mais moi, ça me réveille !

Mots fléchés

Solution de la page 33

	R		P		M		F		V		T	
P	O	E	S	I	E		A	C	A	B	I	T
	S	T	A	N	D	S		F	L	O	R	A
B	E	A	U	C	O	U	P		S	T	A	R
	A		M	A	C	R	A	M	E		N	O
B	U	E	E	S		V	I	A		B	A	T
		M			F	O	R	C	I	R		
C	A	P	O	R	A	L			N	A	G	E
	V	A	R	A	N		C	A	S	S	E	R
R	E	N	D	S		S	E	X	I	S	M	E
	N		R	A	T	A	T	I	N	A	I	S
C	U	B	E		A	L		S	U	R		
		R		V	I	S	A		A	D	O	S
P	O	U	I	L	L	A	R	D			R	A
	S	I	S	A	L		S	A	L	A	M	I
D	E	T	O	N	E	Z		M	E	M	E	S
	R	E	L		R	I	A		N	I	A	I
T	A	R	E		A	G	I	O	T	E	U	R

Coincés, les Anglais ?

Qui a dit que les Anglais étaient des gens coincés ? Pas les pompiers de Londres, en tout cas, qui ont rendu public le détail de leurs interventions dans la capitale britannique en ce qui concerne les personnes coincées avec des objets du quotidien. Parmi des causes assez classiques en figurent d'autres pour le moins surprenantes : un homme avec le pénis coincé dans un grille-pain, 18 enfants avec la tête bloquée dans un pot de chambre ou une cuvette de toilettes, 79 personnes dont les mains étaient prisonnières de menottes, 9 hommes dont le pénis était pris dans un anneau ou encore 4 personnes dont les mains étaient retenues dans un mixeur. Pour éviter de telles situations, le commandant des pompiers appelle « à un peu de bon sens ». Les contribuables, eux, rigolent un peu moins, puisque ces interventions leur auraient tout de même coûté au moins 377 000 livres (soit 445 676 euros).

Maître de bonne compagnie

Achat d'un chaton : attendez 3 mois

Comme pour les chiots, on ne peut donner ou vendre des chatons qu'une fois qu'ils sont sevrés, c'est-à-dire après la huitième semaine, le temps de leur apprendre à se nourrir par eux-mêmes. C'est à l'éleveur qu'incombe ce rôle en leur présentant, dès la sixième semaine, des bouillies lactées avant de passer progressivement à un peu de purée de légumes et de viande. Petit truc : il est possible d'utiliser les purées en pots pour enfants. Si vous êtes patient, il est conseillé de laisser le chaton avec sa mère pendant trois mois afin qu'il reçoive une première éducation, ce que l'on appelle la socialisation. Séparé trop tôt, le chat risque d'avoir des problèmes comportementaux, une fois adulte : malpropreté, agressivité, etc. Ça vaut le coup d'attendre.

Le soleil se lève à **08 h 37** et se couche à **17 h 26**

Lundi **19 janvier**

Saint Marius On fête aussi les Mary, Gabin, Nathaël, Marthe, Audifax

« Des femmes peuvent très bien lier amitié avec un homme : mais pour la maintenir, il y faut peut-être le concours d'une légère antipathie physique. »

Nietzsche

C'est arrivé le…

19 janvier 1966

À 48 ans, Indira Gandhi devient Premier ministre de l'Inde. Elle est la deuxième femme au monde à diriger un gouvernement. Dès son entrée en fonction, elle s'engage à respecter l'entente de Tachkent, signée par son prédécesseur avec le Pakistan. La première année du mandat d'Indira Gandhi sera marquée, entre autres, par de nombreuses rencontres avec des chefs d'État étrangers, ainsi que par une grave famine qui frappe la population indienne.

Mon truc en +

Carafes et papier buvard

Pour avoir des carafes propres en toutes circonstances, il existe un petit truc. Plutôt que de les ranger directement dans le placard, rincez les carafes à l'eau claire, puis égouttez-les. Placez ensuite du papier absorbant ou du papier buvard à l'intérieur et fixez-le à un fil pour le retirer plus facilement. L'humidité est absorbée par le papier buvard : il fallait y penser !

Seins à louer

Effet de la crise ou véritable débouché professionnel ? Toujours est-il qu'une drôle d'annonce est apparue sur un site spécialisé sur Internet : celle d'une jeune femme proposant ses seins à la location. En tout bien tout honneur, uniquement pour allaiter des bébés. Le message est direct : « Je suis une jeune maman en pleine santé, infirmière de formation, 29 ans, et loue mes seins pour l'allaitement de nourrissons. » Coût du service : 1 000 euros par jour. Ce service rémunéré est pourtant totalement interdit par la loi, d'après l'article L2323-1 du Code de la santé publique. Il est non seulement stipulé que seuls les lactariums sont autorisés à stocker et à distribuer du lait maternel, mais surtout il est bien précisé que cette activité est à but non lucratif. Autre danger enfin, le risque infectieux. Le lait maternel, s'il n'est pas contrôlé, peut contenir des bactéries ou des virus, avec un risque important de transmission pour le nourrisson. Pas sûr que la jeune maman trouve un travail stable par ce biais.

Infos en séries… TV

Il n'a pas fallu longtemps à *X-Files* (1993-2002) pour devenir culte. D'ailleurs, la série inspire encore aujourd'hui bon nombre de scénaristes. En 2004, *X-Files* est même élu 2e série culte de tous les temps par le magazine *TV Guide*, tandis que Fox Mulder arrive 7e du classement des 25 plus grandes légendes de la science-fiction. Et en 2005, toujours selon le fameux magazine américain, la phrase d'introduction, « La vérité est ailleurs », se hisse au 9e rang du top 20 des phrases cultes à la télévision.
Distribution : *David Duchovny (Fox Mulder), Gillian Anderson (Dana Scully), Mitch Pileggi (Walter Skinner), William B. Davis (l'homme à la cigarette).*

Mardi **20 janvier**

Saint Sébastien On fête aussi les Bastien, Fabien, Fabienne

Le soleil se lève à **08 h 37** *et se couche à* **17 h 27**

> *« Si tu rencontres un homme de valeur, cherche à lui ressembler. Si tu rencontres un homme médiocre, cherche ses défauts en toi-même. »*
>
> Confucius

– D'accord, d'accord… la maison permet les échanges !

C'est arrivé le…

20 janvier 2001

Georges W. Bush devient le 43e président des États-Unis, en prêtant serment devant le parlement. L'investiture du président des États-Unis, aussi appelée « *Inauguration Day* », se déroule le 20 janvier suivant l'élection présidentielle américaine. C'est à partir du second mandat de Roosevelt en 1937 que la date de début du mandat du président et du vice-président a été fixée au 20 janvier.

Allô, Docteur ?

L'amour rend éternel

Selon une étude très sérieuse réalisée en Écosse, menée à l'hôpital royal d'Édimbourg par des neuropsychologues, il existerait 2 solutions très simples et naturelles pour rester jeune : faire du sport et faire l'amour. La première est une évidence. Une personne sédentaire qui passe à un statut d'actif (30 minutes d'activité physique par jour) peut gagner 1,5 à 3 ans d'espérance de vie. Mais faire l'amour ? L'étude a été menée pendant près de 10 ans sur 3 500 personnes, hommes et femmes, qui avaient entre 20 et 104 ans. Pour les chercheurs, trois rapports sexuels hebdomadaires sont la clé du succès : diminution du stress, qui provoque le vieillissement, et augmentation des hormones du plaisir et de la récompense. Les gens sont donc plus heureux et vivent beaucoup plus longtemps.

Vermot'roscope

VERSEAU 20 janvier - 18 février

Amour

L'amour rend aveugle ? Cette année, vous allez ouvrir les yeux sur la réalité du vôtre. Peut-être de façon un peu froide. Mais c'est l'occasion de prendre de bonnes décisions et de faire le point : vous n'êtes pas toujours facile à vivre ! Quelques remous à prévoir dans le couple, donc. Mais n'oubliez pas de continuer à voir vos amis, ils sont là pour vous aider… ou vous faire rencontrer le vrai grand amour, qui sourit aux célibataires cette année. Pour peu que ces derniers ne soient pas trop happés par le travail, qui prendra beaucoup d'importance en 2015.

Travail

De ce côté, pas de grosses surprises puisque 2015 ressemblera à 2014. Ce qui ne veut pas dire que vous allez vous ennuyer, car votre vie professionnelle et votre caractère toujours remuant et plein de projets favorisent la diversité. À vous de montrer votre différence pour inverser le cours du quotidien qui, sans cela, pourrait s'installer dans un train-train tranquille, toujours un peu dangereux en cas d'imprévu. Attention à l'excès de confiance. Trouvez de nouveaux défis à relever. Bref, audace et prudence, et des opportunités à saisir.

Santé

Vous êtes en super forme ! Un seul danger vous guette : la gourmandise ! Ce n'est pas grand-chose, mais faites attention tout de même à ne pas saper une formidable vitalité par des menus plaisirs : attention au cholestérol. Pas la peine de se priver non plus : gourmet plutôt que gourmand. Trouvez le bon équilibre et faites du sport pour canaliser et défouler cette énergie, ou éliminer les petits excès. Et puis ça calmera votre anxiété naturelle.

Argent

Dépensez utile. Ce sera le leitmotiv de cette année, quitte à renoncer à certains plaisirs personnels. L'essentiel sera d'équilibrer le budget familial et vos finances, sans prendre trop de risques, même si la chance vous accompagnera une partie de l'année, notamment au troisième trimestre. Si vous le pouvez, favorisez les placements à moyen et long termes, pensez à l'avenir et faites plaisir à votre famille.

Mercredi 21 janvier

Sainte Agnès On fête aussi les Aïna, Ania

« Méfiez-vous de celui qui veut mettre de l'ordre. Ordonner, c'est toujours se rendre le maître des autres en les gênant. »

Diderot

C'est arrivé le…

21 janvier 1905

Naissance du grand couturier français Christian Dior. Dès sa première collection, il se montre novateur et invente le « new look » : un style combinant vestes cintrées et jupes longues. Ce succès immédiat lui permet de développer son entreprise et également d'en diversifier les activités : il lance la branche parfums en 1948. Après la mort du créateur, en 1957, la direction artistique de la maison Dior sera assurée par de grands noms de la haute couture comme Yves Saint-Laurent ou John Galliano.

Pour rire

En Grèce, un touriste veut visiter un monastère orthodoxe perché au sommet d'une falaise vertigineuse. On l'installe dans une nacelle accrochée à une simple corde et, en haut, deux moines tournent une manivelle pour le hisser. En cours de route, le touriste constate que la corde est complètement usée. Quand il arrive enfin au sommet, totalement livide, il demande au moine :

– La corde, vous la changez régulièrement ?

– Bien sûr ! Chaque fois qu'elle casse !

Allez Allais !

Fondée le 8 août 1954, à l'occasion des cérémonies célébrant le centenaire de la naissance de l'écrivain, l'académie Alphonse Allais n'a eu de cesse, depuis, d'ériger le bon mot en un noble art, le jeu de mot en une culture. Retrouvez tout au long de ce Vermot le meilleur de l'académie, né de l'imagination de ses membres éminents et réuni dans un recueil indispensable à tout bon vivant : **le Dictionnaire ouvert jusqu'à 22 heures** (Le Cherche midi Éditeur).

Ailleurs : comme par hasard, l'endroit où l'on ne se trouve pas.

Alexandrin (n. m.) : Égyptien monstrueux à douze pieds.

Apôtre : compagnon de route biblique. Les apôtres qui manifestaient en faveur de Jésus étaient douze selon les syndicats et six selon la police.

Banquier (n. m) : personne frileuse, peu digne d'intérêt, qui vend l'argent à prix d'or. Le banquier a besoin d'avoir du coffre pour posséder une richesse intérieure.

Berne : capitale fédérale suisse. Spécialité de drapeaux funéraires.

Boulevard : rue qui a réussi.

Boxe : art défiguratif.

Ça c'est fait… divers

On les aime bien, les exploits de nos petits surdoués. Dernier en date, celui d'un petit Suisse de dix ans – oui, elle est facile, celle-là –, fils d'un prof de math et d'une économiste. Maximilian Janisch, qui s'ennuyait sûrement, a passé pour s'amuser l'épreuve de mathématiques du baccalauréat suisse. Et il a eu la meilleure note ! L'exploit est si retentissant pour ce collégien ayant déjà sauté trois classes du primaire que les responsables de l'Université de Zurich ont immédiatement décidé de lui proposer de suivre quelques cours spéciaux pour élèves surdoués dans leur établissement. Des livres seront proposés à l'enfant. Le plus jeune surdoué de la fac rencontrera toutes les deux semaines un professeur pour un entretien et des échanges à ce sujet, selon l'université. Et dire qu'à l'origine, le gamin avait été refusé à la faculté de mathématiques, car il n'avait pas passé et réussi toutes les épreuves du baccalauréat ! Il va peut-être enfin trouver des personnes avec qui parler d'Archimède et de Gauss, célèbre mathématicien allemand, chose qu'il se plaignait ne pas pouvoir faire dans sa classe avec des élèves de 13 ans.

Jeudi 22 janvier

Saint Vincent On fête aussi les Bruce, Alphonse, Antioche

Le soleil se lève à **08 h 35** *et se couche à* **17 h 30**

« *Une jolie femme est le paradis des yeux !* »

Montaigne

C'est arrivé le...

22 janvier 1970

Le plus gros avion du monde, le Boeing 747, effectue son premier vol entre l'aéroport J.F. Kennedy de New York et celui d'Heathrow, à Londres, avec 350 voyageurs. Initialement, le 747 a été conçu à des fins militaires, mais Boeing perd le contrat et se voit obligé de transformer son appareil en avion civil pour rentabiliser son projet. Grâce à ses dimensions, le 747 est resté pendant 35 ans le seul « très gros porteur », jusqu'à l'arrivée de l'Airbus A380.

Téléphone au volant, mort au tournant ?

On en a tous conscience que le téléphone au volant, c'est dangereux, voire mortel. Pour soi et pour les autres. La Sécurité routière a beau communiquer sur le sujet, les sondages montrent que le chemin est encore long avant de le faire comprendre.

Ainsi, un sondage TNS Sofres révèle que 32 % des conducteurs de moins de 35 ans écrivent des SMS en conduisant. Or, la Sécurité routière précise qu'écrire un message au volant « multiplie le risque d'accident par 23 : il oblige le conducteur à détourner les yeux pendant en moyenne 5 secondes », et rappelle que « près d'un accident corporel sur 10 est lié à l'utilisation d'un téléphone portable en conduisant ».

L'enquête nous apprend aussi que 38 % des conducteurs avouent regarder leur smartphone quand ils reçoivent une notification (7 % le regardent automatiquement, 12 % la plupart du temps et 19 % parfois). C'est également le réflexe adopté par 67 % des moins de 35 ans. Sans oublier les 13 % qui admettent qu'ils écrivent des SMS, mails, postent des « like » sur Facebook ou des tweets au volant. Et les leçons ne servent à rien apparemment puisque, sur les 950 personnes interrogées, 15 % se sont « déjà fait une frayeur » en consultant leur smartphone en conduisant (28 % chez les moins de 35 ans).

@çagazouille : #ArmePeople

- Mireille d'Arc
- Mig Mig Mathy
- David Carabine
- Jessica Hallebarde
- Will Smith (et Wesson)
- Dany Boum !
- Vincent ElBazooka
- Béatrice Balle

©Twitter

La bonne blague !

Un mari qui hait le chat de sa femme décide de l'emmener en voiture à 20 km de là.

Il l'abandonne et retourne à la maison. Mais à son arrivée, le chat l'attend sur le pas de la porte.

Nerveux, il reprend le chat et l'emmène à 40 km de là, puis l'abandonne de nouveau. Puis il va boire un petit verre au café du coin. À son arrivée à la maison, le chat l'attend encore sur le pas de la porte.

Furieux, il l'empoigne, le colle dans la voiture et fait 10 km vers la droite, puis 25 vers la gauche, 30 km vers le nord et 25 km vers le sud. Il abandonne le chat et repart.

Au bout d'un moment, l'homme appelle sa femme depuis son téléphone portable :

- Chérie, juste une question, le chat est-il là ?
- Oui, dit-elle, il vient d'arriver, pourquoi ?
- Passe-moi cette saleté de bestiole au téléphone, je suis perdu !

Le soleil se lève à **08 h 34** et se couche à **17 h 32**

Vendredi 23 janvier

Saint Barnard et les Raymond de Pessyafort, Émerance, Messeline

« Le souvenir du bonheur n'est plus du bonheur ; le souvenir de la douleur est de la douleur encore. »

Lord Byron

C'est arrivé le…

23 janvier 1989

Mort du peintre et sculpteur catalan Salvador Dali. Célèbre pour son excentricité, sa provocation et sa mégalomanie, il fut l'un des artistes les plus importants du mouvement surréaliste du XXe siècle. Les thèmes de la religion et de la sexualité sont prépondérants dans son œuvre.

Esprit d'antan

Cindy Crawford à Amanda Lear :
« Merci de m'avoir envoyé votre livre, je l'ai adoré. Mais dites-moi, qui vous l'a écrit ? »
Réponse d'Amanda Lear :
« Je suis ravie que vous ayez apprécié mon livre. Mais dites-moi, qui vous l'a lu ? »

Recette

RIZ AU LAIT

Pour 4 à 6 personnes :

- 1 l de lait
- 150 g de riz rond
- 70 g de sucre en poudre
- 1 demi-gousse de vanille

Tout d'abord, lavez votre riz sous l'eau du robinet et faites-le blanchir dans de l'eau bouillante pendant 2 minutes. Dans une casserole à part, mettez à bouillir le lait avec la demi-gousse de vanille et le sucre. Une fois le lait bouillant, plongez-y le riz et remuez jusqu'à la reprise de l'ébullition. Dès lors, baissez votre feu et laissez cuire à couvert une trentaine de minutes. Il ne vous reste alors plus qu'à verser votre riz au lait dans des petits ramequins.

Les collégiens dorment peu, mais mangent mieux

Une vaste enquête sur 11 638 jeunes Français de 11 à 15 ans, réalisée tous les quatre ans par l'Institut national de prévention de l'éducation pour la santé (Inpes), dresse le portrait de nos collégiens. Principaux enseignements :

– Ils mangent mieux, même s'ils ne sont que 58 % à prendre chaque jour un petit déjeuner.

– Les ados dorment de moins en moins, avec un temps de sommeil qui passe de 9 h 10 en classe de sixième à 8 h 08 en troisième. L'usage d'Internet le soir réduit le sommeil de 30 à 45 minutes. Ceux qui utilisent un portable équipé d'Internet ne dorment plus que 7 h 59 contre 8 h 52 pour ceux qui lisent un livre avant de s'endormir.

– Autre phénomène préoccupant : moins d'un tiers des adolescents a une activité physique quotidienne suffisante, ce qui place la France au 34e rang sur 40 pays étudiés.

– Sachez que je n'aime pas me faire traiter de femme « légère » !

À l'origine… Merde

Pourquoi le mot « merde » porte-t-il bonheur ? L'histoire nous ramène au théâtre. Dans la batterie d'explications que l'on peut attribuer à l'origine de ce mot, certains prétendent que cela vient de l'époque où les spectateurs se déplaçaient avec des voitures à cheval. Ainsi, quand il y avait plein de crottin devant le théâtre, autrement dit de « merde de cheval », cela signifiait que le spectacle faisait salle comble. Dire merde à quelqu'un serait donc synonyme de chance.

Samedi **24 janvier**

Saint François de Sales Thimothée, Franz, Paco, Tim, Francis

Le soleil se lève à **08 h 33** *et se couche à* **17 h 33**

« La vieillesse. C'est la seule maladie dont on ne peut espérer guérir. »

Orson Welles

C'est arrivé le…

24 janvier 2008

La Société générale annonce une perte record, due à une fraude massive de l'un de ses traders. Jérome Kerviel est reconnu coupable par le tribunal correctionnel de Paris le 5 octobre 2010. Il est condamné à purger une peine de cinq ans de prison et à rembourser en totalité le préjudice subi par la Société générale, qui s'élève à un peu plus de 4,91 milliards d'euros.

Mon truc en +

Nettoyer un moule à gâteau

Quand les moules à gâteau sont brûlés, c'est une vraie galère de les nettoyer. Par chance, cette petite astuce va vous faciliter la vie ! Recouvrez le fond du moule à gâteau de matière grasse et placez-le au four pour que le gras fonde. Sortez-le ensuite du four et attendez que le moule refroidisse un peu. Grattez à l'aide d'une spatule en plastique. Enfin, lavez-le à l'eau chaude et savonneuse.

Oh ! tu sais pas ?

C'est l'ancienne voiture personnelle du cardinal Joseph Ratzinger, futur pape Benoît XVI, qui a été vendue sur la version allemande d'eBay pour la somme exceptionnelle de 188 938,88 € le 5 mai 2005.

Il s'agissait d'une Volkswagen Golf de type « Limousine » qu'un jeune Allemand avait achetée peu de temps auparavant. Grâce à cette vente, il aurait fait environ 1 800 % de bénéfices. C'est le casino en ligne américain « Golden Palace » qui a fait cette acquisition insolite.

Date limite…

C'est peut-être ce que l'on regarde en premier lorsque l'on achète une denrée alimentaire au supermarché : sa date limite de consommation. Or, certains produits indiquent une date limite d'utilisation optimale. Quelle est la différence ?

Les denrées périssables, à conserver au frais (la température de conservation est indiquée sur l'étiquetage), présentent généralement une date limite de consommation (DLC). Cette DLC est indiquée par la formule traditionnelle : « À consommer jusqu'au… ». Elle s'applique à des produits susceptibles, après une courte période, de présenter un danger pour la santé humaine, comme la viande vendue en barquette par exemple.

À l'inverse, certains produits stérilisés ou présentant une faible teneur en eau comportent une date limite d'utilisation optimale (DLUO). C'est le cas, par exemple, des gâteaux secs, ou encore des boîtes de conserve. On reconnaît ces produits à la fameuse formule : « À consommer de préférence avant… ». Une fois la date passée, le produit ne présente pas de danger mais peut, en revanche, avoir perdu tout ou partie de ses qualités : goût, texture… Il n'est donc pas nécessaire de le jeter quand la DLUO est dépassée, sauf en cas d'altération du produit.

Infos en séries… TV

Ils étaient peu à parier sur le succès d'une série champêtre racontant le quotidien banal d'une famille de pionniers américains, les Ingalls, s'installant dans la petite ville de Walnut Grove. Pourtant, *La Petite Maison dans la prairie* (1974-1983) est aujourd'hui encore l'une des séries les plus rediffusées en France. Charles Ingalls, élu aux États-Unis 4e meilleur « Papa télé » de tous les temps en 2004, et Nelly Oleson, 3e plus grande peste de série en 2005, peuvent compter sur la mobilisation de fans inconditionnels.

Distribution : *Melissa Gilbert (Laura Ingalls), Michael Landon (Charles Ingalls), Alison Arngrim (Nellie Oleson), Lindsay Greenbush (Carrie Ingalls), Richard Bull (Nels Oleson), Katherine « Scottie » McGregor (Harriet Oleson), Kevin Hagen (Dr Baker)*

Le soleil se lève à **08 h 31** et se couche à **17 h 35**

Dimanche **25 janvier**

Conversion de Saint Paul

On fête aussi les Arthémis, Juvence

« *La liberté, c'est de ne jamais avoir à dire qu'on est désolé.* »

Sydney Lumet

C'est arrivé le…

25 janvier 1887

Début du chantier de construction de la tour Eiffel. Construite pour l'exposition universelle de 1889 à Paris, elle est destinée à montrer les avancées et les progrès technologiques français au monde entier. Les travaux de réalisation de l'œuvre durent 2 ans, 2 mois et 5 jours. Elle est aujourd'hui inscrite aux monuments historiques et au patrimoine mondial de l'UNESCO.

Journaliste Vermot

Vous avez échappé à ses titres !

- Une délégation de sourds-muets refusant d'entendre raison, des pourparlers ont été engagés.
- Ne tirez pas sur l'opulence, un gain peut en cacher un autre.
- Cyclisme : le meilleur grimpeur a un handicap : le maillot à poids.
- Ce gastronome aveyronnais achetait du fromage à tire-l'aligot !
- Faits divers : hier matin, vers 9 h, un fonctionnaire a abattu son travail de sang-froid ; une enquête est en cours.
- Épuisement au travail : il n'est pas rare de trouver un peintre ou un pâtissier au bout du rouleau !
- La manifestation contre le carburant cher a fait le plein.

Polis, politia, police

Le mot « police » vient du latin *politia* qui, lui-même, a pour origine le grec *politeia* (art de gouverner la cité), lequel dérive du mot *polis* (cité, ville).
En vieux français, police signifiait « gouvernement ». Au fil des ans, le mot s'est limité à désigner la gestion d'une cité, pour acquérir son sens actuel d'organe, de règle et de mission permettant d'assurer le maintien et le rétablissement de l'ordre public.

Ça c'est fait… divers

Cela aurait pu être une histoire belge. Mais elle est chinoise. Un zoo du centre de la Chine a en effet dû fermer ses portes pour avoir fait passer un chien de race mastiff tibétain pour un lion d'Afrique. Sur le panneau devant la cage aux lions, il est bien spécifié « lion d'Afrique », et l'animal présenté a tout du roi des animaux d'Afrique, sauf que plutôt que rugir, il… aboie ! Des visiteurs ont donc aisément démasqué la supercherie et sont allés se plaindre. Ils auraient dû savoir, via les réseaux sociaux qui s'en moquaient déjà, que ce zoo n'en était pas à sa première bizarrerie. Il avait ainsi annoncé comme un « léopard » un renard blanc. Ou encore rebaptisé « loup » un vulgaire chien. Conséquence : le zoo a fermé ses portes « à des fins de rectification ».

Maître de bonne compagnie

Achat d'un chaton. Changez d'éleveur si :

– Il vous semble imprécis, voire évasif, sur la race (santé et comportement).
– Ses chats de race n'ont pas de papiers ou documents officiels.
– Le carnet de vaccination n'est pas tenu à jour.
– Les chats ont peur de vous ou sortent les griffes lorsque vous les approchez, signe d'une mauvaise socialisation.
– Son installation ou sa maison est mal tenue.
– Il accepte de se débarrasser d'un chaton avant l'âge théorique du sevrage (8 semaines).

Lundi 26 janvier

Sainte Paule On fête aussi les Paola, Pauline, Paulette

Le soleil se lève à **08 h 30** *et se couche à* **17 h 36**

« *La vie a beaucoup plus d'imagination que nous.* »

François Truffaut

C'est arrivé le…

26 janvier 1950

Proclamation de la république Indienne. Trois ans après la déclaration d'indépendance de l'Union indienne, le 1er ministre Jawaharlal Nehru proclame la république. Le président de l'Inde est le chef de l'État, mais ses pouvoirs sont avant tout symboliques. Avec le vice-président, il est élu au suffrage indirect pour un mandat de cinq ans. L'essentiel du pouvoir exécutif est dans les mains du 1er ministre et du conseil des ministres.

Les dessous de l'écran

En tournant ***Les Aventures de Rabbi Jacob***, Gérard Oury souhaitait réconcilier Juifs et Arabes par le biais d'une comédie porteuse d'un message de tolérance. Hélas, le 6 octobre 1973, deux semaines avant la sortie du film, la guerre du Kippour éclate entre Israël, l'Égypte et la Syrie. Le réalisateur reçoit d'innombrables lettres d'insultes et de menaces. Pire : Danielle Cravenne, la femme du créateur des César, Georges Cravenne, détourne le Boeing 727 d'Air France qui assure la liaison Paris-Nice ! Fragile psychologiquement, cette femme de 35 ans menace de détruire l'avion avec une grenade si le long-métrage n'est pas retiré des écrans. Armée d'une carabine 22 long rifle, la militante pro-palestinienne est abattue d'une balle en pleine tête par le GIGN.

LU DANS LA PRESSE

Il dispose d'un hagard de 450 m². (*Ouest France*)

Il doit avoir mauvaise mine, le hangar.

Dessine-moi un éléphant !

En dix ans d'existence, l'association Des éléphants et des hommes a permis à plus de 3 000 enfants du Botswana, du Burkina Faso et du Cameroun de découvrir les éléphants dans leur milieu naturel. Pourquoi une telle initiative, alors qu'il semble naturel pour des Africains de voir des éléphants comme pour nous, Français, de voir la tour Eiffel ? « En France comme dans la plupart des pays riches, plus de 80 % des enfants de plus de 10 ans ont déjà vu un éléphant. Mais au Burkina Faso comme dans la plupart des pays d'Afrique, ils sont moins de 20 % », affirme ainsi le fondateur de l'association. L'objectif avoué de cette ONG étant bien sûr de faire réfléchir ces jeunes sur les difficultés de la cohabitation de l'animal avec les hommes, car l'éléphant pourrait avoir disparu d'Afrique centrale d'ici dix ans. Selon la Convention sur le commerce international des espèces de faune et de flore sauvages menacées d'extinction (Cites), il en reste aujourd'hui entre 420 000 et 650 000 sur tout le continent.

– Bien sur, vous êtes habitué aux pattes d'éléphant… mais le slim, vous avez essayé le slim ?

ÇA ASSURE !

– Dans un virage à gravillons, mon derrière a chassé dans une bouche de pompier.

– J'étais bien à droite et, en me croisant, l'adversaire qui prenait son virage complètement à gauche m'a heurté ; et maintenant il profite de ce que j'avais bu pour me donner tous les torts. Honnêtement, est-ce qu'il vaut mieux être saoul à droite ou chauffard à gauche ? Il faut tout de même raisonner…

– Je ne vois pas pourquoi je suis amputé de toute responsabilité, puisque l'autre ne savait pas conduire non plus.

– Si vous continuez à m'envoyer des lettres recommandées sous prétexte que je ne paie pas mes primes, je me verrai dans l'obligation de résilier tous mes contrats.

– J'ai été victime d'un accident de travail alors que je faisais la sieste sous un pommier.

– Vous m'écrivez que le vol n'existe pas entre conjoints. On voit que vous ne connaissez pas ma femme.

– Pour les blessures de ma femme, je vous envoie ci-joint le certificat que j'ai pu arriver à avoir par mon docteur. Je les mets donc sous réserve en attendant que vous m'écriviez combien elles peuvent me rapporter environ.

Mardi 27 janvier

Sainte Angèle On fête aussi les Angie, Merici, Aelig

« Je ne sais pas ce que je veux, mais je sais ce que je ne veux pas ! »

Woody Allen

C'est arrivé le…

27 janvier 1983

Louis de Funès succombe à un infarctus près de Nantes. Reconnu comme l'un des plus grands acteurs comiques français, il a multiplié les succès, particulièrement dans les années 1960 et 1970, grâce à ses interprétations de personnage colérique, ses grimaces, son physique et son énergie. Il a notamment connu une riche collaboration avec Jean Girault qui le mit en scène dans la série des *Gendarmes*.

Un verre ça va… quatre, bonjour les dégâts

Sous François 1er, mieux valait ne pas être trop porté sur l'alcool ni pris en flagrant délit d'ivrognerie. Un édit royal du 30 août 1536 ordonnait que quiconque était ramassé ivre sur la voie publique, pour la première fois, soit sur-le-champ mis au pain sec et à l'eau dans une geôle. S'il était pris une deuxième fois en état d'ébriété, il devait être « battu de verges et de fouet » dans la prison. Une troisième fois, et alors la punition se faisait en public. Enfin, si l'ivrogne venait à se faire prendre une quatrième fois, il était qualifié « d'incorrigible » et devait alors être puni « d'amputation d'aureille (oreille), d'infamie et de bannissement de sa personne ».

Comme une fleur

Aux épreuves de patinage de vitesse des Jeux olympiques de 1972, le Néerlandais Ard Schenk s'adjuge trois médailles d'or. Sa popularité aux Pays-Bas est telle que son nom est donné à une fleur : le Crocus chrysanthus Ard Schenk.

TOP CHRONO : LA TÉLÉVISION

- **25 avril 1932 : première émission de télévision parlante à Paris, tournée à Montrouge aux laboratoires de la CdC (Compagnie des Compteurs).**
- **Décembre 1932 : le ministre des PTT choisit le système Barthélemy, en concurrence avec les systèmes de Baird et d'Henri de France. René Barthélemy s'installe au studio spécialement conçu pour la télévision, rue de Grenelle.**
- **1934 : à la fin de l'année, il y aurait entre 400 et 500 téléviseurs en France.**
- **26 avril 1935, 20 h 30 : « Nous avons fait un beau voyage… ». Béatrice Bretty, sociétaire de la Comédie-Française, dit les premiers mots diffusés à la télévision avec le lancement de la première émission officielle de la télévision française par Georges Mandel, ministre des PTT.**

Esprit d'antan

Au cours d'une soirée mondaine, une jeune femme dit au grand homme d'État britannique qu'était Sir Austen Chamberlain (1863-1937) :
– Excellence, j'ai fait une observation. En général, les ambassadeurs de votre pays ne demeurent pas plus de cinq années au même poste. Est-ce une coïncidence ou bien y a-t-il une raison ? Et dans ce dernier cas, serait-ce indiscret de la connaître ?
Austen Chamberlain sourit finement, puis répondit :
– Oui madame, il y a une raison à ces mutations et je ne vois aucun motif plausible de ne pas vous la divulguer. Nous estimons qu'après cinq ans, un ambassadeur, si spirituel soit-il, a épuisé son stock d'anecdotes.

Mercredi 28 janvier

Saint Thomas d'Aquin On fête aussi les Amédée et Tom

Le soleil se lève à 08h28 et se couche à 17h40

« La pire maladie des hommes c'est de donner tout leur amour à une seule bonne femme. »

Michel Audiard

C'est arrivé le…

28 janvier 1921

Inhumation, sous l'arc de triomphe à Paris, du tombeau du soldat inconnu. Cette dépouille faisait partie d'une sélection de huit soldats français, décédés pendant la Grande Guerre de 1914-1918 mais jamais identifiés. Cet hommage au « soldat inconnu » représente la mémoire de tous les combattants tués au cours de la Première Guerre mondiale.

Océan de verdure

Symbole de la mégalopole par excellence, New York peut toutefois se réjouir d'avoir conservé quelques bouts de nature. Ainsi, le port de la ville a recensé 200 espèces de poissons. Central Park, qui trône au cœur de New York, compte plus de 100 espèces végétales comestibles et abrite le plus vieil arbre de la ville : 407 ans. Enfin, la ville compte aujourd'hui plus de 1 000 jardins communautaires, apparus dans les années 1970 et entretenus par les habitants des quartiers.

Mon truc en +

Écailler un poisson facilement

Écailler un poisson correctement n'est pas tâche aisée, d'autant moins lorsqu'on ne possède pas le matériel dont dispose le poissonnier. Il existe pourtant quelques astuces très efficaces. La meilleure consiste à plonger entièrement le poisson dans un bain d'eau bouillante pendant une trentaine de secondes, ce qui aura pour effet de ramollir nettement sa peau. Vous pouvez également frictionner la peau du poisson avec du sel fin, vous n'aurez alors plus qu'à l'écailler à l'aide d'un économe ou d'une fourchette.

Faut-il croire les étiquettes ?

« Réduit le cholestérol », « renforce les os », « améliore la concentration », « bon pour la digestion »…. À lire les étiquettes, de plus en plus illisibles d'ailleurs, des produits de consommation courante, on pourrait presque croire qu'aller chez le médecin devient inutile : tous les produits seraient bons pour la santé ! Or, bien sûr, ils ne le sont pas. Pas tous en tout cas. Pour éclairer un peu le consommateur, et ces étiquettes, la Commission européenne a fini par intervenir et a décidé de limiter ces allégations santé dites « génériques » à 222 (ce qui est déjà pas mal). Des messages qui reposent uniquement sur des preuves scientifiques généralement admises, du type « le calcium participe à la construction osseuse » ou « les protéines interviennent dans le développement musculaire ». La mise en pratique devra être effective au 1er janvier 2015. Ce qui ne vous empêche pas de lire le reste des étiquettes… et d'aller chez le médecin.

- Oh, le nain ! T'as vu comme ta femme est moche ?!

Ça c'est fait… divers

Après Jack l'Éventreur, les Londoniens doivent désormais faire face à la « Fausse Veuve noire ». Mauvais gag ? Une femme serial killer vêtue de noir ? Pas du tout. Vraisemblablement introduite par un voyageur venu des Canaries à la fin du XIXe siècle, la fausse veuve noire est une… araignée. L'animal a pour habitude de rester caché la journée, ne se mettant à découvert que la nuit. Et son nom fait frémir, à juste titre. Ses piqûres peuvent provoquer de très graves symptômes, jusqu'à la mort dans certains cas. Rassurants malgré l'invasion des bestioles dans les foyers britanniques, les experts expliquent que les attaques restent relativement rares ; en moyenne, les morsures de ces araignées provoquent une dizaine d'hospitalisations chaque année, et un seul décès a été constaté, en 2006.

« Nous gaspillons nos vies dans des jobs que l'on déteste pour se payer des choses dont on n'a pas besoin. »

David Fincher

C'est arrivé le…

29 janvier 1966

Les membres de la Communauté économique européenne (CEE) signent le Compromis du Luxembourg. Alors que la France refusait de prendre part au Conseil européen depuis juillet 1965, tous les membres de la CEE se rassemblent pour trouver un compromis et mettre fin à la crise. Au terme des discussions, plusieurs compromis sont adoptés, dont le principe d'unanimité décisionnelle.

Pour rire

Une femme de 20 ans est comme un ballon de rugby : 30 hommes lui courent après. Une femme de 25 ans est comme un ballon de foot : 22 hommes lui courent après. Une femme de 30 ans est comme un ballon de basket : 10 hommes lui courent après. Une femme de 45 ans est comme une balle de base-ball : 1 homme lui court après. Une femme de 55 ans est comme une balle de tennis : chaque homme l'envoie à l'autre. Une femme de 65 ans est comme une balle de golf : on s'applique à l'envoyer le plus loin possible.

Travail à la Chambre

Les hommes politiques britanniques et le personnel du parlement sont-ils de fieffés coquins ? Près de 300 000 « tentatives de connexion à des sites Internet répertoriés comme pornographiques » ont ainsi été enregistrées entre mai 2012 et juillet 2013 depuis des ordinateurs du Parlement britannique, ont indiqué les chiffres officiels communiqués en réponse à une demande formulée par le site britannique du Huffington Post. Selon ces données officielles, le plus grand nombre de connexions a eu lieu en novembre 2012, avec 114 844 tentatives d'accès à ces sites pornographiques, et, en avril 2013, avec 55 552. Selon le site anglais d'information en ligne, 52 000 visites sur des sites de rencontres extra-conjugales ont également eu lieu depuis le réseau parlementaire en sept mois, de janvier à juillet 2013. Ce n'est pas pour rien qu'on a baptisé ce parlement… la Chambre des communes.

– Cette œuvre sombre date de la période de son contrôle fiscal !

Maître de bonne compagnie

Quelle personnalité ?

Les chatons commencent à s'éveiller, à jouer et à acquérir leur caractère adulte à partir de la cinquième semaine. Profitez-en pour les tester. Un chat doit être sociable. Craintif, il risque de ne s'habituer qu'à une personne et refusera la nouveauté. Agressif ou irritable, il risque de blesser d'un coup de griffes les enfants. Et contrairement au chien, un chat ne s'éduque pas. Mieux vaut donc choisir celui qui se rapproche le plus de la perfection. Une petite astuce : couchez le chaton sur le côté en le maintenant par le cou et grattez-lui le ventre. Les chats détestent ça généralement ! Un chat qui l'accepte sera doux et amical. Idéal quand on a des enfants. S'il se débat, griffe ou mord, ne le prenez pas. Vos enfants risquent d'en garder quelques traces sur les bras et les mains… quand ce n'est pas sur le visage.

Vendredi **30 janvier**

Sainte Martine On fête aussi les Aleaume, Bahia, Savine

Le soleil se lève à **08 h 25** *et se couche à* **17 h 43**

« On sait qu'on a trouvé quelqu'un de spécial quand on peut la boucler et partager un silence agréable. »

Quentin Tarantino

C'est arrivé le…

30 janvier 1972

Une marche pacifiste de catholiques nord-irlandais, réclamant le respect des droits civiques en Irlande du Nord, tourne au cauchemar lorsque des soldats de l'armée britannique ouvrent le feu sur les manifestants. 13 hommes, dont sept adolescents, meurent ce jour-là. Le groupe de rock U2 rendra hommage aux victimes de cet événement dans sa chanson *Sunday Bloody Sunday*.

9 000 euros

C'est le prix à payer pour voyager à bord du Nanatsuboshi, un train japonais sept étoiles, à sept voitures, véritable hôtel sur rails avec restaurant gastronomique, voiture piano-bar et quatorze suites privées. Ces spacieuses chambres en lambris sont dotées de lits royaux, d'un bureau, d'une salle de bain indépendante et de toilettes avec lunette chauffante. Le train parcourt l'île méridionale et rurale de Kyùshù, avec un forfait 4 jours et 3 nuits dont le prix s'élève à 1,13 million de yens, soit près de 9 000 euros, par couple.

Un cœur gros comme ça…

Le cœur humain mesure de 14 à 16 cm. Sa taille est d'environ 1,5 fois la taille du poing d'une personne.

Il pèse 300 grammes

Le cœur est un muscle qui grossit considérablement : celui d'un adulte fait 17 fois la taille qu'il avait à la naissance.

Notre cœur bat en moyenne au repos 70 fois par minute, soit 3 milliards de fois pour une personne qui atteindra 80 ans.

À titre de comparaison, celui de la baleine bat 9 fois par minutes, celui de l'éléphant, 25 fois par minutes, et celui du moineau, 500 fois minutes.

Le cœur pompe 7 200 litres de sang chaque jour, l'équivalent de 48 baignoires.

Le cœur pompe environ 250 millions de litres au cours d'une vie.

Le cœur pompe 5 litres de sang par minute, soit la totalité du sang contenu dans le corps.

La circulation sanguine se fait à travers un réseau de veines, d'artères et de capillaires d'environ 100 000 km : plus de 2 fois le tour de la Terre.

Le sang met 13 secondes pour aller d'une main à l'autre, 2 secondes pour voyager de la cuisse aux pieds, et 20 secondes pour faire le tour complet du réseau.

– Vous êtes le premier à avoir trouvé un cheveux dans ma soupe !

À l'origine… Cabotin

Au XVIIe siècle, les comédiens de tréteaux, qui s'en allaient, comme on dit, « rôtir le balai dans les provinces », avaient déjà un patron tout baptisé, le sieur Cabotin. Ce dernier cumulait, à l'instar de tous les gens de son métier, différentes facettes : acteur, impresario, charlatan qui vendait des drogues et jouait des farces en déclamant des vers. D'abord, on appela « cabotins » tous ceux de la troupe de Cabotin ; ensuite, par extension, on donna ce nom à tous les débiteurs de farces en public et, enfin, comme ces comédiens étaient sans nul doute fort mauvais, à tout artiste dramatique qui manquait de talent. D'où la définition moderne du terme : « Artiste médiocre, qui estime son talent au-dessus de sa valeur ».

Samedi 31 janvier

Sainte Marcelle On fête aussi les Marcelline, Marcela

« Dans la vie, pour attirer la réussite, on doit commencer par donner l'impression de réussir. »

Sam Mendes

C'est arrivé le…

31 janvier 1977

Inauguration à Paris du centre Georges-Pompidou, ou Beaubourg, ouvert au public le 2 février. Cet établissement polyculturel, situé entre les quartiers des Halles et du Marais, est né de la volonté de Georges Pompidou, alors président de la République française, de créer au cœur de la capitale une institution culturelle originale vouée à la création moderne et contemporaine, où les arts plastiques côtoieraient les livres, le design, la musique et le cinéma.

@çagazouille : Jeu de Ver-mots

©Twitter

@olijuseb Être borgne, ça fait un peu t'as pas l'œil !

@WagramdeKok La presse n'en parle pas, mais toutes les entreprises de Padirac sont au bord du gouffre.

@Bobtoucour Espionné par un avion, et vous trouvez ça drone ?

@HillmanMarc Aux Oscars ou aux Césars, les cons primés sont toujours ceux qui ont les plus gros cachets…

@antoinegavoille « Ah ça, moi je suis très propre surmoi ». Un psy.

@nestor661 J'ai la chance de porter une montre porte bonne heure.

@LeMotPeteChaud Qui boit trop d'bière, chope un malt de tête.

@Steph___any Je suis totalement contre faire l'amour avant le mariage. C'est un coup à arriver en retard à la cérémonie.

@MauditMaurice Heureux au jeu, malheureux à Namur.

@LucBabarit Donc, j'ai retrouvé la maniaque vers Meaux.

@olijuseb Pour le bien de votre dos, souvenez-vous que c'est une bêtise de cambrer !

@WagramdeKok « Monsieur Cahuzac, si vous avez un compte en Suisse, Montreux le-nous ». Un agent de Bercy

LU DANS LA PRESSE

Pas besoin d'attendre le dépouillage. (*Var-matin*)

À croire qu'ils attrapent des bestioles avant le dépouillement !…

Fermeture des services de cartes crises. (*La Montagne*)

Elles en ont même perdu leur couleur !

Pour rire

Un homme s'étonne auprès de son copain :
– Quoi ! Toi, si pudique, tu as emmené ta femme, cet été, dans un camp de nudistes ?
– Oui, au moins, pendant un mois, elle ne s'est pas plainte de n'avoir rien à se mettre !

Ça zlatanne !

Après Chuck Norris l'an dernier, le Net s'est trouvé un nouveau héros : le joueur de foot du Paris Saint-Germain, Zlatan Ibrahimovic. Et autant dire que le géant suédois au caractère bien trempé inspire tout autant la Toile que l'acteur américain. De quoi rire avec ce florilège des meilleures Zlatanneries ou Zlatan Facts que vous retrouverez tout au long de cette année Vermot 2015.

- Zlatan peut comprendre les interviews de Ribéry.
- Zlatan et Hulk ont fait un concours de pompes. Le perdant devait se peindre en vert.
- Zlatan peut expliquer le hors-jeu aux femmes.
- Zlatan peut battre Usain Bolt dans un 100 m avec Gignac et Pierre Ménès sur le dos.
- Les Yougoslaves ont fait la guerre, car Zlatan et ses parents sont partis de Serbie.
- Zlatan peut gagner un relais 4 x 100 m tout seul.
- Zlatan peut faire tomber Teddy Riner en lui soufflant dessus.
- Zlatan comprend les questions de Laurent Paganelli.
- Zlatan peut faire marquer Benzema en équipe de France.
- Comme sponsor, le PSG ne veut plus de Nike, il veut Zlatan.

Dimanche 1er février

Sainte Ella On fête aussi les Cindie, Sibert

Le soleil se lève à 08 h 23 et se couche à 17 h 46

« La liberté commence où l'ignorance finit. »

Victor Hugo

C'est arrivé le…

1er février 1879

La Marseillaise, chant patriotique de la Révolution française composé par Rouget de Lisle, devient définitivement l'hymne national français sous la Troisième République. Initialement composé pour l'armée du Rhin à Strasbourg, en 1792, après la déclaration de guerre de la France à l'Autriche, il sera repris par la suite par les armées nationales en guise d'appel à la mobilisation générale.

3 500

Si on les met bout à bout, les documents qu'abritent nos archives départementales, communales, régionales et nationales atteindraient 3 500 kilomètres linéaires. Les sites Internet consacrés aux archives ont enregistré 36 millions de visites, dont 86 % pour ceux des archives départementales, et 1,7 milliard de pages vues, dont 95 % également pour les archives départementales.

LU DANS LA PRESSE

S'expirant seul de son véhicule accidenté, l'homme âgé de 31 ans est allé quérir de l'aide. (*La Lozère nouvelle*)

Et il s'en est extirpé sans l'aide de personne…

Esprit d'antan

Diogène, à un chauve qui l'insultait :

– Je ne vais pas être insolent envers toi, mais je félicite tes cheveux d'avoir abandonné une sale tête.

Février

provient du nom latin du mois, *februarius*, lui-même dérivé du verbe *februare* signifiant « purifier ».
À l'origine, ce mois comptait 29 jours dans les années classiques et 30 dans les années bissextiles. Selon la légende, de même que l'on avait baptisé le cinquième mois (à l'époque) de l'année « juillet » en l'honneur de César, le mois suivant honorait Auguste et fut nommé « août ». Mais cet empereur ne fut qu'à moitié satisfait : son mois comportait un jour de moins que celui de César. Pour contenter Auguste, on aurait alors volé un jour à février pour rallonger août. D'où les 28 jours de février.
Février a vu la disparition de plusieurs personnalités historiques. Charles le Bel mourut le 1er février 1327, Dagobert, le 15 février 645. Le « bon roi » de la chanson, qui n'était en réalité qu'un tyran, aurait été emporté par une dysenterie. C'est aussi le 24 février 1525 que naquirent les fameuses lapalissades. À cette date se déroula la bataille de Pavie, au cours de laquelle le maréchal Jacques II de Chabannes fut tué, et François Ier fait prisonnier. Jacques de Chabannes était plus connu sous le nom de La Palice, personnage populaire de l'époque.
En hommage, on composa une chanson avec ces paroles : « Hélas, La Palice est mort, il est mort devant Pavie, s'il n'était pas mort, il serait encore en vie. » Ce couplet donna naissance aux vérités de La Palice.
Février vit aussi, le 10 de l'année 1631, la naissance du premier journal, *La Gazette* de Théophraste Renaudot. Et le 6 février 1722, il fut décidé que des arbres seraient plantés le long de toutes les grandes routes de France. Les fameux platanes, fatals à certains automobilistes.
On raconte enfin que février possède une curieuse particularité : c'est le mois pendant lequel les jeunes filles parlent le moins. Normal, c'est parce qu'il n'a que 28 jours !

La bonne blague !

Dans un bar. Régis, après quelques apéros pris avec ses copains, va se soulager aux toilettes. Le premier W.-C étant occupé, il pénètre dans celui voisin. À peine est-il assis sur la cuvette qu'il entend :
– Salut ! Comment ça va ?
Surpris, il se dit que c'est un drôle d'endroit pour faire la causette avec un inconnu, mais bon…
– Euh… ça va, répond-il, tout de même un peu embarrassé.
– Qu'est-ce que tu fais de beau ?
– Ben, je fais comme toi…
– On se voit demain ?
– Euh…, pas sûr, généralement, je ne viens ici que les jeudis.
Et là, il entend :
– Écoute, je te rappelle plus tard, il y a un abruti à côté qui répond à toutes mes questions !

« La science a-t-elle promis le bonheur ? Je ne le crois pas. Elle a promis la vérité, et la question est de savoir si l'on fera jamais du bonheur avec de la vérité. »

Zola

C'est arrivé le…

2 février 1926

Naissance de Valéry Giscard d'Estaing à Coblence. Inspecteur des finances de profession, il entame sa carrière politique dans ce domaine. D'abord secrétaire d'État aux finances, puis ministre des Finances et des Affaires économiques, il devient, en 1974, le vingtième président de la République française.

Recette

TARTELETTES AU CITRON

Pour 6 personnes :

- 1 pâte sablée *(recette du 13 janvier)*
- 4 œufs
- 3 citrons non traités
- 175 g de sucre en poudre
- 20 g de beurre

Râpez les zestes des citrons dans un saladier. Ajoutez leur jus, le sucre et les œufs, puis battez le tout avec un fouet. Complétez la préparation avec le beurre. Faites cuire environ 20 minutes au bain-marie et tournez dans le même temps avec une spatule jusqu'à l'obtention d'une texture épaisse et crémeuse. Étalez la pâte sablée et disposez-la dans vos petits moules à tarte. Piquez-la, puis recouvrez-la de papier sulfurisé et disposez par-dessus un poids (fruits secs). Faites ainsi cuire à blanc 20 minutes dans un four préchauffé à 210 °C. Enfin, versez votre préparation dans vos fonds de tarte cuits et laissez reposer 1 heure au frais.

Aglagla !!!!

Quel est précisément l'endroit le plus froid de la Terre ? La NASA a épluché 32 années de données satellitaires avant d'apporter la réponse suivante : « Dans quelques petites dépressions de terrain à proximité de la crête d'une montagne de glace entre les dômes Argus (4 093 m) et Fuji (3 810 m), zone connue sous le nom de Plateau de l'est de l'Antarctique et située à plus de 1 000 km à l'intérieur du continent. » Ça a le mérite d'être précis, tout comme la température qui y règne : elle a chuté plusieurs dizaines de fois jusqu'à - 92 °C par nuit claire en hiver. Jusqu'à établir un nouveau record de froid : - 93,2 °C (enregistré le 10 août 2010). Le précédent record, - 89,2 °C, remontait à 1983 à la station scientifique russe Vostok, dans l'est de l'Antarctique. Pas la peine de vous y rendre, donc, vous n'y trouverez pas âme qui vive. En revanche, en ce qui concerne les lieux habités les plus froids, ils se situent dans le nord-est de la Sibérie, en Russie, où le mercure est tombé au plus bas, dans les villes de Verkhoïansk et d'Oïmiakon, à - 67,8 °C, en 1892 et 1933 respectivement.

Vermot'jardin

Février

- Plantez des grimpantes comme la glycine ou la clématite. Prévoyez un support solide sur lequel votre plante pourra se développer.
- Divisez (voir Dico jardin du 3 février) les touffes de vos vivaces âgées et devenues trop denses.
- Poursuivez vos semis sous châssis de navets, carottes, radis et laitues.
- Plantez l'ail, l'oignon et l'échalote dans une terre légèrement sablée afin de faciliter le drainage.
- Taillez vos arbustes à fruits rouges comme le groseillier et le framboisier.
- En intérieur, nettoyez et rabattez les fuchsias pour permettre une reprise de la végétation.

Saint Blaise On fête aussi les Oscar, Anshaire

Le soleil se lève à **08 h 20** et se couche à **17 h 49**

« La patience est l'art d'espérer. »

Vauvenargues

C'est arrivé le…

3 février 1962

Le paquebot *France* quitte Le Havre pour sa première traversée transatlantique. Un peu moins de 2 000 passagers ont pris place à bord, dont Yvonne de Gaulle, l'épouse du général, qui est également la marraine du navire. Cinq jours plus tard, l'arrivée à New York est triomphale.

Fallait pas l'inventer…

Mauvais sang

Tour le monde a encore en tête l'affaire du sang contaminé qui toucha notre pays au milieu des années 1980. Le médecin russe Alexander Bogdanov – qui n'a aucun lien de parenté avec les frères médiatiques du même nom – en fut lui aussi victime… mais en 1928. Médecin renommé, philosophe, économiste, écrivain de science-fiction et révolutionnaire, Bogdanov s'intéressait de près au rajeunissement humain, qu'il croyait alors possible par la transfusion sanguine. À lui l'éternelle jeunesse. Pour cela, il entreprit onze transfusions sanguines. Les résultats ne se firent pas attendre : sa vue s'améliora, sa calvitie fut freinée… Puis il décéda. Après s'être transfusé le sang d'un étudiant qui avait la tuberculose et le paludisme. Bon sang de bonsoir !

Pour rire

Un homme, excédé du caractère exécrable de son épouse, se rend chez son avocat :
– Maître, je désire divorcer !
– Bien. Avant toute chose, monsieur, voulez-vous me dire sous quel régime vous êtes marié ?
– Sous le régime dictatorial !

HISTOIRE, HISTOIRES…

On peut dire que le chiffre 4 a tenu une place prépondérante dans la vie de l'empereur allemand Charles IV (1316-1378).
Il avait fait construire quatre grands palais, dans lesquels il vivait en alternance. Dans chacun de ces palais, il avait quatre pièces réservées à son usage strictement personnel.
Ces vastes pièces comportaient chacune quatre portes et quatre fenêtres.
L'empereur prenait quatre repas par jour. À chacun de ces repas, on lui servait quatre plats et quatre vins différents.
Sa couronne se relevait en quatre branches.
On distinguait immuablement sur ses habits quatre couleurs.
Il parlait quatre langues : allemand, français, espagnol et anglais.
Il fut marié quatre fois.
Lors de ses promenades, ses voitures étaient toujours tirées par quatre chevaux.
Son empire était divisé en quatre États, défendus par quatre corps d'armée.
Il changea quatre fois la capitale de son empire.
Lorsqu'il mourut, en novembre 1378, quatre docteurs se trouvaient à son chevet.

Dico*Jardin* : Diviser

La division est un mode de multiplication dont le but est de séparer une souche mère en plusieurs fragments, qui deviendront chacun une nouvelle plante. On pratique la division à l'automne ou au printemps dans les massifs de plantes vivaces. Pour cela, sortez d'abord la souche de la terre à l'aide d'une bêche, puis taillez-la au sécateur. Vous devez conserver sur chaque fragment des racines, un bourgeon et une touffe de feuilles. Vous pourrez replanter dans la foulée vos divisions en pleine terre.

Mercredi **4 février**

Sainte Véronique On fête aussi les Véronica

« Ce n'est pas tant l'intervention de nos amis qui nous aide mais le fait de savoir que nous pourrons toujours compter sur eux. »

Épicure

C'est arrivé le…

4 février 1688

Naissance de l'écrivain Marivaux. Longtemps incompris, cet homme discret et solitaire fut tout d'abord journaliste, romancier, mais surtout auteur dramatique. Il est le cinquième auteur le plus joué par la Comédie-Française. On lui doit notamment *Le jeu de l'amour et du hasard* et *L'île des esclaves*.

434

Selon une étude italienne de 2012, qui a évalué le prix des plus célèbres monuments d'Europe, la tour Eiffel vaudrait 434 milliards d'euros. Elle caracole loin devant le Colisée (estimé 91 milliards d'euros) et la Sagrada Família (90 milliards d'euros).

Le droit de savoir

Rouler à vélo sur les trottoirs

Interdit. Le Code de la route est clair sur le sujet : le trottoir, c'est pour les piétons. Et c'est tout ! Seuls les enfants de moins de 8 ans sont autorisés à faire leurs premiers tours de roue sur un trottoir.

Tout comme ceux se déplaçant en rollers, skate ou trottinette (interdits sur la chaussée), pourvu qu'ils ne dérangent pas la circulation et la sécurité des piétons. Pour qu'un vélo roule sur le trottoir, il faut que son propriétaire marche à côté, le temps de rejoindre une piste cyclable ou de le garer. Et n'allez pas l'accrocher à un lampadaire ou à un banc public ! C'est également passible d'une amende. De quoi donner des idées au Trésor public qui cherche toujours des moyens de récolter un peu plus d'argent ?

À mourir de rire !

Réparer une fissure dans la jante d'un pneu de tracteur de 1,20 m de diamètre n'était a priori pas insurmontable pour ces deux frères, mécaniciens expérimentés dans un magasin de pneus aux États-Unis. Oui mais voilà, lorsqu'on tente l'opération avec un chalumeau et que l'on ne possède pas de notions de sciences physiques, ça change tout ! Sans dégonfler le pneu, les deux mécanos s'attellent à la tâche. Arrive ce qui devait arriver : l'échauffement de l'air à l'intérieur d'un pneu provoque une augmentation de pression. Et boum ! D'après les témoins, lors de l'explosion, la jante a quitté l'essieu « à une grande vitesse », heurtant Robert à la tête et le tuant sur le coup.

Maître de bonne compagnie

Le maître du jeu

Jouer avec son chien, et de surcroît avec un chiot, est primordial pour son éducation et établir des rapports de force équilibrés entre vous et lui. C'est pourquoi il ne faut jamais oublier que, dans le jeu, vous êtes le dominant. À vous donc de modérer la fougue de votre compagnon, de canaliser et de stopper toute brutalité, et de le ramener au calme dès que nécessaire. Et mettez toujours fin vous-même à ces séances ludiques. Car si vous abandonnez la partie sans le faire comprendre au chien, il se dira alors : « J'ai gagné ! » Et plus vous le laisserez penser ainsi, plus vous aurez de mal par la suite à asseoir votre autorité.

Jeudi 5 février

Sainte Agathe On fête aussi les Gonzalès, Volodia

Le soleil se lève à 08 h 17 et se couche à 17 h 53

« *Treize à table n'est à craindre qu'autant qu'il n'y aurait à manger que pour douze.* »
Grimod de la Reynière

C'est arrivé le…

5 février 1987

Décès de Michel Baroin dans un accident d'avion, au Cameroun. PDG de la Garantie Mutuelle des Fonctionnaires (GMF) et de la FNAC, ce haut fonctionnaire et homme d'affaires fut grand maître du Grand Orient de France. Ami de Jacques Chirac, il était aussi le père de l'homme politique François Baroin.

Sudoku

MOYEN

7	4				3			
3					9			5
1	5		4	7		8		
8		5					1	
	1		3	9	8		5	
	3					2		8
		1		3	2		4	7
5			9					3
			1				8	9

Complétez le grand carré de façon à placer tous les chiffres de 1 à 9 sur chaque ligne horizontale, sur chaque colonne et dans chaque petit carré de 9 cases.

Solution page 75

Baleine dans la Seine ?

Au rayon métiers insolites, il existait à Paris, au XIXe siècle, des baleiniers. Des baleines dans la Seine ? Non, bien sûr. Les baleiniers officiaient dans les églises. Petit tour dans le *Dictionnaire de l'Académie française* de 1932. Baleinier : « Employé d'église qui a pour insigne une verge ou canne et pour fonction principale de marcher devant les ecclésiastiques, devant les quêteurs, etc., et de leur faire ouvrir passage. » Des agents du maintien de l'ordre pendant les offices, en quelque sorte, à l'aide d'une verge appelée « baleine », fabriquée, à l'origine, en fanon de baleine.

Rétro' Vermot

Tandis que son mari part au travail, sa femme, de fort mauvaise humeur, lui montre les voisins.
– Tiens, regarde, lui, il embrasse sa femme à chaque fois qu'il sort. Tu pourrais en faire autant.
– Moi je veux bien, mais je ne la connais pas suffisamment pour prendre cette liberté. (1988)

Eau qui court à la sainte Agathe mettra du beurre dans la baratte.

57,9 millions

Avec 57,9 millions de journées de ski vendues en 2013, la France est en tête sur le podium des destinations mondiales de ski, devant les États-Unis et l'Autriche.

Foi de footeux

- Ce sera un match ouvert enfin fermé. Au début, ce sera un match fermé, mais ensuite il s'ouvrira. (*Hatem Ben Arfa*)
- J'adore les avant-matchs… Je sens toujours la naphtaline monter en moi. (*Mário Jardel*)
- La différence entre la réussite et l'échec, c'est le soin apporté aux détails. (*Guy Roux*)
- Une finale, ça ne se joue pas, ça se gagne ou ça se perd. (*Charles Biétry*)
- Le premier match est crucial, surtout si vous le perdez. (*Franck Lebœuf*)
- Arriver dans la surface et ne pas pouvoir tirer au but, c'est comme danser avec sa sœur. (*Diego Maradona*)
- Inconsciemment, il faut pas s'endormir. (*Franck Ribéry*)
- Un adversaire défensif ? C'est comme faire l'amour à un arbre… (*Jorge Valdano*)

« En amour, il n'y a pas de plus affreux désastre que la mort de l'imagination. »
George Meredith

Politiquement… incorrect

– Saint Louis rendait la justice sous un chêne. Pierre Arpaillange la rend comme un gland. (*André Santini*, ancien ministre UDF)

– En 100 ans, le monde sera passé du ballon dirigeable au supersonique ; et le PS de Jean Jaurès à Harlem Désir. (*Gaëtan Gorce*, PS)

– Mitterrand est aujourd'hui adulé, mais il a été l'homme le plus détesté de France. Ce qui laisse pas mal d'espoir pour beaucoup d'entre nous… (*Laurent Fabius*)

– Je ne suis pas un expert du 12e arrondissement, mais je l'ai traversé quand j'ai couru le marathon de Paris. (*Arno Klarsfeld*)

– Le mur de Berlin s'écroule. Un mort : Jacques Delors. (*Jean-Pierre Chevènement*)

– Je ne suis pas sûr qu'on prenne de la hauteur en montant sur une table. (*François Baroin*, à propos d'Édouard Balladur)

– [Je suis un] Breton d'après la marée noire. (*Kofi Yamgnane*, maire de Saint-Coulitz, dans le Finistère)

– Même quand je ne dis rien, cela fait du bruit. (*Ségolène Royal*)

– Il n'y a pas besoin d'être de droite ou de gauche pour dire des conneries. (*Lionnel Luca*, député UMP)

– Mes détracteurs ont commencé à s'opposer aux charters. La police de l'air a négocié avec la SNCF, on a parlé de train de la honte. Si on décidait d'utiliser les bateaux, on évoquerait l'Exodus. Il ne nous reste donc, en réalité, que l'autobus ou le vélo. (*Charles Pasqua*)

Mon truc en +
Savon maison

Il vous reste plein de petits bouts de savon à la cuisine et à la salle de bain ? Récupérez-les et fabriquez un nouveau savon : c'est facile et économique ! Mettez les morceaux de savon dans un plat en terre ou en émail. Ajoutez quelques gouttes de glycérine et un peu de parfum, et faites fondre le tout au bain-marie. Une fois que la préparation est liquide, tamisez-la et versez-la dans de petits bocaux. Attendez qu'elle refroidisse et vous pourrez tester vos savons maison ! Si vous n'avez pas envie de vous lancer dans la fabrication d'un nouveau savon, vous pouvez récupérer les morceaux et les mettre dans de petits sacs de flanelle. Vous n'aurez alors qu'à vous frotter les mains avec le sac, comme vous le feriez avec votre savon habituel.

Gens d'armes, gendarmes

L'affermissement du pouvoir royal aux XIIe et XIIIe siècles réduisit les affrontements entre féodaux, mais des batailles avec des puissances extérieures se déroulaient sur notre territoire, batailles pendant lesquelles les déserteurs et autres mercenaires licenciés pillaient le pays. Un corps ancien, la maréchaussée, était chargé de contrôler et de surveiller les gens de guerre. Ces gens d'armes avaient compétence sur tout le royaume, à l'exception des villes. Ils étaient requis lorsque le représentant local du roi était dépassé.

LU DANS LA PRESSE

J'ai vu cette dame appuyée sur une cane. (*La Dépêche du Midi*)
Avait-elle perdu sa canne ?

C'est arrivé le…

6 février 1968
Ouverture des jeux Olympiques d'hiver à Grenoble, deuxième ville française à accueillir cet événement après Chamonix en 1924. Ces jeux Olympiques marquent l'avènement de Jean-Claude Killy, qui remporte la médaille d'or dans les trois disciplines de ski alpin (descente, slalom et slalom géant).

Samedi **7 février**

Sainte Eugénie On fête aussi les Aodren

Le soleil se lève à **08 h 14** *et se couche à* **17 h 56**

« Une société fondée sur le travail ne rêve que de repos. »
Langanesi

C'est arrivé le…

7 février 1971

À la suite d'un référendum, les femmes obtiennent le droit de vote en Suisse. Ce retard par rapport à ses voisins européens, la Suisse le doit à la grande importance de la démocratie directe dans son système politique. Cependant, le retard est vite rattrapé et, en 2010, le Conseil fédéral devient à majorité féminine.

80 000

Chaque année, 80 000 km² de forêts disparaissent dans le monde, soit la surface de l'Autriche. L'Amazonie est la principale victime de la déforestation, alors qu'elle renouvelle à elle seule la moitié de l'oxygène de la planète.

Quiz *Philo*

Qu'est-ce que l'hédonisme ?

❑ 1. Une morale fondée sur la recherche du plaisir.
❑ 2. Une morale fondée sur la recherche du salut.
❑ 3. Une morale fondée sur la recherche du bonheur.

Réponse

Réponse 1

@çagazouille : les JLGeades

©Twitter

- Trouver une aiguille dans une botte de montres.
- Réussir son futur, c'est apporter demain.
- Les hôtels de montagne auraient de bonnes remontées de leurs clients.
- C'est en l'identifiant qu'on se rend compte que Maud passe.
- Par -30 ° et sans chauffage, on ne peut pas faire long feu.
- Vampire pervers cherche un bon cou.
- Comment dit-on « bien entendu » en langue des signes ?
- Un cinéaste porno, c'est en quelque sorte un tourne-vices.
- Un voleur met des pantalons et une voleuse des robes.
- Arrivé un peu tard et en pétard, il repart toujours râleur.
- La lesbienne avec une poitrine inexistante, c'est une homo plate.
- Le jeu de mots précédent, je l'ai accueilli avec un ossement d'épaule.
- Le groupe suédois le plus célèbre s'est appelé Abba, non pas parce que ses chanteuses étaient des boudins, mais plutôt parce qu'elles chantaient avec leurs tripes.
- Avec votre mobile, quand vous vous retrouvez sans couverture, vous êtes dans de beaux draps.
- Le 14 février, elle et moi, on a épluché des pommes de terre. Bref, une Saint-Valentin d'épluchage.
- Sa capacité d'écoute dépassait l'entendement.
- Belgrade n'aime pas les critiques acerbes.
- Dans une maternité, toutes les chambres sont à laitage.
- Il y a d'abord eu le théâtre de boulevard, puis le théâtre de rue, on va tout droit vers l'impasse.
- La tuile, ce serait que mes créanciers me réclament leur ardoise.
- On vit une période formidable, où il est possible d'être à dix ans de la retraite sept ans de suite.

(à retrouver sur Twitter : @ jlgdu54)

Le soleil se lève à
08 h 12
et se couche à
17 h 58

Dimanche **8 février**

Sainte Jacqueline On fête aussi les Jacotte, Jackie, Effie

« La vacance des grandes valeurs n'enlève rien à la valeur des grandes vacances. »

Henri Weber

C'est arrivé le…

8 février 1904

Début de la guerre russo-japonaise qui durera un an et demi. Cette guerre sera sans aucun doute annonciatrice des autres grandes guerres du xxe siècle, autant sur le plan humain (plus de 2 millions de combattants) que par l'emploi des techniques les plus modernes des guerres contemporaines (logistique, moyens de communication, renseignement…).

Pour rire

Un Français et un Belge sont au cinéma.
– Je te parie cent balles que le type qui est sur le cheval blanc va tomber ! dit le Français.
– Tenu ! fait le Belge.
Deux minutes plus tard, le cow-boy tombe.
– J'avais déjà vu le film ! avoue le Français.
– Moi aussi, mais je n'aurais jamais cru qu'il tomberait une deuxième fois !

100 millions

Avec plus de 5 550 km de côtes, la France métropolitaine est le deuxième domaine maritime mondial, après les États-Unis. Les pays européens sont les plus gros consommateurs de poissons, avec par exemple en France 34 kg par personne et par an, pour une moyenne mondiale de 16 kg. En 2012, plus de 100 millions de tonnes de poissons et fruits de mer ont été consommées dans le monde. 60 % des produits de la mer sont vendus par les grandes et moyennes surfaces, 30 % par les restaurateurs, 10 % par les poissonniers.

Esprit d'antan : Vengeance !

Chez les Anglais, les toasts portés par galanterie obéissaient à des coutumes très strictes, à l'exécution desquelles on mettait un soin rigoureux. Par exemple, pour faire honneur à une dame, le gentleman qui buvait à sa santé jetait au feu quelque partie de sa parure, un petit meuble, un colifichet, bref, un objet quelconque qui lui appartînt. Et aussitôt, tous les autres convives étaient obligés de suivre son exemple. Rien au monde ne pouvait les en dispenser, leur honneur y eut été compromis. D'où toute la saveur de l'épisode qui suit.
Sir Malcom Sydney, qui fut un politicien britannique distingué, soupait un soir de fête dans une taverne avec plusieurs amis. Il arborait ce soir-là une splendide cravate amarante d'un tissu rare et confectionnée uniquement pour lui. Cette pièce vestimentaire faisait l'admiration des femmes et excitait quelque peu la jalousie des convives masculins. Soudain, l'un d'entre eux se leva et, verre en main, déclara :
– Messieurs, je vous propose de boire à la santé des jolies femmes ici présentes et qui constituent le charme délicat de notre souper. Et pour leur prouver notre reconnaissance d'avoir apporté à notre repas le rayonnement de leur beauté, je vous propose de faire un sacrifice. Sacrifions, tenez, notre cravate.
Joignant le geste à la parole, il ôta sa cravate qu'il lança dans la cheminée. Tous les autres l'imitèrent et Sir Malcolm Sydney, bien que peu content de cette plaisanterie, se débarrassa de sa précieuse cravate pour la mettre au feu.

(La suite page suivante)

Maître de bonne compagnie

Chat : l'acclimater

Il arrive à la maison ! Et autant dire qu'il n'en mène pas large de se retrouver dans un lieu inconnu. Laissez-le explorer une seule pièce pour commencer. Et, surtout, installez son bac à litière et montrez-lui immédiatement. Sous le coup de l'émotion, sa première réaction sera sans doute d'avoir envie de faire ses besoins. Pensez aussi à le faire boire. Placez-le enfin dans son panier, avec une couverture imprégnée de votre odeur ou, mieux, une couverture récupérée chez l'éleveur, qui aura l'odeur de sa mère.

Le soleil se lève à **08 h 11** *et se couche à* **17 h 59**

« La vérité apprise d'autrui est sans valeur. Seule compte, seule est efficace la vérité que nous découvrons nous-même. »

Alexandra David-Néel

C'est arrivé le…

9 février 1975

Décès du comédien et humoriste Pierre Dac. Né en 1893, il a notamment été décoré lors des deux guerres mondiales et fut une figure de la résistance contre l'occupation allemande au début des années 1940. Après cela, il a surtout fait rire la France entière, notamment avec son acolyte Francis Blanche. On lui doit par exemple le « Schmilblick », objet imaginaire dont le nom s'est imposé dans le langage courant.

Le sport, c'est bon pour la santé !

On le sait. Mais l'activité physique est aussi très bonne pour la qualité de votre sperme, selon une étude de l'université d'Harvard. Surtout si vous êtes jardinier ou… haltérophile ! Selon les chercheurs, l'haltérophilie provoquerait une hausse significative du taux de testostérone, favorable à la spermatogenèse, et le jardinage, pratiqué en plein air et au soleil, permet un apport significatif en vitamines D, bonnes pour le sperme. Mais oubliez le vélo ! La pression exercée sur le scrotum par la selle ferait baisser la quantité de spermatozoïdes de façon significative.

@çagazouille :

#ArmePeople

©Twitter

- Serge Lamatraque
- Char Aznavour
- Arthur Hache
- Beretta Franklin
- Mc Sol Air
- Patricia Gaz
- Patti Smith & Wesson
- André Revolverchuren

Ça c'est fait… divers

Le désir de faire l'amour n'attend parfois pas que l'on arrive dans un endroit confortable. Surtout l'alcool aidant. Tant et si bien qu'un couple d'Ukrainiens alcoolisés s'est mis à l'œuvre là où l'envie lui a pris subitement : près d'une voie de chemin de fer. Pendant leurs ébats farouches, ils n'ont pas entendu le train arriver. Bilan : la femme est morte sur le coup et l'homme s'est fait sectionner les jambes au-dessus du genou. L'homme a déclaré à la police qu'il avait eu envie, avec sa compagne, « de se procurer quelques frissons près d'une voie de chemin de fer ». Le survivant doit être satisfait du résultat !

Esprit d'antan : Vengeance ! (suite)

Deux jours plus tard, les mêmes personnes se retrouvèrent à table pour un souper qu'offrait cette fois Sir Malcolm Sydney. À l'heure du dessert et des toasts, le politicien pressa le bouton et un serveur apparut. Sir Malcom lança alors :

– Messieurs, notre plus élémentaire devoir de galanterie nous ordonne de boire à la santé des femmes ici présentes, et ce même devoir nous ordonne de leur consentir un nouveau sacrifice, comme nous le fîmes jadis pour nos cravates.

Il se tourne alors vers le serveur :

– Voici M. Kingford, c'est un dentiste d'une exceptionnelle dextérité. Il va, comme sacrifice personnel en l'honneur de ces dames, m'arracher une dent. Je pense que chacun d'entre vous tiendra à m'imiter.

Et successivement, car, par orgueil, personne ne se déroba, Kingford amputa à chacun des convives masculins une dent qu'il jeta au feu.

Le lendemain, ces derniers furent informés par Sir Malcom Sydney que sa dent sacrifiée était de toute façon condamnée.

« Le ministre de la Guerre a donné sa démission. La guerre est supprimée. »

Jules Renard

C'est arrivé le…

10 février 1970

L'avalanche de Val-d'Isère fit 39 morts. Due aux chutes de neige accumulées pendant plusieurs jours, elle toucha le centre UCPA, faisant exploser les vitres du réfectoire où plusieurs dizaines de jeunes furent ensevelis. Elle fut l'avalanche la plus meurtrière depuis plus de 200 ans.

Patch en bois

Faire la fête toute la nuit, boire à s'en prendre une belle (de cuite) et se réveiller le matin la tête légère comme une blonde ? C'est désormais possible grâce au chirurgien Leonard Grossman, qui a mis au point un patch anti-gueule de bois. Comment ça marche ? Le patch diffuse un mélange de vitamines, d'antioxydants et d'acides aminés dans le corps pendant la soirée. Il suffit de le coller environ 45 minutes avant de commencer à boire et de profiter ! Évidemment, s'il permet un réveil plus facile, ce produit ne fait pas de miracle et n'empêchera pas l'ivresse et les comportements stupides qui vont avec.

- Comment ça ? Tu ne savais pas que ton mari était serveur dans ce restaurant ?!

Le petit déjeuner, ami de la santé

Délaissé surtout par les jeunes alors qu'il permet d'accroître la concentration et la mémorisation des leçons, le petit déjeuner est l'un des repas les plus importants de la journée : il devrait représenter (que l'on soit adulte ou enfant) au moins 20 à 25 % de notre apport énergétique quotidien. Quelques règles d'or :

- **Une boisson chaude** : pour se réveiller et se réhydrater. Nous devons boire environ 1,5 l d'eau par jour.
- **Un produit céréalier** : pain (50 g) ou céréales (40 à 45 g). Il apporte des glucides dont nos cellules sanguines et nerveuses sont dépendantes, des fibres, indispensables au transit, et des vitamines (B1 par exemple, dont une carence peut entraîner des troubles dans le fonctionnement du système nerveux). Les céréales nature ou le muesli sont à privilégier, car ils évitent la dépendance au sucre (contenu dans les céréales chocolatées, par exemple) et la fringale de 10 h.
- **Un produit laitier** : yaourt (125 g), fromage (40 g) ou lait (200 ml). Important pour l'apport en vitamines A et D et en calcium.
- **Un fruit** (environ 100 g) : pour les vitamines et les fibres.
- **Un peu de beurre** (8 g) ou de confiture (15 à 20 g) avec le pain.

Un conseil : préparez le petit déjeuner la veille au soir. On a toujours plus faim quand tout est déjà prêt au réveil.

☠ Derniers mots avant la mort

- **Socrate :** Criton, je dois un coq à Esculape. Souvenez-vous de payer ma dette.
- **Victor Hugo :** Allons ! Il est bien temps que je désemplisse le monde !
- **Diderot :** Mais comment diable voulez-vous que cela puisse me nuire ?
- **Hobbes :** Je suis sur le point de faire mon dernier voyage, ce grand saut dans l'obscurité.
- **Hume :** Quand j'entends dire que l'homme est religieux, je conclus qu'il est une canaille !
- **Pascal :** Que Dieu ne m'abandonne jamais !
- **Racine :** Je peux vous assurer qu'entre vivre ou mourir, s'il m'en était donné la possibilité, je ne saurais laquelle choisir.

Mercredi 11 février

Notre-Dame de Lourdes On fête aussi les Caedmon

Le soleil se lève à **08 h 08** et se couche à **18 h 03**

« *Seul le battement à l'unisson du sexe et du cœur peut créer l'extase.* »

Anais Nin

C'est arrivé le...

11 février 1945

Fin de la conférence de Yalta qui réunissait Churchill, Roosevelt et Staline. Son but était d'adopter une stratégie commune pour en finir avec la Seconde Guerre mondiale, de se mettre d'accord sur le sort de l'Europe après la chute du IIIe Reich et de garantir la stabilité mondiale par la suite. Cette conférence marque quand même les prémices de la Guerre froide…

TOP CHRONO : LA TÉLÉVISION

- **18 novembre 1935 : la première speakerine, Suzy Wincker, apparaît.**
- **4 janvier 1937 : premières émissions tous les soirs de 20 h à 20 h 30. Il y a une centaine de postes chez des particuliers.**
- **18 septembre 1937 : les essais de télévision en 455 lignes débutent avec un nouvel émetteur sur la tour Eiffel, arrosant la région parisienne dans un rayon de 100 km.**
- **1939 : la télévision, c'est 6 personnes, 1 studio, 1caméra fixe et 200 à 300 récepteurs en France.**
- **3 septembre 1939 : c'est la guerre ! La France arrête ses émissions de télévision. Les Français s'en rendent à peine compte : il n'y a pas plus de 300 postes sur l'ensemble du territoire. C'est que leur prix est prohibitif : de 11 500 à 15 500 francs, soit de 5 000 à 6 500 euros. À l'arrivée des Allemands, les techniciens français sabordent les équipements de la télévision.**

LU DANS LA PRESSE

Il m'a tendu une brèche. Je l'ai saisie. (*Oise hebdo*)

Avec une perche, la prise aurait été meilleure.

La mer pourrait ne plus sentir la mer

« Ça sent bon la mer ». C'est sans doute l'une des phrases les plus communément lancées dès l'arrivée sur le lieu de vacances estival. Pourtant, selon des travaux réalisés par des scientifiques de l'Institut de météorologie Max Planck, dans une étude publiée dans la revue américaine *Nature Climate Change*, la mer pourrait changer d'odeur à cause des dérèglements climatiques. Selon l'étude, le changement climatique entraînerait une plus forte acidité des océans, laquelle nuit au sulfure de diméthyle (DMS), une substance produite par un phytoplancton marin, la fameuse « odeur de la mer ». Et c'est un cercle vicieux qui s'annonce. « À l'échelle mondiale, une baisse des émissions de DMS pourrait avoir d'importantes répercussions sur le climat, créant des réactions en chaîne et augmentant le réchauffement », alertent les scientifiques.

Infos en séries... TV

Lorsque ses créateurs (Jerry Seinfeld, qui y joue son propre rôle, et Larry David) sont venus vendre leur série à la télé, en 1989, ils la décrivirent comme « une série à propos de rien ». Gonflé et pas très racoleur. Et pourtant... proprement génial. À partir de la troisième saison, *Seinfeld Chronicles* connut un succès considérable ; jusqu'à être payé un million de dollars par épisode. *Seinfeld* (1989-1998) fut la série la plus regardée des années 1990 aux États-Unis. En 2002, le « TV Guide » américain a désigné *Seinfeld* comme le plus grand programme de télévision de tous les temps. En 2008, la série a été classée comme le troisième meilleur spectacle des 25 dernières années et son dernier épisode, en 1998, attira 50 millions de spectateurs ! À son palmarès, 10 Emmy Awards et 3 Golden Globes.

Avec : *Jerry Seinfeld (Jerry Seinfeld), Julia Louis-Dreyfus (Elaine Benes), Jason Alexander (George Costanza), Michael Richards (Cosmo Kramer).*

Jeudi 12 février

Saint Félix On fête aussi les Julien, Rioc et Eulalie

« *La politique est l'art de commander à des hommes libres.* »

Aristote

C'est arrivé le…

12 février 1877

Naissance de Louis Renault, pilote de courses, inventeur et fondateur de l'entreprise Renault. Chef d'entreprise pionnier mais accusé de collaboration économique avec l'occupant durant la 2e Guerre mondiale, il fut emprisonné en septembre 1944 et décéda en détention.

À l'origine…

Le père « Allo »

Le téléphone sonne et instinctivement nous répondons « Allo ». Mais d'où vient ce mot ? On le doit à James Tressider, décédé au début du xxe siècle aux États-Unis. James Tressider n'était autre que l'un des collaborateurs d'Alexander Graham Bell, l'inventeur du téléphone. Ainsi, lorsqu'il a fallu tester l'appareil téléphonique imaginé par le savant, c'est Tressider qui, en empoignant le combiné pour la première fois, prononça le mot « Allo ».

Monopoly®

- ***1 milliard : le nombre de Monopoly® vendus dans 110 pays depuis sa création en 1935.***
- ***1 350 : le nombre de Monopoly® vendus chaque jour en France.***
- ***221 millions d'euros : le volume des ventes réalisé par Hasbro en France en 2012.***
- ***4,09 milliards de dollars : le chiffre d'affaires d'Hasbro en 2012.***
- ***50 euros : c'est le prix minimal du Monopoly Empire®.***
- ***87 % : le taux de notoriété spontanée de Monopoly®.***
- ***86 % : le nombre de foyers français qui en ont au moins un.***
- ***13 % : la part de marché de Hasbro sur les jeux de société en France.***

Prend-t-on trop de médicaments ?

Plus de 90 % des personnes âgées de plus de 80 ans consomment en moyenne dix médicaments par jour. Parmi lesquels anxiolytiques, antidépresseurs, statines pour l'hypertension, et d'autres à visée cardiovasculaire. C'est ce que démontre une enquête menée sur 595 000 personnes par l'hôpital Georges-Pompidou. Le résultat inquiète les spécialistes. « Au-delà de trois à quatre molécules prises ensemble, on ne sait plus trop leur métabolisme, c'est-à-dire leur façon de réagir. Et surtout, à partir de cinq médicaments, le risque d'accidents médicamenteux augmente considérablement », insiste l'un des responsables de cette enquête. Une consommation importante de médicaments peut être responsable d'insuffisance rénale, d'hémorragies digestives ou encore de chutes à répétition chez les personnes âgées. D'ailleurs, la sur-médication et les interactions médicamenteuses sont aujourd'hui responsables de 15 % à 20 % des hospitalisations des plus de 75 ans.

Astuce *Cuisine* : Température de service du rosé

La température de dégustation d'un vin modifie grandement la perception que l'on en a ; il est donc important de la respecter, et notamment pour les vins rosés que l'on sert en fonction de leur nature. Ainsi, les vins rosés pétillants se serviront idéalement à une température oscillant entre 7 et 8 °C. Les rosés fruités et faciles à boire s'apprécieront à une température de 9 à 10 °C. Dans le cas des rosés plus classiques, comptez entre 11 et 12 °C. Enfin, les rosés plus corsés, bourgognes et bordeaux, se serviront entre 13 et 14 °C.

Vendredi 13 février

Sainte Béatrice On fête aussi les Ermenilda, Fulcran

Le soleil se lève à **08 h 04** et se couche à **18 h 06**

« Quand il s'agit d'argent, tout le monde est de la même religion. »

Voltaire

C'est arrivé le...

13 février 1960

La première bombe atomique française explose à Reggane (Sahara). La réalisation de la bombe avait été confiée en 1945 au Commissariat à l'énergie atomique (CEA) par le général de Gaulle. Elle est trois fois plus puissante que la bombe larguée sur Hiroshima, et contamine une zone d'environ 150 km de long.

Pour rire

Un homme entre dans un supermarché et demande à la caissière :
– Où sont les Tampax, s'il vous plaît ?
La caissière lui indique :
– Troisième rangée à gauche.
L'homme disparaît puis revient à la caisse quelques minutes plus tard avec deux gros sachets de coton et quelques dizaines de centimètres de cordelette.
La caissière éclate de rire et lui dit :
– Je ne pense pas que ce soit ce dont votre femme a besoin.
L'homme, sûr de lui, répond :
– La semaine passée, je lui ai demandé d'aller acheter des cigarettes et elle est revenue avec un sachet de tabac et des feuilles. Alors ses Tampax, elle va se les rouler !

- Vous m'avez réveillé !

Ça c'est fait... divers

Pour l'entourage de Bob, un Texan de 61 ans, c'est sûr : c'est un alcoolique patenté qui boit en cachette. Parce qu'en public, Bob ne touche pas à l'alcool et tombe après deux verres. Pourtant, à chaque fois qu'il se rend chez le médecin pour des examens, on lui détecte un taux d'alcoolémie élevé. À force de démentir, le patient a convaincu des spécialistes de se pencher un peu plus longtemps sur son cas. Isolé dans une chambre d'hôpital, sans droit de visite et sous surveillance pendant 24 heures, le Texan, qui ne peut donc pas toucher à une goutte, se soumet à divers examens approfondis. À la stupéfaction générale, le taux d'alcoolémie du patient croît progressivement au cours de la journée pour atteindre 0,12 g/l à l'issue de l'expérience. La preuve est faite : le ventre du Texan est capable de synthétiser de l'alcool. Il a été traité contre ce cas de fermentation alcoolique interne, très rare dans la littérature médicale. Une demi-douzaine d'articles seulement est publiée chaque décennie sur le sujet. Le plus souvent, l'apparition de la survie de la levure dans l'organisme est attribuée à un régime alimentaire riche en fibres et en levures. Bob a été traité et peut boire normalement. Un alcootest classique suffira désormais.

- Je crois que ta nouvelle bonne aspire surtout au repos !

HISTOIRE, HISTOIRES...

La guerre de Cent Ans fut en principe la plus longue de l'histoire. Mais quelle fut la plus courte ? Nous sommes le 27 août 1896. Le sultan de Zanzibar, Khalid ibn Bargach, décide de déclarer la guerre à la Grande-Bretagne. Par un fâcheux hasard qu'ignorait le sultan, une puissante escadre anglaise croisait dans les parages. Alertée, elle ouvrit immédiatement le feu. En un rien de temps, le palais du sultan était écrasé et lui-même en fuite. La guerre avait duré 37 minutes !

« Mon plus proche parent, c'est moi-même. »

Térence

C'est arrivé le…

14 février 1991

La Française Jeanne Calment devient doyenne de l'humanité à 115 ans, à la suite du décès de l'américaine Carrie C. White, âgée de 116 ans. Elle le restera jusqu'au 4 août 1997 et son décès à 122 ans et 164 jours. À partir de cette date, c'est la Canadienne Marie-Louise Meilleur qui devient la personne la plus âgée du monde, à 116 ans.

Mon truc en +

Entretenir les semelles en cuir

Pour que vos chaussures en cuir neuves tiennent le coup le plus longtemps possible, il faut penser à en traiter également les semelles, lorsqu'elles sont en cuir. Les imperméabiliser les protégera de l'eau et les rendra plus résistantes. Pour cela, nettoyez les semelles correctement, puis badigeonnez-les de vernis à tableau sur plusieurs couches. Une fois sec, le vernis rend les chaussures imperméables et limite la sensation de froid ressentie lorsque l'on a les chaussures mouillées. Il est possible d'utiliser de l'huile de lin ou de l'huile de ricin à la place du vernis.

La première police en uniforme

En 1829 (loi du 12 mars), les sergents de Paris sont institués. Portant tricorne et épée, ils sont chargés de veiller à la paix publique et constituent la première force de police en uniforme du monde. Par arrêté du préfet de police du 7 septembre 1870, les sergents de ville changent de nom ; ils deviennent des gardiens de la paix publique. Leur uniforme est modifié, le bicorne est remplacé par le képi.

- Zut ! ce n'est pas le livreur de pizzas !

Saint-Valentin dites-le avec du cœur

- Un cœur sensible s'inquiète de tout. *Beaumarchais*
- Un cœur ne se trouve qu'en se donnant : être aimé, c'est sa joie ; aimer, c'est sa vie. *Adolphe Monod*
- L'esprit a beau faire plus de chemin que le cœur, il ne va jamais si loin. *Proverbe chinois*
- Quand le cœur veut quelque chose, c'est en vain que l'esprit s'oppose. *Antoine Houdar de La Motte*
- Ce que désire ardemment le cœur met les jambes en route tôt le matin. *Proverbe africain*
- Pour aimer, il faut un cœur ; pour consoler, il faut une âme et un cœur. *Anne Barratin*
- La raison peut nous avertir de ce qu'il faut éviter ; le cœur seul dit ce qu'il faut faire. *Joseph Joubert*
- Cerveau bien fait, cœur bien fait. *Victor Hugo*
- Comporte-toi comme te le dit ton cœur. *Georges Brassens*
- La passion est la distraction du cœur. *Vladimir Jankélévitch*
- On a tous dans le cœur le désir de trouver une rencontre venue d'ailleurs. *Claude Nougaro*
- Il n'y a pas de plus grand cœur au monde que le cœur qui pardonne. *Benoît Lacroix*
- Le génie vient du cœur. *Arsène Houssaye*

ÇA ASSURE !

– Comme convenu avec mon voisin, je lui ai cassé le pied en l'aidant à casser du bois.

– Vous me demandez quand je peux aller au docteur. Je vous réponds le plus vite possible car, si on continue d'attendre, mon pied reprendra sa forme d'avant et alors ils en profiteront pour ne pas payer mon préjudice.

– Quand je vous ai déclaré que ma cuisinière était endommagée, il s'agissait de celle à gaz, l'autre est en vacances.

Dimanche 15 février

Saint Claude On fête aussi les Georgette, Georgia, Faustine

Le soleil se lève à **08 h 01** *et se couche à* **18 h 09**

MOTS FLÉCHÉS

Accélérées
Homme à tout faire
Individus
Vieux Chou
Déduit
Langues Romanes
Inconvenant
Fournis
Occulta
En Normandie
Nauséabonds
Barque à fond plat
France ou Marché
A sec
Appellation
Poisson carnivore
Combattre
Barrique
Bouclez
Parcourus
Royal
Abri
Pour tableau noir
Fixer
Evidemment
Instantané
Ceci
Botte
Remise en cause
Coquille
Inflammation
de France
Altérée
Aussi
Perce
Réparer
Risquerez
Verres artistiques
Imprégner d'alun
Vaste
Planter
Inappétence
Arbre à latex
Les miens
Fiancée
Blêmira
Timoré
Insère
Bateau
Palmipède
Fanfaron
Sépulture souterraine
Pourcentage
...et compagnie
Expulsai
Décontractée
Onomatopées jazzy
83
Chef de colonies
Renforcer
Peiner
Explosif
Bien sûr (que)
Minerai ménager
Petite classe
Etat actuel
Heureux
Titi
En forme d'épée

Solution page 68

Lundi 16 février

Sainte Julienne On fête aussi les Onésime, Mareria et Lucille

« Enfant : fruit qu'on fit. »

Léo Campion

C'est arrivé le…

16 février 1863

Le Suisse Henry Dunant fonde le « Comité international de secours aux blessés de guerre », désormais communément appelé « Croix-Rouge ». L'idée de fonder une organisation destinée à secourir impartialement les blessés vient du spectacle terrifiant auquel assista Dunant lors de la bataille de Solférino, le 24 juin 1859. C'est la plus ancienne organisation humanitaire existante. Le Comité international de la Croix-Rouge s'est vu décerner le prix Nobel de la paix en 1917, 1944 et 1963.

Neurones de sportifs

Faire du sport pour développer sa mémoire, ça marche. Une nouvelle étude américaine, publiée dans la revue *Plos One*, confirme cette idée déjà évoquée par d'autres selon laquelle le sport favorise la création de neurones. Des chercheurs américains ont ainsi testé des enfants en bonne et en mauvaise forme physique sur un exercice de mémoire. Résultat : les sportifs ont de meilleures aptitudes. Conséquence : l'académie nationale de médecine américaine a lancé un message à toutes les écoles du pays pour que les enfants pratiquent 1 heure de sport par jour.

Maître de bonne compagnie

Griffoir pour chat

Vous ne souhaitez pas ramasser tous les jours des copeaux de bois, et vous trouvez laids tous les griffoirs à chat ? Un morceau de moquette épaisse fixé à un mur ou au sol suffira pour que votre matou fasse ses griffes. Un conseil toutefois : n'utilisez pas des chutes de moquette ayant servi ailleurs dans la maison, car il vous sera ensuite difficile d'expliquer au minou pourquoi il n'a pas le droit de se défouler dans votre chambre plutôt que contre le mur des toilettes !

Foi de footeux

Jérémie Janot, ancien gardien des Verts de Saint-Étienne, a compilé les perles entendues dans les vestiaires pour les poster sur son compte Twitter. Plus vraies que nature.

- Ho ! On pèse 2 m et on mesure 90 kg et on se fait bouger derrière !
- Les gars ! C'est pas un problème mental. C'est un problème psychologique !
- – Fais chier, Sylvain a mal aux cervicaux !
- Le coach à son défenseur latéral : toi, tu es comme la Loire, ça fait dix ans que t'as pas débordé.
- Bon les gars, à droite, ils ont un joueur très adroit, bon de la tête, va vite et, à gauche, c'est pareil c'est son pendentif.
- Le coach : faites un triangle par 4.
- Le même coach : ce soir, c'est nous qu'on gagne, vous avez compris ? C'est nous qu'on gagne !
- Les mecs, en face, ils sont zéro sur les coups de pied arrêtés, sauf sur les corners.
- – Dédé, pourquoi tu n'étais pas au poteau sur le corner comme prévu, car si tu y es, y a pas but. Dédé : – J'étais sur le banc, je jouais pas.
- Vous avez vu, les mecs, je peux mettre mon blouson des deux côtés ; normal, il est auto-reverse !
- Les excuses, c'est comme les trous du cul, tout le monde en a, mais nous on va pas s'en servir. (*Jérémie Janot*)

Mardi **17 février**

Mardi Gras On fête aussi les Alexis, Logan, Théodule, Marianne

Le soleil se lève à **07 h 57** *et se couche à* **18 h 13**

« Le loisir, voilà la plus grande joie et la plus grande conquête de l'homme. »

Rémy de Gourmont

C'est arrivé le…

17 février 1673

Décès de Molière, dramaturge et acteur de théâtre français. Pris de convulsions au cours de la quatrième représentation du *Malade imaginaire*, où il interprète le rôle principal, Jean-Baptiste Poquelin, de son vrai nom, refuse d'annuler la représentation malgré son état, et meurt d'une congestion pulmonaire quelques heures après être sorti de scène.

7 milliards

Première destination mondiale de ski, la France mise notamment sur ses équipements. Les remontées mécaniques constituent la part la plus importante des investissements. On en compte 3 900 dans tout le pays, ce qui le place au 1er rang mondial. Le coût moyen du forfait de remontées mécaniques est de 21 euros par jour. Et pour un euro dépensé dans le forfait, les skieurs en dépensent six dans la station. Ainsi l'économie du ski génère près de 7 milliards d'euros de chiffre d'affaires.

Pour rire

– Ça a marché, ton flirt avec Jean-Louis ? demande une étudiante à sa copine.
– Non. Il est vraiment d'une timidité qui confine à la bêtise.
– Comment ça ?
– Eh ben, hier soir, on est sortis ensemble et on s'est retrouvés seuls sur un banc… Il m'a murmuré à l'oreille : « Je t'aime », en posant une main sur mon genou. Moi je lui ai susurré : « Plus haut ! » Alors, il m'a hurlé dans l'oreille : « JE T'AIME ! ».

Ad… hic !

Dans son dernier rapport, l'Oberservatoire français des drogues et des toxicomanies (OFDT) pointe l'hyper-alcoolisation ponctuelle chez les jeunes, la consommation de cannabis la plus élevée d'Europe et l'usage du tabac qui fléchit peu. On fait le point ?

Le tabac. Malgré les hausses de prix et les restrictions légales (interdiction de fumer dans les lieux publics, interdiction de la vente aux mineurs…), l'usage du tabac ne fléchit pas depuis dix ans. 13,4 millions de Français fument tous les jours. Si les hommes restent majoritaires, le nombre de fumeuses est en augmentation.

L'alcool. Les consommations quotidiennes d'alcool sont en baisse, mais de nouveaux comportements d'alcoolisation ponctuelle importante (*binge drinking* ou cuite express) se développent, notamment chez les plus jeunes. La moitié des adolescents de 17 ans (53,2 %) déclare avoir bu au moins cinq verres en une même occasion au cours du dernier mois.

Le cannabis. Ces dernières années, l'usage du cannabis (première substance illicite consommée, avec 13,4 millions d'expérimentateurs) s'est stabilisé à un niveau élevé. Environ 1,2 million de Français (11-75 ans) en fument au moins dix fois par mois (usage régulier). Plus de quatre jeunes de 17 ans sur dix l'ont expérimenté. Avec près de 122 500 interpellations d'usagers, le cannabis est à l'origine de la plupart des interpellations pour consommation de stupéfiants (90 %).

UN JOUR PETIT… TOUT CELA SERA À TOI

Dico *Jardin* : Pailler

Le paillage est une technique consistant à couvrir le sol de matériaux organiques pour le nourrir et protéger les plantes. On paille les massifs en général dans le courant de l'automne. Après avoir nettoyé vos massifs, épandez une couche d'environ 5 cm de compost, de terreau de feuilles, ou encore de paille. Cette pratique présente de nombreux avantages : elle réduit par exemple le développement des mauvaises herbes, enrichit et améliore la composition des sols et réduit les amplitudes thermiques pendant l'hiver et au cours de l'été.

« L'éducation ne consiste pas à gaver, mais à donner faim. »

Michel Tardy

C'est arrivé le…

18 février 1960

La station de Squaw Valley, aux États-Unis (Californie), accueille les Jeux olympiques d'hiver de 1960, du 18 au 28 février. Ce choix inattendu est le fruit d'une campagne acharnée menée par l'Américain Alexander Cushing, alors qu'en 1955, la ville était encore déserte. Tous les équipements sportifs et les infrastructures sont construits ou améliorés entre 1956 et 1960 pour un coût de 80 millions de dollars.

Mon truc en +

Confiture d'abricot

Dans l'abricot tout se mange, même le noyau ! Enfin, plus exactement, ce qui se trouve à l'intérieur : une amande amère, cette même amande que l'on retrouve en Italie dans la confection des petits gâteaux amaretti et de la liqueur alcoolisée amaretto. Mais ce qu'il y a de mieux à faire avec ces petites merveilles gustatives est une bonne confiture d'abricot aux amandes. Pour cela, laissez macérer toute une nuit au réfrigérateur 1 kg d'abricots dénoyautés, 650 g de sucre et le jus d'un citron.

Le lendemain, portez à faible ébullition la préparation de la veille, au moins 45 minutes, jusqu'à ce que les abricots deviennent translucides.

Remuez si le fond de la casserole accroche et ajoutez les amandes amères émondées et concassées en fin de cuisson. Vous n'avez plus qu'à verser la confiture dans des pots fraîchement stérilisés et vous pourrez profiter tout l'hiver d'un bon stock de confiture d'abricot !

À mourir de rire !

Certains terriens développent des trésors d'ingéniosité pour figurer, bien malgré eux, au palmarès des Darwin Awards qui consacrent les morts les plus stupides :

- jongler avec des grenades (Croatie),
- sauter d'un avion pour filmer des parachutistes, sans porter soi-même un parachute (États-Unis),
- allumer un briquet pour illuminer un réservoir à essence, histoire de vérifier s'il est vide (Brésil),
- lancer un bâton de dynamite sur un lac gelé et se le voir rapporter par son chien de chasse (Alaska),
- caresser des requins alors qu'ils mangent avec frénésie une baleine morte (Australie).

Les oiseaux, de bons conducteurs

Vous êtes-vous déjà demandé par quel miracle des oiseaux lancés en plein vol arrivent en une fraction de seconde à changer de direction pour ne pas se crasher sur votre pare-brise ? D'après une étude menée par deux chercheurs canadiens de l'université du Québec à Rimouski et de l'université de McGill à Montréal, les oiseaux seraient capables d'estimer visuellement la vitesse moyenne des véhicules. Les deux chercheurs, équipés d'un chronomètre, se sont postés le long de routes de l'ouest de la France pour observer les réactions des volatiles (principalement des corneilles noires, des moineaux domestiques et des merles noirs) face aux dangers de la route et calculer leur distance d'envol en fonction de la vitesse des voitures. Conclusion surprenante : « Les oiseaux s'adaptent à la vitesse limite d'une route donnée. C'est un peu comme s'ils étaient capables de lire les panneaux et qu'ils comptaient sur le respect de ces règles de la part les automobilistes. » En clair, les volatiles vivant près d'une route s'adaptent au comportement normal des automobilistes respectant le code de la route.

Saint Gabin On fête aussi les Curtis, Gabia, Conra

Le soleil se lève à **07 h 54** *et se couche à* **18 h 16**

« *Rien de grand ne s'est accompli dans le monde sans passion.* »

Friedrich Hegel

C'est arrivé le…

19 février 1985

Bernard Tapie devient président de l'Olympique de Marseille. Les années Tapie, qui s'étalent sur 8 ans, ont fait beaucoup pour la gloire de l'OM, avec quatre titres de champion consécutifs, une Coupe de France et la Ligue des champions 1992-1993, la première remportée par un club français. En juin 1994, l'OM est rétrogradé en deuxième division à la suite de l'affaire VA-OM, et Bernard Tapie doit quitter le club.

480 000 euros

Telle est la somme déboursée aux enchères par une institution qui a souhaité rester anonyme pour acquérir un vieux tas d'os. Enfin, vieux, mais extraordinaire, car ces os ne sont autres que ceux du squelette de « Misty », une femelle* Diplodocus longus *de 17 m de long, vestige de la fin de l'ère du jurassique. Une pièce rarissime mise en vente à Billingshurst (sud de l'Angleterre) et que les experts espéraient bien voir partir autour de 700 000 euros.

Mots fléchés

Solution de la page 64

	C		E		O		I		G		N	
F	A	C	T	O	T	U	M		A	C	O	N
	T	A	R	I	E		P	I	R	A	Y	A
L	A	B	E	L		T	O	N	N	E	A	U
	L	U	S		F	O	R	T	I	N		S
L	Y	S		C	E	R	T	E	S		C	E
	S		E	R	R	E	U	R		I	L	E
R	E	E	X	A	M	E	N		I	T	O	U
	E	X	P	I	E	R		E	M	A	U	X
O	S	E	R	E	Z		A	M	P	L	E	
		M	E	S		B	L	E	U	I	R	A
U	P	A	S		F	O	U	R	R	E		N
	R		S	Y	R	I	N	G	E		C	O
C	O	Q		A	I	S	E	E		V	A	R
	M	U	S	C	L	E	R		M	I	N	E
P	I	O	C	H	E	R		B	O	R	A	X
	S	T	A	T	U		C	A	N	A	R	I
B	E	A	T		X	I	P	H	O	I	D	E

ET MON AUGMENTATION, ON EN PARLE ?

Vermot'roscope

POISSONS 19 février - 20 mars

Amour

Si, au boulot, ça stagne un peu, en revanche, côté cœur, Jupiter a décidé d'accélérer les choses. Vous mettrez donc votre vie sentimentale au premier rang de vos préoccupations. Histoires qui s'enracinent et s'affirment, d'autres qui se créent, tout devient plus clair. Il suffit de sortir un peu pour les célibataires et de faire les bons choix pour les autres, car cela peut mener directement au mariage. Si c'est déjà fait, le couple sera harmonieux. Ce n'est pas une raison pour se reposer sur ses acquis.

Travail

Mars, le Soleil, Pluton et Neptune ont décidé de venir faire un tour dans votre sphère professionnelle cette année. Conséquences : vous aurez une grosse énergie, une volonté de battant, de l'ambition et de la concentration, mais ça ne fera pas obligatoirement avancer vos affaires aussi vite que vous le souhaitez. D'où une impression possible de routine. Armez-vous de patience et de persévérance car, comme on dit, le travail paie toujours. Surtout en fin d'année.

Santé

Vu que vous allez déborder d'énergie dans le travail et que votre cœur sera mis à rude épreuve, attendez-vous en contrepartie à quelques coups de grosse fatigue. L'important sera de garder son calme, de ne pas se lancer dans des activités trop dévoreuses d'énergie, et surtout de recharger les batteries en dormant bien et en mangeant correctement.

Argent

Bon, on ne va pas vous dire que vous allez gagner au loto, mais vous feriez bien d'y jouer de temps en temps, car la chance plane sur votre signe, ainsi que la confiance en vous. Profitez-en pour démarcher afin de faire aboutir vos projets. Cette année favorisera aussi une gestion plus rationnelle et raisonnable de vos finances. Vous qui avez l'habitude de voir filer l'argent entre vos doigts, vous arriverez à dépenser mieux. Un exploit !

« *Une vie ne vaut rien, mais rien ne vaut une vie.* »

André Malraux

C'est arrivé le…

20 février 1962

L'astronaute John Glenn est le premier Américain à prendre part à un vol spatial habité. À bord de la capsule *Mercury Friendship 7*, il effectue trois révolutions autour de la Terre (129 000 km) en 4 heures et 56 minutes.

Les Américains réussissent ce vol habité avec près d'un an de retard sur les Russes : le 12 avril 1961, Youri Gagarine avait été le premier homme de l'espace.

33 %

Près d'un téléspectateur sur trois avoue souhaiter s'initier à une nouvelle discipline sportive grâce à sa télédiffusion. Le tennis (21 %), la natation (16 %) et le handball (12 %) profitent particulièrement de cette influence. Quant aux exploits des athlètes de l'Hexagone, ils pousseraient 19 % des Français à pratiquer le sport concerné, avec un podium dominé par la natation (37 %), le handball (28 %) et le football (22 %). La médiatisation est un levier encore plus puissant auprès des enfants. Le sport télévisé et les réussites des sportifs nationaux ont l'un comme l'autre amené un tiers des enfants de moins de 15 ans à de nouvelles pratiques sportives.

Koala… plus là

Victime du réchauffement climatique, le koala australien pourrait disparaître si des arbres le protégeant de la canicule et des eucalyptus, dont il se nourrit, ne sont pas plantés, s'alarme une étude australienne. Alors qu'ils étaient 10 millions avant l'arrivée des colons britanniques en 1788, leur population est aujourd'hui estimée à 43 000 individus vivant à l'état sauvage. Emblème de l'Australie, le koala a été classé en 2012 parmi les espèces « à protéger » dans plusieurs régions d'Australie, où sa survie est menacée par le développement des villes, la circulation automobile, les chiens domestiques et les maladies. Il s'agit de la catégorie inférieure à celle d'espèce « en danger », selon la liste de l'Union internationale pour la conservation de la nature (UICN). Si le koala a encore des chances de s'en sortir, il est trop tard pour le tigre de Tasmanie, le wallaby bridé à queue cornée, le bandicoot-lapin à queue blanche, le rat-kangourou du désert, le bandicoot à pied de porc et la roussette d'Okinawa, espèces déclarées officiellement éteintes.

Infos en séries… TV

Quand, le 20 février 1968, NBC diffuse le premier téléfilm *Columbo*, « Inculpé de meurtre », elle sait déjà qu'elle tient une pépite et envisage immédiatement d'en faire une série. Problème : Peter Falk, dont la carrière commence à décoller au théâtre et au cinéma, refuse de s'engager dans une série de 22 épisodes par saison. Les studios Universal, producteurs de ce premier épisode, trouvent alors la parade et parviennent à faire accepter à l'acteur d'endosser l'imperméable du lieutenant pour trois-quatre collections de 6 téléfilms de 90 minutes. Le second *Columbo*, mais réel pilote de la série, est diffusé le 1er mars 1971 et connaît à nouveau le succès. C'est parti pour la gloire. Falk enchaînera 43 épisodes entre 1971 et 1977. Avant d'arrêter pour se consacrer au cinéma, puis de reprendre son rôle fétiche en 1989 et de finalement porter l'ensemble de son œuvre à 68 épisodes (69 avec le 1er téléfilm), lorsqu'il rangera définitivement au garage sa mythique Peugeot 403, en 2003.

Samedi 21 février

Saint Damien On fête aussi les Séverin et Sévériane

Le soleil se lève à **07 h 50** et se couche à **18 h 19**

« J'avais arrêté toutes les drogues dures, je ne vois pas pourquoi l'amour aurait bénéficié d'une exception. »

Frédéric Beigbeder

C'est arrivé le…

21 février 1916

Début de la bataille de Verdun, pendant la Première Guerre mondiale. Pendant dix mois, Français et Allemands vont s'affronter. Le chef de l'état-major allemand, Erich Von Falkenhayn, veut en finir avec une guerre de position qui dure depuis la bataille de la Marne, commencée dix-huit mois plus tôt. C'est la plus longue et l'une des batailles les plus dévastatrices de la Première Guerre mondiale.

Pour rire

Lors d'une visite médicale, un patient âgé demande à son médecin :
– Comment déterminez-vous si on doit placer un patient dans une maison de retraite pour personnes âgées ?
– Bien, répond-il, nous remplissons une baignoire, ensuite vous avez le choix entre une petite cuillère, une tasse à thé et un seau, et je vous demande de vider la baignoire.
– Ah, je comprends, une personne tout à fait saine d'esprit prendra le seau parce que c'est plus grand que la cuillère ou la tasse à thé.
– Non, répond le médecin, celui qui n'a pas besoin d'être mis en maison de retraite, c'est celui qui enlève le bouchon de la baignoire.

LU DANS LA PRESSE

Dirigez la pomme de votre main vers votre cuisse.
(*Le Berry républicain*)
Faut-il la peler d'abord ?

Ça c'est fait… divers

Depuis douze ans, Karoleen et Priscilla, deux Canadiennes, coupaient les cheveux des habitants de leur village, Causapscal, à 650 km au nord de Montréal, dans leur salon de coiffure joliment baptisé **Moulin Rouge.** ***Jusqu'au jour où elles ont reçu une lettre des avocats new-yorkais du célèbre cabaret parisien, leur intimant de renommer leur affaire sous peine de poursuites. Au-delà de l'hommage au temple du french cancan, le nom choisi pour le salon de coiffure se veut un rappel de l'histoire locale. « Quand j'étais enfant, dans le village voisin, il y avait un hôtel qui s'appelait le*** **Moulin rouge** ***et, quand il a brûlé, ils ont ouvert une petite cantine, un petit casse-croûte, et moi j'ai travaillé là, à la cantine du*** **Moulin rouge** ***», raconte Karoleen. Lorsque le petit restaurant a fermé et que les coiffeuses ont ouvert leur enseigne, le célèbre nom s'est imposé… Aujourd'hui, il va falloir en changer, car l'appellation*** **Moulin Rouge** ***tient de la propriété intellectuelle. « Reste à trouver un nouveau nom "poétique" », concluent les deux femmes, résignées à ne pas lutter. De quoi être rouge… de honte du côté du boulevard de Clichy, non ?***

Maître de bonne compagnie

Rassurez votre chaton

Imaginez que, comme pour un bébé, tout est démesuré dans une maison pour votre chaton, vous y compris. Pour le rassurer, mettez-vous à quatre pattes et appelez-le par son nom d'une voix douce jusqu'à ce qu'il sorte du panier et vienne vers vous, ou inspectez les lieux en rasant les murs ou en se réfugiant sous le mobilier. Laissez-le s'habituer à sa nouvelle vie à son rythme, et ne tentez pas de le déloger de dessous les meubles ou le lit. Il en sortira tout seul.

Le soleil se lève à **07h48**
et se couche à **18h21**

Dimanche **22 février**

Sainte Isabelle On fête aussi les Belle, Bella, Iseult et Isaure

« Le temps, tout comme un conjoint, c'est dans le lit qu'on le trompe le mieux. »

Frédéric Dard

C'est arrivé le...

22 février 1987

L'artiste américain Andy Warhol, pionnier du mouvement pop art, décède à New York des suites d'une opération bénigne de la vésicule biliaire. Après une carrière réussie comme illustrateur commercial, Warhol est devenu célèbre dans le monde entier pour son travail en tant que peintre, réalisateur de films avant-gardistes, producteur de musique et auteur.

Neige à la sainte Isabelle rend la fleur belle.

Mon truc en +

Atténuer les marques d'ourlet

Quoi de plus désagréable que de voir les marques des anciens ourlets sur un pantalon que l'on vient de rallonger ? Cette astuce vous aidera à les atténuer, voire à les faire disparaître : frottez ces marques avec une solution composée d'autant d'eau que de vinaigre.

Esprit d'antan :

La belle Isadora Duncan poursuivait de ses assiduités Georges Bernard Shaw, qu'elle admirait sans réserve. Un jour, elle lui murmura, avec œillade appuyée :

– Quel miracle ce serait, d'avoir un enfant ensemble. Imaginez qu'il ait ma beauté et votre intelligence !

– Bien sûr, mais supposez que ce soit le contraire ! répliqua Shaw.

– Dis-leur à demain... à l'hôpital !
Après ce que tu leur as fait manger ce soir !

Safe sex

« No zob in job » ou « pas de sexe au travail », une maxime que beaucoup s'évertuent à respecter pour ne pas connaître l'enfer au boulot en cas de relation tumultueuse avec un ou une collègue. Mais allez faire comprendre cette précaution à l'être humain qui, par définition, passe le plus clair de son temps… au travail. Le site de rencontres *eDarling*® confirme d'ailleurs cette indiscipline puisque, selon un sondage, « 72,6 % des hommes et 61 % des femmes ont déjà eu envie de flirter avec l'un ou l'une de leur collègue ». Une seule différence, et de taille : les hommes en parlent, les femmes le font ! En effet, si les hommes sont « 38,9 % à avoir déjà franchi le pas », les femmes, elles, sont 41,8 %, poursuit l'enquête. Résultat, pas si surprenant : près d'un tiers des Français et des Françaises (31 %) disent avoir eu une relation amoureuse au travail. Et 30 % des couples européens se forment au travail.

Allô, Docteur ?

Le chocolat, bon pour la santé ?

On le dit, on le sait, le chocolat, aliment plaisir par excellence, ferait du bien à notre santé, ou tout du moins au moral. Mais cela n'a jamais été vraiment prouvé scientifiquement. Jusqu'à aujourd'hui. En effet, la Commission européenne vient d'autoriser le groupe chocolatier Barry Callebaut à apposer une allégation de santé sur ses produits. Cet accord concerne les flavonols présents dans les fèves de cacao. L'Autorité européenne de sécurité des aliments (EFSA) a reconnu que la consommation quotidienne de 200 mg de flavonols de cacao serait bénéfique à l'élasticité des vaisseaux, contribuant ainsi à une bonne circulation sanguine. Cette quantité serait contenue dans 2,5 g de poudre de cacao ou 10 g de chocolat noir à forte teneur en cacao. Une reconnaissance de poids, puisque les allégations santé influencent le choix des consommateurs. Maintenant, ce n'est pas une raison pour se gaver de chocolat, car on sait également que les aliments gras et sucrés, dont il fait partie, sont source de problèmes de santé. Alors, comme l'alcool, le chocolat, oui, mais avec modération.

Lundi **23 février**

Saint Lazare On fête aussi les Milburge

Le soleil se lève à **07 h 46** *et se couche à* **18 h 22**

« La fierté est le sentiment de ce qu'on est sans mépris des autres. »

Meilhan

C'est arrivé le…

23 février 1997

Les scientifiques écossais Ian Wilmut et Keith Campbell annoncent la naissance de Dolly, une brebis clonée à partir de cellules. Cette nouvelle provoque un vif intérêt, car elle ouvre de grandes perspectives scientifiques et notamment médicales, mais aussi un grand débat éthique sur le clonage, et incite certains pays à légiférer en urgence.

Comme un symbole : le sceau

Le ministre de la Justice est à juste titre appelé « Garde des sceaux », puisque c'est dans son bureau qu'est toujours conservée la presse servant à établir le sceau.
Si le sceau était une marque d'autorité principalement détenue par le roi au Moyen Âge, il n'est aujourd'hui utilisé que pour certaines occasions, comme la signature de la Constitution.
Au cours de l'histoire, le sceau a subi de nombreuses transformations. Napoléon avait opté pour des abeilles et la couronne impériale, Louis XVIII et Charles X avaient choisi les fleurs de lys, et Louis-Philippe avait préféré le drapeau tricolore et les armes de la famille d'Orléans. À la Révolution, le sceau de Louis XVI, en or, est fondu pour récupérer le métal.
Frappé en 1848, le sceau actuel représente divers symboles de la République française dont une femme, effigie de la Liberté, et le coq gaulois. On y retrouve également les initiales SU rappelant l'adoption du suffrage universel direct, et les inscriptions « République française démocratique une et indivisible », « Au nom du peuple français » et « Égalité, fraternité ».

Pour rire

Les définitions du mariage :

- ***Religieuse : acte religieux qui consiste à créer un crucifié de plus et une vierge de moins.***
- ***Juridique : sentence dont le condamné à perpétuité est libéré uniquement pour mauvaise conduite.***
- ***Vie courante : aucune femme n'a ce qu'elle espérait et aucun homme n'espérait ce qu'il a.***
- ***Mathématique : somme d'emmerdes, soustraction de liberté, multiplication de responsabilités, division des biens.***
- ***Militaire : c'est la seule guerre où l'on dort avec l'ennemi.***
- ***Philosophique : sert à résoudre à deux des problèmes que l'on n'aurait jamais eus en restant célibataire.***

Maître de bonne compagnie

Le jouet idéal

Un chiot joue avec n'importe quoi : une veille pantoufle, un morceau de bois, une balle usagée… Une bonne raison pour lui acheter des jouets sûrs et utiles.
– Prenez des jouets solides. On ne compte plus les occlusions intestinales provoquées par des morceaux de caoutchouc ou de plastique avalés par l'animal.
– Jouer permet aussi au chiot de se faire les dents et de se muscler la mâchoire. Privilégiez des jouets naturels à mastiquer : bâtons, boules et autres os à mâcher en peau de buffle sont excellents et digestibles.
– Pour éviter une intoxication, ne donnez pas d'objets peints, collés, en plastique ou traités chimiquement.
– Si les jouets un peu bruyants vous massacrent les tympans, ils sont pourtant bien utiles au chiot pour se débarrasser de la peur des bruits inconnus et forts.

@çagazouille :

#ArmePeople

- Benoit 16 millimètres
- Olivier Mine
- Commandant Couteau
- Denise Sabre
- Rafale Nadal
- Teaser Woods
- Maryse Éwanjé-Épée
- Lance Armstrong

« La vraie félicité, c'est de s'en montrer digne. »

Pline le Jeune

C'est arrivé le...

24 février 1989

Funérailles de l'empereur japonais Hirohito. Décédé le 7 janvier, il était empereur du Japon depuis décembre 1926 et a vécu le règne le plus long de l'histoire du pays, couvrant notamment la Seconde Guerre mondiale, dont il fut un personnage central. Il est inhumé auprès de ses parents, dans le mausolée de Musashino, dans la ville d'Hachioji.

Mon truc en +

Linge de couleur

Pour que votre linge de couleur ne déteigne pas, faites-le tremper dans de l'eau salée une trentaine de minutes avant de le laver pour la première fois. Si cette astuce fonctionne bien pour les tissus roses, bruns et noirs, elle n'est pas aussi efficace avec d'autres couleurs. Ainsi, pour fixer le violet et le bleu, trempez le tissu dans 4 à 5 l d'eau auxquels vous aurez ajouté 45 ml de vinaigre.

Si vous souhaitez rendre leur brillance à vos tissus en coton noirs, lavez-les, puis rincez-les à la bière.

Enfin, derniers conseils... Lavez vos vêtements à l'envers et évitez de laisser sécher vos tissus fragiles au soleil, ils risquent de se décolorer.

Ça c'est fait... divers

René est un sacré pêcheur à la ligne. Peut-être que l'homme de 65 ans en avait assez de perdre son temps à taquiner le goujon ou la perche lorsqu'il s'est mis en tête d'adapter ses techniques de pêche au service d'activités plus lucratives. L'individu, qui opérait autour de Lille, a en effet été interpellé alors qu'il tentait de harponner des enveloppes dans une banque avec un fil et une plaque métallique. Fruit estimé de ces pêches pas très miraculeuses : 120 000 euros. Le prévenu « allait à la pêche avec un long filin de fer au bout duquel il accrochait une plaque métallique qu'il couvrait intégralement de papier collant », a décrit l'avocat. Ce système d'hameçonnage rudimentaire lui permettait de puiser au fond des boîtes aux lettres des enveloppes qui contenaient des chèques et de l'argent liquide. Il a été condamné à 30 mois de prison.

– Est-ce que s'en servir comme bar, c'est plus mauvais que les programmes ?

HISTOIRE, HISTOIRES...

Les boucles d'oreilles n'ont pas toujours été considérées comme des parures. Bien au contraire, même, ce furent des signes de servitude. À Rome, seuls les esclaves en portaient. Et quand ils étaient affranchis, ils se hâtaient de les ôter.

Au début de notre ère, les épouses chrétiennes adoptèrent ces boucles pour bien marquer qu'elles acceptaient de vivre sous la tutelle de leur mari et renonçaient aux mœurs des païennes, lesquelles, jouissant d'une totale indépendance, divorçaient sous les prétextes les plus futiles. Par la suite, on oublia la signification de ces bijoux et on ne les considéra plus que comme des ornements.

81 268

C'est le nombre de titres de livres édités en 2013 par 261 maisons d'édition. Cela représente 620 millions d'exemplaires produits. 98 maisons d'édition regroupent à elles seules 92 % de ces titres. Enfin, parmi ces 81 268 ouvrages, la moitié environ (41 904) sont des nouveautés.

Le soleil se lève à **07 h 43** *et se couche à* **18 h 26**

« C'est la volonté de vaincre qui donne les victoires ; or ce qui est vrai pour les grandes luttes qui font retentir le monde est vrai pour les luttes obscures et cachées de chaque vie particulière. »

Henri Perreyve

C'est arrivé le…

25 février 1841

Naissance d'Auguste Renoir, figure de l'impressionnisme du XIXe siècle. Auguste Renoir est l'un des plus célèbres peintres français. Difficilement classable, il a appartenu à l'école impressionniste, mais s'en est assez vite écarté à partir des années 1880. Plus intéressé par la peinture de portraits et le nu féminin que par celle des paysages, il a élaboré une façon de peindre caractéristique.

7,1 millions

Avec 7,1 millions d'entrées en 2013, la tour Eiffel est le monument le plus visité. La centaine de monuments historiques nationaux gérés par le Centre des monuments nationaux a comptabilisé 9 millions d'entrées. Les 7 monuments nationaux les plus visités :

1. ***Arc de triomphe de l'Étoile : 1 600 000***
2. ***Abbaye du Mont-Saint-Michel : 1 351 000***
3. ***Sainte-Chapelle : 924 000***
4. ***Château de Chambord : 779 000***
5. ***Panthéon : 711 000***
6. ***Cité de Carcassonne : 507 000***
7. ***Tours de Notre-Dame de Paris : 476 000***

Les truffes migrent vers le nord

Vous avez dit conséquences du réchauffement climatique ? En tout cas, il semblerait que la truffe, un ingrédient de choix prisé dans les cuisines française ou italienne, devienne de plus en plus présente dans le nord de l'Europe. D'après un climatologue suisse, Ulf Buentgen, l'augmentation de la température moyenne observée au cours du XXe siècle pourrait déplacer l'habitat naturel de la truffe vers l'Allemagne. Une étude plus approfondie lui a permis de découvrir plus de deux cents sites de truffes dans l'est de la Suisse et en Allemagne, là où, avant, elle se faisait plutôt rare. À 1 000 euros le kilo, cette découverte pourrait s'avérer lucrative pour les pays européens du Nord.

Infos en séries… TV

Contrairement à ce que la légende véhicule, le rôle de Spock, dans la série originale *Star Trek*, (1966-1969) n'a pas été d'abord proposé à Martin Landau, l'une des vedettes de *Mission Impossible* (1966-1973). Gene Roddenberry, le créateur de *Star Trek*, avait en effet déjà fait tourner Leonard Nimoy dans *The Lieutnant*, une de ses précédentes séries, et avait entrevu à l'époque le potentiel de l'acteur pour jouer un rôle d'alien. Il lui créa donc spécialement le personnage de Spock.

En revanche, parallèlement à l'arrêt de *Star Trek* en 1969, Martin Landau, qui n'avait pas obtenu l'augmentation de salaire désirée, quitta *Mission Impossible*. Leonard Nimoy fut engagé dans la bande d'espions. Il n'eut alors qu'à pousser la porte d'à côté pour rejoindre Peter Graves et les siens, puisque le studio où se tournait *Mission Impossible*, mais aussi *Batman* et les *Mystères de l'Ouest*, était voisin de celui de *Star Trek*. D'où l'apparition, bien souvent, des acteurs de ces différentes séries dans toutes ces productions.

« Chaque enfant qu'on enseigne est un homme qu'on gagne. L'ignorance est la nuit qui commence l'abîme. »

Victor Hugo

C'est arrivé le…

26 février 1993

Le 26 février 1993, le premier attentat contre le World Trade Center, à New York, a lieu lorsqu'une voiture piégée explose dans le sous-sol, tuant six personnes. La bombe fait trembler les immeubles, qui ne tombent pas. Des milliers d'employés sont prisonniers des bâtiments envahis par la fumée. En 1995, cheikh Omar Abdel Rahman, qui vivait sous la protection du FBI, sera condamné à perpétuité pour avoir « inspiré » l'attentat.

Mon truc en +

Entretenir ses ustensiles en bois

Plutôt que de remplacer vos ustensiles de cuisine en bois abîmés, entretenez-les ! Pour cela, frottez-les à l'aide de paille de fer dans le sens du bois puis enduisez-les d'huile végétale. Frottez à nouveau jusqu'à ce que l'huile pénètre bien dans le bois. Cela permettra à vos ustensiles de cuisine d'être à la fois nourris et protégés.

Sudoku

Solution de la page 54

7	4	8	2	5	3	9	6	1
3	2	6	8	1	9	4	7	5
1	5	9	4	7	6	8	3	2
8	9	5	7	2	4	3	1	6
6	1	2	3	9	8	7	5	4
4	3	7	5	6	1	2	9	8
9	8	1	6	3	2	5	4	7
5	6	4	9	8	7	1	2	3
2	7	3	1	4	5	6	8	9

Coffrée par sa banque !

Une dame de 91 ans est restée enfermée pendant 23 heures, dans le noir, dans une banque à Rennes, oubliée par les employés un samedi, à la fermeture de l'établissement pour le week-end. La nonagénaire s'était rendue à 11 h 30 dans son agence bancaire, demandant à accéder à la salle des coffres où un employé de la banque l'a enfermée, conformément à la procédure. À la fermeture de l'établissement, les employés sont partis en oubliant la cliente, qui n'avait pas de téléphone portable. L'alerte a été donnée par son fils, inquiet de ne pas voir revenir sa mère. Contactés par la police, les services parisiens de la banque ont envoyé deux agents de surveillance pour vérifier. La nonagénaire a été délivrée le dimanche à 10 h 30.

Maître de bonne compagnie

Est-il en bonne santé ?

Comme pour les chiots, il est assez facile, d'un coup d'œil avisé, de voir si le chaton que vous convoitez est en bonne santé ou non.

– Il doit être vif, de nature alerte, joyeuse et joueuse. S'il ne se laisse pas caresser ou s'il est agressif lorsque vous le manipulez sans gestes brusques, il n'est pas en bonne santé ou est déjà victime de légers troubles comportementaux.

– Le poil est brillant. Il n'a aucune plaque sans poils, signe de mycoses et donc de malpropreté dans l'élevage.

– Les yeux sont clairs, brillants, non souillés de mucosités, grands ouverts. Les paupières sont propres.

– Son anus est propre, preuve qu'il n'a pas de diarrhées. Dans le cas contraire, il peut avoir des vers.

– Le nez est humide, mais ne coule pas.

– Les oreilles doivent être propres, à l'intérieur et à l'extérieur.

– Les dents de lait sont bien blanches et la dentition complète. Il n'a pas mauvaise haleine. Ses gencives sont roses, sans plaies.

Vendredi **27 février**

Sainte Honorine On fête aussi les Léandre et Gabriel

Le soleil se lève à **07 h 39** *et se couche à* **18 h 29**

« La plupart des hommes emploient la meilleure partie de leur vie à rendre l'autre misérable. »

Jean de la Bruyère

C'est arrivé le…

27 février 1958

L'assurance automobile est rendue obligatoire. Elle couvre une seule garantie fondamentale : la responsabilité qui prend en charge tous les dommages matériels et corporels pouvant être causés par l'assuré à autrui en cas d'accident.

TOP CHRONO :
LA TÉLÉVISION

- **30 juillet 1942 : l'occupant met en place à Paris sa télévision en 441 lignes. Les studios du 13-15, rue Cognac-Jay sont réquisitionnés. Les émissions débutent en 1943, pour divertir les blessés de guerre. 250 postes de fabrication allemande (Telefunken) ont été distribués dans les hôpitaux. « Fernsehsender Paris » (Paris-Télévision) cessera d'émettre le 16 août 1944.**
- **Avril 1944 : création d'un Commissariat à l'information par le Comité français de libération nationale (CFLN).**
- **1er octobre 1945 : les Américains autorisent à nouveau l'utilisation de l'émetteur de la tour Eiffel. Reprise des émissions officielles de la télévision française. Création de la RDF (Radiodiffusion française) contrôlée par le ministère de l'Information du gouvernement provisoire de la République française, avec des équipes issues de la Résistance. À la fin de l'année, on compte 1 000 téléviseurs en France.**

Rétro' Vermot

– Quel est le pays qui a le plus de corbeaux ?
– La Croatie, m'sieur ! (1900)

Allez Allais !

Café : breuvage qui fait dormir quand on n'en prend pas.

Calvados : département français au nom d'alcool, ce qui incita les Américains à y débarquer.

Campagne (n. f) : endroit de tout repos, sauf quand elle est électorale.

Capitalisme (n. m) : religion d'État qui promet à ses fidèles le paradis fiscal.

Chef Inuit (loc.) : esquimau classé.

Chercheur : salarié qui fait grève en observant des arrêts de trouvailles.

Christ (Jésus) : fils de Dieu et de mère inconnue. On ne sait toujours pas où il crèche.

Climatologue : professionnel de la météo qui prévoit le climat dans un siècle, mais pas pour le prochain week-end.

Coupable (n.m.) : individu qu'il faut identifier pour pouvoir le confondre.

Croque-mort : metteur en chêne.

780 millions de tonnes

C'est la consommation totale directe de matières « premières » (agriculture et pêche incluse) en France. Un Français consomme directement 12 tonnes de matières premières par an, qu'il s'agisse de sable pour la construction, de viande ou de pétrole, soit environ deux fois moins qu'un Américain, autant qu'un Chinois et trois fois plus qu'un Indien. Le record va à l'Australien : 44 tonnes ! Les minéraux, utilisés principalement dans la construction (graviers, sables…), représentent la moitié (50,2 %) du total. Suivent les produits de l'agriculture et de la pêche (28,6 %), qui remplissent nos estomacs, nourrissent les animaux… ou finissent à la poubelle, puis les combustibles fossiles (16 %, dont deux tiers de pétrole).

Samedi 28 février

Saint Romain On fête aussi les Toinon, Antonia, Romane

« On ne peut être tué qu'une seule fois au combat, mais plusieurs fois en politique. »
Winston Churchill

C'est arrivé le…

28 février 1946

Premier numéro du journal *L'Équipe*, le plus important quotidien sportif français. Fondé par Jacques Goddet, il succède au journal *L'Auto*, interdit de publication à la Libération, car il avait été instrumentalisé par les forces d'occupation. D'abord diffusé au rythme de 3 numéros par semaine, *L'Équipe* devient un quotidien à partir du 8 avril 1946.

Il y a 100 ans : février 1915

- **4 février** : c'est le début de la guerre sous-marine, le gouvernement allemand ayant proclamé « zone de guerre » les eaux territoriales britanniques.
- **5 février** : l'Allemagne décrète le blocus des côtes alliées. Ses sous-marins sont autorisés à attaquer tous les navires, même ceux de commerce.
- **8 février** : naissance en Égypte du chanteur français Georges Guétary (mort le 13 septembre 1997).
- **16 février** : deuxième offensive alliée en Champagne pour empêcher que des troupes allemandes puissent être transférées sur le front russe.
- **18 février** : naissance du compositeur Marcel Landowski.
- **19 février** : début de l'opération des Dardanelles (fin en février 1916). Des troupes françaises, britanniques, australiennes et néo-zélandaises débarquent à Gallipoli.
- **20 février** : bombardement de Reims par l'armée allemande.
- **27 février** : incendie du *Moulin-Rouge*, le célèbre cabaret parisien.

LES CARBURANTS ÉCOLOGIQUES

LU DANS LA PRESSE

Le reste du temps, tout est emprunt de courtoisie, d'ironie, d'une ingénuité armée. (*Libération*)
Quand on n'est pas empreint soi-même d'orthographe, mieux vaut l'emprunter…

Les bêtes se nourrissent aussi de feuilles, de pouces de chênes. (*Corse Matin*)
Des chênes hauts comme trois pouces ?

Ça zlatanne !

- Si Chris Froome a gagné le Tour de France, c'est parce que son coach lui a fait croire que Zlatan lui courait après.
- Si Danette se lève pour Chuck Norris, Chuck Norris s'agenouille pour Zlatan.
- Au feu rouge, c'est les Roumains qui donnent de l'argent à Zlatan.
- Zlatan peut te couper la parole avec son pied.
- Zlatan donne fréquemment du sang à la Croix-Rouge. Mais jamais le sien.
- Zlatan peut gagner la Copa América avec la Suède.
- Quand Zlatan rentre dans le but adverse sans le ballon, il y a quand même but.
- Zlatan peut finir le Rubik's Cube en jonglant.
- Quand l'arbitre lance la pièce de monnaie avant le match, elle tombe toujours du côté pile, personne ne peut faire face à Zlatan.
- Zlatan peut tirer Fabien Barthez par les cheveux.

Dimanche 1er mars

Saint Aubin On fête aussi les David, Léon, Dave, Albin, Antoine

Le soleil se lève à **07 h 35**
et se couche à **18 h 32**

« Passé soixante ans, quand on se réveille sans avoir mal quelque part, c'est qu'on est mort. »

Ricet Barrier

C'est arrivé le…

1er mars 1987

M6, sixième chaîne de la télévision française, émet pour la première fois. Lors de cette première journée d'émission, les différents animateurs se succèdent en plateau pour présenter les nouveaux programmes au public. Annoncée comme « la petite chaîne qui monte » dans les années 1990, elle a intégré le podium des plus regardées de France, et le Groupe M6 compte une dizaine de chaînes, telles W9, Paris Première ou M6 Music.

Allô, Docteur ?

Fruits sur ordonnance

Après les médecins de Strasbourg qui prescrivent des séances d'activité physique, les États-Unis ont mis en place un système de prescription médicale permettant aux personnes malades (diabète, obésité, maladies cardiaques) ou à faibles revenus de se procurer des fruits et légumes gratuitement ou à bas prix. Il suffit, pour obtenir cette ordonnance, d'adhérer à un programme qui se déroule sur plusieurs semaines et a pour but d'éduquer les participants à une alimentation plus riche en fruits et légumes et à en comprendre les bienfaits. Ce programme, mené par des associations spécialisées, connaît un succès fou, et 56 % des patients l'ayant suivi ont enregistré une perte de poids ou déclaré qu'ils avaient changé leur façon de manger. Ce qui reste l'objectif principal.

Mars

Romulus, qui prétendait être le fils de Mars, dieu de la Guerre, donna le nom de son père au premier mois de l'année. Normal, Martius marquait le retour des beaux jours… et le début des périodes de guerre. Les républicains l'appelèrent germinal et Charlemagne le baptisa mois de printemps, puisque c'était le premier mois de cette saison dans l'hémisphère Nord. En France, jusqu'au XVIe siècle, on célébrait parfois le jour de l'an en mars, voire en avril, car c'était à Pâques que débutait l'année.

Le 30 mars 1282, jour de Pâques, tous les Français résidant en Sicile furent assassinés au moment où les cloches tintèrent pour annoncer l'office de l'après-midi. C'est de cet événement qu'est née l'expression « vêpres siciliennes ».

À Rome, il n'y avait jamais de mariage en mars, considéré comme un mois néfaste. Surtout pour les empereurs… Ce fut en effet un 15 mars, en 44 av. J.-C., que César fut assassiné. Le 16 mars 37, Tibère, deuxième empereur romain, mourut. Cette fois ce ne fut pas un malheur, mais une délivrance pour le peuple qui se débarrassait d'un tyran. Mars vit aussi la mort des empereurs Antonin le Pieux, Marc Aurèle, Héliogabale, Pertinax et Sévère Alexandre ; ainsi que celle de François Ier, et des papes Grégoire et Clément XI.

Le 28 mars 1380, la poudre à canon fut utilisée pour la première fois par les Vénitiens dans leur guerre contre les Génois. Et on inventa la bombe le 23 mars 1580. C'est le 13 mars 1634 que l'on établit les premiers principes de la création de l'Académie française. Enfin, le 17 mars 1680 marque la disparition de l'écrivain et mémorialiste François de La Rochefoucauld. Mazarin était décédé quelques années plus tôt, en 1661, le 9 mars.

Vermot'jardin

Mars

- Taillez vos arbres à floraison estivale comme le buddléia, l'*hibiscus syriacus* et le céanothe.
- Plantez en pleine terre des fleurs de printemps comme les violettes, les crocus et les tulipes.
- Pincez (voir Dico Jardin du 3 mars) les boutures de vos géraniums.
- Marcottez (voir Dico Jardin du 5 mars) la vigne, le lilas, l'amélanchier ou encore le cornouiller.
- Semez dans un coin de jardin quelques plantes aromatiques tels le persil, la ciboulette ou l'estragon.
- Taillez vos agrumes après leur fructification afin de mieux faire pénétrer la lumière. Pour cela, éliminez les bois morts et les branches qui se croisent.

Le soleil se lève à **07 h 33** et se couche à **18 h 34**

Lundi **2 mars**

Saint Charles le Bon On fête aussi les Jacob, Quintus, Charlton

« Tout homme marié est en danger d'être cocu. Cocuage est naturellement des apanages du mariage. »

Rabelais

C'est arrivé le…

2 mars 1956

Après quarante-quatre ans de protectorat français et espagnol, la France abroge le traité de Fès de 1912, reconnaissant ainsi l'indépendance du Maroc et son intégrité territoriale. Cinq jours plus tard, le sultan Sidi Mohammed ben Youssef annonce l'indépendance au peuple marocain et devient roi, sous le nom de Mohammed V.

Sex and sun

Vous voulez savoir quel temps il fera demain ? Regardez les insectes faire l'amour ! Selon les chercheurs brésiliens Ana Cristina Pellegrino et José Maurício Bento de l'université de São Paulo, le type de rapports sexuels qu'ont certains insectes permettrait en effet de savoir s'il fera beau ou moins beau les jours suivants. Les scientifiques ont notamment découvert que les mâles coléoptères ont beaucoup moins envie de madame lorsque la pression atmosphérique est basse, annonçant fortes pluies et vent. Par ailleurs, 63 % de ces insectes ont souhaité abréger les préliminaires pour commencer (et finir) leur affaire plus vite. À vous maintenant d'aller espionner la vie sexuelle des scarabées, coccinelles, hannetons et autres charançons.

Il y a 100 ans : mars 1915

- **1er mars** : Les alliés étendent le blocus à toutes les marchandises allemandes.
- **4 mars** : Jean Cocteau est appelé pour le service actif.
- **7 mars** : Naissance de Jacques Michel Pierre Delmas, plus connu sous le diminutif de « Chaban », son pseudonyme dans la Résistance lors de la Seconde Guerre mondiale. Il fut député de Gironde, maire de Bordeaux, président de l'Assemblée nationale, ministre des Transports, de la Défense, puis Premier ministre. Il meurt d'une crise cardiaque le 10 novembre 2000.
- **11 mars** : Les gouvernements britannique et français s'entendent sur le principe d'une annexion de Constantinople par la Russie.
- **16 mars** : La bataille de Champagne se termine. La percée française est un échec.
- **21 et 22 mars** : Un zeppelin bombarde de nuit la gare Saint-Lazare et la gare du Nord, à Paris.
- **23 mars** : Création du « Zion Mule Corps », corps d'auxiliaires juifs volontaires qui tirent les mules ; ils deviendront de véritables combattants sous le drapeau sioniste frappé du Maguen David et participeront aux combats de Gallipoli. La Lituanie et la Lettonie adoptent le calendrier grégorien.

– Chéri, je donne un coup de main à monsieur pour trouver la fuite !

HISTOIRE, HISTOIRES…

Notre calendrier a de bien curieuses habitudes. Ainsi, si vous l'auscultez un peu, vous remarquerez que les mois de janvier et octobre commencent toujours par le même jour. Même remarque pour juillet et avril, et aussi pour décembre et septembre ou pour février, mars et novembre. Question de mathématiques, purement et simplement. Et tous les vingt-huit ans, le calendrier est le même.

Mardi 3 mars

Saint Guénolé On fête aussi les Camilla, Gerwin, Cunégonde

Le soleil se lève à **07 h 31** *et se couche à* **18 h 35**

« Il n'est pas de bonnes blessures pour la liberté, elles sont toutes mortelles. »

François Mitterrand

C'est arrivé le…

3 mars 1983

Le dessinateur belge Georges Remi, plus connu sous le nom de Hergé, décède à l'âge de 75 ans. On lui doit notamment *Les Aventures de Tintin* et *Quick et Flupke*. Aujourd'hui, Tintin est un personnage majeur de l'histoire de la bande dessinée dans le monde. Traduites en plusieurs langues, les aventures du jeune reporter ont même été adaptées au cinéma ainsi qu'en dessins animés.

89 %

C'est le pourcentage d'Européens qui regardent la télévision pour échapper au stress. Les Français souhaitent oublier leurs problèmes d'argent (39 %), de travail (29 %), de santé (26 %) ou sentimentaux (21 %). Leurs trois programmes favoris sont les séries TV (66 %), les films (61 %) et les drames (31 %).

Des pays désarmés !

Eh oui, il existe encore dans ce monde sans pitié quelques pays ou territoires ayant décidé de ne pas entretenir d'armée, dont les forces limitées sont à celles de la police, des pays ne possédant pas d'armement lourd ou dont les forces paramilitaires (douanes, garde-côtes, surveillance aérienne, renseignement, sécurité intérieure) sont rattachées à l'autorité civile. Voici la liste de ces pays désarmés : Andorre, Costa Rica, Dominique, Grenade, Haïti, Îles Cook, Îles Marshall, Îles Salomon, Islande, Kiribati, Liechtenstein, Île Maurice, Micronésie, Monaco, Nauru, Niue, Palau, Panama, Samoa, Saint-Marin, Saint-Christophe-et-Niévès, Saint-Vincent-et-les Grenadines, Sainte-Lucie, Tuvalu, Vanuatu, Vatican.

Moral en hausse ?

On a beau le croire encore et colporter l'information dans les médias, la France n'est plus le pays d'Europe où les antidépresseurs sont les plus consommés. Déjà, en l'an 2000, la Norvège, la Suède et l'Islande occupaient les trois premières marches du podium. La France n'arrivait que quatrième, avec une dose quotidienne de 40 comprimés pour 1 000 habitants. Treize ans plus tard, les Français ont perdu de nombreuses places dans ce classement. Au niveau européen, l'Islande reste première du tableau (avec désormais 106 comprimés par jour pour 1 000 habitants, contre 65 en 2000), suivie par le Danemark (85), la Suède (79), le Portugal (78), le Royaume-Uni (71), la Finlande (70), la Belgique (70), l'Espagne (64), la Norvège (58) et le Luxembourg (51). Sous la moyenne de l'OCDE (56), la France arrive ex aequo avec l'Allemagne et la Slovénie, avec une dose quotidienne pour 1 000 habitants qui atteint aujourd'hui 50 comprimés. Un déclassement qui n'est pas spécialement une bonne nouvelle, puisque force est de constater une augmentation générale de la consommation d'antidépresseurs, que les scientifiques expliquent par le sentiment d'insécurité provoqué par la crise économique.

Dico *Jardin* : Pincer

Le pincement consiste à couper, à l'aide d'un sécateur, l'extrémité d'une tige afin d'y ôter la dernière feuille. Cette opération a pour effet de concentrer la sève dans la partie inférieure de la plante, et donc de lui permettre de s'étoffer en largeur. Le terme « pincer » vient du fait qu'il était d'usage par le passé de réaliser le geste sans outil, seulement à l'aide du pouce et de l'index. Cette technique s'applique en particulier aux vivaces et aux annuelles, mais aussi aux pieds de tomates.

Le soleil se lève à **07h29** et se couche à **18h37**

Mercredi **4 mars**

Saint Casimir On fête aussi les Véronique, Adrien

« Une crise cardiaque : c'est un coup de pompe funèbre. »

Pierre Dac

C'est arrivé le…

4 mars 1988

Inauguration de la pyramide du Louvre au milieu de la cour Napoléon. Du haut de ses 21 m, elle se compose de 673 losanges et fut imaginée par l'architecte américain Ieoh Ming Pei, sous le mandat de François Mitterrand. Elle est aujourd'hui un des incontournables symboles du musée de Louvre.

Esprit d'antan

Anna Tyskiewicz, future comtesse Potocka, cachait avec soin un strabisme divergent. Mais Talleyrand, le plus célèbre pied-bot de l'Histoire, connaissait cette infirmité. Un jour, elle s'avisa de lui demander :

– Comment allez-vous, Prince ?

– Comme vous voyez, madame, répondit Talleyrand.

Success story

Si on connaît les petites anecdotes entourant la *success story* du réseau social Facebook – un film en a même été tiré (*The Social Network*) –, on en savait moins sur le nouveau réseau social à la mode : Twitter. Jusqu'à ce que soit publié *Hatching Twitter : All is fair in love and Twitter*, ouvrage écrit par Nick Bilton, journaliste du *New York Times*.

Le concept final trouvé grâce à une soirée vodka

Février 2006. Apple lance iTunes. La plateforme de podcasts Odeo, créée par Noah Glass et Evan Williams, n'a donc plus longtemps à vivre. Noah et, un de ses employés, Jack Dorsey, s'en vont alors noyer leur désespoir dans la vodka-Red Bull. À 2 heures du matin, alors qu'ils dessoûlent dans la voiture, Dorsey avance une idée : lancer un site Web permettant de partager des statuts simples comme « Au lit » ou « Vais au parc ». Pas plus de 140 signes autorisés. Glass en parle à Williams le lendemain…

Le nom trouvé dans le dictionnaire

Plongés dans le dictionnaire, Glass et Williams cherchent un nom. Le téléphone de Noah se met à vibrer. Ce qui lui fait penser au mot « spasme » (*twitch* en anglais). Un petit tour à la page « Tw » du dico. Noah Glass tombe sur *twitter*, qui signifie à la fois « gazouillis » et « être excité ». Bingo. Quelques mois plus tard, Noah sera évincé de l'aventure par son « ami » de beuverie, Jack Dorsey, qui, lui-même, sera mis au placard et viré en 2008.

Al Gore a essayé d'acheter Twitter

On savait que Facebook, Microsoft et Yahoo! avaient tenté d'acheter Twitter. Selon Nick Bilton, Al Gore aussi. L'ex-vice-président américain aurait fait une offre en 2009 lors d'une soirée « copieusement arrosée au vin et à la tequila » (décidément !). Aujourd'hui, Williams pèse 1,65 milliard de dollars et Jack Dorsey, 679 millions de dollars. Noah Glass, lui, n'aura presque rien gagné.

Foi de footeux

- On a peur seulement quand on n'est pas d'accord avec soi-même. (*Luis Fernandez*)
- Un grand joueur voit une autoroute où d'autres voient des sentiers. (*Vujadin Boškov*)
- Il est toujours bon de commencer par une victoire, surtout lors du premier match. (*Frank Lebœuf*)
- Ballon à nous, c'est nous qui jouons, ballon à eux, c'est eux qui jouent. (*Vujadin Boškov*)
- Je pense que pour marquer un but, il faut tirer dans le but. (*Vujadin Boškov*)
- Cet après-midi, faut qu'ils comprennent qu'ils vont passer une sale soirée. (*bruit de vestiaire*)
- Pour gagner, il faut accepter de perdre. (*Luis Fernandez*)
- Un pronostic ? Je vous dirai après le match ! (*João Vieira Pinto*)
- Ben, on peut dire que la clé est que c'est l'équipe qui marquera le plus de buts qui gagnera, et celle qui en marquera moins qui va perdre. (*Michel Platini*)

Jeudi 5 mars

Sainte Olivia On fête aussi les Virgile, Gérasime, Olivia, Holly

Le soleil se lève à **07 h 27** *et se couche à* **18 h 38**

« Dieu créa l'homme et, ne le trouvant pas assez seul, il lui donna une compagne pour mieux lui faire sentir sa solitude. »

Paul Valéry

Politiquement… incorrect

– Les assises, c'est un peu dur pour le parti socialiste, la correctionnelle aurait suffi. (*Jean-Pierre Chevènement*, à propos des « assises de la transformation sociale » du parti socialiste)

– Les coupures de presse sont celles qui cicatrisent le plus vite. (*Patrick Devedjian*)

– Ce n'est pas parce que nous sommes un parti charnière qu'il faut nous prendre pour des gonds. (*Hervé de Charette*, à propos du Parti populaire pour la démocratie française (PPDF))

– J'ai été avocat pendant vingt-huit ans et Garde des sceaux pendant vingt-huit jours. Si je suis le seul ministre de la Justice à ne pas avoir commis d'erreur, c'est parce que je n'ai pas eu le temps. (*Michel Crépeau*, 1930-1999)

– L'heure d'été aura surtout un avantage : c'est une heure de moins de Nicolas Sarkozy. (*Bernard Cazeneuve*, ministre délégué au Budget en 2013)

– Rendez-vous compte, dans ma famille, ils ont tous voté Hollande. Sauf Jacques ; mais il ne le sait pas. (*Bernadette Chirac*)

– « Quel est votre livre de chevet ? » : Zadig et Voltaire. (*Frédéric Lefebvre*, ancien secrétaire d'État, UMP)

– Des gens intelligents, il y en a 5 à 6 % ; moi je fais campagne auprès des cons. (*Georges Frêche*, 1938-2010)

– Mgr Decourtray n'a rien compris au préservatif. La preuve, il le met à l'index. (*André Santini*)

– Ce n'est donc pas un groupe politique, c'est un accélérateur de particules. (*François Gerbaud* (gaulliste, 1927-2010), qui décrivait le groupe UMP au Sénat, présidé par le duc de Rohan, co-vice-présidé par le marquis de Raincourt et Xavier Galouzeau de Villepin)

C'est arrivé le…

5 mars 1953

Le dictateur soviétique Joseph Staline meurt à l'âge de 73 ans. Le « petit père des peuples » mena une politique de terreur pendant vingt-cinq ans, centrée sur le culte de la personnalité, l'industrialisation pour redresser le pays en retard par rapport aux autres puissances industrielles (plans quinquennaux), la collectivisation des terres ainsi que l'extermination massive des opposants et de la résistance.

La vie en bleu

Il y en a qui s'en posent des questions ! Ainsi, pourquoi le réseau social Facebook est-il bleu et blanc ? Tout simplement parce que son créateur, l'Américain Marc Zuckerberg, est daltonien ! Ce qui signifie que la couleur qu'il voit le mieux est le bleu.

Dico *Jardin* : Marcotter

Le marcottage est une méthode de multiplication qui sert le plus souvent d'alternative au bouturage. Pour marcotter, vous devez plier une branche vers le sol, afin que celle-ci prenne racine et forme un second pied. On se sert en général d'une pierre ou bien d'un crochet pour maintenir la tige sur le sol jusqu'à ce que cette dernière soit bien enracinée. Il suffit par la suite de détacher la plante du pied mère et de la replanter ailleurs. Le marcottage est très intéressant économiquement puisqu'il permet de multiplier à l'infini les plantes et arbustes du jardin.

Le soleil se lève à
07 h 25
et se couche à
18 h 40

Vendredi 6 mars

Sainte Colette On fête aussi les Agnès, Fridolin, Coline, Tabata

ALMANACH VERMOT 2015

« Les enfants se rendent compte qu'il y a des invités à la maison quand ils entendent leur mère rire aux plaisanteries que fait leur père. »

Henry de Montherlant

C'est arrivé le…

6 mars 1975

Saddam Hussein, alors vice-président de l'Irak, signe les accords d'Alger avec le shah d'Iran, ce qui met fin au différend territorial entre les deux pays. L'Irak renonce ainsi à la région du Chatt-el-Arab en échange de la promesse iranienne de ne plus soutenir les populations kurdes. Toutefois, cet accord ne sera pas vraiment respecté. Il sera même dénoncé en 1980 par Saddam Hussein lui-même, qui déclenchera la guerre Iran-Irak.

À l'origine…

L'aubergine

C'est aux Indes qu'il faut chercher l'origine du mot « aubergine », puisqu'elle a été importée de là-bas, d'abord vers le monde arabe, vers le XIIIe siècle, puis dans les pays méditerranéens. En sanskrit, elle était nommée le « fruit qui donne des flatulences » à cause des substances toxiques qu'elle contenait. Le mot « flatulence » a donné en arabe *al badingial*, à partir duquel se sont déclinées en Europe toutes les variantes jusqu'à notre « aubergine ».

Pour rire

– Ta femme est à la mer ?
– Oui, et je lui écris un e-mail tous les jours !
– Ça alors ! Après dix ans de mariage, c'est de l'amour ou je ne m'y connais pas !
– Oui, mais en partant, elle m'a dit : « Si tu ne m'écris pas tous les jours, je reviens immédiatement ! »

HISTOIRE, HISTOIRES…

Lorsque, le 30 novembre 1878, l'illustre pianiste et compositeur Camille Saint-Saëns (1835-1921) posa pour la première fois sa candidature à l'Académie des beaux-Arts, il eut comme concurrent direct un autre compositeur, Jules Massenet (1842-1912). Et c'est ce dernier qui fut choisi.

Le lendemain de son élection, Massenet adressait à l'auteur de *Samson et Dalila* (1877) ce billet charmant : « En me préférant à vous, mon cher confrère, l'Institut a commis une grave injustice. »

Pas de quoi atténuer la colère de Saint-Saëns et son ressentiment contre l'institution. Saint-Saëns déclara alors à ses proches qu'il ne se représenterait plus « tant que les lions placés devant l'Institut n'auraient pas changé de place et de couleur ». Autant dire jamais.

Or, en 1881, on décida d'effectuer quelques réparations à la façade de « la Coupole ». L'architecte chargé des travaux était un fervent admirateur de Saint-Saëns. Il profita de l'occasion pour ordonner de déplacer les lions et de les passer au minium. Sous un prétexte habilement choisi, des amis de Saint-Saëns l'amenèrent devant le palais des Immortels. Ce dernier comprit alors, se mit à rire, et accepta de briguer une seconde fois les suffrages des académiciens. Il fut élu au fauteuil du compositeur Napoléon Henri Reber (1807-1880).

Maître de bonne compagnie

Donner de la hauteur…

Le chat possède un avantage sur le chien ; il n'a pas besoin de grand-chose pour se sentir bien dans un nouvel environnement : un panier confortable installé au calme et un bac à litière, pour commencer. Pensez toutefois à lui préparer un endroit facile d'accès, où il pourra se percher. Par instinct de défense, le chat aime prendre de la hauteur. Si vous n'avez pas ça à la maison, il existe des arbres à chat dans le commerce ; ce n'est certes pas très beau, mais ils apprécient. Et comme le chat est un animal curieux, placez son arbre près d'une fenêtre : il y passera des heures à surveiller ce qui se passe dehors.

« Être belle et aimée, ce n'est être que femme. Être laide et savoir se faire aimer, c'est être princesse. »

Balzac

C'est arrivé le…

7 mars 1966

Le général de Gaulle, après avoir déjà retiré la flotte atlantique et celle de la Manche du commandement de l'OTAN en 1963, continue sa politique d'indépendance de la France en annonçant le retrait français de l'OTAN, qui pousse toutes les troupes étrangères à quitter le pays.

TOP CHRONO : LA TÉLÉVISION

- **Décembre 1946 : la télévision émet chaque jour de 16 h 30 à 17 h 30 et en soirée le mardi et le vendredi.**
- **1946 : Maïté Célérier de Sanois, rédactrice à *Marie-Claire*, lance le premier magazine féminin télévisé, *La Femme chez elle*.**
- **5 juin 1947 : premier direct en dehors des studios, depuis le théâtre des Champs-Élysées à Paris.**
- **Octobre 1947 : début des émissions régulières (12 heures par semaine).**
- **Été 1948 : réalisation du premier reportage en extérieur avec la diffusion, depuis le Parc des Princes, de l'arrivée du Tour de France par Henry Delaby.**
- **20 novembre 1948 : François Mitterrand choisit le 819 lignes comme futur standard. Les essais débutent le 15 novembre 1949. Le standard 441 lignes doit être maintenu jusqu'en 1958. Les autres pays choisiront le 625 lignes.**

Le jour de la sainte Félicité, c'est le plus beau jour de l'année.

– Tu peux prendre une scie, un marteau et des clous pour aller fermer le portail !!!

Fallait pas l'inventer…

Bateau vole !

Le Britannique Donald Campbell ne concevait pas la vie au ralenti. Détenteur de huit records du monde de vitesse sur terre et sur l'eau dans les années 1950 et 1960, il décide, en janvier 1967, d'en battre un nouveau. Atteindre les 500 km/h sur son bateau *Bluebird K7*. La première tentative effectuée sur le Coniston Water dans le Lake District échoue. Plutôt que de s'arrêter pour refaire le plein, Campbell pousse les chevaux pour un deuxième essai. Trop légère et déstabilisée par les vaguelettes nées de la première tentative, l'embarcation décolle sur l'une d'elles et se fracasse en mille morceaux en retombant. À près de 480 km/h. On ne localisera les restes du pilote que trente-quatre ans plus tard.

Cocktail !

Vous aimez recevoir des amis et vous cherchez autre chose à leur offrir qu'une bière ? Le Vermot vous propose dix recettes de cocktails faciles à préparer et surtout… délicieux à déguster !

Jack Rose (short drink)

- 4 cl de calvados
- 2 cl de jus de citron
- 1 cl de sirop de grenadine
- 1 zeste de citron
- 5 glaçons

Introduisez les glaçons et les ingrédients dans le shaker, puis agitez vigoureusement pendant 10 secondes. Filtrez au-dessus d'un verre de type martini à l'aide d'une passoire à glaçons. Décorez avec un zeste de citron et servez aussitôt.

Boisson préférée d'Humphrey Bogart, le Jack Rose fut inventé dans les années 1900 à New York. La légende dit qu'il aurait été conçu pour le tueur à gages et grand joueur de casino Baldy Jack Rose. Une autre version veut que le cocktail tienne son nom de sa couleur, puisque, bien réalisé, le Jack Rose possède la même teinte que la rose Jacqueminot, une variété de fleur très utilisée en parfumerie.

« Il m'est arrivé de prêter l'oreille à un sourd. Il n'entendait pas mieux. »
Raymond Devos

C'est arrivé le…

8 mars 1974

Le Premier ministre Pierre Messmer inaugure l'aéroport Charles-de-Gaulle à Roissy-en-France. Après dix ans de travaux, l'aéroport est enfin prêt à accueillir les premiers voyageurs à partir du 14 mars. Avec une capacité de 80 millions de passagers par an, il est devenu le deuxième aéroport européen, après celui de Londres, et le septième mondial pour le trafic de voyageurs.

Pour rire

Comme elle n'a plus envie de visiter les musées ni les monuments, une touriste blonde, fort jolie, décide de se dorer au soleil sur le toit d'un célèbre hôtel de Nice.
Le premier jour, elle porte un monokini mais, dès le second, comme elle est seule sur le toit, elle opte pour le bronzage intégral. Alors qu'elle est couchée sur le ventre, pour exposer son dos au soleil, elle entend du bruit dans l'escalier qui conduit au toit. Elle a juste le temps de couvrir sa pudeur avec une serviette de bain.
Un employé de l'hôtel s'adresse à elle, tout essoufflé :
– Désolé, mademoiselle, la direction de l'hôtel vous fait dire qu'il est formellement interdit de pratiquer le bronzage intégral. Nous apprécierions de vous voir porter un maillot comme hier…
– Mais il n'y a personne ici ! Quelle différence cela peut-il bien faire pour vous ? En plus, je suis couverte par cette serviette !
– Mais mademoiselle, vous êtes allongée sur la verrière de la salle à manger de l'hôtel !

Journée de la femme

Les femmes n'ont pas toujours le beau rôle dans le Vermot. Pourtant, on les adore et on ne pourrait s'en passer. La preuve en quelques citations-hommage, puisque c'est leur journée.

La femme est une fée bienfaisante, un ange qui élève l'âme de l'homme aux joies du ciel. (*Alphonse Karr*)

La femme, c'est tout ce qu'il y a de plus charmant sur la terre ! (*Félix Lope De Vega*)

La femme est de tout le divin complément. (*Victor Hugo*)

La femme est le plus beau des instruments… pour qui sait en jouer. (*Charles Régismanset*)

Si Dieu n'avait fait la femme, il n'aurait pas fait la fleur. (*Victor Hugo*)

Ce qui fait le monde, c'est la femme, elle y est souveraine : rien ne s'y fait que par elle et pour elle. (*Anatole France*)

Qu'est-ce que l'homme ? Un joujou de femme. Qu'est-ce que la femme ? Tout pour l'homme. (*André Grétry*)

De la femme vient la lumière, et le soir comme le matin, autour d'elle tout s'organise. (*Louis Aragon*)

Le bonheur est une femme. (*Friedrich Nietzsche*)

Les femmes sont capables de tout, les hommes sont capables du reste. (*Henri de Régnier*)

Si tout le mal qu'on a dit des femmes était vrai, elles seraient bien près de la perfection. (*Henri de Régnier*)

Sans la femme, l'homme ne pourrait pas être. (*Gandhi*)

Les femmes, c'est le plus beau spectacle qu'il soit donné à l'homme de contempler. (*Alexandre Dumas fils*)

– Ne crains rien, Petit Chaperon rouge, je te rappelle que nous sommes amis sur Facebook…

HISTOIRE, HISTOIRES…

Louis XIV avait un solide appétit. Son médecin, Fagon, nous apprend ainsi que « le roi étant malade et abattu ne put manger à son dîner que des croûtes, un potage au pigeon et trois poulets rôtis ». Le lendemain, son état ne s'étant pas amélioré, « il ne mangea point d'entrées et se contenta de quatre volailles ».

Lundi **9 mars**

Sainte Françoise On fête aussi les Félix, Alvère, Botolf

Le soleil se lève à **07 h 19** *et se couche à* **18 h 45**

« Vous avez soif ? Je ne laisse jamais les choses aller jusque-là. »

W.C. Fields

C'est arrivé le…

9 mars 1831

La création de la Légion étrangère par le roi Louis-Philippe permet aux soldats étrangers d'intégrer l'armée française. De nombreuses nationalités y sont représentées, dont une majorité d'Allemands dans ses débuts, puis des membres de l'Europe de l'Est à partir des années 2000. Elle constitue au XIXe siècle un moyen efficace pour reclasser des éléments « indésirables » de la société française.

Mon truc en +

Béchamel onctueuse

C'est une sauce blanche qui accommode de nombreuses recettes ; elle est simple à réaliser si l'on respecte quelques consignes de base. Faites fondre à feu doux 30 g de beurre dans une casserole et, juste avant qu'il ne colore, ajoutez-y 30 g de farine. Afin que votre sauce béchamel soit onctueuse et sans grumeaux, mélangez en piquant un morceau de pomme de terre cru dans une fourchette. Lorsque votre préparation est bien épaisse, incorporez-y 50 cl de lait froid et continuez de remuer jusqu'à l'obtention de la consistance souhaitée. Assaisonnez de sel, poivre, noix de muscade ou gruyère râpé.

Journaliste Vermot

- Le chirurgien esthétique connaissait sa cliente sous toutes ses coutures.
- Sport : les ventes de ballons de basket en fort rebond.
- Jésus-Christ devrait être un exemple pour tous. Même en mauvaise posture, il n'a jamais baissé les bras.

Une université qui a du chien

Peter Smith a eu son diplôme de l'Université Américaine de Londres. Sauf que Peter Smith est… un chien. Pour révéler à quel point cet établissement manquait de sérieux, des journalistes de *Newsnight*, journal de la BBC, ont tenté l'expérience d'y inscrire ce chien baptisé Peter Smith, lui créant d'abord un CV en béton : titulaire d'une licence d'une université britannique, travaillant depuis une quinzaine d'années, et vivant au sud de Londres. À la réception du CV, l'université n'en demande pas plus. Pas de papier d'identité, pas de photo ni de photocopies attestant le niveau du candidat. En revanche, l'établissement contacte « Peter » par e-mail, lui disant que sa « demande fondée sur son expérience a été un succès et qu'une fois que l'université aura reçu les 4 500 livres sterling nécessaires à l'obtention du diplôme, il sera enregistré comme titulaire d'un MBA de l'Université Américaine dans les deux semaines à venir ».

À mourir de rire !

Christopher et sa femme Emily adorent pimenter leurs ébats sexuels de petites expériences coquines. Celle du jour consiste à enduire les organes génitaux de Christopher de beurre de cacahuètes et à laisser leur chien Rudy, un beau berger allemand, les lécher. Rudy, excité par cette gourmandise qu'il adore, perd le contrôle et commence à mordre les testicules et le pénis de Christopher. Paniquée, Emily jette une bouteille de parfum qui se brise sur la tête du chien. L'animal saute en arrière et arrache le pénis de Christopher. Les chirurgiens de l'hôpital de Brementon ont mis huit heures pour recoller les morceaux !

« Le bonheur est un rêve d'enfant réalisé dans l'âge adulte. »

Sigmund Freud

C'est arrivé le…

10 mars 1911

La France aligne son heure légale sur celle du méridien de Greenwich. Auparavant, chaque ville de France avait sa propre heure calculée par rapport à la position du soleil dans le ciel. En adhérant au système horaire mondial, la France, ainsi que tous les pays d'Europe occidentale, se réfère au même fuseau horaire. Pour les Français, la nouvelle heure retarde de 9 minutes et 21 secondes sur l'ancienne.

Pour rire

L'institutrice demande :
– Jimmy, si tu courtisais une jeune fille éduquée lors d'un dîner, et que tu avais besoin d'aller aux toilettes, que dirais-tu ?
– « Attends, je vais pisser. »
– C'est trop grossier ! Et toi Michel, serais-tu capable de montrer les bonnes manières ?
– Je dirais : « Ma chère, pardonnez-moi de m'absenter, je m'en vais tendre la main à un ami intime, que j'espère pouvoir vous présenter après le dîner. »

– Ça s'appelle le Minitel. Grâce à lui, nous sommes assurés de notre domination sur le monde pour toujours.

Un peu d'histoire

Apparu au XIVe siècle en France, le mot « drogue » désignait alors un ingrédient servant à la teinture et aux préparations chimiques. Ce n'est qu'au XIXe siècle qu'il prend son sens actuel. Un peu d'histoire.

- 1813 : Thomas Sutton, médecin britannique, introduit la notion de *delirium tremens* pour désigner les troubles causés par l'excès d'alcool.
- 1849 : naissance de la notion d'alcoolisme chronique.
- 1859 : le chimiste allemand Albert Niemann extrait la cocaïne de la feuille de coca et décrit ses effets anesthésiants.
- 1870 : recours à la morphine sur les champs de bataille franco-prussiens pour soulager les douleurs des blessés. Entraîne la « morphimanie » ou maladie du soldat.
- 1898 : le chimiste allemand Heinrich Dreiser synthétise l'héroïne pour soigner des maladies respiratoires (tuberculose).
- 1954 : découverte du « circuit de la récompense ».
- 1964 : découverte du principe actif de la marijuana (THC).
- 1990 : le psychiatre américain Aviel Goodman définit les critères de l'addiction.
- 1996 : ouverture du premier centre de traitement de l'addiction à Internet aux États-Unis.
- 2013 : la bible de classification des maladies mentales, le DSM-V, définit pour la première fois le jeu pathologique comme un trouble addictif, mais ne retient que les jeux d'argent dans cette catégorie.

Maître de bonne compagnie

Une gamelle à portée de museau

Les chats ont leurs manies, leurs habitudes, même pour l'endroit où ils mangent. Dans la cuisine, installez-lui d'abord un coin repas facile d'accès. Si possible éloigné d'une cuisinière où il pourrait se brûler les pattes en rejoignant sa gamelle. Placez-y une petite assiette creuse (émail, verre ou faïence) et un bol pour l'eau fraîche à renouveler deux fois par jour. Si votre chat cohabite avec un chien, placez le tout en hauteur. Cela évitera que le chien, par gourmandise, pour montrer qui est le patron à la maison ou par jalousie, engloutisse le repas de minou.

Mercredi **11 mars**

Sainte Rosine On fête aussi les Auriane, Tina, Tino, Théodora

Le soleil se lève à **07h15** *et se couche à* **18h48**

« Il y a deux tragédies dans la vie : l'une est de ne pas satisfaire son désir et l'autre de le satisfaire. »

Oscar Wilde

C'est arrivé le…

11 mars 1794

Création de l'École centrale des travaux publics, qui deviendra l'École polytechnique. Elle assure la formation d'ingénieurs, appelés polytechniciens. Elle fait partie des écoles les plus prestigieuses de France, souvent associées à l'excellence académique mais également à l'élitisme.

Mon truc en +

Un cuivre étincelant

Il est temps de décaper vos objets en cuivre ciselé ? Prenez du jus de citron et une petite brosse. Brossez jusque dans les moindres recoins, le jus de citron détachera la saleté. Rincez à l'eau tiède ou chaude, puis essuyez à la peau de chamois, la plus efficace pour faire briller les cuivres.

Chauffez, maigrissez !

Selon une étude de l'université de Stirling effectuée sur 100 000 adultes de plus de 13 ans, plus on se chauffe chez soi, moins on grossit. Après avoir comparé l'indice de masse corporelle et la température au sein des foyers, les chercheurs ont mis en évidence que les personnes vivant dans un environnement qui dépasse les 23 °C se révèlent en moyenne plus maigres que les autres. Explication du phénomène : lorsque les gens surchauffent, ils dépensent plus d'énergie et ont moins d'appétit. Mais n'allez surtout pas transformer votre appartement en sauna : les températures les plus confortables pour la vie de tous les jours se situent entre 20 et 23 °C.

Comme un symbole
Le drapeau tricolore

S'il est un symbole que tous, Français et habitants du monde entier, connaissent, c'est bien le drapeau tricolore français. Flottant aujourd'hui sur tous les bâtiments publics et présent lors des cérémonies officielles, notre drapeau a pourtant eu une histoire mouvementée.

Né sous la Révolution française, le drapeau français est le descendant de la cocarde tricolore, symbole du patriotisme, dont le blanc représentait la monarchie et le bleu et le rouge, la ville de Paris. Dès 1790, les vaisseaux de guerre et les navires de commerce français doivent porter un pavillon aux couleurs de la cocarde. Le sens vertical des couleurs est décidé pour le différencier du pavillon néerlandais déjà présent sur toutes les mers, dont les couleurs bleu, blanc, rouge sont disposées à l'horizontale.

La forme définitive du drapeau tricolore tel qu'on le connaît aujourd'hui est décidée le 15 février 1794 par la Convention nationale. Il semblerait que ce soit le peintre Louis David qui ait décidé de l'ordre des couleurs. Le drapeau tricolore est menacé à de nombreuses reprises et disparaît même de 1814 à 1830 avec le retour de la monarchie. Le 28 février 1848, les insurgés militent pour un drapeau complètement rouge après que la République a été proclamée. C'est Alphonse de Lamartine qui réussit à sauver le drapeau tricolore, grâce à un discours éloquent dont voici un extrait : « C'est le drapeau de la France, c'est le drapeau de nos armées victorieuses, c'est le drapeau de nos triomphes qu'il faut relever devant l'Europe. La France et le drapeau tricolore, c'est une même pensée, un même prestige, une même terreur au besoin pour nos ennemis. »

Aujourd'hui, le drapeau tricolore est l'unique emblème national de la France qui figure dans la Constitution de 1958.

À l'origine… **Tire-larigot**

D'où vient l'expression boire à tire-larigot ? Lorsque Clovis eut battu Alaric, roi des Goths, à Poitiers, les soldats francs, pour fêter leur victoire verre à la main, lancèrent par dérision ce toast : « je bé à ti, rei Alaric Goth » (je bois à ta santé, roi Alaric Goth). Et ce devint une habitude. De là est venue l'expression populaire qui signifie boire beaucoup et à longs traits.

Le soleil se lève à **07h13** et se couche à **18h49**

Jeudi **12 mars**

Sainte Justine On fête aussi les Luigi, Séraphine, Maximilien, Finette

« L'enfer des femmes, c'est la vieillesse. »

De La Rochefoucauld

C'est arrivé le…

12 mars 1968

L'île Maurice, sous le contrôle du régime colonial britannique jusqu'au début du XXe siècle, devient indépendante. Une longue lutte pour l'autonomie avait déjà conduit à des élections législatives en 1948. Les mouvements nationalistes, qui s'étaient développés au milieu du siècle, ont obtenu ce référendum où la majorité de la population se prononça pour l'indépendance. Depuis, Maurice est une république, mais elle est restée membre du Commonwealth.

Rétro' Vermot

Le vétérinaire a été appelé par un vieux berger.
– Votre bouc est malade ! Il faudra le tenir au chaud…
– Si faut le mettre au chaud, on le mettra au chaud ! je le ferai dormir dans ma chambre.
– Dans votre chambre ? mais… pour l'odeur ?
– Ah ! quesque vous voulez, docteur… pour l'odeur, y faudra bien qu'y s'habitue ! (1970)

@çagazouille : les JLGeades

©Twitter

- Un jour ou l'autre, les femmes disent oui pour changer de nom.
- Soyons méthodiques : avec le vin, les cuites, avec l'eau, les crues.
- Vends truite qui se débat dans l'épuisette. Prise à débattre.
- Quand une bibliothécaire anorexique perd dix livres, y a-t-il perte de volume ou de volumes ?
- L'âge avançant, je ne saute plus tellement haut. Je donne désormais dans les bonds de réduction.
- Il ne faut pas croire que le cordonnier ait une maison sans dalles.
- Un agriculteur laitier est à la re-traite dès le premier soir.
- Si l'hiver était vraiment rigoureux, il se terminerait le 21 mars, pile-poil.
- En Zambie, le profit est fortement encouragé : « Profitez, Zambiens ! ».
- Ne pas confondre l'année-lumière avec l'an-douille.
- La verticalité de la tour de Pise est un sujet sur lequel son architecte n'aimait pas s'épancher.
- Courir sous la pluie, c'est agir avec précipitation(s).
- Boire à deux seins équivaut à quatre mi-nibards.
- Si les aviateurs étaient cons comme leurs pieds, tu serais chef d'espadrille.
- Se retrouver dans l'impasse peut être déroutant.
- Paradoxalement, être nettoyé, c'est ne plus avoir de biens propres.
- Il peut manquer une poche à un complet veston, mais pas à un veston complet.
- Le principe de la cougar, c'est qu'elle se sous l'âge.
- Loto suggestion. Je ne me souviens pas avoir vu les sous venir.
- Le bouddhisme peut compter sur des bonzes employés.
- Des girafes en colère, c'est des cous rageant.
- Qu'une femme canon se poudre, rien d'illogique.
- Au Moyen Âge, je ne sais pas où ils les trouvèrent tous ces troubadours.
- Un café périmé n'est pas un thé récent.
- Une femme légère, c'est quand même plus pratique pour s'envoyer en l'air.

(à retrouver sur Twitter : @ jlgdu54)

Vendredi 13 mars

Saint Rodrigue On fête aussi les Géraldine, Gerry, Christine

Le soleil se lève à **07h10** *et se couche à* **18h51**

« L'amitié ? Elle disparaît quand celui qui est aimé tombe dans le malheur, ou quand celui qui aime devient puissant. »

Chateaubriand

C'est arrivé le…

13 mars 1781

Découverte d'Uranus par l'astronome William Herschel. Alors qu'il croit avoir découvert une comète à l'aide d'un télescope qu'il a lui même développé, il en fait part à la communauté scientifique. L'observation de l'orbite de la comète conduit les scientifiques à reconnaître l'existence d'une septième planète du système solaire. La troisième par la taille. Elle doit son nom au dieu du ciel de la mythologie romaine.

@çagazouille :

#UnFilmUnemarque

©Twitter

- La Planète des Singer®
- Le train Sephora® trois fois
- Faut pas prendre les enfants du bon Dieu pour des Canard WC® sauvages
- L'Amora® aux trousses
- Vous n'aurez pas l'Alsace et Ralph Lauren®
- Il faut sauver le soldat Ryanair®
- Autant en emporte le Van Houten®

À votre bon cœur

80 % des victimes d'infarctus âgées de moins de 45 ans sont des fumeurs. À peine 20 minutes après avoir stoppé la cigarette, la pression artérielle et la fréquence cardiaque se normalisent. En 24 heures, le monoxyde de carbone est éliminé du sang, le risque d'infarctus diminue. Au bout d'un an, le risque d'accident vasculaire cérébral est équivalent à celui d'un non-fumeur. Après cinq ans sans tabac, le risque d'infarctus n'est pas plus élevé que si on n'avait jamais grillé une cigarette.

Le sport, ça chiffre

- **2 milliards** de téléspectateurs dans le monde ont suivi la finale du 100 m aux JO 2012.
- **700 millions** de téléspectateurs dans le monde ont regardé la finale de la Coupe du Monde de football en 2010.
- **237 millions** de téléspectateurs dans le monde ont regardé la finale de l'Euro 2012 de football (dont 12,9 millions en France, soit la deuxième meilleure audience de l'année).
- **36 millions** de Français déclarent avoir pratiqué une activité physique et sportive en 2013.
- **16 millions** de licences sportives ont été distribuées en 2013.
- **274 772** : ventes de *L'Équipe* par jour en 2012.
- **21 000** journalistes (toutes nationalités confondues) accrédités lors des JO de Londres en 2012.
- **58** magazines spécialisés dans le sport.
- **0,14 %** : part allouée au ministère des Sports en 2013 sur le budget de l'État en France.

Maître de bonne compagnie

Circonscrire son territoire

Le territoire, c'est sacré pour les chats. Et l'objectif principal de votre matou sera d'aller conquérir votre lit ! Il y en a que ça ne gêne pas. Mais pour ceux qui ne veulent pas entendre ronronner dans leurs oreilles, il faut agir dès son arrivée à la maison. Et faites très attention si vous avez un nourrisson, que le chat n'aille pas s'installer dans son lit. Involontairement, il pourrait l'étouffer en se couchant dessus. Ou le griffer par réaction de défense ou de peur en cas de geste incontrôlé de l'enfant. En revanche, si votre lit lui est interdit, vous pouvez très bien, les premiers jours, le faire dormir dans votre chambre, dans son panier. Une présence ou le bruit de votre respiration qui lui rappellera sa mère le tranquilliseront.

« L'expérience est une bougie qui n'éclaire que celui qui la porte. »

Confucius

C'est arrivé le…

14 mars 1990

Mikhaïl Gorbatchev est élu président de l'URSS pour 5 ans. Chef du parti communiste, il avait créé 1 an plus tôt le Congrès des députés du peuple, élu au suffrage universel. Quand il institue, en mars 1990, le poste de président de l'URSS, c'est ce même Congrès qui l'élit à la présidence. Il démissionnera le 25 décembre 1991, après l'effondrement du bloc soviétique.

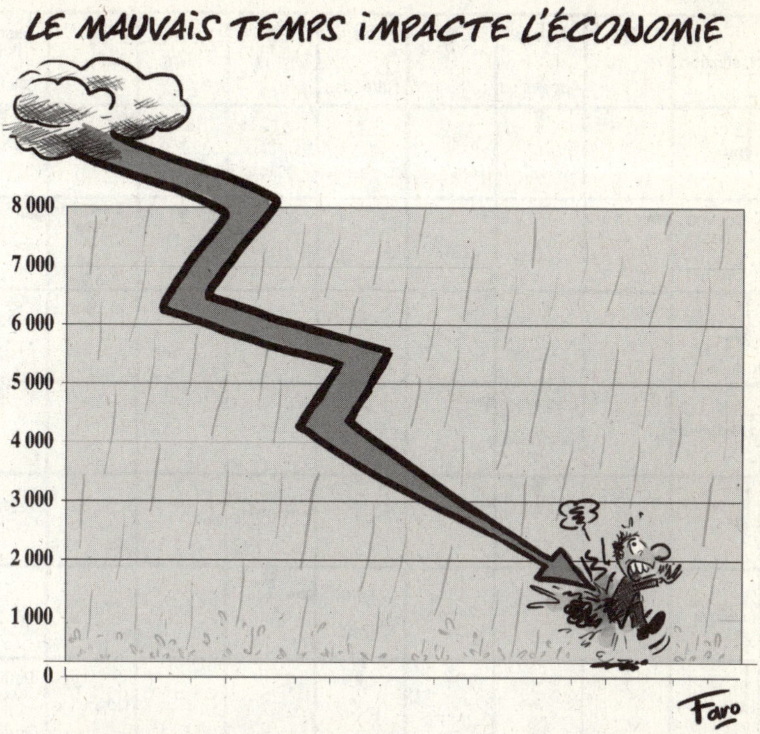

Quiz *Philo*

« Grâce soit rendue à la bienheureuse Nature qui a fait que ce qui est nécessaire est aisé à obtenir, tandis que les choses difficiles à se procurer ne sont pas nécessaires » est une citation de :

- ❏ 1. Épicure
- ❏ 2. Érasme
- ❏ 3. Aristote

Réponse

Réponse 1

Légumes oubliés : *l'héliantis*

Plante potagère originaire d'Amérique du Nord, l'héliantis est cultivé pour ses rhizomes allongés et à la peau blanchâtre. Ce légume oublié est particulièrement apprécié au Canada, ce qui lui vaut le surnom de « salsifis d'Amérique ». Proche parent du topinambour, il est apparu en Europe au début du XXe siècle. S'il n'a pas connu un grand succès à son arrivée, les chefs des grandes tables l'ont remis au goût du jour depuis peu. On rapproche son goût de celui du cœur d'artichaut, ou du salsifis. En cuisine, l'héliantis se prépare le plus souvent cuit, en gratin par exemple, ou légèrement poêlé avec du beurre. Il est disponible sur les étals des marchés du début de l'automne à la fin de l'hiver. Prenez garde si vous décidez de planter des héliantis dans votre potager, car les lapins raffolent de ses tiges et les mulots sont friands de ses rhizomes.

	6	5	9	1			3	7
			8	5	3			6
2		7			8	3		
	4						7	
		6	3			2		4
6			5	8	9			
4	1			3	6	8	9	

Sudoku

DIFFICILE

Complétez le grand carré de façon à placer tous les chiffres de 1 à 9 sur chaque ligne horizontale, sur chaque colonne et dans chaque petit carré de 9 cases.

Solution page 103

Pour rire

Un prêtre avait été convié à célébrer l'office du dimanche dans un camp de nudistes. On l'interrogea, à la fin de la messe :
– Quelle a été votre impression de vous trouver ainsi devant cinq cents personnes totalement dévêtues ?
– J'étais inquiet ! avoua-t-il.
– Pour quelle raison ?
– Je me demandais où mes fidèles allaient trouver l'argent au moment de la quête !

Dimanche **15 mars**

Sainte Louise On fête aussi les Léocrite, Lucrèce, Raymond

Le soleil se lève à **07 h 06** *et se couche à* **18 h 54**

MOTS FLÉCHÉS

Définition		Egarer / Appellation		Transmit / Remèdes		Livre		Associations / Obstacle		Bémol / Dense		Domaine
						Ruban / Famille d'arbres						
Communes / Enorme							Tissu en soie / Vieil héritier					
								Caoutchouc / Issue				
Médiateur		Distrayons / Incarcération								Centimètre / Délimita		
					Subjonctif marrant / Deux fois				Département / Belliqueux			
Gibier	Abrasif		Période	Tarif / Filets							Egalement	Bourg breton
							Dégouline	Petits ou faux / Qu'il suce				
Grimaces						Couche / Accra						
					Petite guêtre / Jeu de table							
Querelle		Artistique / Bruit silencieux										
				Soleil / Bouquine			Minérale / Suffixe				Tapioca	Semblable
Vin vulgaire / Percepteur romain	Précieux		Ventura / Pour glisser					Camélidé / Vaisseau				
									Pelage	Or / Casanier		
Monopole / Coincera						Se trouveront / Moyen						
							Creuser / Tiers					
Parcourue / Rimes				Oeuvré				Coque				
				Ce sont elles								

Solution page 98

Le soleil se lève à 07 h 04 et se couche à 18 h 55

Lundi 16 mars

Sainte Bénédicte

On fête aussi les Eusébie, Yseult, Julien, Hugues

« Le seul sport que j'ai jamais pratiqué, c'est la marche à pied, quand je suivais les enterrements de mes amis sportifs. »

Bernard Shaw

C'est arrivé le…

16 mars 1997

Luc Alphand remporte la Coupe du monde de ski alpin. Dans la foulée, il met fin à sa carrière de skieur, à l'âge de 32 ans. Par la suite, il s'essaye au pilotage automobile et participe aux 24 heures du Mans et au Dakar, qu'il remporte même en 2006. Touche-à-tout, il participe également à la transat Jacques Vabre 2011, en compagnie du navigateur Marc Thiercelin.

Mon truc en +

Supprimer les taches d'huile

Effacer des taches d'huile peut s'avérer assez simple si vous agissez vite. Appliquez de l'essence de térébenthine sur la tache puis versez-y du talc ou une autre poudre absorbante. En passant un fer à repasser chaud au-dessus du talc, celui-ci absorbera l'huile. Il ne vous reste plus qu'à nettoyer et à passer de l'encaustique.

ÇA ASSURE !

– Je vous écris de la prison. Ayant été arrêté, je vous demande d'arrêter également mon assurance auto.

– Excusez pour la gribouille de ma déclaration, mon crayon marchait pas, j'ai plus de stylo-bille, car, n'est-ce pas, quand on part, on ne pense jamais avoir un accident, sans ça, on prendrait ce qu'il faut.

– Ma glace côté chauffard a éclaté.

– Le gosse a tiré les oreilles du chien et l'a mordu au visage.

– Je n'ai pas été blessée gravement puisque j'étais en rodage.

– J'ai appris que le dossier de mon accident avait été transporté au service consciencieux.

– La gendarmerie est venue additionner les témoins.

– Je ne m'explique pas la brutale parution de ce cycliste sur ma droite ; faites donc le nécessaire pour éclaircir la situation.

– Je n'ai pas eu le temps de relever le numéro de la voiture, mais je peux vous signaler que la conductrice était blonde, sympathique, et qu'elle portait un corsage vert.

– J'ai été heurté de plein fouet par un poteau électrique.

– Vous avez vraiment de beaux cochons ici !
– À Paris aussi !

Foi de… Ribéry

- Je pense qu'on espère de gagner contre le Portugal.
- Je veux partir de l'OM, je veux gagner des autres choses.
- C'est vrai qu'on vient de jouer contre une équipe qui sont vraiment très forte !
- On est des joueurs qu'on va vite avec le ballon.
- C'est beau ce stade Vélodrome tout plein à domicile comme à l'extérieur.
- Au niveau de la sensation, je n'ai rien ressenti.

« Consommée avec modération, l'eau ne peut pas faire de mal. »

Mark Twain

C'est arrivé le…

17 mars 1904

Ouverture de la première foire de Paris. Elle devient rapidement la plus importante et la plus prestigieuse foire de France. Aujourd'hui, elle compte plus de 3 000 exposants et accueille près de 700 000 visiteurs chaque année, entre la dernière semaine d'avril et la première de mai. Depuis 1923, elle se déroule au parc des expositions de la porte de Versailles.

HISTOIRE, HISTOIRES…

Pendant la minorité de Louis XV, la France connut avec le régent les plaisirs des « soupers fins », dont la mode allait devenir plus grande encore sous le règne de Louis le Bien-Aimé. Les Grands se mêlèrent alors de cuisine : Monsieur, frère du roi, inventa le « potage à la Xavier » et le prince de Condé, le potage aux haricots blancs qui porte son nom ; tandis que Marie Leckzinska créait les « bouchées à la reine ». On comprend que Louis XV, alléché par tant d'inventions culinaires, ait fait mettre au menu de sa maison un bouillon et deux potages qui avaient la réputation de donner taille fine et esprit brillant.

Pour rire

Un homme demande à son médecin :
– Et ça va me coûter combien, ce nouveau traitement qui pourrait guérir ma belle-mère ?
– Entre 3 000 et 4 000 euros.
– Laissez tomber, docteur. Les pompes funèbres m'ont fait une offre plus raisonnable !

On se fait Label ?

Certains produits bénéficient, en France et en Europe, d'un label de qualité et d'origine garanti par l'État. Chez nous, c'est à l'Institut national de l'origine et de la qualité (l'INAO), établissement public, d'instruire les demandes des nouveaux produits en labels. Encore faut-il connaître ces labels…

Les signes garants de l'origine

L'Appellation d'origine contrôlée (AOC) est attribuée à un produit dont toutes les étapes de fabrication sont réalisées selon un savoir-faire reconnu dans une même zone géographique, qui donne ses caractéristiques au produit. C'est le cas, par exemple, pour le vin, mais aussi pour des fromages et d'autres produits régionaux.

L'Appellation d'origine protégée (AOP) est l'équivalent européen de l'AOC. Elle protège le nom d'un produit dans tous les pays de l'UE.

L'Indication géographique protégée (IGP) désigne un produit dont les caractéristiques sont liées au lieu géographique dans lequel se déroule au moins sa production ou sa transformation, selon des conditions bien déterminées. C'est un signe européen qui protège le nom du produit dans toute l'UE.

Le signe garant d'une qualité supérieure

Le Label rouge est un label français qui désigne des produits qui, par leurs conditions de production ou de fabrication, ont un niveau de qualité supérieure par rapport à des produits similaires.

Autres labels

La spécialité traditionnelle garantie (STG) protège une recette traditionnelle.

L'agriculture biologique (AB) garantit que le mode de production est respectueux de l'environnement et du bien-être animal. Les règles qui encadrent le mode de production biologique sont les mêmes dans toute l'Europe.

« Je me suis marié deux fois : deux catastrophes. Ma première femme est partie. Ma deuxième est restée. »

Jean-Jacques Peroni

C'est arrivé le…

18 mars 1962

Signature des accords d'Évian entérinant l'indépendance de l'Algérie. C'est à Louis Joxe, ministre des Affaires algériennes, que revient d'annoncer l'accord mettant fin aux combats engagés huit ans plus tôt en Algérie. Cet accord de 93 pages est signé par Louis Joxe et Krim Belkacem, pour le Front de libération nationale, après onze jours de négociations entre les deux parties.

Oh ! tu sais pas ?

La muraille de Chine est la plus importante construction réalisée par l'homme, tant en longueur qu'en surface et en masse. Cela fait d'elle la seule construction humaine qui soit visible depuis l'espace. La muraille de Chine est composée de multiples fortifications militaires qui ont été construites, détruites et reconstruites à plusieurs reprises entre le IIIe siècle avant J.-C. et le XVIIe siècle. Elle mesure environ 6 700 km de long, 6 m de haut et 4 à 5 m de large. La muraille de Chine fait aujourd'hui partie du patrimoine mondial de l'UNESCO.

Mon truc en +

Du citron contre la rouille

Le citron est très efficace pour faire partir une trace de rouille d'un vêtement. Versez le jus d'un citron pressé dans une cuillère à soupe. Chauffez-le en mettant la cuillère au-dessus d'une flamme (une bougie par exemple) puis appliquez le jus de citron chaud sur les traces de rouille. Elles disparaîtront comme par magie.

Test positif à vendre

Comment garder son fiancé coûte que coûte ? En Pologne, les jeunes femmes ont trouvé la solution : toucher sa conscience en lui faisant croire qu'elles sont enceintes. La technique est devenue si répandue que s'est développé un marché, tout à fait légal, de vente de tests de grossesse positifs ! On en trouve partout sur le web à des prix variant entre 20 et 100 zlotys (5 et 25 euros) l'unité. Les risques sont très limités pour les femmes ayant recours à ce subterfuge pour peu qu'elles ne l'utilisent pas pour obtenir des dédommagements financiers, ce qui serait alors considéré comme un délit d'extorsion de fonds. Pour le reste, gruger son petit ami peut simplement entraîner l'annulation d'un mariage religieux. Rappelons que l'avortement est interdit en Pologne ; reste donc à créer un marché, noir cette fois, de vente d'attestations de fausse couche ou de naissance de bébés mort-nés.

Allô, Docteur ?

Le mécanisme du stress est-il le même pour tout le monde ?

Oui. Même si nous ne réagissons pas tous de la même façon face aux événements réputés stressants, pour chacun de nous, le mécanisme du stress se déroule en trois phases.

Dans un premier temps, le cerveau détecte une menace (des embouteillages, une échéance à respecter, un patron de mauvais poil…). Il va alors envoyer un signal à l'hypothalamus, le centre de nos émotions, qui transmet un message nerveux à des glandes situées au-dessus des reins. Celles-ci sécrètent alors une hormone, l'adrénaline, qui se charge de mobiliser tout le corps pour affronter la menace et y répondre en quelques minutes ou quelques heures. C'est la phase dite « d'alerte » ou « d'alarme ».

Ensuite, si le stress se maintient, un autre système se met en place : les mêmes glandes surrénales vont sécréter un deuxième type d'hormones, le cortisol. Son rôle est cette fois de nourrir les muscles, le cœur et le cerveau sur une durée plus longue. C'est la phase de défense. Enfin, troisième étape, si la situation de stress se prolonge, l'organisme va s'épuiser, le stress va l'emporter et peut alors faire sombrer celui qui en souffre dans des pathologies mentales comme la dépression, ou physiques, puisque le système immunitaire s'affaiblit. C'est la phase dite « d'épuisement ».

Jeudi 19 mars

Saint Joseph On fête aussi les Quartille, Landoald

Le soleil se lève à **06h58** et se couche à **18h59**

« Les ennuis, c'est comme le papier hygiénique, on en tire un et il en vient dix. »

Woody Allen

C'est arrivé le…

19 mars 1946

La Martinique, la Guadeloupe, la Guyane et la Réunion deviennent Départements français d'Outre-Mer. Jusqu'à cette date, ces départements vivaient sous le régime de la spécialité. Depuis, l'État français a prévu, par décret, l'application des textes législatifs et réglementaires dans les départements d'outre-mer, au même titre que dans les départements métropolitains.

Pour rire

Finale de la Ligue des champions de foot. Toutes les places sont vendues depuis des mois. Dans le stade, un homme est assis, une place libre à côté de lui. Ce qui a le don d'énerver un de ses voisins qui en aurait bien fait profiter un ami.

– À qui appartient la place, car c'est quand même honteux de laisser une place libre un jour de finale, lance-t-il à l'homme seul.

– C'est la place de ma femme, lui répond-il. On allait à tous les matchs ensemble depuis qu'on était mariés. Mais elle vient de décéder.

Le voisin, embarrassé, s'excuse et lui présente ses condoléances. Puis il lui demande :

– Et il n'y avait personne d'autre de la famille ou des amis proches qui aurait voulu sa place ?

– Ben si, mais ils sont tous à l'enterrement !

HISTOIRE, HISTOIRES…

Au Moyen Âge, lorsque de nobles dames étaient malades, on faisait venir des ménestrels qui, par leurs chants, « apaisaient les souffrances ». Cette thérapie musicale eut longtemps des adeptes. Ainsi au XVIIIe siècle, le docteur Récamier, appelé auprès d'une duchesse qui souffrait d'embarras gastriques, fit la prescription suivante : « l'estomac aimant le rythme, madame la duchesse prendra ses repas au son du tambour ». Aux personnes qui ne pouvaient se payer des musiciens particuliers, ce même médecin ordonnait « de suivre tous les soirs la retraite militaire ». Pour combattre l'obésité, il suffisait d'aller chaque jour écouter le son des cornets ; quant au cor anglais, il aurait la vertu d'apaiser la colère.

À mourir de rire !

VERSION CÉLÉBRITÉS. Il n'y a pas que les anonymes qui mériteraient un Darwin Awards récompensant les morts les plus stupides. Certains personnages célèbres se sont distingués dans le genre.
Frédéric Barberousse (1122-1190), empereur d'Occident, voulait se baigner dans un fleuve… Pas évident quand on oublie d'enlever son armure : il coula et mourut noyé ! Vlad VII Înecatul (v. 1508-1532), prince de Valachie, décéda également par noyade. Mais parce qu'il avait trop bu. Rentrer à pied, passe encore, mais à cheval… Il termina sa périlleuse cavalcade dans la Dambovita. Milon de Crotone, le lutteur grec (?, -540), voulut tester sa force en essayant d'écarter le tronc d'un arbre déjà fendu. Il s'y coinça les mains et fut dévoré par les loups. Mésaventure qui n'aurait pu arriver à Empédocle (-490, -430), philosophe grec qui se sentait immortel. D'ailleurs, pour le prouver, il sauta dans l'Etna en activité. On ne retrouva qu'une de ses chaussures.

« Mon père était tellement avare qu'il me forçait à marcher à grands pas pour que je n'use pas trop mes chaussures. »

Pierre Doris

C'est arrivé le…

20 mars 1815

Retour de Napoléon Ier à Paris, après son exil à l'île d'Elbe. Ce retour marque le début de la période des Cent Jours, qui le voit reprendre le pouvoir pendant un peu plus de trois mois, avant la défaite de Waterloo qui précipite la fin de l'empire napoléonien et le retour au pouvoir de la dynastie des Bourbons.

Mon truc en +

Enlever les taches de rouille du frigo

Vous avez remarqué la présence de taches de rouille à l'intérieur de votre réfrigérateur ? Pas d'inquiétude ! Munissez-vous d'un décapant pour four et vaporisez-en les taches de rouille. Laissez agir le produit, puis retirez-le à l'aide d'un essuie-tout. Lavez ensuite à l'eau savonneuse, et les taches disparaîtront.

- Oui, c'est l'heure du bain pour les enfants !...

Plus d'un tour dans la Tour

Saviez-vous que, dès sa conception, il était entendu que la Tour ne resterait en place que vingt ans avant qu'on la démonte ? C'était sans compter sur l'imagination de son concepteur, Gustave Eiffel, qui, pour la rendre éternelle, réussit à convaincre son monde que sa tour avait une vocation scientifique. Elle servirait en effet d'observatoire météorologique et astronomique (la marotte d'Eiffel), accueillerait des expériences de physique, notamment sur la chute des corps, serait utilisée comme poste de communication par télégraphe optique, ou encore comme poste d'observation ou pour l'étude du vent. Si bien que l'on y installa dès 1889 quantités d'instruments : baromètres, anémomètres, paratonnerres et soufflerie. Elle fut aussi le labo des premières transmissions radiographiques, puis de télécommunication : signaux radio de la Tour au Panthéon en 1898, poste radio militaire en 1903, première émission de radio publique en 1925… Grâce à la tour Eiffel, plusieurs messages décisifs sont captés, dont le « radiogramme de la victoire » permettant de déjouer l'attaque allemande sur la Marne et ceux conduisant à l'arrestation de Mata Hari. Enfin, elle devint elle-même une gigantesque antenne… pour la télé. Ce dernier rôle la sauva définitivement du démontage.

En forme !

Les beaux jours vont revenir. Journaliste spécialisée et auteur de nombreux ouvrages sur le sujet, Clarisse Nénard *vous donne tout au long de ce* Vermot *les conseils pour garder ou retrouver forme et bien-être.*

Entre la voiture, les transports en commun, les ascenseurs, les escalators, les portes automatiques… les efforts physiques quotidiens sont réduits. Ajoutons à cela une moyenne de 2 h 30 par jour devant la télévision, les heures passées assis derrière un bureau à pianoter sur le clavier de son ordinateur, à surfer sur le net, ou encore à table… Or, l'activité physique est un des meilleurs moyens de rester en bonne santé, d'éviter les maladies cardio-vasculaires, de lutter contre le diabète, le mauvais cholestérol, l'ankylose, l'ostéoporose, les atteintes du système ostéo-articulaire, ainsi que de prévenir certains cancers. Elle réduit le stress, l'anxiété et l'instabilité émotionnelle, stimule la confiance en soi et la volonté… N'attendez plus. Action !

Quiz *Philo*

« Méthode basée sur la seule expérience, sans aucune théorie. Théorie philosophique selon laquelle toutes nos connaissances proviennent de l'expérience. »
C'est la définition de :

- ❏ 1. L'empirisme
- ❏ 2. Le pragmatisme
- ❏ 3. Le réalisme

Réponse

Réponse 1

Samedi 21 mars

Sainte Clémence On fête aussi les Thomas, Endée, Philémon

Le soleil se lève à **06 h 54** *et se couche à* **19 h 03**

« Les hamsters ne connaissent pas leur bonheur, eux qui bénéficient des nouveaux médicaments aux effets miraculeux, cinq années avant les hommes. »

Philippe Bouvard

C'est arrivé le...

21 mars 1960

Naissance du coureur automobile brésilien Ayrton Senna, à São Paulo. Considéré comme l'un des meilleurs pilotes de l'histoire de la Formule 1, il remporte trois titres de champions du monde en 1988, 1990 et 1991. En dix ans de F1, il signe 65 pole positions pour 80 podiums et 41 victoires. Il décède le 1er mai 1994 dans un accident lors du Grand Prix de San Marin, sur le circuit d'Imola.

HISTOIRE, HISTOIRES...

Dans la Grèce antique, à une époque où les médecins étaient rares, on exposait les malades à la porte de leurs maisons en ayant soin de bien découvrir les parties atteintes. Les passants étaient moralement tenus de s'arrêter et, lorsqu'ils croyaient reconnaître l'affection dont souffrait le patient, ils devaient prodiguer leurs conseils à la famille.

Mots fléchés

Solution de la page 92

	R		P		L		L		C		N	
M	E	N	A	G	E		B	O	L	D	U	C
	B	O	U	R	G	S		S	U	R	A	H
M	A	M	M	O	U	T	H		B	U	N	A
	T		E	G	A	Y	O	N	S		C	M
T	I	E	R	S		R	I	E		D	E	P
		C			B	A	R	E	M	E		
P	E	R	D	R	I	X			A	M	I	S
	M	O	U	E	S		S	T	R	A	T	E
H	E	U	R	T		G	U	E	T	R	O	N
	R		E	S	T	H	E	T	I	Q	U	E
P	I	V	E		R	A		E	A	U		
		I		L	I	N	O		L	A	M	A
P	U	B	L	I	C	A	I	N			A	U
	T	R	U	S	T		S	E	R	O	N	T
P	I	E	G	E	R	A		F	O	U	I	R
	L	U	E		A	G	I		B	R	O	U
V	E	R	S		C	E	L	L	E	S	C	I

Vermot'roscope

BÉLIER 21 mars - 20 avril

Amour

Perturbations et tensions à venir. Parmi elles, vous découvrirez votre partenaire sous de nouveaux aspects, mais aussi vos aspirations et idéaux en matière de sentiments. Rien à craindre si votre union est solide, sinon, bouleversements à prévoir. Pensez tout de même, avant d'en débuter d'autres, à régler vos histoires avec tact. Ce n'est pas toujours de la faute de l'autre si vous changez. Attention, l'infidélité guette. Les célibataires feront des rencontres, pour peu qu'ils se donnent la peine d'avoir un peu d'audace. Bref, du nouveau et du renouveau dont il faudra contrôler l'ivresse et les excès.

Travail

Jupiter est dans le coin. Profitez-en, car vous aurez sans doute de très belles opportunités à saisir, avec promotion et augmentation à la clé. Vos activités professionnelles seront fluides, stables. Ne cédez pas à la facilité, c'est l'occasion idéale pour les faire fructifier. Multipliez les relations professionnelles, les contacts. Ce sera peut-être aussi le moment pour certains de prendre la décision de changer de métier. De toute façon, quel que soit le sens, votre carrière sera en mouvement. À vous de voir, sans précipitation, si c'est en avançant ou en reculant.

Santé

Le début de l'année sera un peu pénible. Vous vous sentirez las, fatigué. Reposez-vous, surveillez votre hygiène de vie, alimentaire particulièrement. Attendez le retour du printemps et votre énergie repartira de plus belle. Faites du sport pour canaliser cette vitalité débordante et la nervosité qui pourrait l'accompagner.

Argent

Soufflez ! 2015 devrait vous mettre à l'abri de pépins financiers. Comme dans le travail, cette stabilité doit vous inciter à réfléchir avant de vous lancer dans des projets (commerce notamment) ou des placements (investissements professionnels, devenir propriétaire...). Tout vous sourira. C'est même le moment de demander une augmentation. Surveillez cependant votre optimisme et votre penchant à faire plaisir ou à dépenser, au risque de compromettre cet équilibre budgétaire retrouvé.

Le soleil se lève à
06 h 52
et se couche à
19 h 04

Dimanche **22 mars**

Sainte Léa On fête aussi les Liane, Relinde, Octavien

« Si, dans l'intérieur d'un État, vous n'entendez le bruit d'aucun conflit, vous pouvez être sûr que la liberté n'y est pas. »

Montesquieu

C'est arrivé le...

22 mars 1945

Création de la Ligue arabe, officiellement appelé « Ligue des États Arabes ». Elle fut fondée au Caire par 7 États et compte désormais 22 membres. Cette ligue est une organisation régionale et jouit d'un statut d'observateur auprès de l'Organisation des Nations unies.

@çagazouille :

Jeu de Ver-mots

©Twitter

@Bobtoucour Mon inspectrice des impôts est à tomber par tiers.

@HillmanMarc Il ne fait palombe d'un doute que cette poule est sur la mauvaise ponte.

@supermegadrivin J'ai appelé mon mouton Jingle pour qu'à Noël, Jingle bêle.

@olijuseb Le p'tit Poucet, mais il était constipé…

Point de salut pour les microbes

Pour limiter les infections nosocomiales, une étude américaine publiée dans *The Journal of Hospital Infection* préconise au personnel hospitalier de ne plus se serrer la main pour se dire bonjour. Pour se saluer, l'étude leur conseille même de se toucher les poings, à la manière des traditions adoptées par nos gamins pour saluer leurs copains dans la rue. La réduction des poignées de main permettrait de limiter la transmission des bactéries, beaucoup plus nombreuses dans la paume de nos mains que sur nos phalanges. Car après s'être lavé les mains, précisent les chercheurs, jusqu'à 80 % des individus conservent sur leurs doigts et dans la paume des bactéries susceptibles de transmettre des maladies. Se serrer la main expose trois fois plus de surface de peau que le contact des poings, et ce geste dure près de trois fois plus longtemps. Une précaution à prendre au sérieux. En France, ces infections dites nosocomiales sont responsables de la mort de 4 000 personnes par an. Selon le site du ministère de la Santé, entre 20 et 40 % de ces infections sont provoquées par des agents infectieux présents sur les mains.

Allez Allais !

Cygne (n. m.) : palmipède réputé volage, encore qu'il y ait parfois des cygnes qui ne trompent pas.
Dadaïsme (n. m.) : mouvement pictural à cheval sur ses principes artistiques.
Démocratie (n. f.) : régime qui donne la liberté de dire qu'on en manque.
Diarrhée (n. f.) : qui coule de source.
Douala : ville africaine où, paradoxalement, le pape a mis le préservatif à l'index.
Eau (n. f.) : liquide nocif qui, en vous désaltérant, vous prive des plaisirs de la soif.
Énarque (n. m.) : grand serviteur de l'État, réputé pour son talent à rendre incompréhensible et complexe toute idée simple.
Facteur (n. m.) : homme de lettres.
Fainéant (adj.) : collègue paresseux qui se refuse à faire mon travail.
Faire un saut : quand on a promis de faire un saut, il faut éviter de faire faux bond.
Fallope (n. f.) : épouse d'un mari trompé qui, de plus, a perdu son dentier.
Faucheur (n. m.) : détracteur agricole.

3,3 millions

C'est le nombre de spectateurs ayant assisté en 2013 à l'une (ou plusieurs) des 15 300 représentations proposées dans les théâtres privés de Paris. Les quatre théâtres nationaux (Comédie-Française, Théâtre national de la Colline, de l'Odéon et de Strasbourg) ont, quant à eux, réuni, lors de leurs 1 092 représentations, 580 800 spectateurs. En 481 représentations, l'Opéra national de Paris a, de son côté, accueilli 821 000 spectateurs, dont 420 000 pour les spectacles lyriques et 331 000 pour les ballets.

Saint Victorien On fête aussi les Maidor, Frumence

Le soleil se lève à **06 h 49** *et se couche à* **19 h 06**

« *Il n'y a que les femmes qui sachent aimer ; les hommes n'y entendent rien.* »

Denis Diderot

C'est arrivé le…

23 mars 1919

Création à Milan des « faisceaux italiens de combat », qui serviront de socle à la création du Parti national fasciste de Benito Mussolini. Au sortir de la Première Guerre mondiale, l'Italie est en pleine crise économique et sociale. Dans ce contexte, Mussolini met en place ces *fasci*, des groupes paramilitaires composés d'un mélange de syndicalistes, de nationalistes et de futuristes.

HISTOIRE, DE CUL… I

D'après une étude de l'université anglaise d'Oxford, les femmes ayant un fessier rebondi auraient un cerveau plus développé et seraient aussi moins atteintes que les autres par certaines maladies chroniques. La raison ? La présence dans le derrière d'un excès d'acides gras oméga-3, favorables au développement de la cervelle. Autres effets bénéfiques : des niveaux inférieurs de cholestérol chez les sujets observés, ou encore un développement limité du diabète. Vous pouvez donc maintenant regarder les fesses des filles avec des arguments en béton.

À mourir de rire !

Les pistes de Mammoth Mountain étaient si belles que David, étudiant américain de 22 ans, ne put s'empêcher de les dévaler sur un tapis de sécurité en mousse arraché d'un des pylônes soutenant le téléphérique. Pris par la vitesse, David alla s'écraser contre un pylône… celui-là même auquel il avait retiré la fameuse protection ! Conduit au Centinela Mammoth Hospital, il ne put être ranimé. Une nouvelle ligne au panthéon des Darwin Awards.

Infos en séries… TV

Aaron Spelling, roi de la série pour ados, a repris les ingrédients de certains de ses précédents standards, *Starsky & Hutch*, *Drôles de dames*, *Melrose Place ou Beverly Hills*, pour faire de *Charmed* (1998-2006) un condensé original de comédie, de suspense et de fantastique. À cheval entre *Buffy*, *Drôles de Dames* et *Ma sorcière bien-aimée*, la série connut un énorme succès. Notamment grâce aux caprices et scènes de jalousie entre Shannen Doherty, qui finira par partir, et Alyssa Milano, repris dans tous les magazines people, qui permettront à *Charmed* de figurer au rang des séries les plus populaires de ces dernières années.

Distribution : *Holly Marie Combs (Piper Halliwell), Alyssa Milano (Phoebe Halliwell), Brian Krause (Leo Wyatt), Rose McGowan (Paige Matthews), Dorian Gregory (Darryl Morris), Shannen Doherty (Prue Halliwell), Julian McMahon (Cole Turner)*

Le soleil se lève à **06 h 47** et se couche à **19 h 07**

Mardi **24 mars**

Sainte Catherine de Suède On fête aussi les Adhémar

« L'amour d'un homme n'occupe qu'une partie de la vie d'homme ; l'amour d'une femme occupe toute son existence. »

Lord Byron

C'est arrivé le…

24 mars 1987

Signature du contrat de création d'Euro Disneyland, à Marne-la-Vallée. Ce contrat est signé entre la société américaine The Walt Disney Company et l'État français, et porte sur une période de trente ans. Le parc d'attractions, le plus grand d'Europe, ouvre ses portes le 12 avril 1992 avant d'être rebaptisé Disneyland Paris en 1994.

Usain Bolt battu !

Selon une étude britannique, si des olympiades réunissaient toutes les espèces animales, Usain Bolt, la star du 100 m avec ses 9,58 secondes, serait battu à plate couture. D'abord par le guépard qui, avec ses 104 km/h, avale la distance en 5,8 secondes. Le multi-médaillé olympique jamaïcain serait au coude à coude avec le dromadaire, capable de courir le 100 m en 9,8 secondes, mais clairement distancé par l'antilope pronghorn (89 km/h) et l'autruche d'Afrique du Nord (64 km/h).

Pour rire

Un homme a été cambriolé. Le lendemain, le commissariat le prévient qu'on a arrêté le voleur et le convoque. L'homme demande au policier :

– Puis-je parler au voleur ?

– Pour lui dire quoi ?

– Écoutez, monsieur le commissaire, il a pénétré chez moi à 2 heures du matin sans réveiller ma femme. S'il m'explique comment il s'y est pris, je retire ma plainte !

Espoirs et espérance

Au milieu du XVIIIe siècle, la moitié des enfants mouraient avant l'âge de 10 ans et l'espérance de vie ne dépassait pas 25 ans. Elle atteint 30 ans à la fin du siècle, puis fait un bond à 37 ans en 1810, notamment grâce aux progrès de la médecine et à la vaccination contre la variole. Pendant le XIXe siècle, la progression se fera lentement pour atteindre 45 ans en 1900. Il faut dire que les guerres napoléoniennes et la guerre de 1870 n'ont pas arrangé les choses et ont même fait brutalement chuter l'espérance de vie sous les 30 ans. Les progrès scientifiques aidant, dès le début du XXe siècle, la reprise se fait sentir, et ce malgré les deux guerres mondiales qui freinent les courbes de croissance. Les décès d'enfants deviennent de plus en plus rares : 15 % des enfants nés en 1900 meurent avant un an, 5 % de ceux nés en 1950, et 0,4 % de ceux nés en 2000. La hausse de l'espérance de vie se poursuit grâce aux progrès dans la lutte contre les maladies cardio-vasculaires et les cancers. En 2000, l'espérance de vie en France atteint 79 ans, et elle dépasse 80 ans en 2004. En 2013, un Français possède une espérance de vie de 78,5 ans, contre 84,9 ans pour les femmes.

Maître de bonne compagnie

Chut !

Un chaton qui débarque dans une nouvelle maison a certes besoin de repères mais, comme tous les petits, il a surtout besoin de dormir beaucoup. Un chaton dort environ 18 à 20 heures par jour ! Placez son panier dans le coin le plus calme de la maison et évitez de faire du bruit lorsqu'il dort. Il est déjà assez stressé comme ça d'arriver chez des inconnus. Vous passerez l'aspirateur plus tard !

« Le comique exige donc quelque chose comme une anesthésie momentanée du cœur. Il s'adresse à l'intelligence pure. »

Henri Bergson

C'est arrivé le…

25 mars 1977

Jacques Chirac est élu maire de Paris. Après avoir été ministre de l'Intérieur, puis Premier ministre sous la présidence de Valéry Giscard d'Estaing, le président du RPR est élu au suffrage universel à la mairie de Paris. Il est le premier maire de la capitale française depuis 1871 – le précédent étant Jules Ferry. La fonction de maire de Paris avait été remplacée, pendant plus d'un siècle, par celles de président du Conseil municipal de Paris et de président du Conseil général de Paris.

Allô, Docteur ?

Dormir permet de mieux mémoriser ?

OUI. Plusieurs études ont observé un lien entre l'activité de certaines zones du cerveau lors de l'apprentissage et de la mémorisation d'informations en journée, et l'activité de ces mêmes zones pendant la nuit, plus spécifiquement pendant la phase de sommeil paradoxal. Grâce aux techniques d'imagerie médicale, on a montré qu'au cours du sommeil, le cerveau « rejoue » les apprentissages de la journée. On suppose donc que le travail de consolidation de la mémoire se déroule au cours du sommeil. D'où l'incitation de nos parents et, avant eux, de nos grands-parents, à nous faire réviser nos cours avant de dormir.

Faites bouger bébé

On vous le rabâche tous les jours : l'activité physique, à raison de 30 minutes de marche active par jour, c'est bon pour la santé. D'après l'université de Montréal, faire de l'exercice pendant la gestation améliorerait même le développement du cerveau du fœtus. Et dire que l'on a plutôt tendance à protéger sa moitié de tous les efforts pendant qu'elle porte notre descendance… Dans leur étude, les chercheurs canadiens affirment que 20 minutes d'exercice au moins trois fois par semaine favoriseraient le développement du cerveau des futurs bébés. Un développement qui pourrait avoir des bénéfices tout au long de la vie. « Les résultats montrent que le système d'activation cérébrale est plus mature chez les bébés dont la mère a été physiquement active pendant la grossesse, ce qui laisse entendre que leur cerveau s'est développé plus rapidement que celui des autres », relatent les neurologues. Les scientifiques ont maintenant décidé d'évaluer le développement moteur, cognitif et intellectuel des enfants à l'âge d'un an pour vérifier si l'écart des résultats perçus à leur naissance se maintient.

– Je ne sais pas si c'est parce que c'est l'approche du week-end, mais je n'ai jamais vu autant d'automobilistes aussi hilares !

Infos en séries… TV

Imaginée par le romancier Michael Crichton (*Jurassic Park*), produite par le pape Steven Spielberg, forte d'un casting d'inconnus – qui ne le resteront pas longtemps, George Clooney en tête –, *Urgences* fait exploser l'audimat dès son premier épisode en 1994. Deux ans plus tard, elle devient la série la plus regardée au monde.

Distribution : *George Clooney (Doug Ross), Anthony Edwards (Mark Greene), Eriq La Salle (Dr Benton), Noah Wyle (John Carter), Julianna Margulies (Carol Hathaway), Goran Višnjič (Luka Kovač)*

« La vérité n'est jamais amusante, sinon tout le monde la dirait. »

Michel Audiard

C'est arrivé le…

26 mars 1991

Le Brésil, l'Argentine, l'Uruguay et le Paraguay signent le traité créant le Mercosur (Marché commun du Sud). Ce traité permet la libre circulation des services, des biens et des facteurs productifs entre ces pays, avec comme objectif une politique commerciale commune.

124 000

Avec ses 124 000 km² de zones montagneuses comprenant les Vosges, le Jura, l'Auvergne, l'Isère, la Savoie, les Hautes-Alpes, la Côte d'Azur, les Pyrénées et la Corse, la France est le plus grand domaine skiable d'Europe. Ses 250 stations et 350 sites de ski accueillent près de 10 millions de touristes en hiver, dont 7 millions pratiquent un sport de glisse.

LU DANS LA PRESSE

Malgré les nombreuses injections des militaires, l'automobiliste a tracé sa route dans un véhicule volé. (*Le Dauphiné libéré*)
Il est complètement piqué, lui aussi, pour ne pas répondre aux injonctions ?

Sudoku

Solution de la page 91

8	6	5	9	1	2	4	3	7
9	3	1	6	7	4	5	2	8
7	2	4	8	5	3	9	1	6
2	9	7	4	6	8	3	5	1
3	4	8	1	2	5	6	7	9
1	5	6	3	9	7	2	8	4
6	7	3	5	8	9	1	4	2
5	8	9	2	4	1	7	6	3
4	1	2	7	3	6	8	9	5

Pour maigrir, photographiez votre assiette !

Si vous croyez qu'envoyer sur votre profil Facebook des photos du succulent plat que vous vous apprêtez à manger fera saliver ceux qui verront le cliché, vous vous trompez. Selon une étude de l'université Brigham Young aux États-Unis, être trop exposé aux photos de nourriture augmenterait le sentiment de satiété et couperait l'appétit. Un remède miracle pour les gourmands ? « Si vous avez un faible pour le chocolat, par exemple, et que vous souhaitez vous empêcher d'en manger, vous devriez peut-être regarder beaucoup de photos de cet aliment », explique Jeff Larson, l'un des auteurs de l'étude. Mais il faudra en regarder beaucoup, deux ou trois photos n'ayant aucun effet. Commencez donc à vous préparer une petite banque d'images en cas de fringale.

Ça c'est fait… divers

Elle s'appelle Janice Keihanaikukauakahihuliheekahaunaele. Au Scrabble, vous seriez champion du monde. Mais pour Janice, le problème est ailleurs : son nom, composé de 35 lettres – ne recomptez pas – était trop long pour être contenu dans le format standard des papiers officiels de l'archipel américain d'Hawaï. « Ça dépend, ça dépasse », comme dirait Zézette ! Alors plutôt que d'écrire « plus petit », d'opter pour une version abrégée ou de reprendre son nom de jeune fille, Worth, après le décès de son mari, la veuve a décidé de demander à changer le format des cartes d'identité et autres documents officiels de l'île pour lui permettre de placer ses 35 lettres. Enfin, la dernière lettre surtout, qui ne rentrait pas sur sa carte d'identité, et son prénom qui ne figurait pas sur son permis de conduire. Elle se trouva donc en infraction lors d'un contrôle routier. Hors d'elle, Janice a alors contacté une chaîne de télévision locale qui s'est fait l'écho du problème. Quelques jours plus tard, une porte-parole gouvernementale a annoncé que le nombre de caractères maximum autorisé pour le prénom et le nom de famille serait porté à 40. On s'arrangera bien pour caser la quarante et unième.

« Sais-tu que la vie est le cauchemar de ceux qui la rêvent ? »

Francis Ford Coppola

C'est arrivé le…

27 mars 1871

Le premier match international de rugby oppose l'Écosse à l'Angleterre. À Édimbourg, l'Écosse l'emporte devant 4 000 spectateurs. Les deux équipes, composées de 20 joueurs, s'affrontent durant deux périodes de 50 minutes. Depuis, les règles ont bien évolué.

@çagazouille :

©Twitter

#UnFilmUnemarque

- Nous nous sommes tant M&Ms®
- Les bronzés font du Skype®
- L'Homme qui murmurait à l'oreille des 2 Chevaux®
- Angélique Marquise Dessange®
- Les révoltés du Bounty®
- Vincent, François, Pôle Emploi et les autres

Recette
TAPENADE

Pour 4 personnes :

- 200 g d'olives noires
- 50 g de câpres
- 50 g d'anchois
- 1 gousse d'ail
- 20 cl d'huile d'olive
- 1 cuillère à soupe de jus de citron

Nettoyez et égouttez les olives noires, puis mixez-les jusqu'à obtenir une texture homogène. Ajoutez ensuite les câpres égouttées, les anchois et la gousse d'ail préalablement dégermée. Mixez le tout. Montez ensuite comme une mayonnaise en incorporant l'huile d'olive en filet. La tapenade doit être épaisse et lisse. Ajoutez enfin le jus de citron et ajustez l'assaisonnement à votre goût. Servez frais avec du pain grillé.

Idée fixe pour Idéfix

Les fans, quel que soit l'objet de leur passion, se posent toujours de multiples questions existentielles. Ceux d'Astérix et Obélix se sont ainsi toujours demandé quelle pouvait bien être la race du chien Idéfix, pour « s'acheter le même », disent-ils dans les courriers adressés au site officiel de la BD. La réponse ? Notre petit chien gaulois est tout simplement unique. Idéfix, précise le site asterix.com, a simplement été défini pour sa première apparition dans le scénario du *Tour de Gaule d'Astérix* comme étant « de race indéterminée ». On ne doit donc son apparence qu'à l'imagination d'Albert Uderzo. Mais le site nous donne quelques pistes. Ainsi, dans les films *Astérix* réalisés à ce jour, ce sont des West Highland white terrier, les fameux « westies », qui ont incarné le petit chien gaulois. Auparavant, dans un spectacle de la compagnie *Holiday on Ice*, le rôle fut tenu par un bichon maltais soigneusement toiletté et couvert d'une légère teinture bio sur les oreilles, pour en faire un parfait Idéfix ! C'est toujours mieux que rien pour les plus impatients de s'offrir la compagnie du petit chien.

À l'origine… Le bâtonnier

Ce nom doit son origine au bâton de la bannière de saint Nicolas. En 1341, les avocats et les procureurs formèrent une confrérie sous l'invocation de saint Nicolas et de sainte Catherine. Philippe VI la confirma par lettre l'année suivante. Dans ses solennités, le corps des avocats sortait bannière en tête. Après la cérémonie, le bâton de la confrérie était porté avec pompe dans la maison du chef de l'ordre, auquel la garde en était confiée. Ce chef, qui à l'origine… s'appelait le doyen, prit au XVIe siècle le nom de bâtonnier, qu'il conserve encore. Le *Dictionnaire Universel des Sciences et des Arts* de 1690 confirme le récit et précise que le « bastonnier » (ou la bastonnière) est « celui ou celle qui a en garde pendant un temps le baston d'une confrérie, et qui le porte ou le suive aux processions ».

« On peut convaincre tout le monde qu'on a changé, mais jamais soi-même »
Bryan Singer

C'est arrivé le…

28 mars 1910

Henri Fabre pose son hydravion sur l'étang de Berre. Aviateur et inventeur français, il est le premier à réussir l'exploit de faire amerrir un avion sur un plan d'eau, après quatre années de conception. D'abord appelée hydro-aéroplane, jusqu'en 1913, son invention était munie de trois flotteurs.

Sur les dents

Les sportifs ont plus de problèmes de dents que la moyenne. C'est ce qui ressort d'une étude publiée par le très sérieux* British Journal of Sports Medicine*, dont les spécialistes ont ouvert la bouche de trois cents sportifs pendant les jeux Olympiques de Londres, en 2012 : 55 % d'entre eux avaient des caries et 76 % souffraient d'inflammations de la gencive. Soit plus de maux que des individus lambda du même âge. Les Français, eux, en sont toujours à 1,4 brossage par jour et 2,4 brosses à dents par an… alors qu'il est conseillé de changer de brosse à dents chaque mois. De gros progrès à faire.

Mon truc en +

Bien rincer les légumes

Avant leur consommation, les légumes doivent être nettoyés consciencieusement afin d'être débarrassés de leurs impuretés et des petites bêtes qui s'y sont établies. Les rincer plusieurs fois à l'eau claire n'est pas toujours suffisant pour déloger vers, limaces et autres insectes. Alors trempez vos légumes dans de l'eau salée pendant quelques minutes, et vous verrez les bestioles filer au pas de course !

- Laissez-moi vous dire que vous êtes super en retard !

Les hommes votent pour le célibat

La proportion d'hommes n'ayant jamais eu d'enfants a bondi ces dernières années, alors que celle des femmes reste quasiment stable. Ainsi, à 50 ans, 20 % des hommes vivant en France ne sont pas pères, et ne le seront probablement jamais. Soit un quinquagénaire sur cinq. C'est l'un des résultats marquants du « Portrait social 2013 » de la France effectué par l'INSEE.

La proportion d'hommes sans enfants a en effet presque doublé en une génération, passant de 12,8 % pour les hommes nés entre 1941 et 1945 à 20,6 % pour les hommes nés entre 1961 et 1965. Le phénomène est d'autant plus intéressant que, du côté des femmes, la proportion de personnes sans enfants est quasiment stable depuis les années 1930 : 13,5 % des quinquagénaires n'ont jamais enfanté, contre 12 % pour les générations précédentes.

L'étude souligne que la volonté de ne pas être parent n'explique pas à elle seule l'augmentation du nombre d'hommes sans enfants. Cette absence de descendance est dans la moitié des cas due au célibat. Si les septuagénaires sont 5 % à ne s'être jamais établis avec quelqu'un, ils sont 10 % chez les quinquagénaires. Ce doublement du taux de célibat s'explique en partie par « un choix délibéré de ne pas vivre en couple plus fréquent chez les hommes » : à 50 ans, les femmes ne sont que 7 % à n'avoir jamais vécu en couple.

Esprit d'antan

Le fameux compositeur et pianiste virtuose hongrois Franz Liszt (1811-1886) possédait un caractère impétueux qui le faisait bien souvent sortir de ses gonds. C'est ainsi qu'un jour, donnant un concert à la cour de Russie, il entendit un chuchotement derrière lui. Il regarda, très agacé. C'était le tsar lui-même qui échangeait quelques paroles avec un grand duc. Que fit Liszt ? Il ferma son piano avec fracas et se leva en criant : « Lorsque parle l'empereur, tout le monde doit faire silence ! »

Dimanche 29 mars

Rameaux On fête aussi les Gladys, Ruth, Archibald, Eustache, Archie

Le soleil se lève à **07 h 37** et se couche à **20 h 15**

PASSAGE À L'HEURE D'ÉTÉ •

« Vous voulez la misère secourue, moi, je la veux supprimée. »

Victor Hugo

C'est arrivé le…

29 mars 1792

Le roi Gustave III de Suède est assassiné. Né le 24 janvier 1746 à Stockholm, il était roi de Suède et prince de Finlande depuis le 12 février 1771. Passionné par les arts, il fit construire l'Opéra royal de Stockholm. C'est dans ce lieu qu'il est victime d'un coup de pistolet lors d'un bal masqué.

Chat au poil

Démangeaisons, éternuements, yeux qui piquent… les allergiques au chat vivent peut-être leurs derniers instants de calvaire au contact de l'animal. Des chercheurs de l'université de Cambridge affirment dans la revue *Journal of Immunology* avoir découvert l'origine de cette hypersensibilité. Selon eux, ce ne sont pas les poils de chat qui sont à l'origine des réactions allergiques, mais une toxine bactérienne nommée « LPS » présente dans la salive, l'urine, et plus particulièrement dans les peaux mortes que les chats perdent tout au long de la journée. Les chercheurs envisagent déjà de développer un médicament.

La défaite fait grossir

« Vous voulez éviter de grossir ? Alors, supportez une équipe de foot qui gagne. » Tel est le slogan qui résume les résultats d'une enquête réalisée en France par Pierre Chandon, spécialiste des effets émotionnels sur l'alimentation. Ce dernier a mis en corrélation les résultats sportifs d'une équipe et le comportement alimentaire de ses supporters. L'étude démontre que le lendemain d'un match de foot, les supporters de l'équipe perdante avalent 10 % de calories et 16 % de gras supplémentaires que lors d'une journée sans match. « Des produits plaisir à gratification immédiate », explique Pierre Chandon. À l'inverse, une victoire de son équipe préférée joue parfaitement le rôle de coupe-faim : le lendemain, on avale 5 % de calories et 9 % de graisses saturées en moins. Auprès des vrais fans, le pourcentage de ceux qui mangent plus après une défaite grimpe même jusqu'à 28 %. Les chercheurs ont ensuite vérifié, par deux autres études, si ces comportements compulsifs étaient les mêmes ailleurs qu'en France et pour d'autres disciplines que le foot. La réponse est identique et le phénomène touche indifféremment les hommes et les femmes.

Ça c'est fait… divers

À 39 ans, Sébastien cumule déjà 27 condamnations. Vols, violences, rébellion, port d'arme, drogue, évasion, une belle panoplie ! Ça ne l'a pas empêché, lui qui est encore en détention à Montbéliard, de risquer d'alourdir sa peine en ne revenant pas d'un séjour en semi-liberté. Mais cette fois, le détenu avait une bonne raison : l'homme avait en effet préféré partir en région parisienne pour faire la morale à son fils de 18 ans qui commençait à commettre des délits et le remettre dans le droit chemin. À son retour en prison, trois mois plus tard, le détenu en a pris pour six mois de plus.

Lundi **30 mars**

Saint Amédée On fête aussi les Dolon, Rieu, Pasteur

“ Émanciper la femme, c’est excellent ; mais il faudrait avant tout lui enseigner l’usage de la liberté. ”

Émile Zola

C’est arrivé le…

30 mars 1867

Les États-Unis achètent l’Alaska à l’Empire russe. Depuis la fin du XVIIIe siècle, la Russie occupait une partie du continent nord-américain. En proie à des difficultés financières, l’empereur Alexandre II décida de vendre ces territoires aux États-Unis. Après négociations, le prix de vente fut fixé à 7,2 millions de dollars.

TOP CHRONO : LA TÉLÉVISION

- **9 février 1949 : la RDF devient la RTF (Radiodiffusion et télévision française).**
- **Mai 1949 : apparition des deux premières speakerines de l’histoire de la télévision, Jacqueline Joubert et Arlette Accard.**
- **29 juin 1949 : premier journal télévisé créé par Pierre Sabbagh. On retrouve dans l’équipe de ce JT Georges de Caunes, Jacques Sallebert et Pierre Tchernia.**
- **Juillet 1949 : instauration de la redevance audiovisuelle.**
- **25 avril 1950 : début officiel de la télévision française en 819 lignes.**
- **1950 : au 31 décembre, on compte 3 794 téléviseurs en France.**
- **Septembre 1951 : CBS présente son système de télévision couleur, le NTSC (*National Television System Commitee*).**

Pour rire

Une femme demande à son mari :
– Qu’est-ce que tu aimes le plus chez moi, la beauté de mon visage ou mon corps sexy ?
Il la regarde de la tête aux pieds et répond :
– Ton sens de l’humour !

Les abeilles ont le bourdon

La disparition des abeilles serait dramatique. C’est Einstein qui l’affirmait. Et il avait raison, d’où, aujourd’hui, un intérêt croissant de la communauté scientifique pour les raisons de leur inquiétante raréfaction. Jusqu’à présent, seuls les pesticides étaient mis au banc des accusés. Grâce à la Royal Holloway University de Londres et une étude sur seize colonies, on sait maintenant que les abeilles souffrent également de stress. Un stress lié à la peur du manque de nourriture et de tous ces produits chimiques qui ne les tuent pas mais peuvent néanmoins les affecter. Stressée, l’abeille ne pourrait alors plus remplir ses tâches quotidiennes et se laisserait mourir.

Portrait en série : David Chase

Né à Mount Vernon dans l’État de New York, David Chase a toujours rêvé de devenir une star… du rock’n’roll, où il excellait comme batteur. Mais quand il ne joue pas, c’est pour regarder sa série préférée, *Les Incorruptibles*, et des films hollywoodiens des années 1960. Très vite, il délaisse la musique qui ne lui apporte pas la gloire espérée, s’achète une caméra pour réaliser ses premiers films et s’inscrit dans une école artistique de New York. Doué, il est repéré par la télé au début des années 1970. Il y est scénariste pour la série policière *Rockford Files* et décroche son premier Emmy Awards en 1978. Chase passe les années 1980 et 1990 à écrire pour différentes productions, mais les siennes ne sont jamais portées à l’écran. Il en a pourtant une qui lui tient à cœur, inspirée de ses relations familiales houleuses et des séances de psychothérapie de sa mère. Il en écrit le pilote et transpose le tout dans le milieu de la mafia. *Les Sopranos* sont nés ! La HBO se jette dessus. La série devient un phénomène, l’un des plus gros succès que le câble américain ait jamais connus. David Chase est enfin devenu une star.

Mardi **31 mars**

Saint Benjamin et les Acace, Balbine, Acanthe, Camilia

Le soleil se lève à **07 h 33** *et se couche à* **20 h 18**

« L'art de plaire est l'art de tromper. »

Vauvenargues

C'est arrivé le…

31 mars 1889

Inauguration de la tour Eiffel à Paris, à l'occasion de l'Exposition universelle. Construite sous la responsabilité de l'architecte Gustave Eiffel, la tour fait 324 m de haut (antennes incluses). Depuis 1964, elle est inscrite au registre des monuments historiques et figure au patrimoine mondial de l'UNESCO.

Culture télé

Quelles ont été les pratiques culturelles des Français en 2013 ? C'est la question que s'est posée le ministère de la Culture et de la Communication. Résultat de cette étude représentative : la télé arrive en tête. Sur 100 Français de 15 ans et plus, au cours des douze derniers mois (plusieurs réponses possibles bien sûr).

Ont :
- regardé la télévision tous les jours ou presque : 87 % ;
- lu au moins un livre : 70 % ; dont 20 livres ou plus : 17 % ;
- lu au moins un quotidien payant : 69 %, dont tous les jours ou presque : 29 % ;
- écouté la radio tous les jours ou presque : 67 % ;
- lu un magazine ou une revue au moins un numéro sur deux : 59 % ;
- écouté de la musique tous les jours ou presque : 34 % ;
- regardé des DVD au moins une fois par semaine : 25 % ;

Sont allés :
- cinéma : 57 % ;
- spectacle de rue : 34 % ;
- musée : 30 % ;
- monument historique : 30 % ;
- exposition temporaire de peinture ou de sculpture : 24 % ;
- spectacle d'amateurs : 21 % ;
- théâtre : 19 % ;
- spectacle son et lumière : 17 % ;
- exposition temporaire de photographie : 15 % ;
- galerie d'art : 15 % ;
- cirque : 14 % ;
- music-hall, variétés : 11 % ;
- concert de rock : 10 % ;
- spectacle de danses folkloriques : 10 % ;
- site archéologique, chantier de fouilles : 9 % ;
- spectacle de danse : 8 % ;
- concert de musique classique : 7 % ;
- concert de jazz : 6 %.

Ça zlatanne !

- À sa naissance, le médecin a annoncé à ses parents : « Bravo, c'est un zlatan ».
- Quand un pays est en guerre, il n'utilise pas la bombe nucléaire, il fait appel à Zlatan.
- Dans le jeu vidéo FIFA 14, il y a les niveaux Amateur, Semi-pro, Pro, et le niveau Zlatan.
- Zlatan peut gagner le Tour de France sans se doper.
- Quand Zlatan marque un but, même l'équipe adverse le célèbre.
- Ibrahimovic a obtenu son bac avec mention Zlatan.
- Si Zlatan ne fait pas de cinéma, c'est parce qu'il n'y a pas d'écran assez grand pour contenir son image.
- Quand Zlatan doit tirer un penalty, c'est lui qui dit à l'arbitre quand il peut siffler.
- Si Ronaldinho rit tout le temps, c'est parce que Zlatan lui a raconté un *Zlatan Fact* de quand il était petit.
- Les Chinois viennent à Paris pour voir la Joconde. La Joconde est à Paris pour voir Zlatan.

Mercredi 1er avril

Saint Hugues On fête aussi les Prudence, Valory

« Soyez vilain ou soyez beau, pour la santé, c'est kif-kif bourricot. »

Alphonse Allais

C'est arrivé le…

1er avril 1976

La société Apple est créée par Steve Jobs et Steve Wozniak. Cette entreprise américaine connaîtra une ascension fulgurante due à sa stratégie marketing fondée sur l'innovation, l'ergonomie et l'esthétique de ses produits. Elle commercialise des produits électroniques grand public, dont les plus connus sont aujourd'hui le Macintosh, l'iPad ou l'iPhone.

@çagazouille :

#UnFilmUnemarque

©Twitter

- L'A4 fantastique !
- Mets l'Audi® en sous-sol
- Le pont de la rivière Kookaï®
- Black & Decker® Swann
- Ennemi d'Herta®

Mon truc en +

Plus de poussière dans ma guitare

Les caisses de guitares sont des nids à poussière. Pourtant, ce n'est pas si compliqué de les nettoyer… Il vous suffit de verser du riz à l'intérieur de la guitare, puis de la secouer quelques instants. Retournez-la et… surprise ! Le riz et la poussière tomberont ensemble.

LU DANS LA PRESSE

Un nouvel accident de la circulation entre Vallorbe et la douane du Creux fait sortir un Vallorbier de ses gongs. (*24 heures*)

Ça a dû faire du bruit…

Les patrouilles terrestres vers Plouay et Pont-Scorff ont été veines. (*Ouest France*)

En vain… c'est pas de veine.

Avril Son nom vient du latin *aprilis*, qui était le nom donné à ce mois par les Romains, mais l'origine du mot est controversée. Selon le poète Ovide, *aprilis* était dédié à Vénus ; d'autres l'associent au verbe *apertire* signifiant « ouvrir », parce que « le printemps est la bonne saison où tout est éclos ». Avril était le premier mois de l'année jusqu'en 1554, quand Charles IX décréta que l'année commencerait le 1er janvier.

S'il s'ouvre par une blague, c'est aussi un mois qui vit s'éteindre bon nombre de grandes dames et de femmes célèbres : Diane de Poitiers, Gabrielle d'Estrées, Mademoiselle de Montpensier, Mme de Sévigné, Mme de Maintenon, Mme de Pompadour, Élisabeth d'Angleterre, Christine de Suède. Mais, juste compensation pour ces dames, ce fut le 14 avril 1449 qu'une modiste géniale créa le chapeau, coiffure qui allait en peu de temps faire oublier le capuchon. Pourtant, l'un des premiers chapeaux portés dont l'histoire fait mention le fut par… un homme, en la personne du roi Charles VII.

Côté hommes, le mois d'avril ne fut pas plus clément pour le roi Jean (10 avril 1364) ou Charles VIII, qui décéda le 11 avril 1449. Ce fut à cette occasion que sa femme, Anne de Bretagne, porta la première des vêtements noirs en signe de deuil ; la tradition a perduré. On notera aussi la disparition, le 16 avril 1788, du naturaliste et philosophe Buffon, ou celle de Mirabeau, le 2 avril 1791.

Avril fut aussi le mois d'un fait religieux majeur : Jésus fut crucifié le vendredi 3 avril 33 (ou 7 avril 30).

Enfin, ironie du sort, le 16 avril 1912, alors que toute la presse relate la tragédie du *Titanic* survenue dans la nuit du 14 au 15, au Havre, et en grande pompe, on met en service le paquebot *France*, surnommé le « Versailles des Mers ».

Jeudi 2 avril

Sainte Sandrine et les Agneflète, Cadfaël, Constantin, Apphien

Le soleil se lève à **07 h 29** et se couche à **20 h 21**

« *Ce qui rend les amitiés indissolubles et double leur charme, est un sentiment qui manque à l'amour, la certitude.* »

Honoré de Balzac

C'est arrivé le…

2 avril 2005

Le pape Jean-Paul II s'éteint après vingt-six ans de pontificat, à l'âge de 84 ans. Né Karol Józef Wojtyla à Wadowice, il est devenu le premier pape polonais de l'histoire, en 1978. Il est notamment reconnu pour son action en faveur des droits de l'homme et le rapprochement entre les différentes religions. Il a également instauré les Journées mondiales de la jeunesse (JMJ).

22 %

En 2050, 22 % de la population mondiale aura plus de 60 ans, soit plus de 2 milliards de personnes, contre 11 % en 2012 (809 millions), souligne une étude diffusée par le Fonds des Nations Unies pour la population (UNFPA) et HelpAge International, ONG de défense des personnes âgées. Chacun connaît la tendance, mais tous les pays ne sont pas préparés à ce changement démographique. Ainsi, l'étude propose un classement mondial des 91 pays où le vieillissement de la population est le mieux géré. La Suède arrive en tête, suivie par la Norvège et l'Allemagne. Viennent ensuite dans le top 10 les Pays-Bas, le Canada, la Suisse, la Nouvelle-Zélande, les États-Unis, l'Islande et le Japon. Et la France ? Elle pointe au 18e rang mondial et à la 13e place des pays européens. Les perspectives pour les personnes âgées sont nettement moins bonnes en Asie : la Chine est en 35e position, l'Inde en 73e. La Russie figure, quant à elle, dans la queue du classement, à la 78e place.

La bonne blague !

Une scientifique, très blonde sur les bords, fait des tests sur une mouche dans le but de savoir avec combien de pattes et d'ailes en moins une mouche ne peut plus s'envoler. Elle arrache une première patte, et crie : « Mouche, vole ! » Et la mouche s'envole. Elle recommence avec les autres pattes, la mouche s'envole toujours. La chercheuse s'attaque alors aux ailes. Elle arrache la première aile et crie : « Mouche, vole ! » Tant bien que mal, la mouche réussit à décoller. Elle lui enlève alors sa deuxième aile avant de crier de nouveau : « Mouche, vole ! » Mais là, impossible, la mouche reste clouée sur la table… La blonde, pour être sûre de ses résultats, répète donc : « Mouche, vole !!! » Mais rien n'y fait, la mouche ne bouge plus. Avec un air satisfait, la scientifique empoigne son carnet d'observations et note : « Avec six pattes et deux ailes en moins, la mouche devient sourde. »

Vermot'jardin

Mars

- Arrosez vos plantes avec du purin d'ortie. En plus de favoriser la reprise de la végétation, c'est un répulsif efficace contre les parasites.
- C'est le bon moment pour retirer les protections des plantes. Si les nuits sont encore fraîches, laissez au moins vos plantes respirer pendant la journée.
- Semez des grimpantes annuelles comme les capucines de Lobb, les cobées ou les pois de senteur.
- Taillez haies et arbustes à floraison estivale.
- Si les fortes gelées sont passées, plantez des pommes de terre dans un sol bien ameubli.
- Les azalées et les cyclamens qui ont souffert pendant l'hiver retrouveront une meilleure allure après rempotage.

« La superstition est le réservoir de toutes vérités. »
Charles Baudelaire

Politiquement… incorrect

– Votre peuple a eu l'intelligence de vous élire deux fois. (*Valéry Giscard d'Estaing à Benazir Bhutto*)

– On était dans un appartement avec une fuite de gaz. Chirac a craqué une allumette pour y voir clair. (*Patrick Devedjian, sur la dissolution de l'Assemblée nationale le 21 avril 1997*)

– Même en avion, nous serons tous dans le même bateau. (*Jacques Toubon*)

– Le pétrole est une ressource inépuisable qui va se faire de plus en plus rare. (*Dominique de Villepin*)

– La moitié du nuage d'ozone qui sévit dans la région parisienne est d'importation anglaise et allemande. (*Roselyne Bachelot*)

– C'est un texte facilement lisible, limpide et assez joliment écrit : je le dis d'autant plus aisément que c'est moi qui l'ai écrit. (*Valéry Giscard d'Estaing*)

– Qu'on commette des erreurs en politique, c'est possible ; qu'on les commette toutes, c'est fou ! (*Guillaume Bachelay (PS), ancien secrétaire national à l'Industrie, aux Entreprises et aux Nouvelles Technologies de l'information et de la communication, parlant de Ségolène Royal*)

– J'ai un corps de vieille femme et un emploi du temps de jeune fille. (*Christiane Taubira, Garde des sceaux, ministre de la Justice sous François Hollande*)

– C'est plus facile de pacifier la Libye que l'UMP. (*Thierry Mariani, ancien ministre des Transports et vice-président de l'UMP*)

C'est arrivé le…

3 avril 2007

Avec une pointe de vitesse à 574,8 km à l'heure sur la LGV Est européenne, le nouveau record mondial de vitesse de TGV est établi. La France confirme ainsi sa position de leader dans ce domaine, le précédent record ayant été réalisé en mai 1990 avec une vitesse de 515,3 km/h, sur la ligne à grande vitesse Atlantique, reliant Paris à l'ouest du pays.

En forme !

Le vieillissement n'est pas le seul responsable d'une forme physique déclinante ou de la perte d'autonomie. La sédentarité, avec des mouvements réduits au minimum et une dépense énergétique proche de celle du repos, l'est aussi.

Les muscles représentent 50 % du poids du corps et, pour rester performants, ont besoin d'exercice. Ainsi, plus le corps fournit d'efforts, plus il devient vigoureux et résistant. À l'inverse, moins il est actif, moins il est apte à l'être. Dès la quarantaine, les hommes comme les femmes perdent 1 à 2 % de leur densité musculaire. Une perte représentant 25 % du capital de base à 65 ans et 50 % à 80 ans. L'intérêt n'est pas de développer le culte du muscle, mais de prévenir les douleurs au niveau des hanches et des genoux, les lombalgies… et les chutes.

Pour rire

Un électricien entre dans la salle des soins intensifs d'un hôpital, il regarde les patients branchés à divers types d'appareils et dit :
– Respirez à fond, je vais changer un fusible !

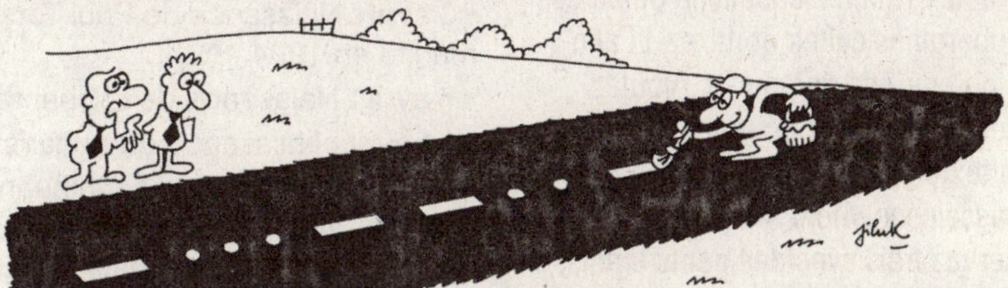

– C'est un ancien télégraphiste !

« Expérience est le nom que nous donnons à nos erreurs. »

Oscar Wilde

C'est arrivé le…

4 avril 1968

Martin Luther King est assassiné à Memphis. Militant non violent pour les droits civiques des Noirs, ce pasteur américain a joué un rôle majeur pour l'émancipation des Afro-Américains et la prise de conscience de l'injustice de la ségrégation aux États-Unis. « I have a dream », titre de son discours appelant à la fraternité entre Noirs et Blancs, a marqué tous les esprits et symbolise son combat dans la mémoire collective.

Recette

CAVIAR D'AUBERGINES

Pour 6 personnes :

- 2 aubergines
- 4 gousses d'ail
- 10 cl d'huile d'olive
- 2 branches de thym
- Sel et poivre

Nettoyez les aubergines et coupez-les en deux dans le sens de la longueur. Déposez-les sur une plaque de cuisson couverte de papier sulfurisé, puis effectuez des incisions en diagonale. Parsemez les gousses d'ail coupées en petits dés, arrosez d'huile d'olive et ajoutez le thym, le sel et le poivre. Enveloppez les aubergines de papier d'aluminium et faites cuire dans un four chaud à 180 °C pendant environ 1 heure. Retirez ensuite la pulpe des aubergines cuites et mixez-la afin d'obtenir une fine purée. Ajoutez de l'huile d'olive pour obtenir la texture souhaitée et rectifiez l'assaisonnement si nécessaire. Servez frais avec des petits toasts.

HISTOIRE, HISTOIRES…

Les rois de Hongrie ne possédaient vraiment ce titre et les prérogatives s'y rattachant que lorsqu'ils avaient coiffé la fameuse couronne de San Stefano. Cette couronne est certainement la plus ancienne qui ait été portée en Europe par des têtes royales. C'est en effet le pape Silvestre II (950-1003) qui, en l'an 1001, l'offrit au roi Stefano pour le remercier d'avoir exhorté ses sujets à embrasser le christianisme.

La cérémonie du couronnement répondait à un protocole original. Le futur souverain gravissait à dos d'étalon une colline en haut de laquelle était exposé le fameux diadème. Parvenu au sommet, le futur roi tirait son épée, la brandissait successivement vers les quatre points cardinaux et jurait de défendre contre ses ennemis, et jusqu'à la mort, tous les confins du royaume. Après quoi, on lui imposait la couronne.

Une couronne aux vertus singulières. On raconte que si elle « coiffait » exactement le nouveau monarque, c'était l'annonce d'un règne heureux et paisible. Si, au contraire, elle vacillait, c'était le signe précurseur d'événements malheureux.

Couronné, sans vaciller, roi de Hongrie, Stefano consacra les quarante années de son règne à organiser et christianiser son nouveau royaume, fondant huit évêchés et de nombreux monastères, faisant venir des missionnaires de Bavière ou de Bohême, construisant de nombreuses églises pour les fidèles. Ce fut, de l'avis de tous, un bon roi. En revanche, lorsque l'empereur Charles d'Autriche fut sacré roi de Hongrie, en décembre 1926, on remarqua que le diadème avait branlé sur son chef. Ère néfaste à venir ? Quelques mois plus tard s'écroulait la monarchie.

Il y a 100 ans : avril 1915

- **3 avril** : Naissance de Paul Touvier, condamné pour crimes contre l'humanité en 1994.
- **7 avril** : Naissance de la chanteuse de jazz Billie Holiday.
- **14 avril** : Naissance du guitariste Muddy Waters.
- **21 avril** : Naissance à Chihuahua (Mexique) d'Antonio Rodolfo Quinn Oaxaca, alias Anthony Quinn. Le comédien recevra deux oscars pour ses rôles dans *Viva Zapata !* et *La Vie passionnée de Vincent Van Gogh*. Il décédera le 3 juin 2001.

Dimanche **5 avril**

Pâques On fête aussi les Irène, Gérard, Julienne, Iréna

« Vieillir : c'est très mauvais signe quand on oublie de reboutonner sa braguette après avoir pissé, mais c'est pire quand on oublie de la déboutonner avant. »

Maurice Chevalier

C'est arrivé le…

5 avril 1992

Début du siège de Sarajevo. Jusqu'au 29 février 1996, la ville est assiégée par des milices serbes dans ce qui constitue le plus long siège de l'histoire moderne. À l'origine du conflit, la déclaration d'indépendance du parlement bosnien, à la suite du référendum mené auprès de la population de Bosnie, dont le résultat en faveur de l'indépendance est rejeté par les Serbes. On estime à 10 000 le nombre de victimes civiles lors de ce siège.

Pour rire

Une blonde va acheter une pizza. Le marchand lui demande :
– En quatre ou huit parts ?
– En quatre, parce que je ne pourrai jamais en manger huit.

Pourquoi les blondes lavent-elles leurs pulls avec du dentifrice ? On leur a dit que ça rafraîchissait la laine et renforçait les mailles.

Tête d'œuf

« Œufs frais de nos campagnes », « œufs de ferme », « gros œufs », « extra-frais »… Pas facile de s'y retrouver lorsque l'on achète des œufs. Pourtant, seul compte le mode d'élevage, encadré depuis 1999 par une directive européenne. Plus que les appellations parfois fantaisistes, il faut juste savoir lire ces chiffres et codes obligatoirement imprimés sur la coquille, par exemple : 1FRABT01.

Le tout premier chiffre va de 0 à 3. 0, c'est pour le bio. Des œufs de qualité, trois fois plus chers que les autres. Le code 1 indique des « œufs de poules élevées en plein air ». Les volailles ont accès à un espace extérieur de 4 m² minimum par poule. Le code 2 correspond aux « œufs de poules élevées au sol », c'est-à-dire « en liberté » sur le sol, à raison de neuf poules par mètre carré. **Le chiffre 3 est catastrophique pour l'animal. Il signifie « œufs de poules élevées en cage ». En d'autres termes, « en batteries », dans des élevages intensifs. Les animaux reposent sur du grillage et sont entassés jusqu'à 18 au mètre carré. C'est le sort de 81 % des poules pondeuses en France.** Quant aux deux premières lettres (FR dans notre exemple), elles indiquent bien sûr le pays de production (FR pour France), les lettres et les chiffres qui suivent permettant d'identifier le producteur et le bâtiment de ponte.

Enfin, ne tenez pas compte des mentions « œufs frais ». Et pour cause, ils le sont tous, par définition. Les œufs sont dits « frais » jusqu'à vingt-huit jours après leur ponte et doivent être retirés des rayons après le vingt-et-unième jour. La mention « extra-frais » concerne les œufs jusqu'à neuf jours après leur ponte. Le jour de ponte doit être indiqué sur l'emballage. Il n'existe qu'une catégorie d'œufs dispensée de ces codes illisibles : les œufs vendus directement à la ferme.

Maître de bonne compagnie

Chacun ses habitudes…

Le chat est un animal routinier et aime prendre ses repas à heures fixes. À vous de choisir le moment propice : avant le départ au travail, à votre retour, avant de manger, etc. Pareil pour le sommeil. Si d'aventure le chat a élu domicile dans votre chambre, il sera troublé par vos heures de coucher irrégulières. Eh oui, il faut assumer le choix de l'avoir laissé pénétrer dans votre lit ! Veillez enfin à ne pas changer de place ses gamelles ou son bac à litière.

« L'important n'est pas d'être le premier amant d'une femme, mais le dernier. »

Kierkegaard

C'est arrivé le…

6 avril 1917

Le président Wilson déclare la guerre à l'Allemagne. Le torpillage du paquebot britannique *Lusitania*, qui transportait près de 200 passagers américains, par un sous-marin allemand a déclenché une vive réaction de l'opinion publique américaine et de son gouvernement. Les États-Unis rejoignent donc le conflit au côté de la Triple Entente.

Saint Marcellin, bon pour l'eau, bon pour le vin.

Les œufs en chocolat de Pâques

Si la chasse aux œufs en chocolat est devenue une pratique commune le jour de Pâques, peu nombreux sont les amateurs à connaître les origines de cette tradition. Il faut, pour cela, remonter à l'Antiquité, où il était déjà habituel de s'offrir des œufs, symboles de fécondité et de renouveau, à cette époque de l'année. Cet usage s'imposa réellement en Europe à partir du Moyen Âge. Il était alors interdit aux fidèles de manger des œufs au cours du carême. À l'issue de cette période de jeûne, à Pâques, donc, les paysans avaient pour coutume de s'offrir la production des poules, qui n'avaient cessé de pondre pendant le carême. Cette tradition s'invita par la suite au sein des cours princières, où il est rapidement devenu de bon goût de faire présent d'œufs peints et décorés. C'est finalement au début du XIXe siècle qu'apparurent les premiers œufs en chocolat, grâce notamment à l'amélioration des techniques de travail de la pâte de cacao.

– Désolé, mon vieux, la place est prise !

Foi de footeux : les forts en Géo

- L'Argentine ne sera pas à l'Euro 2000, car ils viennent d'Amérique du Sud. (*Kevin Keegan*)
- C'est qui ce gardien Fernandez ? – C'est le gardien du Pérou ! – Ah oui, c'est vrai, il a fait la coupe d'Afrique ! (*entendu à Nice*)
- Le Brésil va gagner l'Euro 2008. (*Rafik Saïfi*)
- J'ai connu de gros problèmes d'adaptation en Italie. Je me suis senti comme à l'étranger. (*Ian Rush, Gallois*)
- On va assister au derby de l'Amérique centrale : Costa Rica contre Équateur ! (*Thierry Roland*)
- Le Mexique, c'est la meilleure équipe des Caraïbes. (*Thierry Roland*)
- Une Coupe du monde, c'est un Euro, avec le Brésil et l'Argentine en plus. (*Guy Roux*)
- L'Angleterre n'aura toujours pas gagné le derby contre la Suède depuis tant d'années ! (*Christian Jeanpierre*)
- Y'a tous les grands pays européens qui sont représentés : y'a l'Espagne, y'a l'Italie, y'a la France, y'a le Japon. (*Cyril Linette*)

« La plus petite unité de mesure de poids, c'est le milligramme, la plus petite unité de mesure de volume, c'est le millilitre, la plus petite unité de mesure de l'intelligence, c'est… le militaire. »

Georges Clemenceau

C'est arrivé le…

7 avril 1795

La France adopte le système métrique dans le but d'unifier tous les systèmes de mesure qui existaient avant le XVIIIe siècle. Popularisé au moment de la révolution française, le passage au système métrique est également politique. Il remplace alors des mesures comme le pouce ou le pied, qui étaient généralement indexés sur les mensurations du roi.

À l'origine…

Convives

Les Romains aimaient les tables bien pourvues. L'unique repas – dans la journée, on se contentait d'une ou deux collations – débutait en fin d'après-midi et durait jusqu'au matin. On passait donc la majeure partie de son temps dans la salle à manger : c'est pourquoi on donna aux personnes qui mangeaient ensemble le nom de « convives », c'est-à-dire « avec qui l'on vit ».

Pour rire

Un patron, fou de rage, fait irruption dans le bureau de sa blonde secrétaire.
– Vous n'entendez pas le téléphone ? Cela fait cinq minutes qu'il sonne et vous ne décrochez pas ?
– Oh non, répond tranquillement la femme. J'en ai assez de prendre les communications. Ce n'est jamais pour moi, de toute façon…

La Journée mondiale de la santé en citations

– Neurasthénique : un homme en bonne santé qui a une maladie mortelle. (Jules Renard, *Journal du 26 février 1906*)
– Mourir en bonne santé, c'est le vœu le plus cher de tout bon vivant bien portant. (Pierre Dac, *Les pensées*, 1972)
– Une santé parfaite, voilà un avantage que nul rang, nulle richesse ne sauraient remplacer. (Arthur Schopenhauer, *Aphorismes sur la sagesse dans la vie*, 1886)
– La santé est la chose essentielle après la moralité. (Thomas Jefferson, *Lettre à Pierre Carr*, 10 août 1787)
– On n'apprécie à sa juste valeur sa santé qu'après l'avoir perdue ! (Adam Mickiewicz, *Thadée Soplitza*, 1812)
– La gaieté est la santé de l'âme. (Pierre Larousse, *La lexicologie des écoles*, 1857)
– La santé est plus précieuse que l'or. (Caius Cornelius Gallus, *Élégies*, I, 1er s. av. J.-C.)
– Les excès ruinent plus de santés que la médecine ne saurait en rétablir. (Axel Oxenstierna, *Réflexions et maximes*, 1645)
– Être en bonne santé, c'est pouvoir abuser de sa santé impunément. (Michel Tournier, *Le miroir des idées*, 1994)
– La santé, c'est comme la liberté, ça n'existe que quand on en manque. (Georges Perros, *Correspondance*, 1955-1978)
– L'idéal serait d'être d'une bonne santé contagieuse. (Robert Sabatier, *Le livre de la déraison souriante*, 1991)
– La santé est le premier devoir de la vie. (Oscar Wilde, *L'importance d'être constant*, 1895)
– Les années ne font pas toujours l'âge : tout dépend de la force et de la santé qu'on a. (George Sand, *La mare au diable*, 1846)

Mercredi **8 avril**

Sainte Julie On fête aussi les Denis, Dionne, Rufus, Gauthier

Le soleil se lève à **07 h 16** *et se couche à* **20 h 30**

« J'ai retiré plus de choses de l'alcool que l'alcool ne m'en a retirées. »

Winston Churchill

C'est arrivé le…

8 avril 1929

Naissance, en Belgique, du chanteur Jacques Brel. Repéré alors qu'il se produit dans les cabarets bruxellois, il s'installe à Montreuil avec sa famille et enregistre ses premiers 33 tours. On lui doit notamment la chanson *Ne me quitte pas*, qui sera reprise et traduite dans le monde entier. À partir de 1967, Brel entame une carrière d'acteur en parallèle.

Esprit d'antan

Une jeune femme disait un jour à l'auteur dramatique et romancier Francis de Croisset :
– Ce que j'aime avant tout dans la vie, c'est la vérité.
Et Francis de Croisset de répondre avec douceur :
– Ma chère amie, il ne faut pas dire cela en se mettant du rouge.

@çagazouille :

#UnFilmUnemarque

©Twitter

- Certains l'aiment Scholl®
- Le fabuleux destin du chocolat Poulain®
- Brandt® Back Mountain
- Le L'Oréal®
- Si Versace® m'était conté

Fruits oubliés : *la bigarade*

Plus petite que l'orange douce, la bigarade est un fruit que l'on reconnaît à sa peau épaisse, rugueuse et orange foncé. Sa chair n'est pas très goûteuse et elle est truffée de pépins, c'est pourquoi on l'apprécie le plus souvent cuisinée en conserve, que ce soit en marmelade, en confiture ou en sirop. Originaire d'Inde, elle fut implantée au Moyen-Orient par des commerçants arabes, puis ramenée en Europe lors des croisades au xe siècle. Celle que l'on appelle aussi « orange amère » a connu ses plus belles heures au xxe siècle, époque au cours de laquelle la culture du bigaradier était très importante dans les campagnes du sud de la France. D'abord pour ses fleurs, que l'on utilisait notamment pour la fabrication de l'eau de fleur d'oranger et de l'essence de néroli (parfumerie), mais aussi pour ses fruits que l'on exploitait en macération pour le vin. On a aussi découvert depuis peu que l'huile obtenue à partir des pépins de la bigarade était très efficace pour diminuer le cholestérol.

Dico *Jardin* : Repiquer

Le repiquage est une technique qui consiste à transplanter un jeune plant issu d'un semis de fleur ou de légume. Le semis est soit replanté à sa place définitive, soit dans un nouvel endroit pour qu'il poursuive sa croissance dans de bonnes conditions. De manière générale, on procède au repiquage lors de l'apparition des premières feuilles. Le jeune plant est très fragile, c'est pourquoi il faut le manipuler avec beaucoup de précaution. Il est préférable d'arroser quelques heures auparavant les plantules, celles-ci se tiendront bien mieux lors du repiquage. De même, travaillez le terrain en émiettant les mottes au préalable, utilisez un terreau de bouturage et arrosez bien au moment de la mise en terre.

> *« Un homme sur mille est un meneur d'hommes. Les 999 autres sont des suiveurs de femmes. »*
>
> *Francis Blanche*

C'est arrivé le…

9 avril 1940

Les armées d'Hitler envahissent la Norvège et le Danemark. Sous couvert de venir « protéger la neutralité des deux pays » d'une invasion franco-britannique, les troupes allemandes lancent l'opération « Weserübung ». Il s'agit surtout de sécuriser l'approvisionnement de l'Allemagne en fer en provenance de Suède, qui transite par ces pays.

TOP CHRONO : LA TÉLÉVISION

- **1951 : Catherine Langeais, de son véritable nom Marie-Louise Terrasse, devient une speakerine aussi populaire que Jacqueline Joubert. En avril 1987, le président Mitterrand lui remettra la légion d'honneur.**
- **14 février 1952 : la télé arrive en province, avec la retransmission des émissions de Paris par un émetteur installé à Lille, et la première station, Télé Lille. À la fin de l'année, on compte 60 000 postes de télévision dans les foyers français.**
- **1952 : début de *La Vie des animaux* de Frédéric Rossif et Claude Darget, mais également de *La Joie de vivre* d'Henri Spade, avec Jacqueline Joubert, pour les émissions populaires de variétés.**
- **1953 : la fameuse mire, appelée « mire au cheval de Marly », apparaît sur les écrans.**

LU DANS LA PRESSE

Question ciné : « Et dans son rôle de menthe religieuse, jusqu'où Vanessa est-elle allée ? » (*L'Indépendant*)

Et la mante, ça a bon goût aussi ?

Maire patrie

Il existe en France, dans le département de la Meuse (55) très précisément, six communes inhabitées mais qui ont tout de même un maire et un conseil municipal. Ce maire n'est bien sûr pas élu, mais nommé par le préfet de la Meuse. Ces six villages ont le statut de communes « mortes pour la France », après avoir été détruits durant la bataille de Verdun (1916), lors de la Première Guerre mondiale. « Elles n'ont pas été reconstruites en raison de la présence trop importante de munitions non explosées et de sols bouleversés et pollués », explique-t-on à la préfecture, ajoutant qu'après l'armistice de 1918, il n'y restait « pas un mur debout ». Pour en conserver la mémoire, les terrains ont été achetés par l'État en 1919. La principale activité de ces maires, qui n'ont à gérer aucun habitant, est de s'occuper de l'entretien de ce qui reste de leur village, et surtout du monument aux morts. Il s'agit des six communes suivantes :

Beaumont-en-Verdunois — Bezonvaux
Cumières-le-Mort-Homme — Fleury-devant-Douaumont
Haumont-près-Samogneux — Louvemont-Côte-du-Poivre

Beaumont-en-Verdunois comptait 186 habitants en 1911 ; Bezonvaux, pris et repris seize fois en deux mois par Français et Allemands, en avait 149 la même année ; Cumières-le-Mort-Homme en dénombrait 205 ; Haumont-près-Samogneux, 131 ; Louvemont-Côte-du-Poivre, 183, et Fleury-devant-Douaumont, 422.

Plastique contre la grippe

Saviez-vous que le virus de la grippe pouvait survivre jusqu'à dix-sept jours sur des billets de banque ? Les Britanniques ont, semble-t-il, trouvé la solution pour diminuer les risques de contagion en mettant en service le billet de banque en plastique. Propre, sûr, résistant, économique et écolo, à en croire la banque d'Angleterre, les billets en plastique ne se déchirent pas, se salissent moins et résistent même à un passage en machine à laver. Un nouveau moyen de blanchir l'argent légalement ?

Vendredi **10 avril**

Saint Fulbert On fête aussi les Antoine, Jacques, Ézéchiel

Le soleil se lève à **07 h 12** *et se couche à* **20 h 33**

« Nos vertus ne sont, le plus souvent, que des vices déguisés. »

De La Rochefoucauld

C'est arrivé le…

10 avril 2010

Un accident d'avion coûte la vie au président de la Pologne, Lech Kaczynski, ainsi qu'à son épouse et plusieurs personnalités polonaises. L'accident a lieu lors de l'atterrissage sur l'aéroport de Smolensk-Nord, en Russie. La délégation se rendait aux cérémonies commémoratives du soixante-dizième anniversaire du massacre de Katyn, dans lequel des milliers de Polonais avaient été assassinés sur ordre de Staline.

Parler, c'est tromper ?

Une femme ou un homme vous plaît ? Alors surveillez vos propos, et surtout votre façon de lui parler… En effet, selon une étude américaine réalisée par des chercheurs de l'université Albright en Pennsylvanie, l'intonation de la voix trahirait les orientations sentimentales. Ainsi, lorsqu'elles sont en conversation avec leur partenaire, les femmes utilisent un ton plus bas qu'à l'accoutumée – et c'est encore plus flagrant au téléphone –, tandis que les hommes utilisent le niveau supérieur. Et certains chercheurs estiment déjà que ces variations de ton pourraient permettre de repérer les infidèles. On attend le petit malin qui commercialisera un appareil de reconnaissance de fréquence vocale amoureuse.

Pour rire

– Docteur ! Mon mari affirme que je parle en dormant. Que puis-je faire ?
– Faites bien attention à ce que vous dites !

Peur sur la ville

Alors qu'il n'a que 23 ans et demeure inconnu du grand public, Orson Welles, jeune acteur, narrateur, auteur et écrivain, gagne sa vie avec l'adaptation et la mise en scène pour la radio américaine CBS (Columbia Broadcasting System) d'œuvres classiques de la littérature. En 1938, dans l'émission *Mercury Theater on Air*, il propose l'adaptation de l'œuvre de science-fiction *La Guerre des Mondes*, de l'écrivain Herbert George Wells (H. G. Wells). Le programme, joué par une troupe théâtrale, est enrichi par de faux flashs d'informations, des interviews de témoins bidons, des bruits d'explosion provenant de la planète Mars, un bulletin météo qui s'interrompt brutalement… Bref, l'auditeur qui aurait raté l'avertissement en début de programme annonçant que tout ce qui suivait n'était que pure fiction aurait légitimement pu croire à une invasion extraterrestre de New York. C'est ce qui se passa ! Des milliers d'auditeurs furent paniqués par ce qu'ils entendirent à la radio et appelèrent la police. Certains assuraient même avoir vu les Martiens envahisseurs ! Les médias s'empressent alors de relayer ces scènes de panique. On en entend parler jusqu'à… Hollywood, qui se demande alors qui peut être le facétieux auteur de ce canular qui, à l'origine, n'en était pas un. Orson Welles fut convié en Californie. Trois ans plus tard, il réalisait son premier chef-d'œuvre : *Citizen Kane*.

Maître de bonne compagnie

Mettre les rideaux à l'abri

Voici une vieille recette de grand-mère pour que le chat ne grimpe pas aux rideaux. Lavez-les, puis rincez-les avec de l'eau dans laquelle vous aurez versé une poignée de poivre noir en grains. L'odeur du poivre ne sera pas assez forte pour vous importuner, mais le chat, dont l'odorat est plus sensible, n'appréciera pas et préférera rester cloué au sol.

Le soleil se lève à 07 h 10 et se couche à 20 h 34

Samedi 11 avril

Saint Stanislas On fête aussi les Gemma, Stanley, Godeberthe, Airy

« Il faut s'efforcer d'être jeune comme un beaujolais et de vieillir comme un bourgogne. »

Robert Sabatier

C'est arrivé le…

11 avril 1979

L'Uganda National Liberation Army et l'armée tanzanienne prennent la ville de Kampala et renversent la dictature d'Idi Amin Dada, qui s'exile en Libye. Depuis le coup d'État l'ayant mené au pouvoir en 1971, Amin Dada avait mis en place un régime totalitaire, et le pays avait connu un déclin économique et politique catastrophique.

Quiz Philo

Pour qui la morale est-elle la recherche du « juste milieu » ?

- ❑ 1. Descartes
- ❑ 2. Tocqueville
- ❑ 3. Aristote

Réponse

Réponse 3

Oh ! tu sais pas ?

Dans la nuit du 20 au 21 juillet 1969, un homme posa le pied sur la Lune et marqua l'histoire à jamais. Neil Armstrong, chef de la mission *Apollo 11*, prononça alors une phrase qui restera dans les mémoires : « *That's one small step for a man, one giant leap for mankind.* » (C'est un petit pas pour l'homme, mais un bond de géant pour l'humanité). Retransmis en direct, les premiers pas de l'homme sur la Lune seront suivis par près de 450 millions de terriens : c'est le premier événement partagé simultanément par autant de personnes.

@çagazouille : les JLGeades

©Twitter

- Un agriculteur cultivé peut se planter.
- J'ai trouvé la vendeuse de la boulangerie super ficelle.
- Un plafond qui s'effondre sur ses clients peut conduire le plâtrier à être déféré au parquet.
- Je développe un intérêt croissant pour la viennoiserie.
- L'agriculteur qui arrête son activité donne son pré à vie.
- Un nageur de plus de 2 m a une vue plongeante.
- Certains arbres ont des racines piégeuses. C'est pourquoi il est si fréquent de tomber sous le charme.
- Quand les toilettes sont bouchées, la matière fait cale.
- La poule est quand même le seul oiseau qui niche dans le macadam.
- Dire d'un appartement qu'il est très beau, c'est le louer sans rien débourser.
- Je ne sais pas quel âge il a, mais il fait plus !
- C'est en maigrissant que je suis devenu un ex ample.
- Quand on est moche, on est bien content de connaître l'amour avec un grand tas !
- Louis XVI aimait bien les vrais chiens, beaucoup plus que les chats faux.
- Être un acteur au chômage, c'est forcément pas de rôles.
- À partir de deux ans, on ne compte plus l'âge des enfants en mois. Comme quoi, avoirs deux balais, c'est une autre paire de manches.
- Le corbillard roulait à tombeau ouvert.
- C'est aussi parce qu'elle est dure à cuir, que ma rouquine rit.
- Jamais Dreux sans Troyes : les deux offices de tourisme négocient la chose.
- Pour rentrer dans une bergerie égyptienne, il faut demander la clé au pâtre.

(à retrouver sur Twitter : @ jlgdu54)

À l'origine… Calicot

Aux Indes, la cité de Calicut fabriquait, voici plusieurs siècles, une étoffe inconnue en Europe. Au début du XIIIe siècle, le grand explorateur Marco Polo introduisit cette étoffe en Angleterre, où le nom de Calicut se transforma en « calicot ». Mais un édit royal prohiba l'usage du calicot, car tout le monde voulait se vêtir de cette étoffe, ce qui nuisait à l'industrie des tisseurs anglais.

« On ne trouve guère un grand esprit qui n'ait un grain de folie. »

Sénèque

C'est arrivé le…

12 avril 1961

Le cosmonaute Youri Gagarine, alors âgé de 27 ans, est le premier homme dans l'espace. Il accomplit le tour de la Terre en 108 minutes lors de la mission *Vostok 1*. Pour le retour sur terre, Gagarine s'éjecte quelques minutes avant l'atterrissage, et c'est en parachute, à 7 000 m d'altitude, qu'il termine son périple.

Mon truc en +

Enlever des taches de sauce tomate

C'est bien connu, la sauce tomate tache les plats en plastique (de type Tupperware, par exemple) et, une fois incrustée, c'est quasiment impossible d'enlever les traces. Il y a toutefois une solution : imbibez d'huile végétale un papier essuie-tout et frottez votre plat avec. Le résultat vous surprendra…

Un pneu, beaucoup, à la folie

Vous avez des enfants ? Alors, sans le savoir, vous contribuez fortement à la bonne santé de l'industrie mondiale du pneu, le premier producteur mondial de pneus n'étant ni Michelin, ni Goodyear, ni Bridgestone, mais bien la marque… Lego, le producteur danois de jouets. En 2011, Lego a produit 318 millions d'unités, contre 190 millions pour Bridgestone, 184 pour Michelin et 181 pour Goodyear. Lego détrône ainsi, au *Guinness Book*, les célèbres marques de pneus. Bien sûr, Lego ne fait pas dans le même calibre ! La marque fabrique des pièces de 14,4 et 107 mm de diamètre contre les 40 cm en moyenne des pneus classiques pour les voitures.

Ça c'est fait… divers

On connaissait les vendeurs de faux diplômes. Voici maintenant les vendeurs d'études scientifiques plus ou moins bidonnées. Jusqu'à présent, il était facile de reconnaître une étude fantaisiste, de par son intitulé volontairement loufoque. Malheureusement d'autres, présentées sous des titres de recherche plus scientifiques, pourraient être toutes aussi faussées. A fortiori, méfiez-vous si elles viennent de Chine.
C'est ce qu'a révélé une journaliste du magazine* Science *en poste à Shanghai, Mara Hvistendahl. Après cinq mois d'enquête, la journaliste a mis au jour les pratiques d'agences expertes dans la vente d'études scientifiques réalisées par des étudiants en science ou des stagiaires. L'une d'elles propose même à des chercheurs qui n'y ont pas contribué d'être mentionnés, comme co-premier auteur, moyennant le versement de 90 000 yuans, soit 10 800 euros. Les prix d'achat vont de 1 200 à 19 500 euros, relève le blog Passeur de Sciences. Soit plus d'un an de salaire pour certains professeurs. On peut s'inquiéter du phénomène puisqu'entre 2002 et 2012, le nombre d'études réalisées en Chine est passé de 41 417 à 193 733, plaçant le pays au rang de deuxième producteur mondial d'articles scientifiques derrière les États-Unis.

Le puma de l'Est américain officiellement éteint…

Le puma, aussi appelé cougar aux États-Unis, figurait depuis longtemps sur la liste des espèces menacées. On peut désormais l'inscrire sur celle des espèces disparues, puisqu'il a été déclaré officiellement éteint fin 2013 par les services américains de la pêche et de la faune (U.S. Fish and Wildlife Service). Il est vrai qu'on n'en voyait déjà plus beaucoup depuis la fin des années trente, période à laquelle certains spécialistes fixent sa disparition. Ceux que l'on aurait aperçus depuis ne seraient que des sous-espèces de ces pumas sauvages. Reste à veiller maintenant sur la panthère de Floride, une autre espèce de félins figurant sur la liste d'animaux menacés. Sa population ne serait plus que 120 à 160 individus dans le sud-ouest de la Floride.

Le soleil se lève à **07 h 06** et se couche à **20 h 37**

Lundi **13 avril**

Sainte Ida On fête aussi les Marsia, Martianne, Martin LES RAMEAUX

« Il est exact que ça porte malheur de se marier un vendredi 13, car il n'y a pas de raison pour que ce jour fasse exception. »

Georges Courteline

C'est arrivé le…

13 avril 1946

La loi Marthe Richard impose la fermeture des maisons closes en France. Cette loi pénalise le proxénétisme ainsi que l'organisation et les manifestations visibles de prostitution. Ce sont 1 400 établissements qui ferment leurs portes en France, dont 180 à Paris.

Cocktail !

Gimlet (short drink)

- 6 cl de gin
- 3 cl de sirop de lime cordial (ou sirop de jus de citron)
- 4 glaçons

Mettez le gin, le sirop de lime cordial et les glaçons dans un verre de type « rocks », celui que l'on utilise pour servir le whisky. Remuez quelques secondes à l'aide d'une cuillère à mélange et servez aussitôt.

Le Gimlet aurait été inventé à la fin du XIXe siècle par le sergent sir Thomas Desmond Gimlette. Ce médecin de la marine britannique eut la brillante idée de faire boire un mélange à base de jus de citron et de gin aux marins de la Royal Navy, afin de prévenir le scorbut, maladie provoquée par une carence en vitamine C. La boisson eut un tel succès que les marins la baptisèrent « Gimlet », en l'honneur de son créateur. Elle fut ensuite introduite dans les rations des marins.

De toutes les couleurs

La tour Eiffel a été repeinte dix-neuf fois depuis sa construction, soit une fois en moyenne tous les sept ans. Et depuis sa naissance, elle en a vu de toutes les couleurs, arborant de l'ocre jaune au rouge-brun. Depuis 1968, Madame porte une robe spécialement conçue pour elle, de couleur « brun tour Eiffel », semblable au bronze. Une robe qui offre trois variantes de tons : du plus clair à son sommet au plus foncé aux pieds. Cela n'a rien d'une coquetterie : c'est pour assurer une perception uniforme de la teinte dans le ciel de Paris et donner à la Tour son aspect élancé dans le ciel.

Historique des couleurs de la tour Eiffel

- 1887-1888 : peinture « rouge Venise », appliquée avant le montage des éléments.
- 1889 : « brun-rouge ».
- 1892 : « ocre-brun ».
- 1899 : pose de 5 couleurs dégradées du jaune-orange à la base au jaune clair au sommet. On décide de la repeindre tous les sept ans environ.
- 1907-1917-1924-1932-1939-1947 : « jaune-brun ».
- 1954-1961 : « rouge-brun ».
- Depuis 1968 : couleur « brun Tour Eiffel ».

Sudoku

DIABOLIQUE

Complétez le grand carré de façon à placer tous les chiffres de 1 à 9 sur chaque ligne horizontale, sur chaque colonne et dans chaque petit carré de 9 cases.

9		1		5	8	7		
6			7		2			
2				9			8	
	5							6
		9				3		
8							1	
	6			2				1
			5		7			3
		7	4	8		9		5

Solution page 126

Mardi 14 avril

Saint Maxime On fête aussi les Christophe, Lambert

Le soleil se lève à **07 h 04**
et se couche à **20 h 39**

« Une femme qui se croit intelligente réclame les mêmes droits que l'homme. Une femme intelligente y renonce. »

Colette

C'est arrivé le…

14 avril 2010

En Islande, le volcan Eyjafjöll, endormi depuis près de cent quatre-vingt-dix ans, entre dans une seconde phase d'éruption très explosive. Les vents rabattent l'immense nuage de cendres et de gaz volcanique vers l'Europe, perturbant pendant près d'une semaine le trafic aérien d'une grande partie du continent.

Pour rire

Un gars entre dans un bistrot, tout égratigné sur la figure, sur les bras, les jambes, bref, pas mal amoché. Ses copains lui demandent ce qui lui est arrivé.
– Je viens d'enterrer ma belle-mère
– Quel est le rapport avec tes égratignures ?
– Mais, c'est qu'elle ne voulait pas.

C'est bon, bon

Le sexe, c'est bon pour le moral. Croit-on. En effet, selon une étude de l'université d'État de l'Ohio, les rapports occasionnels ne seraient pas bons pour la santé mentale et favoriseraient même la dépression. Les chercheurs parlent bien sûr des rapports sexuels épisodiques auxquels les adolescents ont plus recours que les autres. Les scientifiques ont analysé le comportement de 10 000 jeunes Américains interrogés d'abord entre 13 et 18 ans, puis recontactés entre 18 et 26 ans. Lors de la première entrevue, 33 % des hommes et 24 % des femmes ont admis avoir eu des rapports sexuels occasionnels. Lors de la seconde rencontre avec ces mêmes cobayes, les auteurs ont constaté une augmentation de 18 % des pensées suicidaires chez ces personnes.

Maître de bonne compagnie

Une bûche pour protéger vos boiseries

Faire ses griffes est un comportement naturel instinctif chez le chaton, comportement qui lui est enseigné par sa mère au début de sa vie. Et ne croyez pas qu'il fait ça pour s'amuser à détruire vos meubles ou votre moquette. Le chat gratte et griffe, non seulement pour se « faire les griffes », mais aussi pour passer sa mauvaise humeur, se muscler les pattes antérieures ou tout simplement pour marquer son territoire. Achetez donc un grattoir – ou griffoir – ou ramenez d'une balade en forêt une bûche assez longue, de façon à ce qu'il puisse se tenir debout dessus, les pattes de devant totalement étirées. Fixez la bûche au mur ou au sol pour qu'elle ne roule pas quand il sera à l'œuvre. Et, surtout, montrez-lui que c'est désormais là qu'il pourra satisfaire ses humeurs parfois destructrices.

Oh ! tu sais pas ?

En 1983, Stefan Edberg, un joueur de tennis suédois, a provoqué la mort d'un arbitre de ligne de 61 ans en servant. Lors du match de demi-finale de l'US Open junior, Richard Wertheim n'a pas réussi à éviter la balle de Stefan Edberg. Touché à l'aine, il se fracture le crâne en tombant à terre et décède quelques jours plus tard. Ce tragique accident a failli interrompre la carrière de Stefan Edberg. La famille de Richard Wertheim a, quant à elle, poursuivi en justice la United States Tennis Association et demandé la somme de 2,25 millions de dollars.

MOTS FLÉCHÉS

Mollusque
Moraliste
Métal argenté
Empreinte
Utilise
Courroux
Retentir
Abrutir
Précipitation
Relie ancre et bouée
Acheminer
Barbichette
Oxyde de zinc
Résultat
Tombe
Hi-Fi
Reproduire
Défenseur
Lambinai
Fort courant
Chou, Hibou...
et Milou
Hallucination
Abroge
Exiler
Dansiez
Fleuve
Cuite
Quart d'acre
Particule
Tromper
Seigneur Turc
Applaudie
Titre
Instrument à cordes
100 000 au soleil
Mise au sec
Raidir
Chant sacré
Javelot romain
Brutalité
Récoltai
Agrémente
Elle cacarde
Arabesque
Attester
Fascinée
Estomaquée
Plaisirs
Harmonisa
...Co
Strie
Bowie
Cours moyen
Indéfinis
Livide
Célébration
Coups de baguette
Céramique
Chocolaté
Nue
Agonie
Développé
Course
...et compagnie
Donc
Austère
Piocha
Atténuai

Solution page 130

Jeudi 16 avril

St Benoît-Joseph On fête aussi les Bernadette, Caïn, Fructueux

Le soleil se lève à **07 h 00** *et se couche à* **20 h 42**

« *Non seulement Dieu n'existe pas. Mais essayez donc d'avoir un plombier le week-end.* »

Woody Allen

C'est arrivé le…

16 avril 2007

Un tireur isolé, Cho Seung-hui, est l'auteur d'une fusillade qui fait 32 victimes à l'université Virginia Tech, aux États-Unis. Il se suicide alors qu'il est cerné par la police. Le tireur avait déjà été déclaré « malade mental » par un tribunal qui soulignait qu'il représentait « un danger immédiat pour lui-même et pour les autres ». Ce qui ne l'empêcha pas d'acheter une arme.

Rétro' Vermot

– Il me semble que cette vieille dame ne vous a pas rendu votre salut, dit un monsieur à un médecin.
– Nous sommes un peu en froid ; j'ai soigné son gendre.
– Et vous l'avez laissé mourir ?
– Non, je l'ai sauvé ! (1901)

– Je regrette de plus en plus que tu aies obtenu ce crédit travaux !

J'ai décroché…

Savez-vous ce qu'est un décrocheur ? Non, ce n'est pas un nouveau métier. Bien au contraire, un décrocheur aura même peu de chances d'en trouver un, puisque c'est le nom que l'on donne aux jeunes qui sortent du système scolaire sans aucun diplôme et seront souvent confrontés ensuite à des difficultés d'insertion.
Les statisticiens de l'INSEE distinguent trois grands profils de décrocheurs : des jeunes au faible niveau d'études qui ont massivement redoublé au collège (près de la moitié) ; des jeunes avec un bon niveau d'études à l'entrée au collège, mais qui échouent au CAP, au BEP ou au baccalauréat (un tiers des décrocheurs) ; et des jeunes qui sont passés par des enseignements spécialisés au collège (section d'enseignement général et professionnel adapté, 1/5e des décrocheurs). Pour remédier à ce problème qui prend de l'ampleur, différents dispositifs sont mis en place pour essayer de les faire « raccrocher » : classes expérimentales, écoles de la deuxième chance…

Foi de footeux

- Ayez l'indécence de ne pas me couper la parole ! (*Frédéric Déhu*)
- Ce soir, on a bien joué dans les intervaux. (*Matt Moussilou*)
- Le mouvement est arrêté ! (*Franck Lebœuf*)
- Les équateuriens, ils courent comme des morts de faim ! (*Franck Lebœuf*)
- J'ai beaucoup travaillé mon équatorien. (*Thierry Roland*)
- Ils vont changer de tactique, ils vont faire un losange inversé. (*Xavier Gravelaine*)
- – You are signado con el Paris-Saint-Germain ? (*Laurent Paganelli interviewant Ronaldo*)
- Journaliste : – Carpe diem.
  – Pardon, j'apprends l'anglais, mais je n'en suis pas encore à ce niveau. (*Francesco Totti*)

« Si vous voulez perdre 10 kg en un jour sans exercice et sans régime, faites-vous couper une jambe. »

Philippe Geluck

C'est arrivé le…

17 avril 2008

Mort de l'écrivain et homme politique français Aimé Césaire, à l'âge de 95 ans. Il fut à l'origine du mouvement littéraire de la « négritude » et un anticolonialiste convaincu. Son œuvre poétique majeure, *Cahier d'un retour au pays natal*, fut publiée en 1939, au moment de son retour en Martinique. Il y clamait sa révolte et sa quête identitaire. Par la suite, il devint député et maire de Fort-de-France pendant plus de cinquante ans.

365

On rapproche parfois les jeux de 52 cartes du calendrier grégorien. Pensez… 4 couleurs pour les quatre saisons de l'année, 12 figures pour les 12 mois, 52 cartes pour 52 semaines, une somme de points de 365 avec le joker… Évidemment, d'autres symboles sont tirés des jeux de cartes ; qu'on songe à toutes les interprétations des cartomanciennes, aux tarots divinatoires, à la numérologie. C'est tout un monde qui se cache là !

Plus de temps à table, moins en cuisine

Depuis 1986, les habitudes alimentaires des Français ont changé. D'après une étude publiée par l'INSEE, un Français consacre en moyenne 2 h 22 par jour à son alimentation, soit 13 minutes de plus qu'en 1986. Cette tendance s'accentue notamment autour de la quarantaine et chez les hommes, qui passent en moyenne plus de temps que les femmes à table. Plus de temps à table, mais moins en cuisine : 18 minutes de moins pour préparer leurs repas. Dans l'assiette, la proportion des plats préparés, voire livrés directement à domicile, est plus élevée que celle des produits frais. Une chose ne change pas : les Français sont toujours attachés aux trois repas par jour ; il s'agit d'une exception parmi les pays européens. Quant aux horaires, ils sont légèrement décalés. Le petit déjeuner connaît un pic très net autour de 8 h. Le soir, les Français dînent plus tard, après 20 h, et 1 sur 4 devant la télévision. Seul le déjeuner reste à un horaire fixe : 13 h pour la moitié des Français. À noter que 60 % des cadres, des indépendants et des professions intermédiaires le sacrifient de temps en temps. Enfin, ils sont encore nombreux à grignoter entre les repas. Hors goûter et apéritif, ils sont 30 % à le faire de temps en temps et 15 % à le faire très souvent. Les jeunes sont encore plus concernés : 41 % des moins de 25 ans grignotent parfois et 29 % très souvent. À titre de comparaison, les seniors ne sont que 20 % à se laisser parfois tenter.

ÇA ASSURE !

– Question : pour obtenir une copie du rapport de gendarmerie, nous vous remercions de préciser l'identité de la brigade ayant dressé le procès-verbal.

Réponse : je n'ai pas demandé leurs papiers aux gendarmes.

– Constat : Véhicule B - Nom : Chevreuil - Prénom : inconnu - Véhicule : à pattes - Conducteur : lui-même - Circonstances : venait de droite - Dégâts apparents : estafilade cuisse gauche - Observations : Bêê.

– À la place de l'ancien carrefour, ils ont fait un virage tout rond avec priorité à gauche, alors forcément, je ne m'y attendais pas et j'ai perdu le contrôle.

– Vous avez changé mon petit garçon en petite fille, est-ce que cela fait une différence ?

– Veuillez me faire connaître la marche à suivre pour une naissance.

Esprit d'antan

Au Conservatoire national d'art dramatique, Louis Jouvet, professeur, à François Périer, jeune élève :
– Si Molière voit comment tu interprètes ton Don Juan, il doit se retourner dans sa tombe.
Et Périer de répliquer du même ton :
– Comme vous l'avez joué avant moi, ça le remettra en place.

Samedi 18 avril

Saint Parfait On fête aussi les Hilaire, Idriss, Donnan, Panthéa

Le soleil se lève à **06 h 56** *et se couche à* **20 h 45**

« Est beau ce qui plaît universellement et sans concept. » Emmanuel Kant

C'est arrivé le…

18 avril 1906

Un tremblement de terre de magnitude 8,3 sur l'échelle de Richter secoue la ville de San Francisco, située sur la faille de San Andreas, aux États-Unis. Ce séisme et les incendies qui s'ensuivent font de nombreuses victimes, et plus de 250 000 personnes se retrouvent à la rue. Un désastre qui fit dire à Jack London, l'enfant du pays : « San Francisco n'existe plus. Tout ce qu'il en reste, ce sont les souvenirs ».

Sexe moins cher pour les chômeurs

L'Allemagne possède de si beaux parcs qu'il n'est pas rare d'y voir certains couples y faire l'amour, la plupart adeptes du courant naturiste très développé dans le pays.
Ce n'est pas illégal tant que cela ne choque pas le voisinage. Pourtant, l'an dernier, à Berlin, 234 personnes ont été sanctionnées pour outrage à la pudeur. Lorsqu'on dresse le PV, une question étonnante est posée par l'agent verbalisateur : Travaillez-vous ? Car l'amende en pareil cas est de 150 euros si vous avez un emploi… et de 34 euros si vous êtes chômeur ! Si ce n'est pas de la générosité, ça.

Lycée : lieu de toutes les expériences

Tabac, cannabis et alcool : en 2013, leur consommation a augmenté chez les jeunes, surtout une fois qu'ils intègrent le lycée, selon une étude de l'Observatoire français des drogues et des toxicomanies (OFDT). L'enquête dévoile que 66 % des élèves de seconde consomment du tabac, parmi lesquels 27 % en font quotidiennement usage. La proportion de fumeurs en classe de terminale s'élève à 74 %, dont 31 % fument tous les jours.
En ce qui concerne la consommation de boissons alcoolisées, plus de neuf élèves sur dix en ont déjà bu avant d'entrer au lycée. Et la moitié des lycéens avoue avoir déjà été ivre en première année de lycée.
Le cannabis n'est pas en reste. Plus de la moitié des élèves de terminale (52 %) a déjà consommé cette drogue, contre 41 % en seconde.
Selon l'étude de l'OFDT, les élèves de la filière professionnelle sont plus nombreux à fumer quotidiennement et à consommer régulièrement de l'alcool que les lycéens des classes générales et technologiques. Quant à l'usage du cannabis, l'enquête ne souligne aucune différence.

Sudoku

Solution de la page 121

9	4	1	6	5	8	7	3	2
6	8	3	7	4	2	1	5	9
2	7	5	1	9	3	6	8	4
3	5	4	8	7	1	2	9	6
7	1	9	2	6	5	3	4	8
8	2	6	9	3	4	5	1	7
5	6	8	3	2	9	4	7	1
4	9	2	5	1	7	8	6	3
1	3	7	4	8	6	9	2	5

Maître de bonne compagnie

Griffoir, mon beau griffoir !

Pas facile de convaincre matou d'aller se faire les griffes au bon endroit ? Attirez-le vers son griffoir en y frottant de l'herbe à chat. Vous pouvez aussi tester la lavande dont l'odeur excite le chat. Sachez également que les chats n'aiment pas griffer des objets neufs. Il suffit, une fois le griffoir déballé de son carton, de prendre votre chat et de lui frotter les pattes sur l'objet. Une fois son odeur sur le griffoir, il ne craindra plus d'aller y faire ses griffes. Et félicitez-le à chaque fois qu'il l'utilisera, le temps qu'il s'y habitue.

Dimanche 19 avril

Sainte Emma On fête aussi les Garnier, Tina, Timon, Gérold

« Vieillir est encore le seul moyen qu'on ait trouvé de vivre longtemps. »

Charles-Augustin Sainte-Beuve

C'est arrivé le...

19 avril 1967

Mort de Konrad Adenauer, à l'âge de 91 ans. Le 15 septembre 1949, il était devenu le premier chancelier de la nouvelle République fédérale allemande. Un poste qu'il occupa jusqu'en 1963 et qui fit de lui l'un des « pères de l'Europe », au côté notamment des Français Robert Schuman et Jean Monnet.

Mon truc en +

Enlever une tache de fruit

Votre enfant (ou votre homme, ce sont parfois les mêmes !) a encore taché ses vêtements en buvant son jus de fruit ? Pas de panique ! Tentez de faire disparaître la tache en la passant rapidement sous l'eau froide. Si cela ne suffit pas, appliquez-y un peu d'alcool à brûler ou un demi-citron. Le jus de citron (ou à défaut l'eau oxygénée) a un pouvoir blanchissant qui devrait faire sortir la tache.

Si par malheur vous n'avez pas de citron dans votre cuisine, vous pouvez également faire tremper le vêtement taché dans de l'eau très légèrement javellisée ou encore dans une solution composée d'eau et de borax.

L'obésité n'a pas d'odeur

Ah le sucre ! Vous ne pouvez pas vous empêcher d'en ajouter plus que de raison dans votre café ou dans vos yaourts nature ? Idem pour les matières grasses qui viennent enrichir vos pâtes ? Rassurez-vous – ou pas, d'ailleurs –, ce n'est pas qu'une question de gourmandise. Pour la première fois, une équipe de chercheurs américains a montré que l'obésité perturbe le fonctionnement des cellules qui détectent les goûts et les textures des aliments. L'étude, publiée dans la revue *PLOS ONE*, indique qu'une prise de poids importante diminuerait significativement les capacités de détection du goût sucré par les cellules de la langue. « Personne ne s'était encore intéressé à ces cellules, explique Kathryn Medler, une des biologistes, auteur de la recherche. Pourtant, ce sont elles qui entrent les premières en contact avec la nourriture. Ces cellules agissent comme des détecteurs et informent le cerveau sur la composition des aliments ingérés, ce qui lui permet de réguler la prise alimentaire. » Pour la biologiste, découvrir les mécanismes qui lient prise de poids et perte du goût est un enjeu majeur : « Si nous comprenons ces processus, alors nous serons peut-être capables de redonner aux cellules de la langue leurs capacités initiales et de rétablir une meilleure régulation de la prise alimentaire. »

GÉNIALE, CETTE IDÉE DE DÉLOCALISER LA PRODUCTION EN INDE !

Astuce *Jardin* : Les cendres de cheminée contre la mousse

Au cours de l'hiver, la mousse a la fâcheuse habitude de se développer un peu partout au jardin (terrasse, gazon, potager...). Afin de lutter contre celle-ci, il existe une solution miracle : les cendres de bois de cheminée. En effet, ces dernières sont riches en potasse et en phosphore, que la mousse n'apprécie pas. Répandez-les par temps humide aux endroits souhaités, de préférence tamisées. Comme toutes les bonnes choses, n'en abusez pas car, en trop grande quantité, les cendres peuvent se révéler nocives..

Lundi **20 avril**

Sainte Odette On fête aussi les Alexandrine et les Odiane

Le soleil se lève à **06 h 52** *et se couche à* **20 h 48**

“ *Aimer, c'est se surpasser.* ”
Oscar Wilde

C'est arrivé le…

20 avril 1889

Naissance d'Adolf Hitler, à Braunau am Inn, alors en Autriche-Hongrie. Après deux tentatives infructueuses d'intégrer l'académie des Beaux-Arts de Vienne, en 1907 et 1908, il mène pendant quelques années une vie de marginal. Il s'engagera plus tard comme volontaire dans l'armée allemande lors de la Première Guerre mondiale. Après l'armistice, Hitler s'investit dans la vie politique allemande, crée le NSDAP et devient chancelier en 1933, fondant le Troisième Reich, dictature xénophobe à l'origine de la Seconde Guerre mondiale.

Pour rire

Une blonde apporte la photographie de son défunt mari à un photographe et lui demande :
– Est-il possible de refaire la photo en retirant le vilain chapeau que mon mari portait à ce moment-là ?
– Mais bien sûr, c'est possible, madame, mais avait-il une raie de cheveux à droite ou à gauche pour qu'on puisse retoucher la photo ? interroge le vendeur
– Oh ! Je ne sais plus, répond la femme. Mais vous verrez bien par vous-même quand vous lui enlèverez son chapeau…

Vermot'roscope

TAUREAU 20 avril - 20 mai

Amour

Grandes mises au point avec votre conjoint(e) et bilans personnels à prévoir dès le début de l'année. Avec pour résultat une consolidation du couple ou une rupture. Mais pas de surplace. À vous de faire le tri entre ce qui est du domaine du rêve et celui de la réalité avant de prendre des décisions importantes. Prêts à faire un trait sur leur sacro-sainte liberté, les célibataires pourraient faire LA rencontre, avec mariage au bout. Fiez-vous à votre instinct et soyez un peu égoïste, pour une fois.

Travail

La patience, ce n'est pas votre fort. Pourtant, il va falloir en montrer, car tout ne va pas aller aussi vite que vous le rêvez. Ce n'est pas pour autant que vous allez vous ennuyer, bien au contraire. Vos activités seront variées, riches et quotidiennes. Mais le changement viendra sans doute plus des autres que de votre *fighting spirit* légendaire. Restez à l'écoute de ce qui se passe autour de vous, travaillez les informations reçues, consolidez vos positions et attendez que les fruits tombent (promotion, augmentation…). Et ne plaquez surtout pas votre boulot parce que ça ne vient pas assez vite.

Santé

Un début d'année en fanfare : dynamisme, bien-être, vitalité. Vous ferez des jaloux à une période assez morose pour tout le monde. Attention toutefois à ne pas trop en faire, vous risquez de petites blessures. Rien de grave, mais suffisamment pour ralentir votre fougue. Pas impossible donc que vous connaissiez des coups de mou. Et vous le savez, ça va vous contrarier. Mangez bien, de façon à compenser votre débauche d'activité, reposez-vous, et couvrez-vous cet hiver plutôt que d'exhiber votre insolente vitalité.

Argent

Aucune planète ne venant influencer votre sphère financière, c'est donc le confort et la stabilité qui s'annoncent pour 2015. Seul danger : que l'argent vous file entre les doigts à cause de pulsions dépensières dont vous êtes coutumier. À vous de savoir y résister raisonnablement pour garder un budget équilibré. Cela demandera un peu de réflexion avant d'agir… ce qui n'est pas votre tasse de thé.

Ça c'est fait… divers

Un prêtre catholique néerlandais d'Utrecht, âgé de 64 ans, devait être sacrément fatigué en ce dimanche matin à l'heure de l'Eucharistie. Au point d'en oublier de prononcer le passage du « Ceci est mon corps livré pour vous ». Conscient de sa bévue, le prêtre a lui-même immédiatement averti sa hiérarchie, tout comme de nombreux fidèles de la paroisse de Sint-Johannes de Doper. C'est que l'événement est d'importance majeure, a expliqué Hans Zuijdwijk, le porte-parole du cardinal archevêque d'Utrecht : « Le prêtre n'a pas prononcé tous les mots de la consécration du pain et du vin, ce qui rend celle-ci et la communion qui a suivi invalides. Il s'agit du sacrement le plus important, et les fidèles qui étaient venus communier n'ont pas pu le faire. » Pour cet oubli, le prêtre a été suspendu pour une période d'un an.

« Presque toujours, en politique, le résultat est contraire à la prévision. »
François-René de Chateaubriand

C'est arrivé le…

21 avril 1944

Les citoyennes françaises obtiennent par ordonnance le droit de vote. Le gouvernement provisoire du général de Gaulle déclare que « les femmes sont électrices et éligibles dans les mêmes conditions que les hommes ». Celles-ci devront attendre le 29 avril 1945 pour en profiter, à l'occasion des élections municipales.

LU DANS LA PRESSE

Le 1er juin 2009, un A330 d'Air France reliant Rio à Paris s'était écrasé dans l'océan Atlantique avec 228 morts à son bord. (*Libération*)

Le vol s'était mal passé, avant même le crash.

Les Français votent « bio »

64 % des français ont consommé des produits biologiques en 2013 et 43 % sont consommateurs réguliers (contre 40 % en 2011), en achetant au moins un produit par mois. Tels sont les résultats de la dernière édition du baromètre Agence BIO/CSA. Une tendance qui s'affirme. Parmi les consommateurs de produits biologiques, 8 % des Français sont des « bio-quotidiens », 15 % des « bio-hebdo ». Les autres consomment bio de temps en temps. L'agriculture bio conserve une image positive, puisque 86 % des Français estiment qu'elle contribue à préserver l'environnement, la qualité des sols et les ressources en eau.

En forme !

Pratiquer un sport deux à trois fois par semaine, c'est un bon rythme – et un rythme suffisant – pour entretenir sa condition physique. Une activité physique trop soutenue entraîne bien souvent des risques de blessure. N'alternez pas non plus les périodes d'arrêt et de reprise, c'est aussi néfaste que les régimes yo-yo. Régularité et progression doivent être les maîtres-mots.

En dehors des séances d'entraînement, continuez à bouger. Chaussez vos baskets ou vos rollers pour aller travailler, ou enfourchez votre vélo. À pied, évitez les ascenseurs et autres tapis roulants. Promenez le chien. Tondez la pelouse. Accumulés, tous ces petits efforts sont incroyablement efficaces. Tel est le message de la campagne nationale de promotion de l'activité physique, qui met en avant l'un des repères du Programme National Nutrition Santé (PNNS) : « au moins l'équivalent de 30 minutes de marche rapide chaque jour ».

« Je me suis engagé dans la marine le jour où mon père m'a appris que j'étais sur terre pour travailler. »

Pierre Doris

C'est arrivé le…

22 avril 1961

Emmenée par quatre généraux, une partie de l'armée française tente un coup d'État à Alger. Après sept ans de guerre d'Algérie, ces militaires se sentent trahis par le gouvernement du général de Gaulle et comptent bien s'opposer à ce qu'ils considèrent comme l'abandon de l'Algérie. Ce putsch échouera après quatre jours de résistance.

Mon truc en +

Un cadre nickel

Tout entretien d'un cadre commence par un dépoussiérage en règle ; rien de tel que de laver un cadre encore empoussiéré pour qu'il se forme une pâte ou un liquide noirâtre qui le saliront encore plus. Si le cadre est en bois ciré et qu'il a juste besoin d'un coup de jeune, dépoussiérez-le à la brosse, puis, plutôt que d'utiliser de l'eau pour rincer, passez de l'essence de térébenthine en guise d'encaustique. Enfin, frottez enfin avec un chiffon de laine sec. Brillance assurée !

Mots fléchés

Solution de la page 123

	G		R		U		R		A		R	
C	A	S	U	I	S	T	E		B	O	U	C
	S	C	O	R	E		S	T	E	R	E	O
S	T	E	L	E		S	O	U	T	I	E	N
	R	A	Z		T	I	N	T	I	N		V
P	O	U		B	A	N	N	I	R		P	O
	P		V	E	R	G	E	E		B	E	Y
J	O	B	A	R	D	E	R		S	I	R	E
	D	O	L	L	A	R		C	A	T	I	R
R	E	S	S	U	I		P	I	L	U	M	
		O	I	E		A	S	S	U	R	E	R
O	R	N	E		E	P	A	T	E	E		A
	I		Z	E	B	R	U	R	E		C	M
A	N	D		B	L	E	M	E		F	L	A
	C	A	C	A	O	T	E		G	L	A	S
D	E	V	E	T	U	E		C	R	O	S	S
	A	I	N	S	I		C	R	E	U	S	A
R	U	D	E		E	M	O	U	S	S	A	I

À mourir de rire !

En Afrique du Sud, un jeune garçon a volé le portable d'une dame dans un zoo. Pour s'enfuir, il saute par-dessus une grande clôture et se met à l'abri de toute poursuite humaine. On devine la suite : de l'autre côté du grillage, un tigre affamé voit le pauvre garçon comme un déjeuner de choix. Lorsque la police arrive quelques heures après, il ne reste que le portable.

– Nous avons créé un soutien psychologique pour les contribuables !

La bonne blague !

Le professeur a donné un travail à ses élèves d'une classe de cinquième : « Demandez à vos parents de vous raconter une histoire avec une morale à la fin. » Le lendemain, les enfants racontent leurs histoires. Il y en a de toutes sortes : du lait renversé dans le lit au chaton sauvé dans l'arbre. Seul Pierre n'avait encore rien raconté.

– Pierre, as-tu une histoire à partager avec nous ? demande le professeur.

– Oui madame ! Mon papa m'a raconté une histoire au sujet de ma maman Elle était pilote et son avion a été touché. Elle a dû s'éjecter au-dessus du territoire ennemi, et tout ce qu'elle avait, c'était une bouteille de whisky, un pistolet et un couteau de survie. Ma mère a bu le whisky dans sa chute afin que la bouteille ne se brise pas, et puis son parachute l'a déposée au milieu de vingt rebelles irakiens. Elle en a abattu douze avec son pistolet, puis, en manque de balles, elle en a tué quatre de plus avec son couteau, jusqu'à ce que la lame se brise. Enfin, elle a tué les quatre derniers à mains nues.

– Seigneur ! dit le professeur, horrifié. Qu'est-ce que ton papa t'a dit au sujet de la morale de cette histoire horrible ?

– Qu'il ne faut pas faire chier maman quand elle a bu.

Jeudi 23 avril

Saint Georges On fête aussi les Georgia, Fortunata, Gordon, Jordi

« La télévision à la maison est très favorable à la culture. Chaque fois que quelqu'un l'allume chez moi, je vais dans la pièce d'à côté et je lis. »

Groucho Marx

C'est arrivé le…

23 avril 1919

Le sénat vote la loi fixant la journée de travail à huit heures au lieu de dix auparavant. Pendant longtemps, Georges Clemenceau, le chef du gouvernement, avait résisté au mouvement ouvrier qui réclamait cette loi. Mais la fin de la Première Guerre mondiale, avec le retour massif des soldats du front, fit craindre au gouvernement une poussée massive du chômage.

À la saint Georges, sème ton orge, à la saint Marc, il sera trop tard.

AH… AH…

Pour rire

Un Américain, un Français et un Belge. Ils parlent de leurs projets dans l'espace.
L'Américain : – Nous, bientôt, on va aller habiter sur la Lune.
Le Français : – Vous êtes nuls ! Nous, on va aller sur Mars, peut-être même sur Jupiter.
Et le Belge : – C'est rien du tout ! On va aller sur le Soleil !
L'Américain et le Français : – Et comment ? Elle va fondre, ta fusée !
Le Belge : – Mais on n'est pas bêtes, nous ! On va y aller la nuit !

Rétro' Vermot

Films « X » : cinéma à mateurs. (1988)

Il y a 100 ans : avril 1915

• **22 avril** : Bataille d'Ypres (Belgique). Les Allemands utilisent pour la première fois les gaz asphyxiants toxiques, à base de chlore. Cette arme, pourtant interdite par la déclaration de La Haye de 1899, tua près de 100 000 soldats entre 1915 et 1916.

• **24 avril** : Début du génocide arménien avec l'assassinat de 600 notables arméniens d'Istanbul sur ordre du gouvernement de l'Empire ottoman. 2 300 notables et intellectuels arméniens sont arrêtés à Constantinople. Ce génocide, le premier du xxe siècle, fera 1,5 million de victimes. La France ne reconnaîtra officiellement le génocide arménien qu'en 2000.

• **25 avril** : Échec de l'expédition de Gallipoli, qui coûte la vie à plus 200 000 soldats britanniques sur 400 000 engagés. Les renforts arrivés en août ne changeront rien. Les Alliés doivent se retirer entre décembre et janvier 1916.

• **26 avril** : Traité secret de Londres. L'Italie signe un pacte avec la Triple Entente au côté de laquelle elle s'engage à entrer en guerre en attaquant les empires centraux. En cas de victoire finale des Alliés, l'Italie recevra les territoires autrichiens. Mais à la fin de la guerre, les Alliés ne respectent pas l'accord. Ce fut l'une des causes de l'arrivée au pouvoir du parti national fasciste de Mussolini, en 1922.

• **27 avril** : Décès d'Alexandre Scriabine. Né le 25 décembre 1871 à Moscou, Alexandre Nikolaïevitch Scriabine était un pianiste et compositeur russe. Incompris dans son pays, il partit très tôt travailler en Angleterre et en Allemagne. Il mourut d'une infection sanguine causée par une piqûre de mouche charbonneuse.

Astuce Cuisine : Faire reposer une viande rouge

L'une des erreurs à ne pas commettre lorsqu'on prépare une pièce de viande rouge est de la manger immédiatement après cuisson. En effet, il est impératif de laisser au préalable la viande reposer dans un plat couvert d'un papier d'aluminium, l'idéal étant de la placer dans un endroit chaud, par exemple à côté du fourneau, au minimum le même temps qu'a duré la cuisson. Le temps de repos va permettre à la viande de finir sa cuisson. Cette astuce de chef vous permettra d'obtenir une viande tendre et juteuse.

Vendredi 24 avril

Saint Fidèle On fête aussi les Élisabeth, Grégoire, Fidélia, Mellit

Le soleil se lève à **06 h 45** *et se couche à* **20 h 54**

« Ce n'est pas que nous disposions de très peu de temps, c'est plutôt que nous en perdons beaucoup. »

Sénèque

C'est arrivé le…

24 avril 1955

Fin de la conférence de Bandung, en Indonésie. Par cette conférence, 29 pays asiatiques et africains, réunis pour la première fois, choisissent de ne pas s'aligner sur les deux blocs existant depuis la fin de la Seconde Guerre mondiale, le bloc soviétique et le bloc occidental. Cet événement marque l'entrée des pays du tiers-monde sur la scène politique internationale.

Esprit d'antan

Un député : – Monsieur Churchill serait-il en train de dormir pendant que je parle ?
Churchill : – Si seulement !

12 %

Quelle que soit la place que le travail occupe dans votre esprit, sa part réelle dans nos existences a considérablement diminué depuis un siècle. Le temps de travail en 2010, c'est environ 1 600 heures annuelles, soit près de 65 000 heures pour 40 ans de travail, dans une vie moyenne de 700 000 heures. Nous passons donc en moyenne 10 % de notre vie au travail. Ce que confirme le sociologue Jean Viard : « Cela s'explique par l'allongement des études, l'accroissement de la longévité et les évolutions de la loi au fil du temps sur les jours de repos, la durée hebdomadaire… Et aux États-Unis, pays qui en a pourtant fait une valeur suprême, c'est 16 % ». En comparaison, en 1900, en France, la durée de vie était de 500 000 heures (moins de 60 d'espérance de vie) et le temps passé à travailler pouvait atteindre 200 000 heures, soit près de 40 % de l'existence !

Histoire de cuisine : « Quand ça bouille, tu abaisses »

C'est de ce vieux dicton provençal que vient le nom de l'une des soupes les plus populaires de France : la bouillabaisse. Ce plat originaire de la Grèce antique est arrivé en France à l'époque de la fondation de Massalia, aujourd'hui Marseille, au VIIe siècle avant Jésus-Christ. Alors composé de restes et des poissons invendus par les pêcheurs, il s'agissait avant tout d'un ragoût préparé dans les foyers modestes. On retrouve, par ailleurs, des traces de la bouillabaisse dans les mythologies grecque et romaine. C'est la soupe que Vénus avait servie à Vulcain pour le faire dormir, tandis qu'elle s'amusait avec Mars. C'est aussi le plat que Persée avait donné aux mendiants, lors de la révolte des esclaves sur l'île d'Eraklos. Aujourd'hui, la bouillabaisse provençale met en valeur les plus beaux poissons de Méditerranée, comme la rascasse, la vive ou le saint-pierre. Les poissons sont cuisinés dans du vin blanc et relevés avec de l'ail, de l'huile d'olive et du safran.

Allez Allais !

Fêlé (adj.) : fendu ou fondu.
Femme adultère (n. f.) : femme de peu de moralité.
Flatterie (n. f.) : comme le stationnement en ville, pratique de plus en plus payante.
Fleur (n. f.) : on ne bat pas une fleur, même avec une femme.
Flûte traversière (n. f.) : instrument de musique qui a la priorité quand il vient de la droite.
Foutre (n. m.) : forme amplifiée de l'interjection « fichtre ! » Vous êtes déçu, n'est-ce pas ?
Fringale (n. f.) : passage avide.
Funérailles (n. f.) : se dit d'obsèques menées à un train d'enfer.
Gériatre (n. m.) : médecin qui aime changer régulièrement de clientèle.
Giboulées (n. f.) : ondées à répétition ; un grain peut en cacher un autre.
Google : moteur à e-sens.
Goretgraphie (n. f.) : écriture de cochon.
Grève (n. f.) : vaste étendue d'ouvriers en colère.
Guépard (n. m.) : animal connu pour son chant.

Le soleil se lève à
06 h 43
et se couche à
20 h 55

Samedi **25 avril**

Saint Marc On fête aussi les Silvestre, Marcia, Marceau

« Superstition : ne jamais passer sous un chat noir. »

Michèle Bernier

C'est arrivé le…

25 avril 1792

La guillotine est utilisée pour la première fois en France, pour l'exécution du condamné Nicolas Jacques Pelletier. C'est le docteur Joseph Ignace Guillotin, qui fut également député, qui la proposa à l'assemblée en 1789, afin d'assurer une exécution indolore à tous les condamnés. Bien que de semblables machines existassent déjà depuis des décennies, l'instrument fut adopté comme « machine de Guillotin », puis « guillotine ».

Quiz *Philo*

« Tout le monde cherche à être heureux, même celui qui va se brûler la cervelle. » Qui est l'auteur de cette citation ?

- ❏ 1. Pascal
- ❏ 2. Montaigne
- ❏ 3. Descartes

Réponse

Réponse 1

Oh ! tu sais pas ?

La présence des blattes sur Terre est antérieure à celle des dinosaures, dont les premiers spécimens sont apparus il y a 230 millions d'années. Contrairement à ces derniers, les cafards, apparus il y a près de 400 millions d'années, ont survécu jusqu'à aujourd'hui. Cela est dû à leur incroyable capacité d'adaptation leur permettant de survivre dans des conditions extrêmes, et à leur grande résistance. Ils peuvent en effet rester près d'un mois à jeun et survivre de nombreuses semaines sans tête.

Comme un symbole : la Marseillaise

Non, la *Marseillaise* n'est pas seulement un chant entonné à l'occasion de grands événements sportifs ! Composé dans la nuit du 25 au 26 avril 1792 à Strasbourg par Rouget de Lisle (1760-1836), peu après la déclaration de guerre de la France révolutionnaire au roi de Bohême et de Hongrie, le *Chant de guerre pour l'armée du Rhin* était à l'origine un chant de guerre révolutionnaire. Le doute a toutefois plané quant à l'identité réelle de son compositeur, les premières éditions étant anonymes. Déclarée chant national le 14 juillet 1795, la *Marseillaise* est prohibée sous l'Empire et sous la Restauration. Elle est réhabilitée au cours de la Révolution de 1830 et proclamée hymne national en 1879. À cette époque, il en existait de nombreuses variantes. Une commission constituée de musiciens professionnels est alors consultée pour en déterminer une version officielle qui sera adoptée par le ministère de la Guerre en 1887. La *Marseillaise,* telle qu'on la connaît aujourd'hui, est une adaptation de la version de 1887. Depuis une circulaire du ministère de l'Éducation nationale datant de 1944, il est préconisé de l'apprendre aux élèves, afin de « célébrer notre libération et nos martyrs ». Elle figure à l'article 2 de la Constitution de la Ve République, où son caractère d'hymne national a été réaffirmé. Quant à Rouget de Lisle, ses cendres ont été transférées aux Invalides le 14 juillet 1915.

– Ne te plains pas car, plus tard, ce sera devant la boutique d'à-côté qu'on s'arrêtera !

Infos en séries… TV

Si *Grey's Anatomy* est l'une des trois séries préférées de Bill Clinton, l'ancien président des États-Unis, pas sûr qu'il en soit de même chez les Bush. En effet, dans l'un des premiers épisodes de la série, un plan très court montre l'affiche collée par Meredith sur un mur de l'hôpital afin de trouver un(e) colocataire. Petit détail que seuls les mordus ont remarqué : sur cette annonce figure la mention « Les supporters de George Bush sont priés de ne pas se présenter ». Une manière pour la productrice, Shonda Rhimes, de faire passer un message politique et de régler ses comptes.

Dimanche 26 avril

Sainte Alida On fête aussi les Franca, Alda, Aldona, Exupérance

Le soleil se lève à **06 h 41** *et se couche à* **20 h 57**

« On ne connaît personne sinon par l'amitié. »

Saint-Augustin

C'est arrivé le...

26 avril 1986

Une gigantesque explosion dans la centrale nucléaire de Tchernobyl déclenche la plus grande catastrophe nucléaire de l'histoire. L'explosion de la centrale, située en Ukraine, entraîne l'expulsion d'une grande quantité d'éléments radioactifs, qui contamineront largement l'environnement et provoqueront de nombreuses maladies et décès à court et long termes.

70 %

Près de 7 Français sur 10, âgés de 6 à 65 ans, jouent aux jeux vidéo. Les plus joueurs sont les hommes, les moins de 35 ans et plus particulièrement les enfants (6-9 ans) et les adolescents (10-14 ans). Le phénomène en chiffres :

– 74 % des joueurs déclarent jouer plutôt seul(e). Les enfants jouent davantage à plusieurs.

– 83 % des joueurs jouent au moins une fois par semaine (dont 42 % de façon quotidienne)

– Une session de jeu dure en moyenne 1 h 53.

– Les hommes jouent davantage pour l'aspect performance, plus longtemps (2 h en moyenne contre 1 h 44 pour les femmes), plus fréquemment (87 % au moins une fois par semaine contre 79 % pour les femmes).

La bonne blague !

Une femme est mutée pour travailler dans une autre ville. Après quelques jours, elle envoie un télégramme à son mari : « S'il te plaît, envoie les documents pour le divorce en urgence. J'ai un compagnon qui a les mêmes caractéristiques que la Ford Fusion®. »

Curieux, le mari va chez un concessionnaire et demande au vendeur les caractéristiques d'une telle voiture.

- Elle est plus puissante, plus longue, plus large, accélère vite, est plus jolie et ne boit pas beaucoup, lui dit le commercial.

Deux semaines plus tard, elle reçoit un télégramme de son mari : « Je t'envoie les papiers du divorce signés rapidement. J'ai rencontré une compagne idéale. Elle répond à toutes les caractéristiques de la nouvelle Ford Ranger®. »

Curieuse, la femme va chez un concessionnaire et pose des questions sur cette voiture. Le vendeur lui répond :

- Elle est plus résistante, supporte plus de poids, la lubrification est automatique, la carrosserie est nouvelle et plus ronde, plus belle et plus confortable, elle a des doubles airbags extra-larges, est plus silencieuse, plus économique et, en plus, elle accepte l'attelage par l'arrière.

- Et la cuvée du patron n'est pas mal du tout !!

Astuce *Jardin* : Engrais pour les plantes en pots

Pour favoriser la croissance et la floraison des plantes en pots, il existe un engrais maison très efficace. Pour le réaliser, il suffit de dissoudre un cachet d'aspirine dans une tasse de thé noir. Dès qu'il aura refroidi, vous pourrez arroser vos plantes avec ce mélange.

Pour rire

La femme : – Qu'est-ce que tu fais ?

Le mari : – Rien.

La femme : – Rien… ? Ça fait une heure que tu lis le certificat de mariage.

Le mari : – Je cherche la date d'expiration.

Lundi 27 avril

Sainte Zita On fête aussi les Anthime, Zelda, Floribert

« *Plus je connais les hommes, plus j'aime les femmes.* »

Francis Blanche

C'est arrivé le...

27 avril 1994

Premières élections générales multiraciales en Afrique du Sud. Les résultats de ces élections conduiront à la nomination de Nelson Mandela comme président de l'Afrique du Sud, le 9 mai 1994. Emprisonné pendant vingt-sept ans durant l'apartheid, Mandela prônera la réconciliation entre les Blancs et les Noirs et sera salué comme le père d'une Afrique du Sud qualifiée de « Nation arc-en-ciel ».

DERNIERS MOTS AVANT LA MORT

- **Général Ney :** *Soldats, droit au cœur ! (Le général Ney commandait son propre peloton d'exécution.)*
- **Hector Berlioz :** *Enfin, on va maintenant jouer ma musique !*

Esprit d'antan

Lorsqu'il eut gagné la bataille de Seneffe, l'illustre Condé (1621-1686) revint triomphalement à Paris. Il alla à Versailles où séjournait Louis XIV. Pour marquer son admiration et son estime au glorieux vainqueur, le Roi Soleil l'attendait en haut de l'escalier du palais.

Condé, vieillissant et torturé par la goutte, en gravit difficilement les marches. Lorsqu'il parvint aux dernières, il se découvrit et dit :

– Votre Majesté m'excusera d'avoir manifesté si peu de hâte.

Mais le roi l'interrompit :

– Ne vous excusez pas. Chargé de gloire comme vous l'êtes, il vous était impossible de monter plus vite jusqu'à moi.

La Tour « on tour »

Mondialement réputée, la tour Eiffel a ses imitations ou répliques. La plus ancienne est la tour de Blackpool, dans le nord de l'Angleterre. Construite en 1894, elle mesure 158 m. L'une des plus connues est celle érigée dans la ville du jeu à Las Vegas, au Nevada, avec 165 m de hauteur. Deux autres villes américaines, appelées Paris, au Texas et au Tennessee, ont également fait construire des répliques. Notons aussi celle de Lyon, sur la colline de Fourvière, où se trouve la tour antenne-radio de Lyon, qui n'est qu'une réplique du troisième étage de la tour Eiffel. Au Japon, c'est Tokyo, la capitale, qui a bâti sa Tour ; une Tour peinte en rouge et blanc, située dans l'arrondissement de Minato. Haute de 333 m, elle a été érigée en 1958. Deux répliques de la tour Eiffel ont été édifiées en Chine. L'une trône dans un parc d'attractions à Shenzhen, au sud-est du pays, et l'autre, de 108 m de haut, à Tianducheng, à côté de Hangzhou. Cette dernière est une reproduction à l'échelle d'un tiers par rapport à l'originale et pèse plus de 1 000 tonnes. L'Europe aussi a cédé à la tentation. Prague possède sa copie, de 60 m de haut, située au sommet de la colline de Petrín. En Roumanie, à Slobozia, il en existe une copie un peu plus petite (50 m), de même taille que celle située à Parij, au sud du massif de l'Oural, en Russie.

Maître de bonne compagnie

Manucure pour chat

Si un chat d'appartement fait ses griffes, c'est parce qu'elles ne s'usent pas naturellement comme celles d'un chat qui vit plus librement. Si les griffoirs, grattoirs, jouets, sorties dans le jardin ou bûches lui permettront de se limer les ongles, vous pouvez aussi l'aider en les lui faisant tailler. Ne le faites pas vous-même, car cette partie des pattes est très sensible. Un vétérinaire ou un toiletteur fera cela beaucoup mieux que vous.

Mardi 28 avril

Sainte Valérie On fête aussi les Aimé, Vital, Doria, Valéria, Dorine

Le soleil se lève à **06 h 38** *et se couche à* **20 h 59**

« *L'homme sage doit connaître ses limites. Moi c'est simple, j'arrête de boire dès que je ne peux plus lire l'étiquette..* »

Jean-Jacques Peroni

C'est arrivé le...

28 avril 1969

À la suite des revendications exprimées lors des manifestations de mai 1968, le général de Gaulle propose un référendum portant sur une réforme du sénat et le transfert de pouvoirs vers les régions. Pour l'appuyer, il annonce sa démission en cas de victoire du « non ».
Le 27 avril 1969, la France dit « non » à 52,41 %. Le lendemain matin, de Gaulle annonce son retrait de la vie politique.

Mon truc en +

Du vinaigre pour le cuivre

Vous pouvez nettoyer le cuivre à l'aide d'une pâte au vinaigre : il s'agit d'une pâte épaisse que vous obtiendrez en mélangeant en quantités égales du vinaigre et de la farine. Appliquez-la à l'aide d'un chiffon, laissez poser quelques secondes et frottez en effectuant des cercles. Ensuite, rincez le cuivre et laissez-le sécher. Enfin, faites-le briller à l'aide d'un chiffon doux. Vous pouvez également ajouter 25 cl de sel fin à cette recette afin de rendre le nettoyage encore plus facile.

Régime à la noix

Mangez des noix, vous vivrez plus longtemps. Tel est le conseil de chercheurs de l'université d'Harvard après la plus grande étude jamais consacrée à ces fruits secs, dont les résultats ont été publiés dans le *New England Journal of Medecine*. Peu sucrées, riches en fibres, minéraux et bons acides gras, les noix (et autres fruits à coques) sont considérées comme des aliments bénéfiques pour la santé. On le savait depuis les années 1980. Les chercheurs de Harvard l'ont confirmé après avoir analysé l'effet de la consommation de fruits à coques chez près de 118 962 hommes et femmes durant près de trente ans. Une étude plutôt fiable, donc. L'équipe du Dr Ying Bao a ainsi montré qu'une consommation régulière et fréquente de fruits secs oléagineux – noisettes, amandes, pistaches, cacahuètes ainsi que les différentes noix (de pécan, du Brésil, de macadamia…) – était associée à une réduction de la mortalité allant de 7 % pour une portion (28 g) hebdomadaire à 20 % pour une portion quotidienne. Attention, ce ne sont tout de même pas des aliments miracles, et l'on sait par exemple que les cacahuètes provoquent de très nombreuses allergies alimentaires. Et seuls les fruits secs frais et non transformés présentent un intérêt pour la santé, les préparations salées, grillées ou caramélisés n'ayant aucun intérêt nutritionnel.

Infos en séries... TV

« *Friends* ? Ça ne marchera pas ! » En 1994, qui aurait parié un dollar sur les aventures new-yorkaises de six parfaits inconnus ? Même le panel de téléspectateurs-test avait jugé que *Friends* manquait d'humour, d'originalité et était même peu distrayant ! Comme quoi, on peut se tromper. En dix saisons (1994-2004), *Friends* devient la série de tous les records : exportée dans le monde entier, une liste de guest-stars digne du *Who's who* (Brad Pitt, Julia Roberts, Madonna, George Clooney…), des salaires records pour les acteurs (chacun un million de dollars par épisode lors de la dixième saison), des audiences faramineuses (52,5 millions de fans devant le dernier épisode)… Et au chapitre récompenses : 6 Emmy Awards et 1 Golden Globes. Salut les amis !

Casting : *Jennifer Aniston (Rachel Greene), David Schwimmer (Ross Geller), Courteney Cox (Monica Geller), Lisa Kudrow (Phoebe Buffay), Matthew Perry (Chandler Bing), Matt LeBlanc (Joey Tribbiani).*

« Si la fortune vient en dormant, ça n'empêche pas les emmerdements de venir au réveil. »

Pierre Dac

C'est arrivé le…

29 avril 2011

Le prince William, petit-fils de la reine d'Angleterre Élisabeth II et second successeur au trône, épouse Catherine Middleton. La cérémonie a lieu à l'abbaye de Westminster, à Londres, devant près de 1 900 invités triés sur le volet. William et Kate se sont rencontrés pour la première fois en 2001, à l'université de St Andrews.

TOP CHRONO : LA TÉLÉVISION

- **2 juin 1953 : la retransmission en France du couronnement de la reine Élisabeth II d'Angleterre fait exploser la vente de téléviseurs. En un an, leur nombre passe de 59 971 à 125 088 dans les foyers.**
- **1953 : première grande émission de divertissement, *36 chandelles*, présentée par Jean Nohain. Les stars passent à la télé : Fernandel, Luis Mariano, Annie Cordy, Yves Montand, Fernand Raynaud, Charles Aznavour, Georges Brassens, Brigitte Bardot…**
- **19 juillet 1953 : premier bulletin météo.**
- **20 octobre 1953 : création de *La Séquence du spectateur*. Catherine Langeais y présente l'actualité cinématographique. L'émission sera diffusée pendant trente-six ans ! Elle disparaît en 1989.**

Régime de choc

On ne sait plus trop quoi inventer comme remède à l'obésité galopante chez nos enfants. Le surpoids touche en effet plus de 42 millions d'enfants dans le monde, selon l'Organisation mondiale de la santé (OMS). Les Australiens, eux, semblent en avoir trouvé un : élever les rejetons à la dure ! D'après une recherche de la Murdoch Children's Research Institute de Melbourne, les parents sévères auraient des enfants plus minces. Les scientifiques australiens se sont fondés, pour arriver à cette conclusion, sur l'observation du poids et le suivi du mode de vie de 4 002 enfants de 4 ans pendant une année. D'après eux, plus les activités de la journée (repas, devoirs, sport, etc.) sont pratiquées à heures fixes et observées par les parents, moins l'Indice de masse corporel (IMC) est élevé. En revanche, des parents trop cool avec leurs enfants les exposeraient à plus de risques de surpoids. Les chercheurs insistent sur le fait qu'il ne s'agit pas de confondre rigueur et sévérité…

– J'en ai marre que tu prennes toujours toutes les couvertures !

@çagazouille : Jeu de Ver-mots

©Twitter

@antoinegavoille Faire la lessive, c'est un peu la croix et la panière…

@nestor661 Dites, pour un entretien d'embauche dans un club SM, à votre avis, faut s'habiller en costard cravache ?

@olijuseb Hier soir, j'avais mis le pain debout et, dans la nuit, il s'est rassis !

@WagramdeKok En Syrie, pour s'endormir, on appelle le marchand de Bachar El à Sable.

@Bobtoucour En fait, le mariage, c'est un oui pour un nom.

Ça c'est fait… divers

La famille Borges vit comme toutes les familles brésiliennes qui aiment les animaux, à ceci près qu'elle possède, outre un chihuahua, sept tigres ! L'histoire débute en 2005, lorsque le chef de famille, Ary, recueille deux tigres maltraités dans un cirque. Amoureux des félins, il décide d'en recueillir d'autres. Et obtient même une licence pour les élever. Si les tigres semblent dociles, les voisins, eux, on les comprend, ne sont pas rassurés pour autant et alertent les autorités de protection de la nature, qui ont finalement décidé de retirer les animaux à leur propriétaire. Mieux vaut mettre un tigre dans son moteur, comme dit la pub, c'est moins dangereux.

LU DANS LA PRESSE

Mouy s'engage à payer ses dettes pour entériner l'âge de guerre. (*Oise Hebdo*)

Payer ses dettes : un bon moyen d'enterrer la hache de guerre ?

Des contractuels recrutés lors des piques d'absence. (*Les dernières nouvelles d'Alsace*)

Ça doit faire mal, ces pics…

Jeudi 30 avril

Saint Robert et aussi les Clément, Maxime, Rigobert, Robin, Aphrodite

Le soleil se lève à **06 h 34** *et se couche à* **21 h 03**

« L'homme est plein d'imperfections. Ce n'est pas étonnant si l'on pense à l'époque où il a été fait. »

Alphonse Allais

C'est arrivé le…

30 avril 1789

Georges Washington devient le premier président des États-Unis d'Amérique. Chef d'état-major de l'armée continentale lors de la guerre d'indépendance, il est élu président le 4 mars, avant de prendre officiellement ses fonctions le 30 avril. Considéré comme l'un des pères fondateurs des États-Unis, il donnera son nom à la capitale politique du pays ainsi qu'à un État.

101 732

C'est le nombre de titres diffusés en 2013 sur l'ensemble des 42 stations de radios musicales françaises. Parmi eux, seuls 33 713 étaient des nouveautés. Cumulées, les diffusions de ces chansons atteignent 4 431 169, dont 2 534 990 pour les nouveautés. Côté artistes, on ne recense que 6 475 artistes francophones contre 30 775 chanteurs internationaux.

– Dites-moi, si je me trompe… en langage des fleurs, cela veut dire « fais-moi mal », c'est ça ?

Régime Smartphone

Dans la série « un smartphone ça sert à tout », des chercheurs de l'université de Cornell aux États-Unis ont développé un accessoire pour téléphone mobile permettant d'indiquer le taux de cholestérol dans le sang de son utilisateur rapidement et de façon fiable. L'appareil se fixe sur la caméra du smartphone afin d'analyser une bandelette sur laquelle on aura déposé quelques gouttes de sang. On obtient les résultats en moins de 60 secondes. On imagine le potentiel de cet appareil lorsque l'on sait, par exemple, que 60 % de la population adulte américaine affiche un taux de cholestérol au-dessus de la normale, pouvant accroître les risques de maladies cardiaques. Il faut juste être prêt à se prélever quelques gouttes de sang…

Ça zlatanne !

- Carlo Ancelotti a quitté le PSG, car il ne voulait plus être l'adjoint de Zlatan.
- Les deux premiers coups francs de Zlatan ont été tirés à Hiroshima et Nagasaki.
- Zlatan n'est pas né. Il s'est créé lui-même.
- Pour son but défiant les lois de la gravité contre l'Angleterre, Zlatan a reçu le prix Nobel de physique.
- C'est Zlatan qui a tué la mer Morte.
- Les joueurs de Saint-Étienne sont devenus Les Verts le jour où ils ont affronté Zlatan pour la première fois.
- Quand Zlatan perd, c'est qu'il est dans l'autre équipe.
- Quand Zlatan a dit qu'il était le plus grand, Lionel Messi a arrêté de grandir.
- Zlatan ne va jamais aux anniversaires. Zlatan ne fait pas de cadeaux.
- Zlatan ne se regarde jamais dans un miroir. On ne peut recréer la perfection.

Vendredi 1er mai

Fête du travail On fête aussi les Jérémie, Berthe, Maria, Romain

« La démocratie, c'est aussi le droit institutionnel de dire des bêtises. »

François Mitterrand

C'est arrivé le…

1er mai 1993

Suicide de Pierre Bérégovoy. L'ancien Premier ministre de François Mitterrand est retrouvé tué par balle à la tête, à Nevers, dont il était maire. Après enquête, la police conclut à un suicide. Il avait quitté Matignon un mois plus tôt après avoir été mis en cause dans une affaire de malversation financière.

Mon truc en +

Halte à l'odeur d'ail

L'odeur de l'ail cru qui persiste sur les mains est souvent fort désagréable, alors qu'il est pourtant très facile de s'en débarrasser. Pour cela, frottez vos doigts, sous l'eau froide du robinet, sur une lame de couteau en acier inoxydable. Efficacité garantie.

Mai

Le troisième mois chez les Romains était consacré aux sénateurs ou *maiores*, d'où l'appellation « mai ». On raconte aussi que son nom viendrait du terme latin *maius*, se référant à la déesse Maïa. Il fut ensuite le cinquième mois des calendriers grégorien et julien, prit le nom de « floréal » chez les Républicains et fut même baptisé « mois d'amour » dans le calendrier Charlemagne. Une réputation démentie par de nombreux dictons (« Mariages de mai ne fleurissent jamais ») et croyances (mois des esprits malins chez les Romains), à laquelle succombèrent pourtant trois rois. Mal leur en prit… Henri II, alors futur roi d'Angleterre, épousa Éléonore de Guyenne (plus connue sous le nom d'Aliénor d'Aquitaine) le 18 mai 1152. Celle-ci conspira contre lui. Il la fit emprisonner pendant quinze ans, mais mourut accablé de chagrin, à cause de ses enfants. Charles Ier, roi d'Angleterre, d'Irlande et d'Écosse, se maria « par procuration » avec Henriette de France le 11 mai 1625. Il périt sur l'échafaud ! Enfin, Louis XVI et Marie Antoinette d'Autriche, dont on connaît le destin tragique, s'unirent le 16 mai 1770. Réfléchissez-y à deux fois en cas de mariage prévu ce mois-ci !

Le mois de mai vit aussi la disparition de cinq rois de France (Louis V, Charles IX, Henri IV, Louis XIII et Louis XV) et de deux papes (Pie V et Benoît XIV). On doit à Benoît XIV d'avoir attribué le titre de « pape » à l'unique souverain pontife et non plus à tous les évêques, comme c'était le cas auparavant.

Mai fut aussi le théâtre de faits militaires légendaires : Constantinople (Istanbul) aurait tour à tour, toujours en mai, été prise par les Romains, les croisés et les Turcs (29 mai 1453). La guerre de Trente Ans débuta le 23 mai 1618 et la Pologne disparut de la carte de l'Europe en mai 1795. Enfin, rayon bonne nouvelle : Jeanne d'Arc délivra Orléans le 8 mai 1429… avant d'être capturée, puis livrée aux Anglais le 25 mai 1430, et brûlée vive le 30 mai de l'année suivante.

Le 1er mai 1899, la voiture *La Jamais contente* franchit la barre symbolique des 100 km/h.

La première pierre du palais des Tuileries fut posée en 1564, le 31 mai, le même jour que les bases du Pont Neuf, à Paris, quatorze ans plus tard. Enfin, n'oubliez pas d'offrir du muguet à vos proches le 1er (Fête du Travail créée en 1890) et de profiter de ce mois très apprécié par les Français… pour son nombre de jours fériés.

Quiz Philo

Qu'est-ce que l'eudémonisme ?

- ❑ 1. Fonder sa vie sur le bonheur
- ❑ 2. Fonder sa vie sur le plaisir
- ❑ 3. Fonder sa vie sur le mal

Réponse

Réponse 1

Samedi 2 mai

St Boris et les Adalbald, Adalsinde, Adam, Adamante, Aenoz, Sigismond

Le soleil se lève à **06 h 31** *et se couche à* **21 h 05**

« Quarante ans, c'est la vieillesse de la jeunesse, mais cinquante ans, c'est la jeunesse de la vieillesse. »

Victor Hugo

C'est arrivé le...

2 mai 2011

Barack Obama annonce la mort d'Oussama Ben Laden. Le chef du réseau terroriste Al-Qaïda a été tué lors d'un assaut des forces spéciales américaines, au Pakistan, dans la nuit du 1er au 2 mai. Le cerveau des attaques du 11 septembre 2001 était en tête de liste des personnes les plus traquées au monde.

La (très) grosse blague !

Le petit Stéphane, qui est en CM1, est un gamin surdoué. À la fin du cours, il demande à sa maîtresse s'il peut lui parler.

- Que veux-tu me dire, Stéphane ?

- Je pense être trop intelligent pour rester dans cette classe, je m'embête ! Je voudrais passer directement au lycée.

La maîtresse en informe le directeur qui propose à l'élève de passer des tests pour vérifier s'il est aussi intelligent qu'il l'assure.

Le test commence en présence du directeur et de la maîtresse.

Le directeur : - Voyons voir, 3 x 4 ?

- Douze !

- Et 6 x 6 ?

- 36, monsieur le directeur.

- Capitale du Japon ?

- Tokyo

Le test se poursuit, Stéphane ne commet aucune erreur. Le directeur est convaincu. Pas la maîtresse, qui demande si elle peut à son tour poser des questions à l'enfant.

- La vache en a 4 et moi j'en ai 2, qu'est-ce que c'est ?

- Les jambes, madame.

- Correct. Qu'est-ce qu'on trouve dans tes pantalons et pas dans les miens ?

Le directeur s'étonne de la question. Mais Stéphane répond du tac au tac :

- Des poches, madame.

- Bien ! Qu'est-ce que les hommes et les femmes ont en plein milieu et qui est en double ?

Le directeur se prépare à intervenir lorsque Stéphane répond :

- Les deux « M », madame.

La maîtresse poursuit :

- Où les femmes ont-elles les poils les plus frisés ?

- En Afrique, madame, répond le gamin sans hésiter.

La maîtresse, légèrement agacée par l'intelligence de Stéphane, poursuit :

- Qu'est-ce qui est mou mais qui, aux mains d'une femme, devient dur ?

Le directeur sursaute.

Mais Stéphane répond : - Le vernis à ongles, madame.

La maîtresse : - Qu'est-ce que les hommes et nous, les femmes, avons au milieu des jambes ?

- Les genoux !

- Et qu'est-ce qu'une femme mariée a de plus large qu'une femme célibataire ?

Le directeur, gêné par ces questions, est prêt à stopper le test, mais le gamin a réponse à tout :

- Le lit, madame.

La maîtresse poursuit : - Quelle est la partie de mon corps qui est souvent la plus humide ?

- Votre langue, madame.

- Et quel mot commençant par la lettre « c » désigne quelque chose qui peut être humide ou sec et que les hommes aiment regarder ?

- Le ciel ! lance Stéphane.

Le directeur, soufflant et transpirant comme un sauvage, décide d'arrêter le test et s'exclame :

- Ce n'est pas au lycée que je vais t'envoyer, mais directement à l'université ! Même moi, je l'aurais complètement raté, ce test...

Moralité de l'histoire : c'est avec l'âge que l'on devient pervers !

« Dans le monde actuel, nous investissons cinq fois plus d'argent en médicaments pour la virilité masculine et en silicone pour les seins des femmes que pour la guérison de la maladie d'Alzheimer. Dans quelques années, nous aurons des vieilles avec de gros seins et des vieux à la verge dure… mais aucun d'entre eux ne se rappellera à quoi ça sert ! »

Drauzio Varella (prix Nobel de médecine)

C'est arrivé le…

3 mai 1987

Décès de Dalida, icône du music-hall et de la variété, à l'âge de 55 ans. Née au Caire, d'origine italienne, elle connut le succès dans sa carrière de chanteuse entre la fin des années 1950 et le début des années 1980. Elle fut également un symbole et un soutien de la cause homosexuelle. Le 3 mai 1987, elle est retrouvée morte dans son appartement du quartier Montmartre, victime d'une overdose volontaire de médicaments.

Un final en feu d'artifice

Se faire enterrer, c'est dépassé. Mais pourquoi pas ne pas s'envoyer en l'air une dernière fois à titre posthume ? C'est l'idée d'un entrepreneur de pompes funèbres espagnol, qui propose de transformer vos cendres en véritable feu d'artifice. Spécialisée dans l'organisation par Internet de funérailles, cette société s'est alliée à une entreprise pyrotechnique. La charge explosive est introduite à l'intérieur de l'urne renfermant les cendres, elle-même dotée d'un système de lancement. Il suffit d'allumer la mèche pour voir s'envoler, puis exploser, l'urne dans le ciel, au-dessus d'un lieu cher au cœur du disparu.

Récidiviste, une fatalité ?

En 2004, 500 000 personnes ont fait l'objet d'une condamnation pour un délit ou une contravention « grave », inscrite au casier judiciaire. Parmi eux, quatre sur dix avaient déjà des antécédents judiciaires au moment de leur condamnation. Entre 2004 et 2011, si l'on exclut les infractions à la circulation routière, qui constituent un cas de récidive fréquent et atypique, 38 % des condamnés ont récidivé. Et environ 40 % des récidivistes retournent devant la justice pour la même infraction. La récidive est surtout le fait des jeunes, voire très jeunes, délinquants : six condamnés sur dix en 2004, mineurs au moment des faits reprochés, ont récidivé avant 2011.

HISTOIRE, HISTOIRES…

En 1758, l'approche de la cinquantaine rend Louis XV, le Bien-Aimé, d'humeur très maussade. Chaque jour, la favorite, Mme de Pompadour, devait trouver de nouvelles surprises pour dérider son royal ami. Elle était aidée en cela par son dévoué médecin François Quesnay, à qui l'on doit aussi quelques bases de l'économie moderne.

Le roi aimait bricoler de ses mains. Quesnay, qui venait d'écrire son *Tableau économique*, eut l'idée d'intéresser le souverain à sa composition et à son impression. Louis XV accueillit cette proposition avec joie. On installa dans les petits appartements du monarque une presse en acajou. Des cases en bois de rose contenaient les caractères, et l'apprenti typographe, armé d'un composteur en or, s'exerça au métier, qu'il maîtrisa assez rapidement, d'après les témoins. C'est ainsi que sortit de l'atelier royal le *Tableau économique* de Quesnay. Il ne reste malheureusement plus d'exemplaire connu de cet ouvrage. On ne saura donc peut-être jamais si le roi Louis XV fut un maître en typographie.

Lundi 4 mai

Saint Sylvain On fête aussi les Antoine, Florian, Sullivan, Monique

Le soleil se lève à **06 h 28** *et se couche à* **21 h 08**

« Le malheur a cela de bon qu'il nous apprend à connaître nos vrais amis. »

Honoré de Balzac

Politiquement… incorrect

– En 1989, sur cinquante-deux évadés, on en a repris cinquante-trois. (*Pierre Arpaillange, Garde des sceaux, ministre de la Justice sous Michel Rocard (1988-1990)*)

– Cela fait toujours plaisir de revoir ses grands-parents. (*Malek Boutih, secrétaire national du PS (2003-2008), à propos de la venue de Lionel Jospin aux universités d'été du PS*)

– À l'Assemblée on s'occupe des JO et on laisse les jeux Paralympiques au Sénat. (*Jean-Louis Debré, ministre de l'Intérieur sous Alain Juppé (1995-1997), ancien président de l'Assemblée Nationale*)

– Passer de ministre à promeneur de son chien suppose un énorme travail sur soi-même. (*Renaud Donnedieu de Vabres, UMP, ministre de la Culture et de la Communication (2004-2007), à propos de lui-même*)

– Rassembler les centristes, c'est comme conduire une brouette pleine de grenouilles : elles sautent dans tous les sens. (*François Bayrou, président du Modem*)

– Pourquoi démissionner quand on est innocent ? (*Jérôme Cahuzac, ancien ministre PS du Budget, convaincu de fraude fiscale, démissionnaire puis exclu du PS*)

– Cela pourrait faire un film dont le titre serait *Mamère Noël* est une ordure. (*Michel Charasse, ancien ministre PS du Budget, après le mariage homosexuel de Bègles*)

C'est arrivé le…

4 mai 1979

Margaret Thatcher est la première femme à devenir Premier ministre en Grande-Bretagne. Entrée au parlement en 1959, elle prend la tête du parti conservateur en 1975. Dans un contexte de crise économique et sociale, le parti remporte les élections générales du 3 mai 1979 et Thatcher devient chef du gouvernement dès le lendemain. Surnommée « la Dame de fer », elle marquera l'histoire par ses réformes radicales et ses convictions très libérales.

– Chérie, je n'aime pas beaucoup cette nouvelle coiffure !

Pour rire

Deux mites se rencontrent dans un pull, l'une dit :
– Où vas-tu en vacances cette année ?
– Au bord de la Manche !

En forme !

Évaluer sa condition physique. Un corps bien musclé n'implique pas forcément un cœur à toute épreuve, des capacités d'endurance, d'équilibre, de souplesse ou d'adresse… Chacun d'entre nous a des besoins particuliers et possède des aptitudes physiques qui lui sont propres, à un moment précis de son existence. Évaluer sa condition physique n'a rien à voir avec la performance, le but est de mesurer son niveau de forme afin d'améliorer sa qualité de vie. D'où l'importance de se poser les bonnes questions. Vouloir se mettre ou se remettre à une activité physique, c'est bien. Le faire en connaissant ses points faibles et ses points forts, en prenant en considération son mode de vie, son alimentation, son âge… c'est encore mieux !

Le soleil se lève à **06 h 26** et se couche à **21 h 10**

Mardi **5 mai**

Sainte Judith On fête aussi les Ange, Euloge, Angèle, Jutta

« *La sagesse est la santé de l'âme.* »

Cicéron

C'est arrivé le…

5 mai 1789

Ouverture des États généraux à Versailles, par Louis XVI. Il s'agit des derniers de l'Ancien Régime. L'assemblée réunit 1 139 députés représentant les trois ordres (clergé, noblesse et tiers état) pour débattre des problèmes du pays. Les désaccords qui y seront soulevés marqueront le début de la Révolution française.

Cocktail !

Viva Villa (short drink)

- 4 cl de tequila
- 2 cl de jus de citron vert
- 1 cl de sirop de sucre de canne
- 5 glaçons

Frappez pendant 10 secondes les ingrédients au shaker avec les glaçons. Versez ensuite dans un verre de type Martini® en filtrant la glace avec une passoire. Décorez avec une tranche de citron vert sur le bord du verre et servez aussitôt.

Le Viva Villa tient son nom d'un film du même nom sorti dans les salles en 1934. Ce western rendait hommage à Francisco Villa (1878-1923), modeste paysan devenu figure de la lutte révolutionnaire au nord du Mexique dans les années 1910. Celui que l'on surnommait « Pancho Villa » leva une armée de près de 50 000 hommes pour libérer le peuple opprimé par la dictature de Porfirio Díaz. Finalement, ce révolutionnaire emblématique dans son pays mourut assassiné en 1923.

Pays des merveilles

Faut-il établir une nouvelle liste des Sept Merveilles du monde ? Tel est le débat qui agite depuis des années les historiens de la planète entière. En effet, aujourd'hui, la pyramide de Khéops, située à Gizeh en Égypte, est la seule des Sept Merveilles du monde qui soit encore debout et visible. Les six autres auraient été détruites par des incendies ou des catastrophes naturelles. C'est la version officielle, car nombreux sont ceux à se demander si ces merveilles ont réellement toutes existé. Et on ne sait toujours pas qui fut l'auteur de cette liste de monuments considérés comme parfaits, issue de la tradition antique grecque et romaine. Une chose est sûre, la liste des merveilles a été définitivement fixée après le début du IIIe siècle avant J.-C., époque de la construction de la merveille la plus récente : le phare d'Alexandrie. Reste à déterminer sept nouvelles merveilles, et cela risque de donner lieu à des débats passionnés. Les Sept Merveilles du monde (avec leur localisation actuelle avérée ou supposée) :

- Pyramide de Khéops (Égypte)
- Jardins suspendus de Babylone (Irak)
- Statue chryséléphantine de Zeus à Olympie (Grèce)
- Temple d'Artémis à Éphèse (Turquie)
- Mausolée d'Halicarnasse (Turquie)
- Colosse de Rhodes (Grèce)
- Phare d'Alexandrie (Égypte)

Vermot'jardin

Mai

- Replantez le muguet défleuri que l'on vous a offert le 1er mai, il a le don de se propager très rapidement.
- Plantez les haies d'arbustes à feuillage persistant. Arrosez sans modération.
- Taillez vos arbustes défleuris comme les lilas, les corètes du Japon ou les groseilliers à fleurs.
- Pincez (voir Dico Jardin du 3 mars) les jeunes pousses de vos orangers, citronniers et clémentiniers.
- À cette époque de l'année, pensez à semer concombres, haricots, carottes, betteraves, melons et radis.
- C'est le bon moment pour implanter dans votre bassin nénuphars et lotus.

Mercredi **6 mai**

Sainte Prudence On fête aussi les Jean, Bénédicte, Bonizelda

Le soleil se lève à **06 h 24** *et se couche à* **21 h 11**

« Une auto-stoppeuse est une jeune femme généralement jolie et court vêtue, qui se trouve sur votre route quand vous êtes avec votre femme. »

Woody Allen

C'est arrivé le…

6 mai 1994

Inauguration du tunnel sous la Manche par Élisabeth II et François Mitterrand. Véritable prouesse technologique, il entrera en activité le 1er juin de la même année, après six ans de travaux menés conjointement par les deux pays. Le tunnel est long de 50,5 km, dont 37 km sous le fond marin : un record. Il permet la traversée de marchandises, ainsi que de passagers avec leurs véhicules, en 35 minutes.

LU DANS LA PRESSE

On peut arriver pour une simple radio et ressortir avec des poings de suture au visage. (*Le Monde*)

Ça doit laisser de grosses cicatrices, ces points.

La Bible et la bourse

Dans la catégorie escroc, je voudrais le père… ou plutôt le pasteur. Dans une vie antérieure, Sean Hyman était pasteur. Aujourd'hui, ce Texan est devenu un pape des consultants boursiers sur les plus grandes chaînes financières américaines. Grâce à la religion. Son credo ? La Bible recèlerait un code financier secret, le « *biblical money code* », capable de vous rendre riche, et qu'il semble être le seul à avoir découvert. Lui-même aurait fait fortune grâce à ce code et aurait décuplé la retraite de son vieux papa. De quoi écouter le prêcheur attentivement et souscrire à ses offres de service. D'autant plus que ce secret caché dans les Écritures, Sean promet de le partager avec tous les boursicoteurs. Avant cela, il faut regarder une interminable vidéo, émaillée de conseils de bon sens sur la santé des entreprises et de références au roi Salomon, à saint Paul ou au Christ. Du code secret, on n'apprend pas grand-chose, mais on assure ses performances divines ! En revanche, le curieux est vivement invité à s'abonner à la newsletter de Sean Hyman et autres publications spécialisées, payantes cette fois. Un bon retour sur investissement en perspective – pour l'ancien pasteur, en tout cas.

– Je suis confus… vous me trouvez là… sans cravate !!

Foi de footeux

- La situation est sans espoir, mais pas critique. (*Stefan Effenberg*)
- Il faut rendre César à César. (*Patrice Évra*)
- Cette pelouse, c'est un caviar. (*Jean-Marc Ferreri, pas amateur de billard*)
- Ça remonte aux calanques grecques. (*Laurent Robert*)
- Il ne faut pas brûler la peau de l'ours avant de l'avoir vendue. (*Abdeslam Ouaddou*)
- Ils vont chercher à enlever l'épine du pied qu'ils ont sur la tête. (*Xavier Gravelaine*)
- C'est le revers du bâton. (*Alain Caveglia*)
- Va falloir rechausser les gants à la mi-temps. (*Stéphane Cassard*)

Le soleil se lève à **06 h 23** et se couche à **21 h 13**

Jeudi 7 mai

Sainte Gisèle On fête aussi les Domitien, Réginald, Reynald

« Pourquoi, en vacances, s'obstine-t-on à choisir douze cartes postales différentes, alors qu'elles sont destinées à douze personnes différentes ? »

Sacha Guitry

C'est arrivé le…

7 mai 1954

La chute de Diên Biên Phu précipite la fin de la guerre d'Indochine. Depuis l'achèvement de la Seconde Guerre mondiale, le parti communiste vietnamien lutte pour l'indépendance de l'Indochine. Le Viêt Minh, son bras armé, combat face aux forces militaires françaises, qui sont retranchées à Diên Biên Phu. Ce siège constitue la dernière bataille majeure de la guerre d'Indochine (du 13 mars au 8 mai 1954), et la défaite française mènera aux accords d'indépendance.

TOP CHRONO :

LA TÉLÉVISION

- **1954 : Catherine Langeais est partout. Elle présente la première émission culinaire, *Art et magie de la cuisine*, avec le chef Raymond Oliver. Apparition aussi de Pierre Bellemare dans *Télé Match*, le premier jeu télévisé.**
- **17 mars 1954 : première de *La Piste aux étoiles*, émission consacrée au cirque réalisée par Pierre Tchernia et présentée par Roger Lanzac. Elle sera diffusée jusqu'en 1978.**
- **6 juin 1954 : création de l'Union européenne de radio-télévision (UER), dite « Eurovision ». Il s'agit d'un réseau d'échange de programmes entre pays d'Europe occidentale. Ce jour-là, les téléspectateurs de l'Europe assistent à la Fête des Narcisses et ses chars fleuris, à Montreux (Suisse).**
- **1954 : 1 % des foyers possèdent une télé.**

Il y a 100 ans : mai 1915

- **6 mai** : Les Russes battent en retraite sur un front de 160 km, après une offensive austro-allemande visant à les empêcher d'envahir la Hongrie.
- **6 mai** : Naissance de l'acteur et réalisateur américain Orson Welles (décès le 10 octobre 1985).
- **6 mai** : Naissance du clown Achille Zavatta.
- **7 mai** : Les Allemands torpillent le paquebot britannique *Lusitania* au sud des côtes irlandaises : 1 200 morts, dont 124 Américains. Les États-Unis s'insurgent. Les tensions diplomatiques avec l'Allemagne sont vives.
- **9 mai** : Début de l'offensive française en Artois. Elle se soldera par un échec un mois plus tard.
- **10 mai** : Pétain est nommé commandeur de la Légion d'honneur.

Les boissons énergisantes modifient le rythme cardiaque

Les beaux jours, la reprise du sport… et un petit coup de pouce avec une boisson énergisante. Attention ! La consommation de boissons énergisantes nous ferait battre le cœur plus vite, ce qui n'est jamais très bon. C'est ce que vient de démontrer une équipe scientifique allemande de l'université de Bonn, dans une étude présentée lors du Congrès annuel de la société de radiologie d'Amérique du Nord, à Chicago. Cette recherche a montré que les personnes qui consommaient ces boissons contenant de la caféine et de la taurine avaient significativement plus de contractions cardiaques, une heure après la prise. Selon le Dr Jonas Dörner, l'un des chercheurs, « jusqu'à présent aucune étude n'avait démontré l'action des boissons énergisantes sur la fonction du cœur. ». Dans un rapport de 2013, l'Anses (Agence nationale de sécurité sanitaire de l'alimentation, de l'environnement et du travail) avait déjà énuméré les effets indésirables vraisemblablement liés à la consommation de ces boissons. Les principaux symptômes sont d'ordres cardiovasculaires (sensations d'oppression ou douleurs thoraciques, tachycardie, hypertension, troubles du rythme, voire arrêt cardiaque), psycho-comportementaux ou neurologiques (irritabilité, nervosité, anxiété, hallucinations, épilepsie). À l'échelle internationale, le nombre de consultations relatives à la consommation de ces boissons dans les services d'urgences aux États-Unis a quasiment doublé entre 2007 et 2011, passant de 10 068 à 20 783, d'après un rapport édité en 2013. L'Anses souligne enfin qu'« aucun intérêt nutritionnel n'a pu être démontré ».

Le soleil se lève à **06 h 21** et se couche à **21 h 14**

« Je peux résister à tout, sauf à la tentation. »
Oscar Wilde

C'est arrivé le…

8 mai 1902

Éruption de la montagne Pelée, à la Martinique. En quelques minutes, la ville de Saint-Pierre est entièrement détruite. Le bilan est très lourd, l'éruption fait près de 30 000 morts, ne laissant que très peu de survivants. Avant la catastrophe, Saint-Pierre était la capitale économique des Antilles. Aujourd'hui, la ville abrite moins de 5 000 habitants et le volcan est toujours en activité.

Esprit d'antan

Le peintre américain John Singer Sargent avait la réputation d'être la bonté même. Toutefois, il avait la dent cruelle pour les mauvaises toiles. Un jour, dans une exposition qui se tenait à Londres, on attira son attention sur un tableau dépourvu de qualités et qui représentait des fruits.
– C'est une nature morte, fit quelqu'un.
– Dans ce cas, répliqua Sargent, puisqu'elle est morte, on devrait trop bien se hâter de l'ensevelir définitivement.

À l'origine… La pomme de terre

Inconnue en Europe jusqu'au XVIe siècle, la pomme de terre nous arrive d'Amérique latine où son histoire a commencé il y a environ 8 000 ans sur les hauts plateaux de la Cordillère des Andes. Au XIIe siècle, les Incas l'appelaient *papa*. Puis elle est devenue *batata* et *patata*. Nom de baptême repris en Espagne et en Italie, puis en Angleterre où elle se transforme en *potato*. Chez nous, c'est la patate. Tout va bien. Jusqu'à ce que le botaniste français Charles de L'Écluse, travaillant à l'Université néerlandaise de Leyde, décide de la rebaptiser « tartufoli », la petite truffe, sans doute à cause des caractéristiques du tubercule qu'il étudie alors. Si bien que vers la fin du XVIIe siècle, notre patate prend le nom de « truffe rouge » ou « truffe blanche ». Une appellation qui donna d'ailleurs l'idée aux Savoyards d'un autre diminutif, « tartifle », qui a traversé les époques jusqu'à nos jours avec la fameuse tartiflette. Et la « pomme de terre », dans tout ça ? Ce n'est qu'au XVIIIe siècle, grâce à la ténacité et à l'ingéniosité d'Antoine Augustin Parmentier, pharmacien aux armées, que ses qualités sont enfin reconnues chez nous. Et en 1780, à une époque où les botanistes ont la manie de donner à toutes les plantes des noms latins, les tubercules furent donc rebaptisés *mala terrae*, *mala* comme pommes au pluriel, *terrae* étant bien sûr la terre. Depuis, rien n'a changé. Aujourd'hui, la production française de pommes de terre pour la consommation oscille entre 4,5 et 5 millions de tonnes par an, selon les années. La France se situe ainsi au second rang de l'Europe de l'Ouest, derrière l'Allemagne. Et les Français en consomment 50 à 55 kg par habitant et par an, en en faisant ainsi leur légume préféré.

En forme !

Que d'eau ! 2 à 3 litres. C'est la quantité d'eau que nous éliminons quotidiennement par les voies respiratoires et urinaires, les selles ou encore la transpiration. Ces pertes inévitables varient selon l'énergie dépensée, les conditions climatiques (chaleur, air sec…), la température du corps (fièvre, diarrhées…), les activités physiques pratiquées et le poids. C'est pourquoi nous devons combler cette perte en permanence en buvant environ 1,5 l par jour. Et cela même si une partie des besoins est couverte par l'eau contenue dans les aliments (environ 1 l). Or, ignorant combien ce renouvellement est essentiel à la vie, nous n'en buvons pas suffisamment.

« On ne peut s'empêcher de vieillir, mais on peut s'empêcher de devenir vieux. »

Matisse

C'est arrivé le…

9 mai 1949

Le prince Rainier III de Monaco succède à son grand-père. Surnommé « le Prince bâtisseur », c'est à lui que l'on doit la Principauté telle qu'elle est aujourd'hui. Il fut à l'origine de l'explosion immobilière monégasque, de la réhabilitation de nombreux quartiers et de l'accroissement du territoire grâce à des avancées sur la mer. À sa mort, le 6 avril 2005, c'est son fils, le prince Albert II, qui lui succède.

Pour rire

Deux gars sont condamnés à mort. Le directeur se tourne vers le premier qui sera exécuté et lui demande :
– Quelle est votre dernière volonté ?
– J'aime la musique… Vous pourriez passer Céline Dion à la sono pour que je l'entende une dernière fois ?
– Certainement, on peut faire ça pour vous.
Se tournant vers le deuxième condamné :
– Et vous, quelle est votre dernière volonté ?
– S'il vous plaît, tuez-moi en premier !

Comme un symbole
La Légion d'honneur

Qu'elle est prestigieuse, accrochée à votre veste, cette étoile à cinq branches, surmontée d'une couronne de laurier, le tout suspendu à un ruban rouge ! Au milieu, le visage de Marianne, le symbole de la République. C'est la Légion d'honneur, récompense suprême de l'activité ou du travail au service de la France. L'idée vient de Napoléon, qui décide en 1802 que les civils ont droit à une reconnaissance, jusque-là réservée aux militaires. La Légion d'honneur récompensera donc les deux, dorénavant, suivant une hiérarchie bien établie. Car il y a des grades dans la Légion d'honneur. Le plus bas, c'est le « chevalier ». On passe ensuite « officier », puis « commandeur ». Les titres ultimes revenant au « grand officier » puis aux propriétaires de la « grand-croix », parmi lesquels figurent l'Abbé Pierre, Louis Pasteur, Claude Lévi-Strauss ou encore Gustave Eiffel. Mais aussi des étrangers tels que Helmut Kohl ou Vladimir Poutine. Quant au chef suprême de la Légion d'honneur c'est, en toute logique, le président de la République, qui porte le « grand collier » avec ses seize maillons en or massif. Comment décrocher l'une de ces distinctions dont jouissent aujourd'hui plus de 100 000 personnes ? Il suffit que quelqu'un vous propose. Votre dossier sera examiné par un ministère, puis transmis à l'ordre de la Légion d'honneur qui tranchera.

Et n'allez surtout pas jouer les impatients, à en porter une fausse ou illégalement : vous risqueriez un an de prison et 15 000 euros d'amende.

Allô, Docteur ?
Boire un peu d'alcool le soir favorise l'endormissement

Oui. Au même titre qu'il favorise aussi la somnolence en journée, la perte de vigilance et, par conséquent, les risques d'accidents. Boire de l'alcool le soir favorise certes un endormissement plus rapide, mais cela a surtout pour effet de perturber fortement la qualité du sommeil de la deuxième partie de nuit, en le fractionnant par de nombreuses périodes d'éveil (dont on n'a pas toujours conscience). Donc en réalité, l'alcool, en fonction de la quantité ingurgitée, nous fait moins bien dormir, le réveil n'est pas bon, et il favorise les épisodes de somnolence dans la journée. Et, comme le cannabis, il nuit aux capacités intellectuelles.

Dimanche **10 mai**

Sainte Solange On fête aussi les Laurent, Antonin, Philadelphie

Le soleil se lève à **06 h 18** *et se couche à* **21 h 17**

*« Je parle en dormant.
Au bureau, c'est gênant ! »*
Pierre Doris

C'est arrivé le…

10 mai 1997

Victoire aux échecs de l'ordinateur IBM Deep Blue contre Garry Kasparov, champion du monde de 1985 à 2000. Après une première victoire du Russe en 1996, l'ordinateur devient le premier à battre officiellement un champion du monde. Deep Blue était capable de calculer de 100 millions à 300 millions de coups par seconde.

Mon truc en +

Des endives moins amères

Des endives servies en gratin, c'est très bon, mais parfois un peu amer. Pour faire manger des endives même aux plus récalcitrants, il existe quelques astuces. Si vous cuisez vos endives à l'eau, versez 20 cl de lait ou de vin blanc dans votre casserole afin d'adoucir leur saveur. Si vous les faites braiser, ajoutez-y deux ou trois morceaux de sucre qui leur donneront, en plus d'un goût bien plus agréable, une belle couleur dorée. Enfin, la solution imparable : il vous suffit de creuser un cône au niveau du talon, la partie la plus amère de l'endive.

@çagazouille : les JLGeades

©Twitter

- J'en ai vu défiler des 1er mai ! Pour tout vous dire, le muguet, ça m'énerve un brin.
- Je reconnais qu'à la fin de l'Ancien Régime, Louis XVI avait perdu du poids.
- Allez faire comprendre à un chat que vous n'êtes pas félin pour l'autre.
- Un bon directeur est quelqu'un délégant.
- Constat : la vie fait de moins en moins de moines.
- Je souffre d'une bonne santé chronique.
- Pour attirer l'aimant, faut le fer.
- Prisonnier affamé voit son garde-manger.
- Tel le fils de Guillaume qui disait : « Mon père veut s'entraîner, ça va encore être pour ma pomme… »
- La moitié de nous, c'est minous, la moitié d'eux, c'est mi-eux.
- C'eût été dommage de débuter l'Ascension sans mon thé.
- Pouvez-vous me dire précisément d'au moins combien de personnes doit être composée une foule ?
- Sur la ligne de départ du marathon, il y avait des signes avant-coureurs.
- Il était en pleine effervescence pour son premier cachet.
- Les hexagones sont des figures asticotées.
- Maya, montre-nous l'essaim !
- Quand les chauves frisent, cela ne peut être que le ridicule.
- A priori, il y a autant de femmes-poupées que de maris honnêtes.
- Le chocolat a une place de choix sur mes tablettes.

(à retrouver sur Twitter : @ jlgdu54)

– Non, ça n'est pas une rencontre de présidents de la république…

Le marché mondial du sport en chiffres

- **Le secteur du sport génère 2 % environ du PIB mondial.**
- **Le marché du sponsoring sportif est évalué à 40 milliards de dollars en 2013, et 45 milliards de dollars en 2014.**
- **Le marché des droits de retransmission télévisée des compétitions sportives est évalué à 30 milliards de dollars en 2013 et 45 milliards de dollars en 2014.**
- **Plus de 100 milliards de dollars d'investissements planifiés au Qatar qui organisera, entre autres, la Coupe du monde de handball en 2015 et la Coupe du monde de football en 2022.**
- **Plus de 15 milliards de dollars au Brésil pour les jeux Olympiques de Rio de Janeiro en 2016.**
- **Plus de 30 milliards de dollars en Russie pour la Coupe du monde de football en 2018.**
- **Près de 4,5 milliards de dollars au Japon pour les jeux Olympiques de Tokyo en 2020.**

« *Le plaisir est décevant, les possibilités jamais.* »

Kierkegaard

C'est arrivé le…

11 mai 1981

Mort du musicien et chanteur de reggae jamaïcain Bob Marley, à Miami. Encore aujourd'hui, avec plus de 200 millions de disques vendus à travers le monde, Bob Marley reste la référence du reggae. Il a permis à la musique jamaïcaine et au mouvement rastafari d'obtenir une reconnaissance mondiale.

Les abeilles ont du nez

Les scientifiques ont découvert que notre abeille européenne – *Apis mellifera* – a un odorat extraordinaire, bien supérieur à celui des chiens. Et il suffirait d'une dizaine de minutes pour les entraîner à reconnaître certaines odeurs chimiques spécifiques. C'est ainsi que l'on a déjà appris à des abeilles à détecter la tuberculose, le diabète, le cancer du poumon, de la peau ou du pancréas. Dernière expérience en date, des abeilles ont été entraînées à détecter les explosifs et sont aujourd'hui employées dans des opérations de contre-terrorisme. Avantage de l'abeille : quelle que soit l'odeur proposée, elle la garde en mémoire toute sa vie.

Ah s'ils savaient…

Allez parler santé aux jeunes… Ils ne s'en préoccupent pas vraiment, puisque la plupart, et heureusement, se déclarent ou se croient en bonne santé et se sentent suffisamment informés sur les dangers qu'ils courent. Et pourtant… Ils seraient bien avisés d'être vigilants. Ils apprendraient alors que la consommation quotidienne de tabac est repartie à la hausse depuis 2008. Aujourd'hui, près d'un tiers des jeunes de 17 ans fument tous les jours. Les épisodes d'ivresse ont progressé depuis 2005, particulièrement chez les jeunes filles. À 17 ans, plus d'une sur deux déclare en 2011 avoir déjà été ivre. Par ailleurs, les prévalences du surpoids et de l'obésité augmentent depuis les années 2000 chez les 18-24 ans.

Premières victimes de ces excès ou transgressions : les garçons, avec près de 2 300 décès chez les 15-24 ans en 2010, des décès pour la plupart associés à des morts violentes (accidents de la route et suicides). Chez les filles, le corps est l'expression du mal-être : en classe de troisième, 42 % se perçoivent trop « grosses », une insatisfaction qui peut les conduire à des troubles alimentaires et s'accompagne parfois de pensées suicidaires, voire de tentatives de suicide (2 % des filles âgées de 15 à 19 ans en 2010).

4	8	2	5	6	7			
5					9			
	1			2			6	5
9			2	7	3	6		
2	7			9			3	8
		1	4	5	8			7
3	9			1			7	
			9					3
			7	3	5	2	8	9

Sudoku

FACILE

Complétez le grand carré de façon à placer tous les chiffres de 1 à 9 sur chaque ligne horizontale, sur chaque colonne et dans chaque petit carré de 9 cases.

Solution page 158

À l'origine…

Boîte aux lettres

Quelle est l'origine de la boîte aux lettres ? Elle serait née à Florence, en Italie, voici quatre siècles, et avait une destination bien spéciale puisqu'elle servait à l'origine à recevoir des dénonciations anonymes. On jetait en effet dans ces boîtes de bois ou de fer des épîtres avertissant les tyrans qui régnaient sur la ville des complots vrais ou imaginaires qui se tramaient contre eux.

Mardi 12 mai

Saint Achille On fête aussi les Denis, Ismérie, Imelda, Pancrace

Le soleil se lève à **06 h 15** *et se couche à* **21 h 20**

« *Gardons-nous de donner la parole aux cons. Ils ne veulent jamais la rendre.* »

Philippe Bouvard

C'est arrivé le…

12 mai 1930

Jean Mermoz s'élance du Sénégal pour la première liaison postale intégralement aérienne entre France et Brésil. À bord d'un hydravion Latécoère 28, le même qui l'avait amené de Paris, il relie Saint-Louis du Sénégal à Natal, au Brésil. Il établira ainsi une liaison régulière à travers l'Atlantique Sud.

Recette
CRUMBLE À LA RHUBARBE

Pour 6 personnes :

- 750 g de rhubarbe
- 100 g de beurre mou
- 125 g de farine
- 150 g de cassonade

Préchauffez votre four à 200 °C. Effilez la rhubarbe, rincez-la et coupez-la en tronçons. Beurrez le fond d'un plat creux dans lequel vous répartirez les morceaux de rhubarbe. Saupoudrez avec la moitié de votre cassonade et mélangez. Dans un saladier, malaxez avec les doigts la farine, le beurre et le reste de la cassonade jusqu'à obtenir une pâte à l'aspect sableux. Enfin, émiettez votre préparation sur la rhubarbe et enfournez pour 30 minutes de cuisson. Servez tiède de préférence.

LU DANS LA PRESSE

Il faudra qu'un successeur se fasse rapidement connaître pour reprendre les rennes de la présidence. (*L'Union*)

C'est bien connu, le président se déplace en traîneau…

Fallait pas l'inventer… Franz Reichelt

Franz Reichelt (1878-1912) est un tailleur français d'origine autrichienne. Installé à Paris en 1900, il obtient la nationalité française en 1911 et change son prénom en François. L'homme, tailleur pour dames dans le quartier de l'Opéra, se met alors en tête de confectionner le premier costume-parachute inspiré de la chauve-souris, qui permettrait à un homme de sauter dans le vide et de voler en déployant les bras. Nous en sommes aux débuts de l'aviation et il est persuadé que son invention le rendra célèbre dans le monde entier, même si jusqu'à présent, les expériences faites avec des mannequins jetés du haut de son immeuble n'ont pas été très concluantes. Sans doute lassé de fracasser des mannequins, François Reichelt décide, le 4 février 1912, de tenter lui-même ce saut de l'ange. Et fait en sorte d'avertir tous les médias de l'époque. Il choisit pour tremplin le premier étage de la tour Eiffel. Sous les yeux d'une trentaine de journalistes et d'une foule de badauds, François saute dans le vide… et s'écrase au sol quelques secondes plus tard. Mort sur le coup, il laissera comme seule trace dans l'histoire un surnom : *Flying Tailor*, le tailleur volant…

Infos en séries… TV

Sur les 171 épisodes de la série *Mission Impossible*, seuls 120 débutèrent par la célèbre phrase : « Ce message s'autodétruira dans 5 secondes ». Dans 5 épisodes, le message « se décomposera » ; 12 épisodes donnèrent l'instruction à Briggs ou à Phelps, les deux patrons, de « disposer de l'enregistrement, selon les règles », ou de le « détruire » (dans 7 épisodes). Tandis que 3 épisodes n'ont carrément donné aucune instruction ! Ce qui n'empêcha pas Phelps, bon agent, de détruire le message. Et lors des tout premiers épisodes, une quinzaine environ, il n'y avait aucun briefing de début. Les agents recevaient leurs missions de différentes sources.

« Quand on fait notre éloge, on ne nous apprend rien de nouveau. »

De la Rochefoucauld

C'est arrivé le…

13 mai 1981

Le militant nationaliste turc, Mehmet Ali Agca, tire sur le pape Jean-Paul II, place Saint-Pierre, à Rome. En 1983, le pape rend visite à son agresseur en prison, et demande aux fidèles de prier pour ce dernier, à qui il a « sincèrement pardonné ». Le tireur sera libéré en 2000 avant d'être de nouveau incarcéré en Turquie pour des condamnations antérieures à l'attentat.

Mon truc en +

Se débarrasser des taches d'herbe

Les taches d'herbe sur les vêtements des enfants sont un problème bien connu de toutes les mamans. Pour les faire disparaître, mélangez dans une tasse 1/3 de vinaigre et 2/3 d'eau. Appliquez délicatement ce produit sur la tache en allant de l'extérieur vers l'intérieur afin de ne pas l'étaler. Attendez quelques instants, puis rincez et lavez le vêtement comme d'habitude.

Il y a 100 ans : mai 1915

• **14 mai** : Émeute républicaine à Lisbonne. Le président Manuel de Arriaga démissionne. Il est remplacé par Teófilo Braga jusqu'à l'élection de Bernardino Machado en août.

• **15 mai** : Défaite des Russes dans les Carpates contre la XIe armée allemande du maréchal August von Mackensen.

• **20 mai** : Naissance de Moshe Dayan au kibboutz de Degania.

• **24 mai** : L'Italie déclare la guerre à l'Autriche-Hongrie.

• **25 mai** : Les Alliés protestent contre le gouvernement ottoman à la suite du massacre des Arméniens. Ce qui n'empêche pas, le 30 mai, l'Empire ottoman de publier un décret général de déportation des Arméniens dans les déserts d'Irak et de Syrie, ce qui fait des centaines de milliers de victimes. Environ un million d'Arméniens périront entre 1915 et 1918.

HISTOIRE, HISTOIRES…

À regarder un plan des arrondissements de Paris, qui n'a jamais eu l'esprit traversé par la ressemblance avec la forme d'une coquille d'escargot ? Ce ne fut pas toujours le cas. En 1795, année de la création des arrondissements, la capitale n'en compte que 12, répartis en deux lignes séparées par la Seine. De nouveaux arrondissements voient le jour avec l'élargissement de Paris aux communes limitrophes, décidé par le préfet Haussmann. Il faut donc recomposer et numéroter les nouveaux quartiers. Les gens de la « bonne société » de l'Ouest parisien doivent alors se retrouver dans le tout nouveau 13e arrondissement. Or à l'époque, les gens vivant en concubinage – ce qui était extrêmement mal vu – étaient gratifiés d'une expression méprisante : « se marier à la mairie du 13e arrondissement » – qui n'existait donc pas encore. Pas question pour les habitants des quartiers chics d'hériter d'une telle infamie ! C'est la raison pour laquelle on imagine alors une disposition en spirale, comme l'escargot, qui placera le 13e arrondissement dans un endroit plus populaire de Paris. Depuis 1860, rien n'a changé. Et on attend le « 21e arrondissement ».

Oh ! tu sais pas ?

Certaines personnes se sont mariées avec des objets inanimés. Vous n'y croyez pas ? Et pourtant, en 1976, Jannene Swift, une secrétaire de Los Angeles, a officiellement épousé une pierre de 22 kg devant une vingtaine de témoins. En Pennsylvanie, Amy Wolfe Weber a épousé un manège. Eija-Riitta Berliner-Mauer a épousé le mur de Berlin en 1979 devant quelques personnes. Chang Hsi-hsum, un Taïwanais, s'est marié avec une petite poupée de 28 cm. Enfin, une Anglaise a épousé une chaîne hi-fi !

Jeudi 14 mai

Ascension On fête aussi les Mathias, Érembert, Amalbert

Le soleil se lève à **06 h 13** *et se couche à* **21 h 22**

« Cette année, j'ai pris la résolution d'arrêter de vieillir. J'ai même pas tenu une seconde, tu parles d'une volonté ! »

Jean-Marie Gourio

C'est arrivé le…

14 mai 2011

Dominique Strauss-Kahn est arrêté et accusé du viol de Nafissatou Dialo, femme de chambre de l'hôtel Sofitel de New York. Cet épisode marque la fin de la carrière politique du président du Fonds monétaire international.

Pilule dure à avaler

Adieu, mal aux cheveux et accidents mortels ! Le neuropsychopharmacologue britannique de l'Imperial College de Londres, David Nutt, affirme avoir développé un substitut d'alcool agissant directement sur certains neurotransmetteurs. Pour neutraliser les effets de l'alcool et retrouver illico sa lucidité avant de prendre le volant, par exemple, il suffirait d'avaler une simple pilule. Problème : le scientifique se heurte aux lobbys de l'alcool et ne trouve aucun financement pour pouvoir développer sa découverte.

La tour Eiffel en chiffres

- **Visiteurs annuels : près de 7 millions dont 75 % d'étrangers**
- **Hauteur : 324 m (avec antennes)**
- **Poids : 7 300 tonnes de fer et un poids total de 10 100 tonnes**
- **60 tonnes de peinture**
- **18 038 pièces métalliques**
- **5 300 dessins d'atelier**
- **50 ingénieurs**
- **120 antennes**
- **103 000 kilomètres cumulés parcourus, par an, par les ascenseurs, soit 2,5 fois le tour de la Terre**
- **336 projecteurs**

Plus d'une Tour dans son sac

En vue de l'Exposition universelle de 1889, du 15 mai au 6 novembre, date anniversaire du centenaire de la révolution française, le *Journal officiel* lance un grand concours : « étudier la possibilité d'élever sur le Champ-de-Mars une tour de fer, à base carrée, de 125 m de côté et de 300 m de hauteur ». 107 projets arrivent au journal. C'est celui de Gustave Eiffel, Maurice Koechlin, Émile Nouguier et Stephen Sauvestre qui est retenu. Les travaux débutent le 28 janvier 1887. Le premier étage est achevé un an après, le 1er avril 1888, le deuxième étage, le 14 août 1888. Et le 31 mars 1889, avec la pose du sommet, soit 2 ans, 2 mois et 5 jours après le premier coup de pelle, la tour Eiffel est debout ! Un record qui vaudra à son concepteur, Gustave Eiffel, la Légion d'honneur remise sur l'étroite plate-forme du sommet. Lors de l'Exposition universelle, la Tour voit passer 1 953 122 visiteurs, soit près de 12 000 par jour. Et comme les ascenseurs ne sont pas encore en service la première semaine, près de 30 000 grimperont les 1 703 marches jusqu'au sommet. Tous les grands de ce monde se presseront pour la visiter, et parmi eux un Américain chevelu aux cuissardes fauves : William F. Cody, plus connu sous le nom de Buffalo Bill.

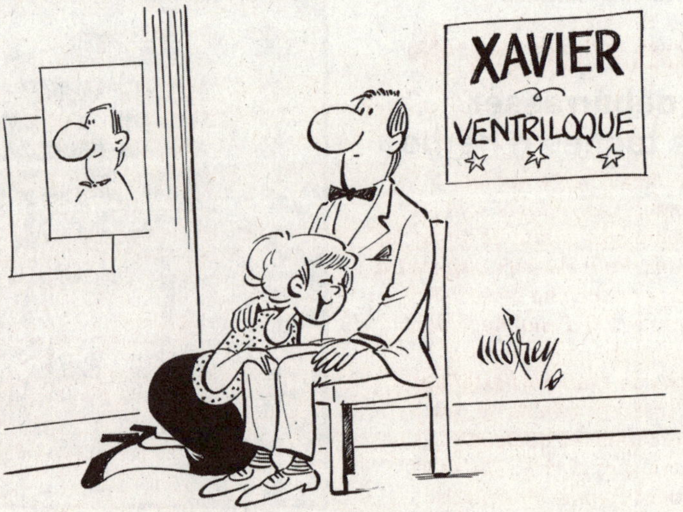

– C'est ça Xavier, continuez à me murmurer des mots tendres dans l'oreille !

En forme !

Trop gros ? Trop maigre ? Le premier réflexe pour calculer l'indice de masse corporelle (IMC) : diviser notre poids en kilos par notre taille (en m) au carré. Si le résultat est compris entre 20 et 25, nous sommes considérés comme normaux. Résultat inférieur à 18,5 : nous sommes maigres. Entre 25 et 30, nous avons une surcharge pondérale. Au-dessus de 30, c'est l'obésité modérée. Selon Nick Trefethen, professeur de mathématiques à l'université d'Oxford, la formule désavantagerait les grands : « Des millions de personnes de petite taille pensent qu'elles sont plus minces qu'elles ne le sont, et des millions de personnes de grande taille pensent qu'elles sont plus grosses qu'elles ne le sont réellement. » Rien ne vaut le rapport tour de taille/tour de hanche pour connaître la répartition des graisses.

Vendredi 15 mai

Le soleil se lève à **06 h 11** *et se couche à* **21 h 24**

Sainte Denise

On fête aussi les Isidore, Euphrose, Gerbert, Victorin

MOTS FLÉCHÉS

Coquille / Hangar		Entoure / Chanson		Sommité / Croire		Brome		Courant / Dedans		On y joue / 1 mercenaire de moins		Ce
						Retour de vague / Faucon mâle						
Plaisanterons / Grosse bouteille							Discrédite / Habileté					
								Expulsion / Attaché à Faraday				
Susciter		Maison / Mise								Découvert / Ecossais		
					Brésilienne / Mesure				Lui / Revêtements			
Plante asiatique	Raffole		Morceau	Renard / Afin							Dans le foie	Palpable
							Service gagnant	Flatterie / Côtés				
Apparat						Défenseur / Croissance						
					Isolée / Pour nettoyer							
Vorace		Dégradés de couleurs / Sucrerie										
				Habitudes / Il a des sushis			Les siens / Fond de cale				Conduisai	Interdits aux hommes
Petite section / Soue	Tête explosive		Allure / Achever					Il n'est pas botté / de vie				
									En désordre	La mienne / Plissa		
d'essai / Echange spirituel						Affliger / Division temporelle						
							Se soulage / Fleuve					
Parfois solitaire / Interpelle				Corn ou musique				Le Premier				
				Dictais								

Solution page 160

Samedi **16 mai**

Saint Honoré On fête aussi les Adam, Alexandre, Germier, Horace

Le soleil se lève à **06 h 10** *et se couche à* **21 h 25**

« On sait qu'on a trouvé quelqu'un de spécial quand on peut la boucler et partager un silence agréable. »

Sénèque

C'est arrivé le…

16 mai 1975

L'alpiniste japonaise Junko Tabei est la première femme à atteindre le sommet de l'Everest. L'aboutissement d'une expédition exclusivement féminine qui faillit tourner à la catastrophe lorsqu'une avalanche ensevelit l'ensemble du campement. Ayant perdu connaissance, Junko Tabei fut sauvée par les guides népalais qui accompagnaient l'expédition. Plus déterminée que jamais, elle prit la tête du groupe et fut la première à rejoindre le sommet.

Mon truc en +

Débarrasser vos mains des odeurs de cuisine

Pour supprimer les fortes odeurs de cuisine qui se sont installées sur vos mains, frottez-vous les mains avec du vinaigre, puis lavez-les à l'eau tiède. Surtout, évitez de passer vos mains sous l'eau chaude après avoir préparé votre plat : vous obtiendrez le résultat inverse, les odeurs se fixant sur la peau grâce à la chaleur.

Totalement grillée

Mme Li grille 30 clopes par jour et n'a aucunement l'intention de s'arrêter. Et pour cause, comme des centaines de personnes en Chine, elle est payée pour fumer, par la société Heilongjiang Tobacco Industrial. Son rôle : évaluer l'arôme, l'âcreté, les effets irritants des produits du cigarettier avant leur mise sur le marché. Et elle remplit sa tâche à merveille puisqu'elle a décroché le titre de « travailleuse modèle » dans sa ville. Mme Li n'est pas la seule à occuper un tel poste. En Chine, on a réussi à faire croire aux femmes – et même aux enfants – que leurs « sens délicats » leur permettaient d'exceller dans ce travail. Jusqu'à les faire renoncer à tout maquillage ou parfum pour ne pas altérer le goût du produit. De tels mensonges cachent bien évidemment un enjeu de taille pour cette industrie, puisque la Chine compte quelque 350 millions de fumeurs – soit plus d'un tiers de la population mondiale des amateurs de nicotine. Et lorsque l'on demande à Mme Li pourquoi elle s'empoisonne la vie et la santé, elle répond tranquillement que si ce n'est pas le tabac, c'est la pollution de la région qui la tuera. Ce en quoi elle n'a pas tout à fait tort. Toutefois, Mme Li a fait une concession à son mari : elle ne fume qu'au bureau.

Allez Allais !

Goujat (n. m.) : homme vulgaire qui n'ôte pas son chapeau quand il croise une grosse pétasse.

Grasse matinée (loc.) : vœux pieux des glandeurs du dimanche.

Haute-Volta : pays qui n'existe plus, situé plus au nord que la Basse-Volta qui n'a jamais existé.

Heureux (adj.) : qui baigne dans l'euphorie, même si tout va mal.

Homme adultère (loc.) : homme voulant apporter du bonheur à plusieurs femmes.

Imbécile (n. m.) : spécimen sans valeur marchande, car le marché est saturé.

Impôt sécheresse (loc.) : taxe sur la chaleur ajoutée.

Incendie de forêt (loc.) : grande valse de chauds pins.

Incurable (adj.) : se dit d'un amnésique atteint de la maladie d'Alzheimer.

Indépendance (n. f) : nom commun féminin dans l'âme. L'indépendance donne aux pays assistés la possibilité de dépendre du pays de leur choix.

Dimanche 17 mai

Saint Pascal On fête aussi les Nectaire, Pamphalon

> « La volonté ne se délègue pas. »
> Rousseau

C'est arrivé le…

17 mai 1997

Le Zaïre redevient la République démocratique du Congo. Au début des années 1970, le pays connut une politique consistant à supprimer les références occidentales afin de « revenir à une authenticité africaine ». La République du Congo, ex-Congo belge devenu indépendant en 1960, s'appelait donc Zaïre. Mais le 17 mai 1997, Laurent-Désiré Kabila renverse Joseph-Désiré Mobutu, s'autoproclame président et redonne au pays son nom occidental.

Esprit d'antan

– Le maréchal va beaucoup vous manquer…, dit-on un jour à l'épouse du maréchal de Boufflers après son décès.
– Peut-être. Mais au moins, je saurai où il passe ses nuits, répliqua-t-elle.

L'amour, ce n'est plus le pied

Quelles sont vos zones érogènes préférées ? Telle est la question posée à 800 personnes environ par des chercheurs de l'université de Johannesburg et de deux universités britanniques (Bangor et Swansea) pour tenter de mieux cerner la sensibilité de 41 zones du corps. Réponses publiées dans la revue internationale de neurosciences, *Cerebral Cortex*.

Les zones érogènes les mieux notées (sur 10) :

Chez la femme : le clitoris (9,1), le vagin (8,4), la bouche et les lèvres (7,9), le haut de la nuque (7,5), les seins et les mamelons (7,3), l'intérieur des cuisses (6,7), la nuque (6,2) les oreilles (5) et le bas du dos (4,7).
Chez l'homme : le pénis (9), la bouche et les lèvres (7), les testicules (6,5), l'intérieur des cuisses (5,8), le haut de la nuque (5,6), les mamelons (4,9), le périnée et la zone pubienne (4,8), la nuque (4,5) et les oreilles (4,3).
La surprise a été de constater que les trois quarts des participants (304 hommes et 489 femmes) ont attribué une très mauvaise note aux pieds (1,3/10).

- Henri, tu t'en vas sans m'embrasser ?

Foi de footeux

- Il y eut un manque de concentration évident dans le camp allemand. (*Bixente Lizarazu*)
- Il faut changer des choses dans la physionomie de jouer. (*Emmanuel Petit*)
- Le football, c'est comme les échecs, seulement il n'y a pas de dés. (*Lukas Podolski*)
- Sur le plan du jeu aérien, les Togolais ont de quoi répondre… La preuve avec ce tacle athlétique ! (*Christophe Josse*)
- Klinsmann qui a l'air satisfait, même s'il a l'air plutôt inquiet. (*Christophe Dugarry*)
- C'est la chronique d'une défaite avancée. (*Emmanuel Petit*)
- Il n'y a aucun centre sur le côté. (*Jean-Pierre Papin*)
- La Pologne fait de la résistance, si je peux dire… (*Gérard Houllier*)

Lundi 18 mai

Saint Éric On fête aussi les Félix, Eris, Errol, Genséric, Potamon

Le soleil se lève à **06 h 07** *et se couche à* **21 h 28**

« Par le mariage, la femme devient libre, par lui, l'homme perd sa liberté. »
Emmanuel Kant

C'est arrivé le…

18 mai 2013

La loi autorisant le mariage aux couples de personnes de même sexe est publiée au *Journal officiel*. Cette loi permet également à ces couples mariés d'adopter des enfants dans les mêmes conditions que les couples hétérosexuels. Ce texte reconnaît par ailleurs les mariages entre deux personnes du même sexe, célébrés à l'étranger avant son entrée en vigueur.

@çagazouille :

©Twitter

#UnFilmUnemarque

- Orangina® Mécanique
- Les Calgon® de Navarone
- Lapeyre® Noël est une ordure
- La Vache qui rit® et le prisonnier
- Piège de Cristal d'Arques®

Rétro' Vermot

– Vous voulez divorcer d'avec votre époux pour incompatibilité d'humeur. Comment cette incompatibilité se manifeste-t-elle ?
– Voilà, je veux divorcer et il ne veut pas… (1906)

Star des sagas

Quand, en 1966, Gene Roddenberry imagine et lance sa série télévisée *Star Trek*, imaginait-il un seul instant qu'elle allait devenir un univers qui déchaînerait les passions et une source d'inspiration pour des grands de ce monde ? C'est pourtant son destin dès la fin des années 1970, avec la vague des films de science-fiction déclenchée par *La Guerre des étoiles* de George Lucas. Soit dix ans après son arrêt à la télé, en 1969. Il faudra quatre longs-métrages avant qu'on revoie une série sur les petits écrans (*Star Trek : La Nouvelle Génération*, en 1987). Et si plus aucune série n'a été entreprise depuis la fin de *Star Trek : Enterprise*, en 2004, *Star Trek* a poursuivi sa vie sur grand écran avec la sortie en juin 2013 de *Star Trek Into Darkness*. Au total, la franchise de la Paramount Picture et de CBS représente cinq séries télévisées, une série d'animation, douze films pour le cinéma et des milliers de romans, BD ou jeux vidéo. *Star Trek* fut révolutionnaire à plus d'un titre : ce fut par exemple la première série multiraciale, avec un équipage composé d'un Américain, d'un Asiatique, d'un Russe, d'un Écossais, d'une Afro-Américaine et même… d'un extraterrestre (Spock). Ce qui fit dire à Martin Luther King *himself* qu'elle fut un symbole de la lutte pour l'égalité des droits ! Et notre Françoise Sagan, dans un article publié dans *Télé 7 jours* en 1986, révéla sa passion pour la mythique série en déplorant l'arrêt de sa diffusion. Sans parler du salut vulcain adressé par Barack Obama, ou encore Mae Jemison, la première astronaute afro-américaine de l'histoire, qui apparut dans la série et reconnut bien volontiers que *Star Trek* fut sa première source d'inspiration pour aller dans l'espace.

Bravo la police !

Un procès-verbal dressé par la police à l'attention des magistrats qui le traiteront est censé être rédigé de façon claire et concise. En théorie seulement…

- Comme il devait être pris en charge au plus vite par un asile d'aliénés, il a été conduit au poste de police.
- Le défunt a formellement reconnu son agresseur.
- Mort sur le coup, l'homme avait déjà été victime d'un accident identique l'an dernier.
- Le motif du vol était le meurtre.
- N'ayant pu abuser de la jeune femme, il la viola sauvagement.
- N'écoutant que son courage, la policière fut obligée de battre en retraite.

« Celui qui sait obéir saura ensuite commander. »

Confucius

C'est arrivé le…

19 mai 1976

Le premier tirage du Loto a lieu en public au théâtre de l'Empire à Paris. Organisé par la Loterie nationale française, qui deviendra la Française des jeux, ce premier tirage ne rencontre pas un grand succès, et il faut attendre septembre pour voir un premier gagnant. Un an après son lancement, le Loto revendique sept millions de bulletins vendus chaque semaine.

Pour rire

Un homme décide de laver son maillot de foot… Embarrassé devant la machine à laver, il crie à son épouse :

– Quel cycle j'utilise pour la machine ?

– Ça dépend, répond-elle, qu'est-ce qui est écrit sur ton maillot ?

– PSG…, crie-t-il.

TOP CHRONO :

LA TÉLÉVISION

- **Octobre 1955 : Pierre Tchernia, Jacques Grello et Robert Rocca présentent la première émission d'actualité satirique : *La Boîte à sel*. Elle prend fin en février 1960, quand les trois créateurs préfèrent l'arrêter plutôt que de subir la censure au sujet de la guerre d'Algérie.**
- **2-3 janvier 1956 : l'État profite d'un incendie qui endommage l'émetteur de la tour Eiffel pour abandonner le système 441 lignes, et propose même une aide financière pour l'achat d'un poste 819 lignes. De toute façon, à cette époque, il ne restait plus que 5 000 téléviseurs en 441 lignes.**
- **30 mars 1956 : la RTF présente son système couleur, le SECAM (Séquentiel couleur à mémoire), mis au point par Henri de France.**

La bonne blague !

Un évêque, un curé et une bonne sœur sont dans le train en direction de Lourdes pour le pèlerinage diocésain. Le trajet est long et ils commencent à s'ennuyer…

L'évêque, un peu joueur, dit :

– Si on faisait un concours de mots croisés. Je vois qu'on lit tous le même journal, *La Croix*. Le gagnant aura droit à une gourde d'eau de Lourdes !

Tout le monde est d'accord et chacun commence sa grille.

Au bout de quinze minutes, l'évêque s'écrie :

– Ça y est, j'ai fini ! C'était vraiment facile !

La bonne sœur, cinq minutes plus tard s'exclame à son tour :

– J'ai fini moi aussi, mais ce n'était pas évident !

Dix minutes plus tard, le curé se gratte toujours la tête… Ça coince. Pas facile, cette grille.

L'évêque vient à son secours :

– Mais qu'est-ce qui vous embête, curé ?

– Ben, c'est le 3 horizontal… j'ai bien la deuxième lettre, le O, la troisième, le U, la quatrième, le I, ensuite L, L, E et S… mais je ne vois pas du tout. Je pense à nouilles, bouilles, fouilles, mouilles… mais ça ne correspond pas à la définition.

L'évêque :

– Voyons ! curé ! la définition : « Sont vides quand le coup est tiré »… Mais c'est évident, ce sont les douilles, bien sûr !

La sœur, d'une petite voix :

– Quelqu'un a une gomme ?

Infos en séries… TV

Dans *Lost : Les Disparus*, Walt est supposé avoir 10 ans. Mais, après deux années de tournage, le garçon ne fait plus son âge et pose un problème en termes d'image. C'est pourquoi, à la fin de la saison 2, les scénaristes lui ont fait quitter l'île avec Michael, le temps de trouver une solution pour faire revenir ou non les deux acteurs.

Mercredi **20 mai**

Saint Bernardin On fête aussi les Étienne, Lydie

Le soleil se lève à **06 h 05** *et se couche à* **21 h 30**

« La liberté est le droit de faire tout ce que les lois permettent. »

Montesquieu

C'est arrivé le…

20 mai 1961

Charles Lindbergh quitte New York pour rejoindre Paris en solitaire. Après 33 heures et 30 minutes de vol, il pose son avion, le *Spirit of Saint Louis*, sur la piste de l'aéroport du Bourget et devient le premier pilote à avoir traversé l'Atlantique en solitaire et sans escale.

Mon truc en +

Du talc pour les chaussures en daim

Pour permettre à vos chaussures en daim clair préférées de retrouver leur beauté d'origine, et pour les désencombrer de ces taches si disgracieuses, saupoudrez-les de talc. Laissez agir toute la nuit, puis brossez-les : elles devraient être comme neuves. Si d'aventure ce n'était pas le cas, recommencez.

Pour rire

M. et Mme Versaire ont quatre filles…
Elsa, Rose, Laure, Annie (eh oui, il faut bien qu'elles arrosent leur anniversaire).

Sudoku

Solution de la page 149

4	8	2	5	6	7	3	9	1
5	6	3	1	8	9	7	4	2
7	1	9	3	2	4	8	6	5
9	5	8	2	7	3	6	1	4
2	7	4	6	9	1	5	3	8
6	3	1	4	5	8	9	2	7
3	9	5	8	1	2	4	7	6
8	2	7	9	4	6	1	5	3
1	4	6	7	3	5	2	8	9

En forme !

Les 10 règles d'or d'un bon étirement

- Étirez-vous avec lenteur et sans à-coups. Effectué trop vite, un réflexe dit « myotatique » se déclenche et provoque une contraction automatique du muscle étiré.
- Pensez au bon alignement des axes articulaires.
- Prenez conscience du muscle, et uniquement de celui que vous voulez travailler.
- Soyez progressif. Ne cherchez pas la performance ou le challenge.
- Écoutez votre corps. Ça doit tirailler et non faire mal. Ne restez pas 15 secondes juste parce que vous vous êtes imposé cette durée.
- Respectez votre seuil de douleur musculaire. Il diffère pour chaque individu.
- Commencez par de petits étirements, quitte à revenir dessus.
- Calez-vous sur votre respiration.
- Expirez profondément lorsque vous vous étirez.
- Votre souffle devient haletant, votre respiration se bloque ? Vous allez trop loin dans l'étirement.

Légumes oubliés : *la vitelotte*

La vitelotte est une variété de pomme de terre française très ancienne. On la reconnaît facilement sur les étals des marchés grâce à sa belle robe noire et sa chair violette. Bien que ses origines ne soient pas clairement définies, on la trouve mentionnée en 1817 dans les *Mémoires d'agriculture*, publié par la Société royale. À cette époque, la vitelotte faisait partie des six espèces de pomme de terre connues aux Halles de Paris, le mythique marché de ventes alimentaires en gros de la capitale. À propos des vitelottes, l'écrivain Alexandre Dumas avait déclaré dans son *Grand dictionnaire de cuisine* qu'elles étaient « les meilleurs de toutes [les pommes de terre], sans contredit ». En bouche, bien que légèrement farineuse, la « négresse », comme on la surnomme, est appréciée pour sa petite note sucrée. Elle se consomme comme la pomme de terre traditionnelle : aussi bien en purée qu'en salade. Elle apportera dans tous les cas une touche colorée à vos assiettes.

Jeudi 21 mai

Saint Constantin On fête aussi les Thibaud, Théophile

« *L'enfer est tout entier dans ce mot : solitude.* »

Victor Hugo

C'est arrivé le…

21 mai 1904

Création de la FIFA, la Fédération internationale de football association, à Paris. À l'initiative de l'Union des sociétés françaises de sports athlétiques, les fédérations de sept pays européens s'unissent pour fonder cette association destinée à gérer le football dans le monde. Rapidement rejointe par d'autres pays de tous les continents, elle regroupe aujourd'hui plus de 200 nations.

LU DANS LA PRESSE

[Le suspect] a été placé en garde à vue. Un autre incendie, moins important, semble lui être amputé. (*Ouest France*)

Le suspect est désormais manchot.

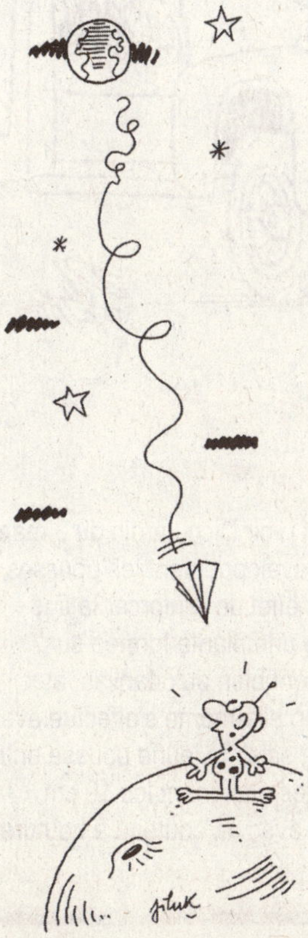

ÇA ASSURE !

– J'espère que vous aurez pitié d'un pauvre homme qui a sept enfants à manger ainsi que sa femme et sa belle-mère.

– L'accouchement était particulièrement difficile, il a fallu frayer un passage au chasse-neige.

– Question posée par une employée à un allocataire :
« Quelle était votre position lors de la conception de l'enfant ?
– J'étais debout. »

Vermot'roscope

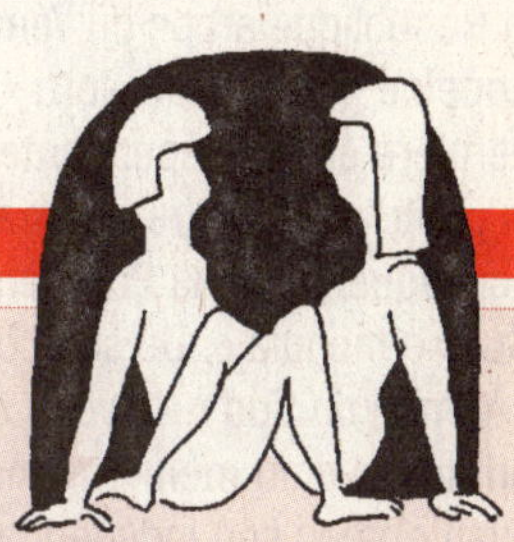

GÉMEAUX 21 mai - 21 juin

Amour

Vous avez connu pas mal de changements ces derniers temps ? Rassurez-vous, ils commenceront à donner des résultats cette année. Regain de confiance, joie de vivre, stabilité, indulgence vis-à-vis du compagnon, optimisme à tous crins, organisation sans faille et désirs coquins dans le couple… Vous pourrez enfin vivre pleinement vos histoires sentimentales. Attention toutefois aux excès, l'infidélité n'est jamais très loin. Et on ne saurait trop conseiller aux célibataires d'arrêter d'être trop pointilleux dans leurs critères et de mettre le nez dehors : l'Amour est plus proche de vous que vous ne le croyez. Surtout aux troisième et quatrième trimestres.

Travail

Comme dans votre vie affective, vous allez connaître beaucoup d'intensité dans votre vie professionnelle cette année. Vous affirmerez votre personnalité et vos ambitions, et cela n'ira pas sans quelques tensions avec vos chefs et l'autorité en général. C'est que votre enthousiasme et votre audace naturelle peuvent leur faire craindre pour leur place. À vous de désamorcer leurs peurs, de ne pas faire de folies ni de prendre trop de risques, et de surtout bien enrober vos désirs de promotion et de progression. La chance habite votre thème professionnel, ce serait dommage de tout gâcher par impatience et impulsivité.

Santé

Étant donné que tout s'intensifie dans votre vie, on ne saurait trop vous conseiller de faire attention à vous. Bref, reposez-vous, adoptez une hygiène de vie raisonnable si ce n'est pas encore le cas, mangez mieux, faites du sport, musclez-vous, aérez-vous, perdez vos kilos en trop et soignez votre mental, car c'est de lui dont vous dépendrez le plus. Attention aussi à votre émotivité. Un conseil : consommez moins d'excitants (café, tabac…). Vous aurez alors tous les atouts nécessaires de votre côté.

Argent

Décidément, 2015 vous sourit, puisque, côté financier, vous ne devriez pas vous plaindre. D'abord parce que vous vous surprendrez vous-même à mieux gérer vos rentrées, et surtout vos sorties d'argent. Deviendriez-vous raisonnable ? Ensuite, parce que votre audace professionnelle paiera. Bon, on ne vous annonce pas non plus un enrichissement soudain, mais si les fins de mois peuvent être moins difficiles, c'est déjà ça de gagné.

Vendredi 22 mai

Saint Émile On fête aussi les Julie, Laurent, Julia, Faulkner, Rita

Le soleil se lève à **06 h 03** *et se couche à* **21 h 33**

« On n'aime bien que les femmes qu'on n'a pas eues. »
Émile Zola

C'est arrivé le…

22 mai 1990

La République démocratique populaire du Yémen rejoint la République arabe du Yémen. Appelée « Yémen du Nord », cette dernière était indépendante depuis la chute de l'Empire ottoman, conséquence de la Première Guerre mondiale. De son côté, le « Yémen du Sud », devenu colonie britannique au même moment, avait obtenu son indépendance en 1967. Les deux parties s'accordent sur la création d'une république du Yémen et la rédaction d'une nouvelle constitution.

Quiz *Philo*

Qui a dit : « Dans les premières passions, les femmes aiment l'amant et, dans les autres, elles aiment l'amour. »

- ❑ 1. De la Boétie
- ❑ 2. De la Rochefoucault
- ❑ 3. Montaigne

Réponse

Réponse 2

Rats policiers

À Rotterdam, aux Pays-Bas, Derrick, Magnum, Poirot et Thomson et Thomson (nos Dupont et Dupond) sont des stars. Pourtant, loin d'être des comédiens, ce sont des rats d'égout. Leur mission ? Se mettre au service de la police pour détecter les traces de drogue et de poudre. Les rongeurs, emmenés par leur dresseuse Monique Hamerslag, affichent des résultats d'une efficacité impressionnante : Derrick tombe juste dans 98,8 % des cas, et l'équipe affiche 95 % de réussite en moyenne. La raison est simple : le système olfactif du rat comporte 1 000 récepteurs ; celui du chien, 900 ; celui de l'homme, à peine 380. Ce que l'homme met deux heures à faire, le rat peut le faire en quelques secondes, explique Monique. Un avantage d'autant plus appréciable que, dans le pays, les personnes interpellées ne peuvent être retenues plus de six heures sans chef d'inculpation. Un détail : il est interdit de mettre les rats en présence des suspects. Les rongeurs travaillent sur prélèvements.

Mots fléchés

Solution de la page 153

	E		E		T		B		U		C	
G	R	A	N	G	E		R	E	S	S	A	C
	R	I	R	O	N	S		N	U	I	S	E
J	E	R	O	B	O	A	M		E	X	I	L
	U		B	E	R	C	A	I	L		N	U
C	R	E	E	R		R	I	O		S	O	I
		N			F	E	N	N	E	C		
C	A	J	E	P	U	T			C	O	U	R
	D	E	C	O	R		A	P	O	T	R	E
G	O	U	L	U		E	C	A	R	T	E	E
	R		A	R	C	S	E	N	C	I	E	L
S	E	C	T		U	S		S	E	S		
		A		T	R	O	T		S	H	A	H
P	O	R	C	H	E	R	I	E			M	A
	G	A	L	O	P		N	A	V	R	E	R
S	I	M	O	N	I	E		U	R	I	N	E
	V	E	R		P	O	P		A	D	A	M
H	E	L	E		E	N	O	N	C	A	I	S

Dico *Jardin* : Ébourgeonner

L'ébourgeonnement, à l'inverse du pincement (voir Dico Jardin du 3 mars), consiste à retirer au fur et à mesure de leur développement les pousses latérales d'une plante. Cette opération a pour effet de renforcer la tige et le bourgeon central ; c'est ce qu'on appelle une plante formée sur tige. Cette technique s'applique particulièrement bien aux dahlias, aux géraniums et aux fuchsias. La manipulation en elle-même s'effectue avec les mains : on ébourgeonne dès que l'on peut saisir la jeune pousse entre le pouce et l'index. Si les branches secondaires atteignent les 10 cm de longueur, vous devez effectuer l'opération avec un couteau à bouturer en coupant au plus près de la tige.

Le soleil se lève à **06 h 02** et se couche à **21 h 34**

Samedi 23 mai

Saint Didier On fête aussi les Michel, Mercurial, Ivain, Yves, Yvonne

« Le monde est un grand bal où chacun est masqué. »

Vauvenargues

C'est arrivé le…

23 mai 1934

Le célèbre couple de gangsters Bonnie Parker et Clyde Barrow est abattu lors d'une embuscade tendue par des agents de police. Ces deux criminels américains, spécialisés dans le braquage de banques à main armée, étaient recherchés dans cinq États américains par le FBI. La vie de « Bonnie & Clyde » a inspiré des réalisateurs, comme Fritz Lang, et de nombreux chanteurs, tels Serge Gainsbourg ou le rappeur Eminem.

@çagazouille : #MaladieMovie

©Twitter

Un film, une maladie, ça donne…

- La morve aux trousses
- Qui veut l'Aspro de Roger la Grippe ?
- On ira tousse au paradis
- Tétanos (avec Di Caprio sur le bateau qui coule)
- Carie à tout prix
- Autant en emportent mes vents

À l'origine…

Faire du boucan

Autrefois, les Indiens de Guyane avaient l'habitude de procéder au boucanage des viandes au cours d'une grande fête annuelle. Cette opération culinaire était accompagnée de danses et de jeux, et les Indiens ordinairement calmes faisaient beaucoup de bruit à cette occasion. C'est ce tapage qui a donné l'expression « faire du boucan ».

HISTOIRE, HISTOIRES…

CADILLAC. Ce nom doit certainement vous évoquer une marque américaine prestigieuse de voitures de luxe, créée au début du XXe siècle. Ah, le rêve américain, encore ? Eh bien pas tout à fait, car Cadillac est bien français. Nous sommes en 1683. C'est l'année choisie par un certain Antoine Laumet, Gascon né le 5 mars 1658 à Saint-Nicolas-de-la-Grave (Tarn-et-Garonne), pour quitter la France et partir à l'aventure en Amérique du Nord. En posant le pied sur le Nouveau Continent, ce fils d'avocat toulousain décide de changer de nom. Il s'inspire alors des relations de son père pour se rebaptiser Antoine de Lamothe, écuyer, sieur de Cadillac (1658-1730). Et il part ainsi faire du commerce à la conquête des terres de la Nouvelle France et de la Louisiane. Après dix-huit ans d'explorations en tous genres, en 1701, Antoine se pose pour fonder sur la rive Nord de la rivière Détroit, dans le Michigan, le fort Pontchatrain du Détroit, en l'honneur de Louis II Phélypeaux de Pontchartrain, ministre de la Marine de Louis XIV. La communauté s'agrandit pour former peu à peu la ville de Detroit, cité qui deviendra en 1896 la capitale de l'automobile grâce à un certain Henry Ford, qui y construit sa première fabrique automobile. Il sera suivi par les frères Dodge ou encore Walter Chrysler. En 1902, alors que l'on vient de fêter le bicentenaire de la création de la ville, la toute nouvelle née Detroit Automobile Company change de nom et se fait rebaptiser la Cadillac Automobile Company, en hommage au sieur fondateur. La première Cadillac sortira des ateliers la même année et sera présentée au Salon de l'automobile de New York en 1903.

L'AGE DE LA RETRAITE ENCORE REPOUSSÉ

La science repère les infidèles

Des chercheurs allemands de l'université de Bonn ont-ils trouvé un moyen artificiel de rendre les hommes plus fidèles ? Ils ont en tout cas démontré que l'administration par spray nasal d'une hormone, l'ocytocine, pouvait modifier le comportement de volontaires mis en présence d'une femme séduisante. Dans leur étude, les chercheurs se sont aperçus que les hommes avaient tendance à choisir une distance de confort (autour de 55 cm) en présence d'une femme séduisante. Seule exception : les hommes déjà en couple ayant reçu de l'ocytocine, qui « préféraient », sans s'en rendre compte, prendre une marge supplémentaire d'environ 15 cm. Comme si l'ocytocine les avait rendus plus « prudents »…

Dimanche **24 mai**

Pentecôte On fête aussi les Donatien, Rogatien, Amaël, Zoël

Le soleil se lève à **06 h 01** *et se couche à* **21 h 35**

« L'eau est la prose des liquides, l'alcool en est la poésie. »

Ferdinand Reiber

C'est arrivé le…

24 mai 1543

Mort de Copernic, médecin et astronome polonais, resté dans l'histoire pour s'être élevé contre la théorie qui plaçait la Terre au centre de l'univers. Sa théorie, nommée « héliocentrisme », a révolutionné la science en plaçant le soleil comme centre autour duquel tournent la Terre et les autres planètes.

2,2 millions

Selon une étude publiée par l'INSEE fin 2013, en 2010 et 2011, 2,2 millions de personnes âgées de 18 à 75 ans ont subi des violences physiques ou des violences sexuelles, soit 5,1 % de la population de cette tranche d'âge. Parmi ces victimes, 1 950 000 personnes ont subi des violences physiques ou des vols avec violence, 380 000 personnes ont subi des viols, des tentatives de viol ou des attouchements sexuels. Plus de 120 000 de ces victimes ont été soumises à la fois à des violences physiques et à des violences sexuelles. Les femmes sont trois fois plus souvent victimes de violences sexuelles que les hommes. Elles subissent également plus souvent d'autres atteintes sexuelles, comme l'exhibitionnisme ou les gestes déplacés. Et sont aussi un peu plus souvent victimes que les hommes des injures.

Pour rire

Quand j'étais petit, Dieu m'a laissé le choix entre avoir une mémoire incroyable ou un sexe gigantesque. Mais je ne me souviens plus ce que j'ai choisi !

Non d'un marin !

Nombreuses sont les corporations à posséder leurs superstitions. À commencer par celle des marins qui, au fil des siècles, ont exclu à jamais de leurs navires une arche de Noé complète. Lapin, bouc, chat, corbeau… Petit bestiaire interdit à bord… ou pas.

Albatros. Réputé annoncer le mauvais temps et les tempêtes lorsqu'il se pose sur l'eau. Mais bon présage si on le voit planer, signe de bon vent.

Âne. Voir un âne avant de prendre la mer est encourageant. Car si l'animal est réputé bête, il symbolise aussi le courage.

Bouc. Accrochez la peau d'un bouc en haut du grand mât, et c'est l'assurance d'un voyage sans encombre. La peau du bouc posséderait des vertus protectrices.

Chat. Bienvenu à bord… pour éliminer les rats. Sinon, mieux vaut l'éviter. Et quand bien même un chat noir qui, lui, n'est pas le bienvenu, se faufilerait à bord, n'allez pas le balancer par-dessus bord sous peine de risquer fortes tempêtes et malheurs. Faute de s'en débarrasser, observez-le : s'il se frotte le museau avec la patte, il ne fait pas nécessairement sa toilette ; le mauvais temps n'est peut-être pas loin.

Corbeau. Les Américains préfèrent ne pas l'entendre. Car si un corbeau croasse pendant la nuit ou au petit matin, il est annonciateur d'une tempête. (*suite page suivante*)

… pour signer ici, je crois que je vais attendre la sortie du dossier de *60 millions de Consommateurs* consacré aux contrats de damnation…

Astuce *Cuisine* : Le pain du boulanger à la maison

Vous rêvez de réaliser le même pain que celui du boulanger ? Voici quelques astuces qui vous permettront d'approcher la perfection. Afin de permettre au pain de bien lever au moment de la cuisson, effectuez quelques entailles dans la pâte avant de l'enfourner. Pensez également à badigeonner cette dernière, à l'aide d'un pinceau, d'un mélange de jaune d'œuf et d'eau pour obtenir un pain bien doré. Enfin, disposez en bas de votre four un bol rempli d'eau afin de réaliser le « coup de buée » qui apportera le croustillant à la croûte.

Le soleil se lève à **05h59** et se couche à **21h36**

Lundi 25 mai

Sainte Sophie
On fête aussi les Adelme, Urbain, Zénobie, Lyce

« Tout n'est pas cirrhose dans la vie, comme dit l'alcoolique. »

Frédéric Dard

C'est arrivé le…

25 mai 1926

Naissance de Miles Davis à Alton, dans l'Illinois. Compositeur et trompettiste, il a marqué l'histoire du jazz en recherchant constamment de nouvelles évolutions et a su s'entourer de talents en devenir. Il a notamment cherché à mêler le jazz avec d'autres genres musicaux comme le rock. Davis a également composé des bandes originales de films, comme celle d'*Ascenseur pour l'échafaud*, de Louis Malle.

Rétro'Vermot

– Ah ! Cachottier, tu as perdu ta belle-mère et tu ne l'annonces à personne ?…

– Je tenais à rigoler tout seul ! (1899)

Cerveau virtuel

Un cerveau virtuel qui réagit exactement comme un vrai, c'est le projet fou d'une valeur de 1,2 milliard d'euros lancé par l'École polytechnique fédérale de Lausanne (EPFL), les universités de Lausanne et de Genève, et les autorités politiques suisses, avec le soutien de l'Union européenne. Baptisé « *Human Brain Project* » (projet de cerveau humain), ce cerveau virtuel devrait être opérationnel en 2016. Un bâtiment de 30 000 m² sera même édifié pour l'accueillir. L'intérêt d'un tel outil ? Étudier dans des conditions réelles les anomalies du cerveau dans de nombreuses maladies telles que l'Alzheimer ou la schizophrénie, et mettre sans risque les hypothèses de recherche à l'épreuve de la réalité (virtuelle). Ce sont nos rats et souris de laboratoire qui vont être contents.

Non d'un marin ! (suite)

Cormoran. Lui, si on ne l'aime pas, c'est parce que c'est un sérieux concurrent des pêcheurs lorsqu'il survole leurs embarcations. Surtout si une mouette suit.

Lapin. C'est sans doute l'animal le plus détesté des marins. Et pour cause, on lui attribue la responsabilité de nombreux naufrages après qu'il se soit fait les dents sur les cordages des navires. Eh oui, le lapin adore le chanvre ! Du coup, même son nom est banni des embarcations.

Mouette. Qu'elle vous accompagne lorsque vous sortez en mer pour pêcher, et c'est un retour bredouille en perspective.

Perroquet. Animal emblématique des pirates de dessins animés, il est pourtant très utile. Déjà parce qu'il peut divertir tout un équipage. Mais aussi parce qu'il suffit de le regarder faire sa toilette pour connaître la météo. Il se lisse les plumes : orage.

Rats. Difficile de choisir. Quand on en a sur un navire, on se plaint : ils rongent tout et véhiculent maladies et parasites. Mais lorsqu'ils en sont absents, il est alors de bon ton de s'interroger : pourquoi ont-ils quitté le navire ? Mauvais présage !

Le droit de savoir

Un taxi peut refuser une course

Généralement, c'est interdit, excepté dans certains cas : le client se situe à moins de 50 m d'une station de taxis, le client est ivre ou risque de salir ou détériorer l'intérieur du véhicule, le client se déplace avec un animal (hormis les chiens d'aveugle que l'on doit prendre en charge), ou encore si ses bagages sont trop lourds ou trop volumineux. Le chauffeur peut également refuser une prise en charge s'il est en fin de service ou si la course l'éloigne trop de son point de garage.

« Il en est de la culture à la télévision comme des habitants des villes : rejetée à la périphérie. »

Bernard Pivot

C'est arrivé le…

26 mai 1923

Départ de la première édition des 24 Heures du Mans, la plus ancienne et la plus célèbre des courses d'endurance automobile. Organisée par l'Automobile Club de la Sarthe, cette première édition voit s'affronter 33 équipes de deux pilotes, dont 30 verront l'arrivée après un jour de course. Le lendemain, les Français André Lagache et René Léonard s'imposent en ayant parcouru 128 tours sur un circuit long de 17,2 km.

À l'origine…

Grâce à Mercedes

On aime bien au Vermot remonter à l'origine des mots ou des noms. Nous avons trouvé celle de la marque de voiture Mercedes, sur le site officiel de la firme allemande. En 1899, Emil Jellinek, un commerçant autrichien vivant à Nice, participait à de nombreuses compétitions automobiles. Exigeant quant à la vitesse, il avait commandé plusieurs modèles de voitures au constructeur allemand Daimler-Motoren-Gesellschaft. Le commerçant et DMG signèrent bientôt une convention de vente pour des voitures équipées d'un nouveau moteur. Ce moteur fut baptisé du pseudonyme utilisé par Jellinek lors des courses, qui n'était autre que le prénom de sa jeune fille, Mercedes – mot signifiant « grâce » en espagnol. La marque Mercedes fut déposée en 1903 par DMG. Emil Jellinek changea même son nom pour Jellinek-Mercedes.

Ça c'est fait… divers

Cinq mois après s'être fait opérer de l'estomac, une jeune Francilienne qui s'était mise à ressentir de violentes douleurs abdominales a découvert que les médecins avaient « oublié » une pince chirurgicale dans son corps. La direction de l'hôpital a reconnu l'oubli, un « événement exceptionnel [dû à] une erreur de surveillance » lors du recomptage des instruments à l'issue de l'opération. Car c'est l'info à en tirer : lors de chaque intervention chirurgicale, tous les outils, toutes les compresses, toutes les aiguilles, tous les fils utilisés doivent être comptés manuellement, à haute voix, avant l'opération, les chiffres étant portés sur une liste de contrôle. À l'issue de l'intervention, les infirmières dénombrent, de nouveau à voix haute, les éléments usagés qui vont être jetés. Si une anomalie est détectée après vérification, ce qui est rarissime, une radiographie doit être effectuée. Alors s'il manque une pince, on sait où chercher.

Infos en séries… TV

Au même titre que *Friends*, *New York District* et *Urgences*, *New York Police Blues* (1993-2005) (*NYPD Blue*, titre original) aura marqué les années 1990. En attestent ses 82 nominations aux Emmy Awards et les 20 statuettes empochées. Créée par Steven Bochco, cette série policière dramatique très noire raconte la vie quotidienne des flics du commissariat du 15e Precinct de New York, à travers les enquêtes et les déboires de l'inspecteur Andy Sipowicz. Avant elle, aucune autre série n'avait osé les plans rapprochés, le tournage caméra à l'épaule et un cadrage instable. Sans parler d'un héros charismatique et attachant bien que raciste, brutal, alcoolique, irascible et empêtré au milieu d'interminables drames personnels et d'enquêtes sordides.

Distribution : *Dennis Franz (Andy Sipowicz), David Caruso (John Kelly – saison 1), Jimmy Smits (Bobby Simone – saisons 2 à 5), Rick Schroder (Danny Sorenson – à partir de la saison 6), Kim Delaney (Diane Russel – à partir de la saison 2)*

« J'ai une mémoire admirable, j'oublie tout. »

Alphonse Allais

C'est arrivé le…

27 mai 1610

Exécution de François Ravaillac, assassin du roi de France Henri IV. Après un procès long de dix jours, le régicide est condamné à mort treize jours seulement après son acte. Après avoir fait pénitence devant la cathédrale Notre-Dame de Paris, il est conduit en place de Grève où il est torturé et écartelé par quatre chevaux, sous les yeux de la foule.

Esprit d'antan

Dans un concert classique se produisait ce qu'il est convenu d'appeler un jeune prodige. Il exécuta avec un réel talent un morceau d'une longueur peu habituelle.

– Cet enfant est admirablement doué, déclara un journaliste.

– Certes, répondit un critique notoire assis à ses côtés. Mais le début de son exécution avait plus de mérite que la fin.

– Et pourquoi ?

– Parce qu'au début, le pianiste était beaucoup plus jeune.

– J'ai le pressentiment que quelqu'un va vous envoyer des fleurs !

Pour sortir d'Astérix

Vous avez trop lu les aventures d'Astérix et Obélix, et pour vous un Gaulois, ça vit dans un petit village de huttes en pleine forêt, ça mange du sanglier à tous les repas, et ça serait même un peu couard, excepté les deux héros survitaminés. À bas les idées reçues : voici quelques vérités sur nos ancêtres les Gaulois.

Les Gaulois ne savaient pas écrire. Tout chez eux se transmettait à l'oral. Les seuls documents les concernant ont donc été rédigés par des auteurs étrangers, principalement grecs et romains. À ce titre, *La Guerre des Gaules* de Jules César est l'une des sources les plus connues. Les Gaulois vivaient dans des fermes, de grandes maisons rectangulaires au toit de chaume, dans des hameaux, des villages et même des villes. Et pas en forêt. Les Gaulois étaient des agriculteurs (blé, orge…) et des éleveurs de porcs, moutons et bœufs. Mais pas des chasseurs ! Le sanglier ne figurait jamais à leur menu, c'étaient plutôt leurs cochons aux longues canines, qu'Uderzo et Goscinny ont préféré croquer en sanglier. Les Gaulois étaient de redoutables guerriers. Des mercenaires, même, qui n'hésitaient pas à louer très cher leur bravoure à d'autres peuples. On les a ainsi vus combattre aux côtés des Spartiates contre Thèbes ou au cœur de l'armée d'Hannibal.

Astuce *Jardin* : Répulsifs contre les chats

Des chats errants, ou bien ceux de vos voisins, viennent régulièrement saccager vos cultures ? Rassurez-vous, il existe des répulsifs naturels et inoffensifs pour éloigner les félins. Pour cela, il vous suffit de disposer des boules de naphtaline aux pieds de vos arbres et de vos plantes : les chats détestent leur odeur et ne reviendront plus ; ou bien de pulvériser de la moutarde diluée dans de l'eau aux endroits où les chats ont l'habitude d'uriner.

Jeudi 28 mai

Saint Germain et les Choron, Manvieu, William, Mina, Wilson, Willy

Le soleil se lève à **05 h 57** *et se couche à* **21 h 40**

> *« Si nous ne pouvons couvrir de fleurs le sentier de la vie, nous pouvons au moins l'orner de sourires. »*
>
> *Charles Dickens*

C'est arrivé le…

28 mai 1934

Naissance des sœurs Dionne, les premières quintuplées connues. Dans la ville de Callander, au Canada, Elzire Dionne donne naissance à cinq filles, deux mois avant le terme de la grossesse. Malgré cela, Émilie, Marie, Yvonne, Cécile et Annette survivent et deviennent vite l'objet de toutes les attentions dans le pays.

Mon truc en +

Nickel chrome !

Cette astuce devrait ravir les amoureux de leur chère voiture, et notamment certains hommes qui découvriront enfin où se rangent les pommes de terre et la farine. En effet, pour nettoyer le chrome et le faire briller, vous pouvez le frotter avec de la farine ou de la fécule de pomme de terre. Appliquez ensuite de la glycérine à l'aide d'un chiffon pour le protéger de la rouille. Si vous n'avez ni farine ni pommes de terre, vous pouvez également nettoyer le chrome à l'aide de bicarbonate de soude mélangé à de l'eau chaude. Dans tous les cas, pensez à rincer après avoir nettoyé.

Oh ! tu sais pas ?

Les taureaux ne distinguent pas les couleurs et ne voient qu'en noir et blanc, comme la plupart des mammifères. De plus, ils voient flou. Mais alors, pourquoi s'acharnent-ils sur la muleta rouge qu'agite le matador lors d'une corrida ? En réalité, ils ne réagissent pas à la couleur rouge : ce sont les mouvements de la muleta et du matador ainsi que le bruit qui énervent les taureaux.

Le beau bébé !

9 mètres, 4 tonnes. Telles sont les mensurations du beau bébé découvert aux États-Unis par Lindsay Zanno, du Muséum de sciences naturelles de Caroline du Nord, et Peter Makovicky, du Muséum Field d'histoire naturelle de Chicago. Une découverte surprenante, puisque c'est une nouvelle espèce de dinosaure carnivore sur laquelle sont tombés les chercheurs. Baptisé « Siats meekerorum », nom qui fait référence au monstre mangeur d'hommes d'une légende indienne, l'animal ayant vécu au crétacé supérieur (il y a entre 100 millions et 66 millions d'années) prend directement la deuxième place sur le podium des plus grandes espèces jamais découvertes en Amérique du Nord, juste derrière le célèbre et féroce *Tyrannosaurus rex*, de 7 tonnes. Identifié comme faisant partie de la famille des carcharodontosaures, des dinosaures carnivores gigantesques, Siats, en dépit de son gigantisme, n'était encore qu'un jeune animal.

À mourir de rire !

À leur époque, les Darwin Awards n'existaient pas. Dommage, ils auraient pu être de sérieux concurrents à la distinction.

- 1380 : Le connétable de France Bertrand Du Guesclin est mort d'avoir bu trop d'eau glacée après avoir combattu en plein soleil.
- 1519 : L'empereur Maximilien Ier du Saint-Empire serait mort d'un excès de consommation de melon au retour d'une partie de chasse.
- 1691 : Joachim Feller, professeur à l'université de Leipzig, mourut en tombant par la fenêtre dans son sommeil. Il était somnambule.
- 1884 : Allan Pinkerton, détective, s'était mordu la langue après avoir glissé sur un trottoir. Il est mort de la gangrène.
- 1911 : Jack Daniel, fondateur de la distillerie Jack Daniel's, est mort d'un empoisonnement sanguin résultant de complications dues à une blessure à l'orteil qu'il s'était infligée six ans plus tôt, en donnant un coup de pied dans son coffre-fort dont il ne se souvenait pas de la combinaison.
- 1920 : Le joueur de base-ball Ray Chapman est mort assommé par une balle lors d'un lancer.
- 1941 : L'écrivain américain Sherwood Anderson avala un cure-dent à une fête et mourut d'une péritonite.

Vendredi 29 mai

Saint Aymar On fête aussi les Maximin, Bonne, Doulce, Martory

« Mieux vaut prendre le changement par la main avant qu'il ne nous prenne par la gorge. »
Winston Churchill

C'est arrivé le…

29 mai 1953

Edmund Hillary et Tensing Norgay sont les premiers à atteindre le sommet de l'Everest, le plus haut du monde. L'alpiniste néo-zélandais et le sherpa népalais faisaient partie d'une expédition menée par le Britannique John Hunt. Après plusieurs tentatives effectuées par différents groupes, ils sont les premiers à atteindre les 8 848 m du toit du monde.

Recette

CHOUQUETTES

Pour 4 personnes :

- 25 cl d'eau
- 125 g de farine
- 100 g de beurre
- 20 g de sucre en poudre
- 4 œufs
- 60 g de sucre en grains
- 1 pincée de sel

Faites chauffer dans une casserole l'eau, le sucre, le beurre et le sel. Retirez du feu lorsque le beurre est entièrement fondu. Ajoutez directement la farine et mélangez jusqu'à obtenir une pâte épaisse. Disposez votre préparation dans un saladier et incorporez-y les œufs un par un. Avec une cuillère, faites des petits tas de votre pâte sur une plaque recouverte de papier sulfurisé. Passez un petit coup de pinceau avec du jaune d'œuf pour obtenir des chouquettes bien dorées. Enfin, parsemez vos choux de grains de sucre et enfournez-les pour 20 à 25 minutes, selon la grosseur des choux, à 180 °C.

La bonne blague !

David va voir son copain banquier.
- Moshe, j'ai besoin d'un crédit.
- D'accord, David, combien te faut-il ?
- Un franc.
- Mais, David, il n'y a pas besoin de crédit entre nous ! Je te connais bien, je te fais un découvert d'un franc quand tu veux, sur n'importe lequel de tes comptes !
- J'ai besoin d'un crédit d'UN franc, et si tu ne me le fais pas, je ferme tous mes comptes.
- Bon, bon, du calme, je te fais un crédit d'un franc, à titre exceptionnel, parce que c'est toi, va. Un crédit, d'un franc… Pour combien de temps, David ?
- Un mois.
- Aïe, aïe, aïe, mais tu veux ma mort, ma parole ! Un crédit pendant un MOIS, je ne peux pas faire ça…
- J'ai besoin d'un crédit d'UN franc pendant UN mois, et si tu ne me le fais pas, je ferme tous mes comptes ainsi que ceux de Rebecca.
- OK, d'accord, un franc, un mois, c'est bien parce que c'est toi…
- Tu me fais quel taux, Moshe ?
- Tout compris, ça va te faire dans les 3 % par mois, je ne peux pas faire mieux, ça va ?
- Oui, oui. Je dois te laisser une garantie, je suppose ?
- Pour ce montant ? Tu rêves ? Non, non, signe-la et c'est bon…
- Alors je te laisse la BMW en dépôt de garantie, voilà les clefs, elle est garée en bas.
- Mais non, je te dis, ce n'est pas la peine…
- Je te laisse ma BMW en dépôt de garantie, et si tu ne l'acceptes pas, je ferme tous mes comptes, je ferme ceux de Rebecca et ceux de tous mes fils.
- Ouh là, t'es franchement intraitable, David. Laisse la BM si tu veux, t'es terrible !
David rentre chez lui et annonce fièrement à Rebecca :
- Chérie, fais les valises ! On part un mois aux EU, j'ai trouvé un parking à 1,03 F par mois pour la BMW.

« Le secret de la jeunesse est d'être honnête, de manger lentement, et de mentir sur son âge. »

Lucille Ball

C'est arrivé le…

30 mai 1431

Accusée d'hérésie, Jeanne d'Arc est brûlée vive à l'âge de 19 ans. Née d'une famille paysanne en Lorraine, elle aurait reçu la mission divine de libérer la France de l'occupation anglaise. Elle participe à la victoire française à Orléans, qui permet à Charles VII d'accéder au trône. Capturée, elle est vendue aux Anglais, jugée et condamnée à mort.

LU DANS LA PRESSE

Trois mois fermes pour l'automobiliste ivre, mais également six mois d'annulation du permis de construire. (*Le Pays Briard*)
On ne se rend pas toujours compte de la portée de ses actes…

HISTOIRE, HISTOIRES…

Dès son arrivée dans une région conquise, Napoléon donnait l'ordre à ses troupes de récolter dans les potagers les légumes indispensables à la fameuse « soupe du soldat combattant ». L'Empereur voulait qu'elle fût épaisse et que la cuiller « pût y tenir debout », au « garde-à-vous », selon son expression. On sait moins que l'Empereur tenta, avec Parmentier, de réaliser pour l'armée une sorte de « potage industriel » pareil à nos potages préfabriqués. Idée qu'il n'eut pas le temps de mener à bien.

– Mozart était un génie à cinq ans, moi j'en ai six, j'ai passé l'âge !

Ça zlatanne !

- Franck Ribery a osé un jour dribbler Zlatan, le résultat est encore visible…
- Lance Armstrong n'a jamais osé s'injecter du sang de Zlatan. Son organisme n'aurait pas supporté.
- Si les joueurs de l'équipe de France ont refusé de descendre du bus de Knysna en 2010, c'est parce qu'on leur avait fait croire qu'ils jouaient contre Zlatan.
- Zlatan a déjà exclu l'arbitre du terrain.
- Dieu créa deux brouillons, l'homme et la femme. Puis il finit par la perfection : Zlatan.
- Zlatan n'est jamais hors-jeu, les assistants lèvent le bras pour le saluer.
- La France a fait la guerre pendant cent ans avec l'Angleterre. Zlatan a achevé l'Angleterre en 90 minutes.
- En vacances en Italie quand il était petit, Zlatan a frappé sur une tour avec son ballon. C'est devenu la tour de Pise.
- Zlatan a demandé au PSG de changer d'équipementier. On ne Nike® pas Zlatan.
- Un jour, un joueur a osé tenter un petit pont sur Zlatan : il est toujours porté disparu.

Le soleil se lève à
05 h 55
et se couche à
21 h 43

Dimanche 31 mai

Fête des Mères, Visitation On fête aussi les Pierrette, Yasmine

« La guerre ! C'est une chose trop grave pour la confier à des militaires. »

Georges Clemenceau

C'est arrivé le…

31 mai 1859

L'horloge de la « Clock Tower » entre en service. Les heures sont marquées par la sonnerie de la célèbre cloche nommée « Big Ben », montée au sommet de la tour du palais de Westminster, rebaptisée « Elizabeth Tower » depuis le jubilé de diamant fêtant les soixante ans de règne de la reine Élisabeth II, en 2012. Elle accéda au trône le 6 février 1952.

Esprit d'antan

À la fin d'un dîner organisé par Winston Churchill, le maître d'hôtel du héros de la guerre présente la cave à cigares aux invités. L'un d'entre eux, sans le moindre scrupule, en prend cinq, les met dans sa poche et déclare :
– C'est pour la route.
– Merci d'être venu d'aussi loin, lui lance Churchill.

Pour rire

M. et Mme Peulafenaitre ont deux fils et une fille… Geoffroy, Angèle, Firmin (car j'ai froid, on gèle, ferme un peu la fenêtre).

Fête des mères

quelques citations pour la fêter

❤ On aime sa mère presque sans le savoir, sans le sentir, car cela est naturel comme de vivre. *Guy de Maupassant*

❤ Le chef-d'œuvre de Dieu, c'est le cœur d'une mère. *André Grétry*

❤ Pour s'abriter contre les coups du sort, rien de tel que le cœur d'une mère. *Goswin de Stassart*

❤ Une mère, vois-tu, c'est là l'unique femme qui nous aime toujours,
À qui le ciel ait mis assez d'amour dans l'âme pour chacun de nos jours.
Antoine de Latour

❤ L'amour de ma mère est immortel. *Albert Cohen*

❤ L'odeur de l'être qu'on aime, c'est l'odeur sucrée de sa mère,
Celle qui apporte la paix du soir, et celle qui endort les enfants.
Jean Anouilh

❤ Le cœur d'une mère est un abîme au fond duquel se trouve toujours un pardon. *Honoré de Balzac*

❤ Les mamans, ça pardonne toujours ; c'est venu au monde pour ça. *Alexandre Dumas*

❤ Une mère est le meilleur des guides. Henri-Frédéric Amiel

❤ Fêter sa mère comme si elle était éternelle, c'est y penser tous les jours. *Jean Gastaldi*

❤ Enfant sans mère, c'est comme un nid sans plumes, sans chaleur. *Arthur Rimbaud*

Le glaçon qui dégrise

Un étudiant américain de 23 ans du Massachusetts Institute of Technology (MIT) a inventé des glaçons qui changent de couleur suivant la quantité d'alcool, et préviennent l'entourage de l'utilisateur par SMS si celui-ci fait trop d'excès. Concrètement, ces glaçons LED reprennent la signalétique du code de la route en changeant de couleur au fil de votre consommation, et enregistrent les gorgées d'alcool avalées et la vitesse à laquelle elles sont prises. Au premier verre, le glaçon se met au vert, au second, le glaçon vire à l'orange. Au troisième verre, les glaçons passent au rouge. Vous avez atteint le plafond d'alcool autorisé. Si vous poursuivez, alors ces glaçons intelligents envoient un SMS à votre entourage pour prévenir que vous avez trop bu. Deux problèmes de taille : l'inventeur ne veut pas les commercialiser – il a fait ça pour le fun, dit-il – et… ils ne rafraîchissent pas le Ricard !

Lundi 1er juin

Saint Justin On fête aussi les Fortunat, Clair, Justinien, Pamphile

Le soleil se lève à **05 h 54** *et se couche à* **21 h 44**

« Définissez-moi d'abord ce que vous entendez par Dieu et je vous dirai si j'y crois. »
Albert Einstein

C'est arrivé le…

1er juin 1952

Décès de William Fox, à l'âge de 73 ans. Arrivé aux États-Unis quelques mois après sa naissance en Hongrie, il fut gérant de cinéma avant de se lancer dans la distribution et la production de films. Créateur de la Fox Film Corporation, société cinématographique américaine, il fut contraint de la céder en 1935. Fusionnant avec 20th Century Pictures, elles formèrent alors l'actuelle 20th Century Fox.

Mon truc en +

Du vinaigre pour raviver la couleur de vos vêtements foncés

Les vêtements noirs ont tendance à perdre leur couleur après un lavage. Pour leur rendre leur intensité, versez du vinaigre blanc dans de l'eau chaude et faites tremper le vêtement dans cette préparation. Le vinaigre dissout la couche de savon qui est fixée sur le vêtement et qui est responsable de cette perte de couleur.

Juin **Sixième mois des calendriers grégorien et julien, quatrième mois du calendrier romain, son nom viendrait du latin *junius*, en référence à la déesse romaine Junon ou aux jeunes *juniores* à qui l'on rendait hommage. Mais on y voit aussi le mois honorant Lucius Junius Brutus, fondateur légendaire de la République romaine. Quoi qu'il en soit, tout le monde est d'accord pour dire que c'est le premier mois de l'été.**

À parcourir l'Histoire, on voit que ce mois regorge d'événements, par exemple la naissance, le 27 juin 776 av. J.-C., des premiers jeux Olympiques avec leur premier vainqueur, Corébos, dans l'unique discipline de la compétition : le 200 mètres. C'est aussi en juin que l'opéra s'installa en France, sous le gouvernement du cardinal Mazarin, et grâce à l'abbé Pierre Perrin qui, le 28 juin 1669, obtint des lettres patentes pour « l'établissement d'une académie de musique ou d'un théâtre chantant ». Juin, c'est aussi l'époque de la première démonstration de vol en ballon par les frères Montgolfier (5 juin 1783)… et de sa première victime, avec l'accident, le 15 juin 1785, de Pilâtre de Rozier. En juin, la Corse devint française (13 juin 1769), Richelieu posa la première pierre du Palais-Cardinal, plus connu aujourd'hui sous le nom de Palais-Royal (4 juin 1629), et on inaugura le Muséum d'histoire naturelle de Paris (10 juin 1793). Le 9 juin 1312, Philippe le Bel ordonna la construction de quais le long de la Seine à Paris. La distinction de « maréchal de France » fut instaurée le 3 juin 1330. Ce fut aussi un mois privilégié pour les campagnes napoléoniennes avec, en point d'orgue, la bataille de Waterloo le 18 juin 1815. En revanche, ce ne fut pas un bon mois pour Henri II, mortellement blessé d'un coup de lance lors d'un tournoi (30 juin 1559) ; pas plus que pour l'empereur Vespasien (Titus Flavius), mort le 24 juin 79 ap. J.-C.

Et que dire de Louis XVI, arrêté à Varennes le 21 juin 1791 ? Pour sa famille, c'est un mois maudit : mort de sa fille Marie-Sophie le 17 juin 1787, puis de son fils aîné le 4 juin 1789. Son second fils décède le 8 juin 1795 et sa tante, la princesse Victoire, le même jour, en 1799. Entre-temps, le 19 juin 1790, l'assemblée constituante abolissait la noblesse. D'autres têtes couronnées terminèrent leur vie ce mois-ci : Louis le Débonnaire et Louis X le Hutin.

« Un gentleman, c'est celui qui est capable de décrire Sophia Loren sans faire de geste. »

Michel Audiard

C'est arrivé le…

2 juin 1946

Un référendum met fin au royaume d'Italie, après quatre-vingt-cinq ans de gouvernance de la dynastie royale de la maison de Savoie. Même si l'Italie a été dirigée par le gouvernement fasciste de Mussolini entre 1922 et 1943, le régime monarchique n'avait pas été aboli. Le référendum du 2 juin débouche sur la proclamation de la République italienne.

À l'origine…

Calvados

Pourquoi le département du Calvados a-t-il pris ce nom ? L'histoire nous donne une explication. En 1558, un des gros vaisseaux de l'Invincible Armada espagnole, le *Calvador*, vint s'écraser contre les rochers de la baie de l'actuel département. Ce dernier prit le nom de Calvador en mémoire de cet événement, nom qui se transforma plus tard en Calvados.

Oh ! tu sais pas ?

Marylin Monroe n'était pas blonde et s'appelait en réalité Norma Jeane Mortenson. Elle s'est décoloré les cheveux en février 1946 pour une campagne de publicité d'un shampooing, à laquelle elle participait. Pour se faire remarquer au cinéma, où elle souhaitait percer, elle se teignit les cheveux en blond clair et dessina son célèbre grain de beauté au crayon, parfois au menton, mais plus généralement au-dessus de la lèvre, sur sa joue gauche, pour dissimuler une petite tache pigmentée.

HISTOIRE, HISTOIRES…

L'ÉLYSÉE. Ce magnifique hôtel fut construit en 1728 sur ordre et aux frais du comte d'Évreux, d'après les dessins de l'architecte Molet. La marquise de Pompadour en avait fait l'acquisition et l'occupa jusqu'à sa mort. Son frère, le marquis de Marigny, en hérita et le céda à Louis XV. Le lieu, qui devait accueillir des ambassadeurs, servit finalement à loger le mobilier de la Couronne jusqu'à l'achèvement des bâtiments destinés à servir de garde-meubles dans une des colonnades de la place Louis-XV, plus connue aujourd'hui sous le nom de place de la Concorde.

Le financier Baujon acheta l'Élysée en 1773 et y fit faire, par l'architecte Boullé, des embellissements, y dépensant des sommes considérables. Après la mort de Baujon, en 1786, la dernière duchesse de Bourbon l'habita, jusqu'à son arrestation en 1793. Cet édifice devint alors propriété nationale et prit le nom d'Élysée, puis quelques années après, de hameau de Chantilly.

Il devint, en 1803, la propriété de Joachim Murat qui y tint sa petite cour jusqu'à son départ pour Naples, en 1808. Les lieux avaient repris le nom d'Élysée-Bourbon et le gardèrent jusqu'à la chute de Louis-Philippe. Après la révolution de 1848, l'Élysée fut rebaptisé Élysée national. Ce palais fut désigné pour servir de logement au président de la République, emploi qu'il a conservé de nos jours.

Vermot'jardin

Juin

- Plantez des fleurs comme le jasmin, la bignone ou le bougainvillier dans des endroits bien exposés au soleil.
- Supprimez les fleurs fanées de vos phlox, qui seront rapidement remplacées par de nouveaux bourgeons.
- Paillez (Voir Dico Jardin du 17 février) les pieds de vos dahlias et pincez (Dico Jardin du 1er mars) les tiges principales.
- Semez betteraves et choux maintenant pour une récolte au début de l'automne.
- Mettez en place des filets sur vos arbres fruitiers afin de les protéger des oiseaux.
- Par temps sec et chaud, arrosez régulièrement le jardin et le potager. Privilégiez un arrosage tôt le matin ou en soirée.

Mercredi **3 juin**

Saint Kévin On fête aussi les Paule, Vartan, Laurentin

Le soleil se lève à **05 h 53** *et se couche à* **21 h 46**

> *« Celui qui, dans la vie, est parti de zéro pour n'arriver à rien n'a de merci à dire à personne. »*
>
> Pierre Dac

C'est arrivé le…

3 juin 1950

Maurice Herzog et Louis Lachenal réussissent la première ascension de l'Annapurna. Les deux Français font partie de la première expédition européenne autorisée dans cette région du Népal. Dès leur première tentative, ils parviennent au sommet et sont ainsi les premiers dans l'histoire à atteindre un sommet à plus de 8 000 m d'altitude.

Mon truc en +

Papier peint défraîchi : du gros sel

Vos papiers peints mériteraient un rafraîchissement ? Jetez dans un récipient quelques poignées de gros sel et humectez légèrement de manière à obtenir une saumure plus pâteuse que liquide. Le terme « saumure » désigne une eau fortement salée dans laquelle on met les aliments pour en faire des conserves. Trempez un chiffon doux dans cette mixture et frottez.

- Je vais les ouvrir avec quoi, ces boîtes de conserve ?!

La bonne blague !

Une vieille dame part en safari-photo en Afrique avec son inséparable caniche.

Alors qu'elle se repose dans son lodge, le caniche décide d'aller faire un tour dans la savane. Et se perd.

C'est alors qu'il aperçoit un jeune léopard se dirigeant vers lui avec la visible intention d'en faire son déjeuner.

Remarquant quelques os d'une carcasse qui traîne sur le sol à côté de lui, le caniche tourne le dos à son assaillant et se met aussitôt à ronger les os. Et alors que le félin s'apprête à lui sauter dessus, le vieux caniche s'exclame haut et fort :

- Ahhhh, ce léopard était vraiment excellent ! Je me demande s'il y en a d'autres par ici, j'ai encore une petite faim.

Le jeune léopard stoppe net son attaque, regarde le caniche avec effroi et s'enfuit à la vitesse de l'éclair pour se cacher dans les hautes herbes, soulagé d'avoir échappé à la voracité du chien.

Un vieux singe, qui avait observé toute la scène depuis son arbre, se dit qu'il pourrait tirer profit de la situation et obtenir la protection du léopard. Le singe rattrape le léopard, lui dévoile la supercherie et lui propose un marché.

Le jeune léopard est furieux d'avoir été trompé :

- Viens ici, le singe, monte sur mon dos, et tu vas voir ce qui va arriver à ce petit malin !

Le vieux caniche voit au loin le léopard accourir avec le singe sur son dos. Encore une fois, le chien s'assied dos à ses agresseurs, faisant semblant de ne pas les avoir vus. Et lorsqu'ils arrivent à portée de voix, le chien s'exclame :

- Où est donc ce foutu singe ? Ça fait une heure que je l'ai envoyé me chercher un autre léopard !

Dico *Jardin* : Rabattre

« Rabattre » consiste à tailler un arbuste ou une plante en coupant ses tiges, branches ou rameaux, afin de provoquer l'apparition de nouvelles pousses plus vigoureuses. On rabat en général les plantes au cours de l'automne, afin qu'elles passent l'hiver sans encombre. Ainsi, pour les vivaces à feuillage persistant et les vivaces semi-ligneuses, prévoyez une taille à 15 cm du sol. Dans le cas où un arbuste aurait perdu en vigueur en raison des gelées, le rabattre au début du printemps lui redonnera de la vitalité.

« La différence entre le sexe et la mort, c'est que mourir, vous pouvez le faire seul, et personne ne se moquera de vous. »

Woody Allen

Politiquement... incorrect

– La meilleure façon de résoudre le chômage, c'est de travailler. (*Raymond Barre*)

– Villepin fait tout, je fais le reste. (*Renaud Muselier, secrétaire d'État aux Affaires étrangères, 2002-2005*)

– Quand vous êtes aux affaires, vous manquez de souffle ; quand vous êtes dans l'opposition, vous ne manquez pas d'air. (*Xavier Darcos, ministre UMP entre 2002 et 2010, à des élus PS*)

– Je ne suis pas l'Arabe qui cache la forêt. (*Azouz Begag, ministre délégué à la Promotion de l'égalité des chances sous Villepin*)

– Si Bush et Thatcher avaient eu un enfant ensemble, ils l'auraient appelé Sarkozy. (*Robert Hue, ancien président du PCF*)

– Alain Juppé voulait un gouvernement ramassé, il n'est pas loin de l'avoir. (*André Santini*)

– Je suis un des rares ministres chiraco-sarko-villepino compatible ? (*François Baroin, ancien ministre RPR/UMP*)

– La Royal a coulé la Marine. (*Pierre Lellouche, ancien secrétaire d'État, UMP*)

– J'ai été longtemps un jeune conformiste, et sans doute formiste était-il de trop. (*François Bayrou*)

– Je suis peut-être nul, mais le ministre, c'est moi. (*Pascal Clément, ancien ministre de la Justice, 2005-2007*)

– Il doit bien rester un angle de tir pour la paix. (*Bernard Kouchner*)

C'est arrivé le...

4 juin 1798

Décès de Giacomo Casanova à l'âge de 73 ans. Tour à tour écrivain, musicien, diplomate ou espion, il est surtout resté célèbre en tant que grand séducteur. Vénitien de naissance et de cœur, il laisse derrière lui une riche œuvre littéraire et le mythe d'un aventurier prêt à tout pour plaire.

Pour rire

Un prisonnier discute avec un nouveau :
– Moi, j'ai pris dix ans pour escroquerie, et toi ?
– Vingt ans pour secourisme.
– Arrête, tu me fais marcher, personne n'a jamais pris vingt ans pour secourisme !
– Si, si : ma belle-mère saignait du nez, alors je lui ai fait un garrot autour du cou pour arrêter l'hémorragie.

Maître de bonne compagnie

Halte là !

Votre chaton joue avec les fils électriques ? C'est normal, mais il ne faut pas laisser faire : c'est dangereux ! Vaporisez sur ces fils de l'essence d'eucalyptus, l'odeur devrait le repousser. Si ça ne marche pas, il existe d'autres répulsifs « maison » ; parmi eux, l'eau vinaigrée, dont vous pouvez enduire les fils, et dont les chatons détestent l'acidité. Évitez les produits chimiques. Certes, ils repoussent l'animal mais, si celui-ci vient à les lécher, il peut s'intoxiquer.

Vendredi **5 juin**

Saint Igor On fête aussi les Boniface, Constantin, Sanz, Sancho, Sacha

Le soleil se lève à **05 h 51** *et se couche à* **21 h 47**

« *La vie n'a de valeur que par rapport à l'usage qu'on en fait.* »

Emmanuel Kant

C'est arrivé le…

5 juin 1983

Yannick Noah remporte le tournoi de Roland Garros, après sa victoire en finale sur le Suédois Mats Wilander. Il est, à ce jour, le seul tennisman français à avoir remporté un tournoi du Grand Chelem de l'ère Open, en simple messieurs.

TOP CHRONO : LA TÉLÉVISION

- **Mai 1956 : première émission historique avec *Énigmes de l'Histoire* d'André Castelot, Alain Decaux (scénaristes) et Stellio Lorenzi (réalisateur), rebaptisée en 1957 *La Caméra explore le temps*. Alain Decaux poursuivra dans cette veine et deviendra incontournable, avec *Alain Decaux raconte*, diffusée de 1969 à 1981.**
- **9 septembre 1956 (États-Unis) : Elvis Presley fait sa première apparition à l'émission de télévision *Ed Sullivan Show*. Il y chante : *Don't Be Cruel*, *Ready Teddy* et *Hound Dog*.**
- **1956 : Premier concours Eurovision de la chanson organisé par l'UER (Union européenne de radiodiffusion et de télévision) et retransmis à la télévision en direct.**
- **1956 : 500 000 postes de télévision en France.**

LU DANS LA PRESSE

Actes pyromanes, les exploitants agricoles exigent le cessez-le-feu. (*Le phare dunkerquois*)
Un véritable brûlot, cette histoire !

Elle le met à la porte et il sort de ses gonds. (*La Nouvelle République*)
A-t-elle pu refermer derrière elle ?

Bébé DJ

Que ne ferait-on pas pour procurer à bébé tous les moyens de s'épanouir ! À New York en tout cas, on a rangé les comptines ou le yoga pour bébé au rayon des outils préhistoriques. Place à l'école de DJ pour nourrissons ! L'idée vient de Natalie Weiss, elle-même DJ, compositeur et auteur de pièces de théâtre. L'artiste s'est mis en tête d'apprendre aux bébés de moins de 3 ans le hip-hop, la musique électro, la house-music, le mixage et même la guitare imaginaire. Natalie estime en effet que les comptines traditionnelles ne stimulent pas assez les bambins. Elle peut s'appuyer sur l'avis de spécialistes tels que Celeste Kidd, maître de conférences spécialiste du cerveau et des sciences cognitives à l'université de Rochester : « Les jeunes enfants sont généralement très bons pour identifier les activités qui conviennent le mieux à leurs besoins de développement », explique-t-elle à l'AFP. Ou sur la crédulité des parents prêts à se saigner aux quatre veines pour leurs chères têtes blondes.

– Le problème, avec la peinture contemporaine, c'est qu'on n'a pas toujours les clefs…

En forme !

Étirez-vous comme les chats. Les animaux, tout comme les bébés, le font d'instinct. Bâillements, haussements d'épaules, soupirs… aussi spontanés qu'ils puissent être, ces mouvements naturels du corps ne suffisent pas à chasser les tensions accumulées quotidiennement à cause du stress ou des mauvaises positions. Le matin au réveil, la journée au bureau, ou encore le soir en rentrant à la maison, il faut s'étirer régulièrement. L'idéal serait d'introduire 3 à 4 minutes d'étirements ou d'assouplissements chaque jour. Quelles méthodes choisir ? Toutes les disciplines fondées sur le principe d'allongement ou qui en incluent sont intéressantes : stretching, stretching postural, barre au sol, yoga, pilates, tai-chi, qi gong, watsu…

Que l'on soit sédentaire ou sportif, s'étirer évite au corps de s'ankyloser et réveille l'organisme. La souplesse fait partie des qualités physiques au même titre que la force, la rapidité ou la vitesse. Tout comme s'hydrater, s'étirer doit devenir un automatisme.

Le soleil se lève à **05h51** et se couche à **21h48**

Samedi **6 juin**

Saint Norbert On fête aussi les Anoub, Claude, Ophélie, Philippe

« *L'homme ne sait jamais ni ce qu'il veut ni ce qui lui convient.* »

George Sand

C'est arrivé le…

6 juin 1606

Naissance de Pierre Corneille à Rouen. Poète et dramaturge français, on lui doit de nombreuses pièces comiques, comme *L'Illusion comique* ou *La Place Royale*, mais également de grandes tragédies comme *Le Cid*, *Cinna* ou encore *Horace*. Il mourra à Paris à l'âge de 78 ans.

1,5 million

C'est, d'après l'enquête Famille et logements réalisée en 2011 et publiée fin 2013, le nombre d'enfants mineurs en France vivant dans une famille recomposée. Pour vous donner une idée de l'importance de ce chiffre, 13,7 millions d'enfants âgés de moins de 18 ans vivent en famille en France métropolitaine. Sept sur dix vivent dans une famille « traditionnelle » avec leurs deux parents ; les autres vivent dans une famille monoparentale (18 %) ou dans une famille recomposée (11 %). Ces 1,5 million d'enfants mineurs résident dans 720 000 familles recomposées.

@çagazouille : les JLGeades

- À la lecture des sujets de philo du bac, dans bien des cas, je dis certes.
- Ces craintes sur les Iraniens, j'aimerais qu'on les dise perses.
- Renversée, fouettée, brûlée, la crème pourrait porter plainte contre la cuisine française.
- Être agent du fisc, ça en impose.
- La crise pendant 8 ans et 4 mois ?
  – Eh bien, ça se fera cent mois !
- J'ai choisi un grand congélateur, une véritable armoire à glaces !
- Il y a des arbres qu'on aime moins. Par exemple, j'avoue que le bouleau me fait peur et que le tilleul m'hante.
- On m'informe à l'instant que prostituée et dentiste ne seraient pas des métiers de bouche.
- Un aveugle qui tape comme un sourd, ça me laisse sans voix.
- Il faut savoir rester de marbre devant un cas rare.
- Vous ai-je parlé de mes chaussettes à plusieurs reprises ?
- Pour les jeunes, pépiniériste, voilà une branche où il y a toujours du bouleau.
- On dit que passer sous une échelle porte malheur, et sous une voiture ?
- Pour la fête des mères, je t'offre un plant, ma mère.
- Dis-moi qui tuer, je te dirai qui tu hais.
- Ma femme complote ou ma femme qu'on pelote. Dans les deux cas, je ne suis pas bien.
- Je n'aurais pas dû me froisser avec mon épouse, elle m'a dit : « Tu repasseras pour tes chemises ! » Il devait y avoir mieux à fer.
- Un détective au chômage est encore plus privé.
- Pour faire plaisir à votre femme, préférez le solitaire à l'ermite.
- Vous pourrez vérifier sur Google, Tolstoï était guère épais.

(à retrouver sur Twitter : @ jlgdu54)

©Twitter

Dimanche 7 juin

Saint Gilbert On fête aussi les Paul, Robert, Aldric, Alène, Willibald

Le soleil se lève à **05 h 50** *et se couche à* **21 h 49**

« Il faut définir le cadre d'une longévité en bonne santé. Vieillir n'est pas une maladie. »

Étienne-Émile Baulieu

C'est arrivé le…

7 juin 2013

Mort de Pierre Mauroy, à l'âge de 85 ans. Maire de Lille de 1973 à 2001, il fut Premier ministre sous la présidence de François Mitterrand, du 21 mai 1981 au 17 juillet 1984. Il instaura notamment les 39 heures de travail par semaine, la cinquième semaine de congés payés, la retraite à 60 ans, la décentralisation et l'impôt sur la fortune.

Pour rire

Un gars dit à un autre :
– J'ai fait couper la queue de mon chien la semaine dernière, car ma belle-mère vient samedi.
– Ah oui ? Je ne vois pas le rapport.
– Tu vois, je ne veux surtout qu'elle pense que quelqu'un est content de la voir.

Quiz SÉRIES

1. À la fin de sa troisième journée d'enfer dans *24h Chrono*, Jack Bauer doit…

❏ A/ envoyer sa fille Kim en prison
❏ B/ couper la main de son équipier Chase
❏ C/ empoisonner le président Palmer

2. Tous les ans, il y a un épisode des *Simpson* spécial…

❏ A/ Noël
❏ B/ Pâques
❏ C/ Halloween

3. Dans *Friends*, Matt LeBlanc incarne Joey…

❏ A/ Gulliani
❏ B/ Mariachi
❏ C/ Tribbiani

4. La bande magnétique de *Mission Impossible* se détruira dans les…

❏ A/ 2 secondes
❏ B/ 5 secondes
❏ C/ 10 secondes

5. Dans le titre original des *Experts*, CSI signifie :

❏ A/ Crime Science Investigations
❏ B/ Crime Scene Investigations
❏ C/ Crime Scanner Investigations

6. *Spin City* a pour cadre la mairie de…

❏ A/ Boston
❏ B/ Chicago
❏ C/ New York

7. Un des Friends a joué dans la série *Band of Brothers*. De qui s'agit-il ?

❏ A/ Chandler (Matthew Perry)
❏ B/ Ross (David Schwimmer)
❏ C/ Gunther (James Michael Tyler)

8. Quel est le nom du groupe de rock de Charlie dans *Lost* ?

❏ A/ Driveshaft
❏ B/ The Nowhere
❏ C/ The Islanders

9. David E. Kelley, créateur de *Ally McBeal*, a aussi donné naissance à…

❏ A/ *Boston Public*
❏ B/ *The Practice*
❏ C/ *Boston Justice*

10. Richard Levinson et William Link, les créateurs de *Columbo*, ont aussi imaginé…

❏ A/ Robert Dacier dans *L'Homme de fer*
❏ B/ Jessica Fletcher dans *Arabesque*
❏ C/ Frank Cannon dans *Cannon*

Réponses le 13 juin

« La femme est la plus belle création de Dieu, après l'homme bien sûr. »

Maxalexis

C'est arrivé le…

8 juin 1936

Signature des accords de Matignon entre les syndicats et l'État, sous la présidence du Conseil de Léon Blum. Résolument tourné vers les avantages des ouvriers, en pleine période d'inflation, cet accord prévoit une hausse des salaires et permet aux travailleurs d'obtenir des délégués syndicaux pour les soutenir. Il instaure également le passage à la semaine de 40 heures et les 15 jours de congés payés.

S'il pleut à la saint Médard, il pleut quarante jours plus tard, sauf si saint Barnabé lui coupe l'herbe sous le pied.

Mon truc en +

De l'avoine pour des pieds secs

Avec les chaussures en cuir, c'est toujours la même histoire. Elles ont beau être robustes, et imperméabilisées, il suffit de marcher un peu dans la neige ou sous la pluie pour qu'elles soient trempées et que des traces apparaissent. Pour pouvoir les réutiliser dès le lendemain matin en ayant les pieds au sec, remplissez-les d'avoine chauffée. En absorbant l'humidité des chaussures, l'avoine va gonfler et empêcher que le cuir ne rétrécisse ou gondole. Et si vous faites sécher l'avoine près d'un radiateur après l'avoir utilisée, vous pourrez même la réutiliser. Génial, non !?

Le McDo, oui… mais pour les autres

Les dirigeants de McDonald's® ont dû s'étrangler avec leur Big Mac en voyant fuiter dans la presse des informations exclusivement destinées aux employés, publiées sur McDonaldsMyNurtureLife.com, l'Intranet (site interne) de la société. Car, selon ces informations révélées par la chaîne américaine CNBC, en interne, les rois du burger déconseillent à leurs salariés de manger… dans des fast-foods, explications diététiques à l'appui. « Bien que pratique, d'un prix abordable et bien adapté à un mode de vie trépidant, le fast-food présente un taux élevé de calories, de graisses, de graisses saturées, de sucres et de sel », peut-on lire sur le site. Le menu soda, burger et frites n'est vraiment pas recommandé… C'est pourtant ce que McDo vend le plus !

Dans l'une des publications, le site met aussi en garde contre les « effets secondaires » d'une alimentation trop riche : « Garder un équilibre alimentaire n'est pas facile avec le fast-food, parce qu'on ignore comment cette nourriture est préparée », prévient-il. « Par exemple, nombre de restaurants mettent beaucoup d'huile et de beurre dans leurs préparations et ne proposent pas d'option "basse calorie". Et nombre de restaurants ont remplacé les graisses animales par des huiles végétales hydrogénées pour les fritures […] En général, les personnes souffrant d'hypertension, de diabète et de problèmes cardiaques doivent être prudents concernant la restauration rapide, à cause de ses teneurs élevées en graisse, sel et sucres. »

Évidemment, la firme souligne que certaines informations du site « ont été sorties de leur contexte » et se défend en disant qu'elle propose dans ses restaurants des salades et des menus estampillés hypocaloriques… mais avoue être « d'accord avec ces conseils ».

Esprit d'antan

Lorsque Campenon se présenta à l'Académie française, il lança contre Michaud, son concurrent, l'épigramme suivant :
« Au fauteuil de Delille, on espère Michaud, mais pour l'y mettre en place, il faut un ami chaud. »
Imprudence, car l'espiègle poète s'en aperçut et lui adressa ces deux vers en retour :
« Au fauteuil de Delille aspire Campenon, a-t-il assez d'esprit pour qu'on l'y campe ? Non. »

« La plus grande joie de la vie, c'est de se sentir utile aux autres. »

Abbé Pierre

C'est arrivé le…

9 juin 1998

Cérémonie d'ouverture de la Coupe du monde de football, au Stade de France. Cette cérémonie a eu lieu la veille du premier match entre le Brésil et l'Écosse. Il s'agit de la deuxième Coupe du monde organisée en France, après celle de 1938. Et de la première victoire française.

Cocktail !

Screwdriver (long drink)

- 4 cl de vodka
- 12 cl de jus d'orange
- 4 glaçons

Déposez les ingrédients avec les glaçons dans le shaker, puis secouez vigoureusement pendant 10 secondes. Filtrez au-dessus d'un grand verre à bords droits de 20 à 25 cl, dit « tumbler », avec une passoire à glaçons. Décorez avec un quartier d'orange et servez immédiatement.

La naissance du Screwdriver remonte aux années 1920 aux États-Unis, époque à laquelle la prohibition interdisait toute consommation d'alcool. Pour contourner cet interdit, les ouvriers de chantiers américains dissimulaient la vodka dans le jus d'orange, et prirent rapidement l'habitude de mélanger leur boisson avec ce qu'ils avaient sous la main, le plus souvent un tournevis (screwdriver en anglais). On attribua par la suite à ce cocktail le nom de ce touilleur pour le moins original.

HISTOIRE, HISTOIRES…

LA TOUR EIFFEL est construite en fer puddlé, matériau dont la longévité est quasi éternelle pour peu qu'il soit repeint régulièrement. D'ailleurs, en 1900, dans son ouvrage *La Tour de 300 mètres*, Gustave Eiffel écrivait : « On ne saurait trop se pénétrer du principe que la peinture est l'élément essentiel de la conservation d'un ouvrage métallique et que les soins qui y sont apportés sont la seule garantie de sa durée », rouille, pollution ou déjections d'oiseaux étant les principales ennemies de notre Dame de fer. Depuis sa construction, la Tour a ainsi été repeinte dix-neuf fois, soit une fois en moyenne tous les sept ans. Un travail qu'effectuent pendant 18 mois (sans fermeture du monument) 25 peintres, suivant des méthodes traditionnelles déjà en vigueur du temps de Gustave Eiffel : la peinture de la tour Eiffel ne s'applique que manuellement ! Un travail de titan qu'illustrent les chiffres qui suivent :

- **250 000 m^2 de surface à peindre ;**
- **25 peintres tous spécialistes de travaux sur charpente métallique en hauteur et sur pylônes, parfaitement insensibles au vertige ;**
- **60 tonnes de peinture ;**
- **50 km de lignes de vie (cordes de sécurité) ;**
- **2 ha de filets de protection ;**
- **1 500 brosses ;**
- **1 500 combinaisons de travail ;**
- **5 000 disques abrasifs ;**
- **1 000 « riflards » (spatules à gratter) ;**
- **1 000 paires de gants en cuir ;**

Budget : environ 4 millions d'euros.

Le soleil se lève à **05h49** et se couche à **21h51**

Mercredi **10 juin**

Saint Landry
On fête aussi les Maxime, Olive, Greta, Margo, Margarita

« Si les hommes savaient ce qu'ils disent les uns des autres, il n'y aurait pas quatre amis dans le monde. »

Pascal

C'est arrivé le…

10 juin 1944

Le massacre d'Oradour-sur-Glane par la division SS *Das Reich* fait 642 morts dont 247 enfants, quatre jours après le débarquement des troupes alliées en Normandie. Il s'agit du plus grand massacre de civils commis en France par les armées allemandes.

901

En 2013, les chaînes de télévisions nationales publiques ont diffusé 901 films, répartis ainsi : Arte, 384, France 3, 231, France 2, 161, France 4, 125. Les chaînes nationales privées gratuites (TF1, M6 et chaînes de la TNT) ont diffusé 1 110 films. NT1 et TMV arrivent en tête, avec 153 films chacune. Suivent TF1 (139), NRJ 12 (138). Pour sa part, Canal+ affiche 367 films au compteur.

ÇA ASSURE !

– Vous me dites que Melle X réclame des dommages et intérêts pour préjudice esthétique, suite à l'accident dont je suis légèrement responsable. Sans être mauvaise langue, il faut bien avouer que, même avant, cette demoiselle n'était pas une beauté.

– Je viens d'apprendre incidemment que Mme Y, à qui je viens d'acheter une maison en viager, a souscrit chez vous une assurance maladie-accident. À l'occasion, et sans violer le secret professionnel, vous pourriez peut-être me dire un mot sur son état de santé…

– Si j'ai reconnu ma responsabilité sur-le-champ, c'est que ce monsieur doit mesurer dans les 2 m et peser 100 kg.

Fallait pas l'inventer… Henry Winstanley

Après avoir perdu deux de ses navires sur les redoutables rochers d'Eddystone Rocks, situés dans la Manche, à 14 km au sud-ouest de Rame Head, dans le sud de l'Angleterre, Henry Winstanley, ingénieur et architecte anglais, décide, en 1696, d'y construire le premier phare pour que la douloureuse expérience ne se reproduise plus. Il imagine alors une structure octogonale en bois, qui, bien qu'élargie et renforcée avec le temps, est plus proche de la pagode chinoise que d'un phare capable de résister à une tempête. La première lumière du phare est allumée le 14 novembre 1698.
Et de tempête, il en est question en ce 26 novembre 1703. Les météorologistes de l'époque annoncent même un ouragan (« the greatest storm there ever was » : la plus grande tempête ayant jamais existé). Ce jour-là, Henry Winstanley, qui est sur le phare à faire des travaux avec cinq employés, assure à ses proches que son ouvrage résistera à la tempête et qu'il y passera d'ailleurs la nuit. Le lendemain matin, le 27 novembre 1703, après une nuit cataclysmique et lorsque le ciel est enfin dégagé, tout le monde peut voir que le grand phare de Winstanley a totalement disparu. Henry et ses employés avec.

Maître de bonne compagnie

Plantes toxiques…

Le chat aime mâchouiller de l'herbe, mais évitez de le laisser faire avec vos plantes vertes. Certaines d'entre elles peuvent être toxiques, voire mortelles. Petit catalogue.

Les plus toxiques : azalée, cyclamen, dieffenbachia, jacinthe, belladone, if, rhododendron, famille des haricots. La plupart sont corrosives pour les muqueuses buccales et digestives. Le cyclamen peut être à l'origine de gastro-entérites, de troubles cardio-vasculaires ou nerveux.

À l'origine de sérieux troubles : jonquille, cactus, crocus, hortensia, lierre, lis, gui, narcisse, laurier-rose, philodendron, poinsettia, primevère, feuilles de tomates et de pommes de terre.

Les bulbes de tulipe, jacinthe et jonquille provoquent des inflammations buccales et des troubles nerveux.

En cas d'ingestion, appelez un centre antipoison ou votre vétérinaire.

Jeudi 11 juin

Saint Barnabé On fête aussi les Barthélémie, Alice, Barney, Yolande

Le soleil se lève à **05 h 49** *et se couche à* **21 h 52**

« On peut très bien vivre sans la moindre espèce de culture. »

Pierre Desproges

C'est arrivé le…

11 juin 1979

Décès de John Wayne, acteur puis réalisateur et producteur de cinéma, à Los Angeles. Il a joué dans de nombreux films de guerre, policiers et surtout de western. En 1970, il reçut l'Oscar du meilleur acteur pour son rôle dans *Cent dollars pour un shérif*.

Recette

PÂTE BRISÉE

La pâte brisée s'utilise autant pour les préparations salées que sucrées. Elle se caractérise par sa texture lisse et craquante.

Pour une portion de pâte :

- 250 g de farine
- 125 g de beurre mou
- 1 œuf
- 5 cl d'eau
- 1 pincée de sel
- 50 g de sucre (pour une pâte sucrée)

Dans une jatte, mélangez, avec le bout des doigts, la farine et le beurre mou coupé en morceaux. Vous devez obtenir une texture légèrement sableuse. Ensuite, incorporez à votre préparation l'œuf, l'eau et la pincée de sel. Ajoutez également à ce moment-là le sucre, si vous avez décidé de réaliser une pâte sucrée. Fraisez votre pâte afin de la rendre bien homogène. Pour cela, vous devez écraser dans la longueur la pâte entre votre paume de main et le plan de travail. Cependant, ne travaillez pas trop la pâte, sous peine de la rendre cassante. Filmez-la et laissez-la reposer 30 minutes au frais.

Il y a 100 ans : mai 1915

- **9 juin** : Naissance de Lester William Polfuss, plus connu sous le nom de Les Paul. Guitariste américain autodidacte, il invente un modèle de guitare électrique à corps plein qu'il appelle « la Bûche ». Il sera également à l'origine de l'invention du premier magnétophone multipistes. Il décède le 12 août 2009 à la suite d'une pneumonie.
- **10 juin** : Offensive italienne sur l'Isonzo, une rivière de l'actuelle Slovénie, contre les lignes autrichiennes. Douze batailles entre l'Italie et l'Autriche-Hongrie eurent lieu de juin 1915 à octobre 1917 autour de cette rivière stratégique, provoquant d'énormes pertes en hommes et en matériel.
- **11 juin** : Les troupes serbes envahissent l'Albanie et occupent sa capitale, Tirana.
- **12 juin** : Naissance du banquier américain David Rockefeller.
- **24 juin** : Naissance de l'astronome britannique Sir Fred Hoyle.
- **26 juin** : Loi Dalbiez : 350 000 militaires sont retirés du front pour être affectés dans les usines de fabrication d'obus et de fusils. 150 000 autres sont envoyés dans les mines et l'industrie métallurgique.
- Joseph Kessel (1898-1979) obtient sa licence de lettres à 17 ans et est engagé au *Journal des débats*, dans le service de politique étrangère.

La bonne blague !

Thierry et Nadine sont des malades mentaux qui résident dans un hôpital psychiatrique.
Un jour, Nadine longe la piscine, elle tombe à l'eau et coule à pic.
Ni une ni deux, Thierry saute à l'eau et va chercher Nadine au fond. Il la ramène à la surface.
Quand le directeur apprend l'acte héroïque de Thierry, il décide de le laisser sortir immédiatement, car il pense que si Thierry est capable d'un tel acte, il doit être mentalement stable.
Le directeur va lui-même parler à son patient :
– J'ai une bonne et une mauvaise nouvelle à t'apprendre. La bonne c'est que nous te laissons sortir de l'hôpital parce que tu as été capable d'accomplir un acte de bravoure en sauvant la vie d'une autre personne. Je crois que tu as retrouvé ton équilibre mental. La mauvaise, c'est que Nadine s'est pendue dans la buanderie avec la ceinture de sa robe de chambre.
Et Thierry de répondre au directeur :
– Elle ne s'est pas pendue, c'est moi qui l'ai accrochée pour qu'elle sèche.

« La femme coquette veut plaire, la femme galante veut séduire. »

Mademoiselle de Sommery

C'est arrivé le…

12 juin 1964

Nelson Mandela est condamné à la prison à perpétuité pour trahison, avec cinq autres membres de l'African National Congress (ANC). Il sera libéré le 11 février 1990 par le président sud-africain Frederik De Klerk. Il lutta toute sa vie contre l'apartheid et fut élu président en 1994.

Retro' Vermot

– Si ta mère est malade, il faut sans hésiter appeler deux docteurs, dit Paul d'un air honnête.
– Mais pourquoi deux docteurs ?, lui demande Antoinette.
– Le premier pourrait la rater ! (1911)

Allô, Docteur ?

Café : filtre ou dosettes ?

Le café est la deuxième boisson la plus consommée en France après l'eau : normal que les autorités sanitaires s'intéressent de près à ses effets sur la santé, tout particulièrement à ceux du café en capsules et en dosettes. Avec cette question : y aurait-il une possible contamination chimique du café au contact des emballages ? L'Anses (Agence nationale de sécurité sanitaire de l'alimentation, de l'environnement et du travail), en partenariat avec l'Institut national de la consommation (INC), a donc comparé les teneurs en différents contaminants chimiques (aluminium, nickel, cuivre) de dix marques de capsules avec celles du café filtre traditionnel. Résultat : rien de nature à mettre en danger les consommateurs. Puisqu'on avait les capsules sous la main, les chercheurs ont aussi examiné les teneurs en caféine. Et là, l'Anses alerte sur la forte concentration des cafés préparés avec des machines « expresso » par rapport au café filtre. Rappelons tout de même qu'une consommation raisonnable de café (3-4 tasses par jour, de préférence avant 16 heures) n'est pas dangereuse pour la santé. Mieux, on a même trouvé au café des vertus digestives, anti-cellulite, antalgiques et antimigraineuses.

– Mademoiselle, c'est contraire à mon éthique professionnelle, mais… vous me plaisez : pourrais-je vous revoir ?

Foi de footeux

- Il faut pas mettre les bœufs avant la charrue. (*Sammy Traoré*)
- Attention aux joueurs de la Serbie-Monténégro, parce que dans le jeu aérien, ils ne sont pas manchots ! (Thierry Roland)
- Ils sont complètement morts de faim, les Africains. (*Frank Lebœuf*)
- Le public est versatile, il faudrait qu'il change. (*Abdeslam Ouaddou*)
- Luís Figo est totalement différent de David Beckham, et vice-versa. (*Kevin Keegan*)
- Il n'y a qu'une seule possibilité : gagner, perdre ou faire match nul. (*Franz Beckenbauer*)
- Déhu (*joueur du PSG*) : Eh, tu bouffes à tous les ateliers, toi ! Journaliste : Non, on dit « à tous les râteliers »… Déhu : Oui, mais ça, c'est quand tu fais la liaison.

St Antoine de Padoue On fête aussi les Anton, Anthony, Rambert

Le soleil se lève à **05 h 49** *et se couche à* **21 h 53**

“Comment pourrait-on gouverner autrui quand on ne sait pas se gouverner soi-même ?”

Rabelais

C'est arrivé le…

13 juin 1995

Jacques Chirac annonce la reprise des essais nucléaires français après quatre ans d'interruption. Deux cent dix essais atomiques français eurent lieu entre 1960 et 1996, d'abord en Algérie, dans le désert du Sahara, puis en Polynésie française à partir de 1966. Depuis 1996 et la signature du Traité d'interdiction complète des essais nucléaires, la France s'est engagée à ne faire des essais que sur des simulateurs.

Mon truc en +

Du papier à tout faire

Si votre journal quotidien n'est qu'un moyen de vous informer et d'allumer le feu l'hiver, alors vous passez à côté d'un des produits ménagers dont les applications sont aussi diverses qu'utiles, et un des plus économiques. Sachez avant tout qu'il est antihygiénique (d'ailleurs la loi le défend) d'envelopper des aliments dans du papier journal. Exception faite de cette précaution, le papier journal sert :
– à nettoyer glaces et carreaux ;
– à faire fuir les mites : les mites (et les teignes) détestent l'odeur de l'encre fraîchement imprimée. Si vous souhaitez préserver un tapis ou d'autres tissus des parasites, posez les pages à plat sur le tapis et roulez-le de telle sorte qu'il soit toujours en contact direct avec le papier ;
(suite page suivante)

Réponse Quiz du 7 juin

Réponses : 1 B, 2 C, 3 C, 4 B, 5 B, 6 C, 7 B, 8 A, 9 B, 10 B

Le poisson sans nom

Il est des croyances qui se transmettent et traversent les millénaires sans perdre de leur charme. Celle du saint-pierre en est une. Alors que Jésus et Pierre se promenaient sur les rives du Jourdain, l'apôtre trébucha sur un poisson gisant dans le sable. Jésus le ramassa et le proposa à Pierre en guise de repas. Celui-ci refusa et saisit le poisson sans nom entre son pouce et son index, mais, au moment de le remettre à l'eau, il constata une brillance anormale dans la gueule de la bête. Il s'agissait d'une pièce d'or que Saint-Pierre remit au Christ, avant de relâcher le poisson. Jésus félicita alors Pierre, qui venait de sauver la bête jusque-là mourante. Ainsi, selon la légende, les marques du pouce et de l'index de Pierre restèrent incrustées sur les écailles du poisson et sur toute sa descendance, de telle manière qu'elles sont encore visibles aujourd'hui. Depuis ce jour, on attribue au saint-pierre le nom de son bienfaiteur.

			6	7		9		2
			9	2		8		
9	2			1				
8	3	6		4	1	5		
4	5						8	1
		1	5	8		6	3	4
				5			2	6
		4		3	2			
7		2		6	9			

Sudoku

MOYEN

Complétez le grand carré de façon à placer tous les chiffres de 1 à 9 sur chaque ligne horizontale, sur chaque colonne et dans chaque petit carré de 9 cases.

Solution page 188

« La mort n'est pas drôle parce qu'elle ne supporte pas la répétition. »

Boris Vian

C'est arrivé le…

14 juin 1777

Le congrès continental de Philadelphie adopte le *Stars and stripes* comme drapeau officiel des États-Unis. Il est composé à l'origine de treize étoiles blanches sur un fond bleu et d'autant de bandes horizontales blanches et rouges alternées, représentant les treize États fondateurs. Aujourd'hui, il contient 50 étoiles représentant les États américains.

Mon truc en +

Du papier à tout faire (suite)

– à éponger l'eau : il suffit de poser le journal sur la flaque d'eau sans frotter ;
– contre le froid : demandez aux cyclistes ce qu'ils pensent d'un bon journal plié en quatre sous leurs vêtements. En raison de cette propriété, vous pouvez conserver de la glace sans la voir fondre pendant une demi-journée si elle est placée dans un récipient emmitouflé dans du papier journal ;
– à rembourrer des coussins.

– Laurent, peux-tu laisser Twitter un moment et regarder la route ?

La santé pour 1,10 euro de plus

En France comme à l'étranger, le contenu de l'assiette varie selon le statut socio-économique. Ainsi, les régimes alimentaires riches en énergie mais pauvres en éléments nutritifs (plats préparés, snacks) sont davantage consommés par les personnes à faibles revenus. Les aliments plus vertueux tels que les aliments complets, les viandes maigres, le poisson ou les fruits et légumes frais sont privilégiés par les individus plus aisés. L'un des obstacles le plus couramment invoqué pour expliquer cette différence est le prix d'achat plus élevé des produits alimentaires sains. Un surcoût que des chercheurs d'Harvard et de l'université Brown (Rhode Island) ont souhaité chiffrer avec exactitude. Après avoir compilé 27 études menées dans dix pays différents, dont la France, leurs conclusions publiées dans le *British Medical Journal* montrent que le prix de revient de l'alimentation varie en moyenne de 1,14 € par jour et par personne entre les régimes alimentaires sains et les moins bénéfiques pour la santé. Bien que ce surcoût semble peu élevé au quotidien, cela représente quand même un coût annuel supplémentaire de 402 € par personne. L'investissement serait pourtant profitable : bien manger rallonge l'espérance de vie et diminue le risque de développer certaines maladies chroniques (obésité, diabète, maladies cardiovasculaires) et certains cancers.

La bonne blague !

Un homme roule sur l'autoroute avec sa Porsche toute neuve.
Pour frimer, il accélère un peu et double les autres voitures à 160 km/h. Tout à coup, une 205 arrive à sa hauteur. Le conducteur baisse sa vitre et lui crie :
– S'il vous plaît, Peugeot, vous connaissez ?
Vexé de s'être fait rattraper par cette vieille caisse, l'homme ne détourne même pas la tête pas et pousse son bolide à 210 km/h.
Quelques secondes plus tard, la 205 revient à sa hauteur. Son conducteur rebaisse sa vitre et crie à nouveau :
– Peugeot, vous connaissez ?
Stupéfait, l'homme en Porsche ne répond toujours pas, enfonce le pied sur l'accélérateur : 250 km/h !
Quelques secondes plus tard, il voit la 205 revenir à sa hauteur, et toujours la même question de son pilote :
– Peugeot, vous connaissez ?
Énervé, le conducteur de la Porsche baisse alors sa vitre et répond :
– Oui, oui ! Je connais Peugeot !
Alors le conducteur de la 205 pousse un soupir de soulagement :
– Ils sont où les freins ?

Lundi **15 juin**

Sainte Germaine On fête aussi les Guy, Lazare, Gervais, Germina

Le soleil se lève à **05 h 48** *et se couche à* **21 h 54**

MOTS FLÉCHÉS

Poète scandinave Proscrit		Bluffe Titre honorifique		Insignifiant Cuivres musicaux		Poids		Flamme Surprise		Pièce de mât Cloison		Pouffent
						Tirer la résine Sur terre						
Rongeur Pour distiller							Vierge Puant					
								Presse (ça) Flotte				
Perte		Glisser Bizarre								Premier Glacial		
					Au cou Lettre grecque				...et match Oiseau sudaméricain			
Algues	Eclaircie		Agrandit	Théâtre Japonais Choc							Relevé	Désavantage
							Pour les chasseurs	Le 2e fils Oublia				
Colis						Météore Plante fourragère						
					Détesteras Ferme							
Grain		Rondeur en 3D Démonter										
				Champion Pierre (d')			Boisson chaude Auroch				Croyante	Ecimer
Plie Abaissera	Exténuant		Batterie Asservie					A le tigre comme symbole Printemps				
									ou dong	Liant Aussi		
Applaudit Hésita						Chicon En gousses						
							Sur-le-champ Article arabe					
Précis Se trouver				Photo				Remarque				
				Justifier								

Solution page 192

« L'homme est un animal de génie ; le génie ôté, l'homme est un animal comme tous les autres. »

Rémy de Gourmont

C'est arrivé le…

16 juin 1963

La Soviétique Valentina Terechkova est la première femme dans l'espace. À 26 ans, elle devient la plus jeune cosmonaute et reste à ce jour la seule femme à avoir effectué un vol dans l'espace en solitaire. En hommage, un cratère de la Lune porte son nom.

À l'origine…

Dandy

Sous le règne de Henry VIII, on frappa en Angleterre une petite pièce de monnaie de fort peu de valeur, que l'on surnomma « Dandy Prat ». Ensuite, le mot « dandy » s'est appliqué aux jeunes gens à l'apparence brillante, mais de peu de mérite.

Prendre des photos et oublier

La science n'en est pas à un paradoxe près. Ainsi, selon une étude américaine publiée dans la revue *Psychological Science*, prendre des photos pour se souvenir de quelque chose aboutirait au résultat inverse : on se rappelle moins les détails d'un objet ou d'une situation pris en photo que si on l'avait observé attentivement. Sortir son appareil nous ferait même oublier presque instantanément ce qu'on photographie, disent les chercheurs de la Fairfield University, auteurs de l'étude. « Quand les gens s'appuient sur la technologie pour qu'elle se souvienne à leur place [...] cela peut avoir un effet négatif sur la mémorisation », soulignent-ils. Ces résultats montrent à quel point l'œil de l'esprit et l'œil de l'appareil sont différents. « Pour se souvenir, il faut avoir accès aux photos et interagir avec elles, pas simplement les amasser », conclut l'étude.

Foi de footeux

- Avant de faire une passe aveugle, il faudrait déjà qu'il fasse une passe voyante ! (*Rolland Courbis*)
- Robben, vous lui donnez un ballon, il vous rend une balle de ping-pong ! (*Frank Lebœuf*)
- Des espoirs, je suis passé au désespoir. (*Francis Llacer*)
- Un match de foot sans buts, c'est comme des épinards sans beurre. (*Thierry Adam*)
- Il a fait une passe à la « je te la donne pas, mais tu vas la recevoir ». (*Jean-Michel Larqué*)
- Il avait anticipé le coup avant ! Oui, oui… il anticipe avant ! (*Laurent Paganelli*)
- Beaucoup de signaux avaient été tirés, beaucoup de sonnettes d'alarme avaient été signalées. (*Emmanuel Petit*)
- Et sur ces images quasiment inaudibles… (*Hervé Mathoux*, journaliste de Canal+)

Mercredi **17 juin**

Saint Hervé On fête aussi les Manuel, Romuald, Adulphe, Elvis, Harvey

Le soleil se lève à **05 h 48** *et se couche à* **21 h 55**

« Un homme qui n'est plus capable de s'émerveiller a pratiquement cessé de vivre. »

Albert Einstein

C'est arrivé le…

17 juin 1944

L'Islande, qui faisait partie du royaume du Danemark, obtient l'indépendance et devient une république. Par référendum, la population approuve à plus de 97 % la sécession. Sveinn Björnsson devient le premier Président de cette nouvelle République occupée alors par l'Allemagne. Le Danemark ne peut que s'incliner devant cette décision et la reconnaître par la voix de son roi, Christian X.

Esprit d'antan

Dans un salon, on causait d'une bien originale famille.
– La mère, disait quelqu'un, a la manie de chanter des romances que personne n'écoute. La fille peint des toiles que personne ne regarde. Quant au fils, il fait des vers que personne ne lit.
– Vous oubliez le père, intervint alors doucement Tristan Bernard, qui se trouvait là.
– Oh le père est bien insignifiant.
– Mais pas tellement, explique l'humoriste. Il complète bien la famille : il tire des chèques qu'aucune banque ne règle.

La bonne blague !

Un petit garçon de 9 ans demande à sa maman :
- Quel âge as-tu, maman ?
- Cela ne se demande pas, mon chéri, lui répond sa mère.
- Combien tu mesures, maman ?
- Cela n'est pas important, mon chéri, reprend la mère.
- Maman, pourquoi toi et papa avez divorcé ? redemande le petit garçon.
- Cela ne te regarde pas, mon chéri, dit la mère en terminant la discussion.
Le petit garçon demande à son meilleur copain pourquoi les adultes ne parlent pas de ces choses-là. Son copain lui dit :
- C'est vraiment simple, toutes les réponses à nos questions sont sur leur carte d'identité.
Le lendemain, le petit garçon fouille dans le sac à main de sa mère et trouve sa carte d'identité. Il est ravi de voir que son ami disait vrai, toutes les réponses à ses questions s'y trouvent !
Il court alors voir sa mère et lui dit :
- Maman, je sais ton âge.
- Ah oui ? Et j'ai quel âge ?
- 36 ans. Et je sais combien tu mesures.
- Ah oui ? Combien ?
- 1 m 71.
- Et je sais aussi pourquoi toi et papa avez divorcé.
- Eh bien, cela m'étonnerait fort !
- Tu as eu un F en sexe... c'est vraiment pas une bonne note !

- Zut ! Des toilettes payantes !

Maître de bonne compagnie

Du piquant dans sa vie !

Votre chat a du caractère, et vous avez beau le gronder, il continue à mordiller vos plantes pourtant toxiques pour lui. Piquez-le au vif en saupoudrant les feuilles et la terre des pots de poivre de Cayenne ! Certains ont aussi obtenu des résultats en utilisant du Vicks® contre le rhume : passez-en sur le contour des pots. Vous pouvez aussi suspendre aux tiges ou laisser reposer sur la terre des pelures d'orange ou de citron, ou des rafraîchisseurs d'air de mêmes senteurs.

« Quand une femme frappe dans le cœur d'une autre, la blessure est incurable. »

Pierre Choderlos de Laclos

C'est arrivé le…

18 juin 1940

Le général de Gaulle lance son célèbre appel à la résistance sur les ondes de la BBC. Arrivé à Londres la veille avec l'intention de négocier la poursuite de la guerre, il appelle à poursuivre le combat contre l'Allemagne nazie, refusant la capitulation. Son discours, relayé par des radios étrangères et par la presse française, demeure un symbole de la résistance française.

Le travail, c'est la santé ?

Chaque année, les accidents du travail et les maladies professionnelles se traduisent par la perte de 45 millions de journées de travail.

- **Pour les entreprises privées et pour la sécurité sociale, la mauvaise santé des salariés français, représente un coût de 37 milliards d'euros par an.**
- **Présentéisme (présence sur le lieu de travail, mais travail improductif et perte de concentration, généralement dus au stress) : 21 milliards euros/an.**
- **Absentéisme pour les entreprises : 7 milliards.**
- **Absentéisme pour la Sécurité sociale : 9 milliards.**
- **60 % des absences sont dues à des problèmes de santé.**

Oh ! tu sais pas ?

Le 16 août 1960, Joseph William Kittinger II, un pilote de l'US Air Force, a battu le record de la plus grande vitesse atteinte par un être humain dans l'atmosphère, au cours du projet Excelsior. Grâce à un saut en parachute d'une altitude de 31 300 m, il atteint la vitesse incroyable de 988 km/h et fait une chute libre de 4 minutes et 32 secondes.

HISTOIRE, HISTOIRES…

LA TOUR EIFFEL est à l'origine de l'essor de la carte postale en France. En effet, lors de son inauguration pendant l'Exposition universelle de 1889, le *Figaro*, qui couvre l'événement, installe une imprimerie au deuxième étage pour fabriquer son édition spéciale quotidienne. Édition que les centaines de milliers de visiteurs peuvent faire graver de leur nom et qui sert alors de « certificat de montée ». Mais les visiteurs veulent aussi repartir avec une photo souvenir de la Tour. Si bien que l'administration du monument édite une carte postale, la « Libonis », du nom du graveur. L'oblitération la plus ancienne apposée sur une carte postale représentant la tour Eiffel est datée du 21 août 1889.

- Méfie-toi, dans tes descriptions de la «femme pulpeuse», je ne voudrais pas être reconnue !

Le droit de savoir

Pluie d'étoiles

Depuis janvier 2010, un nouveau classement des hôtels français est entré en vigueur : terminé le « zéro » étoile. Cette catégorie est remplacée par le « 1 étoile » et une « 5 étoiles » a vu le jour. Leur attribution, pour cinq ans, est décidée par la préfecture, après une inspection menée par un cabinet d'audit privé accrédité par le Comité français d'accréditation (Cofrac), et demandée par l'hôtelier en personne. Passé ce délai – illimité auparavant –, l'hôtelier devra faire effectuer une nouvelle visite pour conserver son standing. Les critères d'attribution de ces étoiles ont été multipliés, passant d'une trentaine à 240. À chaque critère « obligatoire » ou « à la carte » correspond un nombre de points. Et pour reconnaître ces hôtels nouvellement passés au crible, fini les plaques bleu foncé. De nouvelles plaques ont été créées, rouges pour les établissements de 1 à 4 étoiles, et dorées pour les 5 étoiles, avec la lettre H, le nombre d'étoiles et la date du classement.

Vendredi **19 juin**

St Romuald On fête aussi les Dié, Jude, Dieudonné, Jarvis, Julienne

Le soleil se lève à **05 h 48** *et se couche à* **21 h 55**

« Celui qui cherche une femme belle, bonne et intelligente n'en cherche pas une, mais trois. »

Oscar Wilde

C'est arrivé le…

19 juin 1990

Signature des accords de Schengen qui assurent l'ouverture des frontières entre la France, l'Allemagne et le Benelux (Belgique, Pays-Bas et Luxembourg). La convention est signée par les représentants des cinq États concernés dans le village luxembourgeois de Schengen, situé à la frontière avec l'Allemagne et la France.

Pour rire

Après une relation sexuelle torride, l'homme est étendu depuis près d'une heure à côté de sa nouvelle petite amie. Pendant tout ce temps, elle lui tripote les testicules. L'homme, qui voit qu'elle semble tout particulièrement apprécier cette partie de son intimité, se tourne vers elle et lui demande :

– Pourquoi aimes-tu autant faire ça ?

Elle lui répond :

– Parce que les miennes me manquent tellement depuis mon opération !…

Sudoku

Solution de la page 182

1	4	8	6	7	3	9	5	2
6	7	5	9	2	4	8	1	3
9	2	3	8	1	5	4	6	7
8	3	6	2	4	1	5	7	9
4	5	7	3	9	6	2	8	1
2	9	1	5	8	7	6	3	4
3	1	9	4	5	8	7	2	6
5	6	4	7	3	2	1	9	8
7	8	2	1	6	9	3	4	5

Ça c'est fait… divers

Les membres de la famille Schmitt, tous chasseurs d'épaves, n'ont pas dû plonger bien profond pour découvrir un trésor gisant par moins de 5 m de fond. Le butin, composé d'objets en or d'une valeur de 300 000 dollars, dormait dans un bateau espagnol naufragé en 1715 et posé à 140 m au large de la ville côtière de Fort Pierce, en Floride. Parmi les pièces découvertes, une fine chaîne en or de 19 m de long pesant 1,3 kg, cinq pièces d'or et un anneau en or. Ce bateau faisait partie d'une flotte espagnole dont onze navires avaient fait naufrage en 1715 à cause d'un ouragan. La flotte se rendait en Espagne depuis La Havane avec, selon certains documents, un trésor d'une valeur de 400 millions de dollars, dont 175 ont déjà été récupérés. L'État de Floride a pris un cinquième des belles pièces pour les exposer dans des musées, le reste se partageant entre la famille Schmitt et la compagnie de recherche d'épaves qui les employait.

Légumes oubliés : *le chou-rave*

Originaire du Bassin méditerranéen, le chou-rave est un légume à la forme bulbeuse. On en trouve de différentes couleurs, aussi bien blancs que verts ou encore violets. Longtemps considéré comme un légume-racine, il s'agit en fait d'une plante à la tige renflée qui pousse au ras du sol. Celui que l'on nomme « chou de Pompéi », en référence à son ascendance italienne, est apparu en Europe aux alentours du XVIe siècle, à l'époque de la Renaissance. S'il n'a connu que peu de succès en France ou en Angleterre, il est très apprécié en Allemagne et dans les pays de l'est de l'Europe. Doux et légèrement sucré, son goût se rapproche de celui du navet. Si le bulbe du chou-rave est le plus souvent cuisiné cuit en potage, ou bien cru et râpé, on peut aussi accommoder ses feuilles à la façon des épinards. Cependant, méfiez-vous quand même du chou-rave : le philosophe grec du IVe siècle av. J.-C, Démocrite, l'avait totalement proscrit en raison des « flatuosités » qu'il provoquait.

« Manquer de possible signifie que tout nous est devenu nécessité et banalité. »

Kierkegaard

C'est arrivé le…

20 juin 1789

Refusant de se soumettre au pouvoir royal de Louis XVI, les députés du tiers état se proclament Assemblée nationale et appellent la noblesse et le clergé à les rejoindre. Ils se rassemblent dans un gymnase où l'on pratiquait le jeu de paume et y prêtent le serment de ne pas se séparer avant d'avoir rédigé une constitution.

Mon truc en +

Du borax contre la boue

Un peu de boue sur les vêtements de vos enfants ? Pas de panique. Laissez d'abord sécher la boue, puis grattez-la à l'aide d'une brosse douce. Frottez ensuite le reste de la tache avec un mélange composé de deux cuillères de borax et de deux tasses d'eau. Rincez bien le vêtement et lavez-le comme d'habitude.

– Je ramène un petit souvenir du carnaval de Rio !

La bonne blague !

David a invité sa mère à dîner. Pendant le repas, celle-ci ne peut s'empêcher de remarquer que Julie, la colocataire de son fils, est sacrément mignonne.

Pendant la soirée, alors qu'elle observe la façon dont David et Julie se comportent l'un envers l'autre, elle se demande s'il n'y a pas entre eux un peu plus que le simple partage d'un loyer.

David, devinant les pensées de sa mère, lui dit :

– Maman, je sais ce que tu es en train de penser, mais je t'assure que Julie et moi ne faisons que partager un appartement, c'est tout.

Environ une semaine plus tard, Julie dit à David :

– Dis donc, depuis que ta mère est venue dîner, je ne trouve plus la louche en argent. Crois-tu possible qu'elle l'ait prise ?

– Quand même, ça m'étonnerait que maman soit devenue pickpocket ! Mais bon, je vais lui écrire un mail pour en avoir le cœur net.

Il s'assied devant son ordi et écrit : « Ma chère maman, je ne dis pas que tu as embarqué notre louche en argent, et je ne dis pas non plus que tu n'as pas pris la louche, mais il n'en reste pas moins vrai que cette louche a disparu depuis que tu es venue dîner. Bisous, David. »

Et le lendemain, David reçoit la réponse de sa mère :

« Mon cher David, je ne dis pas que tu couches avec Julie, et je ne dis pas non plus que tu ne couches pas avec Julie. Mais il n'en reste pas moins vrai que si Julie dormait dans son lit, elle aurait trouvé la louche depuis longtemps. Bisous, maman. »

Permis de tuer ?

Selon une étude, chaque année, les conducteurs français dépensent en moyenne 532 euros pour assurer leur véhicule. Ce budget atteint même 573 euros pour les automobilistes de moins de 30 ans et 580 euros pour ceux qui résident en région parisienne. L'étude révèle surtout que 13 % des conducteurs pourraient envisager de conduire sans assurance s'ils rencontraient des difficultés économiques. Mieux vaudra alors ne pas se faire prendre, car un automobiliste non assuré peut être condamné à une amende allant jusqu'à 3 750 euros, sanction qui peut s'accompagner d'une suspension ou d'une annulation du permis, d'une confiscation du véhicule, de travaux d'intérêt général ou encore de jours-amendes. Certains ont réglé le problème autrement : ils étaient environ 450 000 conducteurs à rouler sans permis en 2013.

Dimanche **21 juin**

Fête des Pères On fête aussi les Rodolphe, Gino, Raoul, Loïc

Le soleil se lève à **05 h 49** *et se couche à* **21 h 56**

Été

« Vous pouvez railler, mais n'oubliez jamais qu'un jour ou l'autre, c'est celui qui raille qui l'a dans le train. »

Pierre Desproges

C'est arrivé le…

21 juin 1943

Arrestation de Jean Moulin à Caluire. Considéré comme l'un des principaux héros de la Résistance, il avait rejoint en 1941 la France libre du général de Gaulle, qui l'envoya en France pour regrouper et organiser les différents mouvements de résistants. Jusqu'en juin 1943, où il fut dénoncé, il avait réussi à échapper aux services de renseignements allemands en changeant régulièrement de nom et de résidence.

Rétro' Vermot

Deux employés de bureau se disputent.
– Tu es le plus parfait des imbéciles de la création, dit l'un. Le chef de bureau entre à pas de loup.
– Et moi, je ne connais pas d'être plus idiot que toi, réplique l'autre.
– Pardon, messieurs, vous oubliez que je suis là ! (1910)

Fête des pères

Quelques citations pour la fêter

- C'est une ivresse d'être mère, une dignité d'être père. *Anne Barratin*
- Un père est toujours un père, rien ne peut effacer cette empreinte si chère. *Charles-Simon Favart*
- Un père a deux vies : la sienne et celle de son fils. *Jules Renard*
- Un père qui pardonne est la plus parfaite image de la Divinité. *Simone de Beauvoir*
- Pour un père qu'on aime, on n'a pas de secrets. *Alexandre de la Ville de Mirmont*
- Il n'y a pas de loi plus belle que d'obéir à un père. *Sophocle*
- Il n'y a qu'un père qui n'envie pas à son fils la supériorité du talent. *Goethe*

À l'origine… Les « poulets »

S'il y a une corporation qui doit détenir un record de petits noms, surnoms et diminutifs – pas toujours agréables d'ailleurs –, ce sont bien nos policiers. Schmidts, condés, flics, etc. Mais il en est un qui leur colle à la peau et traverse le temps et les générations, celui de « poulets ». Pourquoi ce nom de baptême ? Voici l'explication, confirmée par le ministère de l'Intérieur. Après que les bâtiments de la police parisienne eurent brûlé durant la Commune de Paris, la préfecture de police de Paris, créée en 1800 par Napoléon, dut se reloger. Pour cela, elle choisit, en 1871, de s'installer dans la caserne de la Cité – sur l'île du même nom –, mise à disposition par Jules Ferry. Cette caserne avait été construite sur l'emplacement de l'ancien marché aux volailles de la capitale ; d'où le sobriquet de « poulet », qui qualifia d'abord les policiers parisiens, puis nationaux.

LU DANS LA PRESSE

Un habitant de Saoû ivre au volant. (*Le Dauphiné*)
Comment s'appellent les habitants de Saoû ?

Barilla : Le patron de la marque n'est pas au bout de ses penne. (*Au Féminin*)
Tant mieux pour nous !

On a trouvé un doigt dans une moule. (*Le Populaire*)
Moule carnivore ou histoire d'O ?

« La nature a donné aux grands hommes de faire, et laissé aux autres de juger. »

Vauvenargues

C'est arrivé le…

22 juin 1987

Fred Astaire succombe à une pneumonie. À la fois chorégraphe, danseur, chanteur, compositeur et acteur, Frederick Austerlitz, de son vrai nom, a marqué l'histoire d'Hollywood grâce à son talent pour conjuguer musique et image. Après des débuts à Broadway, il s'était installé à Los Angeles où il brilla dans des films comme *Le Danseur du dessous* et *Carioca*, ou, dans un genre différent, *La Tour infernale*.

– Et si vous n'êtes pas content, on vous met dehors !

Pour rire

Un client en bouscule un autre avec son caddie :
– Pardonnez-moi, je ne vous ai pas vu, je cherche ma femme !
– Je cherche la mienne aussi !
– Comment est-elle ?
– Grande, blonde, les yeux verts, des jambes très longues, une belle poitrine. Et la vôtre ?
– Laissez tomber… allons plutôt chercher la vôtre !

Vermot'roscope

CANCER 22 juin - 22 juillet

Amour

Attention, émotions fortes au programme. Ça tombe bien, vous adorez ça. Seulement, autant vous le dire tout de suite, émotions fortes ne riment pas toujours avec événements heureux. L'année débutera par des remises en question affectives. Êtes-vous heureux ? Telle sera la grande question. Et ce ne sera que lorsque vous aurez les réponses que tout s'emballera, sous forme de belles rencontres pour les célibataires, de projet de bébé pour les couples, d'infidélité ou de rupture pour d'autres. L'essentiel est que ce soient des choix mûrement réfléchis afin de vous épanouir. Bref, 2015 sera déstabilisante, pleine de virages à prendre, mais pour votre bien. On l'espère.

Travail

Vous aurez l'esprit au travail, à la réalisation de vos projets et objectifs ; ce sera comme une nécessité pour vous. Normal, vous êtes plutôt passionné de nature et vous souhaitez avant tout vous faire plaisir. Et, comme d'habitude, vous tenterez de fuir la routine. Autant dire que vous serez motivé, dynamique et entreprenant. N'ayez quand même pas les yeux plus gros que le ventre : un peu de réflexion et de la vigilance ne sont pas ennemies de la réussite, et vous êtes d'ailleurs conscient des responsabilités qui vous incomberont. Comme la chance semble de votre côté, foncez et ne vous laissez pas démobiliser par les quelques obstacles qui ne manqueront pas d'apparaître sur votre chemin.

Santé

L'année s'annonçant plutôt mouvementée, mieux vaut l'aborder en forme. Moralement, tout va bien, c'est donc sur le physique qu'il faudra se concentrer. Votre dynamisme peut vous inciter à faire du sport, par exemple. Se muscler un peu permettra de mieux supporter une éventuelle fatigue nerveuse. D'ailleurs, profitez-en aussi pour apprendre quelques méthodes de relaxation ou de gymnastique douce. Bref, soyez zen, prenez du temps pour vous et dormez bien. Si vous débutez l'année ainsi, vous serez alors au top de votre forme dès le deuxième trimestre. Et là, plus rien ne vous arrêtera.

Argent

La chance sourit aux audacieux ? C'est pour vous, alors ! Suivez votre instinct, vos talents naturels de négociateur et votre ténacité feront le reste, à savoir faire rentrer l'argent dans les caisses – que ce soit le fruit de vos projets ou de votre travail (augmentation de salaire possible) ou celui qu'on vous doit. Maintenant, il faudra aussi freiner un autre de vos penchants naturels : dépenser plus vite que vous ne gagnez. Si vous deveniez un peu raisonnable ? L'équilibre est à ce prix.

Sainte Audrey On fête aussi les Agrippine, Félix, Barnard

Le soleil se lève à 05 h 49 et se couche à 21 h 56

« Pour connaître ta mère, enfant, commence à lire dans le livre de son sourire. »

Virgile

C'est arrivé le…

23 juin 1894

Création du Comité international olympique, sous l'impulsion du baron Pierre de Coubertin, dans la foulée du premier congrès olympique, réuni à la Sorbonne, à Paris. Ce congrès voit des représentants de treize pays décider de rétablir les jeux Olympiques. Symboliquement, Athènes est choisie pour organiser les premiers JO de l'ère moderne, en 1896.

Rétro' Vermot

Deux bonnes alsaciennes, chargées de provisions, se rencontrent en revenant du marché :
– Devine un peu, dit l'une, ce que j'ai là dans mon panier, ça commence par un C.
– C'est du chambon ?
– Nein.
– C'est du cras double ?
– Nein.
– Alors je donne ma langue au chat.
– C'est… des crenouilles. (1890)

Mots fléchés

Solution de la page 184

	S		T		P		K		A		V	
E	C	A	R	T	E		G	E	M	M	E	R
	A	G	O	U	T	I		H	O	U	R	I
A	L	A	M	B	I	C	S		U	R	G	E
	D		P	A	T	I	N	E	R		U	N
D	E	C	E	S		B	O	A		S	E	T
		O			K	A	B	U	K	I		
V	A	R	E	C	H	S			A	B	E	L
	E	N	V	O	I		C	O	M	E	T	E
G	R	U	A	U		V	O	M	I	R	A	S
	E		S	P	H	E	R	I	C	I	T	E
C	E	D	E		A	S		T	H	E		
		E		A	C	C	U		I	N	D	E
H	U	M	I	L	I	E	R	A			E	T
	S	A	L	U	E		E	N	D	I	V	E
T	A	T	O	N	N	A		S	I	T	O	T
	N	E	T		D	I	A		N	O	T	E
E	T	R	E		A	L	L	E	G	U	E	R

Quels prénoms pour vos enfants ?

L'Officiel des Prénoms version 2014 (éditions First) est une mine d'enseignements, notamment grâce au classement des prénoms les plus en vogue. Encore une fois cette année, la recette du succès tient à deux syllabes et cinq lettres en moyenne. Et les Nathan et les Emma trustent toujours les premières places.

Une fille sur 72 se verra appeler Emma en 2014. Ce prénom arrive en tête pour la dixième année consécutive, suivi de près par Lola, Chloé, Inès et l'indémodable Léa, qui a passé neuf années au top avant d'être détrônée. Ce n'est pas encore une longévité digne de Marie (soixante ans à la première place). Les Clara et Anaïs, stars des années 1990, piquent du nez et quittent les 20 premières places pour laisser le champ libre à deux prénoms rétro-classiques très prisés, surtout à Paris : Alice (16e) et Juliette (20e). Mais les prénoms rétro ont encore du succès. Ainsi, Louise, à la huitième place, a dépassé Zoé, qui reste onzième. De même, Léonie et Lily rentrent dans le classement et grimpent d'année en année.

Chez les garçons, ce sont les références bibliques qui prédominent. Au top de ce classement depuis trois ans, Nathan est rejoint dans le top 20 par quatre prénoms bibliques : Gabriel (4e place), Raphaël (8e), Adam (13e) et Noah (16e). Arthur et Hugo se maintiennent, tandis que Timéo fait une belle poussée à la cinquième place. *(suite page suivante)*

La bonne blague !

Alphonse, 75 ans, va voir son médecin pour une analyse de sperme. Son médecin lui donne un petit flacon et lui dit de revenir le lendemain pour l'analyse.

Le lendemain, l'homme lui remet le flacon ; vide et propre. Le médecin lui demande pourquoi.

- Eh bien voilà, docteur. J'ai essayé avec la main droite, sans succès. Avec la main gauche, rien non plus. Alors, j'ai demandé à ma femme de m'aider. Elle a essayé avec la main droite, puis la gauche. Toujours rien. Ensuite, elle a essayé avec la bouche, avec ses dents, sans ses dents. Toujours sans succès. Alors, on a demandé à la jeune voisine qui a essayé avec la main droite, la gauche, avec sa bouche, avec ses dents, sans ses dents…

Le médecin, choqué, l'interrompt :

- Vous avez même demandé l'aide de la voisine ?…

- Eh oui, docteur. Vous voyez, on a tout essayé, et on n'a toujours pas pu ouvrir ce maudit flacon !

« Ceux qui ont eu de grandes passions se trouvent toute leur vie heureux, et malheureux d'en être guéris. »

La Rochefoucauld

C'est arrivé le...

24 juin 1894

Sadi Carnot, président de la République française, est poignardé à Lyon par l'anarchiste Caserio, après sept années de présidence. Il décédera quelques heures plus tard de ses blessures. Son assassin sera guillotiné le 16 août suivant. Sadi Carnot repose désormais au Panthéon de Paris, aux côtés de son grand-père, Lazare Carnot.

842 millions

Au total, sur deux décennies, entre 1990-1992 et 2011-2013, le nombre de personnes sous-alimentées est passé de 24 % à 14 % de la population mondiale, selon le rapport sur l'état de l'insécurité alimentaire dans le monde présenté par l'Organisation des Nations Unies pour l'alimentation et l'agriculture (FAO). Néanmoins, 842 millions de personnes ont encore souffert de faim chronique au cours de la période 2011-2013, contre 868 millions en 2010-2012 (soit une réduction de 3 %). L'Afrique reste le continent le plus affecté avec plus de 21 % de la population qui souffre de la faim, en particulier en Afrique subsaharienne où 223 millions de personnes sont affamées de façon chronique. Au total, près de 60 % des personnes sous-alimentées se trouvent toujours en Asie du Sud (295 millions) et en Afrique subsaharienne.

LU DANS LA PRESSE

Son fils Maurice reprend les rennes et décide de se lancer dans la vinification. (*Le Bien public*)
Et ces animaux tireront même les machines à vendanger.

Quels prénoms pour vos enfants ? (suite)

Sacha fait son entrée à la 18e position et boute le rétro Clément hors du top 20. Des prénoms rétro qui, malgré les performances des Léo (3e), Jules (11e) ou Louis (7e), ne sont plus aussi répandus. Seul Georges, actuellement dans les profondeurs du top 300, pourrait bien remonter en force grâce à une naissance royale outre-Manche… Le prénom composé le plus donné pour les filles depuis quelques années en France est bien Lily-Rose, comme la fille de Vanessa Paradis et de Johnny Depp ! À noter que certains prénoms commencent à se diffuser et à prendre de l'ampleur, comme Léonie, Lily, Adèle, Zélie, Mila, Apolline, Inaya chez les filles, et Camille, Gabin, Robin et Éden chez les garçons.
Reste les indécrottables parents qui veulent attribuer à leur rejeton un prénom dont tout le monde se souviendra… mais parfois très difficile à porter. Ainsi, certains ont opté pour Vagina, Clitorine, Cyanure, Titeuf, Jihad, Medilson, Siobane, Khaleesi ou Daemon (héros de films ou séries télé pour les deux derniers). Si, en France, il n'existe pas de loi interdisant certains prénoms, ce n'est pas le cas en Nouvelle-Zélande où les Lucifer, Anal ou Fish et Chips pour des jumeaux sont prohibés.

– Y'a des jours où j'ai envie de tout plaquer et de m'évader un peu, ça ne te fait pas ça, toi ?

Jeudi **25 juin**

Saint Prosper On fête aussi les Drion, Salomon, Lucain, Fébronie

Le soleil se lève à **05 h 50** *et se couche à* **21 h 57**

« J'ai un copain qui a une situation formidable. Il a cinq mille personnes en dessous de lui ! Il tond le gazon dans un cimetière… »

Pierre Doris

C'est arrivé le…

25 juin 1997

Mort de Jacques-Yves Cousteau, à l'âge de 87 ans. Explorateur des fonds marins, le commandant Cousteau a parcouru les mers du monde aux commandes de la *Calypso*, faisant découvrir les mystères du monde marin au grand public grâce à ses documentaires. Il est également connu pour avoir perfectionné le principe du détendeur, qui permet à un plongeur de respirer l'air contenu dans sa bouteille de plongée.

Allô, Docteur ?

L'excès de poids favorise les apnées du sommeil

VRAI. *Le sommeil provoque un relâchement des tissus, qui ont tendance à s'affaisser au niveau de la langue et du fond de la gorge. Le rétrécissement des voies aériennes supérieures est favorisé et amplifié chez les personnes en surpoids, car la graisse s'infiltre aussi au niveau du pharynx et de la base de la langue. C'est également la raison pour laquelle les scientifiques ont identifié un facteur génétique qui explique les cas familiaux de syndrome d'apnées du sommeil chez les personnes ayant des prédispositions à grossir ou à l'obésité. L'alcool, le tabagisme et les médicaments sédatifs sont aussi des facteurs qui favorisent l'apparition et le développement de la maladie.*

- Madame Dubois, nous pouvons totalement exclure que votre mari présente une lésion cérébrale… Il est tout simplement idiot.

Le droit de savoir

Les soldes

Les soldes, ce ne sont pas des cadeaux que les commerçants décident de vous faire pendant 5 semaines, deux fois par an. Elles ont été instaurées pour écouler des stocks en réserve, sur un temps limité, et chaque commerçant peut y mettre fin lorsqu'il le désire. Les dates des soldes sont fixées par chaque préfecture et peuvent donc varier d'un département à l'autre. Cette pratique est très encadrée, jusqu'aux mentions sur les publicités. Doivent y figurer : la date de début des soldes, la date de fin ou la mention « jusqu'à épuisement des stocks », les produits concernés et l'importance de la réduction. Et les produits non soldés doivent être clairement désignés et nettement séparés des produits en solde. Ces derniers doivent posséder un double étiquetage de prix : le nouveau et celui – barré – d'avant les soldes. Le commerçant peut se dispenser de cet étiquetage si la réduction s'applique à une catégorie d'articles (par exemple, « – 60 % sur tous les pantalons »), alors seul le prix non réduit peut être mentionné. Sachez enfin que ce n'est pas parce que ce sont les soldes que vos garanties et droits de consommateur n'existent plus. Si les mentions « articles ni repris ni échangés pendant les soldes » ne sont pas illégales et que l'échange ou le remboursement d'un produit relève du geste commercial, en revanche, le magasin est tenu de vous rembourser ou d'échanger l'article s'il est affecté d'un défaut non apparent au moment de l'achat.

« Les vieux croient à tout. Les gens d'âge mûr mettent tout en doute. Les jeunes savent tout. »

Oscar Wilde

C'est arrivé le…

26 juin 1945

Adoption de la Charte des Nations Unies. À l'issue de la conférence de San Francisco, les représentants des gouvernements de 50 États signent la charte fondatrice de l'ONU et en deviennent les premiers membres. Cette charte détermine les grands principes et les objectifs de l'organisation, ainsi que son fonctionnement.

Mon truc en +

Pour un bouillon maigre…

Pour nombre d'apprentis cuisiniers, le pot-au-feu et la poule au pot sont des plats simples et plaisants à réaliser. Pour autant, le dégraissage du bouillon peut s'avérer long et fastidieux.

– Vous pouvez déposer un morceau de pain dur sur une écumoire et le passer à la surface du bouillon afin d'absorber toutes les graisses.

– Si vous avez du temps, attendez que le bouillon refroidisse au frigo et récupérez ensuite les graisses stagnantes avec une cuillère.

– Enfin, la solution la plus amusante : immergez une bouteille d'eau gelée dans le bouillon, le gras viendra alors s'agglomérer sur les parois de la bouteille froide. Vous n'avez plus qu'à retirer cette dernière, et le tour est joué !

Pour avoir le bac, mieux vaut se prénommer…

Pour avoir une mention au bac, mieux vaudrait s'appeler Diane, Adèle, Guillemette ou encore Domitille qu'Enzo, Cynthia, Eddy ou Hakim. Telles sont les conclusions d'une étude menée par le sociologue Baptiste Coulmont sur 338 000 candidats au bac général ou technologique en 2013.

Les copies sont bien sûr corrigées de façon anonyme, et cette étude sur la proportion de mentions « très bien » que reçoivent les porteurs de certains prénoms permet surtout de dessiner un espace social. Ainsi, en 2013, 20 % des Diane et des Adèle ont obtenu une mention « TB ». Ce n'est le cas que de 4 % des Enzo et des Anissa, 16 % des Clara et 4,5 % des Jeremy.

D'après le sociologue, « le prénom indique — de manière imparfaite et floue — l'origine sociale de celles et ceux qui le portent, et la réussite scolaire est, en partie, liée à cette origine sociale ». Et si l'on ne garde que les prénoms qui apparaissent plus de 30 fois dans la base, ceux qui sont associés à un taux très important de mentions « TB » sont : Ulysse, Guillemette, Quitterie, Madeleine, Anne-Claire, Ella, Sibylle, Marguerite, Hannah, Irène, Octave, Domitille (qui sont entre un quart et un tiers à obtenir une mention). À l'opposé, moins de 2 % des Asma, Sephora, Hakim, Kimberley, Assia, Cynthia, Brenda, Christian, Bilal, Brian, Melvin, Johann, Eddy et Rudy ont obtenu une mention « TB ».

Astuce Jardin : Chasser les fourmis des arbres fruitiers

Pour chasser les fourmis des arbres fruitiers, faites macérer du tabac ou bien des mégots dans un seau d'eau pendant toute une journée. Puis laissez-y tremper une ficelle qui sera assez longue pour faire plusieurs fois le tour de l'arbre. Il ne vous restera plus qu'à serrer ce lien autour du tronc à une dizaine de centimètres du sol ; vous pourrez alors dire adieu une bonne fois pour toutes à ce terrible colonisateur.

Samedi **27 juin**

Saint Fernand On fête aussi les Ferdinand, Émilien, Stanislas

Le soleil se lève à **05 h 51**
et se couche à **21 h 56**

« Un homme qui recherche la solitude est ou une bête sauvage ou un dieu. »

Francis Bacon

C'est arrivé le…

27 juin 1955

Naissance de l'actrice Isabelle Adjani, à Paris. Sa carrière de comédienne commence dès ses 14 ans et elle entre à la Comédie-Française à seulement 17 ans. Au cinéma, elle se fait remarquer en 1974 pour son rôle dans *La Gifle* avant de multiplier les succès. Elle est notamment la comédienne la plus récompensée aux Césars, désignée meilleure actrice à cinq reprises. Elle a également été nommée deux fois pour les Oscars, aux États-Unis.

Le travail, quel stress !

D'après les « baromètres stress » publiés régulièrement par la CFR-CGC, Manpower ou Cadremploi :

- **64 % des cadres souffrent du stress au travail. Situation qui dure souvent depuis plus d'un an et qui est permanente pour 81 % d'entre eux.**
- **57 % des cadres se plaignent d'être surchargés de travail et de faire des heures supplémentaires tous les jours de la semaine.**
- **81 % se déclarent prêts à quitter leur entreprise à cause du stress, et 36 % à se reconvertir.**
- **8 salariés sur 10 estiment que la récession a augmenté depuis cinq ans le niveau de stress au travail.**

Allez Allais !

Index (n. m.) : doigt le plus proche du pouce, à condition d'être sur la même main.

Infini (n. m.) : club de rencontres pour parallèles.

Inhumation (n. f.) : embarquement pour sous terre.

Inspecteur des impôts (loc.) : fonctionnaire tatillon chargé d'embêter les contribuables contre un salaire payé par les contribuables.

Instant (n. m.) : moment toujours trop occupé pour qu'on puisse en jouir.

Instituteur (n. m.) : doux rêveur qui prétend élever le niveau intellectuel des enfants en commençant par l'abc.

Intégriste (n. m.) : individu qui veut piété plus haut que son culte.

Intellectuel (n. m.) : érudit capable de trouver dans *Télérama* l'heure d'une émission avant la fin de l'émission.

Intempéries (n. f.) : un temps pourri.

Ivrogne (n. m.) : individu qui, dans ses moments de soûlitude, recherche désaltère-ego à qui donner l'alcoolade.

Allô, Docteur ?

Des fruits, pas de jus

Manger des fruits frais permettrait de réduire le risque de développer un diabète de type 2 (le plus courant), alors que les remplacer par des jus de fruits industriels pourrait au contraire augmenter ce risque, selon une étude publiée dans la revue médicale British Medical Journal. *Les myrtilles sont les fruits les plus intéressants, suivies par le raisin, les pommes, les poires, les bananes et le pamplemousse. Une consommation de ces fruits au moins deux fois par semaine réduit le risque de diabète de 23 % par rapport à une consommation moins d'une fois par mois. Un bémol, toutefois, pour d'autres fruits comme le melon et les fraises, dont la consommation pourrait légèrement accroître le risque de diabète. Celui-ci est également augmenté chez les gros buveurs de jus de fruit industriels (plus d'un grand verre par jour). En effet, les jus de fruit ont généralement un index glycémique élevé et contiennent moins de nutriments bénéfiques que les fruits frais.*

« L'hypocrite se donne plus de mal pour paraître honnête homme qu'il ne lui faudrait d'efforts pour l'être. »

La Rochefoucauld

C'est arrivé le…

28 juin 1914

L'archiduc François-Ferdinand est assassiné à Sarajevo. Alors qu'il est en visite dans cette province, l'héritier du trône d'Autriche-Hongrie est tué par les balles de Gavrilo Princip, un jeune nationaliste serbe. Cet attentat est l'élément déclencheur d'un conflit qui deviendra la Première Guerre mondiale.

Mon truc en +

Les puces ne savent pas nager

Les puces sautent, piquent et sont des reines du camouflage. Mais elles ne savent pas nager dans l'huile ! Versez de l'eau dans une assiette creuse, puis 5 ml d'huile en surface. Placez le plus près possible de l'assiette, et même en son centre si possible, une faible source lumineuse (bougie flottante, par exemple). Déposez le piège à l'endroit soupçonné d'être infesté. Les puces vont sauter dans le bain d'huile, s'y empêtrer et se noyer. Des feuilles de menthe poivrée, placées entre les draps du lit, devraient également les chasser ; ça marche aussi avec des feuilles de lavande, de tomate ou de camomille séchée.

La bonne blague !

Après avoir raté son examen, un étudiant demande un entretien à son professeur et lui demande :

- Monsieur, comprenez-vous vous-même quelque chose au sujet de l'examen ?
- Cela va de soi, sinon je ne serais pas professeur.
- Bon, alors j'aimerais vous poser une question. Si vous pouvez me donner la bonne réponse, j'accepte la note insuffisante de mon examen. Si toutefois vous n'y parvenez pas, vous me donnerez un 20/20. D'accord ?
- D'accord. Quelle est la question ?
- Qu'est-ce qui est légal, mais pas logique, logique mais pas légal et, en plus, ni logique ni légal ?

Après une longue réflexion, le professeur donne sa langue au chat et change la note de l'étudiant en 20/20.

Étant toutefois frustré, il décide de soumettre la question à son meilleur étudiant. Ce dernier lui répond directement :

- Vous avez 65 ans et vous êtes marié à une femme de 30 ans. Ce qui est légal mais pas logique. Votre épouse a un amant de 25 ans, ce qui est logique mais pas légal. Mais le fait que vous ayez donné un 20/20 à l'amant de votre femme, alors qu'il a raté son examen, ça, ce n'est ni logique, ni légal !

- Tu aurais emmené tes cannes à pêche, ta journée ne serait pas perdue !

Astuce Cuisine : Comment bien conserver les radis

Pour garder les radis frais et bien croquants, rien de plus simple : conservez-les comme des fleurs ! En effet, l'astuce consiste à faire tremper les fanes dans un bol d'eau, tout en laissant le radis à l'air libre. N'hésitez pas à changer l'eau chaque jour.

LU DANS LA PRESSE

Sur l'estrade, 200 personnes au bât mot. (*Ouest France*)

Et parmi eux, combien d'ânes ?

Accident : un mort dans le crash d'un HLM. (*La Provence*)

Les constructions en hauteur, c'est dangereux…

« *L'amour est l'histoire de la vie des femmes, c'est un épisode dans la vie des hommes.* »

Madame de Staël

C'est arrivé le...

29 juin 2013

Pour la première fois, le Tour de France s'élance de Corse. 198 participants prennent le départ à Porto-Vecchio. Il s'agit de la centième édition de la « Grande Boucle », créée en 1903 par Henri Desgrange. Devenue un événement incontournable dans le calendrier français, la course a lieu tous les ans au mois de juillet, et seules les deux guerres mondiales ont pu l'empêcher d'avoir lieu.

TOP CHRONO : LA TÉLÉVISION

- **13 juin 1958 : première allocution télévisée du général de Gaulle.**
- **26 novembre 1958 : Serge Gainsbourg chante *Le poinçonneur des lilas* à l'émission *Magazine de la chanson*.**
- **31 décembre 1958 : la barre symbolique du million de postes de télévision est atteinte. Désormais, chaque année, un million de téléviseurs seront vendus en France, jusqu'à ce que chaque foyer en possède un à la fin des années 60.**
- **Janvier 1959 : création de *Cinq colonnes à la une*, première grande émission d'information. Apparition également de *Télé Dimanche* ; c'est dans cette émission que l'on découvrira Mireille Mathieu en 1965.**
- **Février 1959 : naissance de *Discorama*, émission sur l'actualité de la chanson, du disque et du théâtre, et de découverte des nouveaux talents, présentée par Denise Glaser. Elle sera diffusée jusqu'en 1975, date à laquelle Denise Glaser, jugée trop à gauche, est « remerciée » par Valéry Giscard d'Estaing.**

Un centimètre tous les dix ans

En cent dix ans, la taille moyenne des hommes européens se serait accrue au rythme d'un centimètre par décennie, selon une étude publiée dans *Oxford Economics Papers*. L'analyse de données issues de quinze nations européennes, relatives à la taille, à l'âge de 21 ans, des hommes nés entre le milieu du XIXe siècle et le début des années 1980, révèle un gain de 11 cm sur onze décennies. De façon surprenante, crises, guerres ou famines n'auraient en rien entravé cette poussée de croissance. Ainsi, de 1871 à 1911, les hommes français auraient gagné en moyenne 0,57 cm par décennie. Sur la période couvrant les deux guerres mondiales, cette moyenne décennale atteint les 1,10 cm, chiffre assez proche des 1,16 moyens observés chaque décade depuis 1951. Selon le chercheur, « le facteur déterminant de l'augmentation de la taille [des Européens] a été les progrès effectués dans la lutte contre les maladies ».

Ça c'est fait... divers

1 200 euros pour chausser des talons de 26 cm, saluer une foule en regardant au loin ? C'est le bon plan décroché par Mme Chen Yan pour incarner Mao, l'ancien dirigeant chinois. Ce sosie demande 10 000 yuans (1 200 euros) minimum par apparition publique. Revers de la médaille, indique la presse chinoise : sa vie sexuelle est un désastre. Son mari supporte en effet mal d'avoir l'impression de coucher avec le Grand Timonier. Pour camper le fondateur de la Chine communiste, Mme Chen se juche sur des chaussures rehaussées de 26 cm, s'applique un grain de beauté sous le menton et peaufine sa coiffure. Elle se produit dans les centres commerciaux ou les entreprises du Sichuan. Sa performance se limite à fumer, saluer les foules et regarder au loin. Mais elle n'est pas autorisée à s'exprimer, ni à se confier à des journalistes étrangers.

« Je ne peux rien dire sur mon sommeil : chaque fois que je m'apprête à l'observer, je m'endors. »

Francis Blanche

C'est arrivé le…

30 juin 1991

Abolition de l'apartheid en Afrique du Sud. Le parlement sud-africain abolit les dernières lois d'un régime fondé sur la ségrégation raciale, qui durait depuis 1948. Pour leur participation active et pacifique à l'abolition, Nelson Mandela et le président Frederik de Klerk recevront le prix Nobel de la paix.

Rétro' Vermot

Un paysan ramasse des champignons dans un bois. Le vétérinaire du pays s'approche et reconnaît qu'ils sont vénéneux.
– Malheureux ! Vous allez vous empoisonner !
– Ne craignez rien, monsieur, c'est pas pour les manger, c'est pour les vendre ! (1910)

L'homme, cet anchois

Contrairement à ce que l'on pourrait croire, l'homme est loin d'être le premier des carnivores au sein de la chaîne alimentaire. Telle est la conclusion de l'Institut français de recherche pour l'exploitation de la mer (Ifremer), l'Institut de recherche pour le développement (IRD) et Agrocampus-Ouest. Ils ont étudié les données concernant l'alimentation humaine entre 1961 et 2009, fournies par les Nations Unies, pour en tirer un indice de 2,2 en moyenne pour notre espèce. Rapporté à l'échelle animale, cet indice « trophique », qui situe une espèce au sein de la chaîne alimentaire (0 étant l'indice des espèces végétales qui ne se nourrissent pas d'autres espèces), nous rapproche de l'anchois ou du porc – de grands carnivores comme l'orque ou l'ours polaire atteignant un indice de 5,5. Le faible indice pour l'homme s'explique par la grande variété des régimes alimentaires humains à l'échelle mondiale ; cet indice a toutefois tendance à augmenter régulièrement et indique une pression croissante de l'homme sur les ressources naturelles.

Ça zlatanne !

- Quand tu marques 3 buts dans un match, ça s'appelle un « Hat-trick ». Quand tu en mets quatre, c'est un « Zlatan-trick ».
- Zlatan n'est pas violent, il est adepte de la pédagogie percutante.
- Les Anglais ont inventé les règles du football. Zlatan leur a montré comment on y joue.
- Si les bébés pleurent à leur naissance, c'est parce qu'ils sont déçus de ne pas s'appeler Zlatan.
- Quand Zlatan tire un penalty, le gardien plonge pour éviter la balle.
- Le père Noël n'existe pas. Cette année, les enfants écrivent au père Zlatan.
- Les moutons comptent les buts de Zlatan pour dormir.
- Zlatan ne cligne pas des yeux, ce sont ses paupières qui font des pompes.
- Personne n'arrive à la cheville de Zlatan, sauf Valbuena.
- Quand Zlatan arrive en retard à l'entraînement, les autres joueurs sont sanctionnés pour avoir commencé sans lui.

Mercredi 1er juillet

Saint Thierry On fête aussi les Reine, Servan, Calvina, Esther

Le soleil se lève à **05 h 53** *et se couche à* **21 h 56**

« *Un ami est celui qui vous laisse l'entière liberté d'être vous-même.* »

Jim Morrison

C'est arrivé le…

1er juillet 1961

Décès de Louis-Ferdinand Céline à Meudon. Né le 27 mai 1894, il fut médecin avant de devenir écrivain, et notamment l'auteur de *Voyage au bout de la nuit*, prix Renaudot en 1932. À partir de la fin des années 1930 et pendant la Seconde Guerre mondiale, il se rapprocha de l'extrême droite et publia des ouvrages ouvertement antisémites qui lui valurent d'être condamné après la Libération.

Mon truc en +

Plat trop salé

Saler un plat d'une main un peu lourde, cela arrive, même au meilleur des cordons-bleus. Heureusement, il existe des solutions pour éviter que la soirée ne tourne au vinaigre :

– Déposez dans le plat une rondelle de pomme de terre crue et épluchée. Au bout d'environ 10 minutes, vous pourrez retirer la pomme de terre gorgée de sel.

– Laissez quelques secondes dans le plat un morceau de sucre déposé sur une cuillère, qui absorbera l'excédent de sel.

– Pour une daube ou un ragoût trop salé, laissez tremper dans la marmite un croûton de pain dur, qui atténuera le goût salé du plat.

Juillet

Les Romains aimaient baptiser les mois de l'année en l'honneur d'une personnalité. Juillet n'échappe pas à la règle, puisqu'il fut baptisé « Julius » en l'honneur de Jules César, né le 13 du mois.

Jadis, juillet était un mois de fortes chaleurs. En 995, on vit ainsi des arbres s'embraser spontanément ; en 1740, les neiges éternelles des plus hauts sommets d'Europe fondirent ; et le 25 juillet 1900, l'eau de la Marne dépassa les 28 degrés. Mais on a aussi attribué au mois de juillet le point de départ de la… Révolution : en 1788 s'abattit sur la région parisienne un orage de grêle d'une extrême violence ; la disette qui suivit pourrait être l'une des causes des événements de 1789. Côté histoire, le mois de juillet 1776 fut marqué par l'indépendance des États-Unis (le 4), la création du Canada le 1er juillet 1867, la fête de l'Indépendance en Algérie (5 juillet 1962), la prise de Jérusalem par les premiers croisés (15 juillet 1099), le sacre de Charles VII à Reims sous les yeux de Jeanne d'Arc (14 juillet 1429), la chute de Robespierre (27 juillet 1794) ou, bien sûr, la prise de la Bastille en 1789. Et, vous le verrez plus loin dans les pages consacrées à ce mois estival, la fête nationale du 14-Juillet regorge d'anecdotes historiques. C'est aussi en juillet, en 356, que disparut, incendié, le temple de Diane, l'une des Sept Merveilles du monde. C'est enfin en juillet que Bonaparte s'empara d'Alexandrie. Paris retiendra de juillet 1465 l'apparition des premiers éclairages de rues, grâce à un décret obligeant les habitants à suspendre une lanterne allumée à leurs fenêtres. Et le 13 juillet 1533, François Ier posa la première pierre de ce qui allait devenir l'Hôtel de Ville. C'est aussi en juillet, le 26, en 1793, que l'on établit en France les premières lignes télégraphiques.

À noter en juillet les naissances de Michel Polnareff (3 juillet 1944) et de Jean de La Fontaine (8 juillet 1621), et le décès d'Antoine de Saint-Exupéry, aviateur et écrivain, mort pour la France le 31 juillet 1944, et de Bertrand Du Guesclin, le 13 juillet 1380.

Vermot'jardin

Juillet

- Semez des vivaces comme les cyclamens ou les cinéraires pour une floraison au printemps prochain.
- Divisez (voir Dico Jardin du 3 février) les grosses touffes d'iris après leur floraison, puis replantez-les. N'oubliez pas d'arroser !
- Ébourgeonnez (voir Dico Jardin du 22 mai) dahlias et chrysanthèmes.
- Réduisez le nombre de tomates par pied, gardez 4 ou 5 grappes au maximum.
- Vous pouvez encore planter jusqu'à la mi-juillet grenadiers, goyaviers et agrumes.
- Tondez régulièrement votre gazon, mais évitez les coupes trop courtes par temps très sec.

« Malheureuse condition des hommes ! À peine l'esprit est-il parvenu à sa maturité, que le corps commence à s'affaiblir. »

Winston Churchill

C'est arrivé le...

2 juillet 2008

Libération d'Ingrid Betancourt, retenue en otage depuis le 23 février 2002. Femme politique franco-colombienne, elle était candidate à l'élection présidentielle de 2002 en Colombie lorsqu'elle fut enlevée par les FARC, Forces armées révolutionnaires de Colombie.

Esprit d'antan

Alors qu'il venait de recevoir le prix Nobel, le grand écrivain italien Pirandello était de passage à Paris, invité à un banquet organisé en son honneur. Lorsqu'arriva l'heure des toasts, Pirandello déclara simplement :
– Vous m'excuserez, messieurs, si je me montre extrêmement bref. Je suis, je l'avoue, un piètre orateur. Mais j'ai à cela une excuse. J'ai dû tellement travailler pour apprendre à écrire que je n'ai pas eu le temps de travailler pour apprendre à parler.

La bonne blague !

Trois heures du matin. Inquiète de ne pas entendre son mari ronfler à côté d'elle, la femme enfile son peignoir et descend voir où il est. Elle le trouve dans la cuisine, assis devant une tasse de café. Il paraît bouleversé et fixe le mur, songeur, avec des larmes sur le visage.
- Qu'est-ce qui ne va pas, chéri ?
Le mari la regarde, les yeux rougis, et lui demande solennellement :
- Tu te souviens, il y a vingt ans, lors de notre tout premier rendez-vous ? Tu avais 16 ans ?
- Bien sûr que je m'en souviens, mon amour.
- Te souviens-tu que ton père nous a surpris en train de faire l'amour à l'arrière de la voiture ?
- Oui je m'en souviens, dit la femme avec un sourire béat empreint de nostalgie.
- Te souviens-tu aussi, ce soir-là, quand il a pointé son fusil de chasse sur ma tempe et qu'il a dit : « Ou tu épouses ma fille, ou je t'envoie en tôle pour vingt ans » ?
- Oui, répond-elle, l'air amusé.
- Eh bien, j'aurais été libéré aujourd'hui !

Il y a 100 ans : juillet 1915

- **1er juillet** : Gabrielle « Coco » Chanel ouvre une maison de couture à Biarritz. C'est déjà sa troisième boutique et sa première vraie maison de couture.
- **4 juillet** : les Turcs cessent l'offensive sur la péninsule de Gallipoli, passage stratégique entre Méditerranée et mer Noire.
- **12 juillet** : les Allemands du Sud-Ouest africain (l'actuelle Namibie) capitulent devant les forces sud-africaines rangées du côté britannique.
- **14 juillet** : la Section photographique de l'armée (SPA), créée en mai 1915, suit son premier événement national militaire, les cérémonies du 14-Juillet, marquées par le transfert des cendres de Rouget de Lisle aux Invalides, aux côtés de Napoléon Ier, dans le caveau des Gouverneurs. La procession part de l'Arc de triomphe, contrairement aux années antérieures où le défilé se déroulait à Longchamp.
- **18 juillet** : tous les combattants français peuvent bénéficier, par roulement, des premières permissions de six jours.
- **19 juillet** : Guynemer remporte sa première victoire aérienne (54 suivront) au-dessus de Septmonts, au sein de l'escadrille des Cigognes. Le 21 juillet, il est décoré de la médaille militaire.

Vendredi **3 juillet**

Saint Thomas On fête aussi les Anatole, Héliodore, Héliodora

Le soleil se lève à **05 h 54** *et se couche à* **21 h 55**

> *« La vieillesse, c'est quand on va dans des restaurants où il y a des sommeliers et non plus dans ceux où il y a des serveuses. »*
>
> *Marcel Achard*

– Si vous voulez, aujourd'hui, j'ai des glaces panachées !

C'est arrivé le…

3 juillet 987

Couronnement d'Hugues Capet, premier souverain de la dynastie des Capétiens. Après la mort de Louis V, le 21 mai, le duc des Francs est proclamé roi, mais doit attendre le 3 juillet pour se voir couronné roi des Francs. Son règne dure jusqu'à sa mort, en octobre 996 ; son fils, Robert II, lui succède alors.

En forme !

Le corps, cette éponge. L'eau représente environ 60 % du corps d'un adulte, 75 % chez un nouveau-né, et 95 % pour un embryon. Elle est partout, dans la masse musculaire, les liquides corporels, les sucs digestifs, les os… Elle compose même 85 % du tissu cérébral. En résumé, les milliards de cellules de notre organisme en sont remplies et s'y baignent. Et c'est grâce à elle que les substances nutritives, l'oxygène, les oligo-éléments et les hormones sont transportés à l'intérieur et à l'extérieur de chaque cellule, et d'une cellule à l'autre. L'eau étant le deuxième élément vital après l'oxygène, mieux vaut ne pas rompre l'homéostasie – ce fameux équilibre de l'ensemble des paramètres physico-chimiques de l'organisme, qui nous maintient en vie. Un déficit d'eau de l'ordre de 1 % du poids corporel représente une baisse de 10 % des capacités. 5 à 10 % de perte engendrent une grande faiblesse. Au-delà de 20 %, c'est la mort assurée.

Foi de footeux

- On va pas se couper le cul en rondelles pour faire du saucisson. (*Louis Nicollin*)
- Ah il est solide, Jankulovski… d'ailleurs, les Tchèques sont parfois en bois. (*Christophe Josse*)
- Un petit extérieur du pied : au tennis, on appelle ça un revers du pied. (*Jean-Michel Larqué*)
- Ça rentre comme dans du gruyère. (*Christophe Dugarry*)
- Les Danois ont planté leur poignard dans le yaourt bulgare. (*Thierry Adam*)
- Ils ont l'Bon Dieu dans les chaussures ! (*Guy Roux*)
- Oh là là ! Il a été fauché comme un lapin en plein vol ! (*Thierry Roland*)
- C'est le gâteau sur la cerise. (*Jean Fernandez*)

Le soleil se lève à **05 h 55** et se couche à **21 h 55**

Samedi **4 juillet**

Saint Florent On fête aussi les Élie, Éliane, Elton

« L'amour maternel survit à toutes les déceptions, à toutes les blessures et à toutes les offenses »

Louise Colet

C'est arrivé le…

4 juillet 1938

Suzanne Lenglen succombe à une leucémie, à l'âge de 39 ans. Première véritable star mondiale du tennis féminin, elle avait remporté les jeux Olympiques de 1920 à Anvers, ainsi que les tournois de Roland-Garros et de Wimbledon à plusieurs reprises entre 1919 et 1926. Depuis 1997, le deuxième court du stade Roland-Garros porte son nom.

LU DANS LA PRESSE

Au cours de la poursuite, l'homme multiplie les accélérations et les freinages, puis enclenche la marche arrière pour percuter attentionnellement la 207 des policiers. (*Paris Normandie*)

Que d'attentions envers ces policiers, pour se rapprocher si intentionnellement d'eux !

Deux maîtres-nageurs diplômés d'État organisent un stage de la nation pour les enfants de 5 à 12 ans. (*Le 97-6*)

Le sport comme vertu patriotique…

Mon truc en +

Du bicarbonate pour défeutrer les lainages

Un lainage peut s'abîmer après de nombreux lavages, les fibres de la laine prenant l'aspect du feutre. Pour rendre à votre lainage son aspect d'antan, trempez-le pendant 24 heures dans une préparation composée d'eau froide et d'une cuillère de bicarbonate de soude par litre d'eau.

Le pourquoi du comment ?

Le moteur de recherche Google a fait un bilan des tendances des mots et des expressions recherchés sur son site en France, par catégorie, en 2013. Les questions commençant par « Comment » squattent le podium. Ainsi, la recherche « Comment faire ? » arrive en tête. Sans grande surprise. « Comment maigrir ? » ou encore « Comment embrasser ? » figurent dans le top. « Comment maigrir ? » est la deuxième question la plus tapée sur Google en 2013, avec un pic enregistré avant l'été, vers le mois de mai. Google note aussi que la région la plus concernée par la question est le Nord-Pas-de-Calais, suivie de la Picardie et du Limousin. Un autre pic de recherches est enregistré à l'approche des fêtes de fin d'année, avec « Comment télécharger de la musique ». On ne sait pas si c'est pour faire un cadeau ou créer l'ambiance musicale de la soirée. Ce n'est qu'à la 8e place que figure la question « Comment devenir riche ? ». Ce n'est donc pas la crise pour tout le monde… Dans ce palmarès, on trouve également « comment dessiner, tomber enceinte » ou encore « comment se maquiller ».

ÇA ASSURE !

– Je vous écris comme suite à votre lettre où vous me dites que je suis responsable pour la priorité, mais je connais la loi. Quand il y a un croisement entre deux routes dont l'une ne traverse pas l'autre, celle qui est la plus petite doit s'arrêter la première. Donc il n'y a pas de priorité qui tienne. C'est la loi qui est la plus forte. Vous seriez bien aimable de réviser vos conclusions pour me remettre dans mon bon droit.

– Je vous serais obligé de m'adresser le courrier concernant mon accident à un de mes amis M… car, pour la passagère blessée, ma femme n'est pas au courant et il vaut mieux pas. Je compte sur votre compréhension pour ne pas déshonorer un honnête père de famille.

– Ne pouvant plus travailler à la suite de mon accident, j'ai dû vendre mon commerce et devenir fonctionnaire.

« Combien d'hommes supérieurs sont enfants plusieurs fois dans la journée ! »

Napoléon Bonaparte

C'est arrivé le…

5 juillet 1865

Fondation de l'Armée du salut par le pasteur britannique William Booth, même si elle ne prend ce nom qu'en 1878. Cette mission chrétienne basée à Londres mène une action d'évangélisation et d'aide sociale auprès des plus démunis.

TOP CHRONO : LA TÉLÉVISION

- **Fin 1960 : 13,1 % des foyers sont équipés d'un poste de télévision, selon l'INSEE.**
- **1961 : Léon Zitrone prend les commandes du journal télévisé. Il y restera vingt ans, sur la RTF, puis sur l'ORTF, sur TF1 et, enfin, sur Antenne 2.**
- **Mai 1961 : création d'*Âge tendre et têtes de bois*, émission de variété consacrée à la musique yé-yé, présentée par Albert Raisner.**
- **1961 : apparition du carré blanc, signalant qu'un programme n'est pas pour « tout public » (violence, pornographie…).**
- **Juillet 1962 : naissance du jeu culte *Intervilles*, proposé par Guy Lux et Pierre Brive. En 1965, le général de Gaulle aura l'idée d'une version européenne de l'émission : *Jeux sans frontières*.**

Comme un symbole
Le coq

Le coq est aujourd'hui connu à l'étranger comme l'emblème sportif de la France. Apparu sur les monnaies gauloises dès l'Antiquité, il a traversé l'histoire. S'il disparaît au Moyen Âge, le coq refait surface au XIVe siècle pour représenter la France, et figure sur les monnaies et sur les gravures dès le XVIe siècle. Sous la Révolution, il orne des assiettes et apparaît notamment sur le sceau du Directoire. Napoléon Ier refuse de l'adopter comme emblème de l'Empire, car il ne lui trouve aucun point de force. Le coq retrouve sa gloire d'antan à partir de 1830, avant d'être à nouveau rejeté par Napoléon III. Il devient un symbole presque officiel sous la IIIe République, où il figure sur la grille du parc du palais de l'Élysée et sur la pièce d'or frappée en 1899. Désormais, le coq n'apparaît plus que sur le sceau de l'État aux côtés de la Liberté, la République française lui ayant préféré le symbole de la Marianne.

– C'est vraiment pas beaucoup, moi, j'arrive parfois à consommer ça au kilomètre !

Infos en séries… TV

Série kitsch à souhait, son titre original, *The Love Boat* (le bateau de l'amour), est plus évocateur que celui de la version française, *La Croisière s'amuse* (1977-1987). Car, à bord du *Pacific Princess*, les passagers viennent avant tout chercher l'âme sœur. En neuf ans, *La Croisière s'amuse* a accueilli une flopée de *guests* célèbres : Gene Kelly, Andy Warhol, Janet Jackson, etc. Plus surprenant, Tom Hanks et Teri Hatcher y ont débuté leur carrière.

Distribution : *Gavin MacLeod (Merrill Stubing), Bernie Kopell (Adam Bricker), Fred Grandy (Burl « Gopher » Smith), Ted Lange (Isaac Washington), Lauren Tewes (Julie McCoy)*

« La mort est une grande femme fort belle, à laquelle il ne manque que le cœur. »

Chateaubriand

C'est arrivé le…

6 juillet 1971

Âgé de 69 ans, Louis Armstrong succombe à une crise cardiaque à New York. Né le 4 août 1901 à La Nouvelle-Orléans, il était l'un des plus grands musiciens de jazz. Trompettiste, chanteur et showman, il connut un succès international et influença des générations de musiciens.

@çagazouille :

©Twitter

#MaladieMovie

- La vie rêvée des angines
- L'AVC était fermé de l'intérieur.
- À nous l'hépatite anglaise
- Jurassic Parkinson
- Le Docteur Lumbago
- Bienvenue chez les chtouilles

Recette

SALADE DE PÊCHES

Pour 4 personnes :

- 6 pêches
- 50 g de sucre en poudre
- Un petit bouquet de menthe fraîche

Plongez pendant une minute les pêches dans de l'eau bouillante. Pelez-les et mettez de côté une bonne louche d'eau de cuisson. Coupez cinq de vos pêches en quartiers réguliers. Mixez la pêche restante avec quelques feuilles de menthe fraîche. Ajoutez le sucre à cette purée, puis délayez avec l'eau de cuisson conservée précédemment. Versez ce mélange, lorsqu'il est bien froid, sur vos quartiers de pêches, que vous aurez préalablement disposés dans un saladier. Servez bien frais.

Blogs, réseaux sociaux et cinéma

Comparés aux autres internautes, les 15-24 ans sont plus souvent sur la Toile. C'est la conclusion d'une étude publiée par Médiamétrie, société spécialisée dans la mesure d'audience. Selon elle, en 2013, « par jour, les 15-24 ans sont plus de 3,2 millions à se connecter sur Internet, et ils y passent en moyenne 1 heure et 37 minutes, soit environ 20 minutes de plus que la moyenne des internautes ». Dans le détail, les 15-24 ans passent en moyenne 33 minutes et 41 secondes par jour sur des blogs et des réseaux sociaux. Les sites de vidéo ou cinéma représentent, quant à eux, 19 minutes 15 secondes de leur consommation quotidienne.

Allô, Docteur ?

Mes jambes ne font que bouger pendant mon sommeil.

Ces symptômes peuvent correspondre à ceux du Syndrome des jambes sans repos (SJSR), maladie décrite pour la première fois en 1672 par un neurologue anglais, Thomas Willis. Il faudra attendre 1945 pour voir la première étude clinique sérieuse de ce syndrome. Le SJSR est un besoin irrépressible de bouger les jambes pour soulager la gêne ressentie (fourmillements, picotements, décharges électriques, douleurs ou chaleur pénible). Ces signes apparaissent surtout le soir pendant les périodes de repos, et en cours de nuit. Les signes disparaissent ou s'atténuent lorsque la personne se met en mouvement. Au cours de la nuit, les jambes sont agitées, avec des mouvements de flexion du pied et des orteils qui ne sont perçus que par le compagnon qui partage le lit. Ce syndrome provoque 20 % des insomnies et entraîne une accumulation de fatigue pour l'individu, mais aussi pour son conjoint qui en pâtit.

« S'introduire comme un rêve dans l'esprit d'une jeune fille est un art, en sortir est un chef-d'œuvre. »

Kierkegaard

C'est arrivé le...

7 juillet 1930

Décès de Sir Arthur Conan Doyle à l'âge de 71 ans. Le « père » du grand détective Sherlock Holmes est retrouvé mort dans le hall de sa maison de Crowborough, au Royaume-Uni, victime d'une crise cardiaque. Médecin et écrivain passionné d'histoire, il écrivit de nombreux ouvrages historiques qui ne connurent jamais le succès de ses romans policiers.

Pour rire

Un homme est devant sa télévision et contrôle le ticket de loto qu'il a joué le matin même. Ses six numéros sortent. Fou de joie, il crie par la fenêtre à son épouse qui se trouve de l'autre côté de la rue :
– Chérie, viens vite, nous avons gagné la cagnotte du loto.
La femme saute de joie et traverse la route. Un camion arrive et l'écrase.
Le mari :
– Eh ben, quand une journée est bonne, elle est vraiment bonne !

- Quel nuage ?

Gros muscles, gros nez

Pourquoi l'appendice nasal est-il plus grand chez les hommes que chez les femmes ? Cela n'a rien d'un hasard : des scientifiques américains ont d'abord confirmé que les hommes de type européen avaient en moyenne des nez 10 % plus gros que ceux des femmes de même origine ; et que la différence fille-garçon en ce domaine se faisait autour de l'âge de 11 ans, au moment de la puberté. Les travaux publiés dans l'*American Journal of Physical Anthropology* expliquent que la différence de taille des nez proviendrait de la nécessité pour l'homme, dont la masse musculaire demande généralement davantage d'énergie que celle de la femme, d'avoir des conduits respiratoires plus larges, permettant une oxygénation plus importante et une meilleure alimentation des muscles.

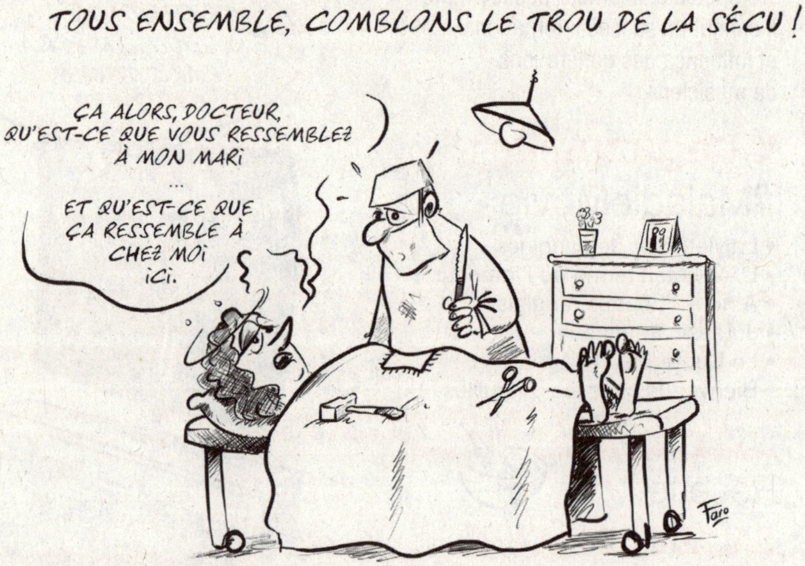

La bonne blague !

Un mathématicien, devenu homme d'affaires, envoie un mail à sa femme :

« Très chère épouse, tu comprendras que maintenant que tu as 54 ans, j'ai certains besoins que tu ne peux plus satisfaire ; je suis très heureux avec toi, je te considère comme une merveilleuse épouse et, sincèrement, j'espère que tu ne le prendras pas mal quand tu sauras que, lorsque tu recevras ce mail, je serai à l'hôtel *Confort Inn* avec Vanessa, ma secrétaire qui a 18 ans ; mais ne t'inquiète pas, je serai à la maison avant minuit. »

Quand l'homme revient à la maison, il trouve un papier sur la table de la salle à manger :

« Cher époux, j'ai reçu ton mail et je ne peux que te remercier pour l'avertissement. Je profite de l'opportunité pour te rappeler que toi aussi tu as 54 ans. En même temps, je t'informe que quand tu liras ce message, je serai à l'hôtel *Fiesta* avec Michel, mon moniteur de tennis qui, comme ta secrétaire, a aussi 18 ans. Comme tu es licencié en mathématiques, tu pourras facilement comprendre que nous sommes semblables sur de nombreux points, avec une légère différence : 18 rentre plus de fois dans 54 que 54 dans 18... Par conséquent, ne m'attends pas avant demain ! Bisous de ta femme qui te comprend. »

« La superstition est l'art de se mettre en règle avec les coïncidences. »

Jean Cocteau

Politiquement… incorrect

– Je souhaite à Valérie Trierweiler sa juste place ; et à Ségolène Royal juste une place. (*Jean-Pierre Raffarin*)

– Elle ne fait rien ; mais elle le fait avec ténacité. (*Charles Pasqua, sur l'activité de Michèle Alliot-Marie*)

– Ma part d'ombre, c'est mon combi Volkswagen. (*Jean-Marc Ayrault*)

– Le bobsleigh, c'est comme l'amour : on hésite au début, on trouve cela très bien pendant et on regrette que cela soit déjà terminé après. (*Roselyne Bachelot, ancien ministre des Sports*)

– Sarkozy, c'est le seul qui a été obligé de passer par l'Élysée pour devenir Premier ministre. (*Jean-Louis Borloo*)

– La France, c'est la tour Eiffel et Jacques Chirac. (*Michèle Alliot-Marie, ministre RPR/UMP entre 1986 et 2011*)

– Qui vient sur la grande muraille conquiert la bravitude. (*Ségolène Royal*)

– Le parti socialiste est un parti sans leader. François Bayrou est un leader sans parti. Ils sont faits pour fusionner. (*Xavier Bertrand, ministre UMP entre 2004 et 2012*)

– Johnny Hallyday qui annonce son intention de rester français et Bernard Laporte qui entre au gouvernement, c'est une période faste pour l'intelligence française. (*François Goulard, ancien ministre, Démocratie Libérale/UMP*)

C'est arrivé le…

8 juillet 1621

Naissance de Jean de La Fontaine, à Château-Thierry. Poète, dramaturge et écrivain, il est principalement connu pour ses *Fables* dont les vers et les morales bien senties ont fait le succès. Ses deux recueils, datés de 1668 et 1678, figurent parmi les œuvres les plus étudiées de la littérature française.

– J'ai beau être pour une éducation stricte dès le départ, il me semble que là, c'est trop tôt…

Pour rire

Un homme rentre chez lui à l'improviste et trouve sa femme au lit avec un nain.
– Mais enfin, chérie, tu m'avais promis de ne plus me tromper !
– Ben tu vois, je diminue la dose…

Astuce *Jardin* : Éloigner les moustiques

L'été, la cohabitation avec les moustiques peut rapidement devenir un calvaire. Pour éloigner ces insectes de votre habitation, plantez des pieds de lavande ou de basilic au plus près de vos terrasses et rebords de fenêtre. Les moustiques seront obligés de déménager.

Jeudi 9 juillet

Sainte Amandine On fête aussi les Laélia, Amaranda, Iphigénie

Le soleil se lève à **05 h 59** *et se couche à* **21 h 52**

« La mode des cocktails avant le repas a été lancée par un cuisinier qui avait brûlé le rôti. »

Chester Anthony

C'est arrivé le…

9 juillet 1816

Colonie espagnole depuis 1536, l'Argentine proclame son indépendance sous le nom de « Provinces-Unies du Río de la Plata ». Elle entre ensuite dans une guerre civile, ne parvenant pas à fonder un gouvernement. Il faudra attendre les années 1880 pour que l'Argentine retrouve la paix. Mais elle connaîtra plus tard des coups d'États à répétition, entre 1930 et 1983.

Rétro' Vermot

L'autre jour, un charbonnier du voisinage me faisait part de son prochain mariage. Je ne manquai pas de le féliciter.
– Et qui épousez-vous, questionnai-je, une brune ou une blonde ?
– Oh, monsieur, une brune ! me répondit sentencieusement le brave Auvergnat ; dans notre métier, voyez-vous, une blonde c'est trop salissant ! (1903)

Oh ! tu sais pas ?

Le drapeau américain est composé de cinquante étoiles blanches et de treize bandes rouges et blanches. Si, aujourd'hui, les étoiles représentent les cinquante États fédérés et les bandes les treize États fondateurs des États-Unis, il s'agissait, à l'origine, de symboles remontant à l'Antiquité : en effet, les étoiles représentaient les cieux et l'objet divin dont les humains rêvaient, et les bandes représentaient les rayons du soleil.

Qué calor !

Alors que les fortes chaleurs sont susceptibles de revenir au cours de l'été, voici quelques conseils pour mieux les supporter.

– Buvez régulièrement, sans attendre d'avoir soif, et au moins un litre et demi par jour.

– Ne buvez pas d'alcool, il favorise la déshydratation. Évitez aussi la caféine et les boissons sucrées, qui augmentent la sécrétion d'urine, et donc la déshydratation.

– Si vous n'aimez pas boire, mangez des fruits (melons, pastèques, pêches, etc.) et des crudités.

– Rafraîchissez votre logement en laissant les volets et les rideaux fermés, pour que le soleil ne rentre pas.

– Si la température extérieure est supérieure à la température intérieure, fermez les fenêtres. Ouvrez-les tôt le matin et la nuit, et faites des courants d'air.

– Baissez ou éteignez les lumières le plus possible, et ne gardez allumés que les appareils électriques indispensables. (*suite page suivante*)

Maître de bonne compagnie

Sens interdit

Un chat, c'est un peu comme un enfant à qui on défend quelque chose : il cherchera à braver l'interdit. Ainsi, si vous ne souhaitez absolument pas qu'il pénètre dans une pièce – la chambre de bébé, par exemple –, essayez l'astuce suivante : posez au sol du scotch adhésif double face. Une fois qu'il se sera retrouvé les pattes collées au sol, votre animal ne s'y fera plus prendre. Vous pouvez remplacer le scotch adhésif par du papier aluminium, le chat déteste sa texture et le bruit provoqué à son contact.

« Le bistrot est utile à un dialoguiste, mais il y a un risque : l'alcoolisme. »
Michel Audiard

C'est arrivé le…

10 juillet 1985

Le *Rainbow Warrior* est coulé par des agents des services secrets français dans le port d'Auckland. Le bateau de Greenpeace s'apprêtait à quitter la Nouvelle-Zélande pour Mururoa afin de protester contre les essais nucléaires français sur l'atoll. L'opération fait un mort, le photographe Fernando Pereira, qui essayait de récupérer son matériel dans le navire.

Pour rire

Un Suisse qui rentre chez lui le soir. Sa femme lui dit :
– Tu sais, aujourd'hui, y a un type qui est venu.
– Ah oui ? Et qu'est-ce qu'il a dit ?
– Rien. Il est entré et il m'a attrapée.
– Et qu'est-ce qu'il a dit ?
– Rien. Il m'a enlevé tous mes vêtements.
– Ah oui ? Et qu'est-ce qu'il a dit ?
– Rien. Il m'a jetée sur le divan et m'a prise par tous les côtés.
– Et qu'est-ce qu'il a dit ?
– Rien. Après, il est reparti.
– Et qu'est-ce qu'il a dit en partant ?
– Rien du tout.
– Mais alors, on ne saura jamais pourquoi il est venu ?

Qué calor ! (suite)

– Étendez des draps mouillés sur les fenêtres. Si vous avez un ventilateur, placez-le devant ces draps mouillés ou devant une bassine d'eau glacée.
– Attention à la climatisation : c'est un bon système, à condition de la régler cinq degrés au maximum en dessous de la température de la pièce. Les grands écarts de température sont préjudiciables à l'organisme.
– Prenez des douches ou des bains frais plusieurs fois par jour, sans vous sécher. Gardez auprès de vous un linge mouillé et un récipient d'eau fraîche, pour vous rafraîchir le visage, la nuque, les mains et les pieds régulièrement.
– Évitez de sortir aux heures les plus chaudes, préférez le matin tôt, avant 11 heures, et le soir après 21 heures. Et restez dans les pièces les plus fraîches.
– Si vous devez sortir, restez à l'ombre. Et portez un chapeau.

À l'origine… « My tailor is rich »

La phrase anglaise « My tailor is rich », prononcée à la française « Maille tailor ize ritche », fera sourire n'importe quel Français au nom du symbole culturel qu'elle véhicule : les Français ne savent pas parler anglais, pas plus que d'autres langues d'ailleurs. Mais pourquoi cette phrase plus qu'une autre ? Parce qu'elle est la première phrase de la légendaire méthode de langues Assimil®, imaginée par le Rennais Alphonse Chérel. Après avoir sillonné l'Europe au début du XXe siècle, ce polyglotte autodidacte décida de concocter, non sans humour, un petit ouvrage recensant les phrases les plus simples de la vie quotidienne, pour permettre à tout voyageur de profiter de son périple à l'étranger. En 1929 sort le guide d'anglais, *L'anglais sans peine*. Les Français se jettent sur « My tailor is rich, but my english is poor », emblème de l'apprentissage des langues étrangères.
Un très sérieux universitaire français prétend avoir trouvé 180 films et plus de 400 pièces de théâtre qui parodient cette phrase ou y font référence, parmi lesquels notre Astérix (chez les Bretons), Louis de Funès dans *Le gendarme à New York* ou encore *Le Petit Nicolas*.

Samedi **11 juillet**

Saint Benoît On fête aussi les Elga, Helga, Olga

Le soleil se lève à **06 h 01** *et se couche à* **21 h 51**

« Rien ne vieillit mieux que le bois, les livres, les amitiés ou le vin. »

Francis Bacon

C'est arrivé le…

11 juillet 1975

La loi sur le divorce, dont le président Valéry Giscard d'Estaing est à l'origine, est votée. Cette loi conserve la procédure de divorce pour faute, mais elle y ajoute le divorce par consentement mutuel, qui simplifie les démarches dès lors que les deux époux se mettent d'accord.

Mon truc en +

Du charbon pour garder le linge au sec

Vos placards sont humides et vous en avez assez de retrouver votre linge constamment moite ? Voici la solution : percez quelques trous dans le couvercle d'une boîte que vous aurez remplie de charbon de bois. L'humidité des placards sera absorbée par le charbon et votre linge sera enfin sec !

Premiers pas…

Si Neil Armstrong restera dans l'histoire pour ses premiers pas sur la Lune, Tyler Armstrong, âgé de 9 ans et sans lien de parenté avec le précédent, y entrera pour avoir réussi l'exploit de gravir le plus haut sommet du continent américain, l'Aconcagua, qui culmine à près de 7 000 m, dans la cordillère des Andes. Tyler a même battu le record de précocité de l'ascension de l'Aconcagua : il est désormais la plus jeune personne à avoir vaincu cette montagne. Le gamin n'en est d'ailleurs pas à son coup d'essai. En 2013, Tyler avait déjà atteint le sommet du Kilimandjaro, en Tanzanie, point culminant du continent africain, haut de 5 900 m.

@çagazouille : les JLGeades

©Twitter

- On disait Anquetil dopé, je ne sais pas, mais ce qui est sûr, c'est que Poulidor était dans un état second.
- Théâtre : l'addiction est à la diction.
- La Napoule est une ville dont la devise aurait pu être : « Passez du coq à l'âne ».
- Sur l'île de Sein, les nanas sont de vraies bombes, elles mériteraient toutes le titre de miss Île.
- Sur les antitranspirants, il y a déo et débat.
- Seul le menuisier te trouvera beau.
- Les vacances, ça change tout : les salariés sur la grève et le banquier sur le sable.
- Des sandres avant la raie, ce n'est pas conseillé.
- Certaines années, il pleut tellement en juillet que le mois doute !
- J'avoue, je mets les œufs dans le frigo, mais c'est en application du célèbre dicton : jamais d'œufs sans froid.
- Un nageur ivre aura tendance à privilégier la nage soûlot.
- Le sexe fort, c'est celui qui gagne l'érection.
- Seule ombre au tableau, il y avait trop de soleil !
- Qui vole un œuf poussin peu.
- En ce qui concerne le dopage, il faut rester positif.
- Mon kiné traite enfin mon dos scié.
- Quand l'adulte erre, la chambre d'hôtel est une pièce maîtresse.
- Après avoir inculpé à tort deux femmes de ménage successivement, le juge en met en examen une troisième, en déclarant : « Cette fois, c'est la bonne. »

(à retrouver sur Twitter : @ jlgdu54)

Ça c'est fait… divers

La dégradation de l'environnement au service de l'histoire ?
On ne le souhaite pas, mais c'est tout de même grâce à la construction d'un barrage aux dimensions exorbitantes, provoquant l'assèchement inexorable du lac Poyang, que des scientifiques ont découvert les vestiges d'un pont chargé d'histoire. Ce pont, vieux d'environ 400 ans, bâti sous le règne de la dynastie Ming (1368-1644), avait fini immergé dans le plus grand lac d'eau douce de Chine. Les chercheurs ont ainsi découvert en bordure du lac les vestiges d'un monument à l'origine long de 2 930 m.

« Le travail, c'est la santé… Mais à quoi sert alors la médecine du travail ? »

Pierre Dac

C'est arrivé le…

12 juillet 1998

L'équipe de France de football remporte la finale de la Coupe du monde, au stade de France. Pour la deuxième fois, après 1938, la France organisait la plus grande compétition de football au monde. En finale, les Bleus battent les Brésiliens, tenants du titre, par trois buts à zéro. Zinédine Zidane marque deux fois de la tête avant qu'Emmanuel Petit ne complète le score en toute fin de match. Il s'agit du premier titre mondial du football français.

25 à 30 %

En France, on estime que 16 à 20 millions de personnes sont allergiques, soit de 25 à 30 % de la population. De multiples facteurs peuvent provoquer les allergies, notamment des prédispositions génétiques et des composantes environnementales. Un parent allergique aura plus de risques d'avoir un enfant qui l'est aussi, mais il n'y a rien d'automatique.

Allons enfants…

Connaissez-vous vraiment *la Marseillaise*, dépassé le premier couplet ? Voici l'intégralité de cette chanson devenue hymne en 1879 (*voir p. 133*).

1er couplet
Allons enfants de la Patrie,
Le jour de gloire est arrivé !
Contre nous de la tyrannie,
L'étendard sanglant est levé, (bis)
Entendez-vous dans les campagnes
Mugir ces féroces soldats ?
Ils viennent jusque dans vos bras
Égorger vos fils, vos compagnes !

Refrain
Aux armes, citoyens !
Formez vos bataillons !
Marchons, marchons !
Qu'un sang impur
Abreuve nos sillons !

2
Que veut cette horde d'esclaves,
De traîtres, de rois conjurés ?
Pour qui ces ignobles entraves,
Ces fers dès longtemps préparés ? (bis)
Français, pour nous, ah ! quel outrage.
Quels transports il doit exciter !
C'est nous qu'on ose méditer
De rendre à l'antique esclavage !

3
Quoi ! Des cohortes étrangères
Feraient la loi dans nos foyers !
Quoi ! Des phalanges mercenaires
Terrasseraient nos fiers guerriers ! (bis)
Dieu ! Par des mains enchaînées
Nos fronts sous le joug se ploieraient
De vils despotes deviendraient
Les maîtres de nos destinées !

4
Tremblez, tyrans et vous, perfides,
L'opprobre de tous les partis,
Tremblez ! vos projets parricides
Vont enfin recevoir leurs prix ! (bis)
Tout est soldat pour vous combattre,
S'ils tombent, nos jeunes héros,
La terre en produit de nouveaux,
Contre vous tout prêts à se battre !

5
Français, en guerriers magnanimes,
Portons ou retenons nos coups !
Épargnons ces tristes victimes,
À regret s'armant contre nous. (bis)
Mais ce despote sanguinaire,
Mais ces complices de Bouillé,
Tous ces tigres qui, sans pitié,
Déchirent le sein de leur mère !

6
Amour sacré de la Patrie,
Conduis, soutiens nos bras vengeurs
Liberté, Liberté chérie,
Combats avec tes défenseurs ! (bis)
Sous nos drapeaux que la victoire
Accoure à tes mâles accents,
Que tes ennemis expirants
Voient ton triomphe et notre gloire !

7 (dit « couplet des Enfants »)
Nous entrerons dans la carrière
Quand nos aînés n'y seront plus,
Nous y trouverons leur poussière,
Et la trace de leurs vertus (bis),
Bien moins jaloux de leur survivre,
Que de partager leur cercueil,
Nous aurons le sublime orgueil,
De les venger ou de les suivre.

« Le Tour de France a sans doute fait plus pour l'unité nationale de la France qu'aucun des grands événements dont elle a été le théâtre tout au long du xxe siècle. »

Georges Conchon

C'est arrivé le…

13 juillet 1793

Jean-Paul Marat est assassiné par Charlotte Corday. Issue de la noblesse, Corday s'en prend à Marat, l'un des leaders de la Convention, responsable à ses yeux des massacres révolutionnaires. Elle profite d'un entretien à son domicile, qu'il ne quitte quasiment plus afin de soigner une maladie grave, pour le poignarder en plein cœur. Arrêtée immédiatement, Charlotte Corday sera exécutée quatre jours plus tard.

Derrière l'écran

***2013 aura été une mauvaise année pour le cinéma en France. Avec un peu moins de 195 millions d'entrées, la fréquentation des salles a baissé de 5 % par rapport à 2012 et ses 204 millions d'entrées. Et dans le classement final, seules trois productions françaises rentrent dans le top 20 du box-office. Le reste ? Des superproductions américaines telles que la suite de* Moi, moche et méchant, Iron Man 3, Django Unchained *ou encore* Gravity.**

HISTOIRE, HISTOIRES…

Que le 14 juillet soit jour de fête nationale était loin d'être une évidence ! À partir de 1879, les républicains s'imposent dans la vie politique et contrôlent l'ensemble des institutions françaises. Il leur semble dès lors indispensable de mettre en place une fête dédiée à la nation. Plusieurs dates entre 1789 et 1880 sont envisagées, la condition essentielle étant que la date choisie rappelle un événement dans lequel le peuple a joué un rôle déterminant pour accéder à sa liberté, et sans que la violence ait eu une place majeure. Les 27, 28 et 29 juillet 1830 sont proposés, mais la fête de la nation ne peut rappeler l'arrivée au pouvoir des Orléanistes. Le socialiste Louis Blanc suggère alors le 24 février 1848 en hommage aux événements qui ont conduit au suffrage universel et à l'abolition de l'esclavage, mais la république conservatrice et le Second Empire ayant rapidement balayé cette révolution de 1848, l'idée est rejetée. Le choix d'une date liée à la révolution du XVIIIe siècle s'impose alors. Les 20 et 21 septembre 1792 sont évoqués, pour rappeler la mise en place de la Ire République, mais finalement écartés, à cause du renversement violent de la monarchie le 10 août 1792 et des massacres de septembre.
Il semble alors évident d'opter pour l'année 1789. Ni le 20 juin, date du serment du Jeu de paume, ni le 5 mai, date d'ouverture des états généraux, ne sont retenus, cette assemblée étant considérée comme un outil de la monarchie. Une grande partie du monde politique se prononce en faveur du 4 août, date à laquelle les privilèges ancestraux ont été abolis grâce à l'intervention de certains membres de la noblesse et du clergé. Néanmoins, si les privilèges n'étaient plus le fondement de l'organisation sociale en France, l'unification de la nation n'était pas faite pour autant. Le 26 août, date de la Déclaration des droits de l'homme et du citoyen, ne remporte pas non plus les faveurs des politiques. Le 14 juillet entre alors dans le débat. Mais s'il devient jour de fête nationale, ce n'est pas uniquement par élimination ! Vous le verrez page suivante.

Mardi **14 juillet**

Fête Nationale On fête aussi les Camille, Caméron

« Quand on entend ce qu'une jolie femme dit, c'est qu'elle n'est pas vraiment jolie. »
Marcel Achard

C'est arrivé le…

14 juillet 1964

Jacques Anquetil devient le premier coureur cycliste à remporter cinq fois le Tour de France. Déjà vainqueur en 1957, 1961, 1962 et 1963, il récidive à l'arrivée au parc des Princes après avoir endossé le maillot jaune depuis la 17e étape, à Bayonne. Après lui, seuls Eddy Merckx, Bernard Hinault et Miguel Indurain réussiront cette performance.

Mon truc en +

Des ustensiles de cuisine toujours propres

Avant d'utiliser pour la première fois vos ustensiles de cuisine, faites-les tremper dans du vinaigre de cidre, puis laissez-les sécher. Le vinaigre de cidre empêchera que l'odeur des aliments ne les imprègne.

Le 14 juillet 1789 ne célèbre pas la Révolution !

Vous pensez tous que le 14-Juillet célèbre la prise de la Bastille et la révolution de 1789 ? Eh bien, c'est faux. Le 14-Juillet fête la Fédération, c'est-à-dire l'union de la nation.

Après que La Fayette eut été nommé commandant de la garde parisienne par Louis XVI – le 15 juillet 1789 – de nombreux Parisiens se regroupèrent en milices sur le modèle de la garde parisienne, afin d'assurer la sécurité des citoyens et de lutter contre les mouvements populaires. Dès le mois d'août 1789, des fédérations locales et régionales se constituèrent sur le même modèle dans toute la France. Au vu de ces rassemblements spontanés, La Fayette proposa l'organisation d'une fête nationale à l'occasion du premier anniversaire de la prise de la Bastille, afin de célébrer cette fédération. L'Assemblée constituante accepta la proposition, souhaitant que le 14-Juillet montre l'unité du peuple français.

Le premier anniversaire du 14-Juillet fut organisé sur le Champ-de-Mars, où un cirque antique d'une capacité d'environ cent mille places fut installé. Les représentants de tous les groupes sociaux participèrent à la préparation des festivités. Le roi lui-même y aurait assisté.

Le 14 juillet 1790, des fédérés venus de toute la France défilèrent à travers Paris munis de leurs drapeaux. La Fayette prononça le serment de la Garde nationale au nom des gardes fédérés, et promit d'être fidèle à la nation, au roi et à la loi. Le président de l'Assemblée constituante prêta serment au nom des députés et des électeurs. Enfin, Louis XVI s'engagea à respecter la constitution et à l'appliquer. Le projet de loi concernant la consécration du 14-Juillet en tant que fête nationale est déposé le 21 mai 1880, adopté par la Chambre des députés le 8 juin, puis par le Sénat le 29 juin. La loi est promulguée le 6 juillet 1880.

@çagazouille :

©Twitter

#MaladieMovie

- Trois oreilles et un acouphène
- Nos plus belles apnées
- La cécité des dieux
- L'inspecteur Arthrite
- Trois lymphomes à abattre
- Pirates des hémorroïdes

Pour rire

Un septuagénaire est marié à une jeune et jolie femme. Ses amis lui disent qu'il a pris des risques.
– Oh ! À mon âge, on n'est pas cocu… on est secondé !

Sudoku

DIFFICILE

			8	7				4
	9	8			5			6
	7							
4	5		1			6		
		6	3	2	7	9		
		9			4		1	8
							5	
9			7			2	3	
2				1	9			

Complétez le grand carré de façon à placer tous les chiffres de 1 à 9 sur chaque ligne horizontale, sur chaque colonne et dans chaque petit carré de 9 cases.

Solution page 220

Mercredi **15 juillet**

Saint Donald On fête aussi les Angélina

Le soleil se lève à **06 h 05** *et se couche à* **21 h 48**

MOTS FLÉCHÉS

Longue chenille
Graisse
Flacon
Vipère
Eux
Poème
Gonfle ments
Décrets russes
Ukraine
Dispose
Cet
Soleil Inca
Hurle
Muscle
Retraite
Sans hésiter
Presque Russe
Explosif
Vide ordure
Réfute
Et le reste
Sultanat
Finance
Singer
Commu nes
Tsar ou Président
Arbre d'ornement
Mariée
Dégoût
Lisse et brillant
Affaires
Les espions y ont l'oeil
Alarme
Fin de journée
Instrument corse
Vire
Déviation
Roi de la garrigue
Légume
Endort
Dédain
Achat
Caractère japonais
de Pâques
Vérifiait
Trainée Lumineuse
Contemple
Distant
Flancher
Eplorée
Bâton royal
Bout de patte
Objectif
Polypro pylene
Barbecue
Autorisa
Mollusque
Blocage
Red pour les jeunes
Récurais
Parfois francs
Fromage
Lui
Liquide gras
Sous Sol
Petit Chamois
Virage glissant
Petit fou
Usée

Solution page 221

« Personne ne se soucie de bien vivre, mais de vivre longtemps, alors que tous peuvent se donner le bonheur de bien vivre, aucun de vivre longtemps. »

Sénèque

C'est arrivé le…

16 juillet 1965

Le tunnel du Mont-Blanc est inauguré par les présidents français et italien Charles de Gaulle et Giuseppe Saragat. Ouvert à la circulation trois jours plus tard, il a nécessité six années de travaux. Traversant le massif du Mont-Blanc, il relie Chamonix à Courmayeur et mesure 11,6 km de long, ce qui en fait le tunnel le plus long au monde au moment de son ouverture.

14 juillet : « Rien »

Votre prof d'histoire vous a peut-être dit un jour que le 14 juillet 1789, alors que la Révolution grondait à la Bastille, Louis XVI avait écrit dans son journal intime un simple mot : « rien ». Comme s'il n'avait accordé aucun intérêt à son pays et qu'il ne s'était rien passé. Ce « rien », inscrit dans ses notes personnelles, ne faisait pourtant pas écho aux événements insurrectionnels, mais tout simplement à un retour, bredouille, d'une partie de chasse organisée à Versailles ce jour-là. Un « rien » que l'on retrouve d'ailleurs annoté à différentes dates, preuve sans doute que notre roi était un piètre chasseur. Le 14 juillet, Louis XVI n'avait donc pris ou tué aucun gibier.

Pour rire

– Les locataires du cinquième sont impossibles. Hier, ils ont frappé du pied sur le plancher pendant une demi-heure.
– Ils vous ont réveillé ?
– Non, heureusement ! À cette heure-là, je jouais de la trompette !

Foi de footeux : les grosses têtes

- Qui aurait pu deviner qu'un jour j'allais devenir le meilleur footballeur français ? (*Marcel Desailly*)
- Ronaldinho est un plus grand joueur que moi… de 3 cm. (*Pelé*)
- Maradona *good*, Pelé excellent *and* Georges… *best*. (*George Best*)
- Il ne sait pas tirer du pied gauche, il ne sait pas faire une tête, il ne sait pas tacler et ne marque pas beaucoup de buts. À part ça, il est pas mal… (*George Best, à propos de David Beckham*)
- Zinédine Zidane, c'est le leader de l'équipe. Par sa présence, il dégage un truc incroyable. C'est la même chose pour Thuram ou moi. (*Marcel Desailly*)
- L'équipe de France est aussi importante pour moi que je suis important pour l'équipe de France. (*Youri Djorkaeff*)
- Seulement trois personnes ont rendu silencieux Maracanã avec 200 000 spectateurs : le pape, Frank Sinatra et moi. (*Alcides Ghiggia*)
- À l'époque, si j'avais eu le choix entre enfoncer quatre défenseurs de Liverpool, puis planter un but dans la lucarne ou en caser un dans les cages de miss Monde, j'aurais eu du mal à me décider. Par chance, les deux me sont arrivés ! (*George Best*)
- J'ai lu qu'on était un orchestre de bal musette et qu'on allait rencontrer un orchestre symphonique de la Scala de Milan. Ben finalement, à l'accordéon, on se démerde pas mal. (*Bernard Tapie*)

Vendredi 17 juillet

Sainte Charlotte On fête aussi les Alexia, Carla, Caroline

Le soleil se lève à **06 h 07** et se couche à **21 h 46**

« La vieillesse n'est pas une question d'âge, mais bien plus une façon de regarder les autres. »

Alice Parizeau

C'est arrivé le…

17 juillet 1955

Walt Disney inaugure son premier Disneyland, en Californie. Situé au sud de Los Angeles, le parc a été construit en moins de deux ans. Dès 1956, le parc accueille 4 millions de visiteurs par an ; ils seront près de 15 millions en 2008. Par la suite, d'autres parcs Disney verront le jour dans le monde, notamment à Paris et à Tokyo.

Esprit d'antan

L'illustre compositeur Reyer avait l'esprit de repartie plutôt primesautier. Un jour, une jeune artiste venait de chanter devant lui l'air des Colombes dans *Salammbô*. Elle était toute tremblante d'émoi.
– Oh, maître, que j'ai eu peur !
– Pas tant que moi, mon enfant !

Mon truc en +

Anticalcaire

L'eau s'écoule à peine de votre pomme de douche : elle est pleine de calcaire ! Dévissez la pomme et brossez-la avec une solution d'eau et de vinaigre blanc de façon à en retirer un maximum. Ensuite, trempez-la dans un récipient de vinaigre chaud. Laissez agir toute la nuit. S'il vous est impossible de la dévisser, il suffit de fixer un sac en plastique rempli de vinaigre autour – procédé utilisable pour les robinets. Laissez agir une heure, retirez le sac et faites couler l'eau pour rincer. Versez aussi un verre de vinaigre par semaine dans vos canalisations, et laissez agir 20 minutes avant de faire couler l'eau du robinet.

On attend le marchand de sable

« Les technocrates, si on leur donnait le Sahara, dans cinq ans, il faudrait qu'ils achètent du sable ailleurs. » Coluche était-il visionnaire lorsqu'il amusait la France des années 1980 avec cette phrase tirée d'un de ses sketchs ? Toujours est-il qu'aujourd'hui, de nombreux scientifiques et ONG posent ce constat alarmant : à la fin du XXIe siècle, toutes les plages auront disparu. Tout cela parce que le sable est devenu la ressource naturelle la plus consommée sur la planète, après l'eau. Alimentation, cosmétiques, détergents, plastiques, peintures, mais aussi ordinateurs, mobiles et cartes bancaires ne pourraient exister sans lui – sans parler du béton armé, composé de deux tiers de sable et employé dans deux tiers des ouvrages construits dans le monde. Plus de 15 milliards de tonnes de sable sont utilisées chaque année, soit environ 2 tonnes par an et par personne.

Mais pourquoi le sable des plages plus qu'un autre ? Tout bonnement parce que le sable des déserts est impropre à la construction et que celui des rivières et des carrières a aujourd'hui été surexploité. Il a bien fallu se tourner vers la mer. À tel point que Dubaï, pour accomplir ses projets pharaoniques de création d'îles, a finalement dû importer du sable… d'Australie. Il représente un volume d'échanges internationaux de 70 milliards de dollars par an, mais aussi la perspective d'un drame écologique (protection des côtes et équilibre des écosystèmes marins), social et humain sans précédent, qui pourrait mener à la disparition totale des plages du monde. Petit à petit, les appétits économiques ont déjà grignoté au moins 75 % des plages. Pour prendre conscience en chiffres de l'ampleur des dégâts, lisez la page ci-contre.

– Ok, fillette, je le dompte et je te le laisse, ça va ?

Infos en séries… TV

Les producteurs donnèrent à Roger Moore le choix de la co-star qui allait partager *Amicalement vôtre* avec lui. Ils lui proposèrent trois noms : Rock Hudson, Glenn Flord et Tony Curtis. Roger Moore opta pour ce dernier, qui faillit bien ne pas connaître l'aventure. En effet, à son arrivée à l'aéroport britannique d'Heathrow, Tony Curtis fut arrêté pour possession de marijuana. Déjà dans son rôle du *bad boy* Danny Wilde ?

« *On devrait toujours être amoureux. C'est la raison pour laquelle on ne devrait jamais se marier.* »

Oscar Wilde

C'est arrivé le…

18 juillet 1925

Première parution du livre *Mein Kampf*, d'Adolf Hitler. Emprisonné à la suite d'un coup d'État manqué, Hitler en profite pour rédiger cet ouvrage mélangeant autobiographie, manifeste politique et document historique. *Mein Kampf*, qui signifie *Mon combat*, deviendra une référence politique dans les années 1930.

Quiz Philo

À quelle notion renvoie la formule : tout effet a une cause, les mêmes causes produisant les mêmes effets ?

- ❑ **1. Le matérialisme**
- ❑ 2. Le déterminisme
- ❑ **3. L'empirisme**

Réponse

Réponse 2

– C'est vous, l'andouille ?

Indispen… sable

Il faut 200 tonnes de sable pour construire une maison de taille moyenne.
Chaque kilomètre d'autoroute nécessite au moins 30 000 tonnes de sable.
Entre 75 et 90 % des plages de la planète sont aujourd'hui menacées de disparition.
Si on ne fait rien d'ici 2100, les plages du monde auront disparu.
À Dubaï, la presqu'île artificielle proclamée « huitième merveille du monde » a ingurgité près de 150 millions de tonnes de sable pompé au large des côtes de Dubaï.
L'existence même de Singapour dépend de ses importations de sable. Sa superficie s'est agrandie de 20 %, ces quarante dernières années.
Au Maroc, le sable volé représente à ce jour aux alentours de 40 % à 45 % des prélèvements.
En Floride, 9 plages sur 10 sont en voie de disparition.
Aux Maldives, l'extraction de sable liée à la montée des eaux a déjà entraîné l'évacuation de 120 îles.
L'Espagne détient le record du pays qui a utilisé le plus de sable en Europe… pour rien. 30 % des habitations construites depuis 1996 sont inoccupées.

En forme !

Buvez avant d'avoir soif ! Notre corps ne possédant pas de grandes réserves d'eau, celle-ci s'épuise très rapidement. Or trop souvent, nous attendons d'avoir soif pour boire. Malheureusement, il est trop tard lorsque cette sensation apparaît : le manque d'eau est déjà avéré. Le volume hydrique étant descendu en dessous d'un certain seuil, le cerveau a libéré une hormone appelée « vasopressine », qui a envoyé ce signal d'alarme de la soif, indiquant que l'organisme est déshydraté et qu'il a besoin d'eau. Alors prenez un grand verre d'eau dès le matin, au lever. Continuez ensuite tout au long de la journée. Certains médecins conseillent de boire six à huit verres d'eau par jour, d'autres un verre toutes les heures. Gardez une bouteille dans votre sac, ou une dans chaque pièce.

Le soleil se lève à **06 h 09** *et se couche à* **21 h 44**

« La santé par-dessus tout l'emporte sur les biens extérieurs. »

Arthur Schopenhauer

C'est arrivé le…

19 juillet 1900

Le métro parisien est mis en service à l'occasion de l'Exposition universelle de 1900 et des jeux Olympiques la même année. La première ligne ouverte relie la porte Maillot, à l'ouest de Paris, à la porte de Vincennes, à l'est. Elle est utilisée dès le 19 juillet pour desservir les épreuves olympiques qui se déroulent au bois de Vincennes.

LU DANS LA PRESSE

Gérard Leclerc, directeur de LCP, qui fait une remarque sur le bouclier fiscal, est rembarré comme s'il n'était que le porte voie de Martine Aubry. (*Marianne2*)

Nous aussi, on en reste sans voix…

La banderole a été arrachée à deux reprises par des individus qui ont collé à la place des étoiles rouges et des symboles du marteau et de fossile. *(L'Écho de la Presqu'île)*

La faucille, c'est de la préhistoire…

Quiz SÉRIES

1. Qui a effectué ses débuts dans la série *Un flic dans la mafia* (1987-1990)

❑ A/ Kevin Spacey
❑ B/ Brad Pitt
❑ C/ Leonardo di Caprio

2. L'action de *FBI : portés disparus* (2002-2009) se situe à New York, mais la série a été tournée à Los Angeles. Comment les Américains s'en sont-ils rendu compte à l'écran ?

❑ A/ Il fait toujours beau dans la série.
❑ B/ Les panneaux signalétiques des rues sont bleus et non verts comme à New York.
❑ C/ C'est précisé dans le générique !

3. Bruce Willis fit ses débuts dans une série :

❑ A/ *Drôles de dames* (1976-1981)
❑ B/ *Clair de lune* (1985-1989)
❑ C/ *Chips* (1977-1983)

4. Qui fut la première partenaire de John Steed dans *Chapeau melon et bottes de cuir* (1961-1969) ?

❑ A/ Honor Blackman
❑ B/ Diana Rigg
❑ C/ Linda Thorson

5. Avant de devenir un grand réalisateur, Ron Howard (*Da Vinci Code, Apollo 13, Le Grinch…*) fut la vedette d'une série télé :

❑ A/ *La Petite Maison dans la prairie* (1974-1983)
❑ B/ *Happy Days* (1974-1984)
❑ C/ *MASH* (1972-1983)

6. Combien de téléspectateurs ont-ils suivi le dernier épisode de la série *MASH* (1972-1983) :

❑ A/ 92 millions
❑ B/ 104 millions
❑ C/ 125 millions

Réponses le 23 juillet

« Il est une qualité que nul enfant ne porte en soi en naissant, quoique tout en dépende pour faire de lui un homme sous tous les rapports : c'est la déférence. »

Goethe

C'est arrivé le…

20 juillet 1945

Paul Valéry s'éteint à l'âge de 73 ans. Pendant l'Occupation, l'écrivain avait prononcé l'éloge funèbre du philosophe juif Henri Bergson, ce qui lui avait fait perdre son poste de secrétaire de l'Académie française. Son refus de la collaboration lui vaut des funérailles nationales avant qu'il soit enterré au cimetière marin de Sète, sa ville natale.

Recette

CLAFOUTIS AUX ABRICOTS

Pour 6 personnes :

- 800 g d'abricots
- 4 œufs
- 100 g de farine
- 150 g de sucre en poudre
- 60 g de beurre
- 1/3 l de lait
- sucre vanillé

Préchauffez votre four à 200 °C. Beurrez un plat à gratin et saupoudrez le fond d'une cuillère à soupe de sucre en poudre. Lavez et coupez en deux vos abricots. Dénoyautez-les et déposez-les dans le fond du plat. Battez les œufs dans un récipient, puis ajoutez-y la farine, le sucre et le lait. Incorporez ensuite le beurre préalablement fondu et un peu de sucre vanillé. Versez votre préparation dans le plat et enfournez-le pour 40 minutes de cuisson. Servez le clafoutis tiède ou froid dans le plat de cuisson.

HISTOIRE, HISTOIRES…

Initié à la fin du XIXe siècle, le défilé militaire n'a pas toujours eu lieu sur les Champs-Élysées. En 1880, la première parade se tient sur l'hippodrome de Longchamp, et ce jusqu'en 1914. Ce n'est qu'à la fin de la Première Guerre mondiale que le défilé migre sur l'avenue des Champs-Élysées. Interrompu en 1940, il faudra attendre 1945 pour que le premier défilé d'après la Libération se déroule, cette fois, à la Bastille. Mais les troupes descendent tout de même les Champs-Élysées. En 1974, Valéry Giscard d'Estaing (président de la République de 1974 à 1981) décide de déplacer le défilé dans Paris chaque année.

1974 : Bastille à République
1975 : Cours de Vincennes
1976 : Champs-Élysées
1977 : École militaire
1978 : Champs-Élysées
1979 : République à Bastille
1980 : Champs-Élysées

Depuis la présidence de François Mitterrand, en 1981, le défilé militaire du 14-Juillet a définitivement repris sa place sur les Champs-Élysées.

– Je crois que vous êtes crevé à l'arrière !

En forme !

L'eau, alliée du sportif. Tout travail musculaire produit de la chaleur, que l'organisme doit gérer. Il y parvient en utilisant un système de refroidissement très efficace : la sudation. Mais si cette perte d'eau n'est pas compensée, elle peut être redoutable pour les muscles, les tendons, etc. Déshydratés, ils deviennent moins souples et leurs fibres risquent de casser (tendinites, claquages, déchirures musculaires…). Pire encore, une déshydratation est susceptible de provoquer des problèmes cardio-vasculaires. Alors buvez avant, pendant et après l'effort.

– Avant, afin que les réserves en eau et en nutriments soient suffisantes pour que le corps puisse produire son effort.

– Pendant, pour réduire le risque de déshydratation : ingérez environ 150 à 200 ml toutes les 20 minutes.

– Après, pour faciliter la récupération et l'élimination de l'acide lactique.

Enfin, l'écart de poids relevé entre le début et la fin de la séance n'indique pas les grammes ou les kilos perdus… mais renseigne précisément sur le déficit hydrique.

Mardi **21 juillet**

Saint Victor On fête aussi les Daniel, Julie

Le soleil se lève à **06 h 11** *et se couche à* **21 h 42**

« Dans la vengeance et dans l'amour, la femme est plus barbare. »

Nietzsche

C'est arrivé le…

21 juillet 1960

Sirimavo Bandaranaike devient la première femme à occuper le poste de Premier ministre dans l'histoire contemporaine. Épouse de Salomon Bandaranaike, qui avait fondé le parti nationaliste Sri Lanka Freedom Party, elle avait pris la tête du parti en 1959 après l'assassinat de son mari. Elle est élue à la tête du gouvernement du Sri Lanka – alors encore dénommé Ceylan – à l'âge de 44 ans.

Bravo la police !

- Soudain, la voiture recula pour mieux avancer.
- Le pendu est mort noyé.
- Cinq des trois suspects ont été relâchés.
- L'homme nous raconta toute la vérité qui n'était en fait qu'un tissu de mensonges.
- Ivre au milieu de la rue principale du village, l'homme nous a traités de sales flics, ignorant que nous étions des agents de police.
- Si nos policiers n'étaient pas intervenus, le viol n'aurait sûrement jamais eu lieu.

Sudoku

Solution de la page 213

6	3	2	8	7	1	5	9	4
1	9	8	2	4	5	3	7	6
5	7	4	9	6	3	1	8	2
4	5	7	1	9	8	6	2	3
8	1	6	3	2	7	9	4	5
3	2	9	6	5	4	7	1	8
7	6	1	4	3	2	8	5	9
9	4	5	7	8	6	2	3	1
2	8	3	5	1	9	4	6	7

Paris-Brest, des routes goudronnées aux pâtisseries

Pâtisserie en forme de couronne, le Paris-Brest est composé d'une pâte à choux fourrée à la crème mousseline pralinée et couverte d'amandes effilées. Si le rapport entre les deux villes et ce petit gâteau ne paraît pas évident au premier abord, il a pourtant bien une signification.

C'est Pierre Giffard, reporter au *Petit Journal* et passionné par la bicyclette, qui décida de populariser le deux-roues au travers d'un petit gâteau en 1910. Pour cela, il fit appel à Louis Durand, pâtissier au château de Maisons-Laffitte (Yvelines). Les deux hommes se mirent d'accord et décidèrent de rendre hommage à la course à vélo que Giffard venait de créer quelques années auparavant, en 1891 : Paris-Brest-Paris, un parcours à bicyclette de 1 200 km. Le Paris-Brest vit ainsi le jour en 1910, sa forme circulaire n'étant pas sans rappeler celle de la roue du fameux deux-roues. Comble de la perfection, la pâtisserie disposait même à l'époque de rayons en pâte à pain. Si la course cycliste n'existe plus depuis 1951, le Paris-Brest, lui, est toujours l'une des pâtisseries les plus appréciées de l'Hexagone.

Ça c'est fait… divers

Une vache, ça pète. Et beaucoup. Imaginez qu'un seul animal émet quelque 300 kg de méthane chaque jour, soit assez d'énergie en une semaine pour faire rouler une voiture sur 100 km. La comparaison n'est pas anodine, puisque des scientifiques argentins de l'Institut national de technologie agricole (Inta) se sont mis en tête de transformer les éructations de vache en carburant. Et ils ont réussi cette prouesse en pompant les gaz digestifs des bovins pour en isoler le méthane, principal composant du gaz naturel. Capturées dans la panse de l'animal à l'aide d'un système de canules, les flatulences sont stockées dans un réservoir en plastique accroché au dos du ruminant. Le méthane recueilli est séparé des autres gaz, puis comprimé. Il peut alors servir de carburant automobile. Les gaz produits en une journée peuvent aussi faire fonctionner un frigo de 100 litres durant 24 heures.

Mercredi 22 juillet

Sainte Marie-Madeleine On fête aussi les Magda, Madelon

« Vie… illir. La vie qui s'étire tristement. »

Michèle Mailhot

C'est arrivé le…

22 juillet 1916

Naissance du boxeur Marcel Cerdan à Sidi Bel Abbès, en Algérie. Arrivé en France au début des années 1940, il devient champion de France, puis du monde, des poids moyens en 1948. L'année suivante, il perd la vie dans un accident d'avion alors qu'il se rend à New York pour y retrouver sa compagne Édith Piaf et affronter Jake LaMotta, qui lui a pris son titre quelques mois plus tôt, au Madison Square Garden.

Mon truc en +

Lait et chocolat

Vous ne savez plus comment faire disparaître les taches de chocolat sur les vêtements de vos enfants ou la nappe de votre table ? Le lait est la solution. Appliquez-en un peu sur la tache, frottez consciencieusement, puis passez le tissu à la machine à laver.

Cours après moi… si tu peux

D'après les résultats d'une vaste étude menée par l'American Heart Association, nos adolescents courent moins longtemps aujourd'hui que leurs parents au même âge. L'endurance des préadolescents et des adolescents – filles ou garçons – aurait ainsi diminué de 5 % en moyenne en 46 ans. Les chercheurs ont collecté des données dans 28 pays entre 1964 et 2010 et analysé plus de 50 études sur la forme physique en lien avec la course à pied. Elles concernaient plus de 25 millions d'enfants âgés de 9 à 17 ans. Plus généralement, leur état de forme est environ 15 % moins bon que celui de leurs parents au même âge. Enfin, sur une course de 800 m, ils sont plus lents d'environ une minute et demie que leurs homologues d'il y a 30 ans. Selon Grant Tomkinson, l'un des chercheurs, cette baisse s'explique par des facteurs sociaux, comportementaux, psychosociaux et physiologiques, mais aussi par l'augmentation de la masse de graisse corporelle, en d'autres mots l'obésité.

– Ce ne sont pas mes relations, mais mon allure saisissante de réalisme qui m'a permis d'être ici ce soir !

Mots fléchés

Solution de la page 214

	A		F		I		E		U		C	
G	R	A	I	L	L	O	N		K	I	E	V
	P	S	O	A	S		F	R	A	N	C	O
R	E	P	L	I		P	L	A	S	T	I	C
	N	I	E		B	R	U	N	E	I		I
E	T	C		B	O	U	R	G	S		I	F
	E		N	A	U	S	E	E		M	M	E
B	U	S	I	N	E	S	S		S	O	I	R
	S	A	C	Q	U	E		C	I	S	T	E
D	E	T	O	U	R		B	E	R	C	E	
		I	L	E		M	E	T	E	O	R	E
K	A	N	A		R	E	T	E	N	U		M
	P		S	C	E	P	T	R	E		P	P
B	U	T		A	G	R	E	A		G	E	L
	R	A	C	L	A	I	S		B	R	I	E
P	A	R	L	E	R	S		S	U	I	N	T
	I	S	A	R	D		F	O	L	L	E	T
S	T	E	M		E	C	A	I	L	L	E	E

Allô, Docteur?

Il paraît qu'il existe aussi du bon stress

Par nature, le stress n'est ni bon, ni mauvais, c'est juste l'équilibre entre la réaction de l'organisme et la situation à régler qui le rend bénéfique ou néfaste pour la santé physique et mentale. Souvent, le stress est profitable : il nous alerte et déclenche naturellement des mécanismes indispensables de défense face à une agression, en mobilisant tout l'organisme de façon à régler les conflits ou les soucis de la vie quotidienne. Le stress est même parfois nécessaire à la réussite (entretiens d'embauche, examens…) : il rend attentif, vigilant, motivé, concentré, créatif ou tout du moins réactif, développe les capacités intellectuelles et physiques et favorise la maîtrise des émotions et le dépassement de soi. Vouloir s'en débarrasser à tout prix est donc une aberration. Encore faut-il veiller à le canaliser et à le réguler.

Jeudi 23 juillet

Sainte Brigitte On fête aussi les Roma, Romula

Le soleil se lève à **06 h 14** *et se couche à* **21 h 40**

« *Les idées politiques, ce sont celles qu'adoptent les gens qui n'ont pas d'idées à eux.* »

Frédéric Dard

C'est arrivé le…

23 juillet 1995

Miguel Indurain devient le premier coureur à remporter le Tour de France cycliste cinq années consécutives. Si Anquetil, Merckx et Hinault l'avaient remporté à cinq reprises eux aussi, l'Espagnol de l'équipe Banesto est le seul à régner sans partage pendant une demi-décennie.

Réponse Quiz du 19 juillet

1A ; 2B ; 3B : Après une apparition dans un épisode de *Deux flics à Miami* en 1984, Bruce Willis est sélectionné parmi les derniers d'un casting de 3 000 acteurs pour intégrer *Clair de lune*, dans le rôle de David Addison Jr, aux côtés de la belle Cybill Shepherd. Il y tient la vedette pendant 66 épisodes, de 1985 à 1989, décroche le Golden Globe et l'Emmy Award du meilleur acteur en 1987 et devient le héros de Piège de cristal (Die Hard) en 1988 ; 4A : Honor Blackman, alias Cathy Gale, joua dans 43 épisodes aux côtés de Patrick Macnee (Steed) entre 1962 et 1964. Elle fut remplacée par Diana Rigg, la célèbre Emma Peel (51 épisodes entre 1965 et 1968), puis par Linda Thorson (Tara King), qui participa à 33 épisodes entre 1968 et 1969 ; 5B ; 6C.

Vermot'roscope

LION 23 juillet - 22 août

Amour

Si les natifs du signe ont plutôt une image de sage, attendez-vous tout de même à ce que certains penchants naturels bien enfouis ressurgissent pour inciter à du vrai changement. Terminé, la monotonie ! Mais à vous de faire le tri entre ce qui n'est qu'impulsions sans fondements et ce qui représente vos envies profondes, afin de renforcer votre couple… ou de le faire exploser. Car la passion guette. Et passion et raison ne font pas toujours bon ménage. Prenez un peu de recul dès le début de l'année pour faire le point, avant d'y être éventuellement obligé. Être heureux en amour, ça se construit ! De toute façon, quoi qu'il arrive par la suite, ça ne fait jamais de mal de dresser un petit bilan sentimental, et de nombreux couples seront très heureux de l'avoir fait. Au point même d'envisager une étape supplémentaire (mariage, bébé…). Si vous êtes célibataire, ouvrez bien les yeux : l'amour passera tout à côté de vous.

Travail

Tout deviendrait-il plus facile ? C'est en tout cas le sentiment que vous pourrez avoir, tant les améliorations au niveau professionnel seront notables, en particulier dans les relations avec vos collègues ou la hiérarchie. C'est le moment de vous impliquer davantage dans votre travail, sans brider vos idées ou envies – mais sans vous emballer inconsidérément, toutefois. Et l'occasion, aussi, d'associer vos compétences à celles d'autres partenaires pour mener à bien vos projets. Comme vous aurez besoin de changement en 2015, tout cela tombe plutôt bien. Des réussites sont à la clé. Maintenant, cela ne dépend plus que de vous, de votre talent et de votre créativité.

Santé

Tout va bien ! Vous êtes plutôt en bonne santé et vous devriez le rester, à condition de prêter un minimum attention à votre hygiène de vie. Les petits plaisirs ne sont pas interdits – bien au contraire, c'est bon pour le moral –, mais n'oubliez pas de vous détendre, de faire un peu d'activité physique et de vous reposer pour mieux affronter les périodes plus actives qui ne manqueront pas d'arriver. Et puis cela fera du bien à votre nature un peu anxieuse. Bref, prenez soin de vous !

Argent

La priorité, cette année, c'est l'équilibre financier. Et vous y arriverez, à condition de ne pas céder à vos pulsions devant les vitrines. Les planètes favoriseront également un enrichissement. Pas le gros lot du loto – et encore –, mais il ne coûtera rien de demander une augmentation de salaire, par exemple. Avec des chances de l'obtenir. Le mot d'ordre en 2015 reste : soyez raisonnable et tout ira bien.

ÇA ASSURE !

– Si je comprends bien, vous indemnisez l'autre automobiliste avec l'argent de ma cotisation. C'est trop facile d'habiller Paul quand on déshabille Pierre.

– Ma rue a changé d'adresse.

– Il faut dire à ma décharge que le poteau que j'ai buté était caché par l'invisibilité du brouillard.

« Un honnête homme qui se trompe répare sa faute. »
Albert Camus

C'est arrivé le…

24 juillet 1534

Jacques Cartier revendique la possession du Canada au nom du roi de France, François Ier. Arrivé à Terre-Neuve le 10 juin avec deux navires et une soixantaine d'hommes, l'explorateur prend contact avec la population autochtone avant d'atteindre Gaspé, qui donnera son nom à la région Gaspésie et sera à l'origine de la région du Québec, francophone.

Cocktail !

Vodka Martini

(short drink)

- 7 cl de vodka
- 1,5 cl de vermouth dry
- 1 olive verte ou un zeste de citron
- 5 glaçons

Mettez la vodka, le vermouth et les glaçons dans un verre à mélange, puis remuez pendant 10 secondes. Filtrez ensuite au-dessus d'un verre à martini à l'aide d'une passoire à glaçons. Terminez en ajoutant l'olive verte ou le zeste de citron dans le verre. Servez aussitôt.

Variante du dry martini, le vodka martini est le cocktail emblématique de la saga James Bond. *La boisson fait son apparition dès le premier épisode de la série,* James Bond contre Docteur No, *sorti en 1962. L'agent 007, interprété par Sean Connery, commande un vodka martini shaké, et non remué (« shaken, not stirred »). Ce qui pouvait être un sacrilège pour les puristes participera finalement à la renommée du cocktail.*

Régime « vergétarien »

Pas toujours facile, lorsqu'on voyage en Asie, de savoir ce que l'on commande à la lecture d'une carte de restaurant. Si vous allez en Chine, dans le restaurant de la chaîne Guolizhuang du chef Xiao Shan, mieux vaut lire le chinois couramment. Car ici, le chef a inventé un bouillon composé de pénis de cheval et d'organes génitaux divers, tels que phallus et testicules d'âne, de bouc, de chien, de taureau et de cerf, mais aussi des parties du bélier, du yak, du serpent et du phoque. Prix du potage : 200 dollars – le prix à payer pour ce régime « vergétarien », auquel on prête, en Asie, des vertus aphrodisiaques. Et « c'est bon pour la santé », affirme le cuisinier qui, à la fin du repas, vous offrira dans une petite boîte rouge le pénis du chien dont vous avez dégusté la viande, seul animal du breuvage doté d'un os pénien. Il indique aussi l'emplacement des toilettes après ?

– Pas le lit du haut, j'ai le vertige !

Oh ! tu sais pas ?

L'artiste américain Andy Warhol détient le record du plus long film sans dialogue. Tourné en juillet 1963 en noir et blanc, le film *Sleep* présente en temps réel le poète John Giorno en train de dormir. Le film devait durer environ 8 heures, c'est-à-dire la durée d'une nuit de sommeil habituelle, mais ne dure finalement « que » 5 heures environ. Pour l'anecdote, John Giorno était l'amant d'Andy Warhol. Le film *Sleep* a été présenté pour la première fois à New York en janvier 1964 : seuls 9 spectateurs étaient là, et deux seraient partis dès la première heure du film.

Pour rire

Un homme est transporté aux urgences à l'hôpital avec les deux oreilles sérieusement brûlées.

– Comment est-ce arrivé ?, lui demande le médecin de service.

– Figurez-vous que j'étais en train de repasser une chemise, et voilà que le téléphone a sonné. Alors machinalement, j'ai porté le fer à mon oreille et j'ai fait : « Allô ! »

– D'accord pour l'oreille droite, je comprends, mais l'autre ?

– L'autre, c'est quand j'ai voulu appeler l'ambulance.

Samedi 25 juillet

Saint Jacques le Majeur On fête aussi les Christophe, Clifford

Le soleil se lève à **06 h 16** *et se couche à* **21 h 38**

« *L'homme fort dit : je suis. Et il a raison. Il est. L'homme médiocre dit également : je suis. Et lui aussi a raison. Il suit.* »

Victor Hugo

C'est arrivé le…

25 juillet 2000

Le Concorde censé rallier Paris à New York pour la compagnie Air France s'écrase moins de deux minutes après son décollage, sur un hôtel de Gonesse. L'accident fait 113 morts parmi les passagers, les membres d'équipage et les employés de l'hôtel. L'enquête conclut que l'accident serait dû à l'éclatement d'un pneu au décollage.

Poulettes ou fliquettes ?

S'il est aujourd'hui courant de voir des femmes fonctionnaires de police – non, on ne les appelle pas les poulettes –, ce n'est que tout récemment qu'on leur a ouvert les portes de la profession. En 1966, quelques femmes sont intégrées aux services actifs par la voie du concours d'officier de police. Recrutées, dans un premier temps, pour des missions liées à la protection de l'enfance, elles voient cette restriction disparaître avec l'accès à tous les postes ouverts au concours d'inspecteur de police (anciennement officier de police) en 1972, de commissaire de police en 1974, de gardien de la paix en 1978 et d'officier de paix en 1982.

Astuce *Jardin* : Le liège pour les fruits abîmés

Pour éviter que vos fruits ne s'abîment trop rapidement, disposez au fond de leur corbeille quelques bouchons de liège. Ces derniers retiendront l'humidité et empêcheront vos fruits de moisir.

Fallait pas l'inventer… Thomas Midgley

Thomas Midgley, né en 1889 et décédé en 1944, eut la malchance de vivre longtemps dans la peau de « l'homme responsable du plus de décès au monde ». Pas étonnant lorsqu'on sait que ses inventions ne sont autres que l'essence au plomb et les chlorofluorocarbones, les fameux CFC. Évidemment, à force de manipuler ces produits dont on ignorait la nocivité à l'époque de leur invention, Thomas s'empoisonna et contracta la poliomyélite. Handicapé et mis à la retraite forcée en 1940, Thomas Midgley n'en fut pas abattu pour autant. Pour rendre plus agréable son quotidien, il imagina un système de harnais, de poulies et de cordes qui lui permettait de sortir de son lit et d'y entrer. Une invention salutaire… Mais le 2 novembre 1944, Thomas Midgley fut retrouvé mort sur son lit… étranglé par le système de cordes dans lequel il s'était sans doute pris les pieds accidentellement. Une double victime de ses propres inventions. Il faudra attendre le début des années 2000 pour que le carburant au plomb soit retiré du marché.

Recette

LÉGUMES À LA GRECQUE

Pour 6 personnes :

- 10 cl d'huile d'olive
- 1 verre de vin blanc sec
- 1 cuillère à soupe de graines de coriandre
- 6 carottes
- 3 courgettes
- 2 poivrons
- 1 citron

Épluchez et lavez tous les légumes. Taillez carottes et courgettes en bâtonnets, les poivrons en lanières, le citron en lamelles. Portez à ébullition l'huile d'olive, le vin blanc et les graines de coriandre dans une sauteuse. Ajoutez le citron, les carottes et les courgettes. Laissez cuire 5 minutes et incorporez ensuite les poivrons. Laissez mijoter à couvert pendant 10 minutes. Les légumes doivent rester croquants. Réservez au minimum 4 heures dans le jus de cuisson au réfrigérateur. À manger froid en entrée ou avec une viande froide.

Le soleil se lève à **06 h 17** et se couche à **21 h 36**

Dimanche **26 juillet**

Sainte Anne et saint Joachim
On fête aussi les Annie, Roxane

« *Paresse : habitude prise de se reposer avant la fatigue.* »
Jules renard

C'est arrivé le…

26 juillet 1943

Mick Jagger naît à Dartford, en Angleterre. Chanteur, et acteur à ses heures, il a écrit, composé et interprété, avec Keith Richards, la plupart des titres des Rolling Stones. En décembre 2003, il est adoubé chevalier par le prince Charles, au nom de la reine.

Quiz FOOT

Combien de buts Zinédine Zidane a-t-il inscrits lors de sa première titularisation en équipe de France ?

- ❏ 1. Aucun
- ❏ 2. Un
- ❏ 3. Deux

Réponse

Réponse 3 : Zidane a inscrit un doublé lors de sa première titularisation avec l'équipe A. La France était alors menée 2-0 par la République tchèque. Endossant le numéro 14, le jeune prodige entre en jeu à la 63e minute à la place de Corentin Martins. Avec les deux buts qu'il marque coup sur coup, Zinédine Zidane permet à la France d'arracher le match nul, et à lui de lancer sa formidable carrière internationale.

Le loto, c'est de la merde !

À Favières-en-Brie, le bar-tabac PMU du coin ne fait jamais recette lors des cagnottes du loto. Et pour cause, là-bas, le loto se joue debout, à l'extérieur et avec… une vache. Le principe est simple et clairement réglementé. Il suffit d'un champ et d'une vache. « Avant le début du jeu, explique son organisateur, le bovin est conduit au centre de l'aire quadrillée sur une zone neutre (800 kg de plâtre, tout de même). Un décompte de 15 secondes est lancé avant que le départ du jeu ne soit homologué. Lorsque le bovin fait sa ou ses bouses, le numéro de la case sur laquelle elle se situe est relevé et énoncé à haute voix par le commissaire. » Le premier loto, pour le moment prévu annuellement, a vu s'écouler les 2 000 tickets mis en vente 5 euros l'unité. Et si l'on n'y devient pas millionnaire, le banquet festif organisé avant le jeu et la convivialité régnant pendant l'opération valent bien tout l'or du monde.

- C'est le premier modèle de notre gamme "low cost" !

Maître de bonne compagnie

Ici, c'est chez moi ! (1)

Le marquage urinaire n'est pas uniquement le fait des mâles. Lorqu'elles sont en chaleur notamment, les femelles font de même. Le dépôt d'urine répond alors à un rituel immuable et ne peut être confondu avec de la malpropreté. Lorsqu'il délimite son territoire, le chat se tourne dos à l'objet à marquer et émet, queue bien haute, un jet d'urine à l'horizontale. Pour réduire ce phénomène, la castration reste la meilleure solution. Mais elle ne règle pas tous les problèmes.

Le soleil se lève à **06 h 19** *et se couche à* **21 h 35**

« Une dictature est un pays dans lequel on n'a pas besoin de passer toute une nuit devant son poste pour apprendre le résultat des élections. »

Georges Clemenceau

C'est arrivé le…

27 juillet 1990

Arrêt de la production de la 2 CV, voiture mythique de la marque Citroën. Produite depuis le 7 octobre 1948, la petite voiture populaire s'est vendue à plus de cinq millions d'exemplaires. Le dernier véhicule, achevé le 27 juillet à 16 h 30 dans l'usine portugaise de Mangualde, était destiné à Claude Herbert, le directeur de l'usine.

Pour rire

Dans une discothèque, un vieux beau blond appelle le barman et lui dit :

– La fille en rouge là-bas, apportez-lui un scotch de ma part.

– Comme vous voudrez, monsieur, mais je vous signale qu'elle est lesbienne…

Le barman sert la fille qui remercie d'un signe de tête. Alors le dragueur se lève, va vers elle avec son plus beau sourire ravageur et lui dit :

– Vous êtes d'où en Lesbie ?

Papy boom

En 2011, selon des chiffres de l'INSEE publiés fin 2013, la France (métropolitaine) comptait 8,9 millions de grands-mères et 6,2 millions de grands-pères, soit 15,1 millions de grands-parents. C'est 2,5 millions de plus qu'en 1999. Parmi les personnes âgées de 75 ans ou plus, une sur cinq n'est pas devenue grand-parent, soit parce qu'elle n'a pas eu d'enfant (14 %), soit parce que ses enfants n'en ont pas eu (6 %). Les femmes deviennent grands-mères à 54 ans en moyenne, et les hommes grands-pères à 56 ans. En 1998, l'âge moyen des nouvelles grands-mères était de 51,5 ans, et celui des nouveaux grands-pères de 53,5 ans, soit 2,5 ans de moins. À 56 ans, la moitié des personnes sont grands-parents, et c'est le cas des trois quarts des personnes de 65 ans. La proportion de grands-parents culmine à 80 % à l'âge de 70 ans. Après cet âge, peu de personnes deviennent grands-parents pour la première fois. Après 75 ans, les grands-parents ont en moyenne 5,2 petits-enfants.

Le Nord-Pas-de-Calais et la Lorraine sont les régions qui comptent le plus de grands-parents parmi les 75 ans ou plus (85 %), tandis que l'Île-de-France est celle qui en compte le moins (75 %). Quant aux petits-enfants, ils connaissent plus souvent leurs grands-mères que leurs grands-pères, et plus souvent leurs grands-parents maternels que paternels.

Enfin, une partie de la population n'a pas eu la chance de connaître ses petits-enfants. Deux enfants sur dix naissent après la mort de leur grand-père paternel.

GRÈVE DES CONDUCTEURS DE TRAINS

Maître de bonne compagnie

Ici, c'est chez moi ! (2)

Des écorces d'arbres lacérées, des accoudoirs de fauteuils griffés, des tapisseries en lambeaux… votre chat n'est pas un destructeur en puissance : il marque juste son territoire, visuellement mais aussi en y laissant une odeur que seuls les autres félins peuvent sentir, les phéromones. Ainsi, quand il vous piétine, l'animal vous considère comme faisant partie de son territoire. Et s'il se frotte contre vous, ce n'est pas toujours par tendresse ; il peut marquer son territoire grâce à ses joues et à la base de sa queue, capables de sécréter une odeur semblable à celle déposée lors des griffades. Un chat est possessif et jaloux, d'où cette nécessité pour lui de marquer sa propriété.

Le soleil se lève à **06 h 20** *et se couche à* **21 h 34**

Mardi **28 juillet**

Saint Samson On fête aussi les Carmélien, Botwin

« *L'art de la guerre est l'art de détruire les hommes, comme la politique est celui de les tromper.* »

D'Alembert

C'est arrivé le…

28 juillet 1985

Michel Audiard décède à l'âge de 65 ans dans sa maison de Dourdan, des suites d'un cancer. Scénariste et réalisateur de cinéma, il est principalement reconnu pour ses dialogues savoureux qui ont marqué le cinéma français. On lui doit notamment les répliques percutantes des films *Les Tontons flingueurs*, *Un singe en hiver*, *Les Barbouzes* ou *Le Professionnel*.

Mon truc en +

Prendre soin des parquets

***DÉTACHER.** Avant de cirer vos parquets, il est impératif d'en retirer les taches. Pour les taches de graisse, recouvrez-les de pétrole. Contre les taches d'encre, frottez avec du jus de citron et terminez l'opération par un coup de brosse de paille de fer avant de cirer. Contre les taches d'huile, employez un peu de trichloréthylène (à manier avec précaution), puis lavez votre parquet à l'eau chaude savonneuse. Rincez à l'eau légèrement javellisée.*

***ENTRETENIR.** Pour le sapin, mélangez de l'huile de lin et de la térébenthine. Frottez avec un chiffon de laine. Pour le chêne, enduisez-le de paraffine. Faites-la fondre d'abord au bain-marie, puis appliquez-la sur le parquet au pinceau. Non seulement la paraffine entretient le bois, mais elle possède l'avantage de garnir les fentes du parquet et d'engluer sur son passage la poussière que vous n'avez pas réussi à enlever, ainsi que les parasites.*

Allez Allais !

J'ai envie de toi(t) : locution par laquelle on manifeste son désir de voir sa femme ou sa maison couverte.
Jardinier (n. m.) : pote aux roses.
Jean-foutre (n. m.) : homme de peu.
Loto (n. m.) : jeu de hasard qui a la particularité de n'être pas cher pour ceux à qui il peut rapporter gros, mais qui l'est toujours trop pour ceux à qui il ne rapporte rien.
Louche (n. f.) : ustensile de cuisine peu fiable.
Lutèce (n. p.) : nom de jeune fille de Paris.
Man (n. p.) : île de Grande Bretagne où vivent aussi des femmes.
Manchot (n. m.) : animal handicapé qui trouve du réconfort auprès des bras de mer.
Mari (n. m.) : ancien amant, chauve et en surcharge pondérale.
Mégalomane (adj. et n.) : partisan du tout à l'ego.
Métro (n. m.) : moyen de transport urbain permettant aux grèves de ne pas passer inaperçues.
Migraine (n. f.) : méthode classique de contraception.

Infos en séries… TV

Avant de devenir des *Desperate Housewives*, les actrices Teri Hatcher (Susan), Dana Delany (Katherine) et Lesley Ann Warren (Sophie, la mère de Susan) avaient en commun d'avoir toutes trois incarné le rôle de Lois Lane, la compagne de *Superman*. La première durant la série *Loïs et Clark*, la seconde pour les besoins du film animé *Superman*, et la dernière dans un téléfilm de 1975.

Teri Hatcher a bien failli ne pas incarner Susan des *Desperate Housewives*. C'est qu'il y avait foule pour le rôle. Mais ni Heather Locklear, ni Calista Flockhart, ni Mary-Louise Parker, vedettes de l'époque, n'ont voulu passer l'audition. Elles voulaient qu'on leur offre directement le rôle ! Marc Cherry a dégonflé ces grosses têtes. Seule Courteney Cox (Monica dans *Friends*) a bien failli l'emporter. Mais elle est tombée enceinte au mauvais moment.

« Si tous ceux qui disent du mal de moi savaient ce que je pense d'eux, ils en diraient encore bien plus ! »

Sacha Guitry

C'est arrivé le…

29 juillet 1907

Robert Baden-Powell fonde le mouvement scout. Ancien général à la retraite, il organise un camp de deux semaines sur l'île de Brownsea. Dans son livre *Scouting for boys* (*Éclaireurs*, dans sa version française), il décrit les principes du scoutisme ainsi que les activités réalisées, les techniques de secourisme. Les scouts sont aujourd'hui plus de 38 millions répartis dans tous les pays du monde.

Pour rire

Moshe a un stand de débit de boissons juste à côté d'une banque. Passe Simon, son copain, qui lui demande s'il peut lui prêter de l'argent. Refus, discussions. Simon revient dix fois à la charge… Finalement, à bout d'arguments, Moshe lui dit :

– Simon. Tu vois la banque, à côté ? J'ai passé un accord avec elle : ils m'ont promis de ne pas vendre de boissons et moi je me suis engagé à ne pas faire de prêts.

Ça c'est fait… divers

Qui va piano ne va pas forcément sano. Imaginez une voisine qui joue – bien, heureusement – du piano jusqu'à huit heures par jour et cinq jours par semaine. C'est le rythme qu'a tenu pendant quatre ans Laïla, étudiante au conservatoire. Et Sonia, la voisine, a logiquement fini par craquer et déposer plainte pour, tenez-vous bien : abus de piano, nuisances sonores, stress auditif, altération du sommeil, anxiété, attaque de panique et même troubles psychiques, puisqu'elle ne supporte désormais plus la vue d'un piano. La pianiste aurait même compliqué sa grossesse ! La justice a enregistré la plainte et porté l'affaire devant le tribunal. Laïla risquait plus de sept ans de prison pour abus de piano, six ans pour nuisance sonore et un an et demi pour les troubles psychiques infligés à sa voisine. Mais le parquet de Gérone, en Espagne, a mis la pédale douce et, s'il a retenu le délit de nuisance sonore avec risque grave pour la santé, il a finalement requis une peine de vingt mois contre la musicienne, une amende salée et une interdiction de toucher à un piano pendant six mois.

Esprit d'antan

Louis XIV avait chargé Racine et Boileau d'écrire le récit des grandes batailles qui se livraient sous son règne. Et les deux rapporteurs désignés tiraient au flanc. Comme ils ne se rendaient jamais aux armées, le roi s'en étonna.

– Sire, expliqua alors Racine, nous ne pouvons décemment pas nous présenter aux camps avec des habits civils. C'est pourquoi nous avons commandé des vêtements militaires. Hélas, nous n'avons pas eu le temps de les utiliser. Avec une rapidité foudroyante, Votre Majesté a vaincu avant qu'ils fussent confectionnés.

« Parler pour ne rien dire et ne rien dire pour parler sont les deux principes majeurs et rigoureux de tous ceux qui feraient mieux de la fermer avant de l'ouvrir. »

Pierre Dac

C'est arrivé le…

30 juillet 1930

À domicile, l'Uruguay remporte la finale de la première édition de la Coupe du monde de football. En finale, les Uruguayens battent l'Argentine par quatre buts à deux dans le stade Centenario de Montevideo. Treize sélections nationales ont participé à la compétition. L'équipe de France est éliminée dès la première phase, terminant derrière l'Argentine dans le groupe 1.

TOP CHRONO : LA TÉLÉVISION

- **11 juillet 1962 : invention de la Mondovision avec le premier essai de retransmission de télévision par le satellite Telstar entre les États-Unis et la France, reçu au Centre de télécommunication spatiale de Pleumeur-Bodou.**
- **12 décembre 1962 : première de *Bonne nuit les petits*. Gros Ours, qui accompagne le marchand de sable sur son nuage, sera rebaptisé « Nounours » après l'été 1963.**
- **1963 : création des premiers programmes régionaux d'information télévisée.**
- **21 décembre 1963 : création de la deuxième chaîne française (au standard européen 625 lignes). Les émissions régulières commencent en avril 1964, avec environ 20 heures de programmes par semaine.**
- **1964 : une nouvelle speakerine fait son apparition sur la deuxième chaîne, Denise Fabre.**

Légumes oubliés : *l'épinard fraise*

De la famille des chénopodes, l'épinard fraise est un légume-fruit que l'on reconnaît facilement à ses feuilles vertes dentelées et à ses fruits charnus ayant l'aspect de petites fraises. L'aspect seulement, puisqu'au goût, si ces pépites rouges sont aussi juteuses que leurs fausses jumelles, elles sont bien plus acidulées. Mentionné par Charlemagne dans le capitulaire *De Villis*, l'ordonnance où l'empereur avait énoncé toutes les plantes devant être cultivées dans les jardins royaux au VIIIe siècle, l'épinard fraise n'a pour autant jamais été très populaire. Il est tout de même présent, en 1885, dans le catalogue Vilmorin, (magasin de semence créé en 1743 par Pierre Andrieux, botaniste du roi Louis XV, et son épouse). L'épinard fraise est reconnu tant pour ses valeurs gustatives que pour ses atouts décoratifs : ses feuilles se cuisinent de la même manière que celles des autres épinards, et ses fruits peuvent être servis dans une salade d'été. Plutôt rare sur les marchés, il se plante de mars à mai ; vous pourrez ensuite le récolter jusqu'à la fin du mois d'octobre.

Maître de bonne compagnie

Ici, c'est chez moi ! (3)

Si le marquage territorial de votre chat est instinctif et naturel, il peut aussi traduire un certain stress. Ne le grondez pas ; d'abord, parce que vous n'éliminerez jamais ce comportement, et cela ne ferait qu'empirer le phénomène. Commencez par le rassurer en éloignant ce qui occasionne ces troubles comportementaux (chats qui traînent autour de chez vous, odeurs qui le stressent…). Il existe également dans le commerce des phéromones d'apaisement à pulvériser. Demandez conseil à votre vétérinaire.

Vendredi **31 juillet**

Saint Ignace de Loyola On fête aussi les Germain, Germond

Le soleil se lève à **06 h 24** *et se couche à* **21 h 30**

« Mes films sont une forme de psychanalyse, sauf que c'est moi qui suis payé, ce qui change tout ! »

Woody Allen

C'est arrivé le…

31 juillet 1914

Jean Jaurès est assassiné à Paris par le nationaliste Raoul Villain. Depuis l'attentat de Sarajevo, Jaurès luttait pour éviter le conflit qui devint la Première Guerre mondiale. Député socialiste du Tarn, il était connu pour ses convictions pacifistes. Il avait également fondé et dirigeait le journal *L'Humanité* depuis dix ans. Sa mort précipita l'entrée en guerre de la France.

Pour rire

C'est un type qui se rend à Pôle emploi.
« Bonjour, je cherche du boulot. Je suis prêt à prendre n'importe quoi, rapidement. En fait, je voudrais enfin avoir tous mes ennuis derrière moi !
– Bon, vous savez conduire un bus scolaire ? »

@çagazouille : Jeu de Ver-mots

©Twitter

@HillmanMarc Comme on dit à Bangkok, il faut bien évaluer le temps, tout est une question de Thaï Ming.

@supermegadrivin Je n'accorde aucun crédit à mon banquier. Et c'est bien réciproque.

@antoinegavoille Twitter, on y vidéo et débat mais on ne peut pas s'en défaire, c'est une web came.

@nestor661 Le journal, c'est en quelque sorte un conte de faits.

@WagramdeKok Pour accompagner un steak tartare, il faut choisir un bon cru.

@Bobtoucour Je crains que la crise grecque ne laisse des Thraces.

@HillmanMarc Tu pourras te mettre au Littré tôt avec la Rousse…

@antoinegavoille J.'A.I.F.R.O.I.D. On se l'épelle.

@nestor661 Les mares ont glacé par ce froid de canard.

@lettotal Des centenaires qui ont le coup de foudre. À l'orage, c'est encore possible ?

Ça zlatanne !

- Quand on tape « but exceptionnel » sur Google, le moteur de recherche suggère « zlataner ».
- Les Suédois sont blonds, car Zlatan ne les a pas autorisés à avoir la même couleur de cheveux que lui.
- Contre Troyes, Zlatan a bu dans la bouteille de l'arbitre ; l'arbitre a maintenant de l'eau bénite.
- Zlatan a gagné *MasterChef* avec un Krisprolls® beurré.
- Zlatan ne manque jamais le cadre, il veut juste faire taire un supporter.
- Ce n'est pas Zlatan qui rate ses passes, ce sont ses coéquipiers qui sont mal placés.
- Dans un mur, sur coup franc, si Zlatan place les mains entre les jambes, c'est pour protéger le ballon.
- Zlatan ne perd pas le ballon, il le libère.
- Quand Zlatan retire et jette son maillot après avoir marqué un but, l'arbitre ne lui donne pas un avertissement… Il lui rapporte son maillot !

Samedi 1er août

Saint Alphonse On fête aussi les Alna, Charité, Sophie

« Il y a des hommes qui ont plus de cheveux que d'esprit. »
William Shakespeare

C'est arrivé le…

1er août 1960

Le Bénin devient un pays indépendant sous le nom de République du Dahomey. C'est le premier président de cette nouvelle démocratie, Hubert Maga, qui proclame la déclaration d'indépendance, mettant fin à plus de soixante ans de colonisation française.

Mon truc en +

Huile de friture propre et saine

Comme vous le savez certainement, une huile de friture doit être renouvelée après cinq ou six utilisations. Il existe cependant quelques méthodes permettant de conserver une huile saine plus longtemps. Pour cela, jetez par exemple un blanc d'œuf dans l'huile frémissante ; ce dernier emprisonnera tous les déchets et résidus alimentaires avec lui en se solidifiant. Pour désodoriser votre huile, ajoutez-y un peu de jus de citron ou bien quelques feuilles de persil.

Août

Vous le savez désormais, les noms des mois ont souvent été donnés en hommage à des empereurs romains. Août n'échappe pas à la règle, puisqu'il vient du latin *Augustus*, nom donné en l'honneur de l'empereur Auguste en 8 av. J.-C. *Augustus* remplace alors l'ancien nom du sixième mois de l'année de l'époque, *sextilis* (de *sextus*, sixième). Et si ce mois comporte 31 jours, c'est qu'à l'époque on ne manquait pas d'ego ! L'empereur Auguste voulait un mois aussi long que celui dédié à Jules César, juillet, et décida d'en enlever un à février pour l'attribuer à août !

Le mois d'août a été le théâtre de nombreux événements historiques, par exemple la naissance de Napoléon Bonaparte, le 15 août 1769, ou le départ de Christophe Colomb du port de Palos de la frontera vers le Nouveau Monde, le 3 août 1492. Deux événements qui changèrent la face du monde.

Sans oublier la naissance de Louis XVI (23 août 1754).

Dans l'actualité culturelle, ce fut aussi le mois de la première représentation du *Tartuffe* de Molière (5 août 1667) et celui où l'on constata le vol de la Joconde, le 22 août 1911. À l'époque, on alla jusqu'à soupçonner et incarcérer brièvement le poète Guillaume Apollinaire. On a même dit qu'il aurait eu pour complice Pablo Picasso ! En réalité, Monna Lisa avait été enlevée par un vitrier italien qui la cacha deux ans chez lui avant de la vendre à un marchand d'art de Florence. Enfin, le 17 août 1908 fut projeté le premier dessin animé cinématographique au monde, *Fantasmagorie*. Invention que l'on doit à un… Français, Émile Cohl. Mais c'est Walt Disney qui s'enrichira avec ce genre.

Le mois d'août, à cause des grosses chaleurs sans doute, n'est pas un mois très apprécié des papes. Cinq d'entre eux disparurent à cette période de l'année (Pie II, Pie VII, Innocent XI, Alexandre VI et Sixte V).

Infos en séries… TV

William B. Davis, qui interprète le mystérieux homme à la cigarette dans *X-Files*, était non fumeur. Le tabac de ses cigarettes fut donc remplacé par de l'herbe séchée.

Dimanche 2 août

Saint Julien Eymard
On fête aussi les Bahaire, Théodote, Étienne

Le soleil se lève à **06 h 26** *et se couche à* **21 h 27**

« Dans la vie, il y a des gens qui trinquent, pour que les autres puissent boire. »

Yvan Audouard

C'est arrivé le…

2 août 1976

Fritz Lang s'éteint à l'âge de 85 ans à Beverly Hills, laissant une empreinte indélébile dans l'histoire du cinéma. D'origine autrichienne, il dut quitter l'Allemagne afin d'échapper à la censure nazie. On lui doit de nombreux films cultes comme *M le Maudit*, *Le Docteur Mabuse ou Metropolis*, premier film a être classé au registre « Mémoires du monde » par l'UNESCO en 2001.

Quiz Philo

« Le bonheur est bien le génie de nos motivations. » De qui est cette citation ?

- ❏ 1. Épicure
- ❏ 2. Aristote
- ❏ 3. Ronsard

Réponse

Réponse 2

Rétro' Vermot

Célibataire : condamné au mariage avec sursis.
Marié : peine maximum.
Divorcé : libéré sous caution.
Veuf : acquitté.
(1987)

Lu dans la presse

Une vache de race Abondance a mis bas seule quatre veaux. Trois femelles et un mâle, pesant entre 18 et 24 ans, vont tous bien. (*Le Dauphiné libéré*)

Déjà vieux à la naissance !

La bonne blague !

Un homme très vulgaire entre dans une banque très renommée pour sa clientèle haut de gamme et s'adresse à la guichetière :
- Je voudrais ouvrir un p... de compte dans ta banque pourrie !
- Pardon ? s'indigne la femme, choquée.
- T'es bouchée ou quoi ?
- Mais enfin, monsieur, restez poli !
- Kess' ta ? Tu veux que je te mette une baffe ?
- Écoutez, monsieur, je vais appeler le directeur.
- C'est ça espèce de radasse, appelle ton gros naze de directeur.

Le directeur arrive :
- Monsieur, que puis-je faire pour vous ? Y aurait-il un problème que je pourrais résoudre ?
- J'veux juste ouvrir un p... de compte dans ta boîte parce que j'ai gagné 150 millions à l'Euro Million.

Et le directeur répond :
- Et cette conne vous emmerde ?

Vermot'jardin

Août

- Binez et paillez (voir Dico Jardin du 17 février) les pieds des arbustes afin d'y maintenir de la fraîcheur et de limiter ainsi la fréquence des arrosages.
- Nettoyez et bêchez vos massifs, tout en supprimant les mauvaises herbes.
- Entretenez bien les bambous en les arrosant régulièrement. Ne les taillez pas, mais supprimez les feuilles desséchées.
- Apportez de l'engrais aux citrouilles et potirons dès les premières floraisons.
- Arrosez régulièrement la rhubarbe, qui aime particulièrement les sols frais.
- À partir de la mi-août, la période est favorable pour entreprendre des semis de nouvelles pelouses.

« L'âge des femmes se calcule en ajoutant l'âge qu'elles se donnent à celui que leur donne leur meilleure amie et en divisant par deux. »

Léo Campion

Politiquement… incorrect

– La droite et la gauche, ce n'est pas la même chose. (*Pierre Mauroy 1928-2013, ancien Premier ministre PS*)

– Pour ce que j'avais à faire, je n'avais pas besoin de diplôme. (*Christine Deviers-Joncour*)

– Je suis sarkozyste jusqu'au bout des globules. (*Nadine Morano, ancienne secrétaire d'État chargée de la famille*)

– Le tour de taille n'est pas un handicap au Sénat. (*Jean-Pierre Raffarin, sénateur, ancien Premier ministre UMP*)

– Le PS est mal portant ; et comme je respecte les hôpitaux, je baisse la voix comme on doit le faire quand il y a un malade dans la place. (*Michel Rocard, ancien Premier ministre PS*)

– L'UMP est une formation jeune qui n'avait pas prévu qu'un des siens deviendrait président de la République ! (*François Baroin*)

– Je préfère dire « voici mon projet » que « mon projet c'est Voici ». (*Laurent Fabius à propos de Ségolène Royal en 2006*)

– J'étais aux Baumettes. J'en suis sorti, à la différence des socialistes marseillais. (*Jean-Jacques Urvoas, député PS*)

– Dans sa forme historique, le PC est mort ; mais il a encore de l'avenir. (André Chassaigne, député PC)

– Les Verts sont capables du meilleur comme du pire ; mais c'est dans le pire qu'ils sont les meilleurs. (Gabriel Cohn-Bendit, frère de Daniel Cohn-Bendit)

C'est arrivé le…

3 août 1778

Ouverture de la Scala de Milan après deux ans de travaux sous la direction de l'architecte italien Giuseppe Piermani. La Scala de Milan est avec la Fenice de Venise et le Teatro San Carlo de Naples, l'opéra le plus illustre d'Italie. La Scala a accueilli de grands noms de la musique classique, comme le compositeur Verdi, le chef d'orchestre Arturo Toscanini ou la cantatrice Maria Callas.

Il y a 100 ans : août 1915

• **5 août** : lLes troupes allemandes entrent dans Varsovie, Lublin et Chełm. La retraite russe se poursuit jusqu'à ce que l'armée russe se retire de Pologne, le 17 août.

• **5 août** : lynchage de Leo Frank, juif américain qui s'est constitué une petite fortune grâce à une usine de stylos à Atlanta. Accusé du meurtre d'une jeune employée de 13 ans, son cas divise l'opinion pendant des mois. Le 16 août, un commando d'hommes cagoulés l'enlève de la prison pour l'emmener dans les bois où il est pendu et lynché devant une foule enthousiaste.

• **10 août** : le poète Guillaume Apollinaire demande la main de Madeleine Pages. Apollinaire l'avait rencontrée dans le train, le 2 janvier 1915, lui avait écrit sa première lettre le 16 avril 1915 alors qu'il était artilleur sur le front, dans le nord de la France. Ils se fiancent par correspondance en juillet, puis Apollinaire demande sa main à sa mère le 10 août 1915 ; elle accepte de la lui donner. Il ne commence à la tutoyer que le 25 août 1915.

• **21 août** : l'Italie déclare la guerre à l'Empire ottoman.

• **24 août** : *Le Figaro* lance une campagne de presse contre la censure politique en France.

• **29 août** : naissance d'Ingrid Bergman (décès le 29 août 1982).

• **30 août** : Mac-Mahon approuve « l'indépendance de l'Arabie » pour encourager la révolte arabe contre les Ottomans.

• **31 août** : Mussolini s'engage comme soldat volontaire. Il est affecté au 11e bersaglier, puis envoyé sur le front alpin le 2 septembre 1915.

Pour rire

Un homme va voir son voisin et cogne à sa porte.
– Bonjour, je viens vous voir parce que votre chien a mordu ma belle-mère à deux reprises.
– Ah non ! Vous n'êtes pas sérieux ! Je suis désolé. Je vais m'arranger pour que ça n'arrive plus. Il n'est pas méchant habituellement, voulez-vous vous faire dédommager ?
– Non, je veux acheter votre chien !

Mardi 4 août

Saint Jean-Marie et saint Vianney On fête aussi les Iliana

Le soleil se lève à **06 h 29** *et se couche à* **21 h 24**

« Il n'y a que deux conduites avec la vie : ou on la rêve ou on l'accomplit. »

René Char

C'est arrivé le…

4 août 1944

Arrestation d'Anne Frank à Amsterdam, après deux ans de vie cachée dans un lieu appelé *L'Annexe*. L'invasion des Pays-Bas par l'Allemagne nazie avait contraint Anne et sa famille, installées depuis dix ans dans la capitale néerlandaise, à vivre reclus. Les huit membres de la famille sont déportés et Anne mourra dans le camp de Bergen-Belsen. C'est pendant cette période de vie clandestine qu'elle raconta son quotidien dans un journal intime qui fut retrouvé et publié après sa mort.

Tremblez, adversaires !

Les riverains du stade de football américain de Seattle ont du avoir une grosse frayeur lors de la rencontre opposant l'équipe locale à la Nouvelle Orléans En effet, au cours du match une alerte tremblement de terre de force 1-2 a été enregistrée par la station sismique de la ville. Après vérification, ce n'était en fait que le résultat des très agités supporters des Seahawks en tribunes. En 2011, ces mêmes supporters avaient déjà défrayé la chronique en entrant dans le *Guiness book* pour des clameurs équivalentes à 136,6 décibels, soit le bruit d'un avion au décollage.

Chaud, chaud 2013 !

Si nous ne connaissons pas encore la tendance pour 2014 – ce numéro ayant été bouclé avant la fin de l'année –, une chose est sûre : selon les climatologues de la Nasa et de l'Agence océanographique et atmosphérique américaine, 2013 fut l'une des années les plus chaudes dans le monde depuis 1880. D'après leurs observations, la température moyenne combinée sur les terres et les océans a été de 14,52 degrés en 2013, soit 0,62 degré de plus que la moyenne du XXe siècle. 2013 serait ainsi la quatrième année la plus chaude depuis cent trente-quatre ans. Les trois plus chaudes étant 2010, 2005 et 1998. Une analyse qui confirme l'inquiétant réchauffement climatique observé depuis longtemps et qui est appuyée par une autre tendance statistique, selon laquelle toutes les années du XXIe siècle comptent parmi les quinze plus chaudes dans le monde depuis 1880. En moyenne, la température du globe grimpe de 0,06 degré par décennie, de 1880 à 2013.

Sudoku

DIABOLIQUE

6	8							
1			5					6
	3	4		2	6			
	2			6		7		
4			2		3			9
		8		4			1	
			7	8		9	5	
9					4			8
							6	1

Complétez le grand carré de façon à placer tous les chiffres de 1 à 9 sur chaque ligne horizontale, sur chaque colonne et dans chaque petit carré de 9 cases.

Solution page 244

« S'il y a deux substantifs que je redoute quand on parle de télévision, c'est "culture" et "éducation". »

Jean Amadou

C'est arrivé le…

5 août 1962

Marilyn Monroe décède à l'âge de 36 ans. Les circonstances de sa mort sont sujettes à beaucoup de fantasmes et de théories. Si la version officielle conclut au suicide, l'assassinat est une piste souvent évoquée. Le FBI et la CIA auraient voulu empêcher l'icône de dévoiler des secrets sur la famille Kennedy, après sa liaison avec le président d'alors.

LU DANS LA PRESSE

Le palais Bourbon, une croisière sur la scène et le tour des monuments étaient au programme de l'escapade parisienne. (*La Montagne*)

« Sous le pont Mirabeau coule la Seine… »

Oh qu'il fait chaud !

Voici quelques records de chaleur enregistrés partout dans le monde. Même en Antarctique, il peut faire chaud !

Amérique du Nord : 56,7 °C ; vallée de la Mort, Californie, 10 juillet 1913.
Asie : 54 °C ; Tirat-Zvi, Israël, 21 juin 1942.
Australie : 50,7 °C ; Oodnadatta, Australie du Sud, 2 janvier 1960.
Europe : 50 °C ; Séville, Espagne, 4 août 1881.
Amérique du Sud : 49 °C ; Comodoro Rivadavia, Argentine, 11 décembre 1905.
Canada : 45 °C ; Midale, Saskatchewan, 5 juillet 1937.
Grande-Bretagne : 38,5 °C ; Brogdale, Kent, 10 août 2003.
Norvège : 35,6 °C ; Nesbyen, Buskerud, 20 juin 1970.
Irlande : 33,3 °C ; Kilkenny Castle, comté de Kilkenny, 23 juin 1887.
Antarctique : 15 °C ; Vanda Station, côte Scott, 5 janvier 1974.

– Allons bon… Tu vas voir que, d'ici peu, même la Parisienne sera fabriquée en Chine !

Foi de footeux : forts en maths

Plus facile de jongler avec le ballon qu'avec les chiffres.

- Le Chili avait trois options : ils pouvaient gagner ou ils pouvaient perdre. (*Kevin Keegan*)
- Rennes a inscrit un second but sur sa première occasion qui nous a fait très mal ! (*Ivan Hasek*)
- Voyons voir les chiffres de la possession de balle… Elle est de 67 % pour les Espagnols et de 35 % pour les Tunisiens ! (*Jean-Michel Larqué*)
- Ils affrontent une équipe organisée en 4-4-2-1 (donc 12 joueurs avec le gardien !) (*Jean-Marc Ferreri*)
- Pour les Danois maintenant, c'est la passe à dix, c'est normal ils sont onze… Alors qu'en face, ils sont dix ! (*Thierry Adam*)
- Je ne vois pas comment le match ne peut pas finir en 0-0, sauf si Marseille marque en contre ou se prend un but. (*Jean-Pierre Papin*)
- J'adore les avant matchs… Je sens toujours la naphtaline monter en moi. (*Mario Jardel*)

« Plus l'homme est sensible, moins le sexe est un muscle. »

Jean Rochefort

C'est arrivé le…

6 août 1932

La première édition de la Mostra de Venise est lancée durant la 18e biennale de Venise. Si le Lion d'or est aujourd'hui devenu le symbole de ce festival, il n'y avait pas de récompense officielle en 1932. Le public présent votait par référendum pour élire ses favoris.

TOP CHRONO : LA TÉLÉVISION

- **Avril 1964 : création de *La Caméra invisible*, de Jacques Rouland, avec Jacques Legras (principal acteur devant la caméra cachée) et les interventions de Pierre Bellemare et Jean Poiret.**
- **Juin 1964 : Noëlle Noblecourt, présentatrice de *Télé Dimanche*, est licenciée pour avoir… montré ses genoux à l'écran ! Dire qu'aujourd'hui, il y a des films pornos à minuit !**
- **25 juillet 1964 : loi n° 64-621 transformant la RTF (Radiodiffusion-télévision française) en ORTF (Office de radiodiffusion-télévision française). Il s'agit d'un établissement public dirigé par un conseil d'administration contrôlé par l'État, sous la tutelle (et non plus « sous l'autorité ») du ministre de l'Information, avec des missions de service public. Soi-disant plus indépendante. Soi-disant seulement…**
- **Fin 1964 : 39 % des foyers sont équipés d'un poste de télévision, selon l'INSEE.**

James « alcoolo » Bond

James Bond est un alcoolique invétéré. Telles sont les conclusions d'un groupe de médecins britanniques ayant étudié à la loupe les quatorze romans de Ian Flemming afin de compter les doses d'alcool ingurgitées par leur espion emblématique. Selon les résultats publiés dans la revue médicale britannique BMJ, « 007 présente un risque élevé de maladies liées à l'alcool et de mort prématurée ». Dans les quatorze livres, les médecins ont recensé un total de 1 150 unités d'alcool consommées par 007. Une unité d'alcool en Grande-Bretagne équivaut à 10 ml ou 8 g d'alcool pur. Bond aurait ainsi déjà ingurgité en moyenne 92 unités alcooliques par semaine, soit 736 g d'alcool. À titre de comparaison, sachez que l'Organisation mondiale de la santé place à 210 g par semaine, soit 3 verres de vin par jour, la limite : au-delà, la consommation est considérée comme excessive. Elle est même « à risque » à partir de 280 g et carrément « nocive » au-delà de 420 g. Les médecins britanniques ont donc adressé une recommandation à leur espion : « Nous reconnaissons que la fréquentation de terroristes internationaux […] peut conduire à la boisson, mais nous conseillerions à M. Bond de consulter […] et de réduire sa consommation à des niveaux moins dangereux ».

Infos en séries… TV

Le personnage d'Addison Forbes-Montgomery, l'ex du Dr Mamour (Patrick Dempsey), ne devait apparaître à l'origine que dans cinq épisodes de *Grey's Anatomy*. Sa popularité auprès des fans fut telle qu'ils se mobilisèrent pour que l'on en fasse un personnage régulier. Mieux encore, à la fin de la saison 3, Addison quitte la série pour devenir l'héroïne de son propre spin-off (série dérivée), intitulé *Private Practice*.

“La seule force, la seule valeur, la seule dignité de tout, c'est d'être aimé.”

Charles Péguy

C'est arrivé le…

7 août 1919

L'aviateur Charles Godefroy passe sous l'Arc de triomphe à bord d'un avion biplan Nieuport 11. Cet acte, aussi spectaculaire qu'interdit, intervient trois semaines après le défilé du 14-Juillet. Ce jour-là, les aviateurs de l'armée française avaient reçu l'ordre de défiler à pied sur les Champs-Élysées. L'affront a été lavé !

Quiz SÉRIES

1. Quel est le nom du vaisseau de *Star Trek* ?

❑ A/ Le Space Mountain
❑ B/ L'Enterprise
❑ C/ L'Odyssey

2/ Avant *Prison Break*, Wentworth Miller a fait une apparition dans :

❑ A/ *Urgences*
❑ B/ *Buffy contre les vampires*
❑ C/ *Dinotopia*
❑ D/ Dans les trois

3/ Dans un épisode de *Dynastie* apparaît…

❑ A/ George Bush
❑ B/ Henry Kissinger
❑ C/ Jacques Chirac

4/ Qui interprète le générique de *Friends* ?

❑ A/ Les Beatles
❑ B/ Les Rita Mistouko
❑ C/ The Rembrandts

5/ Dans quel épisode de *Chapeau melon et bottes de cuir* John Steed appelle-t-il Mme Peel par son prénom (Emma) ?

❑ A/ Dans le tout premier
❑ B/ Dans celui ou elle quitte la série
❑ C/ Dans le dernier de la série

6/ Avant de devenir un *Expert à Miami*, David Caruso a été chef de gang dans…

❑ A/ *L'Agence tous risques*
❑ B/ *Capitaine Furillo* (*Hill Street Blues*)
❑ C/ *New York, section criminelle*

7/ Le titre de la série western *Deadwood* fait référence…

❑ A/ à une ville de l'Ouest ayant existé
❑ B/ au nom d'un saloon
❑ C/ à rien

8/ Le producteur de *Charmed*, Aaron Spelling, a aussi créé :

❑ A/ *Drôles de dames*
❑ B/ *Beverly Hills*
❑ C/ *Starsky et Hutch*
❑ D/ Les trois

9/ Mike Post a créé la musique des séries *New York police judiciaire, New York, unité spéciale, New York, section criminelle*. Mais aussi celle du générique de :

❑ A/ *L'Agence tous risques*
❑ B/ *Magnum*
❑ C/ *Les Têtes Brûlées*
❑ D/ Les trois

Réponses le 9 août

« Il y a des journalistes qui ont appris leur métier à l'école hôtelière. Ils posent les questions comme on passe les plats. »

Guy Bedos

C'est arrivé le…

8 août 1974

Richard Nixon, 37e président des États-Unis, est le premier président à démissionner. à la suite du scandale du Watergate, où cinq espions furent surpris à poser des micros dans le bureau du Parti démocrate, opposant au président. Richard Nixon prononce un discours, dans lequel il laisse le pouvoir au vice-président, Gerald Ford.

Oh ! tu sais pas ?

On entend de plus en plus parler du *cloud*, mais qui se cache derrière ce terme barbare ? Le *cloud* (nuage, en français) fonctionne comme un disque dur. Il s'agit d'un espace de stockage sur Internet, qui permet à tout utilisateur d'y conserver des fichiers personnels et de les consulter à partir de son ordinateur ou d'un smartphone. Son avantage principal, c'est que l'on peut y avoir accès partout. Il y a néanmoins des inconvénients : les documents sont accessibles uniquement en ligne et les données stockées sur le *cloud* peuvent être potentiellement utilisées par une tierce personne. Vigilance, donc.

LU DANS LA PRESSE

Besoin d'un interpète.
(*Aujourd'hui en France*)
Ça ne sent pas bon !

Il abusait de la puissance de son sexe pour frapper son ex-épouse.
(*La République du Centre*)
Sans commentaire !

Les prix s'envolent pour Air Jordan

Michael Jordan restera, pour tous les amateurs, une légende du basket mondial. Il est donc normal que les collectionneurs affluent lorsqu'un des objets de « Air » Jordan arrive sur le marché. En l'occurrence, il s'agit d'une paire de chaussures portées lors de ce que l'on appelle aujourd'hui « le match de la grippe », une finale NBA de 1997, pendant laquelle Michael Jordan, malade comme un chien et contre l'avis des médecins, avait joué et permis à son club Chicago de remporter le match, puis le titre – le cinquième du club – grâce à un panier dans les dernières secondes du match. Ses chaussures, de couleurs rouge et noire, avec le numéro 23 brodé sur le talon, ont été mises en vente par Preston Truman, qui était ramasseur de balles le soir du match à Salt Lake City et auquel Jordan les avait données à l'issue de la rencontre. Elles ont été adjugées pour la somme de 104 765 dollars (76 225 euros).

Fallait pas l'inventer… William Bullock

S'il n'a pas inventé l'imprimerie rotative, que l'on doit attribuer à Richard March Hoe, en 1843, l'invention de l'américain William Bullock (1813-1867) a révolutionné le système grâce à l'approvisionnement en papier automatisé. Terminé le laborieux chargement manuel de lourds rouleaux de papier.
Mais, le 3 avril 1867, c'est l'accident. Alors qu'il procède aux réglages d'une des machines chargée d'imprimer le journal *Philadelphia Public Ledger,* Bullock se prend un pied dans une courroie qu'il vient de lancer. La suite est horrible : sa jambe est entraînée vers la machine, son pied écrasé. On arrive à le dégager. Mais quelques jours plus tard, c'est la gangrène qui attaque la blessure.
Le 12 avril 1867, alors qu'on tente de lui amputer la jambe – seule solution pour qu'il s'en sorte –, William Bullock décède pendant l'opération. Il repose aujourd'hui en paix au cimetière d'Union Dale à Pittsburgh.

Le soleil se lève à **06 h 36** *et se couche à* **21 h 16**

Dimanche **9 août**

Saint Amour On fête aussi les Nathan, Howard, Domitien

> *« Il y a deux actes légaux de la vie pour lesquels on doit se cacher avant de les accomplir : le vote et l'amour. »*
>
> *José Artur*

C'est arrivé le…

9 août 1936

Jesse Owens remporte sa quatrième médaille aux jeux Olympiques de Berlin. À la veille de la Seconde Guerre mondiale, les JO sont organisés dans l'Allemagne nazie et utilisés comme moyen de propagande, pour démontrer la suprématie aryenne. Mais un athlète afro-américain vient contrecarrer les plans d'Adolf Hitler en cumulant 4 médailles d'or : sur 100 m, 200 m, relais 4 x 100 m et saut en longueur.

Gros lot

En participant à une loterie mondiale pour sauver la ville de Tyr au Liban, un Américain de 25 ans, de Pennsylvanie, a remporté le gros lot : un authentique tableau de… Picasso, période cubiste. Cette peinture, baptisée *L'Homme au gibus*, réalisée en 1914, est estimée à un million de dollars. Le jeune homme, lui, avait payé son billet de loterie 100 euros. Cette toile avait été offerte par un mécène anonyme à l'association organisatrice du concours pour sauver la ville inscrite au patrimoine mondiale de l'Unesco. La loterie a rassemblé 40 000 participants. Les bénéfices de la tombola serviront à financer deux projets socioculturels : la création d'un centre d'artisanat pour offrir du travail aux jeunes, aux femmes et aux handicapés de Tyr, et celle d'un institut d'études phéniciennes à Beyrouth.

Réponse Quiz du 7 août

1B, 2D, 3B, 4C, 5B, 6B, 7A, 8D, 9D

Dites 33 !

Quand la santé va mal, l'inquiétude peut nous faire dérailler. À moins que ce ne soit tout simplement un manque de vocabulaire. Voici les plus belles perles médicales, récupérées sur les blogs et sites Internet de médecins, hôpitaux, pharmaciens et autres spécialistes.

– Docteur, n'est-ce pas injuste de payer la consultation le même prix si on vient pour une grippe ou pour un cancer ?

– Si je meurs, je porterai plainte contre vous !

– Docteur, ma femme a passé sa radio. Le radiologue m'a dit qu'il avait peur qu'elle se déclassifie… (du verbe décalcifier, peut-être ?)

– Docteur, je crois que je suis enceinte.
– Comment le savez-vous ?
– Je n'ai pas eu mes mensualités depuis trois mois.

– L'infirmière m'a posé une infusion d'anticompresseurs ! (Comprenne qui pourra…)

– Votre frère va bien ?
– Non, il a toujours son problème à l'intestin grec. (Mais de quel pays vient l'intestin grêle ?)

– Je voudrais un rendez-vous avec un gaziologue, c'est pour mes gaz.

– À l'hôpital, on m'a dit que mon fils devrait voir un endocriminologue… (Un endocrinologue suffira !)

– Docteur, si vous me ratez, je ne veux pas être incendié. (Il était sans doute pompier pour ne pas vouloir être incinéré.)

– J'ai pris ma température avec un baromètre, j'avais 40 de fièvre.

– Prenez-vous des médicaments ?
– Oui, je prends de la Compazine tous les jours.
– Qui vous l'a prescrite ?
– Le psychopathe.

Lundi 10 août

Saint Laurent On fête aussi les Lorenzo, Laura, Samantha

Le soleil se lève à **06 h 37** *et se couche à* **21 h 14**

« La raison et la politique suivent rarement le même chemin. »

Stefan Zweig

C'est arrivé le...

10 août 1792

En réunissant les états généraux regroupant la noblesse, le clergé et le tiers état, afin de comprendre les doléances du peuple français, Louis XVI avait tenté d'enrayer la Révolution. Mais le peuple fut déçu des choix de son monarque et destitua Louis XVI de ses pouvoirs royaux. Cela le mènera à la guillotine un an plus tard, sous la Terreur.

Mon truc en +

Un linge toujours blanc

Qui n'a jamais eu peur que son linge blanc ternisse ou change de couleur au contact d'autres vêtements ? Grâce à cette astuce, vous pourrez dire adieu au linge qui déteint. Laissez tremper votre linge neuf de couleur dans de l'eau vinaigrée composée d'une cuillère à soupe de vinaigre d'alcool pour 1 l d'eau. Attendez 30 minutes, puis lavez-le une première fois à la main dans de l'eau chaude. Si votre linge continue à perdre ses couleurs après ce traitement, renouvelez l'opération deux ou trois fois dans de l'eau bouillante. En revanche, s'il ne déteint plus, vous pouvez le laver en machine avec le reste de vos vêtements.

Job d'Été...

À l'origine... Bordel

Nous aurions pu en revendiquer la paternité, seulement le mot « bordel », dans son sens de maison de joie ou lieu de prostitution, pour être plus clair, est allemand. Il vient du mot *bord* (planche), qui a donné par la suite *borda* en francique, pour signifier « une cabane, une petite maison ». Rien de bien infamant, donc. Comment cette cabane s'est-elle transformée en lieu de prostitution ? Par l'entremise de l'ancien français qui, au XIIe siècle, fait évoluer « borda » vers la forme « borde ». À cause des marins aussi. En effet, à l'époque, la prostitution était interdite dans les ports. Les marins étaient donc invités à aller fréquenter les prostituées dans les « bordes », des quartiers voisins, plus discrets. Les lieux de débauche devinrent donc des bordels. On appelait d'ailleurs la gérante de ces maisons closes la « bordelière » ; le client était un « bordelier » et la « bordelle » qualifiait même parfois la prostituée. Il a même existé un verbe « bordeler », signalé en 1892 et signifiant : « fréquenter les mauvais lieux » ou « se livrer à des pratiques obscènes ». Le sens qu'a pris le mot bordel par la suite, à savoir synonyme de désordre, apparaîtra à la fin du XIXe siècle. Dans les années 1940, il s'apparentera à une situation chaotique, sens qui prévaut aujourd'hui puisqu'en France, officiellement en tout cas, les bordels n'existent plus depuis 1946.

– Terrible, cette émission quotidienne sur la vie sexuelle des Français !

Astuce Jardin : Les oiseaux, amis du jardin

Pour lutter contre les invasions de chenilles, plutôt que d'utiliser des produits chimiques, demandez de l'aide aux oiseaux ! En effet, mésanges et rossignols en sont friands. Pour les attirer dans votre jardin, disposez quelques vers de farine dans une maison pour oiseaux, que vous suspendrez à une branche d'arbre.

Le soleil se lève à **06 h 39** et se couche à **21 h 12**

Mardi **11 août**

Sainte Claire On fête aussi les Suzanne, Clara, Gilberte

« En politique, on succède à des imbéciles et on est remplacé par des incapables. »

George Clemenceau

C'est arrivé le…

11 août 1825

Simon Bolivar devient le premier président de la Bolivie. Partie de l'Empire inca colonisée par l'Espagne au XVIe siècle, la Bolivie tire son nom de Simon Bolivar, général et homme politique, qui a joué un grand rôle dans l'indépendance du pays. Il occupe le poste de président jusqu'au 29 décembre 1825.

Esprit d'antan

Lorsque le roi Louis XV se déplaçait, il faisait toujours emporter quarante bouteilles de vin vieux qui lui étaient strictement réservées. Mais il ne touchait jamais à ces flacons. Jusqu'au jour où l'envie lui prit de savourer un verre de vin. Il demanda une bouteille.

– Il n'y a pas de vin, lui répondit-on.

– Comment cela, s'étonna le monarque, vous avez donc oublié d'emporter les quarante bouteilles ?

– Non, Sire, mais elles ont toutes été bues.

– Dans ce cas, la prochaine fois, vous en emporterez quarante et une et vous tâcherez de ne pas oublier que la quarante et unième est pour moi.

Pour rire

– Annie ! Comme nous étions heureux, il y a quinze ans !

– Mais Pierre… Nous ne nous connaissions pas, il y a quinze ans !

– Mais, justement, Annie… justement…

@çagazouille : les JLGeades

©Twitter

- Août à la maternité : mes vacances au bord de la mère.
- Les châteaux écossais, ça vous hante ? Et le camping, ça vous tente ?
- Venir à bout des rouleaux est beaucoup plus agréable quand on surfe à Lacanau que lorsqu'on est aux toilettes.
- La ligne SNCF Chambéry-Annecy est une des plus sûres de France, car le train ne sort jamais de Savoie.
- Ce magasin de luminaires existe maintenant depuis des lustres.
- Se farcir du pin dur, on survit, en revanche, se farcir un platane…
- La randonnée, un sport qui marche.
- Avec une belle calvitie comme la mienne, il y aurait de quoi crâner !
- Un tout-petit qui vous file des coups de poing, c'est mi-gnons.
- Je n'aime pas les édentés et leur air con des sans dents.
- Un fou qui ignore sa condition prouve qu'on peut être timbré sans pour autant être affranchi.
- Quand une fille vous trouve « trognon », vous n'êtes pas loin d'avoir des pépins.
- Évasion manquée de peu : encore un repris de justesse.
- Le chantier naval ayant subi un grave incendie, il est envisagé une reconversion dans le mât cramé.
- La couleur chair de mes chaussettes fait des bas.
- Un chien qui parle, jappe récit.
- J'ai renoncé à mon roman sur le rugby. Déjà les trois premières lignes étaient toutes en mêlée.

(à retrouver sur Twitter : @ jlgdu54)

Mercredi 12 août

Sainte Clarisse On fête aussi les Ortolana, Géry

Le soleil se lève à **06 h 40** *et se couche à* **21 h 11**

« Si tu n'obtiens pas ce que tu veux avec de l'argent, tu peux l'obtenir avec beaucoup d'argent. »

Emir Kusturica

C'est arrivé le…

12 août 1964

Ian Fleming, le « père » de James Bond, décède des suites d'une crise cardiaque, à Canterbury. Même si l'agent 007 est un personnage fictif, il est néanmoins inspiré de la vie de son créateur. Après quelques années de journalisme au sein de l'agence Reuters, Ian Fleming intègre les services secrets britanniques, où il effectue des missions d'espionnage durant la Seconde Guerre mondiale. Entre 1953 et 1964, il écrit quatorze œuvres mettant en scène le célèbre espion.

Oh ! tu sais pas ?

Si la Sainte Vierge est la plupart du temps représentée vêtue de bleu, ce n'est ni parce qu'il s'agit d'une couleur sacrée, ni parce qu'elle est un symbole de pureté ou de virginité. En réalité, si la couleur bleue a été choisie, c'est essentiellement pour des raisons financières. Longtemps, le pigment bleu était celui qui revenait le plus cher, plus encore que le pigment doré. Il n'était alors utilisé que sur les personnages les plus sacrés. Ce pigment bleu permettait à l'Église de montrer à tous l'étendue de sa richesse.

À l'origine… Les lunettes

Qui des deux moines, l'Anglais Roger Bacon ou l'Italien Salvino degli Armati, inventa la lunette ? On n'arrive pas vraiment à trancher, même si les deux sont unanimement reconnus pour leurs travaux sur l'optique. Une chose est sûre, c'est à la fin du XIIIe siècle qu'elles sont nées, grâce aux moines, rares personnes à cette période à savoir lire et écrire, qualités indispensables pour recopier les manuscrits, une de leurs principales occupations. Mais à l'époque, ces lunettes ont un défaut d'utilisation majeur : elles n'ont pas de branches. Ces dernières n'apparaîtront qu'au début du XVIIIe siècle. Des premières bésicles aux lunettes faces-à-main prisées des femmes, des binocles aux pince-nez, la lunette connaîtra diverses orientations. Développé à Murano et à Venise en Italie, le travail de lunettiers et de verriers s'est étendu au fil des siècles dans toute l'Europe.

– Nous avons été amenés à suivre les consignes du syndicat pour la fermeture du dimanche !

Astuce *Cuisine* : Rattraper une sauce hollandaise

La sauce hollandaise accompagne parfaitement les poissons pochés et les légumes vapeur. Cependant, si vous la chauffez trop, celle-ci risque de coaguler et sera alors immangeable. Pour éviter cela, sortez votre sauce du feu à partir du moment où elle commence à tourner. Ajoutez-y un peu d'eau froide et fouettez énergiquement. Votre sauce hollandaise retrouvera son onctuosité.

« Une machine peut faire le travail de cinquante personnes ordinaires, mais elle ne peut pas faire le travail d'une personne extraordinaire. »

Robert Cringely

C'est arrivé le…

13 août 1961

Début de la construction du mur de Berlin. Malgré les propos de Walter Ulbricht, président du Conseil d'État de la RDA, qui annonçait deux mois avant : « Personne n'a l'intention de construire un mur », au matin du 13 août 1961, les Berlinois se réveillent avec un rideau de barbelés séparant l'Ouest de l'Est. Ces fils de fer sont vite remplacés par des briques, et ce mur de 3,60 m de haut devient le symbole de la guerre froide. Le mur tombera 28 ans plus tard.

Dans la lune

Sans le savoir, chaque Français consacre 30 euros par an à l'espace. La France possède en effet le deuxième budget annuel par habitant consacré à l'espace civil, a annoncé le CNES, l'Agence spatiale française, se classant après les États-Unis (46 euros). La France pointe ainsi devant l'Allemagne (16 euros) et le Royaume-Uni (6 euros). Un budget qui devrait dépasser les deux milliards d'euros en 2014 et 2015. Le secteur spatial représente 16 000 emplois en France métropolitaine, auxquels s'ajoutent 1 700 emplois en Guyane.

LU DANS LA PRESSE

Depuis, le soufflet est retombé. (*La Voix du Nord*)

On se demande déjà comment le soufflé avait monté…

L'un avait les côtes cassées et l'autre des mots de tête. (*La Voix du Nord*)

Il entendait des voix ?

La naissance des « vrais » experts

Les experts, pour vous, ce sont peut-être les policiers scientifiques américains que vous voyez à la télé. Pourtant, les vrais « experts » sont nés en France, il y a très longtemps. C'est en effet en 1882 que la préfecture de police de Paris se dote d'un service d'anthropométrie, puis d'un service photographique, nous apprend le site du ministère de l'Intérieur. Son chef depuis 1888, Alphonse Bertillon, est nommé chef du service de l'identité judiciaire le 16 août 1893. Il introduit la méthode de signalisation anthropométrique des individus arrêtés (système copié dans le monde entier), puis se convertit à la dactyloscopie (observation des empreintes digitales) et invente la dactylotechnie (prélèvement et comparaison des empreintes). En 1902, un criminel est pour la première fois confondu par ce procédé et la préfecture de police se dote d'un service dactyloscopique (1903). En matière de police scientifique, le professeur Edmond Locard ouvre le premier laboratoire de police scientifique à Lyon en 1910, selon le principe qu'il a établi : « nul individu ne peut séjourner en un point sans y laisser la marque de son passage, surtout lorsqu'il a dû agir avec l'intensité que suppose l'action criminelle ». Les autres laboratoires de police scientifique ouvriront progressivement leurs portes entre les deux guerres.

Ça c'est fait… divers

Les flatulences de vache contiennent du méthane, produit hautement inflammable, tout le monde le sait. Alors imaginez une étable mal aérée, dans laquelle 90 ruminants se lâchent quotidiennement. Il ne manquerait plus qu'une allumette pour provoquer une catastrophe. En l'occurrence, ce n'est pas une allumette, mais une toute petite décharge électrostatique qui a mis le feu, non pas aux poudres, mais aux pets. Résultat : une forte explosion qui a fait sauter le toit du bâtiment situé en Allemagne. Heureusement, aucun animal n'a été blessé.

« Une femme trompée n'a pas le droit de se plaindre : déjà, elle est mariée. »

Michèle Bernier

C'est arrivé le…

14 août 1988

Enzo Ferrari, surnommé « *Il Commendatore* », décède à l'âge de 90 ans. Pilote et créateur de la célèbre marque de voiture italienne, sa passion pour les sports automobiles lui vient dès son plus jeune âge, quand il assiste à sa première course, en 1920. Ferrari fonde son entreprise en 1949 et, deux ans plus tard, décroche son premier titre de champion du monde. Aujourd'hui, la Scuderia Ferrari détient le record de victoire pour les constructeurs, avec plus de quinze récompenses.

De la girafe au menu

Les scientifiques avaient déjà découvert énormément de choses concernant le drame de Pompéi, ville située près de Naples et ensevelie sous les laves du Vésuve le 24 août 79. Mais pas tout. Ainsi, une équipe de chercheurs de Cincinnati, présente sur les lieux depuis dix ans, vient de faire une nouvelle découverte, dévoilée lors du rendez-vous annuel de l'Archaeological Institute of America à Boston : ils ont retrouvé une patte de girafe dans les ruines de la cuisine d'un des restaurants de la cité. Un animal plutôt exotique en Italie, puisque c'est la première fois que l'on en découvre sur une aire archéologique de l'Italie romaine. « Cette découverte démontre que les anciens Romains étaient capables d'effectuer de longues distances pour acheter de la nourriture exotique », expliquent les chercheurs. Les scientifiques ont également exhumé des restes d'épices provenant d'Indonésie, du flamant rose et des oursins, signes d'une haute qualité de vie dans la ville.

Pour rire

Pourquoi, lorsque le bateau coule, crie-t-on : « les femmes et les enfants d'abord » ? Parce qu'après les requins n'ont plus faim.

Cocktail !

Le French 75

(long drink)

- 12 cl de champagne brut
- 3 cl de gin
- 2 cl de jus de citron
- 1 cl de sirop de sucre
- 1 cerise
- 5 glaçons

Mettez le champagne, le gin, le jus de citron, le sirop de sucre et les glaçons dans un grand verre à whisky. Remuez à l'aide d'une cuillère à mélange pendant quelques secondes. Placez enfin la cerise dans le verre et servez aussitôt.

La recette originale de cette boisson est le 75 Cocktail, un mélange à base de calvados (français) et de gin (anglo-saxon), symbole de l'alliance franco-britannique au cours de la Première Guerre mondiale. Le 75 Cocktail, qui a été inventé par Harry McElhone en 1922 à Paris, tient en fait son nom d'une pièce d'artillerie : le canon français de 75 mm. Depuis, le calvados a été remplacé par le champagne, plus léger, et le cocktail a été rebaptisé « French 75 ».

Sudoku

Solution de la page 234

6	8	5	4	1	9	3	2	7
1	9	2	5	3	7	8	4	6
7	3	4	8	2	6	1	9	5
5	2	9	1	6	8	7	3	4
4	6	1	2	7	3	5	8	9
3	7	8	9	4	5	6	1	2
2	4	6	7	8	1	9	5	3
9	1	3	6	5	4	2	7	8
8	5	7	3	9	2	4	6	1

Notre père !

Ce n'est pas la fête des pères. Mais ce n'est pas une raison pour ne pas en parler. Et en citations, s'il vous plaît !

Un papa poule est un papa avec des ergots et un cœur tout chaud. (Jean Gastaldi)

Il n'est d'amour que celui de père. (Citation espagnole)

Un cœur de père est le chef-d'œuvre de la nature. (Abbé Antoine Prévost)

Les enfants des enfants sont la couronne des vieillards, et les pères sont la gloire des enfants. (Salomon)

Le soleil se lève à **06 h 44** *et se couche à* **21 h 05**

Samedi **15 août**

Assomption On fête aussi les Alfred, Dolly, Mercédès

MOTS FLÉCHÉS

Plantera Musette		Table Le sien		Terre Inca Disque		Point		Armer Effet de surprise		Acide aminé Ils		Revois
						Combattre Exagérée						
Ronger Adorons							Occasion Virage					
								Déportation Mendes ou Peron				
Sérail		Se plaindre Eructer								Non plus développera		
					Bulgare Mer inversé				Immédiatement Tomato			
Dans la peau	Oiseau de proie		Electrode	Copie Prière							Dans la Sarthe	Réfutés
							Couleur	Empressement Il faut les bander				
Notoriété						Tapis Groupe sondé						
					du porc Fermière							
Insulte		Déglinguées Réinstaller										
				Dedans Attendrie			Avéré ...et match				Cancane	Affûtée
Etoffe rustique Déférence	Microbe		Demeurez Egaye					Daron Calorie				
									A les cornes	Langue Caractère penché		
Dans les Landes Jointes						Implicite de charrue						
							Partager Brome					
Dieu nain Ventile				Au Bridge				Clamsé				
				Abattue								

Solution page 250

« Il y a récession quand votre voisin perd son travail, dépression quand vous perdez le vôtre. »

Harry S. Truman

C'est arrivé le…

16 août 1977

Au matin du 16 août 1977, Elvis Presley est retrouvé par sa fiancée, Ginger Alden, inerte dans sa salle de bain. Le King, icône du rock'n'roll, malade depuis quelques années et accro aux médicaments, est mort d'une arythmie cardiaque. Le chanteur, et acteur, laisse orphelins une multitude de fans, dont certains ne croiront jamais à sa mort et élaboreront même des théories visant à prouver qu'il est toujours en vie.

Stakhano… quoi ?

Si quelqu'un vous traite de stakhanoviste, ne le prenez pas comme une insulte. Ce terme désigne un travailleur efficace et volontaire, capable d'abattre une énorme quantité de travail. Le mot vient du nom d'Alekseï Stakhanov, un mineur du Donbass qui fut glorifié par le parti stalinien pour avoir extrait plus de 100 tonnes de charbon en l'espace de six heures de travail, en août 1935. Le gouvernement soviétique a alors utilisé le stakhanovisme pour inciter à améliorer les cadences de travail des salariés et leur productivité. Les historiens ont dénoncé cet exploit à la fin des années 1980, le qualifiant d'instrument de propagande du régime stalinien.

SUICIDES DANS LE MONDE AGRICOLE

Déprimer c'est vieillir

La dépression nerveuse nous ferait vieillir plus vite, et de plusieurs années ; et pas uniquement dans la tête, mais biologiquement, d'après une étude de l'Université médicale d'Amsterdam. L'étude, citée par la revue *Molecular Psychiatry*, affirme en effet que le déclin des cellules se verrait accéléré chez les personnes dépressives. Techniquement, il aura suffi aux chercheurs d'observer les télomères, qui se situent à l'extrémité des chromosomes. Pour faire simple, plus la cellule est âgée, plus le télomère est court. Il se trouve que, chez les personnes observées souffrant de dépression chronique, les télomères étaient très courts, alors qu'ils étaient bien plus longs chez les individus n'ayant jamais subi la maladie. C'est donc une pierre de plus apportée à l'édifice des conséquences de la dépression sur la santé. Plusieurs études avaient déjà montré que cette atteinte psychique entraînait aussi des effets physiques, comme le développement de cancer ou de diabète, et favorisait les risques de contracter des maux liés au vieillissement (diabète, obésité, maladies cardio-vasculaires).

Maître de bonne compagnie

Le rendre sociable

Comme pour les chiots, la socialisation du chaton est une phase essentielle pour son comportement futur. L'éleveur et la mère du chaton ont déjà fait le gros du travail ; à vous de le terminer. Par le jeu et les caresses tout d'abord : ces moments de tendresse permettent d'imposer votre autorité et de stimuler les sens de l'animal. Présentez-le ensuite à des enfants. Joueurs, ils seront de bons compagnons pour intégrer le chaton dans son nouvel environnement. Veillez simplement à ce que les enfants aient un âge suffisant pour comprendre qu'un chat n'est pas un jouet, sinon un coup de griffes pourrait le leur rappeler. Mais c'est aussi comme ça que l'on apprend à chacun le respect de l'autre. Présentez-lui enfin des inconnus pour lui (vos amis) et d'autres animaux, notamment des chiens. Lors des présentations, laissez le chaton libre de ses mouvements : s'il prend peur, il pourra s'enfuir, alors que s'il se sent piégé, il risque de devenir agressif.

Lundi 17 août

Saint Hyacinthe On fête aussi les Carloman, Eusèbe

« Prenez garde en traversant la vie : un con peut en cacher un autre ! »

Frédéric Dard

C'est arrivé le…

17 août 1998

Bill Clinton confesse avoir eu une relation avec une stagiaire de 22 ans, Monica Lewinski. Le scandale éclate dès 1996, mais le président américain met deux ans à reconnaître les faits. Une procédure d'*impeachment* (voter ou non la destitution) est lancée en 1999, mais Bill Clinton n'est pas désavoué. Son mea culpa est accueilli par une opinion qui lui est plutôt favorable, et sa cote de popularité ne souffre que peu de ce scandale.

Pour rire

À New York, une jeune femme toute nue, fortement alcoolisée, saute dans un taxi et s'étend sur le siège arrière. Le chauffeur de taxi, un vieux juif, ouvre grand les yeux et la regarde avec insistance. Comme il ne démarre pas, elle lui dit :
– Qu'est-ce qui ne va pas, chéri ? Tu n'as jamais vu une femme nue ?
Le chauffeur lui répond :
– Excusez-moi, madame. Sachez que je n'ai pas d'arrière-pensée. En fait, je me demande où vous avez caché l'argent pour payer le taxi ?

LES FOOTBALLEURS EN GRÈVE…

Notre pénis rétrécit

Jusqu'à présent, la description de nos caractéristiques physiques générales était fondée sur des études menées dans les années 1950. Pour remettre au goût du jour les données sur l'évolution humaine, des chercheurs de l'hôpital universitaire de Padoue, en Italie, ont demandé à plus de 2 000 de leurs jeunes compatriotes (18,5 ans de moyenne d'âge) de dévoiler leur intimité afin de comparer. Une des conclusions à laquelle est arrivée l'équipe de recherche n'a pas fini de faire jaser, surtout au pays des machos : le pénis aurait perdu presque un centimètre de longueur en soixante ans. Long en moyenne de 9,7 cm en 1948, il ne mesure plus que 8,9 cm en 2012 (toujours en moyenne). Parmi les facteurs expliquant ce changement : l'obésité ; 18 % des participants étaient en effet en surpoids ou obèses. Or l'obésité a une influence négative sur la production d'hormones pendant la croissance. Pour cette raison, la courbe de croissance de la longueur du pénis est inversement proportionnelle à celle de l'obésité.

– Si je comprends bien, votre femme et vos deux filles font aussi leur toilette !

Allô, Docteur ?

Manger lentement ferait maigrir

Oui, ou en tout cas empêcherait de grossir. Dans une étude parue dans le Journal of the Academy of Nutrition and Dietetics, *des chercheurs de l'Iowa (États-Unis) ont démontré, en soumettant des pizzas à leurs volontaires, que passer plus de temps à mastiquer est bel et bien susceptible de nous faire manger moins. Avec davantage de mastication, la quantité de nourriture consommée diminue de 10 %. Ces pourcentages représentent une réduction de 70 à 112 calories sur le repas. À titre indicatif, les besoins d'un homme sont d'environ 2 500 calories par jour, et ceux d'une femme de 2000 calories. Le lien entre la mastication et la quantité de nourriture consommée s'explique par la durée fixe – environ vingt minutes – nécessaire au cerveau pour envoyer un message de satiété à l'estomac. Être repu dépend donc davantage du temps passé à mâcher que de ce qui a été mangé.*

Mardi **18 août**

Sainte Hélène On fête aussi les Héléna, Hellen, Lana

Le soleil se lève à **06 h 48** *et se couche à* **20 h 59**

« L'homme ne valait pas la peine de déranger un dieu pour le créer. »

Paul Valéry

C'est arrivé le…

18 août 1850

Honoré de Balzac décède à l'âge de 51 ans. Écrivain, journaliste, dramaturge, imprimeur et essayiste, il est l'auteur de 91 romans et nouvelles qui constituent son œuvre, *La Comédie humaine*. Porté sur les femmes et les plaisirs en tous genres, Balzac serait mort d'avoir trop vécu. Lors de son enterrement au cimetière du Père-Lachaise, c'est Victor Hugo qui prononce l'oraison funèbre de son ami, qu'il qualifie « d'homme de génie ».

Mon truc en +

De bonnes odeurs dans votre cuisine

Pour apporter d'agréables odeurs dans votre cuisine sans forcément vous mettre aux fourneaux, vous pouvez faire bouillir des clous de girofles dans de l'eau à petit feu. Autre avantage : cette astuce humidifiera l'air de la cuisine !

Boire ou se souvenir, il faut choisir

L'alcool peut avoir certaines vertus, mais il y a en tout cas une partie de notre organisme pour laquelle il est néfaste, c'est notre cerveau. D'après une étude de l'Inserm et de l'University College London menée sur plus de 5 000 hommes (pas de femmes) et publiée dans la revue *Neurology*, une consommation excessive accélère le déclin cognitif. En clair, votre cerveau vieillit plus vite que prévu. Et par excessive, entendez 3,5 verres par jour seulement, soit 36 g d'alcool. « De 2,4 ans pour les capacités cognitives globales, jusqu'à 5,7 ans concernant la mémoire », explique l'étude. Ainsi, poursuivent les chercheurs, un buveur régulier aura, à 55 ans, la mémoire d'un homme de 61 ans. Pour les femmes, exclues de cette étude, il est admis que plus de deux verres par jour provoque des dégâts similaires. D'où la justesse du slogan que nous connaissons tous : « Boire oui, mais avec modération ».

- Je ne t'ai pas dit de lui demander sa combinaison, mais celle du coffre !

Maître de bonne compagnie

À quoi sert le jeu ?

Le jeu est l'activité la plus importante pour un chaton. Il permet :

– la coordination et la synchronisation des mouvements ;
– la découverte d'un nouvel environnement ;
– le développement de comportements instinctifs comme celui de la chasse, de la défense, de l'attaque, de la traque ou de la poursuite ;
– la stimulation intellectuelle ;
– le développement de ses capacités physiques (musculature) ;
– l'acquisition des notions d'obéissance et de respect des règles lorsqu'il joue avec vous (c'est vous le maître du jeu, initiez le jeu et mettez-y fin), bref, l'apprentissage de la vie en société ;
– l'inhibition à la morsure ;
– le jeu lui permet enfin de s'occuper lorsqu'il est seul à la maison.

Pour rire

Mouloud a de si mauvaises notes que ses parents décident de le retirer de l'école publique pour le mettre dans une école catholique réputée, très, très stricte. Dès son premier bulletin, ils découvrent stupéfaits et heureux que leur fils a récolté des notes presque parfaites dans toutes les matières. Ils l'interrogent, et le garçon répond :

– Quand je suis entré dans la classe et que j'ai vu qu'ils en avaient cloué un sur une croix, j'ai tout de suite pigé qu'ici, les profs ne rigolaient pas !

« La femme est un diable très perfectionné. »

Victor Hugo

C'est arrivé le…

19 août 1997

La 12e édition des Journées mondiales de la jeunesse débute à Paris et se poursuit jusqu'au 24 août, en présence du pape Jean-Paul II. 1 200 000 fidèles se retrouvent dans les rues de la capitale pour célébrer leur foi chrétienne.

& comme esperluette

Aussi incroyable que cela puisse paraître, notre alphabet comptait 27 lettres jusqu'au XIXe siècle, la vingt-septième lettre étant l'esperluette, aussi appelée esperluète, perluette ou perluète, et désignée par le caractère « & ». Elle résulte de la ligature des lettres « e » et « t » et a la même signification que la conjonction de coordination « et ». La perluète est appelée ampersand en anglais, où elle est couramment utilisée. En France, elle est beaucoup employée en informatique, mais aussi dans le langage commercial et publicitaire (Nature & Découvertes, M&M's®…). C'est la raison pour laquelle la perluète est également appelée « et commercial ».

Fabriquer cirages et encaustiques

Mon truc en +

Pour l'entretien courant des meubles et parquets, faites dissoudre à froid, dans un pot en faïence ou en grès, de la cire blanche dans de l'essence de térébenthine. Pratiquer à froid est sans risque, si vous prenez toutes les précautions d'usage avec les produits chimiques. Remuez de temps en temps pour accélérer la dissolution de la cire. Laissez reposer quelques heures. Testez le produit sur un petit périmètre.
L'odeur d'essence vous dérange ? Mélangez dans un litre d'eau 500 g de cire jaune, 30 g d'alcool à 90°, 50 g de carbonate de potasse, 50 g de savon mou. Pas besoin d'en préparer trop à l'avance : le produit se conserve mal et son efficacité diminue avec le temps.
Pour un cirage maison encore plus économique pour les meubles et parquets de peu de valeur, prenez 500 g de cire jaune, 120 g de potasse et 1 l d'eau. Faites fondre la cire dans un demi-litre d'eau bouillante. Une fois fondue, versez l'autre demi-litre d'eau et incorporez la potasse. Remuez énergiquement. Votre encaustique est prête.

ÉTÉ MAUSSADE POUR PARIS PLAGES

ÇA ASSURE !

– À votre avis, est-il préférable d'acheter un chien méchant qui risquera de mordre les gens, mais protégera votre maison contre les voleurs, ou de garder mon vieux toutou ? Je vous pose la question parce que, de toute façon, c'est vous qui paierez les pots cassés, soit en indemnisant les blessés, soit en remboursant les objets volés.

– Pour l'instant, je n'ai aucune assurance chez vous, sinon celle de votre considération distinguée.

– Vous me dites que l'accident ne rentre pas dans le champ de la garantie mais, en tous cas, la voiture de mon voisin est rentrée dans mon champ.

– Vous m'avez conseillé d'assurer ma voiture pour l'usage promenade, mais j'ai oublié de vous préciser que, tous les dimanches, j'allais raccompagner ma belle-mère qui vient déjeuner à la maison. Puis-je, en toute honnêteté, considérer ce déplacement comme une promenade ?

– Mon épouse ne cuisine pas plus mal qu'une autre, mais je serais plus tranquille si vous ajoutiez au contrat d'assurance de la maison une garantie contre les intoxications alimentaires.

Jeudi 20 août

Saint Bernard On fête aussi les Aldwin, Amadour, Samuel

Le soleil se lève à **06 h 51** *et se couche à* **20 h 56**

« *On ne commande la Nature qu'en obéissant à ses lois.* »

Francis Bacon

C'est arrivé le...

20 août 1968

Pour mettre fin au Printemps de Prague, initié par le chef du parti communiste tchécoslovaque Alexander Dubcek, partisan du « socialisme à visage humain », les pays membres du pacte de Varsovie envoient des chars et des militaires afin de mater la rébellion. Plus de 300 000 chars entrent sur le territoire tchèque. La population s'illustre par des actes de résistance non violents, comme l'enlèvement de la signalisation des rues afin de perdre les Soviétiques.

Chaud bouillant !

Savez-vous quelle température peut atteindre l'habitacle d'une voiture laissée en plein soleil ? Jusqu'à 70 °C. Vous comprenez pourquoi on ne laisse jamais un bébé ou un animal dans un véhicule, même la fenêtre ouverte. Ni des aliments congelés tout juste sortis du supermarché ; c'est ce qui s'appelle briser la chaîne du froid. Si, par hasard, il vous arrivait une telle mésaventure, ne recongelez jamais un produit décongelé. Sinon les bactéries emprisonnées se multiplieront à la prochaine décongélation, entraînant de graves risques pour la santé. Vérifiez aussi que vous n'avez pas laissé traîner sur le tableau de bord ou sur la lunette arrière des produits dangereux, de type briquet à gaz ou aérosols. L'explosion n'est pas loin.

Oh ! tu sais pas ?

Loin d'être une invention récente, le préservatif a été utilisé pour la première fois trois mille ans avant J.-C. par des soldats égyptiens qui voulaient se protéger des maladies vénériennes. Le préservatif était alors composé de boyaux de mouton ou de vessie de porc. C'est bien plus tard que le préservatif sera aussi employé comme moyen de contraception, composé de papier de soie, de tissu huilé, de soie ou de velours.

Infos en séries... TV

Inspirée du best-seller de Candace Brushnell et créée par Darren Starr (*Beverly Hills* et *Melrose Place*), la série *Sex and the City* (1998-2004) s'est vite imposée comme une référence pour les jeunes scénaristes (7 Emmy Awards, 8 Golden Globes). Et si les corps y sont exhibés souvent dénudés, il est drôle de noter que, dans son contrat, Sarah Jessica Parker avait une clause très spéciale : elle ne devait jamais être filmée entièrement nue.

La série *Sex and the City* est devenue si populaire et si emblématique de la ville de New York qu'une société a décidé d'organiser une visite des lieux les plus célèbres de la série. Pourtant, si les filles y vivent, la parcourent, s'y baladent et y habitent (Carrie au 245 East 73e Rue, Samantha au 300 Gansevoort Street, Charlotte au 700 Park Avenue et Miranda 331 West 78e Rue), aucune de ces adresses n'existe dans la réalité ! Mais alors, que visite-t-on ?

Distribution : *Sarah Jessica Parker (Carrie Bradshaw), Kim Cattral (Samantha Jones), Kristin Davis (Charlotte), Cynthia Nixon (Miranda), Chris Noth (Mister Big, saisons 1 et 2)*

Mots fléchés

Solution de la page 245

	S		B		P		P		G		S	
B	E	S	A	C	E		T	O	R	E	E	R
	M	O	R	D	R	E		H	E	U	R	E
V	E	N	E	R	O	N	S		E	X	I	L
	R		M	O	U	F	T	E	R		N	I
H	A	R	E	M		L	E	V		D	E	S
		O			R	E	M	A	K	E		
C	U	T	A	N	E	E			E	L	A	N
	R	E	N	O	M		T	A	T	A	M	I
J	U	R	O	N		P	O	R	C	I	N	E
	B		D	E	M	A	N	C	H	E	E	S
B	U	R	E		E	N		S	U	R		
		E		E	T	E	S		P	A	P	A
S	A	L	A	M	A	L	E	C			O	C
	M	O	M	U	Y		T	A	C	I	T	E
L	I	G	U	E	E	S		L	O	T	I	R
	B	E	S		R	O	B		C	A	N	E
A	E	R	E		E	C	R	O	U	L	E	E

« Le premier travail d'un manager n'est pas d'apporter la motivation, mais de supprimer les obstacles. »

Scott Adams

C'est arrivé le…

21 août 1940

Leon Trotski, exilé au Mexique, est assassiné par Ramon Mercader, agent secret commandité par Joseph Staline. Farouche opposant de Staline, Trotski avait été renvoyé du parti communiste avant d'être exilé en Asie centrale, puis banni de l'URSS. Il s'était réfugié au Mexique avec ses fidèles afin de préparer son retour.

Trois fûts, six caisses

Permutez des lettres, des syllabes ou des sons dans une phrase, et tout son sens en sera bouleversé – au risque de choquer les plus prudes d'entre vous. Mais tel est l'art de la contrepèterie, genre qui peut paraître désuet, longtemps rubrique phare des anciens almanachs Vermot, mais qui vit encore aujourd'hui de grandes heures, sur Internet ou Twitter par exemple (#contrepèterie). Essayez déjà avec le titre de cette rubrique et vous comprendrez. Et passez à la suite…

– Marine Le Pen
– Obama, quel mythe !
– Il court, il court, le furet.
– Les berges sont à vous (slogan publicitaire de la Mairie de Paris en 2014).
– Allégresse fausse !

Réponses

Amène le pire
Oh Mama, quelle bite !
Il court, il fourre, le curé.
Les verges sont à bout.
Ah les grosses fesses !

Cher compagnon

Votre toutou est votre compagnon idéal et vous procure d'immenses plaisirs depuis tant d'années. Seulement, il se fait vieux et vous n'arrivez pas à vous faire à l'idée qu'il ne soit plus à vos côtés. Clonez-le ! C'est ce que propose l'institut sud-coréen Sooam Biotech, le seul au monde à pratiquer cette technique. Et comme tout ce qui est rarissime est cher, il faut débourser 75 000 euros pour obtenir une copie génétiquement identique de son cher compagnon. L'institut n'en est pas à son premier essai : il a cloné une centaine de chiens en 2013. Et n'allez pas croire que seuls de riches illuminés succombent à la tentation : la société a signé un accord avec la police sud-coréenne, pour cloner ses meilleurs chiens policiers ! Le docteur Hwang Woo-suk, à la tête de cette compagnie, possède bien évidemment une réputation sulfureuse, pour ne pas dire douteuse. Ce qui ne l'empêche pas de vouloir maintenant cloner un mammouth laineux, espèce dont les derniers représentants ont disparu il y a environ 4 000 ans.

– Allez donc garer ma voiture !

Pour rire

Salon de l'auto : comment reconnaître les nationalités des visiteurs ?
– L'Allemand examine le moteur.
– L'Anglais examine les cuirs.
– Le Grec examine l'échappement.
– L'Italien examine le klaxon.
– Le Portugais examine la peinture.
– L'Américain examine la taille.
– Le Suisse examine le coffre.
– Le Chinois examine tout.
– Le Belge n'examine rien.
– Le Français examine la vendeuse.

Samedi 22 août

Saint Fabrice On fête aussi les Symphorien

Le soleil se lève à **06 h 54** et se couche à **20 h 52**

« Ne plus se souvenir, c'est peut-être ça, vieillir. »
Jean-Marie Poirier

C'est arrivé le…

22 août 1962

Un attentat contre le président Charles de Gaulle a lieu au Petit-Clamart, en soirée. Organisée par l'OAS, groupe d'ultras en faveur de l'Algérie française, l'opération Charlotte Corday est un échec. Si les douze hommes armés tirent près de 150 balles de fusils-mitrailleurs, aucune ne touche le président ni sa femme. L'instigateur de l'opération, Jean-Marie Bastien-Thiry sera condamné à mort et la dernière personne fusillée en France.

Rétro' Vermot

– Eh bien, ma brave femme, comment va votre mari ?
– Ah ! m'sieur ! Il va de pis en pis.
– Il est donc malade ?
– Ah ben qu'non ! Il trait nos vaches !… (1908)

LU DANS LA PRESSE

La sonate au clerc de lune, toujours d'actualité. (*Le Bien public*)
Le clair de lune peut-il amadouer un clerc ?

La bonne blague !

Une blonde entre dans un magasin pour acheter une télé. Elle demande au vendeur :
- Combien coûte cette télé ?
Le vendeur lui dit alors :
- Vous, je ne vous réponds pas, vous êtes blonde.
La jeune femme sort du magasin, très vexée, met une perruque brune et rentre. Elle s'adresse au même vendeur :
- Combien coûte la télé ?
Le vendeur refuse de lui répondre, à nouveau parce qu'elle est blonde. Sans se démonter, la blonde ressort du magasin, met une perruque rousse, rentre et se dirige vers le pauvre vendeur.
- Combien coûte la télé ?
Et toujours la même réplique : « Je ne vous réponds pas, vous êtes blonde. »
La blonde s'emporte :
- Mais pourquoi me traitez-vous de blonde ?
- Parce que ce que vous me montrez n'est pas une télé, mais un four.

Astuce Jardin : Protéger les plantes des insectes

Pour repousser les insectes qui dévorent systématiquement les feuilles de vos plantes, fabriquez-vous un spray naturel. Pour cela, mélangez une tête d'ail hachée avec un 1 l d'eau chaude, et laissez mariner pendant environ 4 heures. Pulvérisez cette préparation sur vos plantes malades, ou même en prévention : l'ail est efficace contre un large éventail d'insectes.

Le soleil se lève à
06 h 55
et se couche à
20 h 50

Dimanche **23 août**

Sainte Rose de Lima On fête aussi les Rosa, Rosy, Rosemonde

« Gouverner, ce n'est pas plaire. »

François Mitterrand

C'est arrivé le…

23 août 1927

En pleine période de « Peur rouge » – pendant laquelle l'Amérique craint la montée du bolchévisme –, les deux anarchistes Nicola Sacco et Bartolomeo Vanzetti sont exécutés sur la chaise électrique. Sacco et Vanzetti, accusés de meurtre lors d'un braquage, vont devenir des icônes de cette période. Le film *Sacco et Vanzetti*, de Giuliano Montaldo, leur est consacré, tout comme la chanson de Joan Baez : « Here's to you, Nicola and Bart ».

– Quand je pense que, pour te séduire, c'est moi qui t'ai appris à jouer aux échecs… Si notre relation devait recommencer, j'essaierai F1, le démarrage en mode sans échec !

@çagazouille : Jeu de Ver-mots

©Twitter

@olijuseb Quand on ouvre la porte du frigo, ça jette un froid !

@antoinegavoille Toussaint : le seul jour de l'année où l'on peut crier : « La crise, on t'aime ! »

@LeMotPeteChaud Ouverture des magasins de bricolage le dimanche. Une bonne excuse pour aller dépenser une brique au marché.

@OmarMaTwweteR J'ai su que je passais trop de temps sur mon PC le jour où ma voiture a calé. J'ai fermé toutes les fenêtres avant de redémarrer.

@JeromeBroda Avec l'avancée du wi-fi, si ça continue, les bébés naîtront bientôt sans cordon ombilical.

@olijuseb En Mongolie, Oulan bat Thor.

@WagramdeKok *Vivre à Marseille*, un livre édité aux éditions Plomb.

@Bobtoucour Je viens de changer de gouvernante, enfin une bonne nouvelle.

@antoinegavoille Quand je lui ai dit « ça va ma poule ? », elle m'a fait les gros œufs.

À l'origine…

La guigne

Autrefois, on croyait qu'un sorcier pouvait jeter un sort à quelqu'un rien qu'en regardant sa victime d'une certaine façon. Cette manière de regarder du coin de l'œil s'appelait « guigner ». C'est de là que viendrait l'expression « avoir la guigne ».

Ayez le melon

En période de chaleur estivale, s'il est un fruit apprécié, c'est bien le melon. Originaire d'Asie, le melon était connu en Chine, il y a déjà 3 000 ans. Il apparut dans les pays méditerranéens pendant l'Antiquité et arriva en France grâce à la religion catholique. En effet, le pape Clément VII, en allant s'installer à Avignon, en avait emporté dans ses bagages. Chez nous, l'un des plus grands amateurs de melon fut Alexandre Dumas ; au point de proposer au conseil municipal de Cavaillon un drôle d'échange : une rente annuelle de douze melons contre ses livres parus et à paraître !

Lundi 24 août

Saint Barthélemy On fête aussi les Argan, Aure

Le soleil se lève à **06 h 57** *et se couche à* **20 h 48**

« La plus belle mort, c'est d'être tué à 80 ans d'un coup de revolver par un mari jaloux. »

Francis Blanche

C'est arrivé le…

24 août 1943

La philosophe et résistante dans l'âme Simone Weil décède à Ashford à l'âge de 34 ans, de la tuberculose. Engagée dans de nombreuses causes, elle souhaite rejoindre les réseaux de résistants français, ce qu'on lui refuse à cause de sa santé fragile. À ne pas confondre bien sûr avec la femme politique française Simone Veil.

Esprit d'antan

« Un cheval, mon royaume pour un cheval », déclamait un acteur.
– Un âne ne suffirait pas ? lance un spectateur du balcon.
– Mais bien sûr, descendez donc, cher monsieur !

CERTAINS CARDINAUX NE SONT-ILS PAS TROP GÂTEUX POUR DEVENIR PAPE ?

Vermot'roscope

LION 23 juillet - 22 août

Amour

Votre côté Vierge sage et charmant/charmeur va être sérieusement mis à l'épreuve par un sentiment aussi redoutable qu'agréable et euphorisant : la passion. Et ce dès le début de l'année. Attention donc aux changements et sensations fortes que cela peut entraîner, même si vous les désirez secrètement. Passion, raison… vous savez bien… Prenez donc le temps de la réflexion, surtout si vous êtes en couple, et demandez-vous bien à quoi tiennent votre équilibre et votre bien-être sentimental. Mais on connaît vos capacités d'analyse et l'on ne s'inquiète pas des choix que vous ferez. Ce n'est pas une raison non plus pour devenir hermétique à toutes les tentations. Surtout pour les célibataires : l'âme sœur n'est pas loin. Conclusion : en couple ou seul pour pas longtemps, vous ferez des envieux.

Travail

Vous êtes réputé fiable, sérieux, efficace, avec l'esprit fonceur et ayant le sens du contact : autant d'atouts qui vont faciliter cette année votre vie professionnelle. Votre entourage va vous écouter un peu plus, c'est le moment de proposer vos idées et projets ou de renforcer votre position dans l'entreprise. Bref, imposez-vous ! Une bonne période aussi pour ceux qui souhaitent du changement. N'hésitez pas à être ambitieux et à vous impliquer à fond. Comme on dit, le travail paie toujours un jour ou l'autre. Et ce pourrait être dès le début 2015. Une bien belle année en perspective.

Santé

Vous l'avez compris en lisant les lignes ci-dessus, votre organisme sera très sollicité par les différents aspects de votre vie. Pour faire fructifier ces bons auspices, prévoyez d'ores et déjà de bien recharger vos batteries en vue d'une deuxième partie d'année assez intense. Une attention particulière devra être portée à votre système digestif. Soyez peut-être un peu moins gourmand. Pour le reste, pas de pépins de santé majeurs en vue : tonus et moral au beau fixe.

Argent

2015 s'annonce vraiment comme une bonne année car, après la vie professionnelle et les histoires de cœur placées sous de bons jours, l'aspect finances sera lui aussi marqué par un retour à l'équilibre. Voire mieux. Tentez une demande d'augmentation de salaire, par exemple. Tout ceci n'effacera pas votre côté impulsif en passant devant les magasins… Mais la raison l'emportera plus souvent qu'avant.

Ça c'est fait… divers

Plus la peine de vous vanter les mérites de l'humour britannique. Pourtant, on ne résiste pas à cette anecdote. Un Britannique, sur le point de mourir d'un cancer, exigea qu'après sa mort on l'incinère et que l'on place ses cendres dans un sablier standard avant de les remettre à sa femme. Lorsqu'on lui en demanda la raison, il expliqua que son épouse n'avait jamais su correctement cuire les œufs et que, s'il pouvait l'aider une dernière fois... Sa fille a trouvé l'idée « hilarante ». Sa femme, on ne sait pas. À moins qu'elle n'ait le même humour.

Mardi 25 août

Saint Louis On fête aussi les Clodomir, Patsy, Patricia

“L’essentiel est de savoir déceler ce qu’une femme peut donner et ce que, par suite, elle demande.”

Kierkegaard

C’est arrivé le…

25 août 1875

Matthew Webb est le premier homme à traverser la Manche à la nage. Parti de Douvres le 24 août en milieu de journée, il rejoint Calais 21 heures et 45 minutes plus tard. Au total, à cause des courants, il a parcouru 64 km. Par la suite, de nombreux nageurs se lanceront le même défi.

Pour rire

Une jeune femme dit à son mari qui vient de rentrer du travail :
– Chéri, j’ai une grande nouvelle pour toi : très bientôt nous ne serons plus deux dans cette maison, mais trois.
Le mari est fou de joie et embrasse sa femme, qui poursuit :
– Je suis bien contente que tu le prennes comme ça. Maman arrive demain matin.

Tout doux !

Vous êtes d’une nature plutôt ronchonne, voire carrément colérique, vous avez du mal à ne pas vous emporter à la moindre petite contrariété et vous avez plus de 60 ans ? Attention, l’infarctus vous guette. Tel est l’un des enseignements d’une étude menée par une équipe de chercheurs de l’école de médecine de l’université de Harvard, à Boston (Massachusetts). 1 300 hommes, d’un âge moyen de 62 ans et de caractères très différents, ont été suivis pendant sept ans. Résultat : les grincheux ont plus de risque que les autres de connaître un arrêt cardiaque. Et ce n’est pas la peine de vous mettre en colère parce que l’on vous dit ça !

L’hydromel, la boisson des dieux

Boisson ancestrale, l’hydromel est un alcool fermenté fait à base d’eau et de miel. Si, pour beaucoup, ce breuvage fait référence à la potion magique qu’affectionnent Astérix et Obélix, l’histoire de l’hydromel est entourée de mythes et de légendes bien plus augustes. Il faut dire que cette boisson est l’une des premières que l’homme ait bues, puisque son origine remonte au néolithique, soit 9 000 ans avant Jésus-Christ. La première recette écrite nous vient d’Aristote, en -350. Très présente dans la mythologie nordique, on servait le plus souvent cette boisson en offrande aux dieux. En ces temps reculés, on prêtait au breuvage la capacité d’infliger une violente raideur et d’assommer sur le coup celui qui en buvait. D’après la légende, ce choc provenait du venin d’abeille qui était incorporé lors de la confection de l’hydromel, ce qui expliquerait les longues chevelures des guerriers vikings, destinées à amortir la chute provoquée par la boisson. Aujourd’hui, en France, la fabrication de l’hydromel est très encadrée, on la produit majoritairement en Bretagne où elle est également appelée « chouchen ».

LES SOLDES SUR INTERNET

Maître de bonne compagnie

Jouer pour bien grandir

Le jeu fait grandir : une lapalissade à prendre pourtant au pied de la lettre. Certains spécialistes du comportement félin estiment qu’en jouant, le chaton se prépare aux activités de l’âge adulte. De cette façon, il développerait ses réflexes ainsi que la sûreté de ses mouvements. Courir, bondir, sauter ou griffer par le jeu représentent donc des mouvements d’apprentissage annonçant déjà les gestes que fera plus tard votre minet pour chasser, se battre ou s’enfuir.

Mercredi 26 août

Sainte Natacha On fête aussi les Nathalie, Eulade

Le soleil se lève à **06 h 59** et se couche à **20 h 44**

« La femme est comme votre ombre : courez après, elle vous fuit ; fuyez-la, elle court après vous. »

Alfred de Musset

C'est arrivé le…

26 août 1910

Anjezë Gonxhe Bojaxhiu, plus connue sous le nom de Mère Teresa, naît à Skopje, dans les Balkans. Elle entre dans les ordres à l'âge de 18 ans et consacre sa vie aux personnes les plus pauvres, aux nécessiteux, avec sa congrégation de religieuses, *Les Missionnaires de la Charité*. Elle meurt en 1997 et est béatifiée par le pape Jean-Paul II six ans plus tard.

Pour rire

À l'école, la maîtresse demande aux élèves de raconter un événement inhabituel qui leur est arrivé récemment. Elle propose ensuite à quelques élèves de lire leur texte. Arthur se lève et commence :

– La semaine dernière, papa est tombé dans le puits au fond du jardin.

– Doux Jésus ! s'exclame la maîtresse, il va bien au moins ?

– Je suppose, répond Arthur. Il a arrêté d'appeler à l'aide hier.

Oh ! tu sais pas ?

Le système reproductif des hippocampes, ces petits chevaux de mer, est très original. En effet, ce ne sont pas les hippocampes femelles qui donnent naissance aux petits, mais les mâles. Monsieur porte en effet entre 100 et 200 œufs qu'il incube pendant trois à quatre semaines, ne les expulsant que lorsque les petits sont capables de se débrouiller sans lui. Dès qu'une incubation prend fin, une autre recommence très rapidement avec des œufs issus de la même mère.

Fruits oubliés : *le cédrat*

Le cédrat est un gros agrume à la peau épaisse et rugueuse, auquel on a longtemps attribué des vertus mystiques. En effet, on l'utilisait déjà au Moyen Âge dans certaines opérations magiques. Symbole de longévité et de fécondité, le cédratier était pour le peuple juif un arbre sacré, c'est pourquoi son fruit n'était pas soumis à la dîme. Lointain cousin du citron, le cédrat est aujourd'hui majoritairement cultivé au Maroc ou en Italie, et de manière plus marginale en Corse, terre où il a longtemps prospéré. Originaire d'Asie du Sud-Est, ce sont en fait les navigateurs grecs qui l'ont amené dans les cales de leurs bateaux sur l'île de Beauté, au IIIe siècle après Jésus-Christ. La forme bosselée et verruqueuse de l'agrume n'a pas tout de suite séduit les insulaires, puisque même les cochons n'en voulaient pas ! Il connaîtra finalement ses heures de gloire au XIXe siècle, époque à laquelle le cédrat confit fut un produit de luxe prisé dans toute l'Europe. Ce fruit oublié, qui n'offre que très peu de jus, est aujourd'hui principalement utilisé pour la fabrication de confitures, sirops et autres essences.

HISTOIRE, HISTOIRES…

Les rois et leur entourage se plurent souvent à cuisiner. Ainsi, Louis XIII aimait confectionner les gâteaux et les omelettes, il faisait d'excellentes confitures et réussissait parfaitement les beignets. Mazarin inventa un pâté. La duchesse de Bourgogne imagina une sauce dans laquelle entraient du sucre et du vinaigre. Le comte de Moret, fils d'Henri IV, mit au point la liqueur de genièvre. Louis XV fut l'inventeur de l'omelette aux pointes d'asperges. Le baba est un gâteau que l'on doit au roi de Pologne, Stanislas. Le pape Clément XIV ne mangeait jamais rien qu'il n'eût fait cuire lui-même. Napoléon, lui, essaya en vain, à plusieurs reprises, de confectionner une omelette de son invention.

Le soleil se lève à **07 h 01** et se couche à **20 h 42**

Jeudi **27 août**

Sainte Monique On fête aussi les César, Mona, Lewis

« Toute révolution qui n'est pas accomplie dans les mœurs et dans les idées échoue. »

Chateaubriand

C'est arrivé le…

27 août 1975

Haïlé Sélassié Ier décède à l'âge de 83 ans, à Addis-Abeba. Les circonstances de la mort du dernier empereur d'Éthiopie restent floues. Il avait été renversé le 12 septembre 1974 par un coup d'État consécutif à une grande grève générale. Il fallut attendre encore quatre ans pour que le pays connaisse réellement la démocratie.

À l'origine…

Le camélia, digne des reines

Un missionnaire, le père jésuite Camellus (1661-1706), rapporta un arbuste du Japon et lui donna le nom de *Camelia japonica*, puis le cultiva en Toscane. En 1805, Napoléon 1er découvrit la fleur et s'extasia : « Une couronne de camélias est trop légère pour une tête de roi. Mais elle est assez belle pour ceindre le front d'une reine. »

– Et maintenant, l'histoire du soir : Dow Jones recule de 0,12 %, Nikkei 225 baisse de 1,7 %, NASDAQ, +0,26 %.

Allez Allais !

Ministre (n. m.) : homme ou femme politique nommé pour ses compétences spécialisées.
Exemple : Paul-Émile Rabluchon (1911-1992) : 1962-1963 : ministre des Transports ; 1964-1967 : ministre de la Santé ; 1967-1969 : ministre de la Culture et des Beaux-Arts ; 1970 : ministre du Commerce et de l'Industrie ; 1971-1973 : ministre des Sports ; 1974-1978 : ministre des Finances ; 1978-1980 : ministre de la Condition féminine.

Misère (n. f.) : situation économique qui a l'avantage de supprimer la crainte des voleurs.

Modération (n. f.) : camarade de beuverie.
Ex. : À boire avec modération.

Navré (adj.) : se dit d'un homme qui est désolé mais qui s'en fout.

Néfertiti : reine d'Égypte qui vivait au fond du couloir, à gauche.

Niche fiscale (loc) : paradoxalement, le seul cas de figure où le contribuable n'est pas traité comme un chien.

Ordinateur (n. m.) : appareil qui, par ses caprices, peut se transformer en véritable machine à aigrir.

Vendredi 28 août

Saint Augustin On fête aussi les Adelinde, Linda, Hermès

Le soleil se lève à 07 h 03 et se couche à 20 h 40

« Si l'on pouvait prolonger le bonheur de l'amour dans le mariage, on aurait le paradis sur la terre. »

Rousseau

C'est arrivé le…

28 août 1963

Martin Luther King prononce son fameux discours « I have a dream », devant le Lincoln Memorial de Washington. Ce jour est marqué par la marche dite « des droits civiques », dénonçant la ségrégation raciale aux États-Unis. Cet engagement vaudra au pasteur de recevoir le prix Nobel de la paix en 1964.

À l'origine…

Biscuit

Le mot « biscuit » peut vous faire penser à son homonyme anglais et croire que le terme nous vient d'outre-Manche. Pas du tout ! Le mot est bien français et signifie : deux fois cuit (bis et cuit). C'était une méthode de cuisson du Moyen Âge. Désolé, messieurs les Anglais !

Pour rire

Deux brunes et une blonde sont échouées sur une île déserte. C'est alors qu'un génie apparaît. Il demande à la première brune d'exaucer un vœu. Immédiatement, elle dit :

« Je veux retourner chez moi. »

Et hop, elle disparaît. Vœu exaucé. La deuxième brune dit alors :

« Je veux retourner chez moi aussi. »

Et hop, elle disparaît. Vœu exaucé. Le génie se tourne vers la blonde et la voit en train de pleurer.

– Mais qu'avez-vous, chère demoiselle, lui demande-t-il ? Quel est votre vœu ?

– Elles m'ont laissée toute seule, répond-elle en larmes. Je veux qu'elles reviennent !

« Liberté, Égalité, Fraternité »

Qui ne connaît pas la fameuse devise « Liberté, Égalité, Fraternité » que tous les petits Français apprennent à l'école ? Avant de faire partie du patrimoine national et de devenir un véritable symbole de la République française, cette devise a pourtant été remise en cause à de nombreuses reprises.

Elle est évoquée pour la première fois lors de la révolution de 1789, Robespierre souhaitant inscrire les notions de liberté, d'égalité et de fraternité sur les uniformes et sur les drapeaux en 1790. Le projet n'aboutit pas, mais les Parisiens, rapidement suivis des habitants d'autres villes, reprennent son idée et inscrivent dès 1793 ces notions sur les murs de leurs maisons.

Disparue sous le Premier Empire, la devise réapparaît lors de la révolution de 1848, où elle est définie comme un principe de la République dans la Constitution.

Délaissée sous le Second Empire, elle s'érige finalement en véritable symbole sous la IIIe République. Elle fait toutefois l'objet de controverses, la notion d'égalité supposant un alignement social et la notion de fraternité étant associée à la chrétienté.

La devise « Liberté, Égalité, Fraternité » est inscrite dans la Constitution de 1958, notre constitution actuelle.

– J'ai lu sur ton horoscope que demain il y aurait pour toi une rencontre Vénus-Platon avec Neptune, il va falloir rajouter trois couverts !

@çagazouille : Jeu de Ver-mots

©Twitter

@olijuseb Le pharmacien vous rappelle de respecter la pause au logis !

@sachamoule Deux Espagnols jouent à la belote : – Atout pique ! – Pourtant yé mé souis rasé.

@LeRenOich Il était une fois une histoire d'amour entre un perroquet et un fromage. Ainsi naquit le ara Kiri©.

@LeMotPeteChaud Finalement, faire ses courses sur le Net, c'est jouer achat et à la souris.

@DamienfaitIcon Avant les réseaux sociaux, on ne pouvait pas sauver un enfant malade avec des « J'aime » sur Facebook.

« Où n'entrent en jeu ni amour ni haine, la femme n'est qu'une médiocre actrice. »

Nietzsche

C'est arrivé le...

29 août 1966

Après une tournée houleuse en Asie, les Beatles sont accueillis par des menaces aux États-Unis. En effet, les propos de John Lennon, qui avait affirmé quelques mois plus tôt que les Beatles étaient « plus populaires que Jésus », n'ont pas vraiment plu. Leurs concerts doivent maintenant faire l'objet d'une protection policière. Cette tournée, achevée au Candlestick Park de San Francisco, sera leur dernière.

Dans le baba

La légende raconte que le célèbre gâteau, le baba au rhum, devrait son nom à Stanislas Lecsinski, beau-père de Louis XV. Il avait eu l'idée d'arroser un kugelhof avec du rhum et de le faire flamber. Parce qu'il lisait ce soir-là les aventures d'Ali Baba et les 40 voleurs, il donna ce nom à sa trouvaille. Plus tard, en 1820, le nom de Charlotte fut également donné à ce gâteau par Antonin Carême, en souvenir de la nourrice qui l'avait élevé. Heureusement, elle avait un prénom plutôt commun et agréable. Imaginez demander une « cunégonde » chez le boulanger, cela semblerait tout de suite moins appétissant.

Oh ! tu sais pas ?

Le « humuhumunukunukuapua'a » est le poisson officiel de l'île d'Hawaï et l'un de ses emblèmes. Plus couramment appelé « baliste écharpe » ou encore « baliste picasso à bandeau noir », le humuhumunukunukuapua'a est une variété de baliste coloré, qui peut atteindre 30 cm de long et vit dans plusieurs mers et océans en dehors de l'océan Atlantique.

C'est la crise

Selon un sondage réalisé par un fabricant de préservatifs américains, s'ils avaient à choisir entre une relation sexuelle et l'opportunité d'aller faire les courses pendant deux heures sans payer, plus de la moitié des Américains choisirait le shopping. Ah ! vivre d'amour et d'eau fraîche, ce n'est plus ça en temps de crise.

Infos en séries... TV

À l'origine, *Urgences* était prévue pour devenir un film de cinéma réalisé par Steven Spielberg. Jusqu'à ce que le réalisateur s'intéresse, en 1993, à une autre idée de son créateur, Michael Crichton : *Jurassic Park*.

Urgences a introduit la *steadycam* dans le tournage des séries.
En réalité, on doit cette innovation aux locaux trop exigus de l'hôpital d'East Los Angeles, où fut enregistré l'épisode pilote en attendant que la série possède ses propres studios.

C'est Goran Visnjic lui-même qui inventa le nom de son personnage dans *Urgences*. Les scénaristes étant incapables de trouver un nom croate correct, Goran prit le prénom de son neveu, Luka, qu'il associa au nom de son meilleur ami, Kovac. Ainsi est né Luka Kovac.

Pour rire

– Chéri, je viens de faire un rêve incroyable. Je rêvais que tu m'offrais un collier de perles pour la Saint-Valentin. À ton avis, qu'est-ce que ça peut vouloir dire ?
Le mari répond avec un petit sourire complice :
– Tu le sauras ce soir.
Ce soir-là, l'homme rentre avec un petit paquet cadeau. Sa femme, ravie, commence à le déballer, et à l'intérieur découvre… un livre intitulé **L'interprétation des rêves.**

Dimanche 30 août

Saint Fiacre On fête aussi les Edna, Fantine, Edern

Le soleil se lève à **07 h 05** *et se couche à* **20 h 36**

« *La joie est en tout, il faut savoir l'extraire.* »

Confucius

C'est arrivé le…

30 août 1963

Les gouvernements des États-Unis et de l'Union soviétique mettent en place une ligne de communication directe appelée « téléphone rouge ». À n'utiliser qu'en cas d'urgence ! En effet, la Maison-Blanche et le Kremlin ont installé cette ligne pour désamorcer les conflits à la suite de la crise des missiles, qui a failli mener le monde à une troisième guerre mondiale.

TOP CHRONO : LA TÉLÉVISION

- **28 août 1966 : première représentation depuis le théâtre Marigny d'*Au Théâtre ce soir*, programme conçu par Pierre Sabagh. La pièce s'intitule *J'y suis, j'y reste*. Titre prémonitoire, puisqu'*Au Théâtre ce soir* durera jusqu'en 1988.**
- **Avril 1967 : Armand Jammot présente sur la deuxième chaîne un concept révolutionnaire : un film, puis un débat. Ce sont *Les Dossiers de l'écran*.**
- **Septembre 1967 : Pierre Tchernia prend les commandes de *Monsieur Cinéma* sur la deuxième chaîne. Début du journal télévisé sur cette même chaîne.**
- **1er octobre 1967 : la télévision couleur arrive en France, sur la deuxième chaîne. On dénombre 1 500 téléviseurs couleur en France.**
- **Fin 1967 : 58 % des foyers sont équipés d'un poste de télévision, selon l'INSEE.**

Rétro' Vermot

On a appelé La Fontaine le Bonhomme probablement parce que c'était un homme affable. (1906)

QUEL AVENIR POUR LA POSTE ?

Recette

SOUPE FROIDE DE CONCOMBRE

Pour 4 personnes :

- 1 concombre
- 20 cl de crème liquide
- 1 cuillère à soupe de vinaigre
- Un petit bouquet de menthe fraîche
- Sel et poivre

Coupez en deux le concombre dans le sens de la longueur et retirez les pépins. Mixez et ajoutez ensuite la crème liquide, le vinaigre et la menthe fraîche finement hachée. Assaisonnez à votre convenance avec le sel et le poivre. Enfin, laissez rafraîchir votre velouté pendant au moins 2 heures au réfrigérateur. À servir très frais et décoré d'une feuille de menthe fraîche.

Maître de bonne compagnie

Tout propre !

Le chat est un animal propre, et c'est pour cela qu'il a autant de succès dans nos foyers. Le chaton commence à gratter le sol vers l'âge de 30 jours. Quelques jours plus tard, grattage et élimination sont deux notions qu'il assimile. Il est alors prêt à adopter le bac à litière. Un chaton recueilli avant l'âge d'un mois aura besoin d'être éduqué.

Lundi 31 août

Saint Aristide On fête aussi les Agyle, Joseph, Ammie

« L'éléphant est le seul mammifère qui peut se masturber en gardant les mains libres. »

François Cavanna

C'est arrivé le…

31 août 1937

Naissance, dans les textes, de la SNCF. Cette société possédée à 51 % par l'État, regroupe les réseaux publics de l'Ouest et d'Alsace-Lorraine et ceux, privés, de la Compagnie de l'Est, de Paris-Lyon-Méditerranée, de la Compagnie du Nord et de Paris-Orléans-Midi. La création de la SNCF est effective au 1er janvier suivant, et Pierre Guinand en devient le premier président.

Esprit d'antan

– Monsieur de Rivarol, combien d'années me donnez-vous ? demandait une vieille coquette à l'homme célèbre.
– Pourquoi vous en donnerais-je, madame ? N'en avez-vous donc pas assez ?

HISTOIRE, HISTOIRES…

Le vin employé comme médicament n'est pas une invention de notre époque moderne. Depuis Noé, on attribue au vin des vertus curatives, reconnues parfois aujourd'hui par le corps médical, à condition que la modération reste de mise… Fayon, médecin attiré du Roi-Soleil, recommandait à ce dernier les propriétés du vin de nuits-saint-georges. Il paraît qu'il soulagea ainsi Louis XIV de problèmes digestifs. Toute sa cour lui emboîta le pas, d'où la renommée du terroir bourguignon. Plus tard, des expériences ont montré les vertus des vins de saint-julien et de pessac-léognan pour calmer l'asthme. Les crus de saint-estèphe et de pauillac, quant à eux, remettraient plus rapidement en forme après une intervention chirurgicale. Et si l'on demandait à la Sécurité sociale le remboursement de nos bouteilles ?

Ça zlatanne !

- Zlatan a déjà vu Monaco jouer dans son stade comble.
- Si les sportifs se dopent, c'est pour espérer rivaliser avec Zlatan.
- Zlatan est allé sur Wikipédia pour savoir qui était Laurent Blanc. Et il ne sait toujours pas qui c'est.
- Zlatan peut jouer en triangle tout seul.
- Zlatan peut gagner Roland-Garros avec une raquette de badminton.
- Zlatan comprend les paroles de l'hymne de la ligue des champions de l'UEFA.
- Zlatan peut te faire passer un sale quart d'heure en 5 minutes.
- Si le PSG a recruté un jardinier, c'est juste pour conserver l'herbe sur laquelle Zlatan a marché.
- Zlatan porte toujours deux maillots, pour se les échanger après le match.
- Zlatan ne tire pas sur la barre transversale, il teste la solidité des buts.

Mardi 1er septembre

Saint Gilles On fête aussi les Tamara, Glen, Victor, Loup, Véra

Le soleil se lève à **07 h 08** *et se couche à* **20 h 32**

« *Il faut agir en homme de pensée et penser en homme d'action.* »

. Bergson

C'est arrivé le…

1er septembre 1902

Sortie du film *Le Voyage dans la Lune*, réalisé par Georges Méliès. Inspiré par les romans *De la Terre à la Lune*, de Jules Verne, et *Les Premiers Hommes dans la Lune*, de H.G. Wells, le film raconte les aventures de six spationautes sur la Lune. On assiste, avec cette œuvre, à la naissance des effets spéciaux et à l'avènement du cinéma de fiction.

@çagazouille : Jeu de Ver-mots

©Twitter

@LeMotPeteChaud Bientôt septembre et ma mémoire d'août retombe.
@antoinegavoille La planche à voile, c'est très surfé…
@LaMortLaVraie J'ai deux passions dans la vie : – Tricoter des pulls. – Les contrepèteries.
@geralddahan Les Français sont habitués au triple A : ANPE ASSEDICS et AGIOS.
@mic_hug La chanson préférée des paysans russes célibataires : « Quand la moujik est bonne ».

Pour rire

Une blonde fait l'amour avec un homme rencontré dans un bar. Au bout d'un moment, elle lui demande :
– Tu n'as pas le sida, au moins ?
– Mais non !
Ils continuent, puis la blonde redemande :
– Tu es vraiment sûr que tu n'as pas le sida ?
– Mais je te dis que non ! Et puis pourquoi cette question ?
– Parce que ça m'embêterait vraiment de l'attraper une deuxième fois.

Septembre

Baptisé *september* par les Romains, tout simplement pour désigner la septième place qu'il occupait dans le calendrier de Romulus (avant de changer de place), le mois de septembre a fait l'objet de bien des convoitises. On tenta de l'appeler *tiberius*, en l'honneur de Tibère, *germanicus*, *antoninus*, pour Antonin-le-Pieux, ou encore *herculeus* ou *tacitus*. Mais il resta septembre.
Septembre 1159 nous offre une curiosité et un événement historique avec l'élection de deux papes à Rome. Pour succéder à Adrien IV, les cardinaux n'arrivaient pas à s'entendre… Les uns choisirent Roland, rebaptisé Alexandre III, et les autres le cardinal Octavien, qui prit Victor IV comme nom de pape. Ce fut la guerre entre les deux, et l'Église fut divisée entre ces deux papes jusqu'à la mort de Victor IV, en 1164.
En septembre, l'histoire prit de la hauteur en deux occasions : le 19 septembre 1783, avec les frères Montgolfier qui firent s'élever dans le ciel de Versailles leur premier ballon d'air chaud ; puis le 23 septembre 1913, avec la première traversée de la Méditerranée par l'aviateur Roland Garros – celui-là même qui donna son nom au tournoi de tennis du grand chelem de la porte d'Auteuil.
Et nos chères têtes blondes seront heureuses de savoir que la bataille de Marignan – « 1515, m'sieur ! » – se déroula le 13 septembre, sous le règne de François Ier, qui s'en allait reconquérir le Milanais (Italie) perdu par Louis XII.
Les fans de montres retiendront la disparition de l'horloger Abraham-Louis Bréguet, surnommé « le La Fontaine de la mécanique » parce qu'il avait du génie sans s'en douter et sans y croire. Notons aussi celle de Jean-Baptiste Colbert, le 6 septembre 1683, intendant du cardinal Mazarin et fondateur du commerce. On dit aussi qu'il fut l'instructeur de Louis XIV, un roi qui partageait son destin calendaire, puisque né le 5 septembre 1638 et mort le 1er septembre 1715.
Enfin, les bons vivants célébreront une coupe à la main la disparition du moine bénédictin dom Pérignon, l'inventeur de la champagnisation, de la forme de la bouteille de champagne… et de la flûte.

Tank you !

Les militaires chinois doivent faire face à un problème bien singulier : leurs conducteurs de tank n'arrivent plus à pénétrer dans leurs machines de guerre. Il y a trente ans, lors de l'élaboration des tanks, les concepteurs n'avaient en effet pas prévu que la population chinoise évoluerait en taille et en poids. Or, les soldats chinois d'aujourd'hui sont plus grands en moyenne de 2 cm et possèdent un tour de taille plus large de 5 cm que la génération précédente. Et ils se sentent donc plutôt à l'étroit dans leurs tanks. Que faire ? Changer les critères de sélection physique des conducteurs ou construire de nouveaux tanks plus adaptés ?

> “Parler sans penser, c'est tirer sans viser.”
>
> Miguel de Cervantes

– Ah ! Madame, pour vous je ferai n'importe quoi.
– Vous avez pris une bonne asurance-vie ?

C'est arrivé le…

2 septembre 1910

Atteint de gangrène à la jambe, le peintre Henri Rousseau décède à l'hôpital Necker de Paris. Après des études de droit, il avait travaillé à l'octroi de Paris, ce qui lui valut son surnom de Douanier. Figure de proue de l'art naïf, son œuvre est composée de nombreux paysages locaux, mais aussi de représentations de la jungle, bien qu'il n'ait jamais voyagé. Reconnu sur le tard, il inspirera de nombreux artistes par la suite.

Le cauchemar du Shar-Peï

Bon sens proverbial

« Si, toute l'année, il y avait des cerises, messieurs les médecins n'iraient plus qu'en chemise. »

« Si on avait toujours des cerises et des raisins, on pourrait se passer de médecin. »

« Pour bien se porter, il faut petit-déjeuner comme un roi, déjeuner comme un prince et dîner comme un mendiant. »

« Qui boit de l'eau le matin fait la nique au médecin. »

« Pomme du matin éloigne le médecin. »

« Qui mange une pomme tous les jours vit cent ans. »

La bonne blague !

Une mère dont les trois filles sont encore vierges s'apprête à les marier dans la plus pure tradition catholique. Soucieuse de leur première expérience sexuelle, elle leur fait promettre d'envoyer une carte postale pendant leur voyage de noce avec un petit commentaire sur l'événement intime.

La première carte postale arrive de Venise, avec un seul mot : « Nescafé® ». Intriguée, la mère se rend dans un supermarché, prend un pot de Nescafé® et lit le slogan : « Bon jusqu'à la dernière goutte ! » Elle rougit, mais rentre heureuse pour sa fille.

La deuxième carte postale arrive deux semaines plus tard, des Maldives. Avec pour mention : « Benson & Hedges® ». La mère se rue au tabac du coin, achète un paquet de cigarettes de la marque et lit le slogan : « extra long – king size ». Très gênée devant la buraliste, elle rentre chez elle heureuse pour sa deuxième fille.

Quelques semaines plus tard, alors qu'elle commençait à désespérer, la carte postale de sa troisième fille arrive enfin à la maison, avec ces mots, « British Airways », soulignés trois fois. Ni une, ni deux, la mère se jette sur son ordinateur, va sur le site Internet de la compagnie aérienne et tombe sur ce slogan : « Trois fois par jour, sept jours par semaine et dans les deux sens. » Et elle s'évanouit.

Vermot'jardin

Septembre

- C'est la période idéale pour planter les conifères : la terre encore chaude garantit un bon enracinement.
- Installez narcisses, perce-neige et muscaris en jardinière.
- Arrachez les rosiers qui ne font plus de fleurs et bouturez vos rosiers grimpants.
- Il est temps de faire les dernières récoltes de légumes d'été : tomates, concombres et poivrons.
- Protégez vos salades des limaces et escargots en installant pièges et appâts.
- En plantant dès maintenant vos fraisiers, ces derniers auront le temps de bien s'installer avant le début de l'hiver.

Le soleil se lève à **07 h 11** et se couche à **20 h 28**

Politiquement… incorrect

– Hollande est pour le mariage pour tous… Sauf pour lui ! (*Gérard Longuet*)

– Un gay qui vote à droite, c'est comme une dinde qui vote pour Noël. (*Jean-Luc Romero ; premier homme politique de droite à avoir révélé sa séropositivité, UMP devenu socialiste*)

– Sarkozy est passé de la présidence bling-bling à la présidence couac-couac. (*François Hollande*)

– Le vrai changement au PS, ce serait de gagner. (*Bertrand Delanoë*)

– On ne peut pas s'entendre avec tous les ministres, car tous les ministres ne peuvent pas s'entendre. (*Éric Besson, ministre sous la présidence de Sarkozy*)

– Souvent, les courants d'air proviennent de ce qu'il y a trop d'ouverture. (*Josselin de Rohan, RPR/UMP, ancien président du conseil régional de Bretagne*)

– Une touche de rose, vert, rouge : c'est le retour de la gouache plurielle. (*Luc Chatel, ancien ministre de l'Éducation nationale, UMP*)

– Quand le moment est venu, l'heure est arrivée. (*Raymond Barre*)

– Si elle s'appelait République, Ségolène ne séduirait pas nos électeurs. (*Philippe de Villiers à propos de Ségolène Royal*)

– Heureusement qu'on vous a ; et, en plus, je suis sincère. (*Bernadette Chirac à Nicolas Sarkozy*)

– L'an dernier, les carottes étaient râpées ; cette fois, elles sont cuites. (*Bernard Poignant, député européen PS*)

« Mauvais éloge d'un homme que de dire : son opinion politique n'a pas varié depuis quarante ans. »

Victor Hugo

C'est arrivé le…

3 septembre 1928

Lors d'une expérience, le biologiste Alexander Fleming découvre accidentellement la pénicilline. Il est le premier à en comprendre l'intérêt et à l'expliquer. Cette avancée scientifique lui vaudra de recevoir le prix Nobel de physiologie ou médecine, partagé en 1945 avec Ernst Boris Chain et Howard Walter Florey.

LU DANS LA PRESSE

Magneux-Haute-Rive. Un camion chargé de bouteilles d'eau minérale prend feu sur l'autoroute A72.
(*Le Progrès*)
Et rien pour éteindre l'incendie…

– Bien sûr, qu'il est faux, mon billet ! C'est pour payer votre faux-filet !

« Personne ne veut être plaint de ses erreurs. »

Vauvenargues

C'est arrivé le…

4 septembre 1998

Dans leur garage de Menlo Park, en Californie, Larry Page et Sergueï Brin fondent la société Google. Les deux informaticiens se sont rencontrés trois ans plus tôt sur les bancs de l'université de Stanford. Ensemble, ils créent un moteur de recherche plus efficace que ceux existant à l'époque. Depuis, leur outil est devenu la référence, et la société Google s'est diversifiée avec des outils comme Google Maps, Google Earth, YouTube ou Android.

Pour rire

Une épouse demande à son mari :
– Peux-tu aller au marché et acheter un carton de lait ? Et, s'il y a des œufs, prends en six.
Quelques instants plus tard, le mari revient avec six cartons de lait. Sa femme lui demande :
– Pourquoi as-tu acheté six cartons de lait ?
– Parce qu'il y avait des œufs.

@çagazouille : #MaladieMovie

- Le dernier tango à Panari
- L'agence tourista
- Verrue *bad trip*
- Mélanome et une femme
- Bruce tout impuissant
- L'hépatite sirène

Bouh les poux !

Vous avez des enfants en bas âge ou des petits-enfants ? Alors vous n'échapperez pas, un jour ou l'autre, surtout à la rentrée des classes, aux poux. Pour éviter de perdre du temps et de l'argent, et afin de régler le problème au plus vite, voici une liste d'idées reçues à combattre avant les petites bêtes.

Ce qui ne sert à rien :

Changer les taies d'oreillers tous les jours, laver tous les doudous

Les poux ne tombent pas sur le lit ou sur les oreillers. Les lentes sont fixées fermement au cheveu, et vous aurez du mal à les en déloger ! Tant que la personne ne se coiffe pas au-dessus du lit, il n'y a pas de poux dans le lit.

Débuter un traitement dès que l'enfant se gratte la tête

Si votre enfant se gratte la tête, il n'a pas forcément de poux. Assurez-vous d'abord que les petits points blancs ou gris dans les cheveux sont bien des lentes (des pellicules, peut-être ?). Attendez d'être sûr avant d'engager la bataille.

Se parfumer à la lavande

Aucune odeur ne fait fuir les poux, pas même celle de lavande. Et si son huile essentielle, le lavandin, est un produit reconnu insecticide, et donc capable de tuer les poux, il est surtout toxique et dangereux pour les enfants.

La suite demain…

ÇA ASSURE !

– Ma femme s'entête à vouloir conduire à nouveau la voiture quand elle sera à la retraite. Je lui ai dit que vous nous feriez payer plus cher parce qu'elle n'a pas conduit depuis dix ans et que vous aviez dit qu'elle était novice, mais ça lui fait plaisir. Pas de payer plus cher, mais d'être encore novice à son âge.

– J'avoue que je n'aurais pas dû faire demi-tour sur l'autoroute avec ma caravane, mais j'avais oublié ma femme à la station-service.

– Je m'interroge au sujet de mon assurance-vie : ai-je intérêt à décéder tout de suite ou dois-je attendre l'âge de la retraite ?

« Si une femme est mal habillée, on remarque sa robe, mais si elle est impeccablement vêtue, c'est elle que l'on remarque. »

Coco Chanel

C'est arrivé le…

5 septembre 1972

Pendant les JO de Munich, des terroristes de l'organisation palestinienne Septembre noir prennent en otage des membres de la délégation israélienne en plein cœur du village olympique. Onze membres de l'équipe d'Israël sont assassinés, ainsi qu'un policier allemand et cinq des huit terroristes lors de la tentative de libération. Les trois autres sont arrêtés.

Oh ! tu sais pas ?

Aux États-Unis, toutes les personnes non identifiées sont désignées par le nom « John Doe » pour les hommes, ou « Jane Doe » pour les femmes. C'est généralement le cas de personnes que l'on retrouve blessées et inconscientes, ou de personnes décédées sans leurs papiers. D'autres pays utilisent également un nom générique pour désigner les personnes non identifiées : les Pays-Bas, « Jan Jansen », l'Allemagne, « Max Mustermann » et l'Angleterre, « John Smith ».

Bouh les poux !

Ce qui ne sert à rien :

Se teindre les cheveux

Cela ne sert à rien. La teinture à cheveux n'est pas un répulsif.

Faire des shampoings au vinaigre ou à l'huile d'olive

Le vinaigre ne tue pas les poux, tout comme on n'attrape pas de mouches avec. En revanche, très fortement dilué, il peut être utilisé pour aider à décoller les lentes. Versez une cuillère de vinaigre dans un verre d'eau, appliquez, laissez agir 10 minutes, puis passez un peigne fin sur chaque mèche. L'huile d'olive, elle, n'a aucune efficacité sur les lentes, ni sur les poux.

À ne surtout pas faire :

Utiliser un traitement vétérinaire sur un enfant. Les traitements antiparasitaires destinés aux animaux de compagnie peuvent provoquer des crises d'asthme ou des bronchospasmes, voire des intoxications neurologiques mortelles. Nombre de ces produits étant inflammables, des risques de brûlures graves sont également possibles.

Il y a 100 ans : septembre 1915

- **6 septembre** : les Empires centraux promettent la Macédoine et un débouché sur l'Adriatique à la Bulgarie si elle déclare la guerre à la Serbie.
- **10 septembre** : lancement du *Canard enchaîné*, fondé par Maurice Maréchal, Jeanne Maréchal et Henri-Paul Deyvaux-Gassier, exaspérés par la censure. C'est l'un des plus anciens titres de la presse française actuelle, après *Le Figaro* (1826), *La Croix* (1880), *Le Chasseur français* (1885), *Les Échos* (1904) et *L'Humanité* (1904).

André Malraux entre à l'école primaire supérieure de la rue Turbigo, à Paris.

- **25 septembre** : la Bulgarie déclare la guerre à la Serbie.
- **25 septembre** : début de la deuxième bataille de Champagne, menée simultanément avec deux autres offensives d'envergure sur le front occidental. Parmi elles, la bataille de Loos, en Artois (25-28 septembre), menée par le général britannique Douglas Haig, permet de percer les lignes allemandes. Mais faute d'approvisionnement, les Anglais doivent revenir à leurs positions de départ. Le 29 septembre, l'attaque générale est arrêtée. Elle aura mis 138 576 hommes hors de combat, c'est un échec.

« Les chanteurs, dès qu'ils la bouclent, on les oublie. L'oreille est un conduit, rien n'y séjourne. »

Frédéric Dard

C'est arrivé le…

6 septembre 1998

Le cinéaste japonais Akira Kurosawa succombe à une attaque cérébrale, chez lui, à Tokyo. Couronné par l'Oscar d'honneur en 1990 pour l'ensemble de son œuvre, ses films ont été primés partout dans le monde. Il a notamment reçu le Lion d'or lors de la Mostra de Venise pour *Rashômon*, en 1951, et la Palme d'or au festival de Cannes pour *Kagemusha, l'ombre du guerrier*, en 1980.

Recette

FLAN PÂTISSIER

Pour 8 personnes :

- 1 pâte brisée (voir recette du 11 juin, p. 180)
- 3 œufs
- 150 g de sucre en poudre
- 100 g de Maïzena
- 1 l de lait
- 1 gousse de vanille

Portez à ébullition dans une casserole le lait avec la gousse de vanille fendue. Dans un saladier, fouettez bien les œufs, puis incorporez-y le sucre et la Maïzena®. Rassemblez les deux préparations dans la casserole et faites cuire à feu doux sans cesser de remuer pendant 2 minutes. Étalez votre pâte dans un moule à tarte et piquez-la. Versez votre préparation chaude dans le moule, sans oublier de retirer la gousse de vanille. Lissez et laissez refroidir. Enfin, laissez cuire le tout pendant 40 minutes à 180 °C. Servez votre flan refroidi et coupé en parts.

Comme un symbole

Marianne

La Marianne, maintenant représentée avec les visages de Brigitte Bardot, de Catherine Deneuve, de Sophie Marceau ou d'autres personnalités, symbolise la République. Elle apparaît sous la Révolution, où elle incarne à la fois la Liberté et la République. Elle prend alors les traits d'une femme portant un bonnet phrygien.

Le choix s'est porté sur le prénom Marianne, largement répandu au XVIIIe siècle (généralement sous la forme Marie-Anne) et rappelant aussi les noms, Marie et Anne, de nombreuses reines de France. La forme condensée Marianne, plus populaire, était une manière pour les contre-révolutionnaires de tourner en dérision la République qui, elle, assuma fièrement cette appellation.

À partir de la IIIe République, la Marianne s'affiche dans de nombreuses mairies, sous forme de statue ou de buste. À cette époque, elle est représentée de différentes manières, selon qu'on souhaite mettre en avant le caractère révolutionnaire de la Marianne ou son caractère sage, diadème et couronne remplaçant parfois le bonnet phrygien.

La Marianne figure aujourd'hui sur bon nombre d'objets, tels les timbres-poste, et fait l'objet de nombreuses représentations artistiques.

La Marianne a été mise en valeur lors des Journées européennes du patrimoine 2007, où les robes de sept grands créateurs de haute couture ont été présentées au public dans le salon Napoléon III.

Ça c'est fait… divers

À force de voir ses deux filles systématiquement ingurgiter leurs crottes de nez, le professeur et chercheur universitaire canadien Scott Napper a voulu en avoir le cœur net : les crottes de nez sont-elles bonnes pour la santé ? Selon les premiers résultats de l'étude qu'il a menée, la réponse est positive : d'après lui, cela renforcerait le système immunitaire, qui aide à combattre les infections. Le scientifique prétend en effet que l'ingestion de ce mucus séché agirait comme une sorte de « vaccination », stimulant le système immunitaire et la production d'anticorps. Depuis, de nombreux enfants (et adultes !) à travers le monde espèrent que l'expérience du Pr Napper sera validée par d'autres études…

Le soleil se lève à **07 h 17** et se couche à **20 h 20**

« Un sot qui ne dit mot ne se distingue pas d'un savant qui se tait. »
Molière

C'est arrivé le…

7 septembre 1923

Création d'Interpol sous l'impulsion de l'Autrichien Johann Schober, le chef de la police de Vienne. Cette organisation internationale a pour objectif d'assurer la coopération internationale des polices. Le siège de l'Organisation internationale de police criminelle, son nom officiel en français, se situe à Lyon, après avoir été successivement à Vienne, Berlin, puis Paris.

LU DANS LA PRESSE

Page 19

Dotée de nombreux lots, [cette épreuve] connaît toujours autant de sucer. (*Le Dauphiné libéré*)
On comprend qu'elle ait du succès !

Les mutilés ne comptent plus que 126 membres. (*La Voix du Nord*)
C'était des mille-pattes, avant ?

Chasse au gaspi

On estime qu'à l'échelle de la planète, un tiers des aliments produits pour la consommation humaine est perdu ou gaspillé : ces pertes concernent environ 1,3 milliard de tonnes de denrées alimentaires. En moyenne, les Français jettent 20 kg de déchets alimentaires chaque année, dont 7 kg de produits non consommés encore emballés. Ce gaspillage représente environ 400 € pour une famille de quatre personnes. Nos voisins belges jettent l'équivalent de 174 € de nourriture à la poubelle chaque année et, en Grande-Bretagne, 25 % des aliments achetés sont jetés.

- Vous n'auriez pas un circuit des dessous des ponts ?

Foi de footeux : les forts en maths

Plus facile de jongler avec le ballon qu'avec les chiffres…

- Hamann, c'est un joueur qui a deux poumons ! Non, pas deux, car c'est le cas de tout le monde, mais plutôt trois ! (*Michel Hidalgo*)
- Promis, je ne tire plus de coup franc au troisième poteau. (*Bernard Mendy*)
- Sur les six buts qu'ils ont marqués avant ce match, la moitié l'était par des remplaçants qui sont rentrés. (*Gérard Houllier*)
- Il y a deux équipes en ce moment sur le terrain. (*Luis Fernandez*)
- On a perdu sans connaître la défaite. (*Rolland Courbis*)
- Cinquante-six cartons jaunes dont cinq rouges. (*Frédéric Jaillant*)
- En compétition, il y a toujours un premier et un dernier, mais l'important est de ne pas être le second de soi-même. (*Luis Fernandez*)

Le soleil se lève à
07 h 18
et se couche à
20 h 18

Mardi **8 septembre**

Nativité Notre-Dame On fête aussi les Hadrien, Bélinda

« La meilleure façon de se venger d'un homme qui vous a pris votre femme, c'est de la lui laisser. »

Sacha Guitry

C'est arrivé le…

8 septembre 1949

Le compositeur allemand Richard Strauss s'éteint à Garmisch-Partenkirchen, en Bavière. Né en 1864 à Munich, il eut une longue carrière et laisse une œuvre riche de musiques de chambre, de lieder, d'opéras. Mais son nom restera toujours associé au poème symphonique *Ainsi parlait Zarathoustra*, dont le prologue est connu de tous, surtout depuis son utilisation par Stanley Kubrick pour *2001, l'Odyssée de l'espace*.

Esprit d'antan

Écriteau vu dans un bar parisien dans les années 1940 :
« Consommateur, nous te prions de ne pas perdre la notion de certaines choses.
Souviens-toi que quatre verres représentent un litre, deux litres une tournée, deux tournées une discussion, une discussion une querelle, une querelle une bagarre, une bagarre des gendarmes, des gendarmes des frais de justice.
À part cela, bois modérément, paie honnêtement ce que tu as consommé et rentre chez toi paisiblement ».

Pour rire

Un groupe de chasseurs en Afrique et, parmi eux, un bègue.
Le bègue : – Hip, Hip, Hip.
Les autres : – Hourra !!!
Le bègue : – Hippopotaaammmee.
Trois morts !

Travailler assis réduit l'espérance de vie

Selon l'American Cancer Society, passer sa journée assis à travailler derrière un ordinateur augmenterait le taux de mortalité. L'institut a en effet démontré que les personnes assises plus de six heures par jour ont un taux de mortalité 20 % supérieur – 40 % pour les femmes – à celui des salariés passant moins de trois heures assis sur une chaise. Une étude australienne a également mis en évidence qu'occuper pendant plus de dix ans un emploi sédentaire double les risques d'apparition de cancer, notamment colorectal. Mais sans aller jusque-là, le travailleur sédentaire s'expose à de nombreux troubles, comme le diabète ou l'obésité. Un homme assis consomme en effet trois fois moins de calories que lorsqu'il marche. Seules alternatives pour réduire au maximum les risques : se lever régulièrement au bureau, ne serait-ce que pour refaire ses lacets, aller à la machine à café et multiplier les pauses pipi.

– Laissez-moi vous dire, mes chers parents, que c'est ce genre de discussion stérile qui ferait une magnifique téléréalité.

Infos en séries… TV

Au cœur de la réussite de *Desperate Housewives* (2004-2012) : Marc Cherry. Après avoir collaboré à des sitcoms dans les années 1990, il fait partie des milliers de scénaristes sans emploi d'Hollywood… quand lui vient l'idée de *Desperate* alors qu'il regarde à la télé le procès d'une mère infanticide. Le personnage de Bree est même inspiré de sa propre mère, et la réplique prononcée par le personnage, « Je t'aimerais même si tu étais un meurtrier », fut réellement prononcée par sa mère lors du trente-et-unième anniversaire de son rejeton ! La série connut un tel succès qu'au mois de mai 2005, Laura Bush, *first lady* américaine, avoua ne jamais rater un épisode. Britney Spears aurait même fait part de son envie de jouer dans la série. Mais Marc Cherry refusa. C'est qui le patron ?

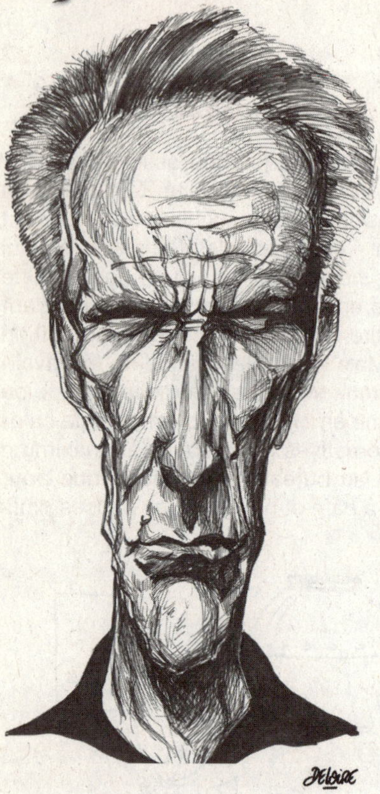

“ Une maison sans femme est aussi vide qu'un écrin sans bijou. ”

Charlie Chaplin

C'est arrivé le…

9 septembre 1925

La France dispute sa première finale de la Coupe Davis de tennis. Après avoir éliminé le Royaume-Uni, les Pays-Bas et l'Australie, l'équipe de France a gagné le droit d'affronter les États-Unis, tenant du titre. Sur les courts du Germantown Cricket de Philadelphie, Jean Borotra, Jacques Brugnon, René Lacoste et Henri Cochet, surnommés les « Quatre Mousquetaires », s'inclinent sur le score de 5 à 0.

Quiz SÉRIES

1. Pendant le tournage des *Têtes brûlées* (1976-1978), que fit le réalisateur lorsqu'il apprit la mort de son idole, Elvis Presley ?

❏ A/ Il démissionna sur-le-champ.
❏ B/ Il donna un jour de congé à tous les acteurs.
❏ C/ Il partit à l'enterrement du King.

2. Avant de devenir « pretty woman », Julia Roberts fit une de ses premières apparitions télé dans :

❏ A/ *Deux flics à Miami*
❏ B/ *Magnum*
❏ C/ *La croisière s'amuse*

3. Comme la plupart des stars de cinéma, Robert Redford a fait ses débuts à la télé. Dans quelle série l'a-t-on vu dans les années 60 ?

❏ A/ *La Quatrième Dimension*
❏ B/ *Les Incorruptibles*
❏ C/ Alfred Hitchcock présente
❏ D/ Les 3

4. Dans la série *24 heures chrono*, comment se nomme la technique qui permet de suivre différentes scènes sur un même écran ?

❏ A/ Large-screen
❏ B/ Split-screen
❏ C/ Multi-screen

5. Dans *Desperate Housewives*, Ryan O'Neal joue le rôle du beau-père de Lynette et se prénomme…

❏ A/ Rodney, en hommage à son personnage dans *Peyton Place*
❏ B/ Barry, comme dans le film *Barry Lyndon*
❏ C/ Oliver, en hommage à *Love Story*

6. Chaque titre d'épisode des *Mystères de l'Ouest* débute par :

❏ A/ Celui qui…
❏ B/ La nuit de…
❏ C/ Le mystère de…

7. Combien de posters la « drôle de dame » Farrah Fawcett a-t-elle vendus à l'époque de la série ?

❏ A/ 2 millions
❏ B/ 5 millions
❏ C/ 12 millions

8. La série *RIS, police scientifique* est l'adaptation française :

❏ A/ des *Experts : Las Vegas*
❏ B/ de la série italienne *RIS, delitti imperfetti*
❏ C/ de *Derrick*

9. Quel célèbre cinéaste produit la série *Band of Brothers* ?

❏ A/ George Lucas.
❏ B/ Clint Eastwood.
❏ C/ Steven Spielberg.

10/ À combien de reprises Patrick McGoohan (*Le Prisonnier*) a-t-il joué le rôle d'un meurtrier dans *Columbo* ?

❏ A/ 2
❏ B/ 4
❏ C/ 6

Réponses le 11 septembre

Jeudi 10 septembre

Sainte Inès On fête aussi les Aubert, Pulchérie

« La chute des grands hommes rend les médiocres et les petits importants. Quand le soleil décline à l'horizon, le moindre caillou fait une grande ombre et se croit quelque chose. »

Victor Hugo

C'est arrivé le…

10 septembre 1915

Le Canard enchaîné, hebdomadaire satirique, fait son entrée dans le grand bain de la presse française. Ses fondateurs, las du journalisme entièrement inféodé au discours politique et militariste du moment, promettent de « ne publier, sous aucun prétexte, d'article stratégique, diplomatique ou économique, quel qu'il soit » et de prendre « la liberté grande de n'insérer, après minutieuse vérification, que des nouvelles rigoureusement inexactes ».

Pour rire

Pierre : Dis-moi, si je couche avec ta femme, on est amis ?
Paul : Non !
Pierre : On est copains ?
Paul : Non !
Pierre : On est ennemis ?
Paul : Non !
Pierre : On est quoi, alors ?
Paul : On est quitte !

Fallait pas l'inventer…

Cowper Phipps Coles

Entré dans la Royal Navy à l'âge de 11 ans et devenu capitaine, Cowper Phipps Coles (1819-1870) avait l'imagination fertile. Ainsi, autour de 1855, il construisit, avec d'autres marins britanniques, le *Lady Nancy*, un navire qui possédait une tourelle défensive rotative, système qu'adopta la Royal Navy et que Coles breveta immédiatement. C'est donc avec intérêt que l'Amirauté britannique reçut Coles venu lui demander l'autorisation de construire un navire de guerre plus ambitieux, révolutionnaire même : le *HMS Captain*, premier navire de haute mer à utiliser une artillerie en tourelle. Difficile de refuser : le capitaine-inventeur avait fait ses preuves. La construction du navire débuta donc en 1866. Cependant, il avait besoin d'un gréement considérable, ce qui obligea à créer un pont supérieur plus haut que les tourelles, élevant ainsi son centre de gravité. Achevé en 1869, le *HMS Captain*, avec ses structures blindées et ses armes lourdes, avait fière allure… sur terre. Car une fois à l'eau, trop lourd et mal équilibré, le navire chavira en haute mer dans la nuit du 6 au 7 novembre 1870, entraînant la mort de Coles et de près de 500 marins. Seuls 18 hommes de son équipage survécurent.

Astuce *Jardin* : Préparer votre bassin pour l'hiver

Il est impératif de préparer votre bassin aquatique avant l'arrivée de l'hiver et des premières gelées. Pour cela, nettoyez-le bien en ramassant les feuilles mortes et les branchages en surface, qui seraient susceptibles de pourrir et de nuire à la qualité de l'eau. Pensez aussi à couper à ras de l'eau toutes les tiges des plantes immergées. Enfin, ne laissez pas la glace prendre à la surface de l'eau, les poissons et les plantes ont besoin de respirer.

Saint Adelphe On fête aussi les Bodon, Patient

Le soleil se lève à **07 h 22** et se couche à **20 h 12**

« Beaucoup de gens accordent au café le pouvoir de donner de l'esprit. Mais tout le monde a pu vérifier que les ennuyeux ennuient bien davantage après en avoir pris. »

Balzac

C'est arrivé le…

11 septembre 1609

En mission d'exploration le long de la côte nord-est de l'Amérique, l'Anglais Henry Hudson découvre l'île de Manhattan. Il remonte même le fleuve, qui porte désormais son nom. Hudson travaille alors pour la Compagnie néerlandaise des Indes orientales, et les États généraux – l'assemblée des Pays-Bas, à l'époque – décidèrent plus tard de donner le nom de Nouvelle-Amsterdam à la colonie qui s'y implanta.

ÇA ASSURE !

– Il est exact que mon chien a mordu le petit garçon alors qu'ils jouaient ensemble gentiment, mais je n'étais pas assez près pour savoir lequel des deux a commencé à mordre l'autre.

– Vous refusez de régler mon incendie, sous prétexte que je n'ai pas payé ma prime. Je vous rappelle pourtant que, l'année dernière, j'avais payé ma prime sans avoir d'incendie. Où est la justice là-dedans ?

– C'est pour pouvoir aller en maison de retraite !

Réponse Quiz du 9 septembre

1B, 2A, 3D, 4B, 5A, 6B, 7C, 8B, 9C, 10B

Il était une… voix

Si l'Américain Thomas Edison reste le premier à avoir su reproduire le son de la voix, il n'est pas le premier à en avoir enregistré. First Sounds, un collectif composé d'ingénieurs du son, de chercheurs et d'historiens, créé en 2007, a découvert récemment un enregistrement de dix secondes datant de 1860, soit dix-sept ans avant l'invention du phonographe d'Edison. Dans ce premier enregistrement de voix humaine, qu'on doit à un savant français, Édouard-Léon Scott de Martinville, une chanson : *Au clair de la lune*. En 1857, Scott avait inventé le phonautographe, un appareil permettant de transcrire des ondes sonores sur un rouleau de papier enduit de noir de fumée ; capable d'enregistrer les sons, donc, mais pas de les restituer. D'où ce morceau d'histoire resté longtemps inconnu. First Sounds a réussi à concevoir une machine pour lire ces tout premiers enregistrements. Et ainsi résonna la berceuse chantée par une jeune fille, que l'on suppose être la propre fille de Scott.

Allô, Docteur?

Les mots stress et anxiété désignent la même chose

NON. Le stress est une réaction d'adaptation normale de l'organisme. Il peut agir et disparaître en quelques minutes ou quelques heures, une fois la situation stressante affrontée ou réglée. L'anxiété est une conséquence du stress. Si le stress se prolonge, l'anxiété, ou angoisse, peut même devenir une maladie. Car à tenter de rééquilibrer des modifications hormonales de plus en plus conséquentes, l'organisme va s'épuiser ; sans traitement, le patient risque alors de glisser vers l'anxiété chronique ou une forme pathologique baptisée « trouble anxieux généralisé » (TAG). C'est l'étape qui précède généralement la dépression. Le TAG se traduit par un état de peur, un pessimisme chronique, une humeur triste, des pensées négatives ou de véritables crises d'angoisse. On conseille alors une psychothérapie ainsi qu'un traitement médicamenteux (calmants, anxiolytiques).

« Il n'existe pas de sujet peu intéressant, il n'y a que des personnes peu intéressées. »
Gilbert K. Chesterton

C'est arrivé le…

12 septembre 1494

Naissance de François Ier, à Cognac. Fils de Charles d'Orléans et de Louise de Savoie, il devient héritier du trône de Louis XII en épousant la fille de ce dernier. François est âgé de 20 ans quand il lui succède. Il est sacré roi de France le 25 janvier 1515 en la cathédrale de Reims et régnera jusqu'à sa mort, en 1547.

À l'origine… Ragoûtant

S'il est un plat populaire, c'est bien le ragoût de mouton. Pourtant, il n'a pas été imaginé en France. Ce plat fut importé à l'époque des croisades par un Arabe, qui proposa cette cuisine dans une petite boutique. Le ragoût, ou plutôt haricot de mouton à l'époque, eut un tel succès que la boutique devint une « hostellerie » qui ne désemplit pas. Bien entendu, les imitateurs entrèrent en lice. Et dans le même temps, Parmentier implanta la pomme de terre dans notre pays. Le nouveau légume supplanta le haricot, et le plat devint un ragoût. On peut citer, parmi les grands personnages qui se délectèrent de ce mets simple, le cardinal Mazarin ou le duc de Buckingham, qui longtemps habita la France.

Pour rire

Une femme raconte à une de ses amies :
– C'est grâce à moi qu'il est devenu millionnaire !
– Et avant, qu'est-ce qu'il était ?
– Milliardaire.

À l'origine… Chic

Pour les amateurs de mode et d'élégance, le mot « chic » est invariablement accolé à un autre : parisien. Le légendaire « chic parisien ». Pourtant, savent-ils que le mot « chic » vient d'Allemagne ? À l'origine, à la fin du XVIIIe et au début du XIXe siècle, le mot allemand « der Schick » est un emprunt au vocabulaire militaire, à une époque où l'officier allemand est un modèle de maintien. Le terme signifie alors « avoir de la tenue » et, par extension, « convenance », « bon ordre », mais aussi « adresse » et « habileté ». Puis le mot passe la frontière et arrive chez nous, où l'on ne retient très vite que les notions d'adresse et de facilité. On dira alors de quelqu'un qu'il a le chic pour se faire des amis, s'il est très à l'aise en société. De là naissent les passerelles étymologiques vers cette sociabilité séduisante et ses attributs : élégances vestimentaire et morale. Tant et si bien que, dans le langage courant, chic devient chez nous synonyme de raffinement. L'ironie de l'histoire veut que l'Allemagne ait adopté cette évolution de sens. Aujourd'hui, en allemand, on peut écrire Schick ou Chic.

TOP CHRONO : LA TÉLÉVISION

- **29 avril 1968 : premier épisode des *Shadoks*, de Rouxel et Borg.**
- **Octobre 1968 : retransmission des jeux Olympiques de Mexico. Cet événement lance la télévision couleur pour le grand public.**
- **Octobre 1968 : premières publicités télévisées, diffusées sur la première chaîne. La Régie française de publicité (filiale de l'ORTF) sera créée l'année suivante. Il faudra attendre janvier 1971 pour voir de la publicité sur la deuxième chaîne.**
- **Fin 1968 : 62 % des foyers sont équipés d'un poste de télévision, selon l'INSEE.**
- **1969 : débuts du *Schmilblick*.**
- **Mai 1969 : apparition des interludes entre les programmes.**
- **Juin 1969 : le ministère de l'Information disparaît. Désormais, l'ORTF est sous la tutelle du Premier ministre. Télé indépendante, mon général ?**

Dimanche 13 septembre

Saint Aimé On fête aussi les Hamilton

Le soleil se lève à **07 h 25** *et se couche à* **20 h 07**

« *Les fonctionnaires sont les meilleurs maris : quand ils rentrent le soir à la maison, ils ne sont pas fatigués et ont déjà lu le journal.* »

Georges Clemenceau

C'est arrivé le…

13 septembre 1592

Michel de Montaigne meurt dans son château de Saint-Michel-de-Montaigne, en Dordogne, là où il était né cinquante-neuf ans plus tôt. Philosophe humaniste et moraliste de la Renaissance, il a inspiré bon nombre de penseurs et d'auteurs qui lui ont succédé. Ses *Essais* sont restés une référence.

Oh ! tu sais pas ?

Il existe une croyance selon laquelle les champignons qui ont des traces de morsures d'animaux sont parfaitement comestibles. Attention, c'est faux ! Les amanites phalloïdes sont des champignons mortels pour l'homme, alors que les lapins peuvent en manger sans danger. La couleur et la forme de l'amanite phalloïde varient considérablement. Elle est impliquée dans près de 90 % des empoisonnements mortels par consommation de champignons.

– Votre publicité garantit bien un corps parfait en trois mois ?

Tout là-haut

En 1889, la tour Eiffel décroche le titre de monument le plus haut du monde, titre que l'obélisque de Washington, avec 169 m de haut, détenait depuis quatre ans. Il faudra attendre plus de quarante ans pour voir la tour Eiffel se faire détrôner par le Chrysler Building de New York (319 m), dépassé lui-même en 1949 par l'Empire State Building (381 m). Depuis, les grandes tours ont poussé comme des champignons et atteignent des hauteurs vertigineuses, comme celle de Taipei (508 m), la Tokyo Skytree (634 m) et la Burj Khalifa, à Dubaï (829 m), élevée en 2009. Mentionnons aussi l'Abraj Al Bait Towers, construite en 2011 à La Mecque, en Arabie saoudite, avec ses 601 m et son horloge six fois plus grande que Big Ben, qui permet de lire l'heure à 17 kilomètres, la nuit. Et, pour terminer, les 541 m de la One World Trade Center (2013), qui repose à New York sur les ruines du World Trade Center, détruit le 11 septembre 2001.

Ça c'est fait… divers

Amy Herbst, chanteuse d'opéra, a décidé de porter plainte contre une maternité et lui réclame 2,5 millions de dollars de dommages et intérêts. En février 2012, Amy a en effet donné naissance à un petit garçon. Mais au moment de l'accouchement, l'infirmière qui épaulait l'obstétricien a pratiqué une épisiotomie sans informer la patiente des risques de ce geste et sans son consentement. Parmi ces risques, une incontinence anale responsable de flatulences au moindre effort. Imaginez alors la surprise, et la gêne, de la chanteuse qui, une fois remontée sur scène, n'a pu réprimer ses pets en poussant la vocalise. Incapable de poursuivre son activité professionnelle dans ces conditions, la chanteuse va devoir subir des opérations de chirurgie réparatrice. Mais cela ne diminuera en rien ses flatulences.

Lundi **14 septembre**

La Sainte Croix On fête aussi les Notburge

“La patience est la clef de toutes les portes et le remède à tous les maux.”

Maxime orientale

C'est arrivé le…

14 septembre 1901

Theodore Roosevelt devient le 26e président des États-Unis. Vice-président depuis l'intronisation de William McKinley le 4 mars de la même année, il lui succède quand celui-ci est assassiné. Roosevelt sera réélu le 8 novembre 1904 pour un deuxième mandat. Plus jeune président américain, son portrait figure notamment sur le mont Rushmore, avec ceux des présidents Washington, Jefferson et Lincoln.

Pour rire

Un couple arrive dans un hôtel. Le groom monte leurs bagages dans la chambre et demande au monsieur :

– Avez-vous besoin de quelque chose ?

– Non merci.

– Et pour votre femme ?

– Ah, vous faites bien de m'y faire penser ! Montez-moi une carte postale et un timbre.

@çagazouille : les JLGeades

- Ma maîtresse a de la classe.
- Manger un steak à près de minuit, c'est un steak tard-tard.
- Il faut bien reconnaître qu'aux temps de la préhistoire, la musique, c'était surtout des instruments avant.
- Je me disais aussi ! Mon dentiste ressemble à Carie Grande.
- Vous avez un appel de Roncevaux. – En cor !
- Ne mangez que des fruits au p'tit déj', ça ne mange pas de pain.
- Voilà bien un conseil que je prendrai avec des pains secs.
- Le soir de sa mort, il s'apprêtait à aller en boîte…
- Quand les pannes de courant dans une banque ne durent pas longtemps, on parle de petites coupures.
- Donner un euro dans une église, c'est une quête. Donner un euro dans une banque, c'est du racket.
- Chez les félins, qui voudrait gagner des mi-lions ?
- Les quarante ans de son fils l'ont rendu rayonnant : forcément, quarante ans père, il était survolté !
- Le football efficace, cela peut être une attaque adroite face à un arrière gauche.
- Une vie à deux : tendres sentiments d'abord, tant de ressentiments après.
- Ah ! Assister aux entraînements d'une équipe féminine de football et les voir essayer plusieurs combinaisons.
- Face à une censure injuste, il est resté interdit.

(à retrouver sur Twitter : @ jlgdu54)

– S'il a toujours ses skis aux pieds, c'est que ça va bien.

								2
	6							
2	1			7	4			9
	7				5			8
3			9		1			
						5	4	
4	2		5				3	
8	5		3	1		6		
1				2				

Sudoku

DIFFICILE

Complétez le grand carré de façon à placer tous les chiffres de 1 à 9 sur chaque ligne horizontale, sur chaque colonne et dans chaque petit carré de 9 cases.

Solution page 288

Oh ! tu sais pas ?

En Picardie, dans le département de la Somme, il existe une petite commune vraiment très originale. Elle porte en effet le nom de Y (qui se prononce « i »). Y fait logiquement partie des communes aux noms les plus courts en Europe. Le nom de ce village français de 2,7 km², qui compte près de 90 habitants, viendrait de la forme de ses rues, qui ressemblent à un Y. Ses habitants sont les Ypsiloniens et les Ypsiloniennes.

Mardi 15 septembre

Saint Roland On fête aussi les Achard, Orlando

Le soleil se lève à **07 h 28** *et se couche à* **20 h 03**

MOTS FLÉCHÉS

Renard Ajustai		Tria Plante de Druide		Ordonne Plante épicée		Existes		Navet ...euh,hi, ho,hue !		Chutai Litron		Poitrine
						Chapeaux militaires Superposée						
Différence Liqueur du sud							Dirige Adressa					
								Tarn Grandes vacances				
Souverain		Bateau à vapeur Modèle								Période Radicaliserai		
					Est étendu Lettre grecque				Racontes Tissu léger			
Signature	Acquitte		Héroïne de Disney	Empêché Broya							Mocheté	Bourg breton
							Ego	Savoir-faire Trône d'Allah				
Maladie à handicap						Mendicité Tout terrain						
					Déformation Noiret ou Bouvard							
Carabine		Astrologique Vieille folie										
				..han ! Plus mal			Conspua Abri				Recommandera	Attribution
Illusion Presser	Résultat		Maladie tropicale Tumeur					1 000g Désert				
									Empester	Langue A eux		
Chevreau Idée						Contraria Fond de cale						
							Traverser Parcours					
Subjonctif marrant Stupéfaites				Sommet				Zone				
				Adresserai								

Solution page 282

« *Attendre, c'est presque toujours espérer.* »

Marcel Achard

C'est arrivé le...

16 septembre 1936

Le médecin et explorateur français Jean-Baptiste Charcot coule avec son bateau au large de Reykjavik. Explorateur des zones polaires, il revenait du Groenland, où il était allé assister Paul-Émile Victor, quand son navire, le *Pourquoi pas ?* IV, fut pris dans une tempête au large de l'Islande. Le naufrage fait 23 morts et 17 disparus parmi l'équipage, pour un seul survivant. Retrouvé, le corps du docteur Charcot est enterré à Montmartre après des funérailles nationales.

128 millions

Le poulet est en passe de devenir la viande la plus consommée au monde. D'après certaines estimations de la banque néerlandaise Rabobank, relayées par celles de The Economist, la population mondiale devrait consommer 128 millions de tonnes de poulet par an d'ici à 2020 au lieu des 106 millions actuels. Il passera alors devant le porc, consommé à raison de 114 millions de tonnes par an.

Pour rire

Deux secrétaires discutent :
– Il est plutôt beau gosse, le nouveau patron, dit la première. En plus, il s'habille bien.
– Et vite…, fait l'autre.

La véritable histoire du Titan…hic !
– Commandant, votre whisky, avec ou sans glaçons ?
– Avec.

1 Français sur 100

Pour la première fois dans l'histoire de la goutte – la maladie, pas le tord-boyaux que l'on prend en digestif –, une étude a permis d'estimer qu'elle toucherait 1 % (0,9 % très précisément) des Français, soit environ 600 000 personnes. La goutte est l'affection rhumatismale inflammatoire la plus fréquente dans les pays industrialisés. Elle évolue par poussées et se manifeste le plus souvent par un gros orteil rouge et douloureux à cause de la présence de cristaux d'acides uriques. Les poussées, communément appelées « accès goutteux », peuvent aussi provoquer des douleurs articulaires et des calculs rénaux. Surpoids, consommation d'alcool et d'aliments riches en purines (viande rouge, gibier, abat, sardine, saumon, anchois, hareng, crustacés, légumes secs, chou, champignon, asperge, épinard, figue sèche, cacao et chocolat) sont des facteurs prédisposants et aggravants.

– Le patron est d'accord pour l'augmentation, à la seule condition que je vienne lui faire des rapports très régulièrement !

Maître de bonne compagnie

Où est le plat ?

C'est presque un rituel : un chaton cherche à faire ses besoins après les repas. Pour l'habituer à utiliser son bac dès qu'il arrive chez vous, installez-le dans la pièce où se situent ses toilettes. Placez-y ses gamelles de nourriture et d'eau. Le bac doit toujours être propre, car un chat ne fait jamais dans une litière sale. Après ses repas, montrez-lui l'emplacement de la litière. Il lui faudra une petite semaine pour qu'il comprenne. Une fois qu'il sera propre, vous pourrez alors l'autoriser à gambader dans les autres pièces de la maison.

« Penser ne suffit pas : il faut penser à quelque chose. »
Jules Renard

C'est arrivé le…

17 septembre 1991

Conséquence du réchauffement des relations entre les deux nations, la Corée du Nord et la Corée du Sud sont admises conjointement à l'ONU. En même temps que les deux Corée, l'Estonie, la Lettonie, la Lituanie, les Îles Marshall et la Micronésie font leur entrée aux Nations-Unies.

Quiz Philo

« L'homme est certes libre de faire ce qu'il veut, mais il ne peut vouloir ce qu'il veut. » De qui est cette citation ?

- ❑ 1. Schopenhauer
- ❑ 2. Sartre
- ❑ 3. Rousseau

Réponse

Réponse 1

Mon truc en +

Un plan de travail tout propre

Pour nettoyer votre plan de travail sans difficulté, munissez-vous d'un chiffon humide et de bicarbonate de soude. Effet garanti !

- C'est trop facile de tout mettre sur le dos d'un pauvre reptile !

Les Français ont la patate

Pendant longtemps, les pommes de terre n'ont été mangées que bouillies ou rôties. La première recette connue est allemande et date de 1581. Trois siècles plus tard, en 1865, le *Grand dictionnaire de cuisine* d'Alexandre Dumas propose quinze recettes à base de ce légume. Elle est alors sur toutes les tables, des plus populaires aux plus bourgeoises. La pomme de terre est devenue l'objet d'une culture intensive. Sa production passe de 1,5 million de tonnes en 1803 à 11,8 millions en 1865, jusqu'à atteindre plus de 16 millions de tonnes à la fin des années 1930. Après la guerre, la production connaîtra son maximum en 1960, avec environ 14 millions de tonnes récoltées, avant de décliner peu à peu, de 7 millions de tonnes en 1970, à 5,5 millions de tonnes en 1980, et de se stabiliser aujourd'hui autour de 4,5 à 5 millions de tonnes produites chaque année en France.

Allô, Docteur?

Mieux dormir aurait une influence sur la beauté de la peau

OUI. Les marques de fatigue sur le visage traduisent bien souvent une mauvaise nuit ou un réveil qui ne correspond pas au rythme biologique. Le sommeil a également un effet direct sur la peau, puisqu'au cours de la nuit, l'organisme sécrète des hormones de croissance qui favorisent et accélèrent le renouvellement cellulaire, et donc celui de la peau. Et la peau se régénère trois fois plus vite pendant la nuit. Des études ont même précisé que le créneau 2-4 heures du matin était celui pendant lequel la peau se renouvelait et s'oxygénait le plus, notamment grâce à une vascularisation optimale. Un sommeil perturbé pendant cette période peut donc ralentir ce processus et atténuer les bienfaits d'une bonne nuit sur votre peau.

Vendredi 18 septembre

Sainte Nadège On fête aussi les Ariana, Ariane, Férréol, Nadine

« Pourquoi certains n'auraient pas tout ? Il y en a qui n'ont rien. Ça fait l'équilibre. »

Michel Audiard

C'est arrivé le…

18 septembre 1981

Présenté par Robert Badinter, le projet de loi abolissant la peine de mort est approuvé par l'Assemblée nationale. Le projet a recueilli 369 voix en sa faveur ; 113 voix s'y sont opposées. La loi passe devant le Sénat le 30 septembre et sera promulguée le 9 octobre 1981. La dernière exécution en France eut lieu le 10 septembre 1977.

Pour rire

À l'hôpital, une belle jeune femme attend dans le couloir sur sa civière avant d'être conduite au bloc opératoire pour subir une petite intervention. Elle s'inquiète un peu, d'autant plus que l'heure tourne. Un type en blouse blanche s'approche, relève le drap qui la recouvre et examine son corps nu. Il rabat le drap, s'éloigne vers d'autres blouses blanches et discute.

Un deuxième en blouse blanche s'approche, relève le drap et l'examine du regard. Puis il repart.

Quand la troisième blouse blanche approche, lève le drap et la scrute, la jeune femme s'impatiente :

– C'est bien beau toutes ces auscultations, mais quand allez-vous m'opérer ?

L'homme en blouse blanche hausse les épaules.

– Je n'en ai aucune idée, nous, on repeint le couloir.

LU DANS LA PRESSE

Aujourd'hui, voici le vin accusé de tous les mots. (*Le Bien public*)
C'est bien connu, le vin rend bavard.

La moutarde « globe-trotteuse » de Dijon

Pour beaucoup, la « vraie » moutarde vient de Dijon, alors qu'elle n'est produite en Bourgogne que depuis quelques siècles. Il y a 3 000 ans, les Chinois cultivaient déjà cette plante de la famille des brassicacées et broyaient les graines de ses fleurs jaunes, qui étaient ensuite mélangées à un suc acide extrait du raisin.

Les Grecs s'approprièrent rapidement cette plante, également courante en Europe. D'ailleurs Asclépios, père de la médecine, la recommandait pour ses qualités digestives. Puis ce fut au tour des Hébreux, des Égyptiens et des Romains de l'incorporer dans leur alimentation. Ce sont même ces derniers qui l'auraient importée en Gaule. La culture de la moutarde se propage alors à Paris, Meaux, mais aussi Bordeaux et toutes les autres régions à vignes.

Ce n'est qu'à partir du XIVe siècle que Dijon fit de la moutarde sa spécialité ; ce fut au cours des fêtes du Rouvre, organisées par les ducs de Bourgogne, que l'on associa la ville au condiment, symbole de richesse et de raffinement.

Astuce *Cuisine* : Bien blancs, les champignons de Paris !

De manière générale, les champignons ne se nettoient qu'au moment de leur consommation. Pour ce faire, l'idéal est d'utiliser une brosse dédiée à cet usage, ou bien de rincer les champignons à l'eau – assez rapidement, car ils possèdent une forte capacité d'absorption. Pour que vos champignons de Paris gardent leur belle robe blanche le temps de la préparation, imprégnez-les légèrement de jus de citron.

« L'avantage des médecins, c'est que lorsqu'ils commettent une erreur, ils l'enterrent tout de suite... »

Alphonse Allais

C'est arrivé le...

19 septembre 1893

Le gouverneur de la Nouvelle-Zélande promulgue la loi accordant le droit de vote aux femmes. Quelques pays avaient déjà connu des tentatives auparavant, mais la Nouvelle-Zélande devient le premier à l'instaurer définitivement. Les premières élections auxquelles les Néo-Zélandaises peuvent participer sont les législatives qui se déroulent deux mois plus tard.

Retour machiste

Les Chinois s'inquiètent de la virilité de leurs enfants scolarisés. En effet, d'après une étude réalisée par certains politiciens, il y a trop de femmes institutrices dans le corps enseignant du pays. On ne dénombrerait en effet que 20 % d'instituteurs. Et les dirigeants chinois estiment qu'à l'âge où « se forge leur identité », les garçons risquent de « se féminiser » et les filles de devenir des « garçons manqués ».
La Conférence consultative politique du peuple chinois (CCPPC) a donc demandé un renfort de testostérone dans le primaire. On a donc créé des classes pilotes réservées au sexe fort. Les heureux élus y font de la boxe, manient des outils, prennent des cours de survie ou réparent des prises de courant. Et l'été, ils sont invités à s'inscrire dans un camp militaire où ils apprennent à escalader les murs ou à sauter par les fenêtres.

Pour rire

La femme dit à son mari :
– Albert, tu n'as jamais pensé à m'acheter des fleurs, pourquoi ?
– Mais, chérie, tu n'es pas encore morte !

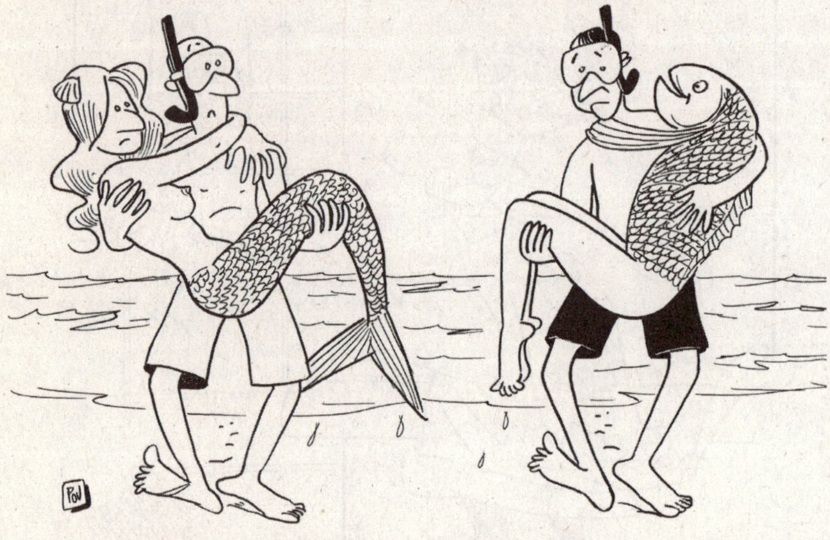

Cocktail !

Irish coffee (long drink)

- 4 cl d'*Irish whisky*
- 15 cl de café expresso chaud
- 5 cl de crème liquide
- 2 cuillères à café de sucre en poudre

Disposez le sucre au fond d'un verre de type Toddy. Versez par-dessus le whisky et le café expresso bien chaud, puis remuez pendant quelques secondes avec une cuillère à mélange. Battez ensuite la crème liquide jusqu'à obtenir une texture onctueuse et déposez-la délicatement sur le dessus de votre Irish coffee. Servez immédiatement.

L'Irish coffee a été inventé dans les années 1940 à l'aéroport de Foynes, en Irlande, par lequel transitaient de nombreux avions en provenance de New York. Pendant l'hiver, il était habituel de proposer aux voyageurs frigorifiés un thé chaud à base de whisky irlandais. Seulement, les passagers américains préféraient de loin le café au thé. C'est ainsi que Joe Sheridan eut la brillante idée d'adapter la recette avec du café. L'Irish coffee connut dès lors un grand succès des deux côtés de l'Atlantique.

Maître de bonne compagnie

Une bonne litière

Comment choisir la bonne litière pour votre chat ? Pas facile, tant il existe de marques dans les rayons des animaleries ou les grands magasins. Végétale ou minérale, son rôle principal est d'absorber les odeurs. Le mieux est d'en tester plusieurs et de laisser votre chat choisir celle qui lui convient le mieux à l'odeur ou à la texture. Ensuite, ne changez jamais de marque. Les chats s'habituent et, au moindre changement, peuvent devenir malpropres.

Le soleil se lève à **07h35** et se couche à **19h52**

Dimanche **20 septembre**

Saint Davy On fête aussi les Candide, Eustache

« Le démon de midi arrive souvent à quatorze heures. »

Pierre Dac

C'est arrivé le…

20 septembre 1946

Ouverture du premier festival de Cannes. Originellement prévue en septembre 1939, la première édition de ce festival, proposé par Jean Zay, ministre de l'Éducation nationale et des Beaux-Arts du Front populaire, avait dû être annulée à cause de l'entrée en guerre. Le festival est un succès et s'impose rapidement comme le plus réputé et le plus médiatisé au monde.

Mon truc en +

Faire briller sans effort

Pour ne plus avoir à frotter vigoureusement vos chaussures avec du cirage pour les faire briller, vous pouvez concocter cette recette très simple. Mélangez votre cirage habituel à une petite quantité de pétrole, puis appliquez ce produit sur vos chaussures à l'aide d'une brosse à reluire. Vos chaussures brilleront sans le moindre effort.

La bonne blague !

Une jeune fille vit avec sa maman divorcée. Un soir, alors qu'elle n'arrive pas à s'endormir, elle entend du bruit en provenance de la chambre de sa mère.

Elle se lève et entrouvre délicatement la porte et la voit qui se caresse en disant :

- Je veux un homme. Je veux un homme…

Le lendemain, la scène se reproduit, ainsi que les jours suivants.

Le samedi soir, la jeune fille entend encore du bruit, mais avec des nuances. Comme à son habitude, elle se déplace discrètement, entrouvre la porte de la chambre et voit sa mère au lit faire l'amour avec un homme :

- Oh que c'est bon, un homme. Oh oui…

La jeune fille retourne dans sa chambre, se déshabille et commence à se caresser :

- Je veux un scooter, je veux un scooter !

Chère grand-mère

Selon une enquête de Cadeaux.com – leader du cadeau personnalisé sur Internet – à propos de la perception que l'on a de nos grands-mères et leur place dans les familles françaises, 19 % des personnes interrogées considèrent leur grand-mère comme une personne fragile dont il faut prendre soin. Ils sont tout autant à penser que leur grand-mère est une personne douce qui fait des câlins et a des petites attentions. Près de 18 % des Français considèrent même leur grand-mère comme une seconde maman. Heureusement, seuls 4 % des Français les voient comme une tatie Danielle. Symbole de la famille et de la tradition, la grand-mère est sans surprise associée pour près de 40 % des Français à l'affection et à l'amour. Elle joue un rôle très fort pour 37 % des Français, qui la considèrent comme la mémoire vivante de la famille.

Le soleil se lève à **07 h 36** *et se couche à* **19 h 50**

“ Hollywood ? C'est une usine où l'on fabrique dix-sept films sur une idée qui ne vaut même pas un court-métrage. ”
Woody Allen

C'est arrivé le…

21 septembre 1964

Malte obtient son indépendance du Royaume-Uni. L'archipel reste cependant membre du Commonwealth et conserve la reine d'Angleterre comme monarque. Il faudra attendre encore dix ans pour que Malte devienne une république et élise un président. Le 1er mai 2004, le pays intègre l'Union européenne, dont il devient le plus petit représentant, puis la zone euro le 1er janvier 2008.

La saga de l'aspirine

L'aspirine est sans aucun doute l'antidouleur le plus connu dans le monde. Mais d'où vient-il ? À l'origine des comprimés d'aspirine, il y a l'écorce de saule et plus de 4 000 ans d'histoire. Les toutes premières traces de son utilisation viennent d'un papyrus égyptien, puis de la Grèce antique et d'Hippocrate. On prenait alors l'aspirine en décoction pour lutter contre les douleurs de l'enfantement. Au Moyen Âge, l'écorce de saule continuera de traiter douleurs et inflammations.

Puis l'écorce salvatrice retombe dans l'oubli durant quelques siècles, avant de réapparaître pour soigner les fièvres, en 1753, grâce au révérend anglais Edward Stone, qui pense alors que, si le saule pousse les pieds dans l'eau, il doit pouvoir servir au traitement des maladies causées par l'humidité et le froid, donc des fièvres. Élémentaire, mon cher Stone !

Le XIXe siècle sera marqué par le développement de la chimie et des laboratoires. Un Français, Pierre-Joseph Leroux, isole le principe actif de l'écorce de saule : la salicyline. Puis des scientifiques allemands et italiens développent l'acide salicylique, la future aspirine. À la fin XIXe siècle, chez Bayer, un laboratoire allemand, le chimiste Felix Hoffmann poursuit les recherches et dépose un brevet : l'aspirine est née.

Au cours du XXe siècle, le précieux médicament entre dans les pharmacies de tous les ménages. Aujourd'hui, chaque année, 40 000 tonnes d'aspirine sont produites dans le monde.

Oh ! tu sais pas ?

Très célèbre pour ses sauts spectaculaires, le kangourou, originaire d'Australie, est capable de faire des bonds pouvant atteindre 3,5 m de haut et 13 m de long. Le kangourou a toutefois une particularité : il est incapable de sauter lorsque sa queue ne touche pas le sol. En effet, si la queue du kangourou lui sert de trépied lorsqu'il est au repos, elle lui sert aussi de balancier pendant ses sauts.

ÇA ASSURE !

– Préférez-vous que je vous règle mon assurance incendie avec un mois de retard ou que je vous adresse un chèque sans provision ?

– J'ai frappé un camion stationné qui venait dans l'autre sens.

– Un camion a reculé dans mon pare-brise et dans le visage de ma femme.

– L'homme prenait toute la rue et j'ai dû effectuer de nombreuses manœuvres avant de le frapper.

– Je n'avais pas vu la voiture arriver et, quand je l'ai vue, je n'ai plus rien vu.

Mots fléchés

Solution de la page 276

	F		C		D		E		N		T	
R	E	G	L	A	I		S	H	A	K	O	S
	N	U	A	N	C	E		A	N	I	M	E
A	N	I	S	E	T	T	E		A	L	B	I
	E		S	T	E	A	M	E	R		A	N
S	C	H	A	H		G	I	T		D	I	S
		E			R	E	T	E	N	U		
P	A	R	A	P	H	E			A	R	T	S
	P	O	L	I	O		M	A	N	C	H	E
F	U	S	I	L		T	O	R	S	I	O	N
	R		C	A	P	R	I	C	O	R	N	E
R	E	V	E		H	I		H	U	A		
		E		P	I	A	N		K	I	L	O
A	S	S	A	I	L	L	I	R			O	C
	C	A	B	R	I		D	E	P	L	U	T
C	O	N	C	E	P	T		G	U	E	E	R
	R	I	E		P	I	C		E	U	R	O
B	E	E	S		E	N	V	E	R	R	A	I

Le soleil se lève à **07h38**
et se couche à **19h48**

Mardi 22 septembre

Saint Maurice
On fête aussi les Amaury, Gaïane, Émérita

« C'est le déclin quand l'homme se dit "Que va-t-il se passer ?" au lieu de dire "Que vais-je faire ?" »

Jacques Chirac

C'est arrivé le…

22 septembre 1980

L'invasion de l'Iran par l'Irak marque le début de la guerre entre les deux pays. De 1980 à 1988, la « première guerre du Golfe » causera des centaines de milliers de morts. Les deux pays, auparavant riches de leurs exportations de pétrole, sortiront très affaiblis de cette guerre.

Mon truc en +

Comment déloger un chewing-gum collé

Pour enlever un chewing-gum collé à votre moquette ou à votre tapis, congelez-le ! Pour cela, placez un sac rempli de glaçons sur le chewing-gum. Vous pourrez l'enlever facilement une fois qu'il aura durci, avec un couteau fin.

Pour rire

– Raconte ton accident !
– Quel accident ?
– Ah ! Parce que tu es né comme ça ?

- C'est un peu le foutoir, ici !

HISTOIRE, HISTOIRES…

Pour vous, les Brigades du Tigre ne sont peut-être qu'une série policière qui a bercé les après-midi télé de votre jeunesse. Ces brigades ont pourtant réellement existé.

Début 1900, dépassés par les actes de criminalité, les juges d'instruction, alors seuls à diligenter des enquêtes, décident de déléguer certaines d'entre elles à la police.

Pour traiter ces affaires judiciaires, le président du Conseil et ministre de l'Intérieur, Georges Clemenceau, crée alors des services chargés de « seconder l'autorité judiciaire dans les recherches et la répression des crimes et délits de droit commun ».

Le 30 décembre 1907 naissent douze brigades régionales de police mobile, chacune placée sous l'autorité d'un commissaire divisionnaire et rattachée à la sûreté générale du ministère de l'Intérieur.

Très efficaces, les brigades connaissent un vrai succès populaire. Et comme on aime baptiser, dans les médias de l'époque, tout ce qui est populaire, elles sont très vite surnommées « les Brigades du Tigre », surnom politique de Clemenceau. Ces brigades seront parmi les premières à utiliser les techniques de police scientifique (dactyloscopie, analyses toxicologiques, balistique, etc.)

La bonne blague !

Ça se passe au cimetière.

Au moment de l'inhumation d'un célèbre cardiologue, de nombreux confrères sont présents.

Pour la circonstance (vu qu'il est cardiologue), l'entrée du caveau a été ornée d'un énorme cœur de deux mètres de haut, fait avec des fleurs, et le cercueil est placé devant.

Après le sermon et les adieux, le gigantesque cœur s'entrouvre, le cercueil est placé à l'intérieur puis le coeur se referme. La cérémonie est spectaculaire !

Tout le monde est silencieux, triste, mais ébloui par cette démonstration très significative. Soudain, un homme éclate de rire.

Son voisin le réprimande d'un air sévère :

Chut ! Mais qu'est-ce qui vous prend de rire comme ça ?

Et l'homme de répondre :

Je pense à mes obsèques : je suis gynécologue !

Mercredi **23 septembre**

Saint Constant On fête aussi les Line, Constance

Le soleil se lève à **07h39** *et se couche à* **19h46**

Automne

« Le cœur de la femme s'attache parce qu'il donne. Le cœur de l'homme se détache parce qu'il reçoit. »

Victor Hugo

C'est arrivé le...

23 septembre 1939

Âgé de 83 ans, Sigmund Freud succombe à un cancer, dans sa maison d'Hampstead, à Londres. Fondateur de la psychanalyse, il a notamment développé les concepts d'inconscient, de transfert et de complexe d'Œdipe. Né en Moravie, il avait vécu en Autriche avant de fuir Vienne un an avant sa mort, sous la menace du régime nazi.

Oh ! tu sais pas ?

Lorsque, à Nantes, en 1886, Louis Lefèvre-Utile, fils des fondateurs de la société LU, imagine son petit biscuit, son but est de créer un gâteau qui puisse être mangé tous les jours. D'où son idée originale de représenter le temps.

Les 52 dents du petit-beurre représentent les semaines de l'année. Les quatre coins représentent les saisons. Ce biscuit, qui mesure 7 cm, fait référence aux 7 jours de la semaine. Et les 24 petits points s'identifient aux 24 heures de la journée. Pour la forme et le lettrage, Louis Lefèvre-Utile s'est inspiré d'un napperon de sa grand-mère. La recette a bien fonctionné, puisque 6 400 tonnes de véritables petits-beurre se vendent chaque année !

La bonne blague !

La mère supérieure du couvent, réveillée de bonne humeur, décide de faire le tour des chambres.

- Bonjour, sœur Marie-Joseph, je vous trouve très bien aujourd'hui, et ce que vous tissez est très joli !

- Merci, ma mère, vous aussi vous êtes très bien, mais il semblerait que vous vous soyez levée du mauvais côté du lit !

Cette réponse ne la satisfait pas, mais elle continue ses visites.

- Bonjour, sœur Maria, je vous trouve très bien aujourd'hui, et ce que vous brodez est très joli !

- Merci, ma mère, vous aussi vous êtes très bien, mais il semblerait que vous vous soyez levée du mauvais côté du lit !

La mère supérieure se mord les lèvres, poursuit son inspection, mais toutes les nonnes lui font la même réponse.

Quand elle arrive à la quinzième nonne, elle est à bout de nerfs et, les dents serrées, dit :

- Bonjour, sœur Noëlla, soyez sincère... Croyez-vous que je me sois levée du mauvais côté du lit ce matin ?

- Oui, ma mère...

- Et qu'est-ce qui vous permet de dire ça ?

- Vous avez mis les sandales du père Émile !

Ça c'est fait... divers

L'amour rend distrait, voire aveugle, comme le dit l'adage. Au point d'oublier son épouse sur une aire d'autoroute, de retour de voyage de noces ? C'est la mésaventure survenue à un jeune marié allemand. Après avoir fait le plein de carburant, l'homme, persuadé que sa dulcinée somnolait sur la banquette arrière, a repris la route. Ça peut arriver. Mais ne s'en rendre compte que 200 km plus loin ? « Je ne lui en veux pas, a assuré l'épouse à la presse. Il ne l'a pas fait intentionnellement. » Mais elle pourra toujours lui reprocher de ne pas lui faire plus souvent les yeux doux.

Le soleil se lève à **07h41** et se couche à **19h44**

Jeudi 24 septembre

Saint Thècle On fête aussi les Andoche

« À un homme d'esprit, il ne faut qu'une femme de sens ; c'est trop de deux esprits dans une maison. »

Louis de Bonald

C'est arrivé le...

24 septembre 1853

La Nouvelle-Calédonie devient officiellement une colonie française. Alors que des colons britanniques et français sont installés sur les différentes îles, le massacre d'officiers et hommes d'équipage de la corvette française *L'Alcmène* met le feu aux poudres. Napoléon III envoie alors plusieurs navires de guerre français prendre possession des territoires.

Pour rire

Un homme rencontre un de ses copains qui fait une tête d'enterrement.
– Tu as perdu quelqu'un ?
– Non, c'est même le contraire. Je vais être père…
– Et c'est pour ça que tu fais une gueule pareille ?
– Oui. Je ne sais pas comment l'annoncer à ma femme…

Vermot'roscope

BALANCE 24 septembre - 23 octobre

Amour

On vous connaît, les Balance, dans ce domaine vous êtes plutôt des idéalistes. Cela tombe bien, car vous devriez vous approcher de vos idéaux en 2015. Et, exploit, car c'est toujours douloureux pour vous, vous arriverez même à communiquer bien plus facilement qu'à l'accoutumée, ce qui vous aidera à atteindre les objectifs et à régler certains non-dits. Changements à prévoir, donc, ou tout du moins évolutions en vue… pour le meilleur ! Couple renforcé ou rencontre décisive, tout est possible. Cela ne dépend que de votre capacité à vous stabiliser et à laisser de côté une certaine intransigeance. Mais pour la séduction, rien à craindre : vous êtes toujours le meilleur, et donc convoité.

Travail

Confiance, fermeté, bon sens et souplesse, tels sont les mots-clés de cette année professionnelle… quitte à ce que cela froisse certains de vos supérieurs. Mais vous avez raison, vous le sentez, vous le savez, alors pourquoi faire des concessions ? Essayez au moins de faire accepter vos idées le moins brutalement possible à votre entourage… Votre sens des relations humaines, votre habileté de diplomate et votre charme feront le nécessaire. Si vous parvenez à canaliser vos coups de têtes routiniers et à refréner vos petits travers – impatience et précipitation –, les obstacles s'effaceront un à un et une belle année s'ouvrira devant vous, avec – pourquoi pas ? – une promotion.

Santé

Reposez-vous un peu ! Vous avez certes de l'énergie et de l'enthousiasme à revendre – et ce sera encore le cas en 2015 –, mais les réserves s'épuisent si l'on n'y prend pas garde. Au programme de l'année : détendez-vous, mangez plus sainement, faites un peu de sport pour évacuer les tensions et éviter la sédentarité qui vous guette et qui peut être catastrophique pour la santé… et vos articulations. Sinon, rien de bien grave à l'horizon.

Argent

Un peu à l'image de votre caractère parfois changeant et fantasque, vos comptes devraient connaître des hauts et des bas cette année. Il faut dire que, pour vous, argent rime avec plaisirs et loisirs, et que la Balance n'est pas connue pour être le meilleur des gestionnaires. Faites attention à votre équilibre financier, dès le début de l'année. Vous avez beau avoir confiance en vous et un sixième sens très fonctionnel, évitez les imprudences ou les opérations hasardeuses. La chance ne sera pas toujours là pour vous sauver la mise.

Infos en séries… TV

Grey's Anatomy avait pour titre original *Complications*. Finalement, Shonda Rhimes, sa créatrice, préféra s'inspirer d'un célèbre ouvrage, *Gray's Anatomy of the Human Body*, écrit par Henry Gray.

Vendredi **25 septembre**

Saint Hermann On fête aussi les Auguste, Aurélie, Serge, Salina

Le soleil se lève à **07 h 42** *et se couche à* **19 h 42**

« Il faut être économe de son mépris en raison du grand nombre de nécessiteux. »

Chateaubriand

C'est arrivé le…

25 septembre 1849

À Vienne, le compositeur autrichien Johann Strauss meurt de la scarlatine. Il laisse derrière lui une œuvre composée principalement de polkas et de valses, mais c'est *la Marche de Radetzky* qui le fait passer à la postérité. Ses trois fils suivront sa voie, dont Johann Strauss II, le plus talentueux, qui composera notamment *Le Beau Danube bleu.*

Lego… maniac

Raul Oradia, un jeune Roumain de 20 ans, n'avait pas les moyens de s'offrir la voiture de ses rêves. Alors il l'a construite… en Lego®. Le jeune homme a ainsi assemblé 500 000 pièces de Lego® pour construire cette voiture qui peut rouler jusqu'à 30 km/h. Il lui a fallu deux ans d'un travail minutieux pour assembler les pièces et leur adjoindre un vrai moteur fonctionnant à l'air comprimé. Budget de cette petite folie : 16 000 euros.

– Et si l'État continue à nous taxer, je mets mon patrimoine à l'étranger !

Dites 33 !

« En sortant du bloc opératoire, on m'a mis en salle de réveillon. » (*Il s'est fait opérer le 31 décembre ?*)

« Un tube d'aspirine côtes-du-rhône, s'il vous plaît. » (*Usine du Rhône !*)

« Est-ce normal qu'après ma ligaturation des trompes, j'ai plus mes mensualisations chaque mois ? » (*Si on ligature, il n'y a plus de menstruations.*)

« – Vous fumez ?
– Non.
– Vous avez déjà fumé dans votre vie ?
– Oui.
– Vous avez arrêté quand ?
– Hier, quand j'ai commencé à avoir mal à la gorge. »

« Venez vite, c'est ma femme, elle fait un ABC. » (*AVC !*)

« Je n'y vois pas bien, mais je ne suis quand même pas albinos, docteur ! » (*Ni daltonien, apparemment.*)

« Madame, depuis que vous me faites la rééducation périnéale, j'ai bien remarqué, mes cheveux frisent beaucoup plus. » (*Un sujet de recherche pour les étudiants en médecine !*)

« Le futur opéré à l'anesthésiste : "Mettez la dose, docteur, je suis insomniaque." »

« Ah, vous êtes le remplaçant ? Et il revient quand, le vrai docteur ? »

« Arrivée dans la ferme où l'on m'a appelé pour un gamin fiévreux… Quand je demande quelle est la température, on me répond : "On ne sait pas, docteur, le thermomètre est à l'étable." (*Oh la vache !*)

« Un ivrogne disait : de la naissance à la mort, la vie est bien courte. Je la prolonge en zigzaguant. »

Claude Aveline

C'est arrivé le...

26 septembre 1946

Le premier numéro du magazine *Le Journal de Tintin* est publié. L'hebdomadaire, consacré à la bande dessinée réaliste, révèle des séries qui deviendront cultes, comme *Blake et Mortimer*, *Michel Vaillant*, *Ric Hochet*, *Quick & Flupke* et, bien entendu, *Les Aventures de Tintin*. Il paraîtra jusqu'au mois de novembre 1988.

Rétro' Vermot

Quelle différence y a-t-il entre un imprimeur, un professeur et une femme de chambre ? L'imprimeur fait les affiches, le professeur l'école et la femme de chambre les lits. (1922)

Pourquoi les blanchisseuses n'ont-elles jamais de maux d'estomac ? Parce qu'elles font des repas sages. (1923)

@çagazouille : Jeu de Ver-mots

©Twitter

@nestor661 Une droite relie un poing à un visage.

@LeMotPeteChaud Des écrits vains, il y en a tant que ça pèse des tomes.

@olijuseb La tendance tombe. Aujourd'hui, beaucoup de gens vont aux urnes…

@Bobtoucour L'hiver est un crime de froid commun.

@valentintamarre L'application « telethon2013 » est disponible sur votre immobile.

Ça c'est fait... divers

Tout juste retraité d'une entreprise de matériel électrique, Tom Cris, un Canadien, a remporté à la loterie le gros lot de 40 millions de dollars, soit 28 millions d'euros. Mais il a finalement décidé de tout reverser à la Société canadienne du cancer ainsi qu'à un établissement de santé local, qui a soigné sa femme, emportée par la maladie en février 2012. « Je n'ai pas besoin de cet argent pour vivre », a-t-il confié aux médias. « J'ai de la chance. Je suis heureux d'avoir gagné l'argent. Et je suis heureux d'être en mesure de le redonner. » Ses enfants ont, paraît-il, approuvé ce geste de bienfaisance.

C'EST LA RENTRÉE À L'UNIVERSITÉ

La bonne blague !

Un jeune homme se rend à la pharmacie pour acheter des préservatifs. Devant la grande sélection disponible, il demande l'aide du pharmacien qui lui explique alors les différences, lui montre les modèles à nervures, ultra-minces, lubrifiés, etc.

– Je vais prendre le modèle de luxe extra-plaisir, super-sensation-ultra-nervure avec lubrifiant, dit le jeune homme avec vantardise. Voyez-vous, j'ai mon premier dîner chez les parents de ma nouvelle amie… Et je sens que ce soir, c'est LE soir. Elle est pas mal chaude et j'ai bien l'intention de me payer une bonne partie de jambes en l'air, si vous voyez ce que je veux dire, ajoute-t-il en faisant un clin d'œil au pharmacien. Ça va chauffer toute la nuit ! Je vais prendre une boîte de 12.

Le soir, le jeune homme arrive chez les parents de son amie, mais garde ses distances et observe le silence tout le dîner, bien loin de son assurance du matin. Vers la fin du repas, sa petite amie, n'y tenant plus, se penche vers lui et chuchote :

– Il y a un problème ?

Le jeune homme répond :

– Je ne savais pas que ton père était pharmacien.

Dimanche 27 septembre

Saint Vincent de Paul On fête aussi les Vencentia, Hiltrude

Le soleil se lève à **07 h 45** *et se couche à* **19 h 38**

« La femme doit faire comme le placide pêcheur : surveiller sa ligne ! »

Pierre Dac

C'est arrivé le…

27 septembre 1822

Champollion annonce avoir réussi à déchiffrer des hiéroglyphes. Après ses premières découvertes sur la pierre de Rosette, ses travaux sur un obélisque, des papyrus bilingues et des détails des temples d'Abou Simbel lui ont permis de reconnaître les noms de Ptolémée V, Cléopâtre, Ramsès et Thoutmôsis. Il fait part de sa découverte à l'Académie des inscriptions et belles-lettres par le biais d'une « lettre relative à l'alphabet des hiéroglyphes phonétiques ».

Le droit de savoir

On a volé mon manteau accroché à l'entrée du restaurant

Vous êtes responsable. À moins que votre vêtement ou votre sac ait été déposé dans un vestiaire gardé, l'établissement n'est pas responsable de ceux accrochés aux portemanteaux à l'entrée ou au dossier de votre chaise.

Sudoku

Solution de la page 275

7	9	8	1	5	3	4	6	2
5	6	4	8	9	2	7	1	3
2	1	3	6	7	4	8	5	9
6	7	1	2	4	5	3	9	8
3	4	5	9	8	1	2	7	6
9	8	2	7	3	6	5	4	1
4	2	9	5	6	8	1	3	7
8	5	7	3	1	9	6	2	4
1	3	6	4	2	7	9	8	5

HISTOIRE, HISTOIRES…

Qui a inventé le trottoir ? Ces espaces destinés à la circulation des piétons étaient rares, il y a quelques siècles. Et c'est un homme de lettres, Louis-Sébastien Mercier, né à Paris en 1740 et mort en 1814, qui s'en fit l'ardent défenseur. Membre de l'Institut, cet écrivain, auteur d'ouvrages tombés dans l'oubli, a pourtant écrit en 1781 un petit traité intitulé *Tableau de Paris,* qui devait lui assurer, à titre posthume, une certaine renommée. Dans cette étude, il réclamait pour la première fois, des trottoirs dans la capitale ; il n'eut de cesse de plaider cette cause, mais mourut sans en avoir vu le bout d'un, ou presque.
Cette revendication avait du sens à une époque où les rues parisiennes se remplissaient d'eau et de boue à la moindre averse et où les essieux des voitures qui rasaient les maisons causaient de nombreux accidents. Et à lire *Tableau de Paris*, on pourrait aussi légitimement attribuer l'invention des égouts à notre Louis-Sébastien Mercier. N'écrivait-il pas en effet qu'il fallait « obliger les propriétaires à mener leurs eaux jusqu'au bas des maisons, au moyen de tuyaux placés sous la gouttière de leur toit » ?

Maître de bonne compagnie

Pas propre, Minou ?

Votre chat est devenu malpropre, fait hors de son bac sans que vous sachiez pourquoi ? Il peut avoir de multiples raisons. S'il n'est pas castré, normal qu'il urine en divers endroits : il marque son territoire. Peu de remèdes, mis à part la castration. Et cela peut aussi arriver chez la femelle en période de chaleur.
Un chat risque aussi de devenir malpropre si sa litière n'est pas changée régulièrement ou si son bac est placé dans un endroit où il est trop souvent dérangé lorsqu'il fait ses besoins.
Restent enfin des raisons psychologiques liées, par exemple, à la contrariété devant un changement mal vécu (arrivée d'un nouvel animal ou d'un bébé dans le foyer, jalousies…). Précisons aussi que les maladies urinaires (cystites) ou le diabète peuvent conduire l'animal à uriner un peu partout. Dans ce cas, c'est votre vétérinaire qui vous orientera.

Lundi 28 septembre

Saint Venceslas On fête aussi les Aunemonde, Exupéry, Dexter

« Dans tous les partis, plus un homme a d'esprit, moins il est de son parti. »

Stendhal

C'est arrivé le…

28 septembre 1895

Louis Pasteur meurt à l'âge de 72 ans. Ses travaux de microbiologie, et notamment la découverte du vaccin contre la rage, lui ont assuré une grande reconnaissance dans le monde, et il a droit à des funérailles nationales. En son honneur, l'établissement créé en 1888 pour traiter les cas de rage porte le nom d'Institut Pasteur. De son vivant, il avait reçu les hommages de la communauté scientifique mais également de toute la société.

Quiz Philo

Qui a dit : « Je ne suis pas d'accord avec ce que vous dites, mais je me battrai pour que vous ayez le droit de le dire » ?

- ❑ 1. Nietzsche
- ❑ 2. Voltaire
- ❑ 3. Kierkegaard

Réponse

Réponse 2

La cigarette électronique est-elle dangereuse ?

Allez Allais !

Passoire (n. f.) : ustensile de l'épouse qui entend se soustraire au devoir conjugal. Ex : « Non, passoire, chéri, j'ai mal à la tête. »
Pelle (n. f.) : matériel roulant.
Perceuse (n. f.) : chanson alsacienne pour entormir les enfants.
Père (n. m.) : mâle de mère.
Pô : fleuve italien autour duquel Fellini a passé son temps à tourner.
Politiquement correct (loc.) : manière de parler par euphémismes qui permet finalement de dire encore plus d'horreurs.
Prolétaire (n. m.) : membre des classes les plus défavorisées de la société. Le prolétaire de moins de cinquante ans se reconnaît à son visage marqué par les efforts et les privations, ses bras noueux, sa casquette vissée sur l'oreille, son mégot au coin de la bouche, un numéro de *L'Humanité* qui dépasse de la poche rapiécée de son veston élimé. Le prolétaire de plus de cinquante ans se reconnaît à l'absence de Rolex® à son poignet.

Allô, Docteur ?

Prendre des cours de chant réduirait le stress

OUI. Mais vous pouvez aussi chanter à la maison, en voiture, sous la douche, en faisant le ménage ou dans un bar à karaoké. Au même titre que le rire, le chant permet de sécréter des endorphines, ces hormones à la source des sensations de détente, et stimule des muscles : les cordes vocales. Or, dans les états de stress, la tension musculaire est la première à se manifester. Détendre les cordes vocales et d'autres muscles liés au chant (abdominaux, du visage…) serait donc considéré comme une activité physique et apaiserait en partie cette tension. Le chant permet aussi de se concentrer sur autre chose que ses problèmes et, en prenant des cours, vous connaîtrez le plaisir et la satisfaction personnelle de voir évoluer votre voix, avec à la clé une prise de confiance et une meilleure estime de soi. Et, on le sait, le son de la voix est un facteur apaisant. Alors, peu importe que vous chantiez faux ou non, chantez !

Mardi 29 septembre

Saint Michel On fête aussi les Michèle, Mikaela

Le soleil se lève à **07 h 48** *et se couche à* **19 h 33**

> *« La vie, ça finit toujours mal. »*
>
> *Marcel Aymé*

C'est arrivé le…

29 septembre 1902

Émile Zola décède dans son sommeil, intoxiqué par un feu de cheminée. Dans le monde, l'hommage est unanime, sauf chez les antisémites et les nationalistes qui n'ont pas digéré son article « J'accuse… ! », dans lequel il défendait Alfred Dreyfus. Il laisse derrière lui une œuvre riche, dont la saga des *Rougon-Macquart* (*L'Assommoir, Germinal, Nana…*) est la plus emblématique.

TOP CHRONO : LA TÉLÉVISION

- **21 juillet 1969 : des millions de téléspectateurs français assistent aux premiers pas de l'Américain Neil Armstrong sur la Lune.**
- **10 novembre 1970 : le président Pompidou annonce la mort du général de Gaulle aux Français, à la radio et à la télévision : « La France est veuve ! »**
- **1971 : inventée en 1956 aux États-Unis, la télécommande arrive en France.**
- **4 janvier 1972 : *Des chiffres et des lettres*, produit et présenté par Armand Jammot, est diffusé pour la première fois.**
- **31 décembre 1972 : création de la troisième chaîne couleur, C3 (pour Chaîne 3, mais aussi pour Couleur), et des premiers décrochages régionaux.**
- **1973 : Roger Gicquel devient directeur de l'information de la première chaîne et prend les commandes du JT l'année suivante.**

À l'origine… Chauvin

S'il y a un trait de caractère que les Français revendiquent souvent, ou que les étrangers nous attribuent, c'est bien celui d'être chauvins, c'est-à-dire cocardiers, patriotes, voire un brin arrogants. La légende veut que ce terme soit né au XIXe siècle avec Nicolas Chauvin, un bon soldat français. Et si certains dictionnaires font naître Chauvin à Rochefort et le font combattre dans les armées de la Révolution française, puis dans la Grande Armée de l'empereur Napoléon, le conditionnel est resté de rigueur pendant deux siècles, faute de documents attestant son existence. Ce qui n'a pas empêché sa légende de soldat dévoué et patriote de se propager dans notre culture. Il faut dire que les qualités du dénommé Chauvin avaient de quoi faire naître l'admiration.

En 1845, Jacques Arago le décrivait ainsi : « Soldat à dix-huit ans, il a fait toutes les campagnes. Dix-sept blessures, toutes reçues par-devant, trois doigts amputés, une épaule fracturée, un front horriblement mutilé, un sabre d'honneur, un ruban rouge, deux cents francs de pension, voilà le vieux grognard qui se repose au soleil de son pays, en attendant qu'une croix de bois protège sa tombe. »

Un héros caricatural, donc. Dont s'emparèrent les plumes des chansonniers et auteurs de vaudeville pour ridiculiser les traits exagérés de ce « soldat-laboureur », le patriote par excellence. À partir de 1860, le terme « chauvin », plutôt louable jusqu'alors, prendra une connotation péjorative au patriotisme à laquelle on ajoutera les notions de xénophobe et borné. Puis en 1993, Gérard de Puymège, dans sa thèse de doctorat, fait tomber les masques et les illusions : Nicolas Chauvin n'a jamais existé. Trop tard ! Notre langage populaire s'est approprié les qualités légendaires de Nicolas Chauvin pour en faire l'emblème du chauvinisme à la française.

Ça c'est fait… divers

Maria Dolores, une Colombienne de 84 ans, souffrait depuis longtemps de maux de ventre. Admise à l'hôpital pour des examens radiographiques, elle a eu la surprise de découvrir qu'un fœtus, aujourd'hui fossilisé dans son abdomen, s'était développé à l'extérieur de son utérus, il y a plus de quarante ans. Ce phénomène très rare s'appelle un « lithopédion ». On ne connaît que 290 cas recensés dans le monde.

Mercredi 30 septembre

Saint Jérôme On fête aussi les Géronima

« L'homme seul est quelque chose d'imparfait ; il faut qu'il trouve un second pour être heureux. »

Blaise Pascal

C'est arrivé le…

30 septembre 1955

James Dean se tue dans un violent accident de la route, alors qu'il vient d'entamer une prometteuse carrière d'acteur. Quelques mois après sa mort, il est nommé à l'Oscar du meilleur acteur pour son premier film, *À l'est d'Eden*. L'année suivante, il devient le premier acteur nommé deux fois à titre posthume dans cette catégorie, cette fois pour *Géant*, son troisième film, terminé juste avant sa mort. Auparavant, il avait tourné un deuxième film, *La Fureur de vivre*, qui en fit l'icône de toute une génération.

La plus grande fleur du monde

Implantée en Malaisie péninsulaire, aux Philippines, à Bornéo et à Sumatra, la rafflésie ou *Rafflesia* est la plus grande fleur du monde. Certaines espèces peuvent en effet atteindre 1 m de diamètre et le poids exceptionnel de 10 kg. La rafflésie ne dispose ni de tige, ni de feuille ni de chlorophylle, et n'est donc pas capable de photosynthèse : elle ne peut se développer qu'en parasitant d'autres plantes. La rafflésie se reproduit grâce aux insectes, qui sont attirés par l'odeur de viande en décomposition qu'elle dégage et assurent la pollinisation.

Rétro' Vermot

Quand y a-t-il homicide ?
Quand on tue un homme.
Et suicide ?
Quand on tue un Suisse. (1895)

Ça zlatanne !

- Zlatan n'a pas un grand nez, il a du flair.
- Quand Zlatan tire un penalty, la tribune derrière le but est évacuée d'urgence.
- Zlatan a déjà porté plainte contre le magazine *France Football* : ils avaient confondu le budget de Saint-Étienne et son salaire.
- Zlatan ne marque pas que des buts, il marque aussi les esprits.
- Lorsque Zlatan jongle devant un miroir, son reflet s'arrête et le regarde.
- Zlatan ne rate pas ses amortis, c'est le ballon qui a peur de ses pieds.
- François Hollande a décidé d'envoyer l'armée française au Mali. C'était plus humain que d'envoyer Zlatan.
- Zlatan a gagné l'Eurovision en chantant l'hymne de la Suède.
- Quand Zlatan se blesse, il porte lui-même la civière.
- Zlatan a déjà gagné la Coupe d'Afrique des nations avec la Suède.

Jeudi 1er octobre

Sainte Thérèse de l'Enfant-Jésus On fête les Arielle

Le soleil se lève à **07 h 51** *et se couche à* **19 h 29**

« L'altruiste est un égoïste raisonnable. »

Charles Dickens

C'est arrivé le…

1er octobre 1949

Sur la place Tian'anmen, le leader du Parti communiste chinois, Mao Zedong, proclame la République populaire de Chine. Après des années de guerre civile, le PCC a défait le Parti nationaliste du Kuomintang, obligé de se retirer à Taïwan. Mao devient alors le premier président de cette nouvelle république.

Rétro' Vermot

Revenant de l'étranger, un éleveur se présente à la douane. Dans son coffre, il transporte un bélier. Le douanier l'interroge :
– Et ça, qu'est-ce que c'est ?
– Mon chien
– Votre chien ? Un chien avec des cornes ?
– Ah ! S'il vous plaît, la vie privée de mon chien ne vous regarde pas. (1990)

@çagazouille : Jeu de Ver-mots

©Twitter

@antoinegavoille Si un serpent venimeux vous pique, c'est une mort sûre.
@LeMotPeteChaud Toucher le cul des filles avec ses potes, c'est une thérapie de croupe.
@dzeis Si la magie opère, pourquoi n'a-t-on jamais vu Garcimore manier le bistouri ?
@intwittoveritas Au XIXe siècle, on lisait des livres, du Maupassant. Aujourd'hui on lit des tweets, des mots passants…
@VieDAngeHeureux L'égo taxe devrait être obligatoire sur Twitter.
@WagramdeKok Ivre, lors d'une partie de Cluedo, le colonel Moutarde aurait déclaré à Mademoiselle Rose : « Mi Amora. »

Octobre

Dixième mois du calendrier grégorien, octobre (*octo*) signifie pourtant huit, sa place dans le calendrier romain. C'est d'ailleurs le 15 octobre 1582 que le pape Grégoire XIII, pour harmoniser les dates religieuses des différents calendriers de par le monde, décide d'adopter le calendrier grégorien dans les États Pontificaux. La France ne le fera que le 10 décembre 1582. Depuis, l'année commence le 1er janvier, et octobre marque le passage à l'heure d'hiver.

Octobre est un mois riche d'histoire(s). En 1917, le 25, il y eut le début de la révolution d'Octobre en Russie, marqué par le coup d'État des bolcheviques de Lénine et le renversement du tsar. En début de mois, ce fut la naissance de notre Ve République, avec la constitution du 4 octobre 1958.

C'est le 28 octobre que l'on inaugura à New York la symbolique statue de la Liberté, imaginée par le Français Bartholdi, dans ce pays découvert par Christophe Colomb le 12 octobre 1492 et baptisé « Nouveau Monde ».

En Amérique toujours, en octobre 1890, c'est la naissance de Dwight Eisenhower, général et héros de la Seconde Guerre mondiale, puis président des États-Unis de 1953 à 1961. Un pays qui connut aussi, le 24 octobre 1929, l'une des plus grandes crises financières de son histoire, le fameux krach boursier, qui marqua le début de la Grande Dépression.

Côté « people », la France pleure la disparition de son champion de boxe Marcel Cerdan, décédé dans un accident d'avion le 27 octobre 1949, et un peu moins – à l'époque en tout cas – celle de la reine Marie-Antoinette, décapitée le 16 octobre 1793.

Quatre ans plus tard, le 22 octobre 1797, le Français André-Jacques Garnerin effectuera le premier saut en parachute de l'histoire.

Enfin, les enfants que nous sommes tous restés peuvent célébrer le 4 octobre la naissance (en 1926) du personnage de Winnie l'Ourson.

« Ne te plains pas de ton temps. Si tu le trouves mauvais, demande-toi ce que tu as fait pour le rendre meilleur. »

Thomas Carlyle

C'est arrivé le…

2 octobre 1869

Naissance de Gandhi à Porbandar, dans l'ouest de l'Inde. Leader du mouvement pour l'indépendance du pays, il fut un pionnier de la désobéissance civile de masse et de la résistance, tout en prônant toujours la non-violence. En Inde, il est reconnu comme le Père de la Nation et la date de son anniversaire y est devenue une fête nationale.

Oh ! tu sais pas ?

Outre leur unique bosse qui leur permet de survivre trois semaines sans eau, et leur fourrure qui les protège des conditions climatiques extrêmes, les dromadaires ont une autre particularité bien à eux : ils possèdent trois paires de paupières garnies de cils qui forment une barrière hermétique au moindre grain de sable dès qu'elles se rejoignent. Leurs paupières permettent ainsi à ces animaux (aux chameaux aussi) de protéger leurs yeux lors des tempêtes de sable.

La bonne blague !

Deux hommes, un Américain et un Russe, discutent dans un bar. L'Américain dit :

- Tu vois ces trois bouteilles là-bas sur la table ? Je te parie que je les casse en un seul coup de feu.

L'homme dégaine plus vite que son ombre, fracasse les bouteilles d'un coup de feu et lance fièrement à son compagnon :

- Je m'appelle Bill, Buffalo Bill !

Le Russe, sans se démonter, réplique :

- Tu vois ces trois jolies filles là-bas ? Je te parie que je suis capable de leur faire l'amour en même temps !

- Ah non, je ne te crois pas, là ! Tu exagères, répond l'Américain.

Le Russe baisse alors son pantalon et montre trois sexes alignés.

- Moi aussi je m'appelle Bill, Tcherno Bill.

Vermot'jardin

Octobre

- C'est le bon moment pour planter les haies d'arbustes à feuillage persistant comme les thuyas, cyprès et buis.
- Dans les régions où le froid s'installe rapidement, pensez à rentrer les plantes d'orangerie telles que les lauriers-roses, fuchsias et daturas.
- Déterrez vos bulbes d'été comme le glaïeul ou l'agapanthe.
- Il est temps de récolter vos courges, mâches et autres salades d'hiver.
- Bouturez (Voir Dico Jardin du 3 octobre) vos framboisiers, groseilliers et myrtilliers.
- Si vous avez rallumé le chauffage, pensez à éloigner vos plantes des radiateurs, sous peine de les voir se dessécher rapidement.

Politiquement… incorrect

– La droite à Paris, c'est la guerre des boutons avec des bazookas. (*Chantal Jouanno, ancienne ministre des Sports, UMP, puis UDI. Candidate à la mairie de Paris*)

– Je connais bien Dominique Strauss-Kahn : je l'ai mis en examen. (*Eva Joly, magistrate et candidate d'Europe Écologie Les Verts à l'élection présidentielle de 2012*)

– J'ai inspiré [Obama] et ses équipes m'ont copiée. (*Ségolène Royal, de retour des États-Unis*)

– Dans les vestiaires, nous n'avions qu'un mot : énorme ! (*Roselyne Bachelot, ex-ministre des Sports, après la victoire des handballeurs français aux championnats du monde*)

– La contraception doit avoir ses règles. (*Bernard Kouchner*)

– Je me demande si l'on n'en a pas trop fait pour les obsèques de François Mitterrand. Je ne me souviens pas qu'on en ait fait autant pour Giscard. (*André Santini*)

– Je n'imagine pas un instant cette île séparée du continent. (*Jean-Louis Debré à propos de la Corse*)

– Cette année, les corbeaux volent en escadrille. (*Jean-Pierre Chevènement, au sujet de l'affaire Clearstream dans laquelle il a été mis en examen*)

– Ce n'est pas plus mal que ce soit une femme qui soit élue pour faire le ménage. (*Ségolène Royal avant la primaire socialiste*)

– Avec une telle humidité, vous diminuez les risques d'incendie !

> « Ne faut-il pas avoir perdu du temps pour en apprécier la valeur ? »
>
> Jacques Lamarche

C'est arrivé le…

3 octobre 1987

Jean Anouilh décède à l'hôpital de Lausanne des suites d'une longue maladie. Né en 1910 à Bordeaux, il fut un dramaturge à succès, alternant avec aisance les comédies comme *Le Bal des voleurs* et les pièces dramatiques, voire tragiques, comme *Antigone*, qui demeure sans doute son œuvre la plus fameuse.

Quiz Philo

Sur quoi Platon fondait-il le bonheur ?

- ❑ 1. le savoir
- ❑ 2. le plaisir
- ❑ 3. l'amour

Réponse

Réponse 1

Dico Jardin : Bouturer

Le bouturage est une technique qui vise à créer une nouvelle plante à partir d'un fragment détaché sur une plante mère. C'est la manière la plus simple et la plus efficace pour multiplier un végétal. La bouture de tête, la plus répandue, consiste à couper un rameau non fleuri d'environ 10 cm. Supprimez les feuilles inférieures et coupez en deux celles du haut. Sectionnez ensuite votre rameau juste sous un nœud et plantez-le dans un mélange égal de terre et de sable. Stockez votre bouture dans un endroit lumineux, humide et sans soleil direct, en serre idéalement.

« La société est composée de deux grandes classes : ceux qui ont plus de dîners que d'appétit, et ceux qui ont plus d'appétit que de dîners. »

Champfort

C'est arrivé le...

4 octobre 1830

La Belgique proclame son indépendance des Pays-Bas. Dans son arrêté, le gouvernement provisoire énonce trois points. Outre l'indépendance, il avance qu'un projet de constitution sera rédigé rapidement et qu'un Congrès national sera convoqué pour que toutes les provinces belges valident une constitution définitive.

LU DANS LA PRESSE

Franck S. aurait fait un « cours » d'histoire médiévale à ses employées sur l'amour que les cerfs portaient à leur seigneur. (*Le Journal du Centre*)
Les serfs portaient-ils des bois ?

Il y a 100 ans : octobre 1915

- Sartre entre au Lycée Henri IV à Paris
- Kafka publie *La Métamorphose* à Leipzig dans le numéro d'octobre de la revue *Weiße Blätter*. En décembre 1915, c'est la première édition sous forme de livre
- **6 octobre** : début de l'offensive germano-austro-bulgare contre la Serbie. Belgrade tombe dès le lendemain.
- **7 octobre** : Marius de Zayas ouvre à New York la Modern Gallery, galerie d'art aujourd'hui de réputation internationale.
- **13 octobre** : après l'échec des négociations avec la Bulgarie, le ministre des Affaires étrangères, Théophile Delcassé, démissionne. Le président du Conseil, René Viviani, assure l'intérim à ce poste.
- **17 octobre** : naissance d'Arthur Miller, écrivain et dramaturge américain (décès le 10 février 2005).
- **19 octobre** : l'Italie, entrée dans les combats depuis mai, déclare la guerre à la Bulgarie.

Foi de footeux

- Si c'était qu'un but ! Mais c'est vraiment un but somptueux, c'est presque plus beau qu'un but ! (*Charles Biétry*)
- Il faut jouer à domicile comme à la maison. (*Djamel Abdoun*)
- Un champion est le fruit d'une alchimie de 3C : le cœur, le cerveau, les couilles. (*Luis Fernandez*)
- Il vient de vidanger une occasion. (*Xavier Gravelaine*) [C'était pourtant le temps des vendanges…]
- À mon époque, stoppeur, on savait ce que ça voulait dire… Si l'attaquant sortait du terrain pour aller pisser, on le suivait. (*Christian Lopez*)
- Je ne suis pas superstitieux, ça porte malheur. (*Raymond Domenech*)
- Le football en Angleterre n'est pas une question de vie ou de mort. C'est bien plus important. (*Bill Shankly*)
- Ah j'ai rarement vu un trio de nullos pareil… Faudrait les empailler ceux-là ! (*Thierry Roland*)

Lundi 5 octobre

Sainte Fleur On fête les Aglaé, Anémone, Benoîte, Gala, Hortense

Le soleil se lève à **07 h 57** *et se couche à* **19 h 21**

« Buvez, afin d'éviter que la soif advienne ! »

Rabelais

C'est arrivé le…

5 octobre 1918

À la fin de la Première Guerre mondiale, à la veille de son trentième anniversaire, l'aviateur Roland Garros est abattu lors d'un combat aérien. En septembre 1913, il était devenu célèbre en étant le premier à traverser la mer Méditerranée, après un vol de près de huit heures. Aujourd'hui, son nom est plus souvent associé au tournoi de tennis qui porte son nom qu'à l'aviation.

Mon truc en +

Attention fragile !

Nettoyer du cristal est toujours assez délicat, à cause de sa fragilité. Il faut donc utiliser des produits ne demandant pas une manipulation trop énergique. Nos grands-mères avaient mis au point une recette étonnante : frotter le cristal avec un morceau de pomme de terre ! Non seulement, une fois essuyé, le cristal sera nettoyé, mais il brillera en plus de mille feux.

Rétro' Vermot

– Est-il vrai que les femmes mariées vivent plus longtemps que les vieilles filles ?
– Non… ça paraît plus long… Voilà tout. (1985)

SURCHARGE CARCÉRALE

Esprit d'antan

Le roi Louis XI, extrêmement superstitieux, avait à son service plusieurs devins et astrologues. L'un d'eux, Galeotti, lui ayant déplu, le souverain décida de le livrer au bourreau. Aussi, l'ayant fait appeler :
– Vous qui savez tout, lui dit le roi en ricanant, connaissez-vous la date de votre mort ?
Galeotti, s'il n'était qu'un charlatan, ne manquait pas d'intelligence ; il comprit ce que signifiaient les paroles du roi et, en un instant, imagina le moyen de sauver sa vie.
– Sire, répliqua-t-il, sans que rien ne décelât son trouble, je viens de lire dans le ciel que je mourrai trois jours avant vous…
Et ce fut ainsi que, la crainte que la prédiction pût se réaliser l'ayant emporté sur son désir de vengeance, Louis XI abandonna l'idée de supprimer son astrologue.

TOP CHRONO : LA TÉLÉVISION

- **Avril 1973 : Bernard Pivot présente *Ouvrez les guillemets*. L'émission littéraire sera rebaptisée *Apostrophes* en janvier 1975.**
- **7 juillet 1974 : l'ORTF éclate en 7 sociétés indépendantes (noms officiels des chaînes en janvier 1975) : TF1 (ex-première chaîne), Antenne 2 (ex-deuxième chaîne), FR3 (ex-troisième chaîne), INA (Institut national de l'audiovisuel), Radio France, SFP (Société française de production et de création audiovisuelles) et TDF (Télédiffusion de France). Les trois chaînes de télévision constituent toujours un service public, sous la tutelle de l'État.**
- **Septembre 1974 : Christophe Izard propose *L'Île aux enfants* sur FR3, puis *Les Visiteurs du mercredi* sur TF1, l'année suivante. On y découvrira de jeunes animateurs, dont Patrick Sabatier et Soizic Corne.**

Mardi **6 octobre**

Saint Bruno On fête aussi les Burton, Arthaud, Brunehaut

“ La civilisation a pour but, non pas le progrès de la science et des machines, mais celui de l'homme. ”

Alexis Carrel

C'est arrivé le…

6 octobre 1889

Le Moulin-Rouge ouvre ses portes au pied de la butte Montmartre, à Paris. Fondé par Joseph Oller et dirigé par Charles Zidler, le cabaret est un lieu extravagant où toutes les catégories de la population peuvent se côtoyer et se divertir. Le succès est immédiat et son style sera imité un peu partout dans le monde.

Cuisine équipée, plaques à induction avec commande électronique sensitive, hotte en inox rétractable avec filtre à charbon, four intégré… Mais où est l'ouvre-boîte ?

Quiz SÉRIES

1. Quelle série n'a pas créé Stephen J. Cannell ?

❑ A/ *Les Têtes brûlées*
❑ B/ *Mike Hammer*
❑ C/ *L'Agence tous risques*
❑ D/ *21 Jump Street*
❑ E/ *Les Dessous de Palm Beach*

2. Avant de devenir la vedette d'*Edwards aux mains d'argent* (1990) puis une star de cinéma, Johnny Depp a débuté dans une série télé. Laquelle ?

❑ A/ *Un flic dans la mafia*
❑ B/ *21 Jump Street*
❑ C/ *Capitaine Furillo*

3. Dans *Prison Break*, Charles Westmoreland, l'un des plus anciens prisonniers de Fox River, serait en fait le légendaire :

❑ A/ J.B. Cooper
❑ B/ C.B. Cooper
❑ C/ D.B. Cooper

4. Dans la saison 1 de *24 heures chrono*, Jack Bauer sauve :

❑ A/ le sénateur David Palmer
❑ B/ le gouverneur David Palmer
❑ C/ le président David Palmer

5. Dans *Kojak* (1973-1978), Theo Kojak (Telly Savalas) était aidé par le détective Stavros, personnage interprété par :

❑ A/ le frère de Telly Savalas
❑ B/ le cousin de Peter Falk (*Columbo*)
❑ C/ le chauffeur particulier de Telly Savalas

6. Avant de devenir le flic le plus comique du cinéma (*Y a-t-il un flic…*), Leslie Nielsen a joué un rôle de tueur dans :

❑ A/ *Les Rues de San Francisco*
❑ B/ *Columbo*
❑ C/ *Police Squad*

7. Dans *Dallas*, qui a tiré sur J.R. ?

❑ A/ Sue Ellen
❑ B/ Krystin
❑ C/ Miss Ellie

8. À l'occasion de son 200e épisode, *La croisière s'amuse* a reçu un invité de choix :

❑ A/ Michael Jordan
❑ B/ Michael Jackson
❑ C/ Andy Warhol

9. Dans *Les Brigades du Tigre*, qui était « le Tigre » ?

❑ A/ Une association paramilitaire secrète
❑ B/ Georges Clemenceau
❑ C/ La mascotte de la police

Réponses le 18 octobre

« Électeurs : heureux mortels qui sont à l'image de certaines femmes malchanceuses. On leur fait la cour pendant six mois et, quand elles ont dit oui, on les cocufie pendant six ans. »

Jean Amadou

C'est arrivé le…

7 octobre 1940

Le conseil de l'ordre des médecins est créé pour lutter contre les charlatans et réguler la pratique des professions médicales. Après de nombreuses tentatives au début du siècle, c'est donc finalement sous le régime de Vichy que cette loi instaurant un ordre des médecins est adoptée. Dissous à la libération, l'ordre est refondé sous sa forme actuelle en septembre 1945.

@çagazouille : #UneChanson UnOutil

©Twitter

- Voulez-vous coucher avec moi séchoir ?
- Il y a trop de gants qui t'aiment.
- Burin flirt avec toi…
- Lime à la joie.
- Scie tu vas à Rio.
- Scie j'avais un marteau.
- L'étau indien (On limera, où tu voudras, quand tu voudras).
- Black is black et d'équerre.
- Scie, sex and sun.

Rétro' Vermot

Boireau rentre dans un cabinet de lecture et demande un livre.
– Voyons, dit le libraire, j'ai l'histoire du Consulat et de l'Empire, de Thiers, d'Alphonse Karr…
– Vous n'auriez pas autre chose ? Parce que je me fiche du Thiers comme du Karr. (1907)

Ça c'est fait… divers

Le mauvais temps – ou le beau, c'est selon – influe sur notre moral, c'est bien connu. Mais aussi sur celui des animaux, apparemment, puisque douze manchots de Humboldt – une espèce menacée originaire d'Amérique du Sud –, résidant en Grande-Bretagne, ont été traités aux antidépresseurs. En cause, le mauvais temps, virant à la tempête, qui s'est installé tout l'automne et l'hiver 2014 sur les côtes du Yorkshire. Les manchots n'ont pas aimé, au point de stresser et de ne plus sortir de leur habitat pour leurs bains quotidiens. Les soigneurs ont donc glissé dans les repas de leurs protégés des comprimés pour renforcer leurs défenses immunitaires et lutter contre la dépression. Le temps s'est depuis adouci, les soins ont porté leurs fruits et tout est rentré dans l'ordre après quelques semaines de traitement.

Fallait pas l'inventer…

John Godfrey Parry-Thomas

Le Gallois John Godfrey Parry-Thomas (1884-1927) n'a qu'une obsession : regagner son titre de record de vitesse sur terre, que lui avait ravi peu de temps auparavant l'Anglais Malcolm Campbell. Pour cela, John a besoin d'un monstre mécanique. Il met au point un véhicule qu'il baptise *Babs*. Après transformation, *Babs* n'a plus rien à voir avec une voiture, équipé qu'il est d'un moteur d'avion de chasse américain provenant des surplus de l'armée et de chaînes reliant le moteur aux roues motrices et au capot. Un système si encombrant que le conducteur devait piloter la tête inclinée sur la droite.
Le 3 mars 1927, Parry-Thomas se met en piste sur la plage de Pendine, sur la côte sud du pays de Galles. Son bolide s'élance. À 270 km/h, une des chaînes cède et décapite presque le pilote qui meurt sur le coup. Parry-Thomas sera inhumé près de l'autodrome de Brooklands, tandis que *Babs* sera immédiatement enterré sur la plage.

Le soleil se lève à **08 h 01** *et se couche à* **19 h 15**

Jeudi **8 octobre**

Sainte Pélagie On fête aussi les Dimitri, Kelly, Palladia

« Jésus, portant sa croix dans la montée du Golgotha, aurait souhaité avoir un diable pour l'aider. »

José Artur

C'est arrivé le…

8 octobre 1967

Che Guevara est capturé par les forces spéciales boliviennes, soutenues par la CIA. Commandant du groupe révolutionnaire mené par Fidel Castro à Cuba, il était activement recherché après avoir tenu un tribunal révolutionnaire et fait exécuter des dizaines de policiers et militaires du régime de Fulgencio Batista, renversé en 1959. Il sera exécuté quelques jours après son arrestation.

Pour rire

Après quelques années de vie commune, un jeune homme décide de se marier avec sa petite amie. Comme il n'est pas du tout au courant des traditions, à la fin de la messe nuptiale il s'approche du curé et lui demande :

– Excusez-moi, mon père, je sais qu'il est d'usage que les jeunes mariés fassent une offrande au prêtre qui a célébré leur mariage, mais je ne sais pas ce que les gens donnent en général.

Le prêtre lui répond dans le creux de l'oreille :

– En général, c'est en fonction de la beauté de la mariée. Plus elle est belle, plus la somme est élevée.

À ces mots, le jeune marié se tourne vers sa femme. Il hésite quelques instants, plonge la main dans sa poche et tend une pièce de deux euros au curé.

Le prêtre, un peu embarrassé, lui dit :

– Ne bougez pas, je vais vous rendre la monnaie.

Quel bram… dam !

Votre chasseur de mari, enfermé dans la salle de bains, pousse des cris rauques et souffle à s'époumoner dans un tuyau en plastique lorsqu'arrive le mois de septembre ? Pas de panique, il s'est sans doute inscrit sans vous le dire au championnat de France d'imitation de brame du cerf, qui se déroule dans le parc animalier de Sainte-Croix à Rhodes (Moselle).

Et tout est bon pour imiter le cri d'automne (septembre-octobre) du grand mammifère de nos forêts et remporter le titre suprême : appeau classique, tuyau, rouleau essuie-tout…

Le premier championnat de France a vu concourir cinq chasseurs, notés par trois jurés et conseillés par trois spécialistes allemands, invités pour l'occasion. Car en Allemagne, comme ailleurs en Europe, ce type de compétition existe depuis des années. On compte ainsi actuellement onze championnats nationaux, et même un championnat continental annuel. D'ailleurs, les trois premiers du concours français ont formé l'équipe de France qui a participé au championnat d'Europe 2014 d'imitation de brame du cerf.

Allô, Docteur ?

Dès que je me mets en short pour jouer au foot, j'ai envie d'uriner. Pourquoi ?

Pour deux raisons : la vessie n'aime pas le froid, ni le stress. Pour le froid, la réaction est compréhensible lorsque vous retirez votre survêtement avant de vous présenter en short sur le terrain. Votre organisme réagit simplement au changement de température en adaptant sa circulation sanguine. On note alors une élévation de la pression artérielle qui provoque l'envie immédiate d'aller faire pipi. D'où la nécessité, après l'échauffement, de ne pas se refroidir avant le début de la rencontre. Quant au stress, c'est son action sur les muscles de l'organisme, et particulièrement ceux agissant sur les sphincters de la vessie, qui déclenche l'envie d'uriner. Il suffit de débuter le match et de se concentrer sur le jeu pour que ça passe.

« Un homme déshonoré est pire qu'un homme mort. »

Miguel de Cervantès

C'est arrivé le…

9 octobre 1978

Jacques Brel succombe à un cancer, à l'hôpital de Bobigny. Âgé de 49 ans, le chanteur belge, auteur, compositeur et interprète, laisse derrière lui de grands classiques de la chanson francophone. Outre la musique, il s'était également essayé au cinéma en tant qu'acteur, puis réalisateur.

Pour rire

Une femme revient en pleine nuit d'un voyage et rentre silencieusement dans sa chambre pour ne pas réveiller son mari.
Sous les couvertures, elle voit dépasser quatre pieds. Son sang ne fait qu'un tour : son mari la trompe ! Elle ressort, va prendre un balai dans la cuisine, revient et se met à frapper de toutes ses forces sur les couvertures. Une fois défoulée, elle retourne à la cuisine prendre un verre pour se remettre de ses émotions. En passant devant le salon, elle aperçoit son mari, tranquillement allongé sur le canapé en train de boire une bonne bière.
Il lui lance alors :
– Bonsoir chérie, tes parents sont venus nous rendre visite et je leur ai laissé notre chambre, j'espère que ça ne te dérange pas !

– C'est gentil, chez vous !

À l'origine… Blackbouler

Blackbouler, quel mot étrange ! Conjonction de l'anglais *black* (noir) et de « boule », il a vu le jour en Grande-Bretagne en 1770 (*to blackball*) et a donné chez nous l'expression « se faire envoyer bouler » et « blackbouler ».
Une expression familière dont l'origine, elle, serait plus solennelle. Ce mot vient probablement de la franc-maçonnerie qui, pour voter pour ou contre l'admission d'un profane, utilisait un système de boules de bois ou d'ivoire. Noires, pour ceux qui s'y opposaient, et blanches pour les avis favorables. « Se faire blackbouler », c'était donc récolter plus de boules noires que de blanches et se voir refuser l'entrée dans la confrérie.
Le mot a été introduit en France au XIXe siècle. Il prit très vite sa définition actuelle : « voter contre l'admission d'une personne dans un club, un cercle, en plaçant une boule noire au lieu d'une boule blanche dans l'urne ».
Mais le mot aurait pu arriver plus tôt dans l'histoire car, au temps d'Aristote, les tribunaux utilisaient déjà ce même système pour décider du sort d'un accusé.
On retiendra que l'histoire a donné naissance à un autre terme électoral, le ballotage, dont l'origine se trouve en Italie, où ces fameuses petites boules s'appelaient *ballota*. Celui qui n'avait pas la majorité lors du premier tour de vote était en « ballotage » et devait se soumettre à un second tour. En 2012, Nicolas Sarkozy s'est donc fait « blackbouler » après un « ballotage » défavorable.

Infos en séries… TV

Deux flics à Miami (1984-1990) a beau avoir mal vieilli, à l'époque, la série anti-*Starsky et Hutch* apparaît comme innovante, avec une réalisation en forme de vidéo-clip signée Michael Mann, réalisateur de *Heat* et d'*Ali* (et de la version ciné de la série), et une musique pop rock poussée à fond. Ce fut aussi l'occasion d'y apercevoir en guest stars Arielle Dombasle, Phil Collins, Tina Turner et des débutants nommés Julia Roberts ou Bruce Willis.

Distribution : *Don Johnson (Sonny Crockett), Philip Michael Thomas (Ricardo Tubbs), Edward James Olmos (Lieutenant Castillo)*

« La famille sera toujours la base des sociétés. »

Honoré de Balzac

C'est arrivé le…

10 octobre 1963

Édith Piaf décède à la suite d'une rupture d'anévrisme à l'âge de 47 ans. Chanteuse française la plus célèbre dans le monde, même plus de cinquante ans après sa mort, « la Môme » a marqué des générations avec des chansons comme *La Vie en rose*, *L'Hymne à l'amour* ou encore *Non, je ne regrette rien*, qui sont devenues des classiques internationaux. Elle repose au cimetière du Père-Lachaise, à Paris.

Oh ! tu sais pas ?

Vous vous êtes peut-être demandé pourquoi certaines adresses postales comprennent le terme « CEDEX » et d'autres non ? CEDEX est l'acronyme de « courrier d'entreprise à distribution exceptionnelle », service proposé par La Poste française aux entreprises et aux administrations depuis 1972. Il s'agit d'un abonnement qui permet aux sociétés de voir leur courrier traité plus rapidement que le courrier traditionnel. Les professionnels utilisent généralement ce service lorsqu'ils ont un volume important de courrier à traiter.

Lu dans la presse

Des traces de blessures défensives ont été aussi relevées, laissant penser que le policier était toujours en vie au moment où il a été tué. (*Le Progrès*)

« Si j'ai l'occasion, j'aimerais mieux mourir de mon vivant ! » (Coluche)

Lors de ces contrôles [d'alcoolémie], un conducteur a tenté de se soumettre au contrôle. (*Le Dauphiné libéré*)

Que de bonne volonté !

@çagazouille : les JLGeades

©Twitter

- Pour conduire sans visibilité, il faut être débrouillard.
- Mon chat se drogue avec des acides à minets.
- Il y a longtemps que ma chevelure ne se conjugue plus à l'infini tif.
- Dans la Creuse, les penseurs sont plus profonds.
- J'ai hérité d'une jument qui répond au doux nom de Minute de la Breloque. Je me demande si je ne vais pas en faire une trotteuse.
- Batman dans les buts, il impressionne, mais il prend trop de buts sur coups francs, parce qu'il est masqué.
- Quand les vendanges se font attendre, les vignerons sarment de patience.
- Personnellement, mon lit étant en bois, je réclame une prime de lit sans ciment.
- Peut-on exiger d'un chien de chasse qu'il dorme en chien de fusil ?
- Il faut bien reconnaître que les toiles réussissent mieux aux araignées et aux peintres qu'aux footballeurs.
- La semaine, je bosse comme un gland, mais le dimanche, je glande comme un boss.
- C'est au pied du mur qu'on voit que le maçon a la dalle.
- Les jeux de mots sur Sète et Troyes, ça vaut dix !
- De nos jours, c'est encore la bière qui supporte le mieux la pression.
- Message urgent des concessionnaires auto : c'est l'occasion d'acheter du neuf.
- Tu as un peu de fatigue ? Mate-la !
- Il fait un temps à enterrer tous ceux qui voulaient mourir pluvieux.
- La Sécu rembourse un peu les presbytes, et pas du tout les casse-couilles.

(à retrouver sur Twitter : @ jlgdu54)

Ça c'est fait… divers

Vous avez certainement déjà rêvé de dénicher un petit trésor en fouillant la cave de vos parents ou grands-parents dans leur vieille maison de campagne. C'est ce qui est arrivé à un jeune Américain. À l'occasion d'un vide-grenier familial, alors qu'il déplaçait un vieux disque vinyl de Marvin Gaye, un passeport est tombé de la pochette. Le passeport du chanteur lui-même, icône de la soul et des disques Motown. Sur ce document, Marvin Gaye avait 25 ans. Après expertise, le passeport s'est révélé valoir plus de 20 000 dollars sur le marché des collectionneurs des objets de l'idole.

« Les seuls beaux yeux sont ceux qui vous regardent avec tendresse. »

Coco Chanel

C'est arrivé le…

11 octobre 1962

Ouverture du concile Vatican II, convoqué par le pape Jean XXIII, dans la basilique Saint-Pierre. Pendant trois ans, il réunit des évêques du monde entier autour de débats sur la place de l'Église catholique dans le monde, ses relations avec les autres religions et la société. Il est souvent présenté comme un acte d'ouverture de l'Église au monde moderne.

Recette

RISOTTO À LA MILANAISE

Pour 4 personnes :

- 1 oignon
- huile d'oliveo
- 250 g de riz à risotto
- 1 verre de vin blanc sec
- 1 dose de safran en poudre
- 1 l de bouillon de volaille
- 50 g de parmesan râpé

Ciselez votre oignon et faites-le suer dans une casserole avec un peu d'huile d'olive. Puis ajoutez le riz à risotto et remuez bien. À partir du moment où le riz devient translucide, versez le vin blanc et laissez réduire. Ajoutez ensuite le safran et mouillez avec le bouillon en plusieurs fois : à chaque fois que celui-ci est absorbé, reversez-en. Le riz doit être mouillé au minimum à 4 reprises en environ 20 minutes de cuisson. Vous devez obtenir au final un riz bien crémeux. Terminez la recette en incorporant le parmesan et ajustez l'assaisonnement si besoin.

Contre la grippe, faites l'amour !

Telle serait l'ordonnance miracle que pourrait vous délivrer un médecin s'il suivait les résultats d'une étude américaine de la Wilkes University (Pennsylvanie), qui démontre que l'activité sexuelle est tout aussi efficace que les médicaments pour lutter contre un gros rhume ou la grippe. Les chercheurs ont en effet découvert que la salive des personnes sexuellement actives contenait deux fois plus d'anticorps que celle des personnes moins portées sur les parties de jambes en l'air. L'étude quantifie même la dose de sexe « utile » à deux fois par semaine. Des rapports sexuels réguliers contribueraient également à un meilleur repos, grâce à une hormone, l'ocytocine, qui rendrait le sommeil plus profond. Le sexe serait également bénéfique à la circulation sanguine : les scientifiques estiment qu'une séance avec son partenaire correspond à une promenade de deux kilomètres. Bref, pour être en forme, faites l'amour !

– Mais, que fait cette bétonnière dans la chambre à coucher ?
– Tu m'as dit qu'avec moi tu voulais construire quelque chose de solide !

Maître de bonne compagnie

Le langage du corps

Il suffit de regarder un chat se mouvoir pour connaître son humeur. S'il se déplace la queue en l'air, décontracté et le corps bien étendu, c'est qu'il se sent en sécurité. S'il s'accroupit et se rapproche toujours plus du sol, le chat est inquiet et se soumet. Mais attention au coup de griffe s'il se met en boule, il est alors sur la défensive. Sa fourrure se hérisse pour le faire paraître plus gros, il montre les dents et feule. L'attaque n'est pas loin si vous allez le titiller.

Un chat amical qui désire se faire caresser s'approche la tête légèrement inclinée, le corps droit, la queue relevée. Et s'il bascule sur le dos, montre son ventre les pattes en l'air, ce n'est pas de la soumission : il veut jouer ou attend un câlin. Attention tout de même, le ventre et l'abdomen sont des parties vulnérables chez les félins. Allez-y tout doux pour ne pas vous faire griffer.

« La femme d'Einstein n'était pas la moitié d'un imbécile. »
Yvan Audouard

C'est arrivé le...

12 octobre 1940

Création du ghetto de Varsovie. Alors que l'Allemagne occupe le pays depuis plus d'un an, les Juifs de Pologne sont regroupés dans des quartiers à part. Le ghetto de Varsovie est créé le jour de la fête de Yom Kippour. Situé en plein centre de la ville, entouré de murs et de barbelés, il abrite plus de 400 000 Juifs.

Pour rire

Un homme téléphone au curé de sa paroisse et demande s'il est permis d'avoir des relations sexuelles le Vendredi saint. « Bien sûr que c'est permis, répond le curé, mais uniquement avec votre épouse, car il faut que cela reste un sacrifice et non du plaisir »…

Rétro' Vermot

– J'ai rencontré l'autre jour un type qui te ressemblait trait pour trait.
– J'espère que tu ne lui as pas rendu les dix francs que je t'ai prêtés l'autre jour. (1931)

Des petits poissons à l'origine des frites belges

Si la chronologie de la création de la frite n'a jamais été clairement établie, la première référence faite à cette invention culinaire date de 1781. À Namur (Belgique), une fête populaire réunissait chaque année la population autour de la Meuse, la rivière qui traverse la ville. Chaque habitant y pêchait alors des petits poissons, nommés fretin, qui étaient ensuite frits dans de l'huile bouillante. Seulement, une année l'eau gela, et il fut donc impossible d'y pêcher le moindre « fretin ». Quelques personnes eurent alors l'idée de couper des pommes de terre dans la longueur, afin de rappeler la forme des petits poissons. Ces bâtonnets de pommes de terre plongés dans l'huile bouillante donnèrent ainsi naissance à des frites. Celles-ci eurent un tel succès auprès de la population que l'innovation culinaire se répandit très rapidement en Belgique et en dehors de ses frontières. La friteuse électrique, qui vit le jour en 1955, ne fit qu'accroître la popularité de la frite.

Oh ! tu sais pas ?

« Mille sabords », « Tonnerre de Brest », « Bachibouzouk »… tout le monde connaît ces jurons et surtout celui qui les profère, à savoir le capitaine Haddock, l'un des principaux personnages des *Aventures de Tintin*, la célèbre bande dessinée créée par Hergé. Personnage de bande dessinée, certes, mais des capitaines Haddock ont bel et bien existé. On retrouve ainsi dans l'histoire la trace d'un certain capitaine Sir Richard Haddock qui s'illustra lors de la bataille de Solebay en 1672. Plus étonnant encore, le capitaine Herbert James Haddock (1861-1946) fut le premier capitaine du *Titanic* au cours de ses essais techniques, avant que le paquebot ne soit mis officiellement à l'eau. Il fut ensuite le capitaine de l'*Olympic*, le vaisseau frère du *Titanic*. En revanche, l'histoire ne dit pas si Hergé s'est inspiré de ces personnages.

Quiz Philo

Qui a affirmé : « L'homme est condamné à être libre » ?

- ❏ 1. Rousseau
- ❏ 2. Nietzsche
- ❏ 3. Sartre

Réponse

Réponse 3

Mardi 13 octobre

Saint Géraud On fête aussi les Gérald, Grant

Le soleil se lève à 08 h 09 et se couche à 19 h 04

« Les femmes se lassent plus vite d'un amant que d'un mari. »

Marcel Aymé

C'est arrivé le…

13 octobre 1946

Par référendum, la France adopte la constitution de la IVe République. Déjà validé par l'Assemblée nationale le 29 septembre 1946, le texte sera ensuite promulgué le 27 octobre 1946 par Georges Bidault, le président du gouvernement provisoire d'après-guerre, et publié au Journal officiel dès le lendemain.

Cocktail !

Side-car (short drink)

- 5 cl de cognac
- 2 cl de jus de citron
- 2 cl de curaçao
- 5 glaçons
- 1 zeste d'orange

Introduisez le cognac, le curaçao, le jus de citron et les glaçons dans le shaker, puis remuez énergiquement pendant 10 secondes. Filtrez au-dessus d'un verre à martini à l'aide d'une passoire à glaçons. Enfin, ajoutez le zeste d'orange et servez aussitôt.

Grand classique des short drinks, le side-car a été inventé en 1931 au Harry's New York Bar à Paris. Selon la légende, le cocktail aurait été baptisé ainsi en hommage à un capitaine de l'armée britannique, qui avait pour habitude de se faire conduire au bar en side-car. Le cocktail rencontra par la suite un grand succès des deux côtés de la Manche.

Ça c'est fait… divers

Une centaine de Belges voulaient savoir ce que c'était que de passer un séjour en prison. Mais plutôt que de commettre des crimes et délits, ils se sont portés volontaires pour tester un nouvel établissement avant son ouverture aux prisonniers. Une première en Belgique, alors que le procédé est déjà mis en œuvre chez son voisin hollandais. Ces voyous d'un week-end ont donc été enfermés dans la prison pendant trois jours avec toutes les contraintes que la vie carcérale comporte, des nuits en cellule aux fouilles corporelles. Et pour faire encore plus vrai, on leur a demandé à l'entrée de jouer chacun un rôle, du toxicomane au braqueur de banque, en passant par le dépressif-suicidaire ou le détenu violent. De leur côté, gardiens et direction ont pu tester tous les rouages et appareils de leur prison, qui a accueilli 300 délinquants avérés quelques semaines plus tard.

Infos en séries… TV

Le duo que forment le vieux roublard de la criminelle, le lieutenant Mike Stone, et le jeune chien fou, l'inspecteur Steve Keller, arpentant *Les Rues de San Francisco* (1972-1977), est encore dans toutes les mémoires. Tout simplement parce qu'aux côtés du vétéran de la télé et du ciné, Karl Malden, débutait une future star, Michael Douglas. En 1975, Michael Douglas quitta *Les Rues de San Francisco*, non pas pour une autre série, mais pour produire le film de Milos Forman, *Vol au-dessus d'un nid de coucou*. On justifia son absence dans la série en expliquant que l'inspecteur Steve Keller avait choisi de devenir enseignant.

« Un être qui a du charme en a pour tout le monde. »

Madeleine Chapsal

C'est arrivé le…

14 octobre 1670

La pièce *Le Bourgeois gentilhomme*, de Molière, est présentée pour la première fois. Pour cette première, au château de Chambord, la troupe de Molière se produit devant le roi Louis XIV et sa cour. La comédie-ballet, qui se moque d'un riche bourgeois voulant imiter les nobles, rencontre un grand succès. Le texte de Molière y est accompagné par la musique de Jean-Baptiste Lully.

Pour rire

Un homme retrouve un de ses amis assis dans un fauteuil roulant pour handicapé.
– Qu'est-ce qui t'est arrivé ?
– Un accident de voiture. Les médecins ont dit que je resterai paralysé à vie.
– Mon pauvre ! Mais c'est épouvantable !
L'autre lui fait signe de se pencher et lui glisse à l'oreille :
– C'est un secret, ne le répète à personne, mais je n'ai rien. J'ai tout simulé pour toucher les dix millions de l'assurance, et ça a marché !
– Et tu vas jouer au paralytique toute ta vie pour dix millions ?
– Bien sûr que non ! La semaine prochaine, je pars pour un pèlerinage à Lourdes…

Légumes oubliés : *le raifort*

De la famille des crucifères, le raifort est un légume-racine qui tire son nom du vieux français « raiz fort », qui signifiait « racine forte ». On trouve des traces de ce parent de la moutarde dès l'Antiquité, où il est présent dans tous les potagers romains. D'ailleurs, Hippocrate recommandait à cette époque aux femmes qui perdaient leurs cheveux de se frotter la tête avec. Il est également mentionné dans le livre de l'Exode de l'Ancien Testament, comme faisant partie des herbes amères de la Pâque juive. Les Anglo-Saxons l'avaient surnommé « *scorbut grass* », c'est-à-dire herbe de scorbut, en raison de sa richesse en vitamine C. Le raifort est aujourd'hui surtout consommé dans les pays germaniques et d'Europe du Nord, où il est autant apprécié pour son goût piquant que pour ses qualités de conservation. Et en Alsace, le raifort détient une place importante dans la gastronomie traditionnelle locale. Celui que l'on appelle également « radis de cheval » se cuisine cru avec une vinaigrette, ou bien cuit pour relever les sauces et les viandes.

HISTOIRE, HISTOIRES…

En Égypte, l'oisiveté était sévèrement punie. Le roi Amasis avait même décrété que tous ses sujets devraient comparaître périodiquement devant certains officiers pour rendre compte de leur travail : lorsqu'une personne était reconnue coupable de fainéantise, elle pouvait être mise à mort.
À Lacédémone, c'était contre les célibataires que l'on sévissait. Non seulement les hommes non mariés étaient accablés d'impôts, mais encore, au cours d'une fête qui se déroulait chaque année, ils pouvaient être giflés par toutes les demoiselles.

- Pourquoi voulez-vous que je parte d'ici, alors que je mange du homard tous les jours !

Le droit de savoir

Peut-on repartir avec sa bouteille de vin ?

Possible. À la fin de son repas, tout client d'un restaurant peut très bien repartir chez lui avec sa bouteille de vin non terminée. Il faudra juste débourser quelques centimes d'euros si la bouteille est consignée.

Jeudi 15 octobre

Sainte Thérèse d'Avila On fête aussi les Cannat, Conogan

Le soleil se lève à **08 h 12** *et se couche à* **19 h 01**

MOTS FLÉCHÉS

- Recula
- Nombres à virgule
- Tourne
- Carnivore brésilien
- Content de lui
- Les miens
- Eleviez
- Acquis
- Excursion
- Cale vide
- Médire
- Ensemble
- Grand groupe familial
- Tige pour ramer
- Voies ferrées
- Artiste
- Ecrivain Américain
- Joyeux
- Bouffer
- Décharge
- Intervenu
- Gaz
- Manquiez
- Respon sable
- Déchet
- Appât lumineux
- Virtuose
- Pour vanner
- Refermez
- Laiteuse
- Raya
- Dissimulés
- Nymphe des bois
- Evéne ment
- Début du tertiaire
- Pour les échecs
- Agripper
- Se perdre
- Louée
- Tranchée
- Fendu en deux
- Meurtri
- Souverain
- Courant rapide
- Idiot
- Caractère musical
- Brille
- Pleine de pins
- C'est d'ici
- Convoita
- Sève
- Hydrocar bure
- Secrétaire
- Illustré
- Couvrir de chapelure
- Peut être aigüe
- Petits ou faux
- Spécialiste
- Bord
- Imperturba ble
- Hivernale
- Chemin de fer
- Fardeau
- Jackpot
- Mépris
- Entraîne ment intensif
- Cloués ils sont muets
- Indulgence
- Contourne rai

Solution page 314

« Ce n'est pas la réalité qui compte dans un film, mais ce que l'imagination peut en faire. »

Charlie Chaplin

C'est arrivé le…

16 octobre 1923

Les frères Walt et Roy Disney créent le Disney Brothers Studios, qui deviendra Walt Disney Company en 1926. Rapidement, le personnage de Mickey Mouse s'impose et devient l'étendard de la marque. Depuis, la petite entreprise familiale est devenue le premier groupe mondial dans le divertissement et l'un des symboles de la culture américaine.

Oh ! tu sais pas ?

Le chat, animal domestique bien connu, communique principalement grâce à ses positions corporelles ou faciales, mais aussi grâce à ses phéromones. Il peut pourtant émettre près d'une centaine de sons très différents dont les ronronnements, les miaulements ou encore les feulements. Les chiens, quant à eux, ne sont capables de produire qu'une dizaine de sons distincts dont les jappements, les grognements, les aboiements ou les glapissements.

Viva Verdi !

Le compositeur italien Giuseppe Verdi (1813-1901) était connu pour ses idées plutôt républicaines. Si bien qu'à partir de 1849, lorsque se mirent à fleurir les inscriptions « Viva Verdi » comme symbole de ralliement patriotique au nouveau roi Victor-Emmanuel II de Savoie, l'artiste fut très embarrassé.

Il faut savoir qu'au XIXe siècle, l'Italie n'était encore qu'une nation éclatée en divers royaumes ou États. Pour unifier le pays et se libérer de la dépendance autrichienne, se crée alors le mouvement de la Renaissance. Et les Italiens placent cette mission entre les mains de Victor-Emmanuel II de Savoie, qui vient de succéder à son père, le roi de Sardaigne Charles-Albert.

Pour soutenir le nouveau monarque, les patriotes italiens inscrivent alors sur les murs le fameux « Viva verdi ». Qui n'avait bien sûr aucun rapport avec le compositeur. « Viva Verdi » signifiait en réalité « Viva Vittorio Emanuele Re D'Italia » (Vive Victor Emmanuel roi d'Italie). Mais tout le monde ne connaissait pas l'origine de ce cri de ralliement, et Verdi, le vrai, dut bon nombre de fois se justifier auprès de son entourage.

– Tu vas rire : Laurent et moi, on s'est rencontrés à la manif contre le Mariage pour tous !
– Moi, c'est parce que j'ai refusé d'y aller que mon mari a demandé le divorce !

Ça c'est fait… divers

Tout le monde le sait, la Terre tourne autour du Soleil. Enfin… presque tout le monde, car un sondage réalisé par la Fondation nationale des sciences a montré qu'aux États-Unis, 25 % des Américains l'ignoraient encore ! Pire, ce quart d'ignorants affirme pourtant être intéressé par les sciences. Les sciences occultes, sans doute. Ce sondage révèle également que moins de 50 % des 2 000 Américains sondés savent que l'on descend du singe. Et dire que 90 % d'entre eux pensent que les scientifiques « aident à résoudre des problèmes difficiles ». Encore faudrait-il que l'on reconnaisse leur travail en s'en souvenant.

Samedi 17 octobre

Saint Baudouin On fête aussi les Austrude, Séraphin

Le soleil se lève à **08h15** et se couche à **18h57**

« Qui aime bien châtie bien, qui n'aime pas châtie encore mieux. »

Guy Bedos

C'est arrivé le…

17 octobre 1849

Le compositeur polonais Frédéric Chopin est terrassé par la tuberculose alors qu'il n'a pas encore 40 ans. Pianiste de génie formé au conservatoire de Varsovie, il avait quitté la Pologne pour Vienne, puis Paris où il rencontra sa compagne, George Sand. Symbole de la période romantique, il a influencé de nombreux compositeurs par son approche moderne du piano.

Mon truc en +

Plus de mites !

Contre les mites, qui se plaisent avant tout dans la poussière et la saleté, il existe des produits naturels dont l'odeur fait automatiquement fuir ces petites bestioles gourmandes de fibres. Mettez des clous de girofle dans les poches des vestes et entre les pulls en laine. Ou dispersez dans les tiroirs, dans la commode et sur les étagères des écorces d'agrumes et des sachets de lavande. Non seulement votre linge sera protégé, mais il sentira bon. Un moyen tout aussi radical de tuer les œufs de mites est d'étendre en plein soleil pendant quelques heures vos draps, couvertures et taies d'oreillers. Les œufs ne résisteront pas aux rayons !

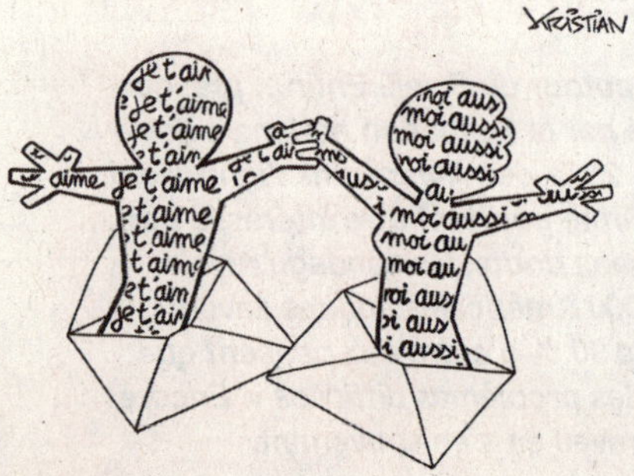

À l'origine… Chauvin

S'il y a un trait de caractère que les Français revendiquent souvent, ou que les étrangers nous attribuent, c'est bien celui d'être chauvins, c'est-à-dire cocardiers, patriotes, voire un brin arrogants. La légende veut que ce terme soit né au XIXe siècle avec Nicolas Chauvin, un bon soldat français. Et si certains dictionnaires font naître Chauvin à Rochefort et le font combattre dans les armées de la Révolution française, puis dans la Grande Armée de l'empereur Napoléon, le conditionnel est resté de rigueur pendant deux siècles, faute de documents attestant son existence. Ce qui n'a pas empêché sa légende de soldat dévoué et patriote de se propager dans notre culture. Il faut dire que les qualités du dénommé Chauvin avaient de quoi faire naître l'admiration.

En 1845, Jacques Arago le décrivait ainsi : « Soldat à dix-huit ans, il a fait toutes les campagnes. Dix-sept blessures, toutes reçues par-devant, trois doigts amputés, une épaule fracturée, un front horriblement mutilé, un sabre d'honneur, un ruban rouge, deux cents francs de pension, voilà le vieux grognard qui se repose au soleil de son pays, en attendant qu'une croix de bois protège sa tombe. »

Un héros caricatural, donc. Dont s'emparèrent les plumes des chansonniers et auteurs de vaudeville pour ridiculiser les traits exagérés de ce « soldat-laboureur », le patriote par excellence. À partir de 1860, le terme « chauvin », plutôt louable jusqu'alors, prendra une connotation péjorative : à son patriotisme, on ajoutera les notions de xénophobe et borné. Puis en 1993, Gérard de Puymège, dans sa thèse de doctorat, fait tomber les masques et les illusions : Nicolas Chauvin n'a jamais existé. Trop tard ! Notre langage populaire s'est approprié les qualités légendaires de Nicolas Chauvin pour en faire l'emblème du chauvinisme à la française.

Le soleil se lève à **08h16** et se couche à **18h55**

Dimanche **18 octobre**

Saint Luc On fête aussi les Lucas, Aimable, Gwen, Mabelle

« Les femmes qui nous aiment pour notre argent sont bien agréables : on sait au moins ce qu'il faut faire pour les garder. »

Francis Blanche

C'est arrivé le…

18 octobre 1996

Les numéros de téléphone français passent de huit à dix chiffres. Depuis la démocratisation du fax, puis de la téléphonie mobile, France Télécom faisait face à une très forte augmentation de la demande de numéros. Pour pallier ce problème, deux chiffres sont ajoutés avant le numéro de téléphone, indiquant la localisation géographique de la ligne. Les mobiles se voient attribuer le 06, puis le 07.

Pour rire

Une femme est en train d'aider son mari à installer son nouvel ordinateur. Une fois l'installation terminée, elle lui dit de choisir un mot de passe. Un mot dont il se souviendra toujours, car il en aura besoin pour démarrer sa prochaine session.
L'homme, voulant passer un message à sa femme, choisit son mot de passe et redémarre sa machine. Quand l'ordinateur lui demande son sésame, il regarde sa femme d'un air entendu et tape les lettres en les citant à haute voix :
– P…
– E…
– N…
– I…
– S…
Et il appuie sur la touche « ENTER » pour valider sa frappe. Sa femme s'écroule alors de rire. Sur l'ordinateur figure un message d'erreur : « Trop court »…

Réponse Quiz du 6 octobre

1B, 2B entre 1987 et 1990, 3C, 4A, 5A, 6B, 7B, 8C, 9B

Il vit des queues

Lorsqu'on est au chômage, on a parfois du temps à tuer. Alors pourquoi ne pas l'utiliser pour gagner quelques euros ? Telle est l'idée du Milanais Giovanni Cafaro, un ancien directeur marketing dans le textile, au chômage depuis six mois, qui a imaginé une reconversion professionnelle originale : faire la queue à votre place dans les files d'attente à La Poste, à la banque et autres organismes publics où il faut prendre son mal en patience avant d'être servi. C'est qu'en Italie, le problème est réel et la bureaucratie lourde. Giovanni propose donc sur un site web qu'il a créé pour l'occasion, moyennant dix euros de l'heure, de patienter à votre place dans ces queues interminables. Et ça marche, bien au-delà de ses espérances. Les demandes affluent et débordent même le cadre de Milan. Si bien que Giovanni va devoir embaucher du monde et créer sa propre agence, voire exporter le modèle à l'étranger.

– Au retour, c'est toujours ma femme qui conduit !

Sudoku

MOYEN

					1	9		
2	3	5		4				
			3					
	6						3	
8	1				3	6	5	
	4					1		9
			6					
3	5						7	
1						8	2	

Complétez le grand carré de façon à placer tous les chiffres de 1 à 9 sur chaque ligne horizontale, sur chaque colonne et dans chaque petit carré de 9 cases.

Solution page 316

Le soleil se lève à 08 h 18 et se couche à 18 h 53

« La raison est femme : on l'entend beaucoup, mais on ne l'écoute guère. »
Philip Chesterfield

C'est arrivé le…

19 octobre 1987

« Lundi noir » à Wall Street. L'indice de la bourse de New York perd 22,6 % en une journée ; c'est la deuxième plus grosse chute de l'histoire après celle de la bourse islandaise en 2008. La situation ravive les mauvais souvenirs du krach de 1929, qui plongea les États-Unis dans la Grande Dépression. Dans un contexte de mondialisation, c'est cette fois plus d'un pays qui tremble.

Rétro' Vermot

– Comment, ma fille, vous voulez être bonne d'enfant : mais vous êtes bien petite !
– Justement, madame, le bébé se fera moins mal quand je le laisserai tomber ! (1926)

LU DANS LA PRESSE

Les éleveurs bretons préfèrent tuer les veaux mâles plutôt que les engrosser pour les vendre. (*La Croix*)
Drôles de mœurs, chez les éleveurs…

Chaque jury sera composé d'un éleveur, d'un apprenti bouché. (*La Tribune-Le Progrès*)
Ces jeunes bouchers ne comprennent décidément rien !

Un amour de coccinelle (1/2)

Quand la petite histoire de la naissance de la VW Coccinelle se marie avec la grande histoire… La Volkswagen (« voiture du peuple », en allemand) Coccinelle, starisée en 1969 par les studios Disney, fut la première automobile construite par le constructeur allemand Volkswagen. Et c'est Hitler qui en eut l'idée en 1933, dès sa prise de pouvoir. Le Chancelier, en quête de popularité, demande à un ingénieur encore en devenir, Ferdinand Porsche, d'imaginer une « voiture du peuple », à savoir familiale (5 personnes, adultes et enfants, doivent pouvoir s'y installer), solide et abordable financièrement (990 Reichsmark, soit six mois de salaire pour un ouvrier de l'époque). Aussitôt baptisé *KdF Wagen*, pour « Kraft durch Freude » (la force par la joie), du nom de l'organisation de loisirs contrôlé par le gouvernement nazi, le véhicule aux formes arrondies est produit dès le 26 mai 1938.
Ses formes lui valent très vite le surnom de Scarabée (*beetle*) pour les Européens et le *New York Times*. Chez nous, ce sera la Coccinelle. Malheureusement, la Seconde Guerre mondiale interrompt immédiatement la chaîne de production : priorité aux véhicules militaires. La Coccinelle est donc mort-née.

- Vous ne signez jamais votre travail, vous ?

Ça c'est fait… divers

Quand on veut vraiment en finir avec la vie, il y a mille et une façons de le faire. Un Chinois de 27 ans en a trouvé une que personne n'avait imaginée auparavant. Il s'est rendu dans un zoo, a grimpé à un arbre pour se jeter dans la fosse aux tigres du Bengale, pensant se faire dévorer tout cru ! Problème : l'homme a beau avoir gesticulé pour attirer les prédateurs, les deux félins, pourtant réputés comme mangeurs d'hommes, venaient d'avaler leur déjeuner et ont à peine prêté attention à l'intrus suicidaire. Tout juste l'ont-ils traîné par le cou. Le dépressif s'en tire avec quelques égratignures… et un vrai traitement par antidépresseur.

Le soleil se lève à **08h19** et se couche à **18h51**

Mardi 20 octobre

Sainte Adeline On fête aussi les Alida, Aurore, Aliocha, Marilyn

« Le moyen d'aimer une chose est de se dire qu'on pourrait la perdre. »
Gilbert K. Chesterton

C'est arrivé le…

20 octobre 2008

Sœur Emmanuelle s'éteint à l'âge de 99 ans. Née à Bruxelles d'un père français et d'une mère belge, Madeleine Cinquin a dédié sa vie à la cause des plus démunis. Entrée dans les ordres sous le nom de sœur Emmanuelle, elle devient populaire par son engagement auprès des déshérités, notamment au Caire. Symbole de la générosité et du dévouement, elle a souvent figuré parmi les personnalités préférées des Français.

TOP CHRONO : LA TÉLÉVISION

- **1975 : Yves Mourousi devient le présentateur du 13 heures. En janvier, Jacques Martin propose sur TF1 une émission satirique, *Le Petit Rapporteur*. Deux ans plus tard, avec *Dimanche Martin*, il deviendra l'homme de nos dimanches sur Antenne 2.**
- **1er janvier 1976 : TF1 est en couleurs.**
- **Mars 1976 : apparition des *Jeux de 20 heures* sur FR3, proposés par Jacques Solness et Jean-Pierre Descombes. Jean-Pierre Foucault les rejoindra en janvier 1981.**
- **1976 : lancement du premier magnétoscope à cassette VHS au Japon. Il sera commercialisé en France en 1978.**
- **25 juin 1977 : création du système Antiope (ancêtre du Télétexte).**

Un amour de coccinelle (2/2)

Ce sont les Britanniques, alliés vainqueurs et occupants de l'Allemagne, qui la ressuscitent en 1945. En août 1955, soit dix ans plus tard, la marque fête son millionième véhicule vendu. Et devient le porte-drapeau du miracle économique allemand. Elle dépasse même en 1972 – oh sacrilège ! – le record de véhicules d'un même modèle vendu, jusque-là détenu par la Ford T américaine. La dernière Coccinelle sortira d'usine le 30 juillet 2003. Avec le numéro 21 529 464, qui correspond au nombre d'exemplaires écoulés à travers le monde. Mais pour les nostalgiques, elle demeurera Choupette, cet amour de Coccinelle blanche portant le numéro 53, et star du premier long-métrage d'une longue série de films, téléfilms, séries ou remakes.

La bonne blague !

- Allô !
- Bonjour mon cœur, c'est papa au téléphone… Tu peux me passer maman ?
- Non, elle est dans sa chambre avec oncle David.

Bref silence…

- Mais ma chérie, tu n'as pas d'oncle David.
- Si, si, il est dans la chambre avec maman.
- Bon, OK, voilà ce que je veux que tu fasses : pose le téléphone, va vite en haut, frappe à la porte de la chambre et crie à maman et oncle David que tu viens de voir la voiture de papa rentrer dans le garage…
- D'accord papa.

Quelques secondes plus tard, la fillette revient au téléphone.

- J'ai fait ce que tu m'as dit, papa.
- Et que s'est-il passé ?
- Ben, maman s'est mise à crier, a sauté hors du lit toute nue, elle s'est mise à courir partout, elle a glissé sur le tapis, elle est tombée par la fenêtre et maintenant elle est morte.
- Oh mon dieu, mon dieu, mon dieu… Et oncle David ?
- Ben, il a sauté hors du lit tout nu, s'est mis à courir partout, puis il a sauté par la fenêtre de derrière, dans la piscine… Mais il a oublié que le week-end dernier, tu avais vidé la piscine pour la nettoyer, et maintenant il est mort lui aussi.

Long silence…

Puis papa dit :

- La piscine ? Quelle piscine ? Je suis bien au 01 46 45 12 33 ?

Mercredi 21 octobre

Sainte Céline On fête aussi les Célia, Grégoire, Saula, Ursula

Le soleil se lève à **08 h 21** *et se couche à* **18 h 49**

« La vieillesse n'est pas une question de mort, c'est une question de santé puisque la mort est certaine. »

François Mitterrand

C'est arrivé le…

21 octobre 1805

La flotte napoléonienne est défaite par les Anglais à Trafalgar. Les navires commandés par l'amiral Nelson ont raison de l'opposition franco-espagnole, pourtant supérieure en nombre. Napoléon Ier est alors contraint de renoncer à ses rêves de conquête du Royaume-Uni. La bataille de Trafalgar affirme la supériorité de la marine anglaise, et la date du 21 octobre restera une fête nationale dans tout l'Empire britannique.

Recette

MOUSSE AU CHOCOLAT

Pour 6 personnes :

- 250 g de chocolat noir
- 25 g de beurre
- 4 œufs
- 10 cl de crème fraîche liquide
- 40 g de sucre en poudre
- 1 pincée de sel

Faites fondre à feu doux le chocolat avec le beurre dans une casserole, puis transvasez le tout dans une jatte. Séparez les blancs des jaunes d'œufs. Battez les jaunes et ajoutez-les au mélange. Faites ensuite monter la crème liquide en chantilly et intégrez-la progressivement au chocolat. Battez les blancs en neige, puis ajoutez-y le sucre et la pincée de sel. Incorporez de manière délicate les blancs à la préparation en mélangeant de bas en haut. Une fois la préparation bien homogène, versez-la dans des ramequins et laissez au frais pour 4 heures.

Au temps des Hobbits

La série des Hobbits a eu un succès considérable au cinéma, et tous les spectateurs l'ont regardée en se laissant emporter au pays des rêves et des mystères. Vraiment tous ? Non… Des climatologues de l'université de Bristol (Grande-Bretagne) y ont vu un terrain d'enquête inédit. Ils ont eu l'idée, et le temps, d'analyser les « Terres du Milieu » de l'écrivain britannique J.R.R. Tolkien (1892-1973) pour répondre à quelques questions fondamentales, comme : le pays des Hobbits est-il adapté au gazon ? Les Orques souffrent-ils de la canicule ?

Pour ce faire, les données géographiques extraites des cartes dessinées par Tolkien ont été soumises aux modèles informatiques les plus récents, utilisés par le Giec – le Groupe d'experts intergouvernemental sur l'évolution du climat, créé sous l'égide de l'ONU, il y a vingt-cinq ans.

Il est ainsi prouvé que la Comté, terre d'élection de Bilbo et des autres Hobbits, jouit d'un climat doux et tempéré « très semblable » à celui du centre-est de l'Angleterre. Le domaine du maléfique Sauron, Mordor, présente, quant à lui, de nombreuses similitudes avec Los Angeles et le Texas occidental.

Pour les fans de Tolkien ou les simples curieux, les climatologues ne se sont pas contentés d'un banal rapport : l'étude a même été traduite en alphabet elfique et en runes naines !

Allô, Docteur ?

Déprimer prédispose-t-il à l'apparition de cancers ?

*Pour beaucoup, ce lien est une quasi-certitude. Pourtant, après analyse des dossiers médicaux de près de 15 000 personnes suivies depuis 1989, des chercheurs français rattachés à l'Inserm concluent dans une étude publiée par l'*American Journal of Epidemiology *que ce lien causal n'est rien moins… qu'une idée reçue !*

En revanche, les chercheurs soulignent que l'annonce d'un cancer peut, elle, bel et bien susciter des symptômes dépressifs. Et il est prouvé que les maladies mentales constituent des facteurs de risque plus importants de mortalité. Tout simplement parce que les personnes dépressives ont parfois tendance à négliger leur santé, à ne pas prendre au sérieux certains symptômes. Le dépistage des maladies en est donc retardé.

« *Il vaut mieux être cocu que ministre. Ça dure plus longtemps et l'on n'est pas obligé d'assister aux séances.* »

Léo Campion

C'est arrivé le…

22 octobre 1797

André-Jacques Garnerin réalise le premier saut en parachute de l'histoire. L'aérostier de 28 ans s'élance d'un ballon au-dessus du parc Monceau, à Paris. Alors que les spectateurs, inquiets, le regardent comme un fou prêt à perdre la vie, il atterrit sain et sauf, seulement victime d'une malencontreuse entorse à la cheville.

Pour rire

Un père dîne à table avec ses trois fils. Au menu : soupe de vermicelles.
Le premier fils lance alors :
– Papa, t'as un vermicelle collé sur la tronche.
Le père se lève et, PAN !, lui colle une grande claque pour sa vulgarité.
Le second fils s'adresse à son autre frère :
– Il est vraiment pas commode, le daron !
Le père se retourne promptement et, PAN !, lui met aussi une gifle.
En retournant à sa place, le père voit son troisième fils se protéger le visage avec les mains.
– Mais n'aie pas peur, voyons. Toi, tu n'as rien dit, je ne vais pas te gifler.
Et l'enfant répond :
– Ben, on sait jamais : t'es tellement abruti.

Au musée

La France abrite environ un millier de musées. Voici ceux que vous avez le plus fréquentés en 2013 :
Musée du Louvre : 8 711 000
Versailles : 6 746 000
Musée national d'art moderne* : 3 726 000
Musée d'Orsay : 3 144 000
Musée du Quai Branly : 1 457 000
Musée de l'Armée : 1 434 000
Musée Carnavalet-Histoire de Paris : 1 108 000
Grande Galerie de l'Évolution : 738 000
Musée national Auguste-Rodin et annexe : 735 000
Musée national de l'Orangerie : 697 000
Musée d'art moderne de la ville de Paris : 602 000
Petit Palais, Musée des beaux-arts de la ville de Paris : 561 000
Centre Pompidou Metz : 552 000

* Y compris expositions et actions culturelles.
(Source : ministère de la Culture et de la Communication)

Ça c'est fait… divers

Être le sosie d'une personnalité peut vous permettre d'en vivre… ou pas ! Telle est la mésaventure survenue à Mehdi Ouazzani, un acteur marocain qui ressemble de près au président américain Barack Obama.
Alors qu'il jouait dans la mini-série américaine** The Bible, **l'acteur a vu ses scènes coupées au montage. Il faut dire que le comédien interprétait le rôle de… Satan. Et certains médias s'en sont offusqués. L'affaire a pris une telle ampleur sur les réseaux sociaux que la chaîne History a dû se fendre d'un communiqué : « History a le plus grand respect pour le président Obama. La série met en scène un casting international de comédiens respectables. Il est malheureux que quelqu'un établisse cette connexion.** The Bible **n'a d'autre objectif que d'éclairer les gens sur la richesse de l'histoire. » Mais les scènes n'ont pas été réintégrées…

Vendredi 23 octobre

Saint Jean de Capistran On fête aussi les Boécia

Le soleil se lève à **08 h 24** *et se couche à* **18 h 45**

« Les célibataires connaissent mieux les femmes que les hommes mariés ; sinon ils seraient mariés. »

Alfred Capus

C'est arrivé le…

23 octobre 1985

La police nationale française met en place le RAID, son unité d'élite. Cette unité, destinée à « lutter contre la criminalité et le grand banditisme », a pour emblème une panthère noire. Les lettres du mot RAID sont associées aux mots « recherche, assistance, intervention et dissuasion », et sa devise est « servir sans faillir ».

@çagazouille : Jeu de Ver-mots

©Twitter

@Lestat_le_vamp Un jean sans poche, c'est comme une femme sans seins, on ne sait pas où mettre les mains.

@ sousoual9awiya Les seins sont la preuve que les hommes peuvent se concentrer sur deux choses en même temps.

@ Bref_je_tweet La devise de Twitter : arobase, prêt, RT !

@olijuseb Les filles préfèrent des malabars que des mâles à bars.

@ JeanXXIV Un oiseau qui passe un test d'intelligence fait-il « Q.I. - Q.I. » ?

Mots fléchés

Solution de la page 306

	R		F		F		E		O		T	
D	E	C	I	M	A	U	X		B	L	O	C
	T	O	L	E	T		A	C	T	E	U	R
T	R	A	M	S		A	L	L	E	G	R	O
	O	T	E		B	U	T	A	N	E		A
A	G	I		R	E	S	I	D	U		A	S
	R		L	A	C	T	E	E		T	U	S
R	A	B	A	T	T	E	Z		D	A	T	E
	D	A	M	I	E	R		E	R	R	E	R
H	A	R	P	E	R		B	O	Y	A	U	
		R	A	Z		B	E	C	A	R	R	E
T	S	A	R		P	I	N	E	D	E		N
	T		O	L	E	F	I	N	E		B	D
S	U	C		O	T	I	T	E		P	R	O
	P	L	A	C	I	D	E		R	A	I	L
H	I	E	M	A	L	E		B	I	N	G	O
	D	R	I	L	L		F	A	V	E	U	R
B	E	C	S		E	V	I	T	E	R	A	I

Un patient remercie Dr House

S'il y a une série américaine dont le réalisme est aujourd'hui applaudi par le public, c'est bien *Dr House*. En effet, un épisode de cette série mettant en scène des malades atteints de pathologies rares, inexplicables ou insolites a permis de résoudre en Allemagne un casse-tête médical et de sauver un patient souffrant d'une insuffisance cardiaque. Ce patient de 55 ans montrait des symptômes aussi inquiétants qu'inconnus des spécialistes. Jusqu'à ce qu'un professeur de la clinique universitaire de Marbourg se souvienne d'un épisode utilisé en cours pour des étudiants de médecine, et confrontant le Dr Gregory House à ces mêmes symptômes. Dans la série, l'origine du mal était un empoisonnement au cobalt. Les tests immédiatement pratiqués ont permis de confirmer la théorie avancée dans la fiction et de sauver le malade d'une mort certaine. « Tout ceci démontre qu'un divertissement bien réalisé n'est pas seulement capable de divertir et d'éduquer, mais aussi de sauver des vies », a conclu le professeur.

Astuce *Cuisine* : Bien conserver les oignons

Pour éviter que les oignons ne germent trop vite, et ainsi les conserver plus longtemps, il existe une solution. Plongez-les dix secondes dans de l'eau bouillante, puis séchez-les et enveloppez-les dans du papier aluminium. Placés dans un endroit sec et à l'abri de la lumière, vos oignons verront leur durée de vie allongée.

Samedi **24 octobre**

Saint Florentin On fête aussi les Évrad, Magloire, Raphaël

« À chaque femme correspond un séducteur. Son bonheur, ce n'est que de le rencontrer. »

Kierkegaard

C'est arrivé le…

24 octobre 1957

Chistian Dior meurt d'une crise cardiaque alors qu'il fait une cure à Montecatini Terme. Le couturier, fondateur de la maison éponyme, venait de présenter sa dernière collection, conçue avec son stagiaire, Yves Saint-Laurent. De la haute couture au parfum, Dior a connu un succès mondial, et nombreuses étaient les stars hollywoodiennes qui ne juraient que par lui.

Pour rire

– Ma femme et moi, dit un homme à un ami, on est mariés depuis dix ans, et je vais te dire le secret de la réussite de notre couple : on va régulièrement dans une boîte-restaurant qu'on adore. Ça commence par un petit dîner aux chandelles, ensuite on descend au sous-sol, et là whisky, lumières tamisées, séries de slows…
– Vous y allez souvent ? demande l'autre.
– Toutes les semaines. Elle le jeudi et moi le samedi…

Vermot'roscope

SCORPION 23 octobre - 22 novembre

Amour

L'audace qui se manifeste dans votre vie professionnelle va également vous servir dans la vie sentimentale : vous partez à la recherche de sentiments plus intenses, plus profonds, bref d'un peu plus de passion. Pour cela vous ferez des concessions, la première étant de vous dévoiler aux autres tel que vous êtes : entier, sincère, naturel, ingénieux. Vous reconnaîtrez mêmes vos erreurs. La révolution ! Surtout, vous aurez plus de facilité à exprimer vos sentiments et réels désirs, que ce soit à votre partenaire de couple ou, célibataires, à l'inconnu qui a fait fondre votre cœur. Maîtrisez vos émotions, car ces conjonctions favorables pourraient ne pas se reproduire avant longtemps.

Travail

Vous avez envie de savoir si vous avez le potentiel pour évoluer. La vie professionnelle sera donc au cœur de votre année, avec pour atouts de l'inspiration, de l'audace, un sens aiguisé de la communication et surtout une capacité de raisonnement efficace. Ces qualités vous permettront de marquer des points, mais aussi de lutter contre les obstacles et contrariétés qui surgiront sur votre chemin. Un conseil : ne perdez pas de temps à convaincre ceux qui n'adhèrent pas à vos idées, et ne pêchez pas par excès de confiance. Une fois vos objectifs atteints, vos détracteurs se rangeront bien à la raison. La vôtre !

Santé

Vous débuterez l'année à fond ! Moral, énergie, enthousiasme, vitalité, bonne santé, résistance, optimisme, tout est là et à toute épreuve. Veillez seulement à ne pas épuiser les batteries trop vite, car il vous faudra des réserves suffisantes pour les échéances à venir dans les différents domaines de votre vie. Attention au surmenage. Essayez d'introduire le mot « farniente » dans votre vocabulaire. Comme dit le proverbe, pour voyager loin, mieux vaut ménager sa monture.

Argent

Il va falloir vous recentrer sur l'essentiel, à savoir votre foyer, et anticiper quelques dépenses inhabituelles. Autant le faire dès ce début d'année, car, on vous connaît, les problèmes d'argent vous angoissent au plus haut point. De scorpion, passez donc au statut « fourmi » : pas de dépenses secondaires inutiles, pas d'achats ou de placements impulsifs, une meilleure gestion des comptes et des opérations financières bien préparées. Votre marge d'erreur sera très réduite. Vous nous remercierez pour ce conseil en fin d'année, quand tout ira mieux.

ÇA ASSURE !

– En voulant éviter de frapper le pare-chocs de l'auto qui me précédait, j'ai écrasé un piéton.
– Ma voiture a subi d'importants dommages corporels.
– Le poteau de téléphone s'approchait rapidement, j'ai essayé de l'éviter, mais il a frappé l'avant de ma voiture.
– Je vous adresse sous pli la facture que vous m'avez réclamée. Si vous ne la recevez pas, vous voudrez bien me le faire savoir.

Dimanche 25 octobre

Saint Enguerran On fête les aussi les Crépin, Noriane

Le soleil se lève à **07 h 27** et se couche à **17 h 42**

PASSAGE À L'HEURE D'HIVER

« "Y'aurait beaucoup à dire", phrase préférée des gens n'ayant rien à dire et qui sont obligés de faire semblant. »

José Artur

C'est arrivé le…

25 octobre 1836

L'obélisque de Louxor est érigé au centre de la place de la Concorde à Paris. Offert par l'Égypte à la France en 1830, en gage d'amitié entre les deux pays, il fut transporté par bateau depuis le temple de Louxor, où il se trouvait originellement. En échange, la France offrira en 1845 une horloge de cuivre, qui orne toujours la citadelle du Caire.

Vous êtes déçu ? Attaquez !

Comme Suzanne, une habitante d'Épernay, vous avez sans doute reçu un jour dans votre boîte aux lettres ou par mail un courrier vous annonçant que vous aviez gagné à la loterie un séjour tout frais payé dans un paradis terrestre, alors que vous n'aviez jamais joué à un jeu-concours quelconque. Évidemment, vous n'avez pas lu les mentions écrites en tout petit, voire illisibles et souvent bien dissimulées en bas du prospectus.

Suzanne, qui se voyait donc déjà partir en Turquie avec son conjoint pour un voyage d'une valeur de 2 850 euros, est tombée de haut en apprenant qu'elle n'avait en fait rien gagné.

La déception fut si grande qu'elle décida d'attaquer en justice l'organisateur de cette loterie trompeuse. Et les juges lui ont donné raison, estimant non conformes les mentions stipulant les conditions pour obtenir ce gain dont elle n'a jamais vu le moindre bout d'un billet d'avion.

L'organisateur de loteries a finalement été condamné à rembourser le voyage et à verser, décision inédite, 500 euros supplémentaires pour « préjudice de déception ». Ce jugement pourrait faire jurisprudence : il est en effet applicable à la plupart des litiges commerciaux ou privés. La fin des prospectus et messages trompeurs ?

Sudoku

Solution de la page 309

7	8	4	2	5	1	9	6	3
2	3	5	9	4	6	7	1	8
6	9	1	3	7	8	5	4	2
9	6	7	1	8	5	2	3	4
8	1	2	4	9	3	6	5	7
5	4	3	7	6	2	1	8	9
4	2	8	6	1	7	3	9	5
3	5	6	8	2	9	4	7	1
1	7	9	5	3	4	8	2	6

Maître de bonne compagnie

Bavard ou pas ?

Si tous les chats possèdent une morphologie semblable, il n'en va pas de même pour leur caractère. Certains sont discrets, d'autres vraiment très bavards.

Les bavards : on les rencontre surtout chez les races orientales, tout particulièrement chez le siamois. Ces chats détestent l'indifférence et ne manquent jamais de le rappeler par des miaulements insistants et variés. On dirait vraiment qu'ils nous parlent !

Les discrets : ce sont surtout le persan, l'abyssin et le bleu russe. Ils aiment leurs petites habitudes et ne sont pas spécialement des maîtres en communication.

Les câlins : ils ont besoin d'être au contact de leur maître. Le toucher est donc vital pour des races comme le chartreux, le sacré de Birmanie, le ragdoll, l'angora turc ou encore le maine coon.

Le soleil se lève à **07 h 26** et se couche à **17 h 40**

Lundi 26 octobre

Saint Dimitri On fête aussi les Rustica, Rutila, Évandre

« Si les époux ne vivaient pas ensemble, les bons mariages seraient plus fréquents. »

Nietzsche

C'est arrivé le…

26 octobre 1967

Couronnement de Mohammad Reza Pahlavi, dernier Chah d'Iran, le jour de ses 48 ans. À la tête du pays depuis le 16 septembre 1941 et l'abdication de son père, il n'avait jamais voulu être couronné, ne désirant pas être le roi d'un peuple pauvre et illettré ; il attendait que le pays soit lancé sur la voie du développement. Son règne durera jusqu'au 16 janvier 1979, date de la proclamation de la République islamique d'Iran après la révolution.

Dites 33 !

Petit florilège de perles médicales

"Docteur, j'ai des mangeaisons !"
– Je suis enceinte.
– De combien ?
– Ben… seulement de mon mari !
– Docteur, je viens vous voir parce que je suis enceinte.
– Bien. Et comment le savez-vous ?
– Ben, j'ai fait la chorégraphie !
(Fera-t-elle aussi l'échographie avec son mari ?)
"Vous avez de la cire de bourrique pour soigner les pieds ?"
(Acide borique !)
Entendu au secrétariat : "Bonjour madame la secrétaire, je suis M. Dupond, j'ai rendez-vous avec l'euthanasiste…" (Anesthésiste !)

Ça c'est fait… divers

Lors de l'élection du pape François à la tête de l'Église catholique, la marque Harley Davidson, qui fêtait ses 110 ans, a offert à sa Sainteté une magnifique moto d'une valeur estimée entre 12 000 et 15 000 euros. Une moto que le pape François a signée (sur le réservoir) avant d'en faire don à une association catholique. Cette dernière, pour récolter des fonds, a mis la moto aux enchères. Le véhicule a été acheté 241 500 euros par un Européen. Les bénéfices serviront à financer la rénovation d'un foyer d'accueil pour les sans-abri à Rome.

HISTOIRE, HISTOIRES…

Selon Marco Polo, grand voyageur et sans doute premier grand reporter moderne, l'empereur Kubilai Khan employait une équipe de 1 000 astrologues en permanence autour de lui et tous logés à sa cour. Leur rôle était d'établir des horoscopes à la chaîne. Et malheur à ceux qui ne voyaient pas leurs prévisions se réaliser ! Leurs auteurs pouvaient être fouettés, mis en prison, voire condamnés à mort.

Infos en séries… TV

Prison Break aurait pu arriver un an plus tôt sur les écrans, car l'idée avait été proposée à la Fox en 2003. La chaîne jugea alors son aspect « feuilletonnant » trop pauvre pour en faire une série durable. Elle proposa de la produire en dix épisodes. Mais face au succès grandissant de *24 Heures chrono* et surtout de *Lost : Les Disprus*, la Fox changea d'avis en 2004 et lança la production.

Le personnage de D. B. Cooper dans *Prison Break* a réellement existé. En 1971, cet homme avait extorqué 200 000 dollars dans un avion de la Northwest Orient avant de sauter de l'appareil. Mais, contrairement à ce qui se passe dans la série, le vrai D. B. Cooper n'a jamais été retrouvé.

Le soleil se lève à 07 h 30 et se couche à 17 h 38

« Mourir pour ses idées ne prouve pas qu'elles soient bonnes. »

Yvan Audouard

C'est arrivé le…

27 octobre 1985

Alain Prost remporte le premier de ses quatre titres de champion du monde de Formule 1. Le Français gagne cinq des seize Grands Prix de la saison et monte onze fois sur le podium. Il devient le premier pilote tricolore à remporter le championnat de F1, créé en 1950.

Dites 33 !

"À part un peu d'alcoolisme par-ci par-là, je ne bois pas."

Prescription gynécologique pour une dame d'un certain âge :
– Donc la crème, c'est une application matin et soir.
La dame :
– Avant ou après manger ?

– J'ai été opérée d'une hernie…
– De quel côté ?
– Du côté de Rouen.

– Combien de selles avez-vous faites aujourd'hui ?
– Oh, juste une pincée, docteur !

"J'ai le syndrome des gens du repos." (Syndrome des jambes sans repos aussi…)

Appel : "Docteur, j'ai une infection urinaire, vous pouvez me préparer une ordonnance pour ECBU et une pour le traitement, je passerai les prendre au cabinet…"

La bonne blague !

L'institutrice demande à ses élèves s'ils connaissent des noms de médicaments.
Un enfant lève la main :
- Doliprane®.
- Bien, dit l'institutrice, ça sert à quoi ?
- C'est quand on a mal à la tête ou quand on a de la fièvre.
Un autre lève le doigt et dit :
- Ixprim®.
- Oui, bien, ça sert à quoi ?
- C'est quand Doliprane® ne marche pas.
Un troisième lève le doigt et dit :
- Rhinathiol®.
- Oui, très bien, ça sert à quoi ?
- C'est pour guérir la toux.
Un quatrième lève le doigt :
- Toplexil®.
- Oui très, très bien, ça sert à quoi ?
- C'est quand Rhinathiol® ne marche pas…
L'institutrice est soufflée par les connaissances de ses élèves, quand, au fond la classe, Jo lève la main et dit :
- Viagra®.
- Excellent ! s'exclame la prof. Et ça sert à quoi ?
- C'est contre la diarrhée, je crois, dit Jo.
- Et qui t'a dit cela ? demande l'institutrice.
- Tous les soirs avant d'aller dormir, j'entends ma mère dire à mon père : « N'oublie pas de prendre un Viagra®, peut-être que cette petite crotte va durcir un peu. »

- Oui, patron, j'expédie une affaire courante et je viens à la réunion.

Infos en séries… TV

Dans *Mission Impossible*, toutes les scènes du « message s'auto-détruira dans 5 secondes » étaient tournées en même temps, au début de chaque saison. Si bien que l'acteur Peter Graves, alias Jim Phelps, le patron de l'IMF (*Mission Impossible Force*), ne savait jamais laquelle serait utilisée lorsqu'il arrivait en studio pour tourner.

Mercredi 28 octobre

Saint Simon et saint Jude On fête aussi les June, Junie

« *Le plus grand ennui, c'est d'exister sans vivre.* »

Victor Hugo

C'est arrivé le…

28 octobre 1962

Par référendum, le peuple français dit oui à l'élection présidentielle au suffrage universel. Avec 62,25 % de votes favorables, la constitution de 1958 est modifiée. À l'origine de cette évolution, Charles de Gaulle est donc le dernier président de la République française à avoir été élu sans le suffrage universel.

Oh ! tu sais pas ?

Michel Lotito, aussi connu sous le nom de Monsieur Mangetout, est un artiste de cabaret français célèbre pour sa capacité incroyable à manger des choses en métal, en verre ou en caoutchouc. Il était pourvu d'un intestin aux parois épaisses dont les sucs digestifs étaient d'une efficacité redoutable. Michel Lotito a ainsi avalé, entre autres, 18 vélos, 2 lits, 7 téléviseurs, 1 paire de skis, 1 ordinateur et 1 avion.

Il y a 100 ans : octobre 1915

- **21 octobre** : la TSF fonctionne pour la première fois entre l'Amérique (base d'Arlington [États-Unis]) et l'Europe (récepteur de la tour Eiffel)..
- **23 octobre** : à New York, 25 000 femmes manifestent pour obtenir le droit de vote.
- **24 octobre** : naissance de Bob Kane, dessinateur américain de *comics*. Il fut le créateur de *Batman* (décès le 3 novembre 1998).
- **29 octobre** : le cabinet d'Aristide Briand succède au cabinet Viviani, démissionnaire. Briand devient président du Conseil. Le général Gallieni est nommé ministre de la Guerre.

Ça zlatanne !

- La sueur de Zlatan est vendue sous le nom de Red Bull.
- Le soleil ne peut pas regarder Zlatan dans les yeux.
- Un jour, le père Noël a frappé à la porte de Zlatan. Depuis, il passe par la cheminée.
- Zlatan ne fait pas d'erreur, l'erreur est humaine, pas Zlatan.
- À la fin d'un match, même les joueurs du PSG essayent d'échanger leur maillot avec Zlatan.
- Zlatan a quitté l'Espagne, puis l'Italie. Depuis, dans ces pays, c'est la crise.
- Si les cardinaux prennent autant de temps pour élire le pape, c'est parce qu'ils attendent l'avis de Zlatan.
- L'avenir ne sait pas ce que Zlatan lui réserve.
- Un jour, Zlatan a jeté un poteau de corner pour fêter un but. Neil Armstrong l'a retrouvé sur la Lune en 1969.
- Quand Zlatan court sur un tapis de course, c'est lui qui fait tourner le tapis.

Jeudi 29 octobre

Saint Narcisse On fête aussi les Ermelinde

Le soleil se lève à **07 h 34**
et se couche à **17 h 35**

« Depuis qu'ils sont au pouvoir, je n'ai jamais rien demandé aux socialistes. Et il faut leur rendre cette justice, je n'ai rien obtenu. »

Guy Bedos

C'est arrivé le...

29 octobre 1959

René Goscinny et Albert Uderzo donnent naissance à Astérix. Le guerrier gaulois, héros des bandes dessinées éponymes, fait son apparition dans le numéro 1 du journal *Pilote*. Les aventures d'Astérix et de son compère Obélix ne font que commencer. Traduite dans une centaine de langues, la série connaîtra un succès planétaire.

Quiz Philo

À quoi peut être associée la liberté ?

- ❏ 1. À la passion
- ❏ 2. À la responsabilité
- ❏ 3. À la soumission

Réponse

Réponse 2

Esprit d'antan

Winston Churchill est né en 1874 dans les vestiaires du palais de Blenheim, alors que sa mère venait de finir de danser, raconte la légende. Quelques années plus tard, dans ce même établissement, il rencontre Clementine Hozier, celle qui deviendra sa femme. Cette anecdote est à l'origine d'une phrase célèbre de l'homme politique britannique : « C'est à Blenheim que j'ai pris les deux décisions les plus importantes de ma vie, celle de naître et celle de me marier. Je n'ai regretté aucune des deux ! »

J'ai peur !

On aime donner des noms à nos peurs. Ça rassure, dit-on. Petit lexique de ces noms imprononçables accolés à des phobies parfois totalement loufoques, voire imaginaires.

Un ptéridophobe est une personne qui a peur des fougères. Sigmund Freud était lui-même ptéridophobe. Un apopathodiaphulatophobe est une personne qui a peur d'être constipée. L'hexakosioihexekontahexaphobie est la peur du nombre 666. L'anuptaphobie est la peur de rester célibataire. La cusuraphobie est la peur d'avoir tort. La triskaïdékaphobie est la peur du nombre 13. L'athazagoraphobie est la peur d'être oublié. Un basophobe est quelqu'un qui a peur de marcher. La carpophobie est la peur des fruits. La tokophobie est la peur d'accoucher. Et la nomophobie est la peur de ne pas avoir son téléphone portable avec soi.

Allez Allais !

PSG : équipe de football parisienne. C'est en 1944, à la Libération, que le général de Gaulle créa le Paris Sans Germains.
Quatre Saisons : délicieuse pizza mise en musique par Antonio Vivaldi.
Quéquête (n. f) : dondon à la mémesse.
Quinquennat (n. m.) : boisson préférée des hommes politiques.
Ex. : « Le Président a entamé allègrement son second quinquennat. »
Religion (n. f.) : supplice inventé par Dieu pour punir ceux qui croient en lui.
Résurrection (n. f.) : arrêt de mort.
Rides (n. f.) : marques du temps qui, pour la femme, concernent surtout sa meilleure amie.
Roland-Garros : haut lieu du tennis, où pluie battante et terre battue ne font pas bonds mais nage.
Sale (adj.) : dégueulasse au sens propre.
Sartre : philosophe existentialiste qui avait l'œil de travers, l'oreille de Moscou et le nez de Camus.

Le soleil se lève à **07 h 35** et se couche à **17 h 33**

Vendredi **30 octobre**

Sainte Bienvenue On fête aussi les Ganet

“ *L'objet de la guerre, c'est la paix.* ”

Aristote

C'est arrivé le...

30 octobre 1938

Orson Welles fait trembler l'Amérique en adaptant le roman *La Guerre des mondes* à la radio. Écrit par son quasi-homonyme H. G. Wells, le roman raconte l'invasion de la terre par des extra-terrestres. La performance radiophonique de Welles et de sa troupe est si réaliste que bon nombre d'auditeurs croient que la planète est réellement en danger.

Oh ! tu sais pas ?

Disney c'est fait, Astérix aussi. Alors pour faire dans l'originalité, la ville de Dubaï (Émirats arabes unis) envisage de créer un parc d'attractions sur le thème du... Coran. Ce parc, prévu pour le courant de l'année 2015, s'étendra sur 64 hectares et proposera des divertissements et des parcours découvertes liés à l'histoire de l'islam, ainsi qu'un jardin annoncé comme féerique avec 51 variétés de plantes mentionnées dans le livre saint. En revanche, pas sûr qu'il y ait un grand huit de type « Space Moutain », ni une taverne où prendre une bonne bière. Coût de l'opération : 5 millions d'euros.

Trois fûts, six caisses

Souvenez-vous, la pièce Le Père Noël est une ordure *: « Ils habitaient des gites ignobles Quai Branly ». Un must de la contrepèterie. En voici d'autres.*

Quelqu'un de connu ce Pierral.
Le prêtre est devenu fou entre deux messes.
La petite cane n'aime pas les jours sans cailles.
Elle aime être jolie avec moi.
Marre des ondes magnétiques. Qu'elles arrêtent de nous brouiller l'écoute.
Cette couturière a des manches très insolites.
La délation nous rend fous.

Réponses plus bas

Réponses

Quel cocu de nain ce Pierral.
Le prêtre est devenu mou entre deux fesses.
La petite cane n'aime pas les jars sans couilles.
Moi, j'aime être au lit avec elle.
Marre des ondes magnétiques. Qu'elles arrêtent de nous brouter les couilles.
Cette couturière a des miches très insolentes.
La fellation nous rend doux.

Ça c'est fait... divers

Qu'il était heureux, Patrick, directeur d'une école primaire à Miami : il venait d'obtenir 80 000 dollars en échange de son départ. Mais à une condition : que les termes de cet accord restent confidentiels. Pas de souci, Patrick est une tombe, il ne dira rien. Sauf à sa fille, à qui il annonce la bonne nouvelle le soir en rentrant à la maison. Contente pour son père, Dana s'empresse de publier la nouvelle sur son compte Facebook : « Papa a gagné son procès. C'est officiel, l'école va payer mes vacances en Europe cet été. PRENDS ÇA ». Message relayé par bon nombre de ses 1 200 « amis » Facebook et, bien sûr, par certains de l'école en question. Alertée de la fuite, la direction de l'école primaire rompt le contrat. Et Patrick repartit les mains dans ses poches... vides.

Bravo la police !

- Il était cloué sur son lit d'hôpital par deux coups de couteau au bras.
- Percé de plusieurs balles, le cadavre flottait quand même dans la rivière.
- L'accident qui avait provoqué sa mort était bien un accident mortel.
- L'homme était assez lucide pour constater qu'il n'avait plus toute sa lucidité.
- L'homme n'accepta de signer la déposition que du bout des lèvres.

« La mort est un manque de savoir-vivre. »

Alphonse Allais

C'est arrivé le…

31 octobre 1512

Le pape Jules II inaugure les fresques de Michel-Ange qui ornent la voûte de la chapelle Sixtine. Il a fallu quatre ans à l'artiste pour réaliser cette œuvre monumentale. Près de trente ans plus tard, Michel-Ange reprendra du service pour réaliser une autre grande fresque sur le mur de l'autel.

Rétro' Vermot

– Comment, vous mariez votre fille à Durant ? Mais je croyais que vous le détestiez.

– Justement, c'est pour qu'il ait ma femme comme belle-mère ! (1983)

Mon truc en +

Comment nettoyer le cuivre avec du citron

Pour nettoyer le cuivre et lui rendre son aspect brillant, on peut utiliser du citron associé à du sel. Il suffit de tremper la moitié d'un citron dans du sel fin et de frotter doucement le cuivre avec. Il ne vous reste plus qu'à le rincer et à le sécher, et le tour est joué.

LU DANS LA PRESSE

Disparus pour la France et au chant d'honneur. (*L'Aisne Nouvelle*)

On a chanté la Marseillaise dans les champs en leur honneur ?

Les sapeurs-pompiers de Boulogne sont intervenus pour résonner la jeune femme.

(*La Semaine dans le Boulonnais*)

C'est très difficile de raisonner après un traumatisme.

RIP !

Il y a plusieurs façons de laisser un message à ses proches lorsqu'on disparaît. Notamment le faire graver sur sa pierre tombale. Philippe Héraclès, dans son ouvrage *Les 1001 épitaphes les plus drôles*, nous livre ces petits mots qui rendent la mort bien plus amusante en cette veille de Toussaint.

« Aidez la Sécurité sociale à s'en sortir. Faites comme moi. »

« On peut s'éteindre sans avoir été une lumière. »

« J'ai enterré ma vie de garçon. »

« J'étais superficiel, j'ai gagné en profondeur. »

« J'ai pu enfin tirer un trait sur mon passé ; malheureusement, j'ai dû faire de même pour mon avenir. »

« Ma nouvelle situation est très fleurissante. »

« J'aurais préféré aller voir la mer plutôt que le Père. »

« J'avais un compte en Suisse, maintenant j'ai un compte en cieux. »

« J'exige des excuses du médecin qui m'a soigné. »

Fan de foot : « Je suis hors je. »

« Date de fabrication en haut à gauche, date de péremption en haut à droite. »

« Qui a dit que je ne ferais jamais mon trou ? »

« Ma dernière concession. »

« Disparue prématurément dans ma 104e année. »

« Odieux j'étais, à Dieu je suis. »

« À mon mari, mort après un an de mariage. – Sa femme reconnaissante. »

Les 1001 épitaphes les plus drôles. Philippe Héraclès
(Éditions Le Cherche Midi,)

Ça c'est fait… divers

Aux États-Unis, conduire un bus n'est pas un métier de tout repos. Surtout dans certaines banlieues comme celles que Rickey, 49 ans, traverse à Dayton, dans l'Ohio. Lors d'un de ses trajets, il se fait braquer par trois adolescents d'un gang local qui n'hésitent pas à lui tirer deux balles dans le torse avant de s'enfuir avec la caisse. Le conducteur n'a dû la vie sauve qu'à la bible qu'il portait dans la poche de sa chemise. L'ouvrage saint a stoppé les deux balles. Un miracle, donc, terme qui ne sera pas usurpé dans ce cas.

Le soleil se lève à **07 h 38** *et se couche à* **17 h 29**

Dimanche 1er novembre

Toussaint On fête aussi les Mathurin, Drake, Harold

« La modestie est le meilleur appât pour aller à la pêche aux compliments. »

Gilbert Keith Chesterton

C'est arrivé le…

1er novembre 1755

Un tremblement de terre d'une rare violence détruit Lisbonne et fait des dizaines de milliers de blessés. En milieu de matinée, le séisme, d'une magnitude estimée entre 8,5 et 9 sur l'échelle de Richter, provoque des incendies et un tsunami qui tuent entre 50 000 et 100 000 personnes. Il figure parmi les plus destructeurs de l'histoire.

Mon truc en +

Halte aux mauvaises odeurs !

Désodorisez vos poubelles en y mettant dans le fond des restes de pelures d'orange ou de citron. Le vinaigre est également un bon désodorisant. Vous pouvez également fixer un morceau de camphre sous le couvercle de la poubelle pour y conserver en permanence une odeur fraîche.

LU DANS LA PRESSE

Le journaliste Fabrice Nicolino qualifie de « crime contre l'humanité » le traitement affligé aux abeilles. (*Corse-Matin*)

Affligeant, le traitement qu'on inflige à ces animaux si proches de l'homme…

Novembre

Onzième mois des calendriers grégorien et julien, novembre doit son nom au latin novem (neuf) ; c'était en effet le neuvième mois du calendrier romain.

Tout le monde se souvient du 11 novembre 1918, date de l'armistice mettant fin à la Première Guerre mondiale. Mais novembre marque aussi le début d'une autre guerre, celle d'Algérie, avec, le 1er novembre 1954, les premiers attentats contre les occupants français perpétrés par les indépendantistes algériens et le FLN (Front de libération nationale). Cette guerre de décolonisation s'achèvera en 1962.

Curiosité de l'histoire, le 4 novembre est la date de nombre d'événements marquants. Non des moindres, l'élection de Barack Obama, premier Afro-Américain à occuper ce poste, à la présidence des États-Unis. C'est aussi, en 1984, le lancement d'une chaîne à péage qui compte aujourd'hui plus de 5 millions d'abonnés : Canal+. Le même jour, mais en 1826, les Parisiens découvrent le flambant neuf palais Brongniart abritant la Bourse de Paris, commandé en 1808 par Napoléon à l'architecte Alexandre-Théodore Brongniart. Et Christophe Colomb, le 4 novembre 1493, découvre la Guadeloupe. Que dire enfin du retentissement mondial de la découverte, par l'Anglais Howard Carter, le 4 novembre 1922, de la tombe du pharaon égyptien Toutânkhamon et de ses fabuleux trésors ?

On retiendra aussi, de novembre, l'année 1852 et l'ouverture, le 18, du premier « grand magasin » de France, le Bon Marché, né de l'idée géniale d'un petit commerçant, Aristide Boucicaut. Et on soulignera deux naissances importantes : celle, le 1er novembre 1876, de Paul Rohmer, le père de la pédiatrie française au début des années 1900, et celle, le 17 novembre 1749, de Nicolas Appert, qui n'est autre que l'inventeur de la révolutionnaire boîte de conserve alimentaire. Un hommage mérité lorsque l'on sait que, n'ayant pas déposé de brevet, Appert mourut dans la plus grande misère, jusqu'à être enterré dans une fosse commune !

Parmi les anecdotes insolites, on apprend que les premières tasses de café furent prises chez nous autour du 19 novembre 1669, avec ce mot (« cavé » à la place de « café ») qui fait son apparition dans la *Gazette*, laquelle fut lancée le 5 novembre 1631 par le médecin Théophraste Renaudot.

Peu après la Révolution, le 16 novembre 1793, les Français s'insurgèrent contre la suppression de… la loterie nationale, autorisée depuis François Ier. Les révolutionnaires la jugeaient immorale. La loterie fut remise en place dès 1797, lorsque l'État, qui venait de faire banqueroute, comprit que le loto, ça pouvait rapporter gros !

« *Chez les pauvres, il n'y a que les cheveux qui deviennent argent.* »

José Artur

C'est arrivé le…

2 novembre 1975

L'italien Pier Paolo Pasolini est sauvagement assassiné sur la plage d'Ostie. Poète, romancier et scénariste, c'est surtout en tant que réalisateur qu'il est resté célèbre. Il laisse derrière lui une filmographie qui comprend notamment *L'Évangile selon saint Matthieu, Des oiseaux, petits et gros, Œdipe roi* et *Salò ou les 120 Journées de Sodome*.

@çagazouille : Jeu de Ver-mots

©Twitter

@YsmaelMonveau Face aux rumeurs d'invasion extraterrestre, il faut savoir distinguer le vrai d'UFO.

@SanTTcheZ Demain, averse sur le Népal, chaleur au Bangladesh… C'est moi qui fais la pluie et le Bhoutan.

@BouDerLo Une tempête de perdue, cyclones de retrouvés.

@MissDeVilles Je me suis tordu la cheville. Fourberie d'escarpins !

@OuechMum Chaque seconde dans le monde, une enseignante en maternelle reçoit des menaces de morve.

La bonne blague !

Une jeune Corse de 17 ans rentre au petit matin chez ses parents, qu'elle trouve au petit déjeuner. Très embarrassée, elle leur dit :
- Papa, maman, j'ai couché avec un homme et je suis enceinte…
Le père devient fou, saisit son fusil, exige le nom du coupable et jure qu'il va lui faire la peau. C'est alors qu'une grosse berline de luxe pénètre dans la cour de la ferme. En descend un homme de grande classe, cheveux grisonnants, costume de luxe.
Il salue les parents, s'assied à la table et leur explique :
– J'ai eu une relation avec votre fille, je l'ai mise enceinte et mes obligations familiales m'interdisent de prolonger notre relation. Cependant, je suis un homme d'honneur et je tiens à ce qu'elle et son enfant ne soient pas laissés dans le besoin. C'est pourquoi je vous propose l'arrangement suivant :
Si c'est un garçon, je lui ouvre un compte que je crédite d'un million d'euros, et j'ajoute une chaîne de cinq concessions Alfa Romeo dans tout le pays.
Si c'est une fille, elle aura la même somme et une chaîne de cinq salons de coiffure sur Ajaccio et Bastia. En revanche, si elle perd l'enfant…
À ce moment, le père l'interrompt, lui pose la main sur l'épaule en regardant son fusil de chasse posé à ses côtés :
- Tu recouches avec !

Vermot'jardin

Novembre

- Terminez la plantation des bulbes à floraison printanière tels que les giroflées, pensées et pâquerettes.
- Hivernez vos dahlias et chrysanthèmes avant les premières gelées.
- Divisez (voir Dico Jardin du 3 février) les vivaces d'été comme les bergénias, véroniques et acanthes.
- Protégez vos noisetiers du balanin des noisettes (charançon) en griffant régulièrement la terre au pied de votre arbre. Les oiseaux viendront picorer les larves.
- Récoltez et stockez carottes, céleris et autres légumes-racines.
- Couvrez votre bassin d'un filet afin de protéger vos poissons des prédateurs comme les chats et les hérons.

« Quand une femme se fait la malle, on regrette surtout ce qu'elle a mis dedans. »

Yvan Audouard

C'est arrivé le...

3 novembre 1957

Laïka est le premier être vivant mis en orbite. À bord de Spoutnik 2, la petite chienne décède après sept heures de vol. Cela permet de prouver qu'un animal peut survivre aux effets de l'impesanteur. Grâce à cette expédition, l'URSS confirme son avance dans le programme spatial, un mois après le lancement de Spoutnik 1, une première mondiale.

Mon truc en +

Contre la buée

Dehors, il fait froid, dedans, il fait chaud. Résultat : de la buée recouvre vos vitres très régulièrement. Pour l'empêcher de se fixer, versez quelques gouttes de glycérine (le savon glycériné peut faire l'affaire) sur un linge qui ne peluche pas. Frottez vos carreaux avec et essuyez. La buée ira se poser ailleurs !

Politiquement... incorrect

– Passer de rien à chef de l'État, Hollande va souffrir. (*Brice Hortefeux, ministre sous la présidence de Nicolas Sarkozy*)

– Quel est le féminin de candidat aux cantonales ? C'est suppléante. (*Cécile Duflot, ancienne ministre et secrétaire nationale d'Europe Écologie-Les Verts*)

– Le Villepin nouveau sera gouleyant, fort en bouche et il aura de la cuisse. (*Dominique de Villepin*)

– Mélenchon, ce qui est terrible, c'est qu'il a été socialiste toute sa vie et que, toute sa vie, ça va le suivre. (*François Hollande*)

– Être ancien ministre, c'est s'asseoir à l'arrière d'une voiture et s'apercevoir qu'elle ne démarre pas. (*François Goulard*).

– Eva Joly, c'est un pour tous, tous pour un et deux pour cent. (*Pierre Charon, homme politique UMP*)

– Me faire passer pour quelqu'un de raciste, je trouve cela choquant… Ma meilleure amie est tchadienne, donc plus noire qu'une Arabe. (*Nadine Morano, ancien ministre UMP*)

– C'est l'union d'un postier et d'une timbrée. (*Dominique Strauss-Kahn, à propos de l'alliance LO-LCR*)

– J'ai décidé de dissoudre l'Assemblée nationale. (*Jacques Chirac. Cette décision n'a pas fait rire sa majorité, mais valut au président de la République une popularité, bien malgré lui… aux Guignols de Canal+*)

– Je vous le promets, nous aurons d'autres victoires. (*François Bayrou, peu visionnaire, le soir de sa défaite aux municipales*)

Mercredi 4 novembre

Saint Charles On fête aussi les Clayton, Émeric, Fleur, Jessica

Le soleil se lève à **07 h 43** *et se couche à* **17 h 25**

« *La politique, c'est l'art de rendre possible ce qui est nécessaire.* »

Jacques Chirac

C'est arrivé le…

4 novembre 1984

Canal+ fait son apparition dans le paysage audiovisuel français. Elle est la première chaîne privée à péage. Chaîne généraliste, elle a axé son développement sur le cinéma et le sport. Au lancement, elle compte 186 000 abonnés.

En forme !

Préparez-vous maintenant pour les sports d'hiver ! Avant de dévaler les pentes et de passer six heures par jour sur des skis, une petite remise en forme ainsi qu'une préparation musculaire ne seront pas superflues. Mieux vaut donner aux muscles et aux articulations les moyens de répondre aux fortes sollicitations à venir, pour éviter les blessures. L'idéal serait de s'y prendre huit semaines à l'avance, avec un minimum de quatre séances par semaine. Un certain nombre d'activités préparent bien à la pratique du ski. La marche est très efficace si l'allure est soutenue, 6 km/h pendant une heure. La course à pied également, à 60-70 % de votre fréquence cardiaque maximale (220 – votre âge). Vélo, natation, rameur en salle et corde à sauter sont aussi excellents pour repousser le seuil de fatigue.

Oh ! tu sais pas ?

Pendant la Seconde Guerre mondiale, les États-Unis ont expérimenté la bombe à chauves-souris. Des chauves-souris étaient alors équipées d'une petite bombe incendiaire à retardement. Une fois larguées par un bombardier, les chauves-souris devaient se rendre dans les greniers et les toitures des maisons japonaises où des incendies se déclaraient. Malgré des résultats très concluants, le projet a été abandonné au motif qu'il n'avançait pas assez rapidement. On a alors privilégié la bombe atomique.

Foi de footeux : les forts en maths

Plus facile de jongler avec le ballon qu'avec les chiffres…

- Un match de foot se joue avec 3 arbitres, il y a donc 3 fois plus de chances qu'il y ait des erreurs d'arbitrage. (*Guy Roux*)
- L'entraîneur à un joueur : « Comment, sur une passe de 10 m, tu te trompes de 8 ? Soit tu t'es trompé de chaussures, soit de métier ! »
- Il avait trop de solutions sur ce contre de van der Meyde… Et il n'en a choisi aucune… Et surtout, pas la bonne ! (*Élie Baup*)
- … Surtout dans ces dernières minutes, où les minutes s'égrainent et deviennent de plus en plus courtes ! (*Rémi Garde*)
- Nous les avons dominés 99 % du temps. Ce sont les 3 % restants qui nous ont coûté la victoire. (*Ruud Gullit*)
- Deux occasions, un but, c'est ce que j'appelle du 100 %. (*Courant*)
- C'est un match qui se joue en 2 matches. (*Franck Ribéry*)
- J'ai marqué un but, mais Banks l'a arrêté. (*Pelé*)

« La moralité n'est que l'attitude que nous prenons vis-à-vis des gens qui ne nous plaisent pas. »

Oscar Wilde

C'est arrivé le…

5 novembre 1943

Un avion largue cinq bombes sur le Vatican alors que le Saint-Siège avait veillé à assurer la neutralité de la cité du Vatican lors de la Seconde Guerre mondiale. Mené dans la plus grande discrétion, le bombardement n'est pas revendiqué et chaque camp accuse celui d'en face. Il ressortira, bien des années plus tard, que les Italiens désiraient faire taire Radio Vatican, qu'ils soupçonnaient de communiquer avec les Alliés.

Pour rire

Après cinquante ans de mariage, monsieur décède et file direct au paradis. Trois mois plus tard, madame s'en va à son tour. Au ciel, elle retrouve son mari et court vers lui, les bras tendus.
– Mon chéri, que c'est bon de te revoir.
Il lui répond :
– Non, Monique, le curé avait été très clair lors du mariage : « Jusqu'à ce que la mort vous sépare » ! Maintenant, je suis libre, alors lâche-moi !

– Ça te dit ?

Hypocondriaque, moi ?

Il a fallu que sorte, en 2014, le film *Supercondriaque* (avec Dany Boon et Kad Merad) pour que l'on se rende compte que nos concitoyens étaient hypocondriaques. Pas tous, mais tout de même 10 % d'entre eux affirment dans un sondage de l'Ifop « craindre d'être atteints d'une maladie, même en l'absence de tout signe ou symptôme ». Il suffirait qu'ils en entendent parler pour s'en inquiéter ! Si l'on y ajoute 32 % de sondés avouant « avoir peur d'être atteints d'une maladie ou d'être en train d'en développer une lorsque certains signes ou symptômes les inquiètent », ce sont près de la moitié des Français qui souffriraient d'hypocondrie. Si tous ne passent pas à l'acte en allant consulter le médecin au moindre doute, c'est tout de même le cas de 59 % d'entre eux.

En forme !

Toujours dans l'optique des sports d'hiver, musclez-vous les cuisses !

L'exercice de la chaise. Dos bien droit, contre le mur, fléchissez les jambes de telle sorte que les genoux fassent un angle de 90°. Tout en relâchant les bras le long du corps, tenez la position le plus longtemps possible.

Les squats. Debout, le dos et la tête bien droits, écartez les pieds de la largeur du bassin. Descendez doucement jusqu'à ce que les jambes forment un angle droit, en poussant les fesses vers l'arrière, comme si vous vouliez vous asseoir. Puis remontez en poussant sur les jambes et en expirant. Le poids du corps doit se situer sur les talons qui ne décollent pas du sol, et les genoux à la verticale des chevilles.

Les fentes. Debout, placez un pied assez loin devant. Inspirez et effectuez une flexion de la jambe avant. La jambe arrière reste tendue et le dos droit. En position finale, l'angle du genou de devant est à 90°. Le genou arrière ne touche pas le sol et ne dépasse pas l'axe du talon. Alternez les jambes.

Vendredi 6 novembre

Saint Léonard On fête aussi les Bertille

Le soleil se lève à **07 h 46** et se couche à **17 h 22**

« Le premier gouvernement à contester, c'est sa mère. »

Guy Bedos

C'est arrivé le…

6 novembre 1893

Piotr Ilitch Tchaïkovski s'éteint à Saint-Pétersbourg, à l'âge de 53 ans. Compositeur phare du romantisme russe du XIXe siècle, il a enchanté les publics du monde entier avec ses concertos, symphonies et opéras, mais ce sont surtout les ballets qu'il a composés, comme *Le Lac des cygnes* et *Casse-noisette*, qui ont assuré sa renommée et lui ont valu des funérailles nationales.

Quiz SÉRIES

1. Dans quelle série n'a pas joué Telly Savalas, alias le célèbre Kojak ?

❏ A/ *Les Incorruptibles*
❏ B/ *La Quatrième Dimension*
❏ C/ *Columbo*
❏ D/ *Le Fugitif*
❏ E/ *La croisière s'amuse*

2. Quand une enquête débute dans *Les Experts Las Vegas* et se poursuit dans un épisode des *Experts Miami*, cela s'appelle…

❏ A/ un more-over
❏ B/ un take-over
❏ C/ un cross-over

3. *New York, police judiciaire* montre le travail des enquêteurs, puis celui…

❏ A/ du procureur
❏ B/ de l'avocat
❏ C/ du directeur de prison

4. Laquelle de ces stars n'a jamais été guest dans *New York, section criminelle* ?

❏ A/ Whoopi Goldberg
❏ B/ John Savage
❏ C/ Rosanna Arquette
❏ D/ Elles l'ont toutes été

5. Le Docteur Who, le héros de la plus longue série de science-fiction (1963-1989, puis reprise en 2005), a été incarné par :

❏ A/ 1 seul acteur
❏ B/ 5 acteurs différents
❏ C/ 11 acteurs différents

6. Sur les 331 épisodes de la série, combien Noah Wyle en a-t-il passé aux *Urgences* (1994-2009) ?

❏ A/ 331
❏ B/ 299
❏ C/ 254

7. Si l'action de *24* se déroule en temps réel, le tournage, lui, dure plusieurs mois. Si bien que les acteurs devaient ?

❏ A/ se faire couper les cheveux tous les cinq jours
❏ B/ se raser tous les jours
❏ C/ ne jamais changer de vêtements

8. Le casino de la série *Las Vegas* s'appelait :

❏ A/ Le Montecarlo ❏ B/ Le Montecristo ❏ C/ Le Montecito

9. La boîte de strip-tease de Tony Soprano, dans *Les Soprano*, est…

❏ A/ le Bada-Bang ❏ B/ le Bada-Bing ❏ C/ le Bada-Bam

10. Dans *Ma Sorcière bien aimée*, que s'est-il passé au moment du remplacement de Dick York, décédé, par Dick Sargent ?

❏ A/ On expliqua au public que Jean-Pierre avait subi une opération esthétique.
❏ B/ Samantha a usé de magie pour faire changer le visage de son mari.
❏ C/ Rien. Les téléspectateurs n'ont même pas été prévenus.

Réponses du Quiz le 9 novembre

Samedi 7 novembre

Sainte Carine On fête aussi les Amandin, Ernest, Baud

« Plus on pense de façon objective, moins on existe. »
Kierkegaard

C'est arrivé le…

7 novembre 1961

Après quatre essais aériens dans le désert du Sahara, la France réalise son premier essai nucléaire souterrain, jugé moins polluant. Si ce premier essai se déroule bien, plusieurs connaîtront des fuites et la France devra abandonner ses bases en Algérie. Par la suite, d'autres seront réalisés dans le Pacifique, avant que l'État français ne signe le traité d'interdiction des essais nucléaires, en 1996.

TOP CHRONO : LA TÉLÉVISION

- **1977 : une certaine Frédérique Hoschedé présente sous un pseudo, Dorothée, *Dorothée et ses amis*. L'émission sera rebaptisée *Récré A2* l'année suivante.**
- **1er janvier 1981 : la prise Péritélévision (la Péritel) est obligatoire sur tous les postes de télévision couleur vendus en France.**
- **22 janvier 1981 : première diffusion en France de la série *Dallas*, sur TF1.**
- **12 décembre 1981 : lancement sur TF1 de l'émission de débat hebdomadaire *Droit de réponse* de Polac et Dugowson, avec Depardieu, Villiers, Bretécher et Olivier Todd en premiers invités. Polac sera licencié le 22 septembre 1987.**
- **4 novembre 1984 : création de la première chaîne privée et payante en France : Canal+.**
- **1986 : naissance de la télévision par câble.**

– Tu dessines comme un pied. J'espère qu'on ne découvrira jamais cette grotte !

Ça c'est fait… divers

Appel aux dons, pages de publicité dans la presse locale, offres promotionnelles… ces techniques commerciales sont très communes. Mais lorsque c'est un cimetière qui les pratique, il y a de quoi s'inquiéter ! C'est pourtant bien ce que font les cimetières catholiques québécois, qui ne savent plus comment faire pour attirer de nouvelles ouailles. En deux ans, le taux d'inhumations a chuté de 4 %, voire de 30 % dans les plus petits cimetières. Ce désintérêt pour la mise en bière s'explique en partie par la baisse de la pratique religieuse. Mais aussi, et surtout, par le boom de la crémation. Aujourd'hui, plus de 50 % des morts sont incinérés au Québec. Et comme un flou juridique entoure la dispersion des cendres – on peut en faire ce qu'on veut, dit-on au Québec –, une majorité de Québécois juge « trop cher de payer 200 dollars pour faire creuser un trou », lâche un spécialiste du secteur. Le message est clair : les cimetières québécois recherchent des morts pour survivre.

Maître de bonne compagnie

Une santé au poil !

L'état du pelage de votre chat indique le plus souvent son état de santé. Un poil terne, sec et clairsemé est toujours le signe d'une anomalie. Mais perdre ses poils ne signifie pas forcément qu'il y a un problème, c'est même une mue naturelle sous l'effet des changements de température et de lumière. Elle se produit deux fois par an, à l'automne pour prendre un pelage plus consistant avec l'arrivée du froid, et à la fin du printemps pour aborder l'été plus légèrement vêtu. Ces périodes sont observables surtout chez les chats vivant souvent à l'extérieur, et moins chez les matous d'intérieur, qui perdent leurs poils un peu toute l'année. Surtout s'ils sont d'une race à poil épais. Sachez enfin que les femelles en gestation ou lors des mises bas peuvent aussi perdre leurs poils.

« Après l'amour, dix pour cent des hommes se retournent sur leur côté droit et s'endorment, dix pour cent font de même sur le côté gauche. Les autres se rhabillent et rentrent chez eux. »

Francis Blanche

C'est arrivé le…

8 novembre 1895

Lors d'expériences sur les rayons cathodiques, le physicien allemand Wilhelm Röntgen découvre les rayons X. Il réalise, par la même occasion, la première radiographie. Cette découverte lui vaudra de recevoir, six ans plus tard, le tout premier prix Nobel de physique.

Oh ! tu sais pas ?

Vous êtes-vous déjà demandé comment était chauffé un bâtiment aussi gigantesque que l'aéroport de Roissy-Charles-de-Gaulle ? Eh bien, l'un des plus grands carrefours aériens d'Europe est chauffé au bois ! Une chaufferie disposant de deux chaudières géantes a en effet été installée en 2014 et permet d'assurer près de 25 % de la production de chaleur annuelle de l'endroit. Cela représente 40 000 tonnes de bois par an – des résidus récupérés dans les forêts voisines du site. Un contraste environnemental étonnant dans un lieu qui sent plus le kérosène que le bon feu de cheminée.

- Tu connais le ragoût de chien ?
- Non, pourquoi ?
- On va quand même pas rentrer bredouilles.

À l'origine… Pataquès

Vous connaissez sans doute la signification du mot « pataquès », qui définit aujourd'hui, et selon le dictionnaire, « un discours confus, inintelligible, une situation embrouillée, confuse », ou bien une « grosse gaffe et une faute de tact ». Mais savez-vous qu'à l'origine, ce mot est né pour qualifier des liaisons « mal-t-à propos » auxquelles personne n'a échappé un jour ? Qui n'a jamais dit « entre quatre-z-yeux » ? Bref…

L'histoire du pataquès nous est racontée par François-Urbain Domergue (1745-1810), grammairien et journaliste français, membre de l'Académie française de 1803 à 1810.

« Un soir, au théâtre, un jeune homme est installé dans une loge, à côté de deux femmes du demi-monde peu discrètes et encore moins cultivées, mais qui veulent se donner l'air de parler le beau langage en faisant des liaisons. Un éventail tombe à terre. Le jeune homme le ramasse et dit à la première :

– Madame, cet éventail est-il à vous ?

– Il n'est point-z-à moi.

– Est-il à vous ? demande le jeune homme à la seconde.

– Il n'est pas-t-à moi.

– Il n'est point-z-à vous, il n'est pas-t-à vous, mais alors, je ne sais pas-t-à-qu'est-ce ? »

Ce bon mot, digne de notre rubrique « Esprit d'antan », se répand très vite. Et « pas-t-à qu'est-ce » devient « pataquès » et désigne encore aujourd'hui une mauvaise liaison.

ÇA ASSURE !

– L'automobile a freiné devant moi. J'ai ralenti. Il a stoppé. J'ai freiné. Il est reparti. J'ai redémarré. Il a freiné de nouveau. J'ai levé le pied aussitôt. Il regardait à droite. Je regardais devant moi. Tout ça pour vous dire que j'ai fini par le heurter à l'arrière.

Le soleil se lève à **07 h 51** et se couche à **17 h 17**

Lundi **9 novembre**

Saint Théodore On fête aussi les Mathurin

« On n'est jamais si malheureux qu'on croit ni si heureux qu'on avait espéré. »
De la Rochefoucauld

C'est arrivé le…

9 novembre 1922

Raymond Devos naît à Mouscron, en Belgique, de parents français. Comédien dans l'âme et passionné par la langue française, il brille au théâtre et dans bon nombre de films, pour le cinéma comme pour la télévision. Également auteur de romans et de chansons, c'est en jouant avec les mots dans des sketchs devenus cultes qu'il l'est devenu lui aussi.

Mon truc en +

Eau de vaisselle chaude ou tiède

Pour vous, l'eau chaude, très chaude même, presque insupportable à la main, est le moyen idéal pour nettoyer votre vaisselle sale. C'est vrai la plupart du temps, mais il demeure des exceptions. Si vous devez laver des assiettes ou des plats ayant contenu du fromage et des féculents, la chaleur aura pour effet de durcir les résidus dans l'assiette et de les rendre encore plus difficiles à enlever. Ce qui n'est pas le but, avouez-le. Même résultat si vous avez mangé des œufs, tout particulièrement avec les restes de jaune. La chaleur ne pourra que les cuire davantage et les faire adhérer plus durablement à leur récipient, les coquetiers par exemple, ou les couverts. De l'eau tiède suffira. Procédez de la même façon avec les récipients ayant contenu du lait.

Réponse Quiz du 6 novembre

1C, 2C, 3A, 4D, 5C, 6C : soit 11 saisons environ. Il est l'acteur qui en a tourné le plus devant Laura Innes (*Dr Kerry Weaver*, 249 épisodes) ; George Clooney (*Dr Doug Ross*) en a joué 107, 7A, 8C, 9B, 10C.

@çagazouille : les JLGeades

©Twitter

- De nos jours, pour tuer le temps, les jeunes ont un mobile.
- Franchement, est-ce que j'ai l'air conditionné ?
- Avez-vous remarqué qu'il est délicat de plier de rire quelqu'un de cassant ?
- Tu vois, chérie, après tout ce temps, tu as fini par mémé.
- La stripteaseuse fait un travail désape.
- Quelqu'un parmi vous connaît-il l'hymen national des îles Vierges ?
- Sur la tragédie de Verdun, nous avons des opinions tranchées.
- Pour être à l'heure à la commémoration du 11 novembre, je n'ai pas eu le temps de goûter aux gâteaux. C'était hommage ou dessert.
- En soi, acquitter un innocent n'a rien de condamnable.
- En cuisine, le plongeur ne touche pas beaucoup de fonds.
- Quand on est malade en mer, on est mal embarqué.
- En Suisse, même Stéphane est cher.
- Après une carrière dans le vélo, il est finalement difficile de se recycler.
- Excusez-moi, je n'ai pas eu le temps de vous aigrir plus tôt.
- Les petits sont trop souvent seuls au milieu des grands ensembles.
- Ce politicien véreux aimait encore bien la sieste crapuleuse, qu'il appelait avec beaucoup de poésie « son bourrage diurne ».

(à retrouver sur Twitter : @ jlgdu54)

– Fais attention à ce que tu dis ! Tu ne seras pas toujours en sécurité derrière les barreaux !

En forme !

Pas le temps de vous entraîner pour le ski, pas de panique ! Laissez le plus souvent possible la voiture au parking. Au lieu de prendre le métro ou le bus, parcourez à pied le trajet entre quelques stations. Évitez les ascenseurs et autres tapis roulants. À cette remise en forme cardio-vasculaire, ajoutez un travail de renforcement musculaire, notamment des membres inférieurs. Montez les marches deux à deux sur la pointe des pieds. Travaillez aussi la « proprioception » des chevilles et des genoux, en vous mettant sur un pied dès que vous le pouvez : devant la télévision, au téléphone, en vous brossant les dents… Ajoutez une difficulté en effectuant des rotations du buste sans perdre l'équilibre et en gardant le pied au sol. Enchaînez des sauts pieds joints et des bonds latéraux.

Mardi **10 novembre**

Saint Léon On fête aussi les Léonie, Marika, Muse, Léo, Nataléna

Le soleil se lève à **07h53** *et se couche à* **17h16**

« Politique : art de promettre, de ne pas tenir et de réussir quand même. »

Léo Campion

C'est arrivé le…

10 novembre 1891

Le poète Arthur Rimbaud décède à l'âge de 37 ans dans un hôpital de Marseille. Il laisse derrière lui une œuvre tourmentée, dont les textes phares *Le Bateau ivre*, *Une saison en enfer* et *Illuminations*. Sa vie personnelle fut notamment marquée par sa relation tumultueuse avec son confrère Paul Verlaine.

Cocktail !

Tequila Sunrise (long drink)

- 6 cl de tequila
- 12 cl de jus d'orange
- 2 cl de sirop de grenadine
- 5 glaçons

Disposez les glaçons, la tequila et le jus d'orange dans le shaker et agitez celui-ci pendant 10 secondes. Filtrez au-dessus d'un grand verre de type « highball », à l'aide d'une passoire à glaçons. Versez enfin le sirop de grenadine et servez aussitôt.

Selon la légende, la création de la Tequila Sunrise est attribuée à un barman qui, après avoir consommé de l'alcool au bar toute la nuit, dut se justifier au petit matin à l'arrivée de son patron. Le barman improvisa alors un cocktail avec un dégradé de couleur semblable à celui du lever du soleil. Ce mélange rencontra par la suite un tel succès aux États-Unis qu'il donna son nom en 1988 à un film de Robert Twone, avec Mel Gibson comme acteur principal.

Ça c'est fait… divers

Chouette, aujourd'hui vous vous mariez ! Mais, le stress sûrement, vous avez l'estomac qui crie famine. Ça tombe bien, sur le chemin de la mairie il y a un restaurant rapide. Une bonne cuisse de poulet fera l'affaire avant les grandes émotions. C'est sans doute ce que s'est dit ce jeune homme, à Poitiers, avant d'aller rejoindre sa belle devant le maire. Il entre dans l'établissement, commande son pot de poulet-frites et attend. Longtemps, trop longtemps. Alors qu'il se plaint de la lenteur du service – eh oui, il ne s'agit pas d'arriver en retard –, l'employé avec lequel il s'accroche lui balance le plat sur son costume de mariage tout neuf ! La catastrophe ! Le jeune homme court se changer avec ce qu'il trouve dans son placard et, après son mariage, portera plainte pour traumatisme émotionnel et costume abîmé. Le tribunal lui donnera raison et condamnera l'enseigne à lui verser 2 000 euros de dommages et intérêts.

DEPUIS QUE MA FEMME S'EST MISE AU YOGA J'AI PU ME DÉBARRASSER DE L'ÉPOUVENTAIL

Infos en séries… TV

Dans *Lost*, Libby n'aurait pas dû mourir avec Ana Lucia. Mais cette dernière n'était pas assez appréciée par les fans pour que sa seule disparition soit vécue comme un fait vraiment marquant. On a donc tué Libby pour ajouter une charge émotionnelle à ce rebondissement.

J. J. Abrams (*Lost*) aime truffer ses séries de références et d'hommages en tous genres. Ainsi, dans *Alias*, Eric Weiss, interprété par l'acteur Greg Grunberg, n'est autre que le vrai nom du célèbre magicien, roi de l'évasion, Harry Houdini. Dans la même veine, le prénom de l'agent Bristow, Sydney (ou plutôt Sidney), est l'anagramme du nom des studios qui produisent la série : Disney.

Le soleil se lève à **07 h 54** et se couche à **17 h 15**

Mercredi **11 novembre**

Morts pour la France On fête aussi les Martin, Viviane

« Ce n'est pas le doute qui rend fou : c'est la certitude. »
Nietzsche

C'est arrivé le…

11 novembre 1417

L'élection du pape Martin V met fin à quarante ans de crise au sein de l'Église catholique. Depuis 1378, le Grand Schisme voyait le catholicisme se diviser, avec un pape à Rome et un en Avignon. Le 11 novembre 1417, jour de la saint Martin, un conclave spécialement réuni, met fin à cette situation en élisant un pape commun aux différentes obédiences.

Pour qui tu Boss ?

Tout le monde connaît Hugo Boss, la célèbre marque de prêt-à-porter masculin haut de gamme, mais saviez-vous qu'elle a participé à la confection des uniformes militaires nazis ? Fondée par Hugo Ferdinand Boss en 1924, la société Hugo Boss a en effet produit les uniformes des SS et de la Wehrmacht de 1933 à 1945. Pour cela, elle a eu recours à des travailleurs forcés : des Français, des Polonais, des déportés issus des camps de concentration. Aujourd'hui, Hugo Boss est commercialisée dans près de 110 pays et vend environ un costume sur six dans le monde entier.

– Mon mari raconte partout que je le trompe… Je ne voudrais surtout pas qu'il passe pour un menteur !

Légumes oubliés : *le chervis*

Le chervis est une plante rustique originaire d'Asie, dont on consomme les racines. Ce légume oublié est très ancien. L'empereur romain Tibère l'aurait répandu en Europe pour la première fois au Ier siècle après J.-C., après l'avoir reçu en tant que tribut de la part des Germains. Bien que sa culture se soit poursuivie notamment en Italie, le chervis est devenu de plus en plus rare au fil des siècles. Il est tout de même apprécié au Moyen Âge pour ses vertus curatives, puisqu'il était utilisé pour guérir le hoquet, et ses propriétés diurétiques. Il est par ailleurs mentionné comme plante cultivée par Antoine Parmentier en 1781. Le chervis possède des racines à l'écorce grisâtre et renflée, qui cachent en fait un cœur blanc et fibreux. On apprécie ce légume oublié, légèrement farineux, pour son goût doux et sucré, assez proche de celui du topinambour. On le cuisine donc de la même manière : en gratin, en purée, ou bien avec une sauce béchamel.

– … Alors, on s'les caille !

Maître de bonne compagnie

Un bon coup de brosse

S'il est une chose qui occupe les journées du chat, c'est bien sa toilette à grands coups de langue râpeuse. Et donc, il avale des poils. Inconvénient majeur, notamment pour les persans ou les sacrés de Birmanie, ces poils non digérés s'amassent en boules provoquant une irritation de l'estomac et des vomissements, voire quelques troubles digestifs. Alors aidez-le en le brossant régulièrement, surtout en périodes de mue, c'est la meilleure des préventions. En plus, il adorera ces attentions et ces caresses. Ce brossage aura aussi la vertu de stimuler sa circulation sanguine cutanée. Et éliminons une idée reçue : lui faire boire du lait ne fera pas passer les boules de poils plus facilement dans son tube digestif. Tout juste existe-t-il sur le marché quelques croquettes ou des stimulants digestifs qui aideraient les poils à « glisser » le long de l'intestin ou à mieux se dissoudre. Pas sûr qu'il apprécie. Alors, investissez dans une brosse adaptée au pelage de votre chat ! Et n'utilisez pas vos brosses à cheveux, qui risqueraient d'abîmer la peau fine de l'animal.

Le soleil se lève à **07 h 56** *et se couche à* **17 h 13**

« Ce n'est pas un malheur d'être méconnu des hommes, mais c'est un malheur de les méconnaître. »

Confucius

C'est arrivé le…

12 novembre 1929

Grace Kelly naît à Philadelphie. Comédienne pour le théâtre, elle tournera également pour la télévision avant de rencontrer le succès au cinéma, notamment dans les films d'Alfred Hitchcock. Elle remportera l'Oscar de la meilleure actrice en 1955 pour son rôle dans *Une fille de la province*. L'année suivante, elle épousera Rainier III et deviendra princesse de Monaco.

@çagazouille :

©Twitter

#UnChanteur UnFruit

- Ananas Morissette
- Les Dattes Punk
- Michel Delpêche
- Les BB prunes
- Pomme Dylan
- Tomate Dutronc
- Poire Désir
- Abricot Macias

– Je trouve scandaleux qu'on bâtisse un programme sur le malheur des autres.

Poker addict

D'après la première étude française consacrée aux joueurs de poker en ligne, réalisée par l'Observatoire français des drogues et des toxicomanies (OFDT) et l'Observatoire des jeux (ODJ), ces joueurs représentent la catégorie la plus « à risque » parmi toutes celles des joueurs en ligne, qui s'adonnent par exemple aux loteries, paris sportifs ou courses hippiques. Ainsi, les joueurs de poker seraient les plus accros et les plus dépensiers. Ce sont également les plus assidus (21 % y jouent chaque jour contre 11 % pour les autres catégories) et chacun dépense en moyenne près de 780 euros par an, contre 630 euros en moyenne dans les autres catégories. L'étude dresse enfin un portrait-robot de ce joueur : c'est principalement un homme, jeune et célibataire, urbain et diplômé (bac et +).

Il y a 100 ans : novembre 1915

- **12 novembre** : l'écrivain et critique français Roland Barthes naît à Cherbourg. Il décédera le 26 mars 1980 à Paris.
- **18 novembre** : Churchill, ayant été démis de ses fonctions de ministre de la Marine, part pour le front en France.
- **25 novembre** : naissance d'Augusto Pinochet à Valparaíso (Chili). Président du Chili du 17 décembre 1974 au 11 mars 1990, le dictateur meurt le 10 décembre 2006 à Santiago (Chili).
- **17 novembre** : Constant Duclos effectue le premier saut militaire en parachute, à 300 m d'altitude.
- **25 novembre** : le premier grand emprunt de Défense nationale est lancé. Plus de 2 milliards de francs sont souscrits dans cet « Emprunt de la victoire ».

« La femme est chose variable et changeante. »

Virgile

C'est arrivé le…

13 novembre 1903

Camille Pissaro meurt à Paris. Considéré comme un des « pères » de l'impressionnisme, aux côtés notamment de Monet et Renoir, il a autant représenté la vie des quartiers parisiens de Montmartre ou des Tuileries que celle de la campagne française. De grands artistes comme Gauguin ou Cézanne furent ses élèves.

TOP CHRONO : LA TÉLÉVISION

- **20 février 1986 : lancement de La Cinq de Berlusconi, deuxième chaîne privée nationale. Le 1er mars naît TV6, troisième chaîne privée nationale. Son fait d'armes, gravé à jamais dans l'histoire de la télévision ? Elle sera la première chaîne nationale à disparaître, remplacée le 1er mars 1987 par M6.**
- **16 avril 1987 : privatisation de TF1. L'État vend 50 % au groupe Bouygues pour 3 milliards de francs français (plus de 457 millions d'euros).**
- **17 janvier 1989 : création du Conseil supérieur de l'audiovisuel (CSA).**
- **1992 : arrivée des téléviseurs au format 16/9 dans les magasins.**
- **12 avril 1992 : arrêt définitif de La Cinq, remplacée par Arte le 28 septembre. Le même mois, le groupe France Télévisions est créé : Antenne 2 devient France 2 et FR3 devient France 3.**

Ça c'est fait… divers

Un soir près de Rouen, alors que la brigade anti-criminalité de Cergy (Val d'Oise) procède à un contrôle routier, les occupants d'une voiture s'enfuient à toutes jambes à travers la banlieue. Pour échapper aux policiers qui les filent, l'un d'eux se réfugie dans le coffre d'une voiture. La nuit passe. Et lorsque le fuyard décide de sortir de sa cachette, il se retrouve nez à nez avec de jeunes apprentis… policiers. Le délinquant s'était en effet caché dans le coffre d'un véhicule appartenant à un membre de l'école nationale de police d'Oissel (Seine-Maritime), établissement qui forme 900 gardiens de la paix chaque année. Rarement une enquête aura été bouclée aussi vite !

L'armée retrousse ses manches

Les règlements, en général les *marines* américains aiment ça et les respectent. Excepté un, qui interdisait à la crème des soldats de remonter les manches de leurs uniformes de combat ou de camouflage. Une règle établie il y a deux ans, alors que ce corps d'élite était le seul dans l'armée américaine à pouvoir justement bénéficier de ce privilège. Les *marines* ont donc décidé de se rebeller et de lancer une pétition pour son abolition, qui a recueilli des milliers de soutiens sur Facebook. Et ils l'ont emporté, puisque leur commandant a jugé bon de revenir aux anciennes habitudes des manches relevées, à la condition que ce soit hors des zones de combat. Condition acceptée par les soldats.

Astuce Jardin : Un engrais plus efficace

Une eau trop riche en calcaire risque de diminuer l'efficacité des engrais que vous y diluerez. Pour remédier à ce problème, ajoutez une cuillère à soupe de vinaigre par litre d'eau à votre préparation. Qui plus est, cette méthode évitera l'entartrage de votre pulvérisateur.

Le soleil se lève à **07 h 59** et se couche à **17 h 11**

« *L'homme heureux, on le hait ; le malheureux, on le méprise.* »

Sénèque

C'est arrivé le…

14 novembre 1913

Première parution du roman *Du côté de chez Swann*, de Marcel Proust. Il s'agit du premier des sept tomes de son œuvre *À la recherche du temps perdu*. Après plus de quatre années d'écriture, Proust avait essuyé plusieurs refus mais parvint à faire éditer son ouvrage par Grasset. Six autres volumes suivront, dont trois à titre posthume.

L'info déprimante

Selon un sondage de La Croix, 61 % des Français jugent qu'il y a trop de mauvaises nouvelles dans les médias, et seuls 6 % de nos concitoyens trouvent qu'il y en a trop de bonnes (on se demande où ils s'informent…).
Toujours selon ce sondage, la télévision reste le relais privilégié pour s'informer (57 %), suivie de la radio (17 %), puis de la presse écrite et d'Internet (10 % chacun). Une répartition étrange, alors que 58 % des Français estiment que la radio est le support qui restitue l'information de la façon la plus fiable. Il faut dire enfin que les sondés doutent de plus en plus de l'indépendance des journalistes face aux différents pouvoirs et face à l'argent.

La bonne blague !

Un vieil homme de 80 ans va chez le docteur pour un examen annuel. Ce dernier lui demande comment vont les choses. Le vieil homme répond :
– Je suis en pleine forme, je sors avec une jeune de 18 ans, et je l'ai mise enceinte. Qu'est-ce que vous pensez de ça, docteur ?
Le docteur dit :
– Laissez-moi vous raconter une histoire. C'est une histoire vraie. J'ai un ami qui est un passionné de chasse. Un jour, alors qu'il s'en allait chasser et qu'il était pressé, il se trompa et, au lieu de prendre son fusil, il prit son parapluie. Au cœur de la forêt, il aperçut un grizzly qui fonçait sur lui. Il saisit son parapluie, l'épaula et appuya sur la poignée. Savez-vous ce qui s'est passé alors ?
Le vieil homme répond simplement :
– Non.
Le docteur :
– Eh bien, le grizzly tomba raide mort à ses pieds.
Le vieillard s'insurge :
– C'est impossible. Quelqu'un a dû tirer à sa place !
Le docteur :
– C'est là où je voulais en venir…

Ça c'est fait… divers

Si vous décidez de trucider votre belle-mère, veillez à ce qu'elle ne possède pas un perroquet à la maison, il pourrait vous dénoncer ! C'est la mésaventure qui est arrivée à un criminel en Inde. Après avoir poignardé sa belle-mère pour lui voler ses bijoux, l'assassin pensait avoir commis le crime parfait. C'était sans compter sur Coco le perroquet, qui, pendant l'enquête, manifesta une brutale agitation lorsqu'il vit le coupable dans la maison. Intrigués par le comportement de l'oiseau, les inspecteurs s'intéressèrent au cas du jeune homme… qui finit par avouer son crime. Les bijoux ont été retrouvés chez lui et le meurtrier terminera ses jours… en cage.

Le soleil se lève à **08 h 01** *et se couche à* **17 h 09**

Dimanche **15 novembre**

Saint Albert On fête aussi les Adalbert, Léopold, Arthur, Mallien

MOTS FLÉCHÉS

Dire moins, suggérer plus
Nanti
Belle fille
Célébrité
Sanato riums
Illustré
Palier
Liant
Exposa
Retira
Petite mangeoire
Explosa
Sacré au 1er degré
Un sucre
Malfaiteur
Mammifè re protégé
Espionna
Bande
Enchanté
Virevolte
Gavés
Escalade
Danger
Ceci
Cautionna
Poil
Comme
Fin de partie
L'affaire du mari
Sélection née
Evident
Rayonne ment
Blessure
Pulvérise
Interмé diaire illicite
Son
Fond de cale
Courbes
Désigne
Harnache ment
Enfouissai
Feuillet
Annexe
Mania
Eté nécessaire
Avertisse ment
Faute
Article arabe
Etat Américain
Ecorce séchée
Pour classer
Un tour de 24h
Défriche ment
Cargaison
Mouche plate
Opinion
Assemblée
Fixe
Noue
Lettre grecque
Fromage rouge
Chef
Prière
Vase médiéval
Sauce tomate
Dévelop pes
Corn ou musique
Vénéra
Brome
Certain
Distance
Tir en cloche
Anarchiste
Brutale ment

Solution page 341

Lundi **16 novembre**

Sainte Marguerite On fête aussi les Graziella

Le soleil se lève à **08 h 02** et se couche à **17 h 08**

« L'amour fait songer, vivre et croire. »

Victor Hugo

C'est arrivé le...

16 novembre 1945

L'ONU crée l'UNESCO, acronyme anglophone désignant l'Organisation des Nations Unies pour l'Éducation, la Science et la Culture. L'institution, dont le siège est situé à Paris, a pour mission de « contribuer à l'édification de la paix, à l'élimination de la pauvreté, au développement durable et au dialogue interculturel par l'éducation, les sciences, la culture, la communication et l'information ».

Mon truc en +

Placards humides

Vos placards sont humides et le linge en sort invariablement moite ? Prenez une boîte, percez quelques trous dans le couvercle, puis placez-y du charbon de bois. Le charbon absorbera l'humidité de vos placards et votre linge restera sec. Si vous n'avez pas de charbon de bois, procurez-vous une dizaine de morceaux de craie d'écolier. Liez les bâtons de craie ensemble et suspendez-les dans votre armoire. Comme le charbon de bois, la craie a un fort pouvoir absorbant.

– Allô, l'agence matrimoniale, ça marche toujours votre "Satisfait ou remboursé" ?

Dites 33 !

"Mon mari a fait un coma idyllique."
(*Un peu plus et il aurait été éthylique !*)

"Vous avez quelque chose pour soigner ma faune intestinale ?"
(*Flore !*)

"– Euh... il faut passer en consultation...
– Non, pas la peine, j'ai fait le diagnostic et je connais le traitement !"
(*Ah ! l'automédication par Internet, quelle plaie !*)

"Mon mari a eu une fracture de la cocarde." (*Infarctus du myocarde ?*)

"– Votre enfant, vous l'avez allaité ?
– Non. J'l'ai eu à l'hiver."

"Docteur, pourriez-vous prescrire une paire de bas de concentration pour ma femme ?" (*Des bas de contention !*)

"Lu dans le dossier qu'une patiente finissait de compléter, dans la rubrique « antécédents chirurgicaux » : Opérée il y a trois ans d'une pierre et tonique..." (*En français, ça donne péritonite !*)

"J'ai été endormi par euthanasie locale..."

"– Alors les suppositoires, c'est deux fois par jour dans le rectum.
– Vous pouvez me mettre un rectum avec les suppos, je sais pas si j'en ai un à la maison."

– Allô, chéri ? Va dans l'armoire à pharmacie, prends quatre pilules pour le cœur, ensuite, écoute-moi...

Ça c'est fait... divers

Grâce à une célèbre photo prise lors de la cérémonie des Oscars 2014, et aux réseaux sociaux qui lui ont permis de faire le tour du monde, tout le monde sait aujourd'hui ce qu'est un selfie – le terme américain pour désigner un autoportrait, seul, à deux ou en groupe, photographié avec un téléphone mobile.
Et s'il y en a qui raffolent de ces prises de vue, ce sont... les poux ! Aussi incroyable que cela paraisse, une étude réalisée par un institut capillaire américain affirme que ces autoportraits pris à deux ou plus, tête contre tête, accélèrent la transmission des petites bestioles d'une tête à l'autre. Un constat né de l'observation d'une forte augmentation des poux chez les collégiens américains en 2014. Ados qui possèdent souvent leur téléphone portable dès l'âge de 12 ans. Pareil en France...

Le soleil se lève à
08 h 04
et se couche à
17 h 07

Mardi **17 novembre**

Sainte Élisabeth On fête aussi les Élisée, Grégoire, Victoire, Hilda

« Certaines gens ont tellement honte d'emprunter qu'ils n'osent pas rendre. »

Frédéric Dard

C'est arrivé le…

17 novembre 1869

L'impératrice Eugénie inaugure le canal de Suez, qui permet de relier la mer Méditerranée et la mer Rouge. C'est à l'occasion de cette inauguration que Giuseppe Verdi composa l'opéra *Aïda*, sur commande du khédive Ismaïl Pacha. Le canal s'étend sur près de 200 km entre les villes égyptiennes de Port-Saïd et de Suez. Il a nécessité près de dix années de travaux.

Mot de passe

Quel est votre mot de passe d'accès à votre ordinateur, vos comptes en banque sur Internet ou votre compte Facebook très privé ? Ne nous le dites pas, c'est « 123456 ». Et si ce n'est pas celui-ci, c'est en tout cas, selon la société américaine de sécurité informatique SplashData, le mot de passe à la fois le plus utilisé et le plus inefficace sur Internet en 2013, juste derrière l'inusable « mot de passe ». Viennent aussi les mots de passe reprenant le nom du site auquel ils sont attachés et un « iloveyou » qui pointe en neuvième place du classement. Bref, ayez un peu plus d'imagination, le piratage n'arrive pas qu'aux autres.

Rétro' Vermot

Deux jeunes gens causent :
– Tiens, voilà là-bas une jeune fille que j'ai failli épouser…
– Et pourquoi ne l'as-tu pas fait ?
– Oh, vois-tu, les parents ne voulaient pas, la jeune fille non plus, alors j'ai mieux aimé y renoncer. (1904)

Soutien-gorge, ouvre-toi !

Imaginez. Vous êtes en vacances et, depuis quelques jours, vous draguez au bar de la plage une séduisante jeune femme. Soudain, devant un verre que vous lui avez offert, comme tous les jours, en pleine conversation badine et après un énième compliment de votre part, son soutien-gorge s'ouvre par le devant, mécaniquement, tout seul. C'est le signe infaillible qu'elle vous aime ou a envie de vous ! Car la jeune femme en question porte la toute dernière invention d'une marque de lingerie japonaise, le soutien-gorge « True Love Tester », qui se décroche seul lorsque l'on éprouve des sentiments ou une excitation face à un homme. Incroyable mais vrai ! Ce sous-vêtement truffé de capteurs reliés à une machine (un téléphone portable en l'occurrence) analyse le rythme cardiaque. Et dépassé un certain seuil correspondant à une excitation certaine, il actionne automatiquement le déverrouillage du fermoir placé entre les seins. Malheureusement – pour les hommes –, ce soutien-gorge n'est pas destiné à la vente. Il n'est qu'un coup de marketing pour la firme de lingerie qui fêtait son dixième anniversaire et n'a été fabriqué qu'en un seul et unique exemplaire.

			6	8				
			3					
							9	2
3							2	1
	9		8			6	7	
4	6			9		8		
7		5				1	4	
1	4		9					
					5	2		

Sudoku

DIFFICILE

Complétez le grand carré de façon à placer tous les chiffres de 1 à 9 sur chaque ligne horizontale, sur chaque colonne et dans chaque petit carré de 9 cases.

Solution page 345

Mercredi 18 novembre

Sainte Aude On fête aussi les Laude, Maud, Alaude

Le soleil se lève à **08 h 05** *et se couche à* **17 h 06**

« L'humoriste, c'est un homme de bonne mauvaise humeur. »

Jules Renard

C'est arrivé le…

18 novembre 1990

Florence Arthaud remporte la quatrième édition de la Route du Rhum. Un an après avoir battu le record de la traversée de l'Atlantique nord en solitaire, elle devient la première femme à s'imposer sur une grande transat en solitaire. Sa performance lui vaut d'être élue sportive de l'année 1990.

Pour rire

Un chevalier part en croisade. Auparavant, il met une ceinture de chasteté à sa jeune épouse, puis il convoque l'écuyer de la dame en disant :
– Je te confie la clé de la ceinture de chasteté. Conserve-la en permanence sur toi et ne la donne à personne. Si dans trois ans, jour pour jour, je ne suis toujours pas de retour, c'est que j'aurai péri sous les murs de Jérusalem. Alors, et alors seulement, tu ouvriras la serrure.
Et il s'en va…
Trois heures plus tard, sur la route, un cavalier le rejoint au grand galop dans un nuage de poussière. C'est l'écuyer, qui lui dit d'une voix haletante :
– Ah, monsieur le comte, c'est une chance que j'aie réussi à vous rattraper ! Vous ne m'avez pas donné la bonne clé…

Passage à tabac

Cancers du poumon, diabète, tuberculose… ne perdons pas de temps à énumérer les méfaits du tabac sur la santé. Selon un rapport du Médecin général des États-Unis résumant cinquante ans de lutte contre le tabagisme – première cause de mortalité évitable aux États-Unis, mais aussi chez nous –, le tabac touche tous nos organes, sans exception.
Ainsi, outre les pathologies les plus connues, le tabac provoquerait également : cécité, cancer du foie, complications pour ceux atteints d'autres cancers, troubles de l'érection, arthrite, grossesses extra-utérines, mais aussi, par exemple, apparition de becs-de-lièvre chez les nouveau-nés. Et la liste est encore longue. Sans oublier les méfaits du tabagisme passif, cause d'une augmentation des maladies cardio-vasculaires et accidents vasculaires cérébraux (AVC).
L'étude dévoile enfin qu'en cinquante ans, le tabac a tué plus de vingt millions d'Américains, et près de 450 000 en meurent encore chaque année dans le pays. Dans le monde, le nombre de décès s'élève, quant à lui, à 5,7 millions par an.

Astuce *Cuisine* : Éplucher des châtaignes sans difficulté

La principale difficulté que l'on rencontre lors de la préparation des châtaignes intervient au moment où l'on veut retirer la seconde peau qui est plaquée sur le fruit. L'astuce est de fendre les châtaignes dans le sens de la largeur et de les mettre au four à micro-ondes à pleine puissance pendant une minute. La pellicule, devenue sèche, s'enlèvera ainsi très facilement, vous pourrez ensuite cuisiner les châtaignes à votre guise !

Jeudi 19 novembre

Saint Tanguy On fête aussi les Eudeline, Eudia, Narsès

« Le mariage est comme le restaurant : à peine est-on servi qu'on regarde dans l'assiette du voisin. »

Sacha Guitry

C'est arrivé le…

19 novembre 1969

Face au club de Vasco de Gama, le Brésilien Pelé marque le millième but de sa carrière, sur un penalty. Attendue depuis quelques semaines, cette performance est fêtée en grande pompe et le match doit être interrompu pendant de longues minutes avant de reprendre. Le « roi Pelé » s'impose encore un peu plus au sommet de l'histoire du football.

Oh ! tu sais pas ?

Construite par Gustave Eiffel pour l'Exposition universelle de 1889 qui commémorait le premier centenaire de la Révolution française, la tour Eiffel est aujourd'hui un symbole français connu à travers le monde entier. La tour Eiffel mesure 276 m de haut et comporte 1 665 marches. Vous ne pourrez toutefois gravir que les 704 marches vous permettant d'atteindre le deuxième étage, le sommet de la tour Eiffel n'étant accessible que par ascenseur.

Mots fléchés

Solution de la page 337

	L		P		T		B		E		E	
R	I	B	O	S	E		D	E	T	O	N	A
	T	R	U	A	N	D		T	A	T	O	U
T	O	U	R	N	O	I	E		G	A	N	G
	T		V	A	R	A	P	P	E		C	E
R	E	P	U	S		C	I	L		P	A	T
		E			T	R	A	U	M	A		
E	C	R	E	M	E	E			A	R	C	S
	L	I	C	O	L		T	E	R	R	A	I
F	A	L	L	U		F	I	L	I	A	L	E
	I		A	D	M	O	N	I	T	I	O	N
F	R	E	T		A	L		T	A	N		
		R		U	N	I	E		L	A	C	E
S	T	R	A	T	I	O	M	E			A	S
	H	A	N	A	P		E	T	E	N	D	S
K	E	T	C	H	U	P		A	D	O	R	A
	S	U	R		L	O	B		A	N	A	R
S	E	M	E		A	P	R	E	M	E	N	T

Au nom de la loi…

Il est des lois anciennes dont on se demande pourquoi elles existent encore. Ainsi, jusqu'en 2013, en France, il était normalement interdit aux femmes de porter des pantalons. Loi qui a finalement été abrogée. Aux États-Unis, en revanche, il en subsiste toujours de plus loufoques les unes que les autres, à la limite du canular. Des exemples ? À Providence, dans le Rhode Island, il est interdit de vendre du dentifrice et une brosse à dents à une même personne un dimanche. En Virginie, une femme ne peut conduire une voiture que lorsque son mari court devant le véhicule en agitant un drapeau rouge. Dans l'Utah, on n'a pas le droit de faire l'amour en pleine lumière. Au Texas, il est interdit de boire plus de trois gorgées de bière sans s'asseoir. Au Kentucky, il est illégal de ne pas prendre au moins un bain par an. À Hawaï, il est illégal pour un enfant de moins de 12 ans de jouer sur une autoroute. À San Francisco, il est interdit d'utiliser des sous-vêtements féminins usagés pour nettoyer sa voiture. En Arkansas, un homme a le droit de battre sa femme une fois par mois…

Mais ailleurs aussi, c'est risible. À Hong Kong, il est permis à une femme de tuer son mari adultère, mais seulement si elle le fait à mains nues. En Thaïlande, il est interdit de sortir de chez soi sans porter de sous-vêtements. Et en Italie, les hommes n'ont pas le droit de porter des jupes. Moralité : on ferait bien de créer quelques emplois pour relire les vieux textes et les nettoyer un peu.

Ça c'est fait… divers

L'accès à des sanitaires hygiéniques (qui évitent d'être en contact avec la matière fécale) est reconnu comme un droit de l'homme par l'ONU depuis 2010. Condition sine qua non pour faire chuter les taux mondiaux de choléra, dysenterie, infections parasitaires ou hépatites. Pourtant, 2,5 milliards de personnes (36 % de l'humanité) en sont privées et n'ont d'autre choix que de faire leurs besoins en plein air… L'ONU a donc décidé que le 19 novembre serait « Journée mondiale des toilettes ». Chaque année, 1,7 milliard de personnes souffrent de diarrhée et 760 000 enfants de moins de 5 ans en meurent, selon l'OMS. Dans le monde, 50 % des lits d'hôpitaux seraient occupés par des gens souffrant de maladies transmises par l'eau.

Vendredi 20 novembre

Saint Edmond On fête aussi les Ana, Octave, Mayence, Tanguy

Le soleil se lève à **08 h 08** *et se couche à* **17 h 04**

« La célébrité m'a apporté un gros avantage : les femmes qui me disent non sont plus belles qu'autrefois. »

Woody Allen

C'est arrivé le…

20 novembre 1959

L'assemblée générale de l'ONU proclame la Déclaration des droits de l'enfant. Cette déclaration sera renforcée trente ans plus tard, le 20 novembre 1989, par une Convention relative aux droits de l'enfant. Depuis, la date est restée « Journée nationale des droits de l'enfant ».

Fort comme… une fourmi !

Les fourmis ont d'incroyables capacités ! Ainsi, une fourmi est capable de lever cinquante fois son propre poids sur son dos et de tirer trente fois son propre poids. Si l'homme était aussi fort, il pourrait porter trois tonnes à bout de bras ! De même, elles ne s'écrasent pas après avoir fait une chute, grâce à leur poids très faible et à leur squelette extérieur très résistant qui leur permet de résister à l'impact.

La bonne blague !

Un touriste français visite les États-Unis. Arrivé au Texas, il s'arrête dans un bar et commande une *Chief's Salad* et un hot-dog.
Le serveur lui amène un énorme saladier rempli à ras bord. Il y en a pour quatre ! Face à l'étonnement du client, il lui lance avec un grand sourire :
– Au Texas, monsieur, tout est géant…
À peine le touriste a-t-il réussi à avaler la moitié de sa salade que le serveur lui amène son hot-dog, long comme une baguette de pain avec cinq saucisses dedans ! Et toujours la même réplique.
– Au Texas, lui redit le serveur, tout est géant…
À la fin du repas, le Français demande où sont les toilettes.
– Au fond du couloir, à droite, la troisième porte.
Il y va, se trompe de porte, et tombe dans la piscine. Alors il se met à hurler :
– Ne tirez pas la chasse !

– Tu vas rire… J'ai paumé les clés !

Boire et oublier

D'après une étude menée conjointement sur dix ans par les Français de l'Inserm et les Britanniques de l'University College London, un homme âgé de 40 à 60 ans qui boirait 3,5 verres d'alcool par jour (soit plus de 36 g) aurait de très forts risques de voir sa mémoire et ses capacités de concentration s'altérer bien plus rapidement que la normale – un vieillissement estimé entre une et six années supplémentaires. Déjà qu'il est établi scientifiquement que le déclin cognitif naturel chez l'être humain commence à partir de 45 ans…
En revanche, l'étude confirme le bien-fondé du slogan « boire avec modération ». Le respecter permettrait que nos capacités intellectuelles ne soient pas affectées par l'alcool.
L'étude n'a pas pu donner de résultats concernant les femmes, les chercheurs n'en ayant pas trouvé assez qui ingurgitaient suffisamment d'alcool pour que ce soit représentatif. Mais on sait que, pour mesdames, au-delà de deux verres par jour, le danger guette.

« *Mourir gras, mourir maigre, la différence c'est pour les porteurs.* »

Pierre Dac

C'est arrivé le…

21 novembre 1898

Naissance du peintre René Magritte à Lessines, en Belgique. Après des études à l'Académie royale des beaux-arts de Bruxelles, Magritte rencontre des grandes figures du mouvement surréaliste, comme André Breton et Salvador Dali, et s'associe à leur courant. Son œuvre, *La Trahison des images*, représentant une pipe, accompagnée de la légende « Ceci n'est pas une pipe », a marqué l'histoire de l'art surréaliste.

Recette

MADELEINES

Pour 20 madeleines :

- 125 g de beurre
- 3 œufs
- 150 g de sucre
- 1 pincée de sel
- 175 g de farine
- 1 sachet de levure chimique
- 1 citron non traité

Dans une casserole, faites fondre le beurre à feu doux et laissez-le refroidir à température ambiante. Fouettez les œufs entiers avec le sucre et la pincée de sel dans un saladier. Vous devez obtenir une texture mousseuse. Incorporez ensuite la farine, la levure chimique et le beurre fondu. Mélangez le tout jusqu'à l'obtention d'une pâte bien lisse. Parfumez de quelques zestes de citron si vous le désirez. Enfin, garnissez vos moules à madeleines aux trois quarts et enfournez 10 minutes dans un four préchauffé à 200 °C. Servez vos madeleines refroidies.

230 millions d'albums

Les collectionneurs de la BD *Tintin* n'en ont pas fini de courir après les pépites pour constituer une collection complète. En effet, depuis leur création, *Les Aventures de Tintin* ont été éditées en plus de 100 langues ou dialectes, et 230 millions d'albums ont été vendus à travers le monde. Dernière en date, parue en 2014 chez Casterman, une version intitulée *L'Illâte nègue* dont les plus locaux d'entre vous auront reconnu la version de *l'Île noire* en saintongeais, un patois de la région de Cognac (Charente). Les 6 500 albums édités se sont écoulés à la vitesse de l'éclair ! Il ne manque plus au petit reporter qu'une version arabe, toujours rendue difficile par la lecture de droite à gauche. En attendant, on peut toujours chercher à se procurer des versions en wolof (Sénégal), breton, corse, ch'ti ou gruérien – dialecte du nord des Alpes –, mais aussi en anversois, ostendais ou gaumais, des dialectes belges. Projets à venir : une version en bengali (Inde), yiddish ou bambara (Mali).

Ça c'est fait… divers

Sept semaines d'érection sans discontinuer : même les pilules de Viagra® ne peuvent se vanter de tels résultats ! C'est pourtant un calvaire qu'a vécu un Irlandais, fan de vélo. Alors qu'il s'exerçait à quelques acrobaties sur sa bicyclette, le jeune homme de 22 ans est retombé violemment à cheval sur la barre transversale du cadre. Le choc déclencha une érection anormale, que l'on appelle le priapisme, à savoir une érection de plus de quatre heures. Mais ce n'est qu'après… cinq semaines de souffrance que l'Irlandais a décidé d'aller consulter. Et se rendit compte que son accident avait modifié le système d'irrigation sanguin de son pénis. Le salut du patient passera par une opération.

Dimanche **22 novembre**

Christ Roi On fête aussi les Cécile, Chéryl, Sheila, Christen

Le soleil se lève à **08 h 11** *et se couche à* **17 h 02**

« La mode se démode, le style jamais. »

Coco Chanel

C'est arrivé le…

22 novembre 1977

Premier vol du Concorde entre Paris et New York. Alors que les vols commerciaux du Concorde ont commencé depuis le 21 janvier 1976, les États-Unis ont interdit aux avions supersoniques d'atterrir chez eux, à cause de leurs nuisances sonores. Cette interdiction étant levée en février, New York résiste encore quelques mois avant de succomber à cet appareil ultrarapide. Les liaisons entre Paris et New York continueront jusqu'en 2000.

Mon truc en +

Aluminium et citron

L'aluminium, lorsqu'il s'abîme, se ternit de petites taches sombres. Pour retirer ces taches, remplissez une casserole d'eau dans laquelle vous verserez le jus d'un citron. Plongez les couverts ou objets en aluminium dedans. Faites chauffer à petits bouillons jusqu'à ce que le métal retrouve son brillant.

Visionnaire ?

Dans ses *Voyages de Gulliver*, roman satirique mêlant réalité, fantastique et science-fiction, écrit en 1721, l'écrivain irlandais Jonathan Swift décrit avec précision deux satellites naturels de Mars, Deimos et Phobos. Il va jusqu'à donner leur taille exacte et leur vitesse de rotation. Or, Phobos (La Peur) et Deimos (La Terreur) n'ont été officiellement découverts… qu'en août 1877, par Asaph Hall, un astronome américain. Soit plus d'un siècle après le livre de Jonathan Swift. On se demande encore aujourd'hui comment l'écrivain a pu viser si juste, même si l'on sait qu'il s'inspira des théories de l'astronome allemand Johannes Kepler (1571-1630).

- Il y a longtemps que c'est commencé, les amis ?

Maître de bonne compagnie

Minou perd ses poils

Si votre chat perd ses poils, ce n'est pas toujours à cause d'une mue saisonnière. Ils peuvent être parasités. Direction le vétérinaire !

La teigne est un champignon qui se développe dans la gaine du poil en se nourrissant de la kératine qu'il contient. Il est surtout le fait d'animaux mal tenus. Apparaissent sur la tête, le dos ou les pattes des zones sans poils grosses comme une pièce de dix centimes d'euros. À bien surveiller, car la teigne n'entraîne pas de démangeaisons… mais peut se transmettre à l'homme et aux autres animaux.

Certaines races, comme les siamois et les sacrés de Birmanie, sont plus prédisposées à la démodécie féline, maladie peu commune qui provoque des dépilations autour des yeux et sur la tête.

La gale, surtout celle des oreilles, et les démangeaisons qu'elle provoque entraînent aussi la chute des poils après un grattage frénétique. Votre chat peut aussi souffrir d'une dermatite miliaire – en d'autres termes, une allergie à la salive des puces. Il suffit d'une piqûre de puce pour la faire apparaître. Les démangeaisons se localisent surtout sur le dos et le cou. En général, un antiparasitaire suffit comme traitement. Sans oublier de débarrasser le milieu environnant des puces qui ont pu s'y installer.

« Ce qui permet le lyrisme de l'enfance, c'est l'illusion. »
André Gide

C'est arrivé le...

23 novembre 1995

Le réalisateur Louis Malle meurt d'un lymphome, à Los Angeles. Il s'était révélé au grand public en 1955 avec *Le Monde du silence*, coréalisé avec Jacques-Yves Cousteau, qui fut récompensé par la Palme d'or du festival de Cannes et par l'Oscar du meilleur film documentaire. Par la suite, il fut encore de nombreuses fois récompensé pour ses films, français et hollywoodiens.

– Avec le prix du litre de vin moins cher que celui de l'essence... boire ou conduire, moi, j'ai choisi !

Sudoku

Solution de la page 339

9	2	3	6	8	7	4	1	5
5	1	4	3	2	9	7	6	8
8	7	6	5	4	1	3	9	2
3	5	8	7	6	4	9	2	1
2	9	1	8	5	3	6	7	4
4	6	7	1	9	2	8	5	3
7	8	5	2	3	6	1	4	9
1	4	2	9	7	8	5	3	6
6	3	9	4	1	5	2	8	7

Vermot'roscope

SAGITTAIRE 23 novembre - 22 décembre

Amour

L'année s'annonce soutenue car, en plus d'une vie professionnelle pleine d'espoirs, votre cœur risque également de battre la chamade de façon bien plus forte que les années passées. Les jeunes couples se renforceront contre la routine, les célibataires pourraient connaître de vrais coups de foudre, bref, de grandes émotions et des bonheurs en perspective. Mais ce sera aussi une année de remise en question de vos désirs amoureux... qui ne colleront peut-être plus avec l'être qui partage votre vie actuellement. Prudence et réflexion seront de mise, car vous avez tendance à laisser vos émotions prendre le dessus sur la raison. Or, on ne rencontre pas le grand amour tous les jours.

Travail

Votre vie professionnelle va se placer au centre de vos priorités. Normal, vous vous sentez plus ambitieux, plus audacieux, plus confiant dans vos capacités. Vous pourriez même envisager de changer de patron. Votre sens de la communication et un brin d'inspiration vous aideront d'ailleurs grandement à nouer de nouveaux contacts. Et qui dit nouveaux contacts dit nouvelles idées, nouveaux projets. Attention tout de même à ne pas imposer tout cela trop brutalement à votre entourage, la nouveauté ne plaît pas à tout le monde. Agissez en douceur et avec diplomatie. Et concrétisez au quatrième trimestre, où tout est réuni pour réussir !

Santé

S'il y en a un qui a de l'énergie à revendre, un moral d'acier et une santé de fer, et ce dès le mois de janvier, c'est vous ! Une énergie et une bonne santé profitables dans tous les domaines cités plus haut. Mais se sentir infatigable ne signifie pas que l'on ne se fatigue pas. Alors ménagez la monture sous peine de connaître un coup de mou dès mars. Ce serait dommage de gâcher de belles perspectives professionnelles et sentimentales parce que vous avez simplement manqué de repos. Pas d'excès !

Argent

Prévoir l'imprévisible, ce n'est jamais facile. Il vous faudra pourtant revoir la gestion de votre budget contre de petites mauvaises surprises ou des frais incontournables. Rien de bien grave si vous être l'apôtre de l'équilibre financier. Mais, dès ce début d'année, freinez tout de même un peu sur les dépenses inutiles ou secondaires. Et oubliez votre côté « joueur » et instinctif dans vos initiatives financières (placements, etc.) : le hasard ne fait pas toujours bien les choses. La réussite annoncée dans votre vie professionnelle pourrait effacer ces petits soucis en fin d'année.

ÇA ASSURE !

– Vous savez que je ne suis pas un homme à histoire. Je n'ai pas protesté quand le chien d'à côté a sauté à la tête de mon fils et lui a fait tomber ses lunettes. Je les ai réparées tant bien que mal avec de la Super glue, mais j'en ai trop mis, ça a coulé sur les verres et depuis, mon fils n'arrête pas de loucher. Pensez-vous que je puisse me faire payer des lunettes neuves par le propriétaire du chien ?

Mardi **24 novembre**

Sainte Flora On fête aussi les Flore, Florette, Floride

Le soleil se lève à **08 h 14** *et se couche à* **17 h 00**

« La femme distinguée est celle qui ne se fait jamais remarquer. »

Maxime Du Camp

C'est arrivé le…

24 novembre 1864

Henri de Toulouse-Lautrec naît à Albi, dans une famille noble et fortunée. Handicapé par une maladie qui affecte ses os, il trouve son épanouissement dans l'art, et notamment la peinture. Chantre du postimpressionnisme, il représente la vie de Montmartre, quartier parisien où il s'est installé et dont il devient une figure incontournable. Il mourra à l'âge de 37 ans d'avoir brûlé la chandelle par les deux bouts.

Rétro' Vermot

– Est-ce que ce tableau représente un lever ou un coucher de soleil ?
– Un coucher.
– Comment le savez-vous ?
– Je connais le peintre, il ne se lève jamais avant onze heures.
(1963)

Longue guerre

La guerre de Cent Ans n'a pas réellement duré cent ans, mais cent seize. Elle a opposé le royaume de France au royaume d'Angleterre de 1337 à 1453. La guerre de Cent Ans a connu plusieurs étapes. L'Angleterre a d'abord remporté de nombreuses victoires, puis ce fut le tour de la France dès 1364. À partir de 1380, des guerres civiles frappent l'Angleterre et la France. L'Angleterre est le premier pays à s'en sortir et le roi Henri V en profite pour relancer le conflit. L'Angleterre ne se maintiendra toutefois que peu de temps en France, grâce aux actions de Jeanne d'Arc qui renforceront la légitimité de Charles VII, le roi de France. En 1453, les Anglais ne contrôlent plus que Calais.

La bonne blague !

Ou comment les Juifs ont hérité des dix commandements…

Dieu alla voir les Arabes et leur dit :
- J'ai des commandements pour vous qui amélioreront votre vie.
Les Arabes demandèrent :
- C'est quoi des commandements ?
Et Dieu répondit :
- Ce sont des règles de vie.
- Pouvez-vous nous donner un exemple ?
- Tu ne tueras point.
Pas tuer ? Pas intéressés.

Alors il est allé voir les Noirs et leur a dit :
- J'ai des commandements pour vous.
Les Noirs voulurent un exemple et Dieu dit :
- Honore ton père et ta mère.
Père ? On ne connaît pas nos pères. Pas intéressés.

Il alla donc voir les Gitans et leur dit :
- J'ai des commandements pour vous.
Les Gitans demandèrent un exemple et Dieu dit :
- Tu ne voleras point.
Pas voler ? Pas intéressés.

Il alla voir les Français avec la même offre.
Un exemple ?
- Tu ne commettras pas d'adultère.
Pas d'adultère ? Pas intéressés.

Et enfin il alla voir les Juifs et leur dit :
- J'ai des commandements pour vous.
- Des commandements ? Combien ça coûte ?
- C'est gratuit.
- OK, on en prend dix !

Le soleil se lève à **08 h 16** *et se couche à* **16 h 59**

Mercredi **25 novembre**

Sainte Catherine On fête aussi les Imma, Cathy, Ketty, Cécile

« *Soyez sans crainte, le talent n'est pas contagieux.* »

Guy Bedos

C'est arrivé le…

25 novembre 1914

Léon Zitrone naît à Saint-Pétersbourg, en Russie. Journaliste de métier, il présente le journal de 20 heures de la RTF, puis de l'ORTF et de TF1 avant de passer aux journaux de 13 heures et de 20 heures sur Antenne 2. En parallèle, il anime le mythique jeu *Intervilles*, en compagnie de Guy Lux. Très à l'aise à l'écran, il n'hésite pas à se montrer dans des séries télé et des films, souvent dans son propre rôle. Il meurt à Paris le 25 novembre 1995, le jour de ses 81 ans.

Chéri(e), c'est notre anniversaire !

Même s'il est rare de les fêter tous, des qualificatifs sont attribués aux anniversaires de mariage.

1 an : noces de coton
2 ans : noces de cuir
3 ans : noces de froment
4 ans : noces de cire
5 ans : noces de bois
6 ans : noces de cuivre
7 ans : noces de laine
8 ans : noces de coquelicot
9 ans : noces de faïence
10 ans : noces d'étain
11 ans : noces de corail
12 ans : noces de soie
13 ans : noces de muguet
15 ans : noces de cristal
17 ans : noces de rose
20 ans : noces de porcelaine
25 ans : noces d'argent
30 ans : noces de perle
35 ans : noces de rubis
40 ans : noces d'émeraude
45 ans : noces de vermeil
50 ans : noces d'or
60 ans : noces de diamant
70 ans : noces de platine
75 ans : noces d'albâtre
80 ans : noces de chêne

Paris sans Germains ?

Paris vient de perdre un titre très envié. Mais non, pas le Paris-Saint-Germain, dont votre serviteur est un fervent supporter, mais la ville de Paris. Selon le site de voyage Trip Advisor, notre belle capitale n'est plus, pour les voyageurs, la destination préférée dans le monde, place de choix qu'elle occupait jusqu'à présent. Ici les critères ne sont pas purement factuels (le nombre des visiteurs chaque année, pour lequel Paris reste en tête), mais fondés sur les avis émis sur le site par des millions de touristes.

En 2014, on lui préfère donc Istanbul… et cinq autres destinations, puisque Paris a chuté de la 1ère à la 7e place du classement ! Rome prend la 2e place, devant Londres, 3e. La chute parisienne s'explique par une nouvelle concurrence, celle des villes asiatiques telles que Pékin (4e). L'Asie place même six représentantes dans le top 25 (Hanoï est 8e, Siem Reap, 9e, et Shangaï, 10e). Prague, 5e, et Marrakech, 6e, ont donc aussi du souci à se faire à l'avenir pour leur standing. Surtout lorsqu'on sait que les touristes tiennent très souvent compte des avis laissés sur Trip Advisor dans leurs choix de voyage.

Mais tout ça n'est que broutille comparé au sort réservé à une autre ville mythique, New York, qui, de la 2e place, a dégringolé à la 12e !

Infos en séries… TV

Roulement de tambours et générique sur un rythme d'enfer. Personne ne l'a oubliée, cette musique qui fut deux fois primée aux Emmy Awards en 1970 et 1974. Les deux seuls Emmy de *Hawaï police d'État* (1968-1980) ! Pourtant, la série dura 12 saisons, l'une des plus longues du genre. Fidèle, Jack Lord fut le seul du casting à rester jusqu'à la fin.

Distribution : *Jack Lord (Steve McGarrett), James McArthur (Danny Williams), Kam Fong (Chin Ho Kellly), Zulu (Kono Kalakawa), Khigh Dhiegh (Wo Fat)*

Le soleil se lève à 08 h 17 et se couche à 16 h 58

« Un ami de trente ans, c'est souvent quelqu'un dont on n'est jamais arrivé à se débarrasser. »

Yvan Audouard

C'est arrivé le…

26 novembre 1977

Après plus de quatre ans de travaux, le premier tronçon du métro de Marseille est inauguré par Gaston Deferre, maire de la ville. Cette première ligne relie La Rose à Saint-Charles. Depuis, elle a été considérablement allongée et une deuxième ligne a vu le jour. Marseille est la troisième ville française à se doter d'un métro, après Paris et Lyon.

Papys et mamys

En 2060, un tiers des Français aura plus de 60 ans, selon les projections de l'Insee. Le nombre de plus de 85 ans passera de 1,4 million aujourd'hui à près de 5 millions.

LU DANS LA PRESSE

À part des bleus et des érosions, l'accident ne lui a heureusement laissé aucune séquelle.
(*Le Courrier picard*)
Un trou… de mémoire peut-être ?

Les cartes sont à présent en ventre chez les commerçants locaux.
(*L'Union*)
Il faudra les autopsier pour se les procurer ?

La bonne blague !

Après de longues études de droit, une blonde ouvre son bureau d'avocate. Lors de son premier jour de travail, elle entend frapper à la porte. Pour impressionner le nouveau venu, elle saisit son téléphone et lui demande d'attendre un instant.
Elle reste ainsi une demi-heure, faisant semblant d'être en communication :
- Oui, bien sûr ! Je ne laisserai pas tomber ! Cette affaire me semble d'ailleurs simple… En effet, je suis persuadée que lors du prochain jugement, le juge nous donnera une sentence favorable, et nous gagnerons comme la dernière fois !
Après avoir raccroché, elle se tourne vers le nouveau venu et lui demande d'une voix posée :
- Eh bien, jeune homme, que puis-je faire pour vous ?
L'homme lui répond :
- Je travaille chez France Télécom, je viens vous installer votre ligne téléphonique…

Les Français, joueurs

Selon une enquête de l'Agence France-Presse (AFP), les Français ont dépensé 31,7 milliards d'euros en 2013 dans les jeux d'argent et de hasard, chez le buraliste (Loto®, jeux de grattage) ou sur Internet (paris sportifs, PMU, casinos en ligne…). C'est pharaonique, mais c'est 800 millions de moins qu'en 2012. Cela représente tout de même près de 87 millions d'euros dépensés par jour ! Parmi les plus gros opérateurs de jeux, seule la Française des Jeux, propriété de l'État à 72 %, a réussi à augmenter ses revenus liés au jeu de 1,8 %. Soit 12,35 milliards d'euros dans les caisses en 2013. Dépenser plus pour espérer gagner plus, un effet de la crise ?

> « La nuit, toutes les femmes sont belles. »
>
> Ovide

C'est arrivé le...

27 novembre 1895

Alfred Nobel termine son testament, entérinant la naissance des prix qui porteront son nom et récompenseront les auteurs de progrès ou améliorations au service de l'humanité. Chimiste et fabricant d'armes, notamment inventeur de la dynamite, Nobel lègue sa fortune, considérable, pour la création de ces prix. Il mourra l'année suivante.

Oh ! tu sais pas ?

Le 16 juillet 1969, la NASA édicte une loi relative aux contacts extraterrestres qui figure désormais au chapitre 14, section 1211, du code pénal américain. Elle rend illicite tout contact entre les citoyens américains et les extraterrestres ou leurs véhicules. Toute personne dérogeant à cette règle est un criminel, qui peut être puni d'un an de prison et d'une amende de 5 000 dollars. L'administrateur de la NASA peut également imposer la mise en quarantaine de cette personne. Cela dit, il n'y aurait qu'une chance sur cent millions pour qu'un terrien puisse approcher les petits hommes verts.

Trois fûts, six caisses

Les grands classiques de la contrepèterie...

Tu trouves ça beau, Magritte ?

Les vues de Quimper ont enchanté ma sœur.

Seule dans l'église, elle insista pour que le curé lui fasse la messe.

Point météo : ce matin, nous aurons un petit trois dans le Doubs.

La famille de Bach s'est installée dans ce trou du Morvan.

Au catéchisme, j'ai pris de nombreuses notes sur ma bible.

Réponses plus bas

Réponses

Tu trouves ça gros, ma bite ?

Les culs de vingt pères ont enchanté ma sœur.

Seule dans l'église, elle insista pour que le curé lui masse la fesse.

Point météo : ce matin, nous aurons un petit doigt dans le trou.

La famille Morbach s'est installée dans ce trou du devant.

Au catéchisme, j'ai pris de nombreuses nobles sur ma bite.

Mon truc en +

Chaussettes blanches

Vos chaussettes de tennis ont perdu de leur superbe blancheur et tirent vers le jaune. Il est temps de les faire bouillir dans une casserole d'eau contenant des rondelles de citron. Attendez l'ébullition et passez ensuite les chaussettes en machine. Elles connaîtront une seconde jeunesse.

Samedi 28 novembre

Saint Jacques de la Marche On fête aussi les Sosthène

Le soleil se lève à **08h20** *et se couche à* **16h57**

« *Un amant a toutes les qualités et tous les défauts qu'un mari n'a pas.* »

Honoré de Balzac

C'est arrivé le…

28 novembre 1632

Jean-Baptiste Lully naît à Florence, en Italie. Violoniste et compositeur emblématique de la période baroque, il arrive en France à l'âge de 13 ans et s'impose rapidement à la cour de Louis XIV. Il en devient le premier compositeur et influence un grand nombre d'artistes européens de l'époque. Devenu surintendant de la musique du Roi-Soleil, il collabore notamment avec Molière.

Hôtel California

Jeune, vous avez peut-être emballé votre première petite copine sur le slow légendaire du groupe The Eagles, *Hotel California*. C'est même devenu votre chanson symbole de l'amour. Mais saviez-vous que cet hôtel California, qui a réellement existé, était en fait un centre de désintoxication pour alcooliques et drogués ? Établissement où auraient séjourné de nombreux musiciens des années 1960 et 1970. En tout cas, il a laissé de bien bons souvenirs au groupe The Eagles, apparemment.

Allez Allais !

Socialisme (n. m.) : doctrine politique qui aime tant les pauvres qu'elle en fabrique.
Statistique (n. f.) : manipulation savante des chiffres pour leur faire dire soit ce qu'on a envie d'entendre, soit ce qu'on a envie de rendre incompréhensible. Ex. : Trois Français sur quatre ignorent qu'il y en a peut-être un cinquième. Ou : En Belgique, 20 % des habitants sont pauvres, alors qu'en France, il n'y en a qu'un seul sur cinq.
Sourd (n. m.) : individu privé de l'audition qui se croit obligé de crier. Ne pas confondre : le sourd crie ; c'est l'aveugle qui braille.
Sushi (n. m.) : inquiétude du thon rouge.
Tintin : personnage de bande dessinée qui porte toujours un pantalon de golf, mais n'y joue jamais.
Titicaca : lac des Andes qui se jette dans le lac Poopó (authentique).
Trac (n. m.) : appréhension du comédien. Avant l'heure, c'est pâleur.

La bonne blague !

Marcel en a assez d'être la risée de ses copains de bistrot, car – lui disent-ils – c'est sa femme qui porte le pantalon chez lui.
Ce soir, il est bien décidé à leur prouver le contraire et, la tête pleine des bons conseils de son meilleur pote, il rentre chez lui.
Il se dirige en toute hâte vers la cuisine, bombe le torse, marche vers sa femme et, tout en lui pointant le doigt sur le visage, lui dit :
– À partir de maintenant, je veux que tu saches que « JE » suis le maître de la maison et ma parole sera la loi ! Je veux que tu me prépares un repas spécial et, quand j'aurai terminé de manger, je m'attends à un somptueux dessert. Ensuite, après le souper, tu vas me faire couler un bon bain afin que je puisse me relaxer et, quand j'en aurai terminé avec mon bain, devine un peu qui va me peigner et m'habiller ?
Et sa femme lui répond :
– Les pompes funèbres !

> « *On devrait pouvoir se faire interdire de mariage, comme on le fait pour le jeu.* »
>
> José Artur

– Si les années de naufragé ne comptent pas pour la retraite, je reste là…

C'est arrivé le…

29 novembre 1947

L'Organisation des Nations unies vote en faveur du plan de partage de la Palestine en un État juif et un État arabe. Selon le plan, la ville de Jérusalem est placée sous le contrôle de l'ONU. Si la communauté juive accepte cette répartition, la communauté arabe, appuyée par les pays de la Ligue arabe, la rejette. Ce vote marque le début de la guerre de Palestine.

Rétro' Vermot

Un patron a fait un mot devant ses employés. Tous s'esclaffent, sauf un.
– Pourquoi ne riez-vous donc pas ? demande le patron.
– Je m'en vais à la fin du mois, répond l'autre. (1924)

Légumes oubliés : *le cerfeuil tubéreux*

De la famille des Apiacées, le cerfeuil tubéreux est une plante aux feuilles toxique, dont seule la racine est comestible. Si on le consomme à l'état sauvage en Europe centrale depuis l'Antiquité, il n'a été commercialisé en France qu'à partir du milieu du XIXe siècle. Le cerfeuil tubéreux a la particularité d'être récolté au cours de l'été, lorsqu'il est en feuilles. Celles-ci sont alors coupées et les racines stockées en cave jusqu'à maturation, c'est-à-dire à la fin du mois d'octobre. On peut ensuite profiter de ce proche cousin de la carotte et du céleri jusqu'à mars. En bouche, ce légume oublié, à l'allure trapue et à la peau terreuse, se rapproche de la pomme de terre, avec une légère note de noisette et de châtaigne. Son goût délicat se mariera ainsi parfaitement avec une viande en sauce, ou s'intégrera fort bien dans un potage.

Foi de footeux

- Les Serbes, il faut qu'ils soient plus réactifs avant, il faut que… euh… je ne sais pas moi, ils se démerdent, mais il faut qu'ils réagissent ! (*Christophe Dugarry*)
- Le tir est passé entre les pieds, à hauteur de la hanche. (*Jean-Michel Larqué*)
- Même ses pieds sont intelligents. (*Michel Hidalgo*)
- Oouhh ! Contré par les bijoux de famille ! En tout cas, ça a fait avorter l'action. (*Thierry Roland*)
- C'est la première fois que les Paraguayens arrivent à enchaîner 7-8 passes décisives ! (*Christophe Dugarry*)
- Jouer contre Zidane c'est un peu comme jouer au Bunto : tu vois la balle, tu ne la vois plus, tu vois la balle, tu ne la vois plus ! (*Gennaro Gattuso*)
- Évidemment, ça réveille, même si on n'était pas du tout endormi depuis le début de cette rencontre ! (*Grégoire Margotton*)
- Même s'il n'est pas à l'intérieur de la surface, il y a penalty. (*Xavier Gravelaine*)
- Y a tellement de buts : on se croirait sur la Playstation. (*Frank Lebœuf*)

Lundi **30 novembre**

Saint André On fête aussi les Castule

Le soleil se lève à **08 h 22** *et se couche à* **16 h 56**

« Ce qui est incompréhensible, c'est que le monde soit compréhensible. »

Albert Einstein

C'est arrivé le…

30 novembre 1974

Une expédition de chercheurs, menée par l'Américain Donald Johanson et les Français Maurice Taieb et Yves Coppens, fait la découverte de Lucy, sur le site d'Hadar, en Éthiopie. Considérée rapidement comme une ancêtre de la lignée humaine, Lucy est une *Australopithecus afarensis*, aujourd'hui présentée comme une espèce cousine de la nôtre. Le fossile, exceptionnellement complet, est exposé au musée national d'Addis-Abeba.

Postiers fûtés !

Si vous allez en Suède, ne soyez pas surpris de constater que toutes les voitures ont le volant à gauche, sauf les voitures de La Poste. Cette excellente idée permet aux facteurs suédois de distribuer leur courrier plus facilement et surtout en toute sécurité, puisqu'ils n'ont plus besoin de faire le tour de leur véhicule, ni d'en sortir systématiquement. Il fallait y penser !

– Moi, je me présente sans étiquette !

Embrasser n'est pas tromper ?

Pas évident d'obtenir des réponses honnêtes à la question « Êtes-vous infidèle ? ». Pourtant, on peut croire les résultats proposés par le sondage du site Gleeden®, qui n'est autre qu'un site de rencontres adultères.

Et d'après ce site et les 804 personnes interrogées, 55 % des hommes et 32 % des femmes avouent leur infidélité. Un phénomène en forte expansion, comme le confirment d'autres études menées par des sociétés plus référentes, telles qu'Ipsos. Selon cette dernière, sollicitée par Gleeden®, depuis quarante ans, l'infidélité est passée de 19 % (en 1970) à 43 % (en 2013).

Plus drôle, selon cette étude, les militants politiques de gauche seraient plus infidèles que ceux de droite, tout comme le phénomène toucherait davantage les hommes âgés de plus de 50 ans et les cadres supérieurs. Il paraît même qu'un Français sur deux a déjà embrassé une autre personne que son partenaire. De là à passer à l'acte avec un autre, cela reste de l'ordre du fantasme pour deux tiers des sondés. Un peu d'espoir pour terminer : près de 70 % des Français pensent qu'il est possible de rester fidèle à la même personne toute sa vie.

HISTOIRE, HISTOIRES…

Le marathon est une épreuve de course à pied qui se pratique sur une distance de 42,195 km. Créé pour les jeux Olympiques d'Athènes de 1896, il honorait la mémoire du légendaire Phidippidès, messager grec qui aurait couru de Marathon à Athènes pour annoncer la victoire des Athéniens contre les Perses en – 490 avant de mourir d'épuisement. Les premiers marathons furent courus sur une distance d'environ 40 km. Lors des jeux Olympiques de Londres de 1908, les marathoniens devaient aller du château de Windsor au stade de White City. Ce trajet mesurait alors exactement 42,195 km. Cette distance sera officialisée en 1921 par l'Association internationale des fédérations d'athlétisme. Après le 50 km marche, le marathon est aujourd'hui la plus longue épreuve de fond des jeux Olympiques en athlétisme.

Le soleil se lève à
08 h 24
et se couche à
16 h 55

Mardi 1er décembre

Sainte Florence On fête aussi les Éloi, Alaric, Florentin, Ansan

« Une femme sans parfum est une femme sans avenir. »
Coco Chanel

C'est arrivé le…

1er décembre 1924

La brigade criminelle est créée à Paris. Pour lutter contre l'insécurité qui grandit dans la capitale, le Conseil de Paris augmente le budget de la préfecture de police, qui se dote d'une unité appelée « brigade spéciale n° 1 ». Deux cents hommes armés sont chargés de traquer les bandes violentes. Cette unité sera renommée « brigade criminelle » en 1944.

@çagazouille :
Jeu de Ver-mots

©Twitter

@antoinegavoille #Viandedecheval : Les responsables déclarent : « Nous la bouffe, nous n'y canasson rien. »

@apollo_tweed Je joue aux cartes avec Kader, belote et rebeulote.

@JackMariole Disney prépare un dessin animé sur la vie de l'abbé Pierre. Ça s'appellera Mick Emmaüs.

@PacolinoSoiral Quand un unijambiste se lève du mauvais pied, il s'en rend compte tout de suite…

@florenzo84_ J'aimerais moi aussi avoir des enfants un jour. Deux jours max.

– Il y a longtemps que vous êtes en vacances sur cette île ?

Décembre

Décembre tient son nom de la place qu'il occupait dans l'année romaine, à savoir la dixième. On a beau avoir tenté de lui faire changer de nom, il reprit rapidement celui d'origine.
Pour tous, ce mois marque la fête de Noël. Celle-ci fut instituée au IIe siècle par le pape saint Télesphore. D'abord fête mobile, elle fut définitivement fixée dans la nuit du 24 au 25 décembre par le pape Jules II.
Décembre a, comme tous les autres mois de l'année, charrié son lot d'événements historiques.
Saviez-vous, par exemple, que ce fut le 5 décembre 1360, pendant la guerre de Cent Ans, que naquit le premier franc de l'histoire monétaire française ? D'abord baptisé le franc à cheval, c'était une pièce d'or.
De leur côté, les gourmands apprécieront sans doute de savoir que le 10 décembre 1649, un bonbon, aujourd'hui encore très réputé, vit le jour : la praline. À la suite des troubles ayant éclaté à Bordeaux, Mazarin envoya un émissaire régler ces affaires : le maréchal de Plessis-Praslin. Fin négociateur, le maréchal avait demandé à son cuisinier de lui préparer des mets originaux et exceptionnels pour amadouer les rebelles. C'est à l'occasion de ce dîner de conciliation et de réconciliation, le 14 décembre, que fut pour la première fois servie à table cette friandise en forme d'amande caramélisée, que l'on nomma « praline » en l'honneur du maréchal.
Décembre fut également marqué par de nombreuses disparitions de célébrités. Le 20 décembre 1590 disparut Ambroise Paré, père de la chirurgie française, chirurgien de quatre rois (Henri II, Henri III, François II, Charles IX), dont le nom est aujourd'hui accolé à bon nombre d'hôpitaux du pays.
Rendons également hommage à un visionnaire de notre gastronomie quotidienne, Antoine Parmentier, décédé le 17 décembre 1813. C'est grâce à cet agronome que la pomme de terre devint l'un des aliments préférés et les plus consommés des Français. Quant au hachis, on n'a plus besoin de vous expliquer d'où vient son nom.
Décembre vit aussi s'éteindre le cardinal de Richelieu (4 décembre 1642) et un génie, Mozart (5 décembre 1791). Mais il vit aussi naître Henri IV (13 décembre 1553).
Enfin, pour terminer l'année en douceur, sachez que le 25 décembre 1895 fut un jour exceptionnel à Québec et dans toute la province, puisque la fête de Noël fut célébrée par une température extérieure proche des 40 °C ! Là où d'habitude le mercure descend en dessous de -20 °C. Allez, nous vous souhaitons de joyeuses fêtes de fin d'année et un joyeux Noël !

Mercredi 2 décembre

Sainte Viviane On fête aussi les Bibiane

Le soleil se lève à 08 h 25 et se couche à 16 h 55

« Un inciné ne peut pas se retourner dans sa tombe. »

José Artur

C'est arrivé le…

2 décembre 1804

Napoléon Bonaparte est sacré empereur. Au pouvoir depuis le coup d'État du 18 brumaire, en 1799, il avait d'abord été nommé Premier consul, puis consul à vie, en août 1802. En mai 1804, il est proclamé empereur par un décret du Sénat avant d'être enfin sacré, le 2 décembre, par le pape Pie VII, en la cathédrale Notre-Dame de Paris.

Le droit de savoir

Se bécoter sur les bancs publics

Ce n'est pas interdit… à condition de ne pas franchir la limite de l'exhibition sexuelle qui, elle, est prohibée. Par précaution, gardez les mains dans vos poches quand vous embrassez fougueusement votre bien aimé(e) ! Ou bien allez chez vous !

Oh ! tu sais pas ?

Il existe une légende appelée « la malédiction de Tecumseh », selon laquelle un président des États-Unis élu au cours d'une année se terminant par « 0 » meurt pendant son mandat. La malédiction de Tecumseh commence par le décès de William Henry Harrison, élu en 1840 et mort en 1841, et est rompue par Ronald Reagan, élu en 1980, qui, bien que blessé par balle en 1981, survécut à ses blessures. Ainsi Abraham Lincoln, élu en 1860, est décédé en 1865 ; Franklin D. Roosevelt, élu en 1940, est décédé en 1945, au début de son quatrième mandat, et John F. Kennedy, élu en 1960, a été assassiné en 1963.

La bonne blague !

Dans un grand restaurant, un serveur propose la carte à un client, ce dernier saisit la serviette pliée sur le bras du serveur, la sent et demande :
– Donnez-moi un peu du cassoulet préparé pour le personnel.
Le serveur acquiesce, stupéfait par l'intuition du client.
Le lendemain, ce même client revient déjeuner. Le même serveur propose la carte. Le client se saisit encore une fois de la serviette, la sent et demande le petit plat de moules que s'étaient préparé les serveurs.
Intrigué, à la fin de son service, le serveur prend avec lui sa serviette, rentre chez lui, fait l'amour avec sa femme et s'essuie avec ladite serviette.
Le lendemain arrive le fameux client. Comme les fois précédentes, celui-ci se saisit de la serviette, la sent et dit au serveur :
– Tiens, tu couches avec Françoise ?

Vermot'jardin

Décembre

- Nettoyez vos massifs et épandez-y des cendres de cheminée. Riches en potassium, ces dernières favoriseront la floraison.
- Donnez plus de lumière à vos plantes d'intérieur en les rapprochant des fenêtres. N'hésitez pas à les arroser de temps à autre.
- Repiquez vos choux, mâches et laitues d'hiver.
- Contrôlez l'état de santé de vos arbres fruitiers. Coupez les branches abîmées si nécessaire.
- Préparez vos sols pour les cultures printanières en labourant et en incorporant du fumier ou du compost.
- Scarifiez (voir Dico Jardin du 6 décembre) votre pelouse. Ne marchez pas dessus si elle est gelée ou couverte de neige.

Jeudi 3 décembre

Saint François-Xavier On fête aussi les Birin

Politiquement… incorrect

– Quand on va m'entendre et qu'on va me voir, ça va se voir et ça va s'entendre. (*Philippe de Villiers*)

– Je me retrouve avec la journée des droits de l'homme sur les bras et Khadafi sur le tarmac. (*Rama Yade, ancienne ministre UMP*)

– Je voulais voir les Antilles de vive voix. (*Bernard Laporte, ancien ministre, en visite en Guadeloupe*)

– 0 %, pour un fromage, c'est bon pour la santé, mais pas pour un sondage présidentiel. (*Jean-Christophe Lagarde, vice-président du Nouveau Centre*)

– Il y a quand même des médicaments qui soignent ! (*Marisol Touraine, ministre PS de la Santé*)

– Je recommande aux personnes les plus vulnérables (sans-abris, nourrissons et personnes âgées) d'éviter de sortir. (*Nora Berra, secrétaire d'État chargé de la santé, sur son blog en plein hiver*)

– Si tu te retires, ça crée un vide. Si tu continues, tu tombes dans le vide. (*Daniel Cohn-Bendit à Eva Joly*)

– C'est moi qui maîtrise la rareté de ma parole politique, pour dire des choses intelligentes quand j'ai besoin de les dire. (*Ségolène Royal*)

– À mon âge, l'immortalité est devenue une valeur refuge. (*Valéry Giscard d'Estaing, reçu à l'Académie française*)

TOP CHRONO : LA TÉLÉVISION

- **14 novembre 1992 : Canal+ lance CanalSat.**
- **Mars à juin 1993 : c'est la fin des speakerines, remplacées par des bandes-annonces et de la publicité.**
- **13 décembre 1994 : naissance de La Cinquième, qui deviendra France 5 le 7 janvier 2002.**
- **1995 : première télévision à écran plasma.**
- **1995 : apparition du DVD (Digital Versatile Disc).**
- **16 décembre 1996 : TF1, M6, la Lyonnaise des Eaux et France Télévisions lancent TPS (Télévision Par Satellite).**
- **Août 1997 : arrêt du *Club Dorothée*.**
- **26 avril 2001 : Première émission française de « téléréalité d'enfermement », *Loft Story*, lancée par M6. La voie est ouverte !**
- **2003 : lancement des premières box ADSL.**

C'est arrivé le…

3 décembre 1967

La première transplantation cardiaque humaine est réalisée en Afrique du Sud. Le chirurgien Christiaan Barnard, assisté par une trentaine de personnes, la réalise sur un patient de 55 ans, condamné par un diabète et une insuffisance cardiaque. Après une opération de plus de neuf heures, le cœur, prélevé sur une femme décédée dans un accident de la route, lui permet de vivre dix-huit jours avant de succomber à une pneumonie.

« Il n'y a rien de plus parfumé, de plus pétillant, de plus enivrant que l'infini des possibles. »

Kierkegaard

Rétro' Vermot

– Mon premier a la grippe, mon second a la grippe, mon troisième…
– C'est une charade ?
– Mais non, je te parle de mes enfants ! (1908)

Il y a 100 ans : décembre 1915

- **2 décembre** : le général Joffre devient commandant en chef de toutes les armées françaises en Europe.
- **6 au 8 décembre** : les Alliés coordonnent leur plan d'offensive pour « l'attaque finale » de 1916, lors de la conférence de Chantilly.
- **7 décembre** : naissance d'Eli Wallach, acteur américain.
- **10 décembre** : échec de l'expédition des Dardanelles. Début des opérations de rembarquement des troupes alliées de Gallipoli.
- **11 décembre** : le conseil d'État proclame Yuan Shikai empereur de Chine sous le nom de Hongxian.

Vendredi 4 décembre

Sainte Barbara On fête aussi les Ada, Adnette, Cyran

Le soleil se lève à **08 h 27** *et se couche à* **16 h 54**

« Le rire, c'est comme le désir : on ne peut pas faire semblant de bander. »

Guy Bedos

C'est arrivé le…

4 décembre 1642

Le cardinal de Richelieu décède à Paris, emporté par la tuberculose, à l'âge de 57 ans. Intronisé cardinal par le pape Grégoire XV en 1622, il fut par la suite un homme politique redoutable et le principal ministre du roi de France Louis XIII. Réputé pour sa fermeté, il participa au renforcement du pouvoir du roi, dans l'esprit de la monarchie absolue.

Mon truc en +

Mon beau chemisier en soie

Votre chemisier en soie blanche jaunit… Nous avons l'astuce qu'il vous faut ! Pour raviver ou conserver la blancheur de votre tissu préféré, ajoutez une trentaine de millilitres de lait (environ deux cuillères à soupe) ou une pincée de lait en poudre à votre eau de rinçage. Et voilà un chemisier tout neuf !

Guy Lux, joueur de génie

Le PMU devrait-il ériger une statue à Guy Lux ? Selon la légende en effet, au début des années 1950, le jeune Guy Lux n'était encore qu'un salarié qui s'ennuyait dans une quincaillerie de Boulogne-Billancourt. Pour égayer ses journées et faire venir du monde à la boutique, il avait organisé des pronostics sur le Tour de France. Mais il dut arrêter au bout de trois jours : son idée avait rencontré un tel succès qu'il faisait perdre de l'argent au magasin. Trois jours qui suffirent pourtant à un homme, André Carrus, pour repérer cette initiative originale et mesurer l'engouement des gens pour les paris.

André Carrus n'était pas n'importe qui. C'était un polytechnicien à qui les sociétés de courses hippiques avaient demandé, quelques mois plus tôt, de réfléchir à de nouvelles façons de mettre en valeur leurs événements. Le Pari mutuel était tout trouvé. C'est ainsi que naquit le 22 janvier 1954, à Enghien, le premier tiercé de l'histoire. Entre 1953 et 1958, le chiffre d'affaires du PMU passa de 50 à 203 millions d'euros. Merci Guy Lux !

Dico *Jardin* : Hiverner

L'hivernage a pour but de protéger les plantes qui ne sont pas adaptées à la rigueur de l'hiver. Les trois principaux ennemis de vos plantes à cette période de l'année sont la chute des températures, le vent et l'excès d'humidité. Vous devez donc isoler vos fleurs du froid tout en leur maintenant une aération suffisante. Ainsi, les plantes exotiques comme l'hibiscus et l'orchidée doivent être rentrées dès que les températures chutent en dessous de 10 °C. D'autre part, il est impératif de recouvrir les arbres fragiles, tels que l'olivier ou les agrumes, d'un voile de protection épais avant que le thermomètre ne soit négatif.

Quiz SÉRIES

1. Les génériques des trois séries *Les Experts* (*Las Vegas, Miami, Manhattan*) ont un point commun :

❑ A/ Il y a toujours du soleil.
❑ B/ Le générique change d'épisode en épisode.
❑ C/ La musique du générique est toujours une chanson du groupe The Who.

2. Les cinéastes aiment aussi les séries TV. Quels sont les deux célèbres réalisateurs à l'origine de *Numb3rs* (vue sur M6) ?

❑ A/ Steven Spielberg et George Lucas
❑ B/ Ridley Scott et Tony Scott
❑ C/ David Lynch et Oliver Stone

3. Avant que l'acteur américain Gary Sinise n'accepte le rôle de Mac Taylor dans *Les Experts : Manhattan*, un autre comédien célèbre avait refusé le rôle vedette. Qui ?

❑ A/ Matt Damon
❑ B/ Andy Garcia
❑ C/ Tom Cruise

4. Que signifie R.I.S. ?

❑ A/ Recherches et investigations scientifiques
❑ B/ Recherches et interventions scientifiques
❑ C/ Rien d'intéressant à signaler

5. À l'origine, *Lost* aurait dû s'appeler :

❑ A/ *The Island*
❑ B/ *Nowhere*
❑ C/ *Lost*

6. Que veut dire JAG ?

❑ A/ Justice, Army and Guidance
❑ B/ Judge Avocate General
❑ C/ Judge Assistance for GI's

7. À la fin de la série *FBI portés disparus*, Anthony LaPaglia, alias Jack Malone, décida de :

❑ A/ prendre sa retraite en Australie.
❑ B/ s'occuper d'une équipe de football.
❑ C/ devenir enquêteur pour la police.

8. Roswell a fait naître bien des fantasmes sur les extraterrestres, et également une série télé. Mais dans quel état des États-Unis se trouve la ville ?

❑ A/ Texas
❑ B/ Arizona
❑ C/ Nouveau-Mexique

9. Le chien du Dr Shepherd dans *Grey's Anatomy* s'appelle :

❑ A/ Doc
❑ B/ Toubib
❑ C/ Il n'a pas de nom.

10. Justin Chambers, alias Alex Karev, dans *Grey's Anatomy*, a été repéré alors qu'il :

❑ A/ faisait la fête en boîte de nuit à Miami.
❑ B/ était dans le métro à Paris.
❑ C/ bronzait sur une plage au Brésil.

Réponses du Quiz le 8 décembre

« Le bien commun se montre partout avec évidence, et ne demande que du bon sens pour être aperçu. »

Jean-Jacques Rousseau

C'est arrivé le…

5 décembre 1890

Naissance de Fritz Lang, à Vienne. Enfant doué pour les arts et notamment le dessin, il deviendra un cinéaste reconnu dans le monde entier. Après une première carrière en Allemagne, où il réalise des classiques comme *Metropolis* ou *M le maudit*, il part pour les États-Unis en 1934 et entame une carrière hollywoodienne. Naturalisé américain en 1935, il reviendra tourner ses trois derniers films en Allemagne de l'Ouest dans les années 1950.

LU DANS LA PRESSE

Son adversaire est champion de France avec 26 combats dont 23 victoires et 19 chaos.
(*Le Pays d'Auge*)

Les cours de maths, c'était le K.O.

Dimanche **6 décembre**

Saint Nicolas On fête aussi les Colas, Nicole, Asella

Le soleil se lève à **08 h 30** *et se couche à* **16 h 53**

« Un ami m'a confié "Penser… penser… j'en ai perdu l'habitude. Il y a vingt-cinq ans que je suis dans la police." »

Francis Blanche

C'est arrivé le…

6 décembre 1917

La Finlande acquiert son indépendance. Après avoir été une province du royaume de Suède, le pays était devenu en 1809 un Grand-Duché placé sous la souveraineté de la Russie. Le 6 décembre 1917, le pays profite de la révolution en Russie pour déclarer son indépendance. La guerre civile, qui se déroulera les mois suivants, se terminera par la défaite des partisans soviétiques.

@çagazouille : les JLGeades

- Le père Noël essaie six rennes.
- Soldes : acheter un pardessus pour deux sous.
- Additionnons les moutons, juste pour faire des sommes.
- Choisir un sommier avec des bois rares, c'est de lattes riches !
- Le sapin doit être un des arbres les plus indisciplinés ; en tout cas, c'est celui qui se fait le plus souvent enguirlandé.
- Faire les poches d'un patron d'hypermarché, c'est un peu braquer un distributeur habillé.
- La première chose que je fais au réveil, c'est de l'arrêter.
- Quelqu'un d'antipathique, si on l'invite, c'est à ne pas venir.
- Pour ce qui est des parties de jambes en l'air, j'ai levé le pied.
- Un équilibriste qui a le sens de l'équilibre, ça tombe bien. Remarquez que, dans le cas contraire, ça tombe bien aussi.
- Vous trouvez normal de sortir par la porte d'entrée ?
- J'écris couché pendant que mon canapé-lit.
- À la suite de mes nombreux régimes, j'ai fini par m'aigrir.
- Faire tourner les tables nécessite de la présence d'esprits.
- Retenue pour le rôle de Jeanne d'Arc, elle nous déclare : « Je ne vais pas m'enflammer, il faudra encore bûcher. »

(à retrouver sur Twitter : @ jlgdu54)

Pour rire

Une dame se plaint auprès de l'hôpital où son mari vient d'être récemment traité.
Motif de sa colère : depuis son hospitalisation et son retour à la maison, son époux a perdu tout appétit sexuel.
La direction de l'hôpital lui répond alors par courrier :
« Madame, votre mari a été traité en ophtalmologie. Tout ce que nous avons fait, c'est améliorer sa vue ! »

Dico *Jardin* : Scarifier

La scarification est une technique visant à régénérer et aérer un gazon pollué par la mousse, les racines mortes et les résidus des précédentes tontes. Idéalement, on pratique la scarification sur une herbe légèrement humide et coupée à ras, deux fois par an : avant et après l'hiver. Il existe deux solutions pour scarifier un gazon. La première est manuelle et se fait à l'aide d'un râteau à scarifier ; assez pénible, elle est recommandée pour les petits jardins ou les courageux. La seconde se fait avec un scarificateur, que l'on passe de manière croisée, dans la longueur et la largeur, afin de réaliser la scarification de manière homogène.

LU DANS LA PRESSE

La cinquantaine de pompiers déployée n'a pu que constater l'ampleur des dégâts : un hamas de tôles calcinées. (*Le Parisien*)

La tôle en bois… nouveau concept ?

Après avoir posé l'encre dans les océans Pacifique et Atlantique, *Thalassa* explore l'océan Indien. (*Le Monde*)

Quand on jette l'ancre, la mer change de couleur ?

Foi de footeux : c'est logique !

- Toute l'Allemagne est derrière l'Allemagne ! (*Christophe Dugarry*)
- Une occasion qui en aurait été une si le but avait été marqué. (*Jean-Pierre Papin*)
- On a perdu, car on n'a pas gagné. (*Ronaldo*)
- Quand on joue vers l'avant, on recule moins. (*Frédéric Piquionne*)
- Alex Ferguson est le meilleur entraîneur que j'ai jamais eu à ce niveau. Bon d'accord, c'est le seul entraîneur que j'ai eu. Mais c'est quand même le meilleur entraîneur que j'ai eu. (*David Beckham*)
- Y'a des gens qui trouveront que ce qu'on a fait, c'est pas ce qu'il fallait faire, et si on avait fait ce qu'ils pensaient qu'on aurait dû faire, il fallait faire autre chose… (*Raymond Domenech*)

Ça c'est fait… divers

Un conseil de détenu : ne vous échappez pas de votre prison quand sévit l'hiver au Kentucky. Robert Vick a tenté l'expérience un dimanche en s'évadant de la prison de Blackburn. Il n'avait pas prévu la vague de froid polaire qui s'abattrait sur la région ce week-end-là.
Dès le lendemain, frigorifié sous une température extérieure atteignant −20 °C Robert préféra se rendre directement dans un poste de police pour qu'on le remette au chaud. Il regardera à deux fois les bulletins météo à la télé avant de récidiver.

« La vie est la seule carrière qui m'intéresse. »

Erik Orsenna

C'est arrivé le…

7 décembre 1941

L'aviation japonaise attaque la base américaine de Pearl Harbor, située sur l'archipel d'Hawaï, dans le but de détruire la flotte américaine dans le Pacifique. Grâce à l'effet de surprise, les quelque 400 avions japonais infligent une lourde défaite à des troupes américaines trop peu préparées. Cette agression provoque l'entrée des États-unis dans la Seconde Guerre mondiale aux côtés des alliés.

> *« À notre époque moderne, on reconnaît les gens faibles, lorsqu'ils écrivent tout ce qu'ils sont sur leur carte de visite. »*
>
> *Fernand Raynaud*

C'est arrivé le…

8 décembre 1980

John Lennon est assassiné devant son appartement de New York. Alors qu'il rentre chez lui après une journée d'enregistrement en studio, un déséquilibré lui tire dessus à quatre reprises. Il décédera quelques minutes plus tard, alors qu'on le transporte à l'hôpital. Le tireur, dont les motivations restent floues, est condamné à la prison à perpétuité.

Mon truc en +

Des gants tout propres

Vous adorez vos gants de peau de couleur claire, mais ils se salissent beaucoup trop vite à votre goût ? Pas de panique. Posez les gants sur un linge blanc et frottez vigoureusement la surface à l'aide d'un bout de mie de pain rassis, avec sa croûte. Après avoir passé la mie de pain sur vos gants, celle-ci sera noire et vos gants propres comme un sou neuf. N'utilisez pas de pain frais : la mie s'effrite et ne nettoie rien.

- Au voleur !

Réponse Quiz du 5 décembre

1C, 2B, 3B, 4A, 5B, 6B, 7B, 8C, 9A, 10B

Trois fûts, six caisses

Quoi de plus sublime que l'affection d'un père ?
Méfie-toi Talleyrand de la phlébite.
Qu'est-ce qui couine derrière mon fut ?
Aux JO d'hiver de Sotchi, beaucoup de journalistes ont le nom de la Russe sur le bout de langue.
Cette question sur la taille des lobes provoque bien des désirs.
Elle a vu la vierge et pas nous.

Réponses

Quoi de plus sublime que l'érection d'un paf ?
Méfie-toi, t'as l'air enflé de la bite.
Qu'est-ce qui fouine derrière mon cul ?
Aux JO d'hiver de Sotchi, beaucoup de journalistes ont le rond de l'anus sur le bout de langue.
Cette question sur la taille des zobs provoque bien des délires.
Elle a vu la verge épanouie.

Allô, Docteur?

Qu'est-ce que le *burn-out* ?

Burn-out est un terme né en 1980 aux États-Unis. Il désigne une véritable implosion du corps et de l'esprit, un « incendie » (to burn : brûler), un syndrome d'épuisement professionnel avancé. Soumis à un stress permanent au travail et à la fatigue qui y est liée, accompagnés par les sensations de découragement face à la pression professionnelle (objectifs trop élevés, désir de plaire, perfectionnisme excessif, par exemple), le corps et la tête finissent par ne plus suivre : la dépression est proche. Le burn-out n'apparaît pas tout d'un coup, c'est le résultat d'une descente plus ou moins longue et lente vers la phase 3 du mécanisme du stress, celle dite « d'épuisement ». En détecter les symptômes est pourtant assez facile : fatigue chronique, lassitude, voire épuisement psychologique (plus envie de se lever pour aller travailler, plus envie de dialoguer avec ses patrons, démotivation…). La personne atteinte de burn-out se replie sur elle-même, ne s'apprécie plus, se sent inutile et incompétente et éprouve même des accès de colère, ou tout au moins de l'irritabilité. Physiquement, cet état de stress chronique peut aussi provoquer des douleurs dorsales et musculaires. La seule solution consiste à se faire aider par un médecin ou la médecine du travail et, si nécessaire, par un psychiatre, afin de retrouver un équilibre indispensable.

Le soleil se lève à **08 h 33** et se couche à **16 h 52**

Mercredi **9 décembre**

Saint Pierre Fourier *On fête aussi les Léocadie*

« Une injustice faite à un seul est une menace faite à tous. »

Montesquieu

C'est arrivé le…

9 décembre 1986

Inauguration du musée d'Orsay, situé dans l'ancienne gare d'Orsay. Reconfiguré, le bâtiment est désormais consacré à la mise en valeur de l'art du XIXe siècle. Il abrite notamment une grande collection d'impressionnistes. Les plus célèbres œuvres de Manet, Courbet, Monet ou Degas y sont exposées.

Recette

CRÈME BRÛLÉE AU FOIE GRAS

Pour 4 personnes :

- 100 g de foie gras de canard cuit
- 20 cl de crème liquide
- 10 cl de lait
- 2 jaunes d'œufs
- Sel, poivre et cassonade

Coupez votre foie gras en gros morceaux et mixez-le avec la crème liquide et le lait jusqu'à l'obtention d'une texture homogène. Fouettez les jaunes d'œufs et ajoutez-les à la préparation. Passez le tout à l'aide d'une passoire et assaisonnez de sel et de poivre. Versez la crème dans des ramequins et faites cuire 25 minutes au bain-marie dans un four à 90 °C. Laissez reposer 2 heures au frais. Saupoudrez de cassonade et passez vos crèmes au chalumeau juste avant de servir.

Cher père Noël

Et si le père Noël était une marque, combien vaudrait-elle ? C'est la question que s'est posée un cabinet britannique, Brand Finance. Après une étude marketing et économique fouillée, la réponse est tombée, pharaonique : le père Noël serait la marque la plus chère du monde et vaudrait 1 169 milliards d'euros ! Soit environ trois fois plus qu'Apple ou cinq fois plus que Google, les deux monstres de l'informatique. Pour arriver à ce chiffre, l'étude s'est penchée sur son impact économique, en analysant les recettes engrangées durant la période des fêtes dans différents secteurs d'activités, à commencer par le commerce et le tourisme. Un filon marketing et une image sur lesquels ont capitalisé très tôt des marques aussi connues que Waterman® (la première, en 1907), Coca-Cola® (en 1931), mais aussi Michelin® (1919) ou Colgate® (1920). Aujourd'hui, on ne compte plus les entreprises se servant de l'effigie du bonhomme rouge et blanc pour vendre leurs produits. On les comprend.

Ça c'est fait… divers

Être fan de Céline Dion, c'est bien. Ce n'est pas une raison pour imposer à longueur de journée au voisinage le tube* My Heart Will Go On*, les enceintes branchées à fond. C'est pourtant ce qu'a fait pendant des semaines Gareth Davies, un Anglais de 47 ans.

Les petits mots dans sa boîte aux lettres lui enjoignant de baisser le son ou les visites de voisins de plus en plus excédés n'y ont rien fait. Il a donc fallu utiliser la manière forte. La police a dû intervenir et saisir tout ce qui faisait du bruit dans l'appartement du récalcitrant : ordinateur, chaîne hi-fi, télé, enceintes… et toute la collection de CD et DVD consacrée à Céline Dion ! Soit près de 3 600 euros de saisie. Ce qui ne l'empêchera pas de continuer de chanter !

Jeudi **10 décembre**

Saint Romaric On fête aussi les Julie, Eulalie

Le soleil se lève à **08 h 34** *et se couche à* **16 h 52**

« J'aime l'idée du mariage parce que c'est un acte d'héroïsme. Un type qui accepte de dire "pour la vie" à une femme, c'est aussi fou que Rambo ! »

Claude Lelouch

Cocktail !

Blue Blazer

(short drink)

- 6 cl de scotch whisky
- 6 cl d'eau
- 2 cuillères à café de sucre en poudre
- 1 zeste de citron

Remplissez une tasse en métal d'eau bouillante et une autre de scotch whisky. Flambez le whisky et transvasez le mélange en feu d'une timbale à l'autre 5 à 6 fois. Cette technique nécessitant un minimum de dextérité, nous vous conseillons de vous entraîner au préalable en remplissant vos tasses d'eau. Versez ensuite votre cocktail dans un verre de type « toddy ». Ajoutez le sucre et le zeste de citron, puis remuez. Servez aussitôt.

Le Blue Blazer a été inventé dans les années 1850 par Jerry Thomas (1830-1885), au bar El Dorado *de San Francisco. En pleine période de la ruée vers l'or, un chercheur d'or aurait demandé au barman de lui concocter un bon remontant semblable au « feu de l'enfer ». Jerry Thomas releva le défi et réalisa ce cocktail enflammé à base de whisky, devant les clients du bar et le chercheur d'or, tous ébahis par le spectacle. La légende prétend que l'apprenti alchimiste aurait été payé avec une bourse remplie d'or.*

Dites 33 !

« Avez-vous eu des pertes de connaissance ces derniers temps ?
– Oui, j'ai perdu mon voisin de palier la semaine dernière. »

« Avez-vous déjà été opéré de quelque chose ?
– Oui, d'une hernie fiscale. »

« Une maman a appelé son fils « Clitis ».
– Clitis ? C'est original ça… D'où ça vient ?
– Ben, Clitis… Comme Clitis Wood ! »

« Vous allez reconnaître l'enfant, monsieur ?
– Ben… J'sais pas… J'l'ai jamais vu… »

« Une patiente de 26 ans vient d'avoir son sixième enfant. Le médecin lui demande si elle utilise un moyen de contraception.
– J'aime pas prendre des cachets… On fait le coyote impromptu, ça marche bien ! » (Ouhhhhh ! le coït interrompu !)

C'est arrivé le…

10 décembre 1948

L'Assemblée générale de l'ONU, réunie à Paris, adopte la Déclaration universelle des droits de l'homme. Seuls 50 des 58 États membres approuvent le texte, mais aucun ne se prononce contre : le Yémen, le Honduras, l'Union soviétique, la Pologne, la Tchécoslovaquie, la Yougoslavie, l'Afrique du Sud et l'Arabie Saoudite s'abstiennent.

LU DANS LA PRESSE

Un centre de maintenance et de réparation opérationnel 24 h sur 24 et 365 jours par mois.
(*L'Est Républicain*)
On s'étonne qu'on trouve le temps long !

Il n'est pas sein de laisser ainsi errer nos enfants toute la journée.
(*Le Pays d'Auge*)
Il est plus sain pour les familles de les garder en leur sein…

Le soleil se lève à **08 h 35** et se couche à **16 h 52**

vendredi 11 décembre

Saint Daniel On fête aussi les Dylan, Dietrich, Gentien

« *Aimer, c'est la moitié de croire.* »

Victor Hugo

C'est arrivé le…

11 décembre 1913

Jean Marais naît à Cherbourg. Jeune comédien, il rencontre Jean Cocteau, qui lance sa carrière, d'abord au théâtre, puis au cinéma. Marais n'a pas quarante ans quand il intègre la Comédie-Française en tant que comédien et metteur en scène. Il connaît un grand succès avec *La Belle et la Bête*, *Le Comte de Monte Cristo* ou encore *Fantômas*, avant de délaisser le cinéma pour les planches. Il terminera sa vie sur la Côte d'Azur.

– C'est dans des circonstances pareilles que je suis content que tu ne sois pas une femme canon…
– Continue à être désagréable, et tu pourras t'envoyer en l'air tout seul !

Rétro' Vermot

– Voyons, mon ami, il y a deux pôles, le pôle Nord et le pôle… ?
– Le pôle… Le pôle…
Le polichinelle ! (1926)

Tu n'as pas su faire ton devoir, ce n'était pourtant pas difficile : les habitants de Lièges… des Liégeois… d'Albi… des Albigeois…, de Rabat… des Rabat-joie ! (1928)

– Savez-vous d'où nous viennent les énormes sapins débités en planche ?
– De la Syrie, m'sieur ! (1928)

Les Français conservateurs

Comme tous les autres domaines, l'alimentation évolue au gré des nouvelles technologies, des progrès en matière de santé et des tendances culturelles. À quoi ressemblera-t-elle en 2020 ? Une étude réalisée dans cinq pays à travers le monde (Allemagne, États-Unis, France, Japon, Russie) nous donne quelques orientations.
Deux d'entre elles font l'unanimité. En premier lieu, le consommateur prendra son alimentation en main et fera de plus en plus en plus attention à sa qualité et à son impact sur sa santé. Place donc aux produits de proximité, locaux et au naturel. Ensuite, il privilégiera les « nouveaux horizons » alimentaires, où les critères du plaisir alimentaire côtoient ceux de l'originalité.
Si l'on se penche sur certaines spécificités par pays, les États-Unis passeront à l'alimentation « connectée », les Allemands céderont à la mode du cru et les Japonais à la « cosméto-food », qui nous rend plus beaux tout en nous maintenant en bonne santé. Et les Français ? Ils font office de conservateurs en ne sollicitant aucune des trois tendances précitées.

– Ce sera plus facile pour vous entretenir avec votre avocat, il est dans la cellule voisine !

Maître de bonne compagnie

Pourquoi perd-il encore ses poils ? 1/2

Nous l'avons vu, les causes de perte de poils chez les chats sont multiples. Le vôtre continue de les laisser partout sur les lits et canapés alors que nous ne sommes pas en période de mue ? D'autres explications.

Nourrissez-le bien

Une mauvaise alimentation est souvent à l'origine d'une chute de poils ou d'un poil terne. Veillez à ce que votre chat bénéficie d'une alimentation équilibrée, riche en protéines et en vitamines A. Elle favorise la bonne santé de la peau et de la fourrure. Si la perte de poils s'accompagne de plaques rouges ou d'irritations de la peau, il peut s'agir d'une allergie alimentaire.

Samedi 12 décembre

Sainte Chantal On fête aussi les Corinne, Corentin, Romaric

Le soleil se lève à 08 h 36 et se couche à 16 h 52

« Qu'est-ce que l'homme ?
Un joujou de femme ;
Qu'est-ce que la femme ?
Tout pour l'homme. »

André Grétry

C'est arrivé le...

12 décembre 1999

Le pétrolier *Erika* fait naufrage au large de la Bretagne alors qu'il se rend de Dunkerque à Livourne, en Italie, pour le compte de la société Total. Une partie des 30 884 tonnes de fioul qu'il transporte se déverse alors dans l'océan Atlantique, souillant des centaines de kilomètres de côtes, du Finistère à la Vendée.

Bravo la police !

- L'homme, qui était aussi sourd que son épouse, ne semblait pas s'entendre très bien avec elle.
- Jusqu'au bout, l'homme répondit aimablement à toutes les questions par un grand silence.
- L'homme avait suffisamment gardé la tête froide pour ranger soigneusement les morceaux du corps au congélateur.
- Les neuf coups de couteau sur le cou et le visage de la victime laissaient croire à une mort qui n'était pas naturelle.

La bonne blague !

Un homme arrive chez Cartier, place Vendôme à Paris, en compagnie d'une jeune femme splendide, et ensemble ils choisissent un bijou de 50 000 euros pour elle.

Au moment de payer, l'homme sort son carnet de chèques et, sans sourciller, le rédige. Le vendeur, lui, est un peu ennuyé, car c'est la première fois qu'il voit ce couple à la bijouterie. L'homme s'aperçoit du malaise du vendeur et, avec beaucoup d'aplomb, lui dit :

- J'ai le sentiment, très cher, que vous pensez que ce chèque est peut-être sans provision, n'est-ce pas ?
- Heu... Eh bien...
- Bien ! Voici ce que nous allons faire : vu qu'aujourd'hui, c'est samedi et que ma banque est fermée, je vous propose que vous gardiez ce chèque ainsi que le bijou. Dès lundi, procédez à son encaissement et, lorsque le paiement sera honoré, faites livrer le bijou chez mademoiselle. D'accord ?

Le vendeur, rassuré, donne son aval à cette solution sans l'ombre d'une hésitation, assurant même que la bijouterie prendrait à sa charge la livraison du bijou et qu'il s'assurerait en personne du bon déroulement de l'opération.

Le lundi matin, à la présentation du chèque à la banque, celui-ci est bien évidemment en bois.

En colère, le vendeur appelle le client qui lui répond :

- Mais ce n'est pas grave ! Cela ne vous a rien coûté et moi j'ai fait l'amour tout le week-end ! Merci beaucoup pour votre collaboration, et sans rancune !

– C'est moi qui lui ai tout appris, à ce poisson !

Maître de bonne compagnie

Pourquoi perd-il encore ses poils ? 2/2

Il s'ennuie

Les chats stressés, angoissés ou qui s'ennuient seuls chez eux peuvent se mettre à se lécher de façon excessive les pattes et la queue. La salive provoque une irritation de la peau et la chute des poils, en laissant des plaques rouges. Avant de consulter, essayez d'analyser ce qui stresse le chat à l'intérieur de votre foyer.

Dimanche 13 décembre

Sainte Lucie On fête aussi les Josse, Leccia, Lucette, Ulciane

« L'humoriste, c'est un homme de bonne mauvaise humeur. »

Jules Renard

C'est arrivé le…

13 décembre 1944

Le peintre Vassily Kandinsky décède à Neuilly-sur-Seine, trois jours avant son soixante-dix-huitième anniversaire. Figure emblématique et fondateur de l'art abstrait, il a réalisé très tôt des œuvres « non figuratives ». À sa mort, sa femme Nina assure la diffusion de son œuvre et en léguera par la suite l'ensemble au musée national d'art moderne du Centre Pompidou.

Piscine XXL

Au Chili, le complexe touristique de San Alfonso del Mar, situé dans la ville d'Algarrobo, au sud de la capitale, Santiago, a eu la folle idée de construire une piscine XXL à une dizaine de mètres de la mer. Avec une superficie totale de 7,7 hectares, cette piscine, de 1 013 m de longueur et de 35 m de profondeur, est la plus grande du monde. Son eau provient directement de la mer et est purifiée et filtrée afin d'être totalement transparente. Sa construction a coûté près d'1,5 milliards d'euros et son entretien nécessite un financement d'environ 3 millions d'euros par an.

Quiz *Philo*

Quel auteur a affirmé « L'homme est né libre et partout il est dans les fers » ?

- ❑ 1. Hegel
- ❑ 2. Diderot
- ❑ 3. Rousseau

Réponse

Réponse 3

Un dico pour les comprendre
(les femmes !)

Bien : ce mot est utilisé pour mettre fin à une discussion quand elles ont raison et que tu dois la fermer !

5 minutes : traduire par minimum une demi-heure si elle est en train de s'habiller. En revanche, ce sont vraiment cinq minutes, et pas une de plus, si elle vous demande d'arrêter de regarder le match de foot à la télé ou de jouer à la console de jeux vidéos avant de sortir ou de faire n'importe quoi d'autre ensemble.

Rien : attention, ce mot est annonciateur d'une tempête. Les discussions qui naissent d'un « rien » se terminent normalement par « bien ».

Vas-y, fais-le ! : ne surtout pas le faire. Ce n'est pas un défi, mais une façon de dire qu'elle fait mieux que vous ou que vous ne faites rien. Ne pas la contrarier davantage.

Soupir : un soupir est à prendre comme un mot. Ne pas essayer de l'interpréter sous peine de se tromper et de déclencher un « Rien »… et donc une tempête. Si c'est un grand soupir, là, pas de possibilité de se tromper : traduisez par « Tu es un idiot ! » et elle ne veut pas en discuter.

- Mais non, vous n'êtes pas trop tôt… J'étais en train de chercher de l'eau pour vos fleurs…

Sudoku

DIFFICILE

4		5						
9		7				5	4	
	8				3			
6	2					8	9	
		9			1		2	
	4				8			
				8			5	
	9				4		6	2
2				7		9		8

Complétez le grand carré de façon à placer tous les chiffres de 1 à 9 sur chaque ligne horizontale, sur chaque colonne et dans chaque petit carré de 9 cases.

Solution page 368

« Il faut écouter beaucoup et parler peu pour bien agir au gouvernement d'un État. »
Cardinal de Richelieu

C'est arrivé le…

14 décembre 1895

Naissance, à Saint-Denis, de Paul Éluard. Atteint de tuberculose, il devra renoncer à mener ses études à leur terme et découvrira la poésie pendant sa convalescence. Après la Grande Guerre, il se liera d'amitié avec André Breton et embrassera à bras ouverts le mouvement dadaïste, puis le surréalisme. À cette période, on lui doit notamment le recueil *Capitale de la douleur*.

Pour rire

Vieillir, c'est quand…
– Votre femme vous dit : « Chéri, montons dans notre chambre faire l'amour », et que vous lui répondez : « Chérie, je ne pourrai pas faire les deux ! »
– Vos amis vous disent que vous avez de beaux souliers en crocodile alors que vous êtes pieds nus !
– Vous êtes tout excité devant une belle fille et votre pacemaker ouvre soudainement la porte du garage.
– « Passer une bonne nuit » veut dire que vous n'avez pas eu à vous lever pour aller faire pipi.
Bref, mieux vaut en rire car, de toute façon, on n'en sortira pas vivant !

Un dico pour les comprendre (les femmes !)

OK : c'est l'un des mots les plus redoutables qu'elle peut employer. Il signifie qu'elle va bien réfléchir à la façon de vous faire payer ce qu'elle n'a pas aimé. Attendez-vous à tout.

Merci : ne pas poser de questions. Elle vous remercie tout simplement. Ou alors c'est un sarcasme et dans ce cas vous l'entendrez à sa voix.

Comme tu veux : c'est sa manière à elle de dire « va te faire voir ».

Ne t'en occupe pas, je le fais : attention danger ! Si elle utilise l'expression, c'est qu'elle vous a déjà demandé plusieurs fois de faire quelque chose, sans résultat. Elle va donc se coller à la tâche. Mais vous le paierez. Gros risque de « rien » si vous demandez ce qui ne va pas. Levez-vous vite de votre canapé pour ne pas la laisser agir à votre place.

Qui c'est ? : ce n'est pas une simple demande… En réalité, elle veut dire d'une de vos copines ou collègues de travail : « C'est qui cette pétasse et comment tu la connais ? »

Il y a 100 ans : décembre 1915

- **12 décembre** : naissance de Frank Sinatra, acteur et chanteur américain (mort le 14 mai 1998).
- **13 décembre** : naissance de l'acteur allemand – puis autrichien – Curd Jürgens (mort en 1982).
- **19 décembre** : Édith Giovanna Gassion, plus connue sous le nom d'Édith Piaf, naît à Paris. Elle est la fille de Louis Alphonse Gassion, artiste de cirque contorsionniste, et de Line Marra, chanteuse de rue. Lors de sa longue carrière, elle chantera pour les prisonniers de guerre, mais refusera de chanter pour les nazis. Elle est décédée le 10 octobre 1963.
- **19 décembre** : mort du neuropsychiatre Aloïs Alzheimer à Breslau.
- **29 décembre** : première liaison radiotélégraphique entre la France et la station TSF de Mahina à Tahiti.

Mardi 15 décembre

Sainte Ninon On fête aussi les Brian, Bradley

MOTS FLÉCHÉS

Très élevé Jeu de plein air		Escroquai Endort		Epoque Es couché		A pleine gueule		Sacrifier		Clouté l'hiver Diffuse		Emmitou flée
								Pour diriger Glisser				
Connecte Faux diamant						Plante Monnaie Russe						
					Vieille raideur Spectateur							
Là Risque				Culot Microsco pique							Bordée	
			Polir Métal							Soit Saoûler		
Avec des vignes		Auréoler Danse							Derrière Parcours			
								Traitement Poisson				
Néo-zélandaise Sucrerie							Ponte Cow-girl					
						Baffe Planche						Entassais
Peu ou...	Alcool Arabesque				Réglées Paître							
				Poids lourd Lycée							Conservai	
et les autres		Vulgaires coiffeurs Couron nement								Allez ! Folie		
			Fruit Capitale						Ordinateur Conjoint			
Passe reaux Moisson								Avant l'Euro Supplice				
							Ursidé Millilitre					
Multitude Vapeur						Composai						
				Rejoignais								

Solution page 372

Mercredi **16 décembre**

Sainte Alice On fête aussi les Abigaïl, Adélaïde, Adon, Aïda

Le soleil se lève à **08 h 40** *et se couche à* **16 h 53**

« *Pour se marier, il faut un témoin, comme pour un accident ou un duel.* »

Sacha Guitry

C'est arrivé le…

16 décembre 1897

À 57 ans, l'écrivain Alphonse Daudet succombe à une maladie de la moelle épinière. Il sera enterré au cimetière du Père-Lachaise. Poète et romancier, on lui doit notamment *Les Lettres de mon moulin*, *Le Petit Chose* et *Tartarin de Tarascon*.

@çagazouille :

©Twitter

#UnChanteurUnFruit

- Nirvananas
- AnanasMouskouri
- Chantal Goyave
- Pruneau Mars
- Groseille Mathieu
- Airelle Dombasle
- Ella Figuegerald

Sudoku

Solution de la page 365

4	3	5	6	9	7	2	8	1
9	6	7	8	1	2	5	4	3
1	8	2	5	4	3	6	7	9
6	2	1	7	3	5	8	9	4
8	7	9	4	6	1	3	2	5
5	4	3	9	2	8	7	1	6
3	1	6	2	8	9	4	5	7
7	9	8	3	5	4	1	6	2
2	5	4	1	7	6	9	3	8

Fruits oubliés : *le kaki*

Fruit rond à la peau épaisse et orange vif, le kaki est vénéré par de nombreux peuples d'Asie pour ses qualités célestes. Il faut dire qu'en Chine, ce fruit oublié symbolise l'âme (« ka ») et l'énergie (« ki ») de la terre. L'arbre dont il provient, le plaqueminier, est considéré depuis le XIVe siècle comme un cadeau des dieux, qui permettrait de faire le lien entre les hommes et le divin. Le kaki a été introduit en France au milieu du XIXe siècle, mais a longtemps été regardé comme une simple curiosité exotique. Fruit à la chair goûteuse, bien que légèrement astringente, on le cultive surtout dans les pays ensoleillés. Aussi appelé « figue caque », il est très utilisé pour la création de produits cosmétiques. Si vous décidez de le consommer cru, choisissez-le bien mûr, il sera ainsi chargé en sucre et plus agréable à la dégustation. Vous pourrez alors le préparer en jus, ou en minestrone. Par ailleurs, ouvrez bien les yeux à l'automne venu, car le kaki a la particularité de rester solidement accroché aux branches de son arbre, à l'inverse des feuilles qui tombent. La couleur éclatante de ces petites boules vous rappellera celles du sapin de Noël.

Allô, Docteur?

Faire l'amour rajeunit ?

OUI. En apparence en tout cas. Tel est le résultat surprenant d'une étude menée par l'hôpital d'Édimbourg pendant dix ans auprès de 3 500 hommes et femmes. D'après celle-ci, faire l'amour trois fois par semaine aurait pour effet de faire paraître largement plus jeune que son âge – de 7 à 12 ans de moins.
Petite précision : ces bienfaits de l'amour ne sont valables que si les rapports sexuels sont pratiqués avec son partenaire légitime. Dans le cas contraire, à savoir avec un amant, une maîtresse ou des inconnu(e)s, l'infidélité ou les partenaires multiples favoriseraient plutôt la survenue de stress ! Du coup, on pourrait même avoir l'air plus vieux.

Jeudi **17 décembre**

Saint Judicaël et saint Gaël On fête aussi les Rebecca

« Il ne faut pas regarder quel bien nous fait un ami, mais seulement le désir qu'il a de nous en faire. »

Madame de Sablé

C'est arrivé le…

17 décembre 1770

Le compositeur Ludwig van Beethoven voit le jour à Bonn. Successeur de Gluck ou de Mozart au sein de l'école classique viennoise, il s'essaye à de nouveaux styles et préfigure le romantisme. S'il a composé un grand nombre d'œuvres de toutes sortes, on retient surtout ses symphonies et le fait qu'il n'ait jamais cessé de composer alors qu'il était progressivement atteint de surdité.

Quiz Philo

« Toute certitude qui n'est pas une démonstration mathématique n'est qu'une extrême probabilité » est une citation de :

- ❏ 1. Descartes
- ❏ 2. Voltaire
- ❏ 3. Pascal

Réponse

Réponse 2

Permis de foncer

James Bond avait le « permis de tuer ». Les vrais agents secrets britanniques du MI5 et MI6 (renseignement intérieur et extérieur), eux, ont officiellement reçu de la part du gouvernement le « permis de foncer ». Il était temps, car, jusqu'à présent, ils étaient soumis à la vitesse du commun des mortels en zone urbaine : 48 km/h ! Pas facile pour attraper les vilains.

Les espions pourront donc désormais rouler à la vitesse qu'ils veulent sans risquer de prendre une amende pour excès de vitesse. Cette autorisation est bien sûr strictement limitée aux missions, et chaque agent, pour en bénéficier, devra se soumettre à un stage de conduite à très grande vitesse.

Ce privilège est déjà accordé en Grande-Bretagne à la police, aux pompiers et aux ambulanciers. Il devrait s'étendre prochainement aux transports de greffes et aux véhicules de déminage. Bref, ça risque de rouler très vite dans les rues de Londres.

MASQUES DE PROTECTION CONTRE LA GRIPPE : LES INDUSTRIELS DEPASSÉS PAR LES DEMANDES

La bonne blague !

Un charter décolle de l'aéroport de Roissy. Comme d'habitude, une fois l'avion en vitesse de croisière, le commandant de bord prend le micro et s'adresse aux passagers :

« Mesdames et messieurs, la météo est excellente et nous prévoyons un vol sans incident. Nous devrions atterrir à New York à 19 h 12. Après le film, je vous conseille de vous détendre et… Oh non !!! Mon Dieu !!!.......... »

Un bruit sec retentit dans le micro puis… plus rien. Silence de mort dans l'avion.

Les passagers se regardent… Personne ne bouge… L'avion a beau ne pas dévier de sa trajectoire, ni être victime de turbulences, l'angoisse saisit tout le monde. Les hôtesses sourient nerveusement.

D'interminables minutes passent ainsi, jusqu'à ce que le micro grésille à nouveau. C'est le commandant qui revient au micro :

« Je tiens à m'excuser pour l'incident de tout à l'heure, mais on a renversé du café bouillant sur mon pantalon ! Vous devriez voir le devant de mon pantalon », lance-t-il un brin amusé, histoire de détendre l'atmosphère.

Quand une voix grave s'élève du fond de l'appareil : « C'est rien, crie un passager. Si tu voyais l'arrière du mien ! »

Vendredi **18 décembre**

Saint Gatien On fête aussi les Gatienne

Le soleil se lève à **08 h 41** *et se couche à* **16 h 53**

« Le véritable égoïste est celui qui ne pense qu'à lui quand il parle d'un autre. »

Pierre Dac

C'est arrivé le…

18 décembre 1944

Parution du premier numéro du journal *Le Monde*. Daté du 19 décembre, ce premier exemplaire du journal du soir ne présente qu'une seule page recto verso. Fondé par Hubert Beuve-Méry, le quotidien naît sur les bases de l'ancien journal *Le Temps*.

Le pire cadeau

Chaque année, le site de vente aux enchères eBay dresse le palmarès des pires cadeaux de Noël. Dans ce classement, on retrouve les appareils électroménagers, les outils de bricolage, les chaussettes et autres sous-vêtements. Sondage à l'appui, le site explique que, pour 13 % des Français, les pires cadeaux reçus sont de loin les chaussettes et sous-vêtements. 26 % des femmes ont eu, quant à elles, la désagréable surprise de recevoir des outils de bricolage.

– Tu n'as pas froid par ce temps ?

Dans quel État j'erre ?

Tous les deux ans, le magazine *Population et Sociétés*, de l'Institut national d'études démographiques (INED), publie un numéro intitulé *Tous les pays du monde*, présentant un tableau statistique de la population mondiale. Voici donc une photo chiffrée de notre monde. Que l'on comparera avec les résultats en France.

Monde

- Population 2013 : 7,141 milliards
- Taux de natalité (pour 1 000 habitants) : 20
- Taux de mortalité (pour 1 000 habitants) : 8
- Taux de mortalité infantile : 40 (pour 1 000 naissances)
- Indice de fécondité : 2,5 (enfants par femme)
- Proportion de moins de 15 ans : 26 %
- Proportion de plus de 65 ans : 8 %
- Espérance de vie à la naissance (H/F) : 68/73 ans
- Population estimée en 2050 : 9, 731 milliards

Et chez nous ? (France métropolitaine)

- Population 2013 : 63,9 millions
- Taux de natalité (pour 1 000 habitants) : 13
- Taux de mortalité (pour 1 000 habitants) : 9
- Taux de mortalité infantile : 3 (pour 1 000 naissances)
- Indice de fécondité : 2 (enfants par femme)
- Proportion de moins de 15 ans : 19 %
- Proportion de plus de 65 ans : 17 %
- Espérance de vie à la naissance (H/F) : 79/85 ans
- Population estimée en 2050 : 72 millions

Maître de bonne compagnie

Shampoing pour chat…

À moins que vous n'ayez un chat de concours ou un matou qui aime aller se promener sous les voitures, vous n'aurez pas à le laver beaucoup. Mais cela peut arriver. Dans ce cas, n'utilisez pas n'importe quel shampooing, et surtout pas le vôtre, car leur peau est plus sensible que la nôtre – à la rigueur, prenez un shampoing doux pour bébé. On trouve, en magasin ou chez le vétérinaire, des shampoings pour tous les pelages. Il en existe même d'adaptés à la race de l'animal, voire… à sa couleur ! Et comme pour nous, vous pourrez choisir entre les plus simples et ceux incluant un démêlant. Si l'été arrive, un shampoing antiparasitaire peut être utile contre les petites bêtes.

Samedi 19 décembre

Saint Urbain On fête aussi les Anastase

> « *On ne voit bien qu'avec le cœur. L'essentiel est invisible pour les yeux.* »
>
> *Antoine de Saint-Exupéry*

C'est arrivé le…

19 décembre 1916

Fin de la bataille de Verdun, qui opposait troupes françaises et allemandes depuis le 21 février. Plus longue bataille de la Première Guerre mondiale, elle en fut également l'une des plus meurtrières. Plus de 700 000 soldats des deux camps y perdirent la vie. Soit plus de 2 000 morts chaque jour en moyenne.

@çagazouille :

Jeu de Ver-mots

©Twitter

@Bobtoucour Ces vannes sur les morts, j'en nécro sur la patate.

@antoinegavoille Super U organise des soldes : les réduc'U.

@MauditMaurice #MissFrance Et la perdante est RMIss.

@JeromeBroda Les oiseaux nains, on leur donne des migraines ?

@antoinegavoille Ça doit bien faire chier quand même de s'appeler Bruno quand on vient d'Agen.

- On a rien demandé !

Père Noël, vos papiers !

Au ministère de l'Agriculture des États-Unis, on a de l'humour. Ainsi, chaque année, l'USDA délivre officiellement un permis d'entrée et de sortie du territoire pour le père Noël et ses rennes. Ce permis autorise le père Noël à pénétrer sur le sol américain entre 18 heures le 24 décembre et 6 heures le 25.

Pour faciliter son travail, le ministère décide également d'exempter l'attelage de rennes de tests sanitaires, le « pôle Nord présentant un risque négligeable de maladies pour le cheptel ». Le ministère demande toutefois au père Noël de souhaiter un « joyeux Noël » au personnel en franchissant la frontière.

Le ministère de l'Agriculture n'est pas la seule institution américaine à s'amuser. Ainsi la très sérieuse FAA (Federal Aviation Administration), l'autorité de sécurité aérienne, a fait savoir sur Twitter que le père Noël « avait présenté son plan de vol avec des vols plus économes en carburant ».

Infos en séries… TV

Le choix de Las Vegas pour abriter les enquêtes des *Experts* n'a pas été fait au hasard. Parmi les laboratoires de police scientifique des États-Unis, celui de Las Vegas était le plus actif du pays, uniquement devancé par le laboratoire du FBI de Quantico, en Virginie. Mais les *Experts : Quantico*, ça sonnait mal.

Gil Grissom, des *Experts*, aurait normalement dû s'appeler Gil Scheinbaum. C'est l'acteur qui l'interprète, William L. Petersen, qui a demandé que l'on rebaptise son personnage en hommage à l'astronaute Gus Grissom, qu'il admirait.

Dimanche 20 décembre

Saint Théophile On fête aussi les Orson, Zéphirin

Le soleil se lève à **08 h 42** *et se couche à* **16 h 54**

« La dernière fois que j'ai pénétré une femme, c'était en visitant la statue de la Liberté. »

Woody Allen

C'est arrivé le…

20 décembre 1582

La France adopte le calendrier grégorien à la place du calendrier julien. La conséquence est un passage direct du 9 au 20 décembre, les deux calendriers ne comptant pas le même nombre d'années bissextiles, ce qui induit un écart de 3 jours tous les 400 ans. Le fait que tous les pays du monde n'adoptent pas le calendrier grégorien en même temps a dû poser quelques problèmes à l'époque…

177

Noël, c'est pour les enfants. La preuve, les parents français dépensent en moyenne 177 euros pour offrir un cadeau à leur enfant. Suivent ensuite les dépenses pour les conjoints (104 euros) et les parents (73 euros). Au total, le budget moyen consacré aux fêtes de fin d'année est de 387 euros par foyer, dont 254 euros pour les seuls cadeaux. Les dépenses concernant la table, les décorations et les repas s'élèvent à 133 euros.

Mots fléchés

Solution de la page 367

	F		V		A		E		B		P	
T	O	B	O	G	G	A	N		R	E	N	E
	R	E	L	I	E		G	R	A	M	E	N
S	T	R	A	S		R	O	I	D	E	U	R
	I	C	I		T	O	U	P	E	T		O
O	S	E		M	E	U	L	E	R		O	U
	S		N	I	M	B	E	R		C	U	L
V	I	T	I	C	O	L	E		C	U	R	E
	M	A	O	R	I	E		H	U	I	L	E
B	O	N	B	O	N		T	A	R	T	E	
		G	I	N		V	E	R	S	E	E	S
P	R	O	U		B	O	X	E	U	R		T
	I		M	E	R	L	A	N	S		G	O
U	N	S		C	O	I	N	G		M	A	C
	C	A	R	O	U	G	E		M	A	R	K
R	E	C	O	L	T	E		P	A	N	D	A
	A	R	M	E	E		M	A	R	I	A	I
B	U	E	E		R	A	L	L	I	A	I	S

Histoire de cuisine

D'année en année, la bûche de Noël est l'invitée indémodable de nos tables le 24 décembre, mais peu nombreux sont ceux qui connaissent les origines de ce mets très apprécié. Plusieurs siècles en arrière, la tradition voulait que l'on brûle une bûche en bois du 24 décembre jusqu'à l'Épiphanie. Afin que celle-ci ne se consume pas trop rapidement, on choisissait en général un arbre fruitier à la fois dur et bien épais.

La mise en feu était le plus souvent réalisée avant minuit par le chef de famille, qui bénissait la bûche avec une branche de buis ou de laurier, gardée depuis la fête des Rameaux.

Par ailleurs il était d'usage, selon les régions, de l'arroser de vin pour assurer de bonnes vendanges, ou bien de lui jeter du sel pour se protéger des sorcières. Les restes de bûche étaient ensuite conservés précieusement et accompagnaient, dans certains cas, les morts dans leur cercueil. Cette tradition tirerait en fait ses origines de rites celtes, au cours desquels on allumait des feux de joie à l'occasion du solstice d'hiver. Cette pratique aurait ensuite été reprise et sacralisée par l'Église catholique. La bûche est apparue pour la première fois sous la forme d'une pâtisserie en 1870. Celle-ci était alors composée d'une génoise fourrée au beurre.

Astuce *Cuisine* : Adoucir une sauce au vin rouge

Les sauces à base de vin rouge accommodent de très nombreux types de viandes, comme le bœuf, le coq ou encore les civets. Seulement, pour les estomacs un peu fragiles, une sauce trop acide peut rapidement gâcher la saveur d'un plat. Pour remédier à cela, ajoutez une cuillère à café de cacao amer au moment de la cuisson.

« Il vaut mieux être déçu que d'espérer dans le vague. »
Boris Vian

C'est arrivé le…

21 décembre 1985

Le premier « restaurant du cœur » ouvre en France. L'initiative avait été lancée par l'humoriste Coluche quelques mois plus tôt. Fin septembre, il s'était élevé publiquement contre le gaspillage alimentaire et la destruction des excédents agricoles, alors qu'une partie de la population mourait de faim. Trente ans plus tard, la situation se dégrade toujours et l'association compte plus de 2 000 centres en France.

Oh ! tu sais pas ?

Le requin-baleine est le plus grand poisson marin vivant actuellement sur notre planète. Il peut peser jusqu'à 44 tonnes et peut mesurer entre 15 et 20 mètres de long. La taille habituelle de ces géants observés est généralement comprise entre 4 et 14 mètres. Ce requin est totalement inoffensif pour l'homme et peut être comparé à la baleine bleue, son homologue chez les mammifères.

La bonne blague !

Un homme sort d'un bar en titubant sévèrement. Il lui faut dix bonnes minutes pour retrouver sa voiture sur le parking, dont quelques-unes pour se relever après trois chutes, puis cinq autres pour trouver sa clé. À la sortie du parking, des gendarmes observent de loin en se frottant déjà les mains du nombre d'amendes qu'ils vont pouvoir coller à ce conducteur complètement ivre. Ils sont tellement médusés par la scène qu'ils ne font même plus attention aux autres clients qui sortent du bar et saluent amicalement notre poivrot en passant devant sa voiture.

Dans son véhicule, l'homme réussit enfin à mettre le contact. Le moteur démarre, puis s'arrête. L'homme ressort de sa voiture et se met à chanter à tue-tête. Il se passe encore dix minutes avant qu'il ne reprenne sa place au volant, démarre et commence à manœuvrer pour sortir du parking.

Les gendarmes branchent le gyrophare et décident alors d'intervenir. Il ne faudrait pas qu'il y ait un drame. Sûrs que c'est inutile – mais la procédure l'exige –, ils sortent leur alcootest et demandent au conducteur de souffler dans le ballon. Et là, surprise : rien ! Pas une goutte d'alcool dans le sang !

Les gendarmes pensent alors à de la drogue et sortent leurs tout nouveaux tests de détection des stupéfiants. Résultat toujours négatif ! Rien à reprocher au conducteur.

Ils questionnent l'automobiliste :

– Monsieur, vous n'êtes apparemment pas sous l'emprise de l'alcool ou de drogue, alors pourquoi avez-vous mis autant de temps à trouver votre voiture, vos clés, puis à démarrer ?

– Ah ça ? répond le conducteur. Eh bien, ce soir, c'était mon tour de faire semblant, le temps que tous les autres puissent rentrer chez eux sans être inquiétés !

Mardi 22 décembre

Ste Françoise-Xavière On fête aussi les France, Francisca

Le soleil se lève à **08 h 43** *et se couche à* **16 h 55**

Hiver

« Solitude ne veut pas dire isolement. Ce n'est pas parce qu'on est seul qu'on est mal. »

Jean Yanne

C'est arrivé le…

22 décembre 1989

L'écrivain et dramaturge irlandais Samuel Beckett décède dans une maison de retraite parisienne. Symbole du mouvement de l'absurde, il avait reçu le prix Nobel de littérature pour l'ensemble de son œuvre. On retiendra notamment ses pièces *En attendant Godot* et *Fin de partie*, devenues des références. Il repose au cimetière du Montparnasse.

L'emploi du pronom indéfini…

Il était une fois quatre individus que l'on appelait :
Tout le monde – Quelqu'un – Chacun – et Personne…
Il y avait un important travail à faire,
Et on a demandé à Tout le monde de le faire.
Tout le monde était persuadé que Quelqu'un le ferait.
Chacun pouvait l'avoir fait mais, en réalité, Personne ne le fit.
Quelqu'un se fâcha car c'était le travail de Tout le monde !
Tout le monde pensa que Chacun pouvait le faire
Et Personne ne doutait que Quelqu'un le ferait.
En fin de compte, Tout le monde fit des reproches à Chacun
Parce que Personne n'avait fait ce que Quelqu'un aurait pu faire.
Moralité :
Sans vouloir le reprocher à Tout le monde,
Il serait bon que Chacun
Fasse ce qu'il doit sans nourrir l'espoir
Que Quelqu'un le fera à sa place.
Car l'expérience montre que,
Là où on attend Quelqu'un,
Généralement, on ne trouve Personne !

Les repas de Noël font grossir ?

Apéritifs, foie gras, dinde farcie, saumon, bûches et autres gâteaux, vins, dîners de famille à répétition… L'Association de diététique britannique estime qu'en moyenne, une personne va consommer 6 000 calories le jour de Noël, et bien d'autres pendant la période des fêtes de fin d'année. Résultat : une prise de poids qui peut atteindre 2,3 kg. Effrayant… et fantaisiste selon le journal *The Guardian*, qui a décidé de compiler sept études scientifiques de référence pour démonter ces chiffres, sans nier une première vérité : oui, vous allez grossir à Noël. Selon les données recensées, le poids minimal pris pendant les fêtes oscille, pour des repas de fêtes « normaux », entre 0,2 et 0,93 kg, soit un gain moyen de 500 g. Si vous vous lâchez vraiment sur la nourriture, alors la prise de poids maximale est comprise entre 0,6 kg et 1,39 kg, soit un surpoids moyen de 0,9 kg. Bien loin des 2,5 kg annoncés. En revanche, *The Guardian*, toujours selon les recherches étudiées, ajoute un autre constat : sauf régime spécifique, on ne perdra jamais vraiment ce poids supplémentaire pris pendant les fêtes.

– Oui, oui, c'est entendu, mon fils est fort ! Mais le vrai exploit, c'est moi, sa mère, qui le réalise. Pensez, trouver des vêtements à sa taille !

Maître de bonne compagnie

Une bonne toilette

Le réflexe de propreté apparaît très tôt chez le chaton. Il faut toutefois soumettre le jeune animal à quelques soins d'hygiène, non seulement pour vérifier son état de santé, mais aussi et surtout parce qu'il est très agréable de s'occuper de son petit protégé. Vérifiez tout d'abord l'état du pelage en le relevant à rebrousse-poil, et regardez s'il a des puces. S'il a les poils longs, brossez-le quotidiennement. Procédez de la tête vers la queue pour enlever les nœuds. Certaines races comme le persan ont parfois les yeux qui pleurent. Nettoyez le contour des yeux avec du coton et du sérum physiologique. Examinez les oreilles périodiquement et, à l'aide d'un coton humide, enlevez le cérumen. Si le cérumen est de couleur brunâtre, votre chat peut avoir la gale des oreilles. Allez chez le vétérinaire. Vous pouvez aussi couper ses griffes, mais ce n'est pas indispensable s'il a un griffoir à portée de pattes.

« Il y a trois choses qu'une femme est capable de réaliser avec rien : un chapeau, une salade et une scène de ménage. »

Mark Twain

C'est arrivé le…

23 décembre 1986

Dick Rutan et Jeana Yeager bouclent le premier tour du monde en avion sans escale. Imaginé par Rutan, le *Voyager* avait effectué son premier vol d'essai en juin 1984. Le 14 décembre, ils s'élancent de la base californienne d'Edwards avec 4 500 l de carburant. Après neuf jours de vol, ils achèvent leur tour du monde. L'appareil est aujourd'hui exposé au National Air and Space Museum.

Mon truc en +

Vade ret… rouille

Si vous la laissez s'installer, la rouille creusera irrémédiablement un trou dans vos objets en métal. Pour éviter un tel drame, placez des boules de naphtaline à côté de vos outils ou de vos objets en fer (dans une boîte à outils, par exemple). Vous pouvez également recouvrir vos outils d'une fine couche de vaseline après les avoir utilisés, pour empêcher la rouille de se former.

Vermot'roscope

CAPRICORNE 22 décembre - 20 janvier

Amour

Un début d'année doux, agréable et serein vous attend. Les célibataires pourraient faire LA rencontre, les couples vivront en harmonie. Bien sûr, tout cela nécessite quelques efforts de votre part, mais pas de grandes concessions contre nature. Cette tendance devrait se poursuivre tout le reste de l'année : pas de folies (mais quelques émotions très fortes tout de même), un soupçon d'insouciance, du dialogue, des querelles bien sûr, mais pas de drames sentimentaux (à moins que vous ne les créiez), bref, juste un peu de bonheur et de tendresse étalés sur douze mois.

Travail

Enfin ! Tout ce que vous avez construit depuis de longs mois va commencer à payer. Votre situation professionnelle se clarifie, se stabilise et s'enracine même. La routine s'efface. Ce n'est surtout pas le moment de se reposer sur le sentiment du travail bien fait, ni de manquer de prudence. Bien au contraire ! C'est maintenant qu'il faut réfléchir, travailler encore et concrétiser toutes les opportunités ou collaborations qui le méritent. Le succès est à ce prix. Et profitez de cette bonne conjoncture pour en provoquer d'autres qui vous assureront de plus fortes garanties pour l'avenir.

Santé

Tout va bien côté santé… à condition de vous surveiller un peu, notamment côté alimentation. Jetez un œil sur votre cholestérol, pratiquez une activité physique plus régulièrement pour éliminer ce qui encombre votre organisme. Une meilleure hygiène de vie (repos) et un changement d'habitudes alimentaires – ou tout du moins un rééquilibrage (plus de fruits et légumes, moins de graisses ; plus d'eau, moins de vin) – vous permettront de retrouver dynamisme et énergie pour mener à bien tous les défis et projets professionnels et sentimentaux qui s'offriront à vous dans l'année.

Argent

Terminées l'insouciance et la légèreté qui vous poussaient jusqu'à présent à ne vous contenter que du minimum vital et d'un équilibre financier parfois précaire. Vous avez décidé de faire un tout petit peu plus attention et de mieux tirer profit de votre travail. Résultat : vos finances vous procureront davantage de confort de vie. Toutefois, ayez conscience que ces bonnes intentions restent fragiles et qu'il vous faudra de la discipline pour qu'elles portent leurs fruits. Restez prudent, patient et agissez par étapes, sans en brûler. C'est le travail d'une année.

ÇA ASSURE !

– Mon grand danois a avalé les boucles d'oreilles en or de ma femme. Elles valent près de 2 000 euros. Elles étaient sur la table de chevet. Le chien les a vues, a bondi et les a avalées. Vous me demandez de vérifier si je ne pourrais pas les retrouver : j'aimerais savoir pendant combien de temps je dois vérifier les excréments de mon chien.

– Pourriez-vous me donner la date d'expiration de mon assurance incendie pour que je sache jusqu'à quand je peux réclamer.

« *La différence entre les femmes et les coïncidences, c'est qu'il y a des coïncidences qui ne trompent pas.* »

Patrick Sébastien

C'est arrivé le…

24 décembre 1865

Le Ku Klux Klan est créé par six jeunes officiers sudistes de la ville de Pulaski, dans le Tennessee. Le mouvement, créé en réaction à la défaite des confédérés sudistes lors de la guerre de Sécession, revendique des thèses xénophobes et promeut la suprématie blanche protestante aux États-Unis.

Galants

Les hommes galants, ça existe encore aujourd'hui… Si, si, mais en édition limitée. D'où leur succès auprès des femmes. Quelques règles pour jouer les Don Juan.
Sur une route ou sur un trottoir, vous devrez toujours marcher du côté de la circulation pour la protéger d'un éventuel danger.
Au restaurant, invitez-la à s'asseoir en tirant légèrement sa chaise.
On ne vous parle même pas de lui ouvrir la portière de la voiture !
L'homme doit toujours laisser passer la femme devant lui, excepté dans certaines situations. Il doit ainsi passer devant elle lorsqu'ils montent un escalier pour qu'elle ne se sente pas gênée, mais il doit la précéder lorsqu'ils descendent pour la rattraper en cas de chute. Il doit également entrer avant elle dans un restaurant pour vérifier que l'endroit est bien fréquentable et sûr.

Généreux père Noël

Début décembre, trois écoles de la préfecture nippone de Hokkaidõ ont eu l'heureuse surprise de recevoir chacune plus de mille livres expédiés par un inconnu, qui a dépensé plus de 42 000 euros pour ces cadeaux. Un mois plus tôt, un homme âgé, qui a souhaité demeurer anonyme, s'était présenté dans une librairie en demandant des livres pour faire plaisir aux enfants, laissant le soin au personnel de la librairie de choisir dictionnaires, encyclopédies, livres illustrés et romans à envoyer aux trois écoles choisies. Il a enfin demandé à ce que les ouvrages soient directement livrés aux écoles. Cette belle histoire n'est pas unique au Japon, où il arrive régulièrement que des inconnus fassent des dons exceptionnels à des écoles ou des organismes caritatifs. Les Japonais se souviennent notamment d'une série de présents déposés à Noël 2010 devant un centre d'aide à l'enfance, près de Tokyo. Des sacs remplis de cartables, articles de papeterie, jouets, robots et nourriture avaient aussi été apportés en toute discrétion devant des abris, des orphelinats et des centres pour handicapés. Le tout était offert au nom du héros d'un manga des années 1960 racontant l'histoire d'un orphelin, devenu lutteur professionnel sous le pseudonyme de « Tigre masqué » et défenseur des enfants sans parents.

HISTOIRE… *de cuisine !*

Friandise très prisée pendant les fêtes de Noël, la papillote est un petit chocolat enveloppé dans un papier doré. D'après certains récits populaires, ce bonbon serait né à Lyon vers la fin du XVIIe siècle. Un jeune apprenti en confiserie du quartier des Terreaux avait pris pour habitude d'emballer des bonbons fraîchement fabriqués dans du papier, pour les offrir à sa belle, accompagnés d'un petit mot doux. Surpris un jour par son patron M. Papillot, il fut renvoyé sur-le-champ ; mais M. Papillot, trouvant l'idée intéressante, décida de s'en inspirer. À partir de ce moment-là, au verso de l'emballage de ses chocolats figurèrent des blagues, des citations ou encore des devinettes. Les papillotes de Lyon étaient nées.

Le soleil se lève à **08h45** et se couche à **16h57**

Vendredi 25 décembre

Noël On fête aussi les Anatolie, Eugénie, Noah, Emmanu

« On rit mal des autres, quand on ne sait pas d'abord rire de soi-même. »

Paul Léautaud

C'est arrivé le...

25 décembre 1977

Charlie Chaplin meurt d'un AVC dans son sommeil. Acteur et réalisateur né à Londres, il est une légende du cinéma. De 1914 à 1957, il a joué dans une petite centaine de films, dont les classiques *Le Kid*, *La Ruée vers l'or*, *Le Dictateur* ou *Les Feux de la rampe*, qu'il a également réalisés.

Oh ! tu sais pas ?

Theodore Roosevelt a été le premier président des États-Unis à obtenir le prix Nobel de la paix. Il l'a remporté en 1906 en récompense de son rôle de médiateur lors des conflits opposant la Russie au Japon, qui permit la signature du traité de Portsmouth le 5 septembre 1905, mettant fin à la guerre russo-japonaise. Jimmy Carter, président des États-Unis de 1977 à 1981, a également obtenu le prix Nobel de la paix, en 2002, pour ses actions en faveur de la paix, des droits de l'homme et de la démocratie dans le monde entier. Et Barack Obama a obtenu le prix Nobel de la paix en 2009.

La bonne blague !

Une entreprise décide de moderniser le style de management et engage un nouveau directeur général. Ce dernier est déterminé à procéder à des changements pour rendre l'entreprise plus productive.

Le premier jour, il fait une inspection de l'entreprise, accompagné de ses principaux collaborateurs. Il constate que tout le monde est en train de travailler, sauf un jeune homme appuyé contre le mur, les mains dans les poches.

Le directeur voit là une opportunité pour faire comprendre à ses salariés sa philosophie du travail. Il demande au jeune homme :

- Combien gagnez-vous par mois ?
- 600 euros, monsieur, pourquoi ? répond-il.

Le directeur lui remet 600 euros en main et lui dit :

- Voilà votre salaire pour ce mois. Maintenant, disparaissez et ne remettez plus jamais les pieds dans cette entreprise.

Le jeune homme empoche l'argent et exécute l'ordre du directeur. Le directeur, fier de lui, demande à un groupe de travailleurs :

- Quelqu'un peut-il me dire ce que faisait ce jeune homme ?
- Oui, monsieur, répond l'un d'eux, il est venu livrer une pizza...

Gros mais performant

Vous êtes bedonnant, mais vous êtes un amant exceptionnel ? C'est normal ! D'après les travaux de l'université de Kayseri (Turquie), il a été démontré que les hommes ayant du ventre sont plus endurants au lit. Il se trouve en effet que la graisse qui encombre la taille recèle une hormone nommée « estradiol »... Et si cette graisse n'est pas spécialement bonne pour votre santé, l'estradiol, elle, a pour effet de retarder l'orgasme chez l'homme. Il a ainsi été mesuré que la longueur moyenne des rapports sexuels chez les hommes les plus lourds était de sept minutes, contre deux minutes chez ceux ayant une corpulence plus normale, voire mince. Maintenant, rien n'indique dans l'étude les risques de tels efforts conjugaux pour le cœur des personnes en surpoids.

« La plupart des femmes qu'on n'a pas eues, c'est qu'on ne les a pas demandées. »

Marcel Pagnol

C'est arrivé le…

26 décembre 1975

Moins d'un mois avant le Concorde, le Tupolev Tu-144 devient le premier avion de ligne supersonique en service. Ce premier vol, entre Moscou et la ville kazakh d'Almaty, n'embarque que du courrier et du fret ; il faudra attendre novembre 1977 pour que l'appareil transporte des passagers. Après seulement cinquante-deux vols et un grave accident en mai 1978, l'utilisation commerciale de l'avion sera finalement abandonnée.

Pour rire

Une blonde va consulter son psy :
– Cette nuit, j'ai encore fait un rêve terrifiant qui me poursuit depuis l'enfance, docteur.
– Racontez-moi ça.
– Je suis devant une porte que je dois absolument ouvrir. Alors je pousse, je pousse et j'ai beau pousser de toutes mes forces, elle refuse de s'ouvrir.
– Hummm… Je vois…
– Ça dure comme ça toute la nuit et, au réveil, je suis complètement épuisée et dans un état d'angoisse indescriptible. C'est grave, docteur ?
– Intéressant… Et sur cette porte, il y a quelque chose d'écrit ?
– Oui… Il y a écrit : « TIREZ ».

Famille doigts

La tradition de porter son alliance – symbole de l'union entre deux êtres – à l'annulaire gauche vient des médecins grecs du IIIe siècle avant J.-C. car, selon eux, une veine d'amour passait par l'annulaire gauche et le reliait directement au cœur. Plus tard, les Romains adoptèrent eux aussi cette coutume, qui subsiste toujours aujourd'hui. Si, en Asie, la tradition est la même, l'explication est différente : les pouces symbolisent les parents, l'index le frère ou la sœur, le majeur représente la personne elle-même, l'annulaire le partenaire et l'auriculaire les enfants. L'alliance est donc portée à la main gauche, car c'est le côté du cœur, et à l'annulaire, car c'est le doigt représentant l'être aimé.

– Il a su rester proche de son peuple !

La bonne blague !

Une jeune femme se confie à une amie et lui demande conseil :
- Je suis encore vierge à 30 ans, tu comprends ? Je ne connais pas les hommes et j'ai peur de me tromper… pour la première fois.
Son amie lui explique :
- Quand tu croises des hommes qui te plaisent physiquement, tu regardes leurs chaussures ; plus ils ont de grands pieds, plus leur sexe est grand !
Un jour, alors que la jeune femme est dans le train, un jeune et beau contrôleur arrive.
- Billets, s'il vous plaît.
La demoiselle, intimidée, baisse la tête et regarde ses pieds : ils sont immenses ! Le contrôleur passe son chemin. La jeune fille se lève alors, l'arrête entre deux wagons et lui lance, fébrile :
- Venez avec moi dans les toilettes, prenez-moi ! Je suis à vous tout entière !
Ils s'enferment dans l'endroit très exigu. Le contrôleur met tant bien que mal sa sacoche de côté et essaie de dégrafer le col de sa chemise pendant que la jeune femme s'agrippe à lui. Il n'y arrive pas et se plaint :
- C'est bien la SNCF, ça ! Les chemises deux fois trop petites, et les chaussures, quatre fois trop grandes !

Le soleil se lève à **08 h 45** et se couche à **16 h 58**

Dimanche **27 décembre**

St Jean l'Évangéliste On fête aussi les Yannick, Fabiola, Jonathan

Politiquement… incorrect

Avant de boucler cet almanach, voici les cinq petites phrases retenues pour concourir au prix Press Club Humour et Politique 2014. Nous n'aurons pas le nom du gagnant à temps, mais puisque c'est de la politique, on le sait bien, tout le monde gagne toujours !

– « Bertrand Delanoë, c'est gabegie le magnifique. » (*Charles Beigbeder, candidat aux Municipales 2014 dans le 8e arrondissement de Paris [Le Figaro]*)

– « Si Mélenchon était au pouvoir, il mettrait tous les Mélenchon en tôle. » (*Daniel Cohn-Bendit, ancien député européen*)

– « Les affaires au cul, ça se soigne comme les hémorroïdes. » (*Roland Dumas, ancien ministre des Affaires étrangères*)

– « Je distribue le hallal la semaine pour la diversité et j'interdis le poisson le vendredi pour la laïcité. » (*Roland Ries, maire de Strasbourg*)

– « Je t'appelle pour te féliciter, mais si cela t'ennuie que Hollande connaisse la teneur de notre conversation, je raccroche ». (*Nicolas Sarkozy, au téléphone avec des élus UMP [Le Canard enchaîné]*)

« Un médecin qui se vante de ses succès devrait changer de métier. »

Christian Jacq

C'est arrivé le…

27 décembre 1958

Création du « nouveau franc ». Parallèlement à une dévaluation de 17,5 % du franc, une nouvelle monnaie est créée. Un nouveau franc équivaut à cent anciens francs. Les nouvelles pièces et les nouveaux billets seront émis à partir du 1er janvier 1960, et cette monnaie restera en vigueur en France jusqu'à la transition totale vers l'euro, le 17 février 2002.

HISTOIRE, HISTOIRES…

Le fer à cheval porte bonheur. Oui, mais pourquoi ? À l'origine de cette croyance, un mythe romain selon lequel César avait demandé à ses forgerons de poser à ses chevaux des fers en or, signe de sa richesse. Quand un cheval perdait son fer et qu'un paysan le trouvait, c'était source de grand bonheur pour lui.

Cette superstition possède une seconde origine, liée à la légende de saint Dustan. Celui-ci était un forgeron à qui le diable, déguisé, avait amené son cheval à ferrer. Après avoir découvert la supercherie, Dustan cloua le fer sur le pied du diable qui, pour être libéré, dut promettre de ne jamais entrer dans une maison protégée par un fer à cheval.

C'est pourquoi le fer à cheval éloignerait les mauvais esprits et protégerait une maison du malheur quand il est accroché sur la porte, les deux branches vers le haut afin que le bonheur y soit recueilli et ne s'en échappe pas.

Le soleil se lève à **08 h 45** et se couche à **16 h 59**

« Le temps ne fait rien à l'affaire ; quand on est con, on est con. »

Georges Brassens

C'est arrivé le…

28 décembre 1895

La première projection publique et payante d'un film se déroule au salon indien du Grand Café de l'hôtel Scribe. Pour la somme d'un franc, trente-trois spectateurs ont la chance d'assister à la naissance de l'industrie cinématographique. À cette occasion, dix films des frères Lumière sont projetés, le tout premier étant *La Sortie des usines Lumière à Lyon*.

Pour rire

Un rabbin, un pasteur protestant et un curé sont en train de discuter à propos des pigeons qui ont élu domicile dans le clocher. Chacun propose des solutions pour s'en débarrasser.
Le rabbin dit :
– Il faut les enfumer… Ou bien essayer de les effrayer comme le font les agriculteurs dans les champs, avec des bazookas.
Le pasteur protestant dit :
– Moi, j'essaierais plutôt le blé empoisonné.
Alors le curé les regarde tous les deux d'un air triste et leur dit :
– Vraiment, je pense qu'il y a une manière beaucoup plus facile de se débarrasser de ces pigeons : il n'y a qu'à les baptiser, leur faire faire leur première communion, et après on ne les reverra plus.

LU DANS LA PRESSE

Martin Ottaviani recruté tardivement pour servir de chausseur est le troisième membre du commando. (*Le Courrier des Yvelines*)

Le chauffeur conduisait sans chaussures.

Cadeau à… vendre !

L'an dernier, dans un sondage représentatif réalisé par Opinionway et le site de vente en ligne PriceMinister, près de six Français sur dix se déclaraient prêts à revendre tout ou partie de leurs cadeaux de Noël. Et ce phénomène augmente chaque année puisque, l'année précédente, ils étaient déjà 52 % à envisager de mettre en vente ou avoir déjà revendu leurs cadeaux sur Internet. Qui ose se débarrasser ainsi de présents dans lesquels on a mis parfois du cœur, et que l'on a passé du temps à chercher ? Principalement, les 18-24 ans et les 25-34 ans avec respectivement, 63 % et 73 %. La crise est passée par là, selon 42 % des personnes qui estiment que la pratique est « légitime » en ces périodes difficiles. Les excuses du cadeau « qui ne plaît pas » (34 %), « en double » (29 %) ou « inutile » (28 %) sont également avancées.
Évidemment, le sujet reste tabou pour tout le monde : 83 % des « revendeurs » se gardent de dire à l'auteur du cadeau qu'ils s'en sont séparés. Et 73 % se déclarent même « gênés » à l'idée que ce dernier puisse l'apprendre. Les cadeaux les plus couramment revendus sont ceux de la famille éloignée (56 %), des collègues (43 %), des amis (29 %), puis des beaux-parents (27 %). Enfin, que revend-on ? Les CD/DVD pointent en tête (21 %), suivis des jeux vidéos (18 %), des objets de décoration (15 %), du high-tech (13 %), puis des livres (12 %).

Infos en séries… TV

« Pappy » Boyington, le leader des *Têtes brûlées* (1976-1978), incarné par Robert Conrad (également vedette des *Mystères de l'Ouest*), a réellement existé. Pour lui rendre hommage, la série l'a même fait apparaître en personne dans le dernier épisode de la première saison, *The Fatest Gun*, dans la peau d'un officier remettant une médaille à… « Pappy » Boyington.

Mardi 29 décembre

Saint David On fête aussi les Michel

« Un psychiatre est un monsieur qu'on paie très cher pour qu'il vous pose des questions qu'une femme nous pose, elle, gratuitement. »

Paul Guth

C'est arrivé le…

29 décembre 1989

Vaclav Havel est élu président de la république de Tchécoslovaquie. Opposant au pouvoir communiste, il était devenu un leader de la Révolution de velours. Après la démission de Gustav Husák, c'est à lui qu'il revient d'assurer l'intérim. Il sera confirmé dans ses fonctions quelques mois plus tard et occupera le poste jusqu'à la séparation entre Tchèques et Slovaques. Il sera ensuite le premier président de la République tchèque, jusqu'au 2 février 2003.

Rétro' Vermot

– Ah ! Mon pauvre Casimir, vous avez eu un bien vilain temps hier pour enterrer votre pauvre femme !

– M'en parlez pas, mon bon monsieur, j'ai jamais eu de chance, il a toujours plu à mes fêtes de famille ! (1924)

Petit pipi Nöel…

L'an dernier, une aide-soignante d'une cinquantaine d'années est restée coincée dans des toilettes pendant vingt heures, le soir du réveillon. Alors qu'elle faisait sa tournée auprès de ses clients, dans le département de l'Ain, la femme décide, sur les coups de 16 heures, de faire une pause pour aller nourrir le chat de sa cousine, partie en vacances. Et de se rendre aux toilettes. Malheureusement, le verrou se coince et le cauchemar commence. Pas la peine de crier, personne ne peut l'entendre. Et elle a laissé son téléphone portable sur la table du salon ! Téléphone qui n'arrête pas de sonner à mesure que les heures passent. C'est que les proches s'inquiètent de ne pas la voir arriver au dîner. Ils s'inquiètent tellement que l'un d'eux va au commissariat pour demander une géolocalisation de l'appareil. Ils retrouveront sa trace, mais ne libéreront la femme que le lendemain, à 13 heures.

Allez Allais !

Travailleur (n. m.) : Japonais sans appareil photo.

Urne(n. f.) : réceptacle servant indifféremment à recevoir les cendres venant du four crématoire ou les bulletins de vote. Il est recommandé de le tenir soigneusement fermé sous peine :
– dans le premier cas, de se retrouver couvert de poussière ;
– dans le second cas, de le voir se remplir de bulletins inopinés provenant du parti de vos opposants, surtout en Corse.

Vénus (Mont de) (loc.) : bas-relief.

Vichy : ville de l'Allier, célèbre pour ses thermes, son eau minérale, ses pastilles de menthe et on aurait préféré que ce soit tout.

Vierge (n. f.) : à une voyelle près, a raté le meilleur.

Yoga : prendre ses jambes à son cou.

Zavatta : célèbre clown que l'on invoque pour s'enquérir de la santé d'autrui.

« Si les maris permettaient un ou deux amants à leurs femmes pour qu'elles puissent comparer, il y aurait beaucoup plus de femmes fidèles. »

Georges Feydeau

C'est arrivé le…

30 décembre 1944

L'écrivain Romain Rolland décède à Vézelay. Âgé de 78 ans, il fut un pacifiste convaincu qui subit les deux guerres mondiales. Il publia notamment *Au-dessus de la mêlée*, un pamphlet contre la guerre et ses décideurs. Ses écrits engagés lui valurent le prix Nobel de littérature en 1915.

Quiz Philo

Qu'est-ce que l'anarchie ? Retrouvez la définition :

- ❏ 1. Le chaos social
- ❏ 2. Le refus de l'autorité étatique
- ❏ 3. Le communisme

Réponse

Réponse 2

Que faire du sapin de Noël ?

Les fêtes sont passées, et il vous faut désormais vous débarrasser du sapin qui trône dans un coin du salon. N'allez pas le mettre sur le trottoir, c'est illégal et vous risquez une amende de 150 euros pour dépôt sauvage d'ordures. Voici quelques solutions.

Il existe d'abord des points de collecte prévus par les municipalités. Ils restent généralement en place jusqu'à la fin janvier. S'il n'en existe pas chez vous, vous pouvez porter votre sapin à la déchetterie puisqu'il est considéré comme un déchet vert. Certaines municipalités acceptent même qu'on le dépose à côté des conteneurs à poubelles lors du ramassage des ordures. Reste aussi la solution du sac à sapin, qui permet de faire également une bonne action. Disponible pour environ 5 euros, ce sac est entièrement biodégradable. Et pour l'achat de chaque sac, 1,50 euro est reversé à l'association Handicap International. Voyez aussi du côté des jardineries voisines ; certaines acceptent des reprises gratuitement. Reste enfin la solution du faux sapin que l'on range à la cave pour le ressortir l'année suivante : écologique et économique.

– Désolé, M'sieur'Dame… Je ferme !

Dites 33 !

« Je viens, car je crois que je suis enceinte. Depuis deux jours, je fais de la fièvre et donc je dois avoir un kyss à l'ovaire. Pour mon premier, pareil, et ils m'ont dit que c'était normal, car j'avais un kyss à l'ovaire et le p'tit, ils l'ont pas vu tout de suite pasqu'il était caché derrière le kyss… » (Elle a trop écouté le groupe Kiss dans les années 80 !)

« L'interne de garde aux urgences décroche le téléphone. Au bout du fil, un mari affolé :
– Docteur, ma femme a mal, elle a des contractions horribles, elle vient de perdre les eaux, elle a mal, très mal et…
– Vous gardez votre calme et vous venez !
– Oui, d'accord, d'accord… euh… j'amène ma femme ? »

« – Je vous donne votre date de césarienne… Voyons, le 4 septembre, ça vous va ?
– Oui… euh… et le bébé… je l'aurai le même jour ? »

« Pouvez-vous m'indiquer l'adresse d'un médecin apiculteur ? » (Acupuncteur !)

« – Bonjour, c'est pour prendre rendez-vous avec un rhumatologue.
– Vous êtes déjà venu chez nous ?
– Oui mais cette fois c'est pour un gros rhume. »

« Être aimé, c'est plus qu'être riche, car c'est être heureux. »

Claude Tillier

C'est arrivé le…

31 décembre 1869

Henri Matisse naît au Cateau-Cambrésis, dans le Nord. Il hérite de la passion de sa mère pour le dessin et la peinture et intègre l'école des Beaux-Arts de Paris. Reconnu de son vivant, Matisse devient le chef de file du fauvisme, un mouvement fondé sur l'audace et la créativité, en vogue au tout début du XXe siècle.

LU DANS LA PRESSE

En bas, dans la rue, des flots de klaxons charrient leurs flots de voitures qui égosillent les conducteurs à leur vitre luisante de pluie. (*Corse-Matin*)
Tout un poème !

Bonne année !

Minuit va sonner, à vos téléphones portables pour envoyer par SMS vos photos, vidéos et vœux immortalisant cette nouvelle année. Mais attention à la saturation des réseaux. En effet, l'année dernière, selon les informations collectées auprès des principaux opérateurs, environ 1,4 milliard de SMS ont été transmis en deux jours, les 31 décembre et 1er janvier. Dont 300 millions entre 21 heures et 2 heures du matin pendant la nuit du Nouvel An. Un chiffre assez stable, mais en légère hausse d'une année à l'autre. En revanche, côté MMS, on note une forte croissance, avec 14,4 millions de messages vidéo et photo envoyés, soit une hausse de 37 % sur un an.

Foi de footeux

- Quatre fois, ils ont marqué zéro but. (*Charles Biétry*)
- Comment on fait pour choisir cinq volontaires ? (*Thierry Gilardi*)
- Il a raison d'aller au PSG, il double son salaire par quatre. (*Vestiaire de Saint-Étienne*)
- Ça m'est égal de perdre tous les matchs si, à la fin de la saison, on est champion. (*Mark Viduka*)
- Je suis le premier, le deuxième et le troisième meilleur joueur du monde. (*Cristiano Ronaldo, à Manchester United*)
- Les joueurs, qui ont 33 ou 34 ans aujourd'hui, auront 36 ans au moment de la coupe du monde, s'ils ne font pas attention. (*Kevin Keegan*)
- L'Allemagne est une équipe très difficile à jouer. Elle joue toujours avec 11 internationaux. (*Steve Lomas*)
- Les Allemands, quand ils sont mauvais, ils vont en finale ; quand ils sont bons, ils gagnent. (*Michel Platini*)
- On est mauvais, mais qu'est-ce qu'on rigole ! (*Frédéric Déhu*)
- Ils pourront les arroser à la mi-temps, les Coréens, ils ne vont pas grandir ! (*Jean-Luc Arribart*)
- Il était bien tiré, ce penalty, dommage qu'il y avait le poteau… (*Christophe Dugarry*)

Rendez-vous l'année prochaine
avec plein de surprises !

Pour terminer l'année, voici un petit texte envoyé par Didier P., un de nos lecteurs.
Merci et bonne année à tous.

Almanach VERMOT
Humour fantastique
Garanti comique
Pour grands et marmots

Valeur sûre grand humour, reflet jongleur de mots
Excellence drôle, aux jeux fortissimos
Rires très désopilants, garantis optimaux
Magiciens traits d'esprit, chasseur de mauvais maux, à eux bravissimo
Talentueux, liant génie, réputation VERMOT

Offert par un jongleur de mots
Pour des jongleurs de l'extrême de l'humour.

Faro remercie Karine Pasina